21世纪高等院校会计学专业精品系列（案例）教材

普通高等教育"十一五"国家级规划教材

管理咨询

理论·实务·案例·习题

（第五版）

主 编 杨世忠

21SHIJI GAODENG YUANXIAO
KUAIJIXUE ZHUANYE
JINGPIN XILIE(ANLI) JIAOCAI

首都经济贸易大学出版社
Capital University of Economics and Business Press
·北 京·

图书在版编目(CIP)数据

管理咨询 / 杨世忠主编. -- 5 版. --北京：首都经济贸易大学出版社，2022. 1
ISBN 978-7-5638-3329-0

Ⅰ. ①管… Ⅱ. ①杨… Ⅲ. ①企业管理—咨询 Ⅳ. ①F272

中国版本图书馆 CIP 数据核字(2021)第 274869 号

管理咨询(第五版)
杨世忠　主编

责任编辑　乔　剑
封面设计　小　尘
出版发行　首都经济贸易大学出版社
地　　址　北京市朝阳区红庙（邮编 100026）
电　　话　(010)65976483　65065761　65071505(传真)
网　　址　http://www. sjmcb. com
E-mail　publish@cueb. edu. cn
经　　销　全国新华书店
照　　排　北京砚祥志远激光照排技术有限公司
印　　刷　北京市泰锐印刷有限责任公司
成品尺寸　185 毫米×235 毫米　1/16
字　　数　659 千字
印　　张　32. 75
版　　次　2003 年 8 月第 1 版　**2022 年 1 月第 5 版**　2022 年 1 月总第 15 次印刷
书　　号　ISBN 978-7-5638-3329-0
定　　价　59. 00 元

丛书总序

新世纪的会计教学面临着新的挑战，特别是我国加入WTO（世界贸易组织）以后，情况更加严峻。我国普通高校本科会计学专业肩负着为各条战线输送会计专业人才的重要任务，在新的形势下，只有不断地进行教学改革，用最新的专业知识武装学生，努力从各个方面提高教学水平，才能培养出符合时代需要的会计人才。在教学改革中，教学内容的改革是关键，而教学内容的改革又主要体现在教材的改革和建设上。我国目前各高等院校会计学专业所使用的教材，尽管存在着版本众多、内容和结构有所差别、各校可选择的空间较大等特点，但仍有继续进一步改革之必要。这是因为：第一，目前各校所使用的教材，大都编写于20世纪末期，而这几年会计所处的环境发生了很大变化，新的会计理念和新的会计处理方法不断出现，再加上电子计算机、网络技术和电子商务的不断发展，原有的会计教材内容需要不断更新。第二，随着会计理论与会计实践的发展，人们对会计的认识也在不断深化，对于原有教材的有些内容也需要在新的认识基础上重新解读，使学生能够在更宽广的视野和更高的层次上掌握会计这门专业知识。第三，原有各种版本的会计专业教材虽然在内容上略有不同，但总体而言却是小异大同，各种版本存在着雷同化倾向。其实，具有创新性、突破性，与我国实际情况结合紧密的可选素材很多，但从目前来看版本不同的教材却难以起到相互补充的作用。第四，现有教材在体系结构上大多采取教材、案例、习题相分离的编排形式，而且有的教材根本没有案例，这给教学工作带来诸多不便，需要加以改进。

基于上述情况，由首都经济贸易大学出版社牵头，我们共同组织策划、出版了这套名为《21世纪高等院校会计学专业精品系列（案例）教材》的丛书，邀请在相关领域的教学、科研方面有突出成果的国内知名高等院校和研究机构的学者、教授参与编写。这套丛书基本上涵盖了大学本科会计学专业的核心课程。我们在策划这套教材时，从新世纪面临激烈竞争的客观环境出发，本着"不断改革、与时俱进"的精神，经过深入研究、多方研讨，确立了这套教材的总体设计方案。其基本思路是：在充分继承我国原有教材良好的编写风格（包括内容、结构、体例以及行文）的基础上，尽可能吸收近年来国内外会计研究的新成果和实践中的新创造，力争处理好会计国际化与国家化的关系，努力编写出一套既体现国际会计通行惯例又符合中国国情的理论性、操作性并重的新教材。在内容编写上，我们要求作者应根据各门课程发展的新动向，尽可能吸取最新研究和实践成果，努力扩大信息量，强化可读性，使教材内容具有较强的科学性、先进性和适用性。在案例的选材上，作者力争采用第一线的调查材料，追踪实践中出现的新问题，使案例真正成为联系理论与实践的纽带。在结构安排上，本书各章均采取了内容提示、专业知识论述、案例展示和思考题、习题并列的方式，以方便教、学双方的使用。据我们了解，目前国内所使用的会计本科专业教材将专业知识讲述和案例展示结合在一起进行编排的情况尚不多见，这种安排可以说是本套教材的一大特点。

本丛书的编写，我们邀请了中国人民大学、复旦大学、厦门大学、南京大学、中南财经政法大学、上海财经大学、东北财经大学、西南财经大学、天津财经学院、首都经济贸易大学、国家会计学院等著名院校以及财政部财政科学研究所的学者、教授参与，对他们的热情支持表示深切的谢意。首都经济贸易大学出版社为我们编写本丛书提供了良好的条件，我代表全体作者向他们表示衷心的感谢！

阎达五

2002年8月8日于中国人民大学

第五版前言

《管理咨询》自2003年出版以来,曾被列入教育部“十一五”规划教材,经过2010年和2013年两次修订,章节安排和内容都有了变化。根据近年来教学实践和管理实践的发展,有必要再对教材做进一步修改。

首先,对原教材的结构进行补充与调整。将第一版的十章增加为本版的十二章。保留原来的“管理咨询概述”“咨询程序与基本方法”“企业经营分析”“企业财务管理咨询”“企业成本管理咨询”“资产评估”“咨询机构管理”各章的内容和框架。将“企业战略分析”分解成“企业战略管理咨询”和“企业战略实施咨询”两章。增加了“税务咨询”“业务流程重组”“财务与会计制度设计”三章。

其次,分别对各章的内容进行了补充、更新、修改和删除。在“第一章　管理咨询概述”里,新增一节“管理咨询的主体与行业组织”,删除了失效的附录“中国企业联合会管理咨询顾问资格认定和管理办法(修改稿)”。在“第二章　咨询程序与基本方法”中,增加了“第一节　咨询者的思维方式”,以凸显思维方式在咨询活动中的作用;对“第二节　咨询程序”的文字表述做了精简;增加了附录“咨询成功之道”。在“第三章　企业战略管理咨询”中,增加了两个案例分析。在“第四章　企业战略实施咨询”中,增加了“企业绩效考核”“企业内部控制”“企业风险管理”三节的内容,以及相应的案例分析。在“第五章　企业经营分析”里,增加了4个案例分析。在“第六章　企业财务管理咨询”里,增加了2个案例分析,减少了“第六节　税务咨询与税务代理”。新增的“第七章　税务咨询”中,“税务风险管理”和“税务筹划”两节是新增的主要内容,保留了1个案例分析。在“第八章　企业成本管理咨询”里,删去两个案例分析,保留两个。在“第九章　业务流程重组”中,删除了文字表述重复的“业务流程重组的程序”。在“第十章　财务与会计制度设计”中,删去两个案例分析,保留1个。在“第十一章　资产评估”和“第十二章　咨询机构管理”中,补充了部分案例分析和作业题。对各章的文字表述及内容进行了一些梳理、修改和增删。对教材修改过程中参阅的文献,也在后面的“主要参考文献与网站”中进行了增补。在教材修改过程中,研究生杨长虹、张丹撰写了“税务筹划”部分,宋欣键同学对各章的作业题进行了增补。

应首都经济贸易大学出版社的要求,作者对2013版的《管理咨询》进行了文字修改与内容增删。

增加的内容有四种:一是增加概念方法的表述,如第四章的风险管理概念、风险管理原则、风险应对策略等;二是增加了举例,如 TCL 进入彩电行业的战略举措,华为的企业文化,瑞华会计师事务所因康得新公司财务造假而濒临注销等;三是增加了案例分析,如华为为什么能成为市场的领导者?是什么摧毁了北大方正和海航集团?华为技术创新的保障是什么?东华软件公司“四位一体”全面预算管理体系是什么?为什么说高度集权与充分授权是华为资金管理的秘诀?中国同幅的精益管理与降本增效是什么?四是增加了附录和参考文献与网址,如风险矩阵、风险清单、管理会计应用指引(801)等。

删除的内容有三种:一是对有关文字表述的删除,如删除了附录 2-1 中冗余的文字表述;二是某些举例,如麦肯锡公司 2007 年的业绩、北京京都(浩华)的介绍,“美的”的反思——2002 年为何少外销了 15 万台空调等;三是有的案例分析,如从长城与联想的差距看中国企业的战略迷失,放任子公司“内战”,创造整体竞争力,日产汽车公司战略变革,大做减法让雅虎获重生,中石油如何降低设备采购成本等。

我国的管理咨询业正方兴未艾,管理咨询的实践永远走在理论研究和总结的前边。本教材虽然力图使读者能够对管理咨询的理念、程序、方法和领域等有初步的认识,分析和解决问题的能力有所增长,视野和思路有所拓宽,但是,限于作者本人的水平,肯定与期望有着不小的差距。为了减小这种差距,为了教材的不断改进,希望读者对书中的缺点和错误给予批评指正。

杨世忠

2021 年 5 月于北京

前　言

我国加入世界贸易组织以后,注册会计师业务的发展也将与跨国执业的会计师事务所一样,从传统的合规性审计业务扩展到管理咨询业务。而且,后者占注册会计师业务的比重将会越来越大。因此,对会计学专业的学生,尤其是对注册会计师专门化的学生开设管理咨询课就非常必要。管理咨询的范围很广,它涉及企业管理的方方面面。在发达国家和地区,管理咨询是一个产业,有众多的企业或中介机构专门从事咨询服务业务,其中包含了专门的管理咨询公司、资产评估公司、会计师事务所。管理咨询业务内容十分丰富,随着管理实践的不断发展,一本教材很难将其全部覆盖,所以本教材选择了拓展财会专业人才视野的角度,在介绍管理咨询一般程序、方法、业务内容的基础上,重点介绍企业战略分析、企业经营分析、财务管理咨询、成本管理咨询、业务流程重组、企业财务与会计制度设计、资产评估、咨询机构管理等内容。即便如此,也很难将这些内容讲深、讲细。尤其是制度设计部分,也仅仅是介绍财务与会计制度的种类和设计时需考虑的一些因素和要点,限于篇幅和时间,不可能对每一项制度的设计都给出具体的案例。但是通过本教材给出的框架,让任课教师加以补充和发挥,则是笔者的预期。

本教材是在笔者多年从事管理咨询实践和管理会计教学实践基础上形成的,其特点有三:

1.前瞻性。尽管管理咨询业务目前对于会计专业人才尤其是注册会计师来说还不是主要业务,但是对其内容的学习,将有助于会计人员拓宽思路、提升能力,有利于其适应未来的工作需要。

2.系统性。本教材较系统地介绍了管理咨询的方方面面:咨询行业、咨询主体、咨询方式、咨询内容、咨询程序、咨询方法、咨询案例、咨询规范等等,以便让学生对管理咨询有全面的了解。

3.实用性。通过观念总结、方法介绍和案例分析,培养学生的分析能力和操作能力。

在此要感谢我的导师王又庄先生,他对我潜心分析企业,积极从事管理咨询研究与实践活动影响巨大;感谢天健会计师事务所管理咨询部王鹏程部长和中企华资产评估公司首席会计师黎东标先生,他们为本书的编写提供了实际操作规程和若干案例。同时,也要感谢我指导的硕士研究生赫晓峰、裴正兵、贾娜、刘娜、李志强、樊继庚同学,他们参加了本书的资料搜集、整理和有关章节的编写。其中,李志强参与第二章编写,刘娜参与第三、四章编写,樊继庚参与第六章编写,裴正兵参与第七、八章编写,贾娜参与第九章编写,赫晓峰参与第十章编写。我们共同编写的过程是:首先由我讲授本门课程,课程结束后,研究生根据授课提纲、幻灯片、课堂笔记和我对每一章节的撰写思路,去撰写初稿,最后再经我修改和定稿。另外,还要感谢研究生田曼华、陈杰、张洁、涂若诗同学,他们为本书的作业与练习作出了贡献。在本书的编写过程中参考并引用了有关专著、教材、法规、报刊、网站上的内容,对于其中的直接引用部分,在书中作了资料来源注明,其余的则列入参考文献书目。在此,我对本书列举的资料与参考文献的作者和有关企业的管理者表示感谢,他们的成果为本书的编写奠定了基础。最后,感谢首都经济贸易大学出版社乔剑女士,是她对本系列教材所倾注的热情,促使我不敢懈怠,最终能够把这本书奉献给读者。

由于针对会计专业本科生的"管理咨询"课程本身尚处于探索阶段,加之作者水平有限,本书缺点错误一定不少,诚望读者提出批评,以利于今后修改和不断完善。若选用本书做教材的老师需要我们提供课件,请与本书责任编辑联系。

杨世忠

2003 年 5 月

目　录

第一章　管理咨询概述

第二章　咨询程序与基本方法

第三章　企业战略管理咨询

第四章　企业战略实施咨询

第五章　企业经营分析

第六章　企业财务管理咨询

第七章　税务咨询

第八章　企业成本管理咨询

第九章　业务流程重组

第十章　财务与会计制度设计

第十一章　资产评估

管理咨询概述

本章要点

本章主要介绍管理咨询的基本概念和范畴以及管理咨询的起源与发展。要求了解管理咨询的产生与发展、国际与国内管理咨询业概况以及管理咨询的内容，熟悉管理咨询职业道德与行为规范，掌握管理咨询的含义和形式。

第一节 管理咨询的产生与发展

一、源远流长的中国管理咨询活动

人类社会是以群体方式共同开发自然、繁衍生息的社会，因此对群体活动的管理自古有之。管理咨询作为一种为管理者出谋献策、提供分析和解决问题思路与方法的实践活动，也伴随着管理实践而来。在中国这个具有 5 000 年文明的古国，管理咨询源远流长。周文王探访姜子牙、刘备三顾茅庐恭听诸葛亮的隆中对、朱元璋采纳朱升“高筑墙、广积粮、缓称王”的建议，都是流传千古的美谈；而曹刿论战、田忌赛马、合纵连横、商鞅变法、鸡鸣狗盗、毛遂自荐等等，已成为家喻户晓的故事。我国春秋时期贵族阶层兴起的养士之风，则是有组织的管理咨询活动之滥觞。

中国古代的管理咨询，多是为政治、军事服务的。即便是清朝末期的绍兴师爷，也多半是为政府官员所用。工商管理咨询不突出，且多是个人单打独斗，并未形成具有组织的一个专门行业。

我国 1978 年开始改革开放，管理咨询业随之起步。经过 30 余年的发展，如今已初具规模。在企业管理咨询理论与方法的引进、介绍、推广和研究方面，中国企业管理协会于 1980 年从日本引进了企业管理咨询的理论与方法，于 1984 年、1991 年两次组织专家编写了《企业管理咨询的理论与方法》；中国企业联合会咨询服务中心和中国企业联合会管理咨询委员会于 1999 年组织专家编写了《企业管理咨询理论与方法新论》。为了培养我国注册会计师队伍的高级人才，国务院成立了全国注册会计师培训工作领导小组，决定从 1994 年起在部分高等院校开设注册会计师专门化课程，并组织编写系列教材，“管理咨询”作为九门核心课程之一，从此成为大学注册会计师专门化本科生的必修课。在实践方面，我国管理咨询业的发展可以分为四个阶段。

2009 年，注册会计师资格考试增设了“公司战略与风险管理”课程，将“管理咨询”的重要内容列入其中。

第一阶段，从 20 世纪 70 年代末到 80 年代中期，是萌芽阶段。我国咨询业的发展起源于政府职能部门创办咨询企业，主要集中在投资、科技和财务咨询领域。如原国家计划委员会系统在全国创立了“投资咨询”和“工程咨询”公司，以期实现国家投资决策的

科学化和工程建设的合理化;原国家科委和中国科协系统在全国创办和扶持了一批“科技咨询”企业;国家财政系统则在各地创办“财务会计咨询”公司和“会计师事务所”。

第二阶段,从20世纪80年代中期到90年代中期,是孕育阶段。这一阶段,各种咨询机构相继建立,咨询服务对象开始从中小企业和乡镇企业向大企业扩展,咨询内容从技术、生产、质量等领域向财务管理、股份制改造、资产重组、经营战略、组织结构、产品开发、计算机运用、可行性研究等领域扩大。在官方与半官方咨询机构之外,开始出现个体咨询者、民营咨询机构。同时,国外咨询机构也开始进入中国。为了规范管理咨询行为并加强行业管理,中国企业联合会于1987年成立了管理咨询委员会,以“组织和推动中国管理咨询业健康发展”为宗旨开展活动。

第三阶段,从20世纪90年代中期至21世纪初期,是形成阶段。这一阶段,民营咨询机构开始成为咨询业的重要组成部分。国际咨询机构、IT企业、高等学校等也大量介入咨询业。咨询服务对象扩大到了民营企业和政府部门。会计师事务所纷纷“脱钩改制”,注册会计师队伍迅速扩大,行业规模开始形成。

第四阶段,进入21世纪以来,是快速成长阶段。这一阶段,伴随着中国经济的持续增长和经济全球化的进程,中国咨询业以每年约30%的速度增长,市场渗透率和客户增长率平稳上升。中国企业对管理咨询的需求继续扩大,特别是企业管理层的咨询意识在不断地提升。伴随着“做大做强”的潮流,会计师事务所的数量和业务规模越来越大。

纵观我国管理咨询业尤其是注册会计师行业的发展,有以下四个特征:

1.从“官办”向“民办”演变。自我国实施以市场经济为导向的改革以来,在实行政企分开、转变政府职能的形势下,许多“官办”咨询机构的性质开始发生变化,逐渐演变为“民办”性质。这既符合国际惯例,也有利于解决国有资产权益与个人高智力劳动所得之间产权关系不清的问题。在美国,80%的咨询公司属于私营,咨询机构不隶属于政府部门,而是独立地选择或承担咨询项目,不受任何政府部门的约束或影响,客观、中立地开展咨询业务,形成了专业化水平很高的咨询体系,为企业提供具有“高附加价值”的咨询服务。

2.从“挂靠”向“脱钩”转变。在20世纪90年代中期以前,各种咨询机构,包括会计师事务所,多半是挂靠在某一个政府部门、某一个事业单位或某一个国有企业下面。20世纪90年代中期以后,各种咨询机构,尤其是会计师事务所,在国家政策法规引导下纷纷与挂靠单位脱钩。脱钩以后,实行合伙人制度或组成有限责任公司。

3.从“安置富余和退休人员”向“积极吸引专业人才”演变。在与挂靠单位脱钩以前,咨询机构往往成为挂靠单位安置富余人员和退休人员的场所。挂靠单位往往依靠咨询机构创收,抑或将其作为转移收入、谋取福利和搞“小金库”的掩蔽部。这不仅不利于咨询事业的健康发展,反而助长了不正之风,降低了咨询服务水准。咨询机构与挂靠部门脱钩之后,要面对市场自主经营,如果不提高执业水平,连生存也难以维持,所以各咨询机构再也不能成为安置富余人员和退休人员的场所,而是反过来,积极吸引专业人才,努力提高执业水平。

4.从单打独斗的小事务所向无所不能的大会计公司发展。我国的会计师事务所在行业发展的初期都规模偏小。在政府关于"做大做强"我国会计师事务所的政策导向下,进入新世纪以来,我国的会计师事务所掀起了一轮又一轮的兼并高潮。至今,尽管与国际"四大"会计公司相比,我国本土会计师事务所的规模还很小,但是年收入过亿元的会计师事务所正在不断增加(至 2008 年已有 19 家),本土会计咨询机构追赶国际会计公司的步伐一刻也没有停止。

二、西方学者眼里的管理咨询起源与发展

管理咨询伴随着 19 世纪末期到 20 世纪初期的美国"科学管理"活动而来。以泰罗为代表的早期科学管理研究者,从事工作时间和动作研究,他们活跃在美国西北部的钢铁公司,帮助企业提高工作效率。当时,人们并不将他们称为"管理咨询顾问",而是称为"工业工程师"。泰罗所倡导的科学管理,使企业走出了经验型管理的旧圈子,进入了制度化、定量化、合理化的科学管理阶段。泰罗所从事的科学管理推广活动,被人们视为企业管理咨询的起源。

与泰罗同时期的弗兰克·吉尔布雷斯(Frank Gilbreth)和莉莲·吉尔布雷斯(Lillian Gilbreth)夫妇创办的吉尔布雷斯(Gilbreth)咨询公司,也在研究人与机器之间的相互关系,他们不但拥有美国的客户,而且拥有英国和德国的客户。第一次世界大战以后,美国通用汽车公司为了摆脱困境,开发新产品,聘请了阿瑟·李特尔(Arthur D. Little)公司为其建立研究与开发中心;美国政府购买了博斯(Booz)和艾兰与汉弥尔顿(Allen & Hamilton)公司的咨询服务。随后,由著名的哈佛大学教授梅奥领导的"霍桑实验"则开创了行为科学研究的先例。

20 世纪 60 年代,随着工业结构和经济结构的巨大变化,咨询活动有了蓬勃的发展。随着供需关系的变化和市场竞争越来越激烈,对企业来说,销售的重要性开始超过生产的重要性,像保洁公司这样擅长市场营销的公司,成为咨询公司的学习对象。在此基础上,管理咨询顾问开始帮助各大公司学习和使用全新的市场营销技巧。与此同时,赫兹伯格、麦格雷戈等行为科学家的行为科学观点成为影响企业管理的主要思想。而德鲁克所倡导的"目标管理"不仅盛行于当时的企业界,也是今天大多数绩优企业的管理模式。

20 世纪 70 年代的石油危机导致企业的财务业绩成为人们的最高关注点,使得各会

计公司在咨询市场上的表现突出,占据了相当多的市场份额。

20世纪80年代,由于日本企业在世界汽车市场、家用电器市场、半导体市场以及计算机市场上的不俗表现,使其JIT管理、全面质量管理、柔性制造系统、目标成本管理等管理方式成为大家竞相效法的对象。开展有关方面咨询业务的公司成长很快。

20世纪90年代,价值链分析、战略管理、业务流程重组,以及MRP和ERP等管理技术在咨询市场上占据了十分重要的地位。IT公司开始成为咨询市场上的主力军。

进入新世纪,经济全球化带动了咨询需求的全球化。全球化的咨询需求包括国际化战略设计、商业模式的创新、当地市场进入策略与方式、合作伙伴的寻找与谈判、公司组建、团队的组建与猎头、财务管理、新的供应链体系设计、跨文化管理、国际融资与境外上市、跨国并购、虚拟组织和业务流程重组等等。

国际咨询业一百多年来的发展历史表明,咨询业的发展与市场经济的发展同步。管理咨询是在企业的管理机构变得越来越庞大、涉及的知识和门类越来越多的背景下变得越来越有必要的。一个企业在建立自己的核心竞争力的同时,也需要把一些知识比较复杂、专业技能要求比较高、自己做又有难度的事情交给外人去做。而专业做这些事情的公司,因为可以在更广的范围摊薄成本,所以即使在比企业自己做费用更低的情况下承担咨询业务也会一定获得的利润。这就是咨询业得以伴随企业的发展而发展的经济原因。总之,一方面,咨询业的发展促进了企业和市场经济的发展;另一方面,企业和市场经济的发展又为咨询业的发展提供了条件。据国外一项调查表明,发达国家90%以上的企业聘请顾问或咨询公司为其“把脉”,由此可见我国咨询业的广阔发展前景。

第二节　管理咨询的含义和内容

一、管理咨询的含义

从字面上看,“咨询”一词具有询问、商量、征求意见的含义。在市场经济条件下,咨询成为一种商业活动,是指具有专门知识或专门技能的人为他人解答疑难、帮助解决问题的行为。根据咨询内容的不同,分为政策咨询、信息咨询、工程咨询、技术咨询、管理咨询等。

咨询活动应具备的要素有:①咨询主体:提供咨询的组织或个人;②咨询对象:亦称咨询客体或客户,是指接受咨询服务的组织或个人;③咨询内容:咨询对象所面临的需要解决的问题;④咨询形式:问路式、指教式、征询意见式、提案式、调研报告式、推进式等等;⑤咨询关系:明确具体咨询内容和权责关系的合约式咨询或模糊具体咨询内容和权责关系的顾问式咨询,有偿咨询或无偿咨询。

管理咨询活动作为咨询活动的一个重要组成部分,其含义有广义和狭义之分。广义的管理咨询是指由具有咨询资格的专家,应客户要求,进行调查研究,并为之提供分析和解决问题的方案,进而指导实施,以改进客户的管理工作。管理咨询就是"帮助客户确定问题,提出解决问题的方案,帮助实施方案"(菲利普·萨瑞德:《管理咨询·优绩通鉴》,中国标准出版社,科文香港有限公司,2001 年)。狭义的管理咨询是针对咨询者身份而言的,比如,"注册会计师所进行的管理咨询,就是凭借其行业智力优势,受托或主动服务于经营者或经济管理者,在帮助企业建立健全内部管理制度和会计制度、进行经营诊断、建立电算系统、组织人员培训,以及对重大经济决策和重要项目的实施进行论证、评价等方面,为客户提供咨询服务"(注册会计师专门化系列教材《管理咨询》,1995 年)。

二、管理咨询的内容和形式

(一)管理咨询的内容

管理咨询的含义有广义和狭义之分,管理咨询的内容亦如此。广义的管理咨询所涉及的内容包括不同客户管理活动的方方面面,大至政府部门的政策制定、区域经济发展规划,小到家庭个体户的经营活动、个人委托理财,凡是管理者有疑难,需要借助外脑来提供咨询的事项,均可成为管理咨询的内容。例如,某业务比较齐全的管理咨询公司,其所宣传的管理咨询业务内容有:区域或地方发展战略咨询、企业战略规划、企业诊断、业务流程重组、法人治理结构、制度创新与管理创新、薪酬计划、组织结构调整、绩效评价与 KPI 考核、人力资源管理、营销管理、生产运作管理、供应链管理、资产重组与债务重组、资本运营、税收筹划、资产托管、信息系统建设等等。

对于注册会计师而言,狭义的管理咨询是指:"设计会计制度、税务代理和税务咨询、资产评估、项目可行性研究和经济评价、企业改制和股票发行与上市、代理工商企业注册登记、代理记账、企业财务诊断、培训财务会计人员、常年会计顾问、软件设计、拟定合同章程等(注册会计师专门化系列教材《管理咨询》,1995 年)。"

(二)管理咨询的形式

管理咨询者向客户提供咨询服务的形式主要有项目式、代理式、顾问式和兼职式四种。

1.项目式。这是指管理咨询者以承接项目的方式,与客户签订项目协议,协议明确规定双方在咨询项目进程中的责权利关系,一旦项目结束,费用结清,双方的服务与被服务的关系就解除了。在实践中,项目式还可细分为独立进行与合作进行两种模式。独立进行是指从调查开始到方案提出的整个过程都由咨询者负责,客户只负责提供必要的信息和做必要的配合。合作进行是指客户不仅仅负责提供咨询活动所必备的条件,而且还以合作者的身份参与到咨询活动中来。由咨询方独立进行的项目,优点是最大限度地保持了咨询方的独立性和公正性,也不对咨询方案的实施结果承担责任。由咨询方与客户合作进行的项目,优点是有利于提高实施方案的可接受程度和可行性,有利于发现和培养客户的管理人才;缺点是易受客户影响,甚至受客户内部各部门权利之争的影响。

2.代理式。这是指管理咨询者接受客户委托,替客户完成管理咨询者所擅长的业务。例如,办理工商注册登记、办理税务、代理记账、为客户寻找合作伙伴等。对代理式是否属于管理咨询,亦有不同看法。

3.顾问式。这是指管理咨询者以顾问身份参与客户的管理过程,尤其是为客户决策层提供参考意见或决策依据,甚至直接参与客户的决策。与项目式和代理式相比较,管理咨询者以顾问身份向客户提供咨询服务,其咨询内容和职责不是很清晰。有的只是挂名,无所事事;有的则忙得不亦乐乎,比公司员工还忙、还操心。在顾问式下,管理咨询者的服务界限按时间确定,短则一年,多则数年或更长。

4.兼职式。这是指管理咨询者以兼任客户内部某一管理职务的方式为客户提供服务。在此方式下,咨询者不仅仅要为客户提出解决问题的方案,而且要参与方案的实施,直接为客户解决问题。在此方式下,管理咨询者的服务时间分为定期与不定期两种。

此外,还有上述方式的混合形式。例如,以顾问式或兼职式为基础,辅以项目式。

三、管理咨询的种类

(一)自我咨询、利益相关者咨询和第三方咨询

按咨询的主体不同,分为自我咨询、利益相关者咨询和第三方咨询。

1.自我咨询是指企业内部组织专人对专门问题进行调查、分析并提出解决方案。自我咨询是相对于外部人员的咨询而言的,目的在于搞清楚内部情况和外部环境的变化,明确哪些事该做、哪些事不该做,哪些事快做、哪些事缓做,以及应该怎么做和不应该怎么做,进而进行自我导向、自我管理、自我完善。这种咨询的优点是保密性好、费用开支少、机动灵活,并有利于提升企业管理能力。对于咨询力量强的企业可以采取此种形

式。但是,这种咨询的弱点是不容易克服企业以往形成的偏见和认识的局限。

2.利益相关者咨询是指与企业有重要利益关联的主体,如股东、母公司、债权人、职工代表大会等,为了保证其利益而对企业进行的调查与分析。其目的是要理顺或调整企业与咨询方的关系。这种咨询,有彼此情况熟悉、便于调查分析的有利一面,但也有受利害关系制约而有失公正的一面。

3.第三方咨询是指与企业没有利益关联的管理咨询者,接受企业或企业利益相关者的委托,对企业所存在的某个或某类问题所进行的咨询。第三方咨询的优点是有较强的独立性和公正性,不受企业管理层固有认识的限制,对问题的严重性和后果有更客观的认识。同时,由于咨询方与客户没有直接的利害关联,而是根据调查所得的数据发表意见,易于被客户内部各部门或当事人所接受。此种方式的缺点是客户不一定能找到适合于自己的咨询方,同时,易发生较高的咨询成本。

(二)综合咨询、专业咨询和专题咨询

按咨询的内容分为综合咨询、专业咨询和专题咨询。

1.综合咨询是对解决企业综合性问题所进行的咨询,它涉及企业的所有部门,其调查分析范围包括企业研发、供应、制造、销售、售后服务各个环节和生产、营销、财务、人力资源管理的各个方面,甚至涉及企业的经营方针、目标、战略、环境保护等,在此基础上提出解决问题的指导思想、步骤和方法。这种咨询的优点是有利于避免看问题的片面性,从有利于全局的角度出发,区分轻重缓急,统筹兼顾,制定正确的发展战略,理顺各方关系,形成内部良好的运行机制;缺点是投入大,费用高,见效慢。

2.专业咨询亦称部门咨询,是对企业某一专业领域或部门的问题进行的管理咨询。例如,对财务部门进行的业务流程、组织效率、岗位责任、预算机制、管理体制、业绩评价等内容的调查分析。

3.专题咨询是对企业提出的特定课题或经管理咨询方与企业共同商定的某一专门问题进行的咨询。例如,对如何完善企业的业绩考评机制所进行的咨询。这种咨询的优点是针对性强,任务明确,费用少,见效快;缺点是容易头痛医头、脚痛医脚,不能从根本上解决一些影响企业生存发展的深层次问题。

(三)认定咨询和非认定咨询

按咨询的性质分为认定咨询和非认定咨询。

1.认定咨询是按照社会(行业)规定的某种法规或标准对客户进行的咨询,即认证客户是否达到某种标准的要求、具有某种资格条件的咨询。例如,医药行业生产企业的GMP 认证咨询,工业制造业企业的 ISO9000 系列认证咨询。这种咨询分两种情况:一种

是企业接受正式认证之前为达到认证所必备的条件而邀请咨询机构进行的咨询;另一种是咨询机构兼有认证资格,在企业认证过程中提供的咨询。无论哪种情况,都要求咨询者具有胜任提供咨询的条件。因为客户的目标很明确,即通过某项资格的认证,所以,取得胜任认定资格条件,是咨询机构承揽认定咨询的前提。

2.非认定咨询即为一般的管理咨询。

(四)调查咨询、建议咨询和全程咨询

按咨询者介入的程度分为调查咨询、建议咨询和全程咨询。

1.调查咨询是咨询机构根据客户的要求,对有关问题所进行的调查研究。调查咨询的目的是帮助客户全面而深入地了解有关问题的现状、成因及其影响范围与程度,调查咨询的成果是调查报告。

2.建议咨询是咨询机构根据客户的要求,不仅对有关问题进行调查研究,而且要在调查研究的基础上向客户提出如何解决问题的方案。建议咨询的目的是帮助客户寻找出解决问题的办法,其成果形式为咨询报告、建议书或实施方案。

3.全程咨询则是指咨询机构不仅对客户的有关问题进行调查研究、分析判断、提出解决问题的方案,而且还要帮助客户实施解决方案,并针对方案实施过程中产生的问题进一步分析判断同时加以解决。全程咨询的目的是帮助客户解决问题,其成果形式主要有管理制度、工作手册以及企业内部文件。

咨询机构对客户咨询的不同介入程度,决定了咨询者对客户承担责任的不同程度。三种咨询方式相比,调查咨询承担责任最小,建议咨询承担责任其次,全程咨询承担责任最大。相应地,收费高低亦不同。三者相比,调查咨询收费少,建议咨询收费较少,全程咨询收费多。

(五)营利咨询和非营利咨询

按咨询者的目的分为营利咨询和非营利咨询。

1.营利咨询由咨询机构的性质决定,凡是以营利为目的,通过市场行为向客户收取咨询费用来维持生存与发展的咨询机构都是营利性咨询机构,其所从事的咨询活动属于营利咨询。例如,各种类型的管理咨询公司、资产评估公司和会计公司。

2.不以营利为目的的政府和事业单位向客户提供的管理咨询则是非营利咨询。

第三节 管理咨询的主体与行业组织

一、管理咨询主体

管理咨询主体是指向客户提供咨询服务的组织或个人。根据咨询主体所提供咨询服务的类型和特征,管理咨询主体分为专职咨询主体和兼职咨询主体两种。专职咨询主体是指专门从事咨询服务的组织或个人,包括管理咨询公司、会计师事务所、投资顾问公司、资产评估公司、保险精算公司、IT 公司、独立职业者等。兼职咨询主体是指并不专门从事管理咨询服务,但也能够提供这类服务的组织或个人,包括院校、科研机构、政府机关和专家教授等。

注册会计师承接管理咨询业务已经不是新鲜事,在跨国会计师事务所,管理咨询业务比重相当大,以至于要与查账审计业务分拆。根据《中华人民共和国注册会计师法》的规定,注册会计师必须加入会计师事务所方能承接业务。会计师事务所有两种类型:一种是合伙会计师事务所,它可以由注册会计师合伙设立。合伙设立的会计师事务所的债务,由合伙人按照出资比例或者协议的约定,以各自的财产承担责任,合伙人对会计师事务所的债务承担连带责任。另一种是有限责任会计师事务所,其条件是:不少于 30 万元的注册资本,有一定数量的专职从业人员(其中至少有 5 名注册会计师),国务院财政部门规定的业务范围和其他条件。负有限责任的会计师事务所以其全部资产对其债务承担责任。自 20 世纪 80 年代起,外国会计公司以中外合资(合作)方式进入中国,如安永(华明)、永道(中信)、普华(大华)、毕马威(华振)、德勤(沪江)等,目前已成为我国会计市场上实力雄厚的主力。随着我国加入世界贸易组织,会计市场暨咨询市场将进一步开放,国外会计公司与咨询公司不断进入,其业务活动也将在我国大范围扩展。

世界知名的管理咨询公司主要有以下七家。

(一)麦肯锡咨询公司(Mckinsey & Company)

1926 年,芝加哥大学杰姆斯·麦肯锡教授创立了麦肯锡咨询公司。该公司专门为企业高层管理人员服务,现已发展为国际性管理咨询公司。公司的使命就是帮助领先的企业机构实现显著、持久的经营业绩改善,打造能够吸引、培育和激励杰出人才的优

秀组织机构。麦肯锡采取“公司一体”的合作伙伴关系制度,在全球 44 个国家和地区有 80 多家分公司,有 7 000 多名咨询顾问。在大中华区(北京、上海、香港和台北)设立了 4 家分公司,主要是为中国内地、中国香港和台湾地区的著名公司和机构提供管理咨询服务,其主要客户对象是公司总裁、高级主管、部长、管理委员会、非营利组织及政府高层领导;其咨询重点是高级管理层所关心的议题;其主要业务范围是企业设计、战略开发、一体化解决方案、经营运作业绩改进、组织结构建设;在中国内地,较偏重于战略和组织机构设计。麦肯锡在大中华区的咨询业务涉及公司整体与业务单元战略、企业金融、营销/销售与渠道、组织架构、制造/采购/供应链、技术、产品研发等领域(该公司网址:http://www.mckinsey.com/;该公司大中华区网址:http://www.mckinsey.cn/)。

(二)罗兰·贝格国际管理咨询公司(Roland Berger)

该公司由罗兰·贝格于 1967 年在德国创立,目前在全球 25 个国家设有 36 个分支机构。公司的咨询顾问来自全球近 40 个国家,专长于为企业提供公司战略、重建、重组、市场营销、物流营运、企业兼并与联合及人力资源管理等咨询服务。主要业务分布于汽车、交通运输、电信、金融、公用事业、医药、零售/贸易等行业。罗兰·贝格国际管理咨询公司是一家由 180 名合伙人所共有的独立咨询机构。该公司于 1994 年、1995 年分别在上海和北京设立了办事处。该公司的经营特点是:目的性强——着眼于可以改善企业状况的关键性因素;针对性强——强调不是向客户出售某种“标准商品”,而是结合客户的企业和行业实际状况,提供适合客户的、有针对性的方案;坚持创新与融合——引进最前沿的管理理论及思维方式,融合公司的全球经验和最新的网络技术,以增强客户对网络经济的适应性;注重实效——项目自始至终都通过与客户方组成共同的工作小组来完成方案的设计,从而得以保证方案为客户各层面管理层所接受,并得到有效实施。

(三)波士顿咨询公司(BCG, Boston Consulting Group)

该公司成立于 1963 年,是美国著名的管理顾问公司,在战略管理咨询领域被公认为先驱。该公司的最大特色和优势在于公司已经拥有并还在不断创立的高级管理咨询理论,管理学界极为著名的“波士顿矩阵”就是由该公司在 20 世纪 60 年代创立的。BCG 的四大业务职能是企业策略、信息技术、企业组织、营运效益。目前波士顿咨询公司已发展成为一家能提供全方位企业策略的顾问机构,重点关注金融服务、快速消费品、工业、医疗保健、电信和能源业。1966 年,BCG 率先进军日本市场;1990 年,BCG 香港办事处的设立揭开了该公司进军大中华市场的序幕。大中华区目前由 4 个办事处组成,包括上海、香港、北京以及台北地区。该公司共有 150 多位员工,主要为大中华区的客户提供咨询服务。该公司率先提出并成功运用推广一些著名的管理理念和分析模型，丰富了管理理论。如经验曲线（Experience curve）、以时间为本的竞争（Time-based competition）、针对市场细分的营销法（Segment-of-one marketing）、投资或产品组合策略（增长/占有率矩阵）（Portfolio strategy, the growth/share matrix）、以价值为本的管理模式（Value-based management）、持续增长方程式（Sustainable growth formula）、股东总值（Total shareholder value）、策略性的市场细分（Strategic segmentation）、拓展准顾客（Customer discovery）、价值链分析（Value chain analysis）等（该公司网址：http://www.bcg.com/；该公司大中华区网址：http://www.bcg.com.cn/）。

（四）美国兰德公司（RAND，Research and Development）

该公司成立于1948年11月，总部设在美国加利福尼亚的圣莫尼卡。兰德公司是美国最重要的以军事为主的综合性战略研究机构。它先以研究军事尖端科学技术和重大军事战略而著称于世，继而又扩展到内外政策各方面，逐渐发展成为一个研究政治、军事、经济科技、社会等各方面的综合性思想库，成为当今美国乃至世界最负盛名的决策咨询机构，它影响和左右着美国的政治、经济、军事、外交等一系列重大事务的决策。兰德公司的研究成果举世瞩目。在该公司每年的几百篇研究报告中，70%的报告是机密的，30%是公开的。兰德公司被誉为美国的“思想库”，它在为美国政府及军队提供决策服务的同时，利用它旗下大批世界级的智囊人物，为商业企业界提供广泛的决策咨询服务。兰德分析家认为，世界上每100家破产倒闭的大企业中，85%是因为企业管理者决策不慎造成的。随着全球商业化竞争的加剧，一个企业管理者决策能力的高低，在很大程度上决定了企业的前途和命运。该公司的业务范围包括国际关系、对外政策、军事战略、新式武器、环境与自然资源、交通、通信、城市问题、市政建设、科学技术、教育、能源、住房、卫生保健、福利政策和经济政策等。著名的德尔菲法就是该公司创立的。

（五）毕博管理咨询公司（Bearing Point）

该公司原名是毕马威管理咨询公司（KPMG Consulting），是毕马威（KPMG）属下从事管理咨询业务的公司。2000年1月，美国思科公司投入10亿美元购买毕马威管理咨询公司19.9%的股权，使毕马威管理咨询公司和毕马威（KPMG）顺利分拆。2002年5月，毕马威管理咨询公司收购了安达信管理咨询公司（埃森哲），变为从会计公司孵化出来的最大的管理咨询公司。为了从美国安然事件引发的会计丑闻的阴影中摆脱出来，毕马威管理咨询公司于2002年10月更名为毕博管理咨询公司。毕博管理咨询公司在中国的总部设在上海，在北京设有分公司。该公司的咨询服务领域相当宽，不仅为企业也为社会团体和个人提供咨询，擅长于将知识转化为效益。

(六)博敦管理咨询公司(Braxton)

该公司原名为德勤管理咨询公司,是德勤会计师行(Deloitte)属下从事管理咨询业务的公司,其业务遍布世界130个国家和地区。其主要国际客户有:微软公司(Microsoft)、美国通用汽车公司(General Motors)、沃德芬公司(Vodafone)、克莱斯勒公司(Chrvsler)等。该公司对企业经营全过程提供全方位服务,如发展战略、日常经营、信息技术和人力资源管理等。其特色是注重服务流程管理和服务质量。该公司于2002年7月更名为博敦管理咨询公司,其业务与会计业务分拆。

(七)凯捷安永咨询集团(CAP GEMINI ERNST&YOUNG)

该公司是2000年5月由原来的安永咨询与欧洲IT巨头凯捷公司合并组成的。该公司是全球最大的咨询、技术和外包服务公司之一,业务涉及能源、公用事务、化工、金融、医学、制造、零售、运输、电信传媒网络等行业,主要是帮助企业实施成长战略及合理运用最新技术,为企业提供扩展和资源利用计划、供应链和客户链管理、战略和转型等解决方案。该公司在澳大利亚、中国、印度、日本和新加坡等国设有办事处,与思科、惠普、IBM、英特尔、微软等全球著名的技术领先企业有着密切的合作关系,帮助这些企业在芯片技术、互联网解决方案、操作系统、数据库、业务应用网络、移动技术等方面提供服务。该集团在中国的情况是:从1997年起,该公司在中国开展业务(2000年前为安永咨询),自2002年起,该集团将中国作为亚太地区的重点业务发展区域。目前,该公司在上海、北京、广州和香港等地均设有分公司及办事处。2003年,该公司将中国地区的业务总部从香港迁往上海。目前,该公司在上海、北京、广州、香港和台北等地均设有分公司和办事处。

21世纪初,世界五大会计公司的咨询业务发生大重组:安永咨询与凯捷集团合并,组成凯捷安永咨询;安达信整体消失了,旗下的管理咨询业务被毕马威收购,毕马威咨询改名为毕博咨询;普华永道的咨询业务作价35亿美元被IBM公司收购;德勤咨询改名为博敦咨询。

我国知名的管理咨询公司有:北大纵横管理咨询有限责任公司、诺亚舟管理咨询有限公司、北京铭略远迅管理咨询有限公司、上海通河企业管理咨询有限公司、北京华夏基石管理咨询有限公司、上海视野经济研究所、北京和君创业咨询有限公司、北京求是联合管理咨询有限公司等。除了专门的咨询公司以外,我国从事管理咨询服务的主体还有会计师事务所、税务师事务所、资产评估公司、大专院校以及以自然人身份承接咨询业务的有关专家。其中业务规模较大的本土会计师事务所有:中瑞岳华会计师事务所、立信会计师事务所、信永中和会计师事务所、大信会计师事务所、万隆会计师事务所、立安达信隆会计师事务所、中审会计师事务所等。

二、管理咨询行业组织

为了规范职业行为、建立市场秩序、提高咨询服务水平,需要有专门的行业管理组织对咨询行业进行管理。根据咨询业务类型的不同,管理咨询行业组织也不同。在我国,管理咨询行业组织有两类:一是面向企业管理咨询的行业组织,如中国企业联合会管理咨询委员会;二是面向专门业务管理的行业组织,如中国注册会计师协会(含资产评估协会)、中国注册税务师协会等。在国际上比较知名的相关行业协会有:国际管理咨询协会(ICMCI)、国际会计师联合会(IFAC)、美国管理咨询公司协会(ACME)、美国管理咨询顾问协会(IMC)、美国注册会计师协会(AICPA)、英国管理咨询协会(MCA)、英国管理咨询顾问学会(IMC)、英国特许会计师协会(ACCA)、加拿大会计师公会(CGA)、澳大利亚会计师公会(Australia CPA)、德国独立咨询企业协会(VUBI)、德国咨询业协会(GC)等等。

(一)中国企业联合会管理咨询委员会(GLZX)

该组织成立于1992年5月,是中国企业联合会的专业委员会,由有关管理咨询的机构、团体自愿联合组成。该委员会的基本任务是:组织制定行业发展中长期发展规划纲要,组织交流与推广管理咨询先进经验与方法,开展管理咨询研究活动,培训管理咨询顾问,组织重大课题协同攻关,开展国际交流,组织开展管理咨询顾问的资格认定和管理工作。该委员会每年召开一次全国性的咨询工作会议,每两年召开一次全国性的管理咨询顾问代表会议。

(二)中国注册会计师协会(CICPA)

该协会成立于1988年11月,直接受财政部的指导和监督。1995年6月,中国注册审计师协会与其合并;2000年3月,按照"一个协会、一套机构、两种资格、两个行业统一管理"的原则,中国资产评估协会与中国注册会计师协会合并,合并后的协会仍定名为"中国注册会计师协会",同时保留中国资产评估协会的牌子。原中国注册会计师协会和中国资产评估协会的职能统一由合并后的中国注册会计师协会承担。联合后的中国注册会计师协会,依法对全国社会审计行业和资产评估行业实行管理,依法接受财政部、审计署的监督、指导,并依据《中华人民共和国注册会计师法》和《中国注册会计师章程》行使职责。该协会的宗旨是服务、监督、管理、协调,为注册会计师、注册评估师、会计师事务所、审计事务所、资产评估事务所服务,为社会主义市场经济服务;监督注册会计师、注册评估师和事务所的执业质量、职业道德;依法管理注册会计师行业及资产评

估行业;出版发行会刊《中国注册会计师》;协调行业内、外部关系,维护注册会计师、注册评估师和事务所的合法权益。

(三)中国注册税务师协会(CCTAA)

该协会的前身是中国税务咨询协会,成立于1995年2月。该协会是由中国注册税务师和税务师事务所组成的行业自律管理组织,受民政部和国家税务总局的业务指导和监督管理。该协会的业务范围:一是对全国各地方协会、税务师事务所、协会会员实施行业指导、监督和管理,办理会员入会登记和注册管理;二是拟定会员职业道德规范、执业准则、执业规则、工作制度等,配合行政部门向国家立法机构提出立法建议;三是会员培训;四是传达贯彻国家有关法律法规,向行政部门反映会员意见和要求;五是开展行业调查研究,组织理论研究和工作经验交流,指导和推动税务咨询业务健康发展;六是编辑出版协会会刊及有关业务书刊,建立行业信息网络,提供专业信息服务;七是开展国际交往活动,加强与国外同行业组织之间的协作和联系。

第四节　管理咨询的职业规范

管理咨询的职业规范是指咨询主体从事咨询业务应遵循的有关资格认定、职业道德、纪律、咨询程序、咨询方法、工作标准、交流培训等方面的规则。对此,可从三个角度来看:第一,从管理咨询者角度,职业规范意味着要承认咨询机构和行业组织的权威,按规定取得执业资格,自觉遵从职业道德要求,在公司(事务所)的业务操作规程指导下执业,积极参加各种培训与交流活动,为客户解决管理疑难问题,做到客户满意、公司受益。第二,从管理咨询主体的角度,职业规范意味着要加强职业道德、企业文化和制度建设,遵守行业规则和职业道德,做到正当竞争、合理收费、保证服务质量。第三,从行业组织的角度,职业规范意味着要按一定程序从咨询主体代表、社会知名专业人士和政府有关部门代表中选出行业管理委员会成员,要制定能够引导行业健康发展的行业发展规划、行业规则和职业道德准则,要组织执业资格考试与后续教育,要对各咨询主体的业务活动实施监管,制止不正当竞争和各种违规行为,要开展对外交流与合作等。

职业规范的另一层含义,是明确界定咨询方与客户之间的权、责、利关系。其内容有:受托方根据委托方实际需要开展咨询,咨询课题经双方商定;受托方不承接力所不能及的咨询任务;不论哪一种类型的咨询,都要在委托方愿意密切配合的前提下进行。

受托方的职责，是保证实施方案的可能性和有效性，并积极帮助实施，并不保证方案必须实施；咨询工作成效，须以改善后的经济效益、社会效益和环境效益来衡量。

一、管理咨询者素质要求

作为一名合格的管理咨询者，其素质构成有两个层次：其一，品格、学历、资历构成基本层面的潜在素质；其二，能力、体力和心理构成工作层面的显在素质。优秀管理咨询者的潜在素质要求是：为人正直、诚信、自信、有事业心和敬业精神，责任感强，善于与人合作；具有从事管理工作的相关知识和经验，有一定的咨询经历、工作成绩和影响力。优秀管理咨询者的显在素质要求是：具有深入实际调查研究的能力、综合分析能力、独立思考与判断问题的能力、语言表达与善于交际的能力、说服人和指导工作的能力；具有胜任工作的体力和健康的身体；具有热情、专注、稳定和理智的心理素质。

对一般管理咨询者的素质要求虽然不如上述要求那么高，但是诚信、自信、敬业、善于与人合作的品行，具有较高学历和相关知识，具有一定管理工作或咨询工作经历，思维的逻辑性和清晰的表达能力等却是必不可少的条件。

二、管理咨询者资格认证

在我国，由于从事管理咨询业务的人员身份不同，决定客户聘请意愿的着眼点亦有不同。对于学院派的管理咨询者，客户看重的是其专业技术职务和在业界的影响；对于经验派的管理咨询者，客户看重的是其职业绩效、经验及社会影响；对于职业派的管理咨询者，其咨询绩效和职业资格决定了客户的聘请意愿。即便是职业派的管理咨询者，由于其专业归属不同，其资格认证亦有不同。例如，属于中国企业联合会管理咨询委员会系列的职业资格的有管理咨询顾问、管理咨询师、高级管理咨询师、国际注册管理咨询师；属于中国注册会计师协会系列的职业资格的有注册会计师、注册评估师；属于中国注册税务师协会系列的职业资格有注册税务师。此外，一些国际专业团体也到中国来发展其职业资格，如加拿大的特许会计师（CGA）、英国的特许管理会计师（CIMA）等。

管理咨询顾问是中国管理咨询委员会最早推出的职业资格。1991 年 9 月 25 日，中国企业联合会通过了《管理咨询顾问资格认定和管理办法》，该办法于 2001 年 10 月 29 日通过中国企业联合会第十五次管理咨询工作会议修改，对管理咨询顾问的基本条件作出五项规定：

1.在一个管理咨询机构里从事专职或兼职管理咨询活动。

2.恪守咨询顾问道德准则，积极为我国经济建设服务。

3.具有一定的经济管理或企业管理工作经历，熟悉并能掌握国家有关经济工作的法律、法规、方针和政策。

4.具有相应的学历或专业技术职称，受过省、自治区、直辖市和全国性行业以上相应的管理咨询专门训练。

5.热爱管理咨询事业，身体健康，精力充沛。

该办法将管理咨询顾问分为中级顾问和高级顾问，并分别规定了资格认证的专业条件。

2005 年 9 月，中国管理咨询委员会与人事部携手，共同对管理咨询者的资格认证作了进一步规范，由人事部颁发《管理咨询人员职业水平评价暂行规定》和《管理咨询师职业水平考试实施办法》（国人部发〔2005〕71 号文件）。文件规定："国家人事部指导、监督管理咨询师职业水平考试的实施工作，中国企业联合会管理咨询委员会具体负责管理咨询师职业水平考试的组织实施。管理咨询专业人员职业水平评价，纳入全国专业技术人员职业资格证书制度统一规划，并将高级管理咨询师的评审与国际标准接轨。"从此形成了"两个体系、两个标准、三个层级"的管理咨询师资格认证的新格局。"两个体系"是指管理咨询师的国内资格认证体系和国际认证体系；"两个标准"是指国家认证标准（人事部授权）和国际认证标准（国际管理咨询协会理事会授权）；"三个层级"是指管理咨询师、高级管理咨询师和国际注册管理咨询师的资格序列。

根据人事部〔2005〕71 号文件，高级管理咨询师职业水平评价按照国际通用标准和程序进行，管理咨询师职业水平评价采用考试的办法进行。管理咨询师职业水平考试实行全国统一考试大纲、统一命题、统一组织，原则上每年举行一次。该文件对参加考试人员的条件规定，即遵守国家法律、法规，恪守职业道德，并具备下列条件之一：

1.取得经济学或管理学专业大学专科学历，从事管理咨询及相关业务工作满 6 年。

2.取得经济学或管理学专业大学本科学历，从事管理咨询及相关业务工作满 4 年。

3.取得经济学或管理学专业硕士学位，从事管理咨询及相关业务工作满 2 年。

4.取得经济学或管理学专业博士学位，从事管理咨询及相关业务工作满 1 年。

5.取得非经济学或管理学专业上述学历或学位，其从事管理咨询及相关业务工作相应增加 2 年。

6.通过全国统一考试取得经济师、会计师资格证书或经济类职（执）业资格证书，从事管理咨询及相关工作满 1 年。

管理咨询师考试设置企业管理咨询实务、企业管理咨询案例分析两个科目，前一个科目考试时间为 3 小时，后一个科目考试时间为 3.5 小时。两个科目考试要求 1 年内全部通过。

中国注册会计师协会则依据 1993 年 10 月 31 日第八届全国人民代表大会常务委员会第四次会议通过的《中华人民共和国注册会计师法》对执业注册会计师的资格获取作

了相关的规定。从2009年开始，考试改为两个阶段：第一阶段即专业阶段，主要测试考生是否具备注册会计师执业所需的专业知识，以及是否掌握基本技能和职业道德要求。考试科目有会计、审计、财务成本管理、公司战略与风险管理、经济法、税法。第二阶段即综合阶段，主要测试考生是否具备在注册会计师执业环境中运用专业知识，保持职业价值观、职业态度与职业道德以及有效解决实务问题的能力。考试设一个综合科目。考生在通过第一阶段的全部考试科目后，才能参加第二阶段的考试。两个阶段的考试，每年各举行一次。单科成绩有效期为5年。

中国注册税务师协会对会员的要求是通过财务与会计、税法(一)、税法(二)、税收相关法律、税务代理实务五个科目的考试。只有符合规定条件的人才能够报考，例如，取得经济类、法学类大专毕业，或非经济类、法学类本科毕业满6年，取得经济类、法学类本科毕业满4年等。对于已经按国家规定评聘为经济、会计、审计、统计、法律等高级专业技术职务，从事税务工作满2年的，可免试财务与会计、税法(一)、税法(二)三个科目。考两科必须在一个考试年度内一次通过，考五科则要求在3年内全部通过，方可取得执业资格证书。

三、管理咨询者职业道德

职业道德是管理咨询行业赖以存在的基石。根据《管理咨询顾问资格认定和管理办法》第三十七条，管理咨询顾问需要遵守的职业道德是：

1.严格遵守国家有关法律、法规和方针、政策。

2.恪守独立、公正、客观的立场。

3.一切判断基于事实。

4.不接受力不胜任的委托。

5.为客户恪守经营秘密。

6.不仅为客户解决问题，更要着眼于提高客户的管理水平。

7.不做因维护客户利益而损害社会或第三者利益的事。

8.不借咨询之便侵害客户利益。

9.除事先商定的报酬外，不索取其他额外的报酬。

10.不做诋毁同行的事。

管理咨询业的职业道德与注册会计师审计业务要求的职业道德有不少相同之处，两者相比，做审计业务所要求的职业道德规定更细致。我国的注册会计师的职业道德内容主要有独立、胜任、谨慎、尽责、保密。

（一）独立性原则

注册会计师的独立性是客观、公正执业的基础。为此，《中国注册会计师职业道德规范指导意见》对注册会计师如何保持独立性作了如下详细说明：

独立性是指注册会计师在执行鉴证业务时应当保持实质上和形式上的独立，不得因任何利害关系影响其客观、公正的立场。

可能损害独立性的因素有经济利益、自我评价、关联关系和外界压力。经济利益可能损害独立性的情形主要包括：

1.与鉴证客户存在专业服务收费以外的直接经济利益或重大的间接经济利益。

2.收费主要来源于某一鉴证客户。

3.过分担心失去某项业务。

4.与鉴证客户存在密切的经营关系。

5.对鉴证业务采取或有收费的方式。

6.可能与鉴证客户发生雇佣关系。

自我评价可能损害独立性的情形主要包括：

1.鉴证小组成员曾是鉴证客户的董事、经理、其他关键管理人员或能够对鉴证业务产生直接重大影响的员工。

2.为鉴证客户提供直接影响鉴证业务对象的其他服务。

3.为鉴证客户编制属于鉴证业务对象的数据或其他记录。

关联关系可能损害独立性的情形主要包括：

1.与鉴证小组成员关系密切的家庭成员是鉴证客户的董事、经理、其他关键管理人员或能够对鉴证业务产生直接重大影响的员工。

2.鉴证客户的董事、经理、其他关键管理人员或能够对鉴证业务产生直接重大影响的员工是会计师事务所的前高级管理人员。

3.会计师事务所的高级管理人员或签字注册会计师与鉴证客户长期交往。

4.接受鉴证客户或其董事、经理、其他关键管理人员或能够对鉴证业务产生直接重大影响的员工的贵重礼品或超出社会礼仪的款待。

外界压力可能损害独立性的情形主要包括：

1.在重大会计、审计等问题上与鉴证客户存在意见分歧而受到解聘威胁。

2.受到有关单位或个人不恰当的干预。

3.受到鉴证客户降低收费的压力而不恰当地缩小工作范围。

会计师事务所要采取相应措施来维护独立性。维护独立性的措施主要包括：

1.要求执业者保持独立性。

2.制定有关独立性的政策和程序,包括识别损害独立性的因素、评价损害的严重程度以及采取相应的维护措施。

3.建立必要的监督及惩戒机制,以促使有关政策和程序得到遵循。

4.及时向所有高级管理人员和员工传达有关政策和程序及其变化。

5.制定能使员工向更高级别人员反映独立性问题的政策和程序。

6.安排其他人员进行业务复核。

7.定期轮换项目负责人及签字注册会计师。

8.与鉴证客户的审计委员会或监事会讨论独立性问题。

9.向鉴证客户的审计委员会或监事会告知服务性质和收费范围。

10.制定确保鉴证小组成员不代替鉴证客户行使管理决策或承担相应责任的政策和程序。

11.将独立性受到损害的鉴证小组成员调离鉴证小组。当维护措施不足以消除损害独立性因素的影响或将其降至可接受水平时,会计师事务所应当拒绝承接业务或解除业务约定。

(二)胜任原则

胜任原则是指注册会计师应当具有胜任承接业务的专业能力和执业资格。对此,要求注册会计师通过教育、培训和执业实践来保持和提高专业胜任能力,注册会计师不得宣称自己具有本不具备的专业知识、技能或经验,注册会计师不得提供不能胜任的专业服务(不得承办不能胜任的业务);在提供专业服务时,注册会计师可以在特定领域利用专家协助其工作;在利用专家工作时,注册会计师应当对专家遵守职业道德的情况进行监督和指导。

(三)谨慎原则

谨慎原则是指注册会计师在执行业务时,应当保持应有的职业谨慎,对有关业务形成结论或提出建议时,应当以充分、适当的证据为依据,不得以其职业身份对未审计或其他未鉴证事项发表意见。注册会计师不得对未来事项的可实现程度做出保证。注册会计师对审计过程中发现的违反会计准则及国家其他相关技术规范的事项,应当按照独立审计准则的要求进行适当处理。

(四)尽责原则

尽责原则是指注册会计师要对客户、对同行、对自己的行为负责任。

对客户负责,要求注册会计师做到:

1.在维护社会公众利益的前提下,竭诚为客户服务。

2.按照业务约定履行对客户的责任。

3.对执行业务过程中知悉的商业秘密保密,并不得利用其为自己或他人谋取利益。

对同行负责,要求注册会计师做到:

1.与同行保持良好的合作关系,配合同行工作。

2.不得诋毁同行,不得损害同行利益。

3.会计师事务所不得雇用正在其他会计师事务所执业的注册会计师;注册会计师不得以个人名义同时在两家或两家以上的会计师事务所执业。

4.会计师事务所不得以不正当手段与同行争揽业务。

对自己行为负责,要求注册会计师及会计师事务所做到:

1.维护职业形象,杜绝有可能损害职业形象的行为。

2.不得采用强迫、欺诈、利诱等方式招揽业务。

3.不得对其能力进行广告宣传以招揽业务。

4.不得以向他人支付佣金等不正当方式招揽业务,也不得向客户或通过客户获取服务费之外的任何利益。

5.不得允许他人以本所或本人的名义承办业务。

(五)保密原则

保密原则是指注册会计师在执业过程中和执业之后,不对客户的信息作不适当的披露。对此,《中国注册会计师职业道德规范指导意见》作了说明:

1.注册会计师应当对在执业过程中获知的客户信息保密,这一保密责任不因业务约定的终止而终止。

2.注册会计师应当采取措施,确保业务助理人员和专家遵守保密原则。

3.注册会计师不得利用在执业过程中获知的客户信息为自己或他人谋取不正当的利益。

4.注册会计师在以下情况下可以披露客户的有关信息:第一,取得客户的授权;第二,根据法规要求,为法律诉讼准备文件或提供证据,以及向监管机构报告发现的违反法规行为;第三,接受同业复核以及注册会计师协会和监管机构依法进行的质量检查。

5.在决定披露客户的有关信息时,注册会计师应当考虑三个因素:第一,是否了解和证实了所有相关信息;第二,信息披露的方式和对象;第三,可能承担的法律责任和后果。

思　考　题

1.什么是管理咨询？

2.CPA 的管理咨询业务应包含哪些内容？

3.管理咨询从业人员应具备什么样的条件？

4.注册会计师的职业道德与一般管理咨询者的职业道德有何异同？

5.当企业采纳了管理咨询建议之后,管理咨询者是否要为企业的行为结果承担责任？

6.为什么咨询者不应承接不能胜任的业务？

7.如何才能咨询成功？

咨询程序与基本方法

本章要点

管理咨询的程序与方法是实现管理咨询活动目的的手段。本章分三节：第一节介绍管理咨询者应具备的思维方式，便于学生树立正确的认识观，为驾驭咨询活动的程序与基本方法奠定思想基础；第二节通过对管理咨询程序的介绍，使学生了解管理咨询的程序以及各步骤的具体内容；第三节从定性分析和定量分析两个方面向读者介绍管理咨询的基本方法，旨在使学生熟悉和掌握这些方法，以至于能够在管理咨询实践中灵活运用。

第一节　咨询者的思维方式

思维方式是人们大脑活动的内在程式，它影响和决定了人们对客观事物的认识角度、评价标准、判断、态度乃至言行。正确的思维方式，是人们正确认识客观事物的主观条件。“差之毫厘，谬以千里”，认识上的偏差会导致行为结果的大相径庭。有一则在管理界流传很广的故事：两个不同制鞋企业的市场营销人员同时到非洲某国去寻找产品销路。他们了解到，当地人几乎都不穿鞋，从小到大都赤脚走路，许多人甚至一辈子都没见过鞋子。于是，他们分别向自己的领导作了报告。一个说“这里的人不穿鞋”；另一个讲“这里的人没鞋穿”。前一位营销人员报告之后接到指示便离开了该国，所在企业放弃了当地市场。后一位营销人员报告之后接到指示便在当地开展业务。数年之后，营销人员留下来开发市场的企业在当地获得了巨大的成功，穿鞋成为当地人的时尚和新的生活习惯。为什么对待同样的现象，不同的营销人员及其企业会做出不同的反应？这就是思维方式或观念不同使然。咨询者如果不具备正确的思维方式，就不能为客户指明解决问题的正确方向和途径。

一、唯实思维

唯实思维就是尊重客观、从实际出发，在处理主观与客观的关系时将客观放在第一位。具备唯实思维者，无论解决任何问题，都要尽可能深入全面地了解问题形成的背景、历史和现状，使自己的认识尽可能地符合实际，把认识问题、解决问题的出发点和落脚点都放到实际中来。唯实思维是古今中外成大事的个人抑或组织的共同之处。

唯实思维离不开调查研究、掌握信息、总结经验三部曲。孙子曰：“知彼知己，百战不殆。”在这里，“彼”和“己”是客观实际，调查研究就是“知”。军事将领动用各种手段来了解敌我双方的情况，是在做调查研究；政府官员微服私访体恤民情，也是在做调查研究。只有把实际情况搞清楚，才能作出正确的判断和决策。进行调查研究要解决三个问题：了解什么？向谁了解？如何了解？在调查研究过程中则有三个忌讳：忌浮，忌偏，忌假。

了解情况是调查研究的目的，实际情况通过信息表现出来，了解情况是否全面、是否深入、是否正确，取决于调查者掌握反映实际情况的信息的数量和质量。不具备足够

数量的信息,实际情况的全貌和细节就反映不出来;不具备一定质量的信息,实际情况的本质和特征就不容易为人们所掌握。信息的数量,具有"分与合"特征,即由信息的明细分类和分别汇总构成,如古人所说"月计岁会""零星算之为计,总和算之为会"。信息的质量,由信息的质量特征组合构成,即信息的真实性、相关性、及时性、准确性等特征的组合。会计信息、统计信息、报告信息、报道信息、档案信息、访谈信息、会议信息、现场信息等等,皆是信息的表现形式。

总结经验是对信息进行加工利用的一种重要方式。对掌握信息进行去粗取精、去伪存真、由表及里、由此及彼的加工处理,才能够使人们的认识得以深化,主观与客观更加相符。按照唯物主义观点,每一个人都不可能生来就先知先觉,只有善于从自己或别人的成功与失败当中总结经验的人,才能使自己的主观愿望与客观实际统一起来。可以说,真正的聪明人是善于总结经验的人。毛泽东在1965年曾经对李宗仁说过:"我是靠总结经验吃饭的。"纵观毛泽东的一生,从事前无古人的事业,九死一生,历经艰辛,吃一堑长一智,打一战进一步,百折不挠,终获成功。陈毅元帅对他的评价是:"毛泽东不二错",证明此言不虚。总结经验的形式多种多样:撰写总结、会议纪要、"闭门思过"、文档记录、审查报告、报刊报道等等,是直接的经验总结;阅读文献、调查信息加工等等,是间接的经验总结。

二、辩证思维

辩证思维是指用对立统一、发展变化的观点来看待世间的一切事物。我国殷商时期的《易经》,是最早用"阴阳"对立统一和发展变化的观点来解释宇宙和人生的哲学著作;春秋时期老子所著的《道德经》,也充满了辩证思维。譬如:"有无相生,难易相成,长短相形,高下相倾,音声相和,前后相随,恒也";"曲则全,枉则直,洼则盈,敝则新,少则得,多则惑";"夫唯不争,故天下莫能与之争";"无为而无不为";"治大国若烹小鲜";"天下难事必作于易,天下大事必作于细";"合抱之木,生于毫末;九层之台,起于累土;千里之行,始于足下"等等。

辩证思维的要点有三:一是对立统一;二是发展变化;三是客观条件。对立统一是指万事万物皆具有既相互对立、相互斗争,又相互统一、相互依存的两面,无论一分为二抑或合二为一,事物的两面性普遍存在。认识事物以此为出发点,可以避免片面性和局限性。孙子曰:"智者之虑,必杂于利害";德鲁克讲:"如果没有不同意见,就不要忙于做决定",说的就是这个道理。事物的属性不仅具有两面性,而且还有变化性,即对立双方彼此转化,即"盛极而衰,否极泰来""塞翁失马,焉知非福"之意。但是,任何变化又都不可能是孤立的和无条件的,而是相互联系的事物之间互相影响的结果。所以说,任何事物的对立统一和发展变化均离不开一定的客观条件。

三、对称思维

对称思维是辩证思维的延伸,意指事物相互依存、相辅相成的两面在数量关系上的相互对称。“没有付出,哪有回报”;“天上不会掉馅饼”;“种瓜得瓜,种豆得豆”;“一分耕耘,一分收获”;“责任与权利要相称”;“风险与报酬成正比”;“论功行赏”、“按劳分配”;“激励与约束要匹配”等等,皆是对称思维的体现。从亚当·斯密的“劳动价值论”到马克思的“剩余价值论”,无不打上了对称思维的烙印,就连美国行为学家亚当斯的“公平理论”,也透射着对称思维的逻辑。

管理咨询者在对客户单位提供咨询服务的过程中,常常遇到与职责分工、业绩评价、利益分配、内部控制制度设计等有关的问题,解决这些问题离不开对称思维。

四、同异思维

同异思维是“异中求同”与“同中求异”的合称。大凡解决各类纠纷、矛盾和博弈关系都会涉及“求同存异”。博弈中的各方或谈判中的各方,要想达成协议,必定要找到各方都能够接受的共同点。战国时期的苏秦得以集六国相印于一身,其依据就是“异中求同”的思维结果——“合纵”之说。所谓“触类旁通,举一反三”均是求同思维的结果。管理咨询者在为客户排忧解难、解决内部纠纷或提出凝聚人心的奋斗目标过程中,在“异中求同”思维方式指导下,有利于提出合理的解决方案。

在历史上,破解苏秦“合纵”的是张仪的“连横”。苏秦的“合纵”是在六国的共同点上做文章,张仪的“连横”则是在六国的差别上做文章,他利用并扩大六国的差异和矛盾,远交近攻,各个击破,最终使秦国统一了中国。“同中求异”思维方式有利于管理咨询者在具备对同类型客户情况了解的基础上,迅速掌握目标客户的具体情况,在推广复制以往成功经验或模式的过程中,通过修正偏差、调整方案,来达到迅速取得咨询成效的目的。

“同中求异”思维方式的演变,便形成创新思维。所谓创新思维,就是在现实条件下,通过深入研究某一类现象或该类事物的变化规律、改变认识事物的视角或各种资源要素组合方式及其结构,进而产生出不同于以往认识的新认识、发现资源的新功能或新用途,最后带来新的利益。成语“推陈出新”便含此意。创新的范围很广泛,常见的有观念创新、技术创新、工艺创新、产品用途创新等等。对管理咨询者而言,所要考虑的创新主要有管理或技术人员的观念创新、组织战略创新、组织结构创新、工作流程创新、工作手段创新、管理制度创新、培训方式创新和分析方法创新等等。

五、临界思维

临界思维是指对事物性质及其变化程度的判断要有"界限"依据。孔子曰:"欲速不达,过犹不及";"从心所欲而不逾矩"。这说明,很早以前人们就认识到了做事要把握"分寸"的道理。关于临界思维,哲学有"度"的概念,政治学有"转折点和底线"的概念,经济学有"最佳值"的概念,就是国与国之间也少不了各自的权利边界。临界思维就是要求人们无论做什么事,都要对该事物所涉及的各种"界限"有所把握。企业经营面临着多种界限,如法规界限、道德界限、财务界限、业务界限等等。界限的划定是有一定条件的、相对的,并非一成不变。管理咨询者的任务,是替客户寻找并指出这些界限所在,以保证客户的行为不逾越合理合法的范围。以财务临界分析为例,有安全临界分析、盈亏临界分析、极值临界分析和转折临界分析等等。

六、逻辑思维

逻辑思维是指符合规律或事理的思维,包括归纳演绎、因果推理、分析综合等。

归纳演绎是归纳和演绎的合称。归纳是指从许多个别的事物中概括出具有共性特征的一般性概念、原则或结论的思维方式。归纳可以进一步分为完全归纳和不完全归纳两种。完全归纳是从全部个体中概括出一般性结论;不完全归纳是从部分个体中概括出一般性结论,成语"一叶知秋"就是不完全归纳的极端例子。简言之,归纳就是从个别到一般;演绎是以一般概念、原则为前提推导出个别结论的思维方式,即依据某类事物都具有的共同属性、关系来推断该类事物中个别事物所具有的属性、关系的推理方法。简言之,演绎就是从一般到个别。

因果推理可以进一步分为从原因到结果的推理和从结果追溯原因的推理。英国著名侦探小说《福尔摩斯探案集》里的主人公福尔摩斯就是一个擅长于逻辑思维的侦探。他不仅能够从蛛丝马迹的现象中推理出罪犯的作案过程,而且还能够从人性的特点和人际关系推理出罪犯作案的心理动机。

分析综合是分析与综合的合称。分析有两种类型:一种是从事物的结构或组成数量方面将事物进行分解,以研究分解之后的事物的具体内容,即所谓"条分缕析"、"明细核算";另一种是针对事物的具体表象或现象进行调查研究,以完成对事物变化的来龙去脉、前因后果的认识。相应的,综合也有两种类型:一种是从数量方面将具有同样特征或属性的事物汇总起来,即所谓"总分类核算",以数量形式加以表达;另一种类似于归纳,即将具有同样品性或属性或特征的事物汇总描述,以本质或特征形式加以表达。

管理咨询者要说服客户接受自己的见解,就要使自己的论据与论点之间建立起使人信服的必然联系,利用逻辑的力量来支持其分析和解决问题的见解。

七、形象思维

形象思维是指利用有形物的特征和视觉影像来进行思维的方式。这种思维方式及其表述具有生动、鲜活、易于为人们所接受的特点。管理咨询者利用形象思维来表述自己的见解，非常容易得到客户的理解并引起共鸣。例如，"物竞天择、适者生存是生物进化的规律。企业是具有生命特征的有机体，要生存和发展，就必须认识环境、适应环境，积极应对环境变化所带来的威胁和挑战，抓住机遇，发展自己。否则，就会在激烈的市场竞争中被淘汰""资金是企业的血液""企业的决策系统出了问题，就好比人的大脑出了问题"等等。南朝梁国人王籍在《入若耶溪》一诗中有名句"蝉噪林愈静，鸟鸣山更幽"①，就是形象思维的佳作。鲁班发明锯子，仿生学的产生，无不是形象思维的结果。

八、系统思维

管理咨询往往面对涉及多个部门、多种职能、多个专业、多个方面的复杂问题，分析解决任何一个复杂问题都可能是一项系统工程。系统思维就是站在全局的高度来通盘考虑问题，它是着眼于组织的功能和目的，从事物之间的联系入手而全面展开的一种思维方式。即根据系统存在的条件、系统的目标与功能、系统构成要素之间及其与外部环境相互之间的相互影响和作用进行的全局性思维。东汉末年诸葛亮的"隆中对"，战国时期孙膑的"围魏救赵"，20 世纪 90 年代著名策划人王志纲的"房地产不等于钢筋加水泥"的理论及其碧桂园小区的成功开发实践等等，均是系统思维的典型例子。

第二节 咨询程序

程序是按时间的先后来规定做事情的顺序。管理咨询是一项追求实效的管理改善与开拓性活动，也要根据咨询过程的内在规律性来确定咨询工作的基本步骤和先后顺序。虽然咨询活动有大小、难易之分，咨询者要从实际出发，根据咨询的对象、内容和咨询方法的不同而安排不同的咨询程序，但是，人们从长期咨询实践中总结出来的一些基本步骤是任何咨询活动都必须遵循的，它体现了人类认识客观世界的规律，违背了这些

① 王籍，字文海，南朝梁国诗人。曾作《入若耶溪》一诗："艅艎何泛泛，空水共悠悠。阴霞生远岫，阳景逐回流。蝉噪林愈静，鸟鸣山更幽。此地动归念，长年悲倦游。"

基本规律,会使咨询活动失去科学性,甚至导致失败。由于我国的管理咨询业还处于发展的初级阶段,所以本书借鉴英国管理学者菲利浦·萨德瑞在《管理咨询优绩通鉴》一书中的观点,将管理咨询活动的全过程,包括整个咨询过程中各阶段工作内容和方法及其相互关系划分为七个阶段,即准备阶段、接洽阶段、进入阶段、调查阶段、分析与判断阶段、提出建议和解决方案阶段、实施阶段。

一、准备阶段

准备阶段是管理咨询的第一阶段。该阶段对咨询顾问提出了素质方面的要求以及知识不断更新的要求,要求咨询公司了解咨询人才的类型和可用资源。

(一)符合执业要求的咨询者

咨询主体在开展咨询服务以前,需要具备的第一个条件就是要有符合执业要求的咨询者。管理咨询者要解决别人难以解决的管理问题,就必须在专业知识和专业技能方面高于常人。不仅如此,管理咨询者还需要在行为举止、说服和促进客户认识进而进行变革等方面具有不凡的本领。一个合格的咨询者要具备四个方面的条件:合理的知识结构、必备的专业技能、良好的基本素质、一定的工作经验和资历。

合理的知识结构包括三方面:基础知识、相关学科知识、咨询理论和行为科学知识。基础知识和相关学科知识是咨询者了解咨询对象存在问题的基础条件;咨询理论是开展现代咨询活动的指南。由于咨询活动是一种双向交流的智能服务,咨询人员对客户不仅要了解个人行为特点,而且要研究客户作为团体和组织的行为机制与特点,因此,对于咨询者来说,行为科学知识也是必须具备的。

必备的专业技能包括诸多方面:沟通技能(人际关系和人内关系)、语言运用能力、文字处理能力,计算机技能、分析技能、综合技能、创新技能、倡导技能和推销技能等。

良好的基本素质包括职业道德、心理素质、品行素质和身体素质。

(二)了解社会经济的基本变化趋势

企业的生存与发展离不开一定的社会经济环境,后者不仅在相当程度上影响着企业,而且还处在不停的变化之中。不能审时度势、洞察环境变化的企业家,不可能领导企业走上健康发展的坦途;管理咨询者也同样,不了解企业生存环境及其变化的趋势,就不可能很好地把握问题的现状、原因及其变化,不可能懂得如何把握解决问题的时机和分寸。

管理咨询者了解社会经济基本变化有如下四个视角:

1.政治变化。其内容包括:国际关系变化、国家之间关系改善或恶化、跨国区域合

作、政府人事变更、国家管理体制改革、国家政策调整(教育、社会保障、医疗、福利、就业、人口、户籍、人事、工作时间、退休年限等)、法律法规的出台或修改、宗教问题、民族纠纷、各种思潮及其影响、社会各阶层矛盾演变等等。

2.经济变化。其内容包括:经济周期、国际贸易、加入地区或世界贸易组织、税收政策(含关税)、资本市场动向、金融形势、利率变化、汇率变化、外汇储备、财政政策、国家或地方经济发展规划、行业政策、就业形势等等。

3.社会变革。社会变革有多种形式。除了政治、法律和国家体制的变革以外,社会意识的变革也是一个重要方面,即人们对待生活和周边环境的态度、价值观以及信仰的变化。

社会价值观和态度的变化使人们的生活方式发生了变化。例如,贷款消费、假日经济、旅游热潮、重视保健、单亲家庭、子女不再与老人同住、终身教育等等,催生了无数商业机会,带动了相关行业的迅速发展,也为管理咨询开辟了更广阔的发展空间。随着人民生活水平的提高,个人及家庭可支配收入的增长,人们越来越关注生活的质量和消费方式,传统的产业如不随之进行相应的改变就会被国外的产品逐出市场。例如,在农业方面,人们已经告别了对单一粮食作物的追求,低热量、低脂肪饮食的需求在增长,“非绿色”产品的消费在下降;畜牧、养殖、水果、花卉、林木、草皮、风景、民俗旅游、农产品深加工,以及家政服务、建筑施工、安全保卫、商品流通均已成为现代农民的谋生之道。

4.技术变革。20世纪下半叶,以信息技术飞速发展为代表的科学技术革命,使传统产业和人们的生活方式有了极大改观。科学技术不仅仅是经济发展的火车头,同时也是推动社会发展的根本动因。新技术、新设备、新制造环境和新工作环境带来的是新的管理理念、管理手段和管理方法。如精益管理(LM)、财务共享中心、5G应用、页岩气与可燃冰开采、企业资源计划(ERP)、零库存管理(JIT)、全面质量管理(TQM)、业务流程再造(BPR)、精益生产(LP)等等。至于生物科学的突破促成的发展,如基因确认、基因复制以及克隆技术等,这些新技术对商业而言的意义还不明朗,但是很可能会促进全新行业的产生,创造全新的专家咨询领域。

(三)了解咨询者类型和可用资源

按照不同分类角度和标准,可以把咨询人才分成各种类型,如内部咨询人员(Internal Consultants)和外部咨询人员(External Consultants);通才(Generalists)和专家(Specialists);过程咨询人员(Process Consultants)和内容咨询人员(Content Consultants)等等。

咨询活动是知识密集型的社会服务,一个有效率的咨询机构,不仅要保证所属咨询人员具有高水平的个人素质,而且要有合理的人才群体结构,发挥集成优势,优化整体

咨询系统。因此,为了保证咨询者能够胜任咨询工作,在准备阶段,咨询者要了解咨询公司内部的人员状况,包括他们的教育背景、以前的工作历史(任职的公司、职务和日期等)、其他有关的成就(如主要出版的作品、在行业协会的职务等)、目前在公司内的职务等等。除了公司人力资源以外,公司的可用资源还包括公司品牌、客户资源、财务资源、业务范围和相关业务、学习能力、管理能力等等。了解公司的可用资源,有助于咨询者很好地把握市场机会。

二、接洽阶段

接洽阶段是咨询主体与客户之间的初步接触,咨询业务能否承接成功,在很大程度上取决于这一阶段主客双方接洽的结果。这一阶段分为初步接洽、研究回复、深入商谈三个步骤,经过三个步骤之后,对咨询公司来说,要确认咨询内容与介入方式、咨询者身份与双方的合作关系。

(一)接洽过程

1.初步接洽。咨询主客体之间的初次接触,可能是客户慕名而来,可能是第三方介绍,也可能是咨询机构自荐的。初次接触的形式有多种:咨询公司利用幻灯片向客户演示自己的专长与服务业绩,举行有关咨询问题的解释会,举办专题讲座,非正式场合的会面、与客户的约会等等。每一种情况都需要不同的准备,咨询机构要重视每一次与客户接触的机会。只要客户有要求并且态度是积极的,咨询机构就要有所回应,并尽早安排双方正式会晤。

2.研究回复。为了作出正确的判断,咨询顾问除了与客户直接接触外,还需要进行一些间接调查。无论是否有合作意向,都要向客户提出双方合作的初步方案供客户考虑。

3.深入商谈。经过初步接洽,如果客户也有合作意愿,双方需要就咨询方提供的初步方案进行商讨。当客户是咨询方不熟悉的行业,或客户的问题还不明确时,需要通过快速全面的预备调查来确定具体的咨询课题。预备调查的准备工作、咨询者身份与合作关系类型是双方深入商谈的重点。如果双方能达成一致意见,咨询工作就进入下一个阶段;否则,双方的接触就到此结束。

在洽谈过程中,可能遇到下列情况,咨询机构代表要妥善处理。

(1)当因自身能力方面的原因而不能接受对方的委托时,要考虑借用外部资源弥补自身的不足,以满足客户的需要;或诚恳地向客户说明不能接受委托的理由;在可能的情况下,应向客户推荐有此能力的同行。

(2)当客户希望的咨询项目或内容与法律法规相悖时,应说服其放弃;或者帮其修正悖法部分，在合法的前提下接受咨询委托。

(3)当双方难以马上就咨询委托事宜达成一致时，咨询机构代表可以与企业主要领导人面谈，必要时还可以进行现场或市场调查，主动地为达成合作创造条件。

(4)当申请咨询的客户现时支付咨询费有困难，但其咨询要求迫切，而且可望较快地取得咨询改善成果时，可视具体情况灵活变通，但需要把双方认可的变通办法写进此后签订的合同中。

(二)咨询介入方式

无论是初步接触还是深入商谈，咨询方都要针对不同客户的不同特点，以适当的方式来介入。介入方式有两种类型：权威型和推动型。

1.权威型。权威型介入是指咨询方具有解决客户某类或某种问题的权威，或者咨询者本人曾是客户管理者的上级抑或老师，咨询方利用权威的身份或关系来帮助客户解决问题。权威型介入的方式有指导介入、信息介入、对抗介入三种。指导介入是咨询者具有公认的或客户认可的权威，咨询者以提供指导、建议、推荐、要求为契机介入客户分析和解决问题的过程。信息介入是咨询者拥有与客户问题相关的较丰富的信息，咨询者以告知、解释、说明、反馈等利用信息为契机介入客户分析与解决问题的过程。对抗介入是咨询者以反驳、不同意、提出挑战性问题、指出客户存在的问题以及现行做法的错误所在，并通过批评的方式来树立自己的权威和赢得客户的认可。权威型介入的特点是咨询者居高临下，与客户处于不平等的地位，至少从心理上来说是这样。权威型介入的优点是易于为客户所接受，如果价格合理，业务承接的成功率较高；其缺点是开始容易引起客户较高的期望值，倘若效果不显著，容易导致客户的失望，不利于形成长期稳定的合作关系。

2.推动型。推动型介入是指咨询方比较低调，把自己放在从属于客户、为客户服务的地位，着眼于取得解决实际问题效果的介入类型。推动型介入的方式有理顺式、催化式和支持式三种。理顺式介入是咨询者以帮助客户协调解决内部矛盾、理顺各方关系为契机来取得客户的认可，并承接有关咨询业务。催化式介入是指咨询者通过启发和强化客户领导者对解决相关问题的思路和想法，来取得客户的信任，介入其解决问题的过程。支持式介入是咨询者以支持客户内部某位负责人或某些想法的立场，来赢得业务的方式。与权威型介入不同，推动型介入的特点是咨询者与客户处于平等的地位，其优点是咨询者易于了解实际情况，咨询活动也易于见到实效，双方容易保持长期稳定的合作关系。

（三）确认咨询者身份与合作关系

1.咨询者身份类型。这是一个问题的两个方面：一方面，咨询者要弄清客户系统中每个人的角色及其需要解决的问题，如理事、合同签订者、倡导者、管理者、下属等等；另一方面，咨询者也要把自己进入客户公司后的身份弄清楚，其身份可能是单一的，也可能是多重的。在多重身份的情况下，要分清主次轻重，不要造成角色冲突。例如，促进者与监督者、教练与裁判就处于角色冲突的类型。据菲利浦·萨德瑞分析，咨询者的角色类型有以下多种：

（1）技术专家（Technical expert）。“专家”是这样一种角色：通过在某一个专家技能领域中展现相应的知识和高水平的能力，来帮助客户实现价值的增值。通常情况下，专家类型的咨询者要为客户的利益做工作，如设计一个新系统、培训客户员工掌握一种新技能、在超出客户当前专家技能范围的领域中或者在客户认为雇请外部咨询者更加经济的情形下为客户清除一定的专业能力障碍。这就要求咨询者担负起解决问题的责任和权力。虽然最初的咨询问题说明，提案可能是客户准备的，但他们还是需要依赖专家提出相应的指导和建议。在这种情形下，客户几乎没有投入相应的合作，只是促进和监督专家的行动而已。

咨询者的专家技能可能与具体内容有关，也可能与过程有关，而且当咨询者因为这种角色而被客户雇请的时候，或者当咨询者站在这个角色立场上的时候，他们的话就很有权威性，就可能会采用指导介入模式、信息介入模式，偶尔也会采用对抗介入模式。如果不能用非常权威的方式发表言论，如果不能提出建议，那么咨询者所提出的指导就会使客户困惑、游移。然而，权威的过度使用会挫伤客户的积极性，使客户产生很大的依赖性，在某些情形下，还会激起客户的抵触甚至敌意。采取专家角色时，咨询者必须完全了解：客户有权力采纳或拒绝所提出的指导建议，并且，这种建议的提出最好是为了最终在客户系统中建立自治。

（2）顾问（Counselor）。顾问角色在咨询者群体中变得越来越普遍了。在具体的咨询方式下，顾问角色往往会关注释放个人的内在潜能，或者帮助客户解决问题，从而满足客户的要求。采取这种角色的咨询顾问常常会对谁是真正的客户感到一种矛盾和冲突，常常会因为客户所表达的需求以及合同经理的需求存在差异而被搞得疲惫不堪，也就是因为这个原因，才在很大程度上导致客户——咨询顾问关系中存在种种问题。在项目合同的运作中都保持合适恰当的边界，对咨询顾问建立客户必要的信任有着至关重要的意义，如果您是一位内部咨询顾问的话，这一点就显得更加重要了。例如，如果组织或倡导者需要有关客户进展情况的反馈，就必须保守同这个角色相关的机密。

从很大程度上来讲，顾问活动是以人为中心的，也就是说，接受顾问的人将期望能

够获得帮助来解决问题和挑战。这往往在很大程度上偏向于介入模式序列中的促进性和客户的自我导向端。咨询介入的特点将主要是支持、催化、理顺，当然，偶尔也会出现一些权威型介入方式——尤其是在过程层次上。在这种情形下，很容易滋生客户的依赖性，尤其是在(从个人的角度来看)一个相对不具支持性的组织中，所以在项目收尾和关系终止的时候必须小心从事。

(3)倡导者(Advocate)。有些人认为，咨询者应该持中立的立场，不要成为一个倡导者或影响力的源泉。我们认为，即使您想这样都不可能保持中立的立场，而且最好的策略就是觉察和清晰地表达自己的价值观和偏好，以便客户能够更好地确定是否接受这些价值观和偏好的影响。现在，一个过程倡导者可能会比一个产品或解决方案倡导者更加容易被人接受。很多咨询者得到客户的雇请都是因为他们拥有自己的诀窍，客户需要这些诀窍来帮助自己设计、解决问题。积极倡导某一个具体的解决方案往往会有很大程度的道德责任，尤其是当咨询者本人在某个具体的解决方案中拥有既得利益时。

(4)教练/教育者(Coach/Educator)。教练/教育者角色对所有形式的咨询活动都有着至关重要的意义，因为所有形式的咨询活动中，人的因素都会发生变化，咨询活动本身也会因为人的因素而发生变化。从咨询者把学识和专家技能转移给客户，已经成了成功咨询活动的关键标杆和基准，但是要注意避免客户对咨询者的过分依赖。由于咨询者往往会在咨询过程中仅仅向客户灌输早期的学校经验，一方面人们往往会因此给教育者角色赋予学院级别头衔和特殊权利；另一方面，这会使教练或培训者角色也因此变得臭名昭著。因此，这种方式在咨询过程中会造成的麻烦是，人们的自信心降低、担心暴露自己脆弱的一面、抵触权威，最后影响咨询效果。

(5)研究者(Researcher)。研究者的角色往往被贬低到数据收集和分析。这种观念因为下面的实践得到强化：咨询者进行数据的收集和分析，设计问题的解决方案，但是却并不参与解决方案的实际实施。要提高咨询效果，就要求咨询者的研究具有实践性，而且承担更多的责任和义务。这种形式的研究需要咨询者和客户双方都参与到一个合作性关系中来，其中，这种合作性关系的目的是寻找研究的焦点与核心，收集数据、分析数据形成方案，实施解决方案，并在连续不断的行动，即研究循环中评价相应的解决方案。

(6)促进者(Facilitator)。促进者角色在行为科学中常常被称为“过程专家”。促进者这个角色主要关心的是人与人之间的动态特性、群体与群体之间的动态特性与组织动态特性，集体学习以及必要的相应变革。促进者这个角色同专家角色不同，对前者来说，咨询顾问并不担负解决客户问题的责任。在促进者角色情境下，咨询顾问帮助客户理解自己所面临的问题和困境，加强他们解决问题的创造性和有效性。其中的假设同所有的促进性咨询介入情形一样，即客户有能力或潜力解决自己所面临的问题，如果这

种能力或潜力得到解放和支持的话,客户与咨询者之间的关系从本质上讲具有合作特性,解决问题的责任明显地落在客户身上。

2.合作关系。对咨询顾问来说,确定与客户的关系是开展咨询活动的前提。对此,咨询者要分析谁是真正的客户、客户的立场和地位、客户的开放程度、客户研究相关问题的意愿、客户雇请咨询顾问的经历、客户对所提供的咨询服务的理解、客户问题陈述的清晰程度等。对客户来说,双方对问题理解的一致性和对问题陈述的清楚程度、咨询者值得信任的程度和能力、需要依赖或合作的潜力(根据迹象判断)、咨询者的沟通技巧等方面的因素,决定着合作关系的定位和维度。在这个阶段,双方都很关注对方对问题陈述的反应——赞成、同情、共鸣、兴奋、置疑、反对、厌恶等等。在确定是否接受相应的咨询项目时,关注这些在早期所出现的感情和直觉反应有着非常重要的意义。西·罗杰斯(C. Rogers,1983)认为,尊重、和谐、共鸣以及无条件的积极关注是一种健康有效的关系的基础。没有真实可靠性,客户—咨询者关系始终会是一种表面关系和游戏,而且往往会因为咨询过程的影响而使这种关系非常紧张直至破裂。在这个阶段,客户—咨询者关系的特征基本上是以人为中心的,因为客户与咨询顾问都无意识和有意识地开始建立相互之间的和善关系,开始磋商"婚约规则"。这里,关键的问题是关系的内容。对客户来说,可能会害怕在组织很脆弱的时候让一个陌生人介入组织,不但有必要成长或变革,而且还有必要提高保护自己的警觉性。对于咨询顾问来说,所关注的可能是获得准入。所以,在这一阶段的任务是:以问题为中心,澄清咨询内容,建立理解信任的合作关系。具体说,就是除了全力解析客户所面临的问题与咨询者所拥有的专家技能应该如何匹配结合之外,还会形成隐性和显性的基本关系日程方案。在建立双方的关系时需要明确几个核心问题:①咨询项目的执行运作,除了"为客户的利益而做"之外,究竟是"给客户做"还是"与客户合作做"?②相应的咨询项目是咨询者独立完成,或同客户合作完成还是客户自己完成(在咨询顾问的指导下)?③咨询者和客户双方如何参与咨询项目的运作?双方各自所扮演的角色和担负的责任是什么?④需要授权的东西是什么?⑤咨询者能够接触什么?不能接触什么?

三、进入阶段

在这一阶段,双方的目的有所区别。根据菲利普·萨德瑞的分析,对咨询方而言,进入此阶段的目的是:①从咨询项目中获得经济利益;②理解客户所面临的真正问题;③确保有能力提供优秀的咨询服务;④说服客户相信自己就是客户的选择;⑤签订有关付费的法律合同;⑥即使投标不成功也要建立公司的声誉。相应的,对客户而言,接纳咨询方进入的目的是:①从咨询介入所产生的结果中获取经济利益;②寻找同自己的理解一致的咨询公司的观点;③了解咨询公司的能力;④使自己相信相应的咨询公司就是最佳候选,能够提供所期望的价值;⑤签订一个使咨询能够产生期望效果的法律合同;⑥加强自己的判断,相应的公司就是最适合的候选对象。需要指出的是,萨德瑞分析的对象是英国的营利性咨询公司。

进入阶段的基本内容和程序包括:对问题陈述及范围达成协议;项目规划;准备项目建议书;演示说明项目建议书。

(一)对问题陈述及其范围达成协议

对问题陈述及其范围达成协议是进入阶段的重要目的。通常情况下,咨询公司往往会同潜在客户有一次初步会见。咨询公司应该对这次会见有充分的准备,即尽可能地搜集有关客户组织及相关行业的信息,并且把所搜集的相关信息同客户的会见邀请紧密地联系起来。咨询公司应该尽可能地确保代表咨询公司出席会见的咨询顾问熟练地掌握了相应的知识和技能,能够对客户的需求作出反应,同时还必须确保代表公司出席会见的咨询顾问对公司其他领域的能力也非常了解。在初次会见中,不仅要尽可能多地获取有关客户问题的信息,而且还要获取相应的信息帮助咨询公司能够恰如其分地作出反应。

初次会见的另一个目的是让咨询顾问提供有关自己能力的细节信息,以促使客户相信自己。例如,提供操作过的类似项目(在不违反客户保密原则的前提下)。为了取得双方对问题的共识并且达成协议,咨询公司代表需要运用的必要技能是:积极和专注的倾听;有效的提问;理解业务;将模糊情形概念化;能够同客户和谐相处;职业推销;澄清问题;创造性思维。

(二)项目规划

项目规划是起草项目建议书之前的重要工作,其具体工作包括:①所面临的咨询问题;②这些咨询问题的解决方案;③咨询工作的劳动投入分析;④项目定价;⑤项目的结果能否令客户满意;⑥是否进入项目建议书或退出竞标。

(三)准备项目建议书

编制和起草项目建议书的目的是:①在双方对相应问题共同认识的基础上,清晰地说明项目的目的以及操作方式;②必须是一个颇具说服力的销售档案;③为合法合同奠定基础。项目建议书的内容包括:①项目所涉及的问题(在客户业务形势、战略和竞争地位的背景下进行描述);②项目的预期利益,包括管理咨询公司将要采用的方法以及这些方法的期望结果;③咨询公司的相应经历和人员:咨询公司的经验和能力、专业人员;④标准条款和条件:专业人员费率和开支、支付协定、标准条款和条件;⑤附录:关键

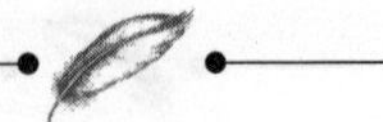

项目参与人员的简历、客户名单和相关项目实例、对方法技术等所作的说明。

（四）演示说明项目建议书

为将项目建议书变成项目合同，通常需要进行演示说明。在进行演示说明前，管理咨询人员应提前了解以下事项：①是否需要进行正式的演示说明；②客户对演示说明的期望是什么；③正式演示说明和讨论所允许的时间；④参加演示说明的人是谁，他们各自的兴趣何在；⑤客户还会邀请哪些咨询公司参加演示说明；⑥演示说明会的目的。

咨询人员进行演示说明时，应遵循以下原则：①事前认真准备演示说明会的材料；②排练演示说明过程，从而能够严格遵守所给予的时间；③以客户为中心，强调那些对客户具有真正意义的要点；④不要照本宣科，要抓住关键点，针对具体情形作出相应变化；⑤确保所有的视觉辅助工具具有比较好的效果；⑥确定参会人员及各自的角色；⑦保持灵活性；⑧鼓励讨论；⑨语言生动，尽量不要使与会者感到困倦。

最后，不管失败还是成功，都要把这次竞标机会当成一次学习机会。如果成功了，咨询者要同客户交流，从中发现客户组织为什么偏爱自己；如果失败了，请教客户（当然不要让人觉得咨询者在批评客户的决策或尽力使客户改变决策）选择其他咨询公司的原因，自己缺乏什么。这样的分析不但可以使自己有所提高，还可以建立同客户的关系，同时也是一个获取竞争对手信息的良好途径。

四、调查阶段

调查阶段的目的是深入而细致地判断客户所面临的问题和追求的目标，识别引起和影响这些问题的因素和要点，并且为找到解决问题的方案准备所有必要信息。

（一）对问题和目标的重新界定

有两种情况需要咨询者对客户的问题和目标进行重新界定：一是在签订协议以后客户的外部环境发生了大的变化，此时客户的问题和想法也会随之发生变化；二是当初签订合同时对问题的把握不准确，当调查工作开始时，咨询顾问可能发现客户还想咨询其他事情或者对合同正文中使用的笼统和不确定的术语有不同的理解。出现后一种情况常常是因为在项目开始一起工作的人并非就是谈判和签订合同的人（既包括客户方也包括咨询顾问方）。因为不同的人对问题和目标的初始定义存在着理解上的差异。尤其是在直接参加工作的双方对主要问题已经有了成见的情形下。以下一些问题容易妨碍咨询者对客户的问题和目标作出正确的判断：

1.错误理解产生问题的原因。这是最具有普遍性的错误。一些普遍性的问题，如生产率低下，生产质量降低，市场占有率萎缩，研究与开发能力下降等经常被客户和咨询顾问认为是企业的"问题",其实,它们可能只是企业深层次问题的症状。就像病人发烧本身并不是这个人的"病",而只是这个人某种疾病在人体表面的反应而已。

2.先入为主。咨询公司先前的经验有时会束缚他们自己的手脚。他们往往会事先"认定"造成这个问题的原因是什么,而忽视了对问题深入细致的调查研究。

3.以偏概全。仅仅从某一个技术角度看问题,这是某些专业技术人员容易犯的毛病。由于他们的专业背景,这些咨询人员往往会固执地从自己熟悉的技术角度寻找问题和解决问题,而忽视了其他相关的方面。

4.忽视客户内部各个部门对问题的看法。咨询顾问容易犯的错误是接受了客户公司高层管理人员对问题的解说,而忽视了客户公司下级工作人员的看法,而问题往往是,客户高层管理人员所犯的错误他们往往自己发现不了,而下级员工却可能很清楚。

(二)调查应遵循的原则

1.相关性原则。相关性原则要求咨询顾问在收集信息之前,有必要根据所要研究和解决的问题来确定所需要的信息和数据。否则,咨询顾问就可能获得大量没有实际用途的信息,并因此付出不应该付出的代价。根据相关性原则,应该收集、加工、处理的信息是那些与分析和解决问题相关的信息,即能够满足咨询顾问分析和决策需要的信息。

2.时效性原则。时效性原则是相关性原则在效用时间范围的内的体现,超过时效范围的信息,对分析和解决问题的意义不大,没有必要给予过多的关注,只有能够满足时效性要求的信息才具有实用价值。根据时效性原则,要求收集的是近期的、与分析问题背景相似的信息。

3.可靠性原则。可靠性原则要求收集的信息能够如实反映客户的实际状况,无论是外部的相关信息还是其内部信息。收集信息要做到内容真实、数字准确、来源可靠。

4.全面性与重要性兼顾原则。为了避免片面性,要求咨询者掌握客户的全面情况,这就需要有关客户的全面的信息。但是,由于咨询者能力和资源的限制,又很难做到面面俱到而无遗漏。况且各种相关信息在咨询者的分析当中的地位和作用是不同的,根据重要性原则,就要求咨询者把主要注意力集中在收集、加工、处理那些最重要的关键的信息上面。如果收集信息不分主次,有时反而可能会有损于其使用价值,甚至影响咨询顾问的分析。不考虑全面性原则,会导致判断的偏颇;不考虑重要性原则,对一切信息的收集和处理不分轻重主次和繁简详略,必将耗费过多的人力、物力和财力,增加许多不必要的工作量,影响咨询的工作效率。所以,在咨询过程中,坚持全面与重点相结合的原则,就要做到主要关注重点信息,一般注意非重点信息。这有助于节约人、财、物力,既保证重点又避免偏颇,取得事半功倍的效果。

(三)信息来源与调查方式

与客户问题相关的信息来源有内部和外部之分。

对内部信息的来源,咨询者应该求助于:①公司的账目和财务报告;②业务计划和各项预算;③技术记录和销售记录;④工作日志或个人记录;⑤有关关键供应商和顾客的记录。

这些记录应该使咨询者能够作出有关组织销售和财务业绩的评价。组织的财务健康性可以通过各种比率来进行判断,如:盈利能力比率、营运效率比率、安全性比率、成长性比率。从这些比率中所推演出来的信息可以用来进一步作出对组织的评价。由于IT也是组织活动中的一个重要方面,因此收集有关组织IT系统的信息也非常有用。例如,IT系统是如何运作的,IT的目标是什么、用户对系统的认识如何等等。因此,所收集的数据应该对书面信息和以访谈为基础的信息兼收并蓄。有些项目可能需要人力资源方面的数据,如人员流动率、雇员态度、公司文化等。这种信息可以通过问卷、调查、访谈和公司记录等形式来获得。

此外,咨询者还应当通过期刊、报纸、互联网等外部媒介,取得与客户相关的信息。如客户按监管部门规定披露的文件(上市公司对外披露的信息),以便咨询顾问获取有关股东、供应商、顾客、市场、技术、外界形象、竞争对手等方面的信息。

五、分析与判断阶段

一旦调查的信息和数据收集起来,需要分析与判断的问题就更加清晰。通常情况下会出现诸多问题点。这些问题点表明客户的目标和能力之间存在差距,或者客户的目标同财务业绩存在着差距。这些问题点也可能表明客户正在采取的战略出现了互相矛盾的地方。

咨询顾问在这一阶段要注意分析与判断以下方面的问题:

1.客户对所存在问题的认识程度。双方的认识程度越接近,越容易在以后的变革中取得预期的成效。咨询顾问没有必要完全相信客户的分析判断,尤其是存在利益关系纠葛的各个部门的员工的分析判断。

2.客户对变革的态度。毋庸置疑,在人心思变的公司和大家安于现状的公司,对同样的变革方案会有截然不同的态度,前者也许会受到欢迎,后者也许会被人忽略或放弃。

3.现象与本质会有差异。尽管事情的本质总是要通过现象表现出来,但是,现象具有多样性,甚至还有假象,咨询顾问不要轻易被一些表面现象所迷惑。对所有收集来的信息和数据都要经过头脑的过滤,经过“由表及里、由此及彼、去伪存真、去粗取精”的加

工过程之后再利用。

4.原因与结果之间的联系是复杂的。通常,某一个问题的出现,不太可能只有一个原因或者只有简单的原因,多因一果、一因多果和多因多果的情况普遍存在,并且原因之间也是相互联系的。

5.病症不等于病因。在调查中,人们告诉咨询顾问的大部分内容是病症而不是病因。对人们的诉说,当然可以据此判断实情,但是咨询顾问的任务是寻找病因。

6.解决问题的办法就存在于客户内部。无论是西医还是中医,在为患者解除病痛的过程中,都无一例外地要依靠患者体内的健康力量来战胜病魔,即扶正祛邪。二者相比,只是中医更注意调动患者机体的积极功能、更注意调理气血罢了。客户在向咨询顾问提出所存在问题的同时,解决其问题的办法和积极力量就已经存在于客户的内部,咨询顾问的任务就是找出这些办法和积极力量。

六、提出建议和解决方案阶段

(一)如何提出建议和解决方案

1.方案形成以前应考虑的问题。在形成咨询建议和推荐方案的时候,应考虑客户最初所提出的问题陈述。面对大量的数据、事实、数字和访谈记录,咨询顾问有时可能会忘却客户最初所提出的项目目的。在咨询建议和推荐方案的形成阶段,咨询顾问应该考虑以下问题:

(1)我为该客户尽力实现的目标是什么?

(2)该客户的核心问题或问题点是什么?

(3)是不是存在某些具体的环境因素(外部的或内部的)在项目开始之后有所变化? 例如,董事会中是不是有新近任命的人物? 有些竞争对手是不是改变了它们的战略或推出了新产品或服务? 行业或全社会的经济预测是不是有所改变?

(4)客户所面临的所有问题中,哪些是最关键的问题?

(5)对客户来说,问题解决的顺序是什么?

(6)实施方案需要多长时间,或者客户内部发生变革之前还有多少时间?

(7)建议的变革将如何提高组织的赢利水平和赢利能力?

(8)在方案实施过程中,咨询者要扮演什么角色(专家、教练、研究者、挂职者)?

2.列出备选方案清单。咨询顾问的一个重要工作内容就是列举客户所面临的各种选择。客户必须知道他们面临一系列备选方案,每一个备选方案都有各自的优势、代价甚至风险。财务方面的利益也会因为各种方案的不同而有所差异。在陈述这些备选方案时,咨询顾问应该考虑客户组织的下列特征:

(1)客户的直接需求。

(2)客户的长远要求。

(3)客户的技能和能力。

(4)客户的财务健康性。

(5)客户的内部政治格局。

(6)客户变革的能力。

(7)客户的财务要求和理想。

所有这些特征将对变革的备选方案产生影响。它们将决定各种备选方案应该指向哪个方向,而且对咨询顾问的推荐方案究竟会不会得到实施产生强烈的影响。如果咨询顾问的报告或推荐方案未被客户采纳,通常是因为这些备选方案对上面所列举的特征或要素没有处理好。

3.权衡备选方案。权衡备选方案时需要考虑以下几个因素:

(1)一致性。实施方案本身是不是存在内在的一致性?也就是说,方案自身的所有成分是不是很好地协同起来了?如果不是,就要设法使它们彼此很好地协调起来。

(2)现实性。实施方案是不是满足了客户的真正需求?是不是符合客户的实际?脱离客户需求与客户实际的解决方案永远不会是恰当的解决方案。

(3)实践性。建议方案是不是可操作?如果不是,应该作出怎样的修改使建议方案可操作?实施方案在财务上是否会带来利益,做到"见利见效"?

(4)未来相关性。实施方案是不是考虑到了未来的情景变动?换言之,建议是不是超越了最近的未来,是不是过于超前?不考虑未来和过于超前都是不好的方案。

(5)客户参与程度。让客户参与到方案的形成过程中来具有非常重要的意义。客户在这个过程中扮演积极的角色,将有助于提高方案的有效性和权威性。如果客户没有参与形成解决方案的过程,他们就不太可能对解决方案的实施有一种使命感,也就不会对推荐方案有多大的"主人翁责任感"。最理想的情形是,客户能够提供一个小组同咨询顾问进行合作,共同考察咨询顾问所提出的备选方案。共同进行可行性研究,估算备选方案的成本和代价,评价可能的行动路线、规划实施的方式,这可以使客户高层管理部门对可必要的变革做好准备。

4.创造解决方案。优秀的咨询顾问往往会通过下面的方式来对他们的客户进行"授权",帮助客户对自己和组织获得新的深入认识,使客户能够为他们自己的解决方案作出贡献就是这个过程的有机组成部分。因此,在最终解决方案形成之前,咨询顾问往往会"促成"一次备选方案评价会。在某些情形下,这种促成角色往往是咨询顾问和客户联合扮演的。要把这次会议开成一次成功的会议,咨询顾问要考虑下面一些因素:

(1)留出足够的时间,可能的情况下可以是一整天。

(2)应该向每一位与会者简要传达一些必要的事实和数字信息。

(3)咨询顾问应该提出一个具有灵活性的日常方案作为讨论的“靶子”,并且把该方案分成三个部分:创意部分、创意评价部分、实践意义和后果。

(4)在创意部分,重要的是鼓励新建议和新概念,不管看起来是多么的与众不同或不同惯例,甚至模糊、混沌的观点也是有价值的,因为它们可能就蕴涵着价值的种子。同样,开始看起来不切实际的观点最后可能也会具有可行性。咨询顾问不仅应该促进其他人作出贡献,而且还应该在恰当的时机提出自己的问题和观点。

(5)创意评价部分的目的是寻找大量需要进一步考察和分析的创意。然而,重要的一点是把创意评价所产生的批评意见分成客观评价和主观评价,因为有些观点从主观的角度来看并不充分,但是从客观的角度来看却非常正确。咨询顾问在这个阶段可能会扮演非常重要的角色,从容地质疑一些非正统性批评观点。

(6)在第三部分,对被选择的观点进一步从更加实际的角度进行考察。例如,一个建议的新产品已经通过了评价,但是可能需要一个新的分销路线,或者需要对客户的制造过程进行变革。因此,在这个阶段就必须对新观点的实际后果进行全面的分析评价。这一阶段可能会产生与一系列意见一致的解决方案,这些意见一致的解决方案就可以成为咨询顾问撰写报告的基础。

(二)提出建议和解决方案的形式

提出咨询建议或解决方案的时间既可能是分阶段的(尤其是在咨询项目所占用的时间非常长的时候),也可能是在项目结束的时候提供的。形成和提出推荐方案的形式是多样的,既可以是建议的形式,也可以是解决方案的形式。咨询建议和解决方案可能是以口头建议的形式提供,也可能通过文字书信、咨询报告的形式,还可能通过形成制度和文件的形式提供,主要形式有以下五种:

1.口头建议。通过面对面的交谈,提出建议,而不形成书面的文字。这种形式主要适用于小范围、非正式的咨询建议和方案。

2.文字书信。将提出的咨询建议和方案形成文字,以书信的形式提交给客户。

3.制度。提出的咨询建议和方案由客户确认接受后,咨询顾问帮助客户将该建议或方案形成客户的硬性规定或制度,使其在客户今后的运作中得到一贯执行。

4.文件。提出的咨询建议和方案供客户选择后,咨询顾问帮助客户将该建议或方案形成文件,以便客户在今后的运作中有据可查,随时参考,方便执行。

5.咨询报告。咨询报告是提出建议和方案最常用的形式之一。咨询顾问要将调查分析的成果及改善方案编写成文字简练、图示清晰的咨询报告并予以公布和发表。对绝大

多数咨询顾问或管理者来说,咨询报告的撰写并不是一件轻而易举的事,它是一种技能,是后天获得的,需要经验的积累。咨询顾问、培训师和学者们认为,撰写报告是咨询活动的一个重要部分。一般来讲,咨询报告有三种:期间报告、讨论报告、终期报告。这里重点是终期报告,其中包括咨询公司的结论和推荐方案。

(三)咨询报告的撰写

撰写咨询报告需要考虑下列因素:

1.撰写报告的必要性。由于撰写报告不仅会占用咨询顾问的时间,而且还会在客户与咨询顾问之间树立障碍,所以除非有必要撰写报告,否则不撰写。如果有需要报告的事情,或者客户需要咨询顾问书面报告项目取得的进展,或者为了激发对某个问题更多的思考和讨论,再者项目将近尾声,则在这几种情况下可以撰写报告。

2.设计好报告的结构。咨询顾问的报告必须进行精心的结构设计和构思。第一,良好的结构和逻辑缜密的观点陈述会使所陈述的观点一目了然、清晰明了,使报告易于阅读和理解。第二,报告的结构越好,报告中的观点越中肯,报告就越能够有力地驳斥批评意见。

报告撰写的一般方式是采取以下7个步骤:

(1)开篇作执行小结。突出陈述初步的问题和推荐建议,这部分内容不要超过两页纸。

(2)大致描述最初的参考术语和条款。告诉读者为什么受到客户的雇请,这样有助于后续内容在读者脑海中显现出来。

(3)总结所收集的数据。证明每一种调查的途径都已经研究过了,所收集的数据是客观的,并且已经做了认真的分析。

(4)陈述研究结果。解释对收集到的信息的判断和评价。在撰写这一部分内容时,应该清楚某些材料的敏感性,尤其是有些不便注明出处的资料,引用时应该小心谨慎,因为组织中的老资格职员通常会猜测一个匿名引用资料的实际来源。

(5)清晰陈述建议。集中、清晰地陈述需要开展的工作。展示实施建议所带来的利益,尤其是财务优势;同时也要指出,如果所提建议没有得到实施或没有得到完整实施所带来的风险。短期和长期的财务利益都应该清晰地展现出来。应该清晰地陈述相应的商业利益,如市场份额的提高、提供更加广泛的产品和服务的能力、可能的成本或价格降低。至关重要的一点是把变革的时间框架设计出来,既包括商业方面的考虑,也包括组织中变革所需要的时间方面的考虑。

(6)证明其中的意义。建议变革所产生的意义和影响可能很多,这些影响和意义也应该清晰地表述出来。如果其中的某些说明比较麻烦,那也应该说明相关的问题可以

得到缓解。保持正面积极的态度。

(7)结尾列出附录。不可能把所有的材料都放到报告的主体中去,一些数字和图表形式的支持材料应该放在报告的末尾。附录也是解释所采用的方法体系的内容,例如所选择的调查方式和分析技术。

3.文化与语言。在撰写报告时,必须考虑客户的组织文化。这里要考虑的有两点:第一,理解并且表明咨询者认知组织演进发展起来的方式、组织现在运作的方式以及人们表达价值观和信念的方式。第二,所采用的语言也能够反映和配合组织的语言。例如,对一个高度以行动为导向的组织,应该采用那些强调活动而不是思考的措辞和术语。尽量把对组织来说比较新的思维方式和观念写进报告,但是如果想使这些写进报告的新观念、新思维被客户接受,除非咨询顾问有足够的理由说明其合理性。

4.简洁性。简洁性就是简洁地把咨询顾问的想法表达出来,但是又不能过分简单。需要说明的是,咨询顾问所撰写报告的对象是客户,而不是同事,因此咨询顾问没有必要运用行业术语或使评论过于复杂难懂,要集中陈述核心观点,然后分别将说明观点的理由按照逻辑顺序提出来。保持信息传达简洁性要求咨询顾问必须用简洁明快的方式思考问题,也就是采取聚焦的思考方式。如果咨询顾问觉得很难在撰写报告时达到简洁性要求,那可能表明咨询顾问实际上还未了解清楚所要表达的内容。

5.运用图形材料。图形图表的运用将使咨询顾问的报告清晰明了,使报告的正文错落有致。而且,生动的图形、图表材料的运用可以使报告易于记忆。图形、图表材料必须具有创意、特色和想象力。

6.结论。咨询顾问的研究结果以及建议对客户的影响与对咨询顾问自己的影响是截然不同的,咨询顾问有时往往会忽略这一点。对客户来说,咨询顾问的报告是他们和他们的同事可能必须忍受或接受的某种东西,对咨询顾问来说,这只是他们工作中的一份报告而已。因此,没必要长篇累牍地陈述客户组织的失误和缺点,因实他们已经知道了这些问题,也不要把过分敏感性的信息放到报告中来,尤其是那种竞争对手可能会看到的信息,因为即便是机密保守最严密的报告也可能会传到竞争对手的手中去。为了避免这种问题,咨询顾问应该同客户就报告的最后版本达成一致意见。最重要的是,站在客户的立场上考虑。咨询顾问的推荐方案应该从客户目前的状况开始,推荐方案应该具有实践意义和激励作用。

七、实施阶段

方案实施是咨询工作的最后阶段。任何咨询工作的基本目的都是帮助客户解决问题,实现组织机构的变革。咨询公司的方案不应该仅仅锁在客户的办公室里,而是要付诸实施。因此该阶段的目的和任务是帮助客户实施改善方案,使咨询工作产生实效。

在实施阶段,根据咨询顾问的选择分为不参与和参与方案的实施两种情况。

(一)不参与方案的实施

在下面两种情况下咨询顾问不参与方案的实施:

1.问题比较简单,预计实施中不会出现技术或其他问题。

2.在项目前期工作中发现客户对问题理解得很清楚,不需要提供进一步的帮助,客户有能力付诸方案的实施。

(二)参与方案的实施

1.咨询顾问参与方案实施的必要性。尽管方案实施的最终责任在于用户,不是咨询师,但很多情况下咨询公司有必要参与到方案中去,这是现代咨询的一个发展趋势。咨询公司参与方案实施的必要性在于:①方案实施的困难程度可能等于或大于咨询的前期工作,咨询任务越复杂,这种可能性就越大。②咨询顾问提出的解决方案是一个未来条件和关系的模型,咨询公司在开发这样一个模型时难免会有一些失误,而且在提出解决方案并被客户接受之后,很多情况会发生变化。咨询公司有责任帮助客户克服这些困难。

2.咨询顾问参与方案实施的作用

(1)对方案实施进行监督。咨询公司在协助客户实施方案中要把对客户公司正常工作的干扰降低到最小,并且避免出现混乱。确定各部门的责任,制定合理的实施时间表并保持灵活性。咨询任务越复杂,越富有创造性,方案在实施阶段需要调整的可能性越大。要制定详细步骤,设计出新的管理文件作为后续工作的指导;要实施监督,咨询公司要在正式实施前检查实施条件是否具备,在实施中要同客户一起对实施的进展定期进行评价。

(2)对客户机构的培训。对客户机构的工作人员进行培训是保证咨询项目成功的关键。咨询公司可以采取以下几种方法对客户员工进行培训:

第一,通过建立咨询项目组对公司的高级管理人员进行培训。在咨询过程中客户员工同咨询顾问直接接触是一种非正式的,但却是一次非常理想的对客户员工进行培训的机会。通过这种接触,客户公司的员工(一般为中级或高级职员)会从咨询顾问那里学习到许多方法和技能。这种学习方式也有利于咨询建议顺利地从咨询专家转向客户。

第二,由咨询顾问培训一组有经验的人,然后由他们培训其余的人员。

第三,在公司内开设培训课程。

第四,选派人员参加公司外部的培训。

不同的咨询主体,其管理咨询程序不尽相同。以我国某著名会计师事务所为例,该所下设管理咨询部,其咨询程序见图 2-1。

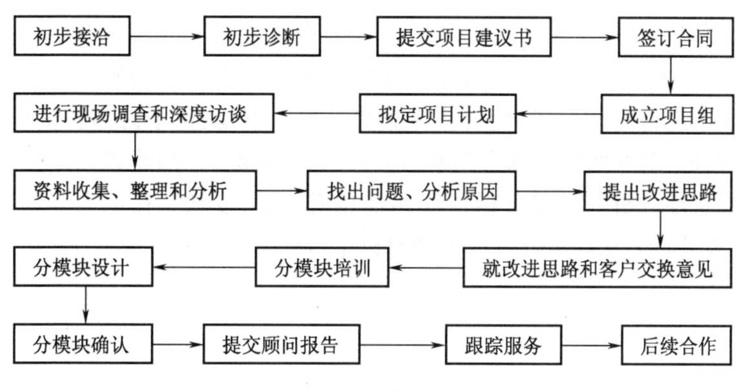

图 2-1　管理咨询程序

第三节　调查与分析的基本方法

管理咨询离不开调查与分析，要做好调查与分析工作，除了具有正确的指导思想以外，就是要掌握和运用科学的方法。“工欲善其事，必先利其器”。人们无论做什么事，都离不开一定的方法。管理咨询作为一种具有综合性、专业性特征的复杂劳动，其方法亦具有综合性、专业性、社会性和创新性的特点，许多方法来自管理科学、系统科学、信息科学、行为科学、社会科学和环境科学等相关学科领域，也有许多方法是在咨询实践中总结和创造出来的。对此，不少著名咨询机构和管理学者做出了突出贡献。例如，兰德公司创造出了德尔斐法；波士顿公司创造出矩阵分析法；麦肯锡公司提出了 80/20 法则，迈克·波特提出了五种力量结构模型等等。

管理咨询的方法具有多样性特点，按照不同的标准可以对其进行不同的分类。按照方法应用的领域可以分成通用方法与专业方法。通用方法是指任何咨询活动都可以采用的方法；专业方法则是仅用于某一咨询领域或具体咨询任务的方法。按照方法的特征，可以分成定性分析方法与定量分析方法。定性分析方法是通过研究事物构成要素间的相互联系来揭示事物的质的规定性的方法。它是在逻辑分析、判断推理的基础上，对客观事物进行分析与综合，从而找出事物发展的内在规律性，确定事物的本质。在咨询研究中，在许多难以用计量表达的场合，定性分析方法都能发挥重要作用。德尔菲法、类推预测法、专家会议法、波士顿矩阵、通用矩阵法、鱼刺图法等均是定性分析方法。定量分析方法亦称“数量分析法”，是通过反映一定质的事物的量的关系来揭示事物内在规定性的方法。

它是建立在数学、统计学、运筹学、计量学、电子计算机等学科基础之上，依据统计数据进行分析加工、绘制数学图表、建立数学模型，揭示各有关变量之间的规律性联系，计算相关指标在特定条件下数值的专门方法。在咨询研究中采用定量分析的方法，可以对复杂事件进行数据处理，进行比较分析，使解决方案更精确。但是，由于许多咨询项目涉及的因素错综复杂，特别是对一些涉及社会因素、心理因素等问题，一般难以用定量的方法表达。在咨询研究中，定性分析与定量分析往往相辅相成、不可或缺。在绝大多数咨询项目中，咨询人员将定量分析方法与定性分析方法有机结合在一起使用。

一、定性分析

（一）归纳演绎

归纳演绎是归纳与演绎的合称。归纳是从个别前提导出一般性结论。例如，根据“太阳系的九大行星都围绕太阳转”的事实，推出“太阳系的所有行星都围绕太阳转”的结论。演绎则是从一般性前提导出特殊性结论。例如，根据“所有规律都是客观的”前提，推出“经济规律也是客观的”结论。归纳与演绎相互联系，既相区别又相统一。演绎的前提由归纳提供，归纳也可借助于演绎论证的结果来检验自身判断的正确性。在管理咨询中，归纳演绎的正确运用往往可以帮助我们在咨询活动中找到分析问题和解决问题的线索。

（二）分析综合

分析是把整体分解为各个部分、各个要素分别进行考察研究，综合则是把事物各个部分联结成为一个整体而加以考察研究。分析的特点是揭示事物各部分或各局部之间的差异性，综合的特点则是找出事物各部分或各局部之间的同一性及其相互联结。这是人们认识事物的基本方法。通过分析，可以深入了解、认识对象内部的组成成分及其相互作用；通过综合，则可以把认识对象内部各组成成分有机地联系起来。二者结合运用，有助于把握认识对象的本质特征。

（三）比较分析

比较分析是最常用的分析方法，即通过与参照条件的比较来认识客体的特征、属性、状态。根据参照条件的不同，比较分析可进一步分为前后比较、横向比较、背景比较、利弊比较、有无比较五种方法。前后比较的参照条件是客体自身在以往时期的状况；横向比较的参照条件是同一时期其他相似或相近客体的状况；背景比较的参照条件是被比较对象的背景环境，可以将其进一步细分为法规环境对比、竞争环境对比等等；利弊比较的参照条件是客体选择一定方案之下的利弊分布；有无比较的参照条件是客体选择一定方案之下的新增利弊。例如,将企业当期的财务报表与往期的财务报表相比,是前后比较;将企业的财务指标与同期其他企业财务指标或行业平均财务指标相比,是横向比较;将企业被比较财务指标产生的经营环境与比较财务指标的经营环境相比,是背景比较;将企业选择不同方案的利弊得失进行排列对比,是利弊比较;将企业选择某方案以后的新增利弊进行对比,是有无比较。

(四)5WH 解析

5WH 解析是兰德公司在 20 世纪 50 年代创造出来的有效的分析方法之一,当问题和现状不清楚时可使用此法。这一方法是把分析对象作为一个整体,然后将构成这个整体的因素进行分解,通过对这些因素的分析来界定问题的性质;同时,对各因素不正常的原因也分别作出分析,从而深入地把握存在的问题的原因,为采取相应的标准提供依据。运用这种方法能比较准确地界定问题,但需要较多时间,除了用于经济效益和战略分析外,一般在课题确定后用于内外调查比较合适。解析分析法见表 2-1。

表 2-1 5WH 解析

5WH	现状	标准	问题	原因
对象(WHAT)				
目的(WHY)				
场所(WHERE)				
时间(WHEN)				
人员(WHO)				

(五)黑箱法

黑箱法亦称“系统分析法”或“暗盒法”。它把某一系统当做黑箱看待,在判定这个系统是否存在问题时,不考虑系统的内部运行机制,考虑在环境与约束条件下,对系统进行输出与输入分析,并以此来确定黑箱中的各种活动及其连带关系。这种方法能够在短时间内迅速判定企业是否存在问题。

(六)鱼刺图法

鱼刺图法亦称“树枝法”,是对问题原因进行直观分析的一种方法,即利用鱼刺图(见图 2-2)把各种影响因素按其影响程序的大小分成若干个等级,影响大而直

接的因素称为一级影响因素,依此类推,下级影响因素是上一级影响因素的原因。通过层层列示影响因素,可由表及里地把造成问题的原因梳理出来。这种方法对问题分析的运用较为广泛,较多地用于事故原因分析。

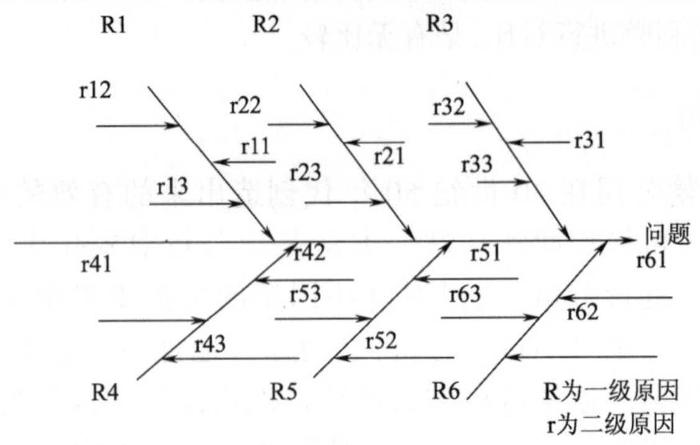

图 2-2　鱼刺图

(七)头脑风暴法

头脑风暴法(Brain storming)是20世纪30年代由美国科学家奥斯本提出来的,其主要特点是能够最大限度地挖掘专家的潜能,使专家能够无拘无束地表达自己关于某问题的意见和看法,让各种思想火花自由碰撞,好像掀起一场头脑风暴,一些有价值的新观点和新创意可能在"风暴"中产生。在管理咨询活动中,咨询项目组可以通过头脑风暴法筛选解决问题的思路与方案。组长召开小组会,除项目组成员外,也可以吸收有关专家和客户参加。首先由组长把需要解决的问题向参会者解释清楚,包括问题的性质、范围和主要原因等,然后请与会者围绕如何解决问题畅所欲言。要创造自由发表创见的氛围,不管这种创见由谁提出,也不管这种创见可能多么不合常理,甚至荒谬。为了节省时间,要求发言者言简意赅。发言者不需详细论述,也不互相评议。记录下所有的可供选择的方案,为下一步的讨论和分析作准备。第一次会议的首要目标是提案的数量,数量越多,越有助于发现有价值的解决方案。在召开第一次会议后,对会议记录进行整理,列出需要进一步讨论的提案,并提交给第二次会议进行质疑和评议,评议出来符合基本条件的一些提案再提交到下一次会议进行质疑和评价,最后取得共识的几个提案,即为解决问题的备选方案。在会议讨论时要遵守四项原则:参会者主动说出忽然想到的想法;鼓励广开思路;可以沿着他人的思路进行外推和类比;不批评。

另外一种做法是,将头脑风暴法与名义小组技术(Nominal Group)结合起来。在这种情况下,开始阶段与头脑风暴法一样,由主持人向与会者把需要解决的问题说清楚,然后鼓励与会者发表自己的观点和提案,但每人每一次发言只能发表一个观点或提案,在提观点或提案期间不讨论,对发言内容要有记录。待与会者都发表过观点和提案后便开始质疑和讨论。最后,进行不记名投票,对有关提案进行表决,将投票结果进行排序后向小组宣布。如果对投票结果不满意,可以再开始新一轮的提案—讨论—投票的过程,直到产生出公认的适合解决问题的方案为止。名义小组技术与头脑风暴法相结合,既可以充分发挥创造性思维活力,引起思想共振,又可以确保与会人员平等的讨论地位,产生良好组合效应,为提出解决问题的适当方案创造条件。

(八)因果分析

因果分析是根据此现象与彼现象、此变量与彼变量之间的内在联系或逻辑联系推理得出两者之间因果关系的方法。在一种结果多种原因或一种原因多种结果的情况下,人们常运用排除法来进行因果关系判断。例如,分析某企业为什么近期在生产过程中出现了大量废品,这是典型的一种结果多种原因的分析。造成废品的原因不少,有设备、材料、操作、检验、计量、制度及标准等等。技术人员通过现场观察和一个一个的因素比较与排除,最后会确定出导致废品增多的原因。

(九)矩阵分析

1960年,美国波士顿咨询公司为一家造纸公司提供咨询时提出了一种投资组合分析方法,目的是帮助企业确定经营战略。这种方法是将市场增长率和企业的相对市场增长率作为两维坐标,据此划分出企业产品或业务经营的四种状态:明星业务、金牛业务、问题业务、瘦狗业务,进而提出不同的经营对策。该方法被誉为“波士顿矩阵”(该矩阵的应用详见第三章)。依此原理,凡是根据两维坐标对分析对象进行的分析都统称为矩阵分析。

(十)德尔菲法

德尔菲是古希腊神话中可预测未来的阿波罗神殿所在地,美国兰德公司在20世纪40年代以“德尔菲”为代号,研究如何更为可靠地收集专家意见,德尔菲法由此得名。这个方法是先根据调查内容征求一定数量的专家学者的意见,然后把意见进行综合,再度征求专家意见,每一位专家并不知道其他专家是谁,只是针对问题和大家的意见而发表自己的看法,在每一位专家都充分发表意见的基础上,最后归纳形成结论。据统计,美国咨询机构中德尔菲法的使用率最高,占各种预测方法的24%。德尔菲法操作过程

见图 2-3。

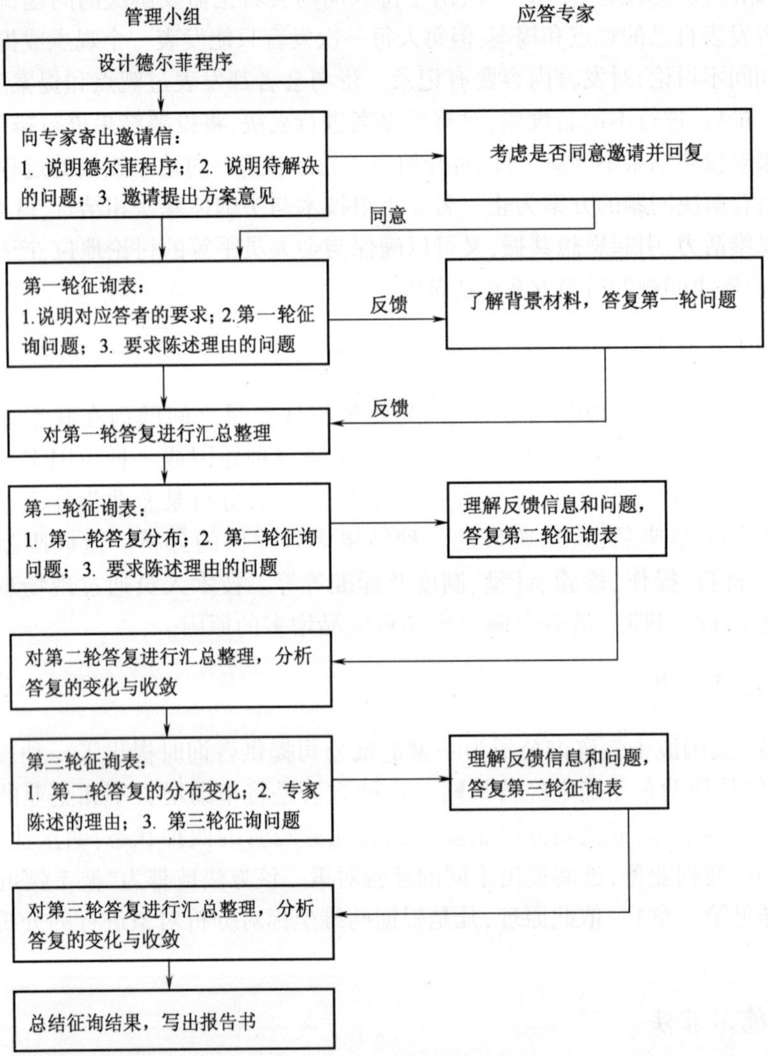

图 2-3　德尔菲法操作过程

(十一)问题归类法

问题归类法是对企业存在的问题按一定标准进行分类，并按各类问题的特征进行分析的一种方法。这种方法可以在同类问题的分析上节约时间，并有利于找出同类问

题共性和相应的对策。运用这种方法要注意根据企业存在问题的实际情况确定分类标准,而且这种方法只是对问题的性质进行初步分析,它可以为深入分析某个具体问题的原因提供一种线索,但不能代替具体原因的分析。

(十二)业务跟踪

业务跟踪就是顺着业务交易和处理的路径,全过程了解企业的管理状况。通过业务跟踪可以使咨询者了解企业有关部门的一切基本信息(如基本情况、工作程序、工作计划、工作安排等),了解企业的业务处理细节。例如,根据对材料采购业务的跟踪,可以了解采购部门、运输部门、仓储部门、财务部门相互之间的业务衔接与配合情况,了解企业外部供应商、运输公司、银行与企业之间的业务流程,从而了解企业物流、资金流和信息流的效率。

(十三)框图描述

框图描述是管理咨询一种常用的分析工具,通过运用符号和图形来直观地反映业务流程(见图 2-4)。

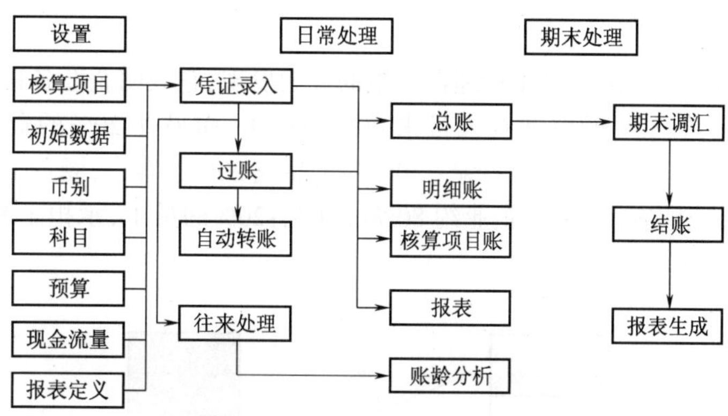

图 2-4　ABC 公司财务处理流程图

(十四)调查问卷

调查问卷是根据咨询者的信息需求设计出调查问卷(多以表格形式),并将其发放到被调查者手中,通过回收填写好的问卷来收集信息的一种调查方法。调查问卷不是时间密集型的数据收集方式,有利于大面积使用,比走访节省时间且易于分析。但是,问卷调查也有缺点,即有时候回收率低,人们也可能会误解问卷中的问题,他们可能会感觉有压力而不会知无不言,害怕被发现,所以,他们所给出的答案也就是他们认为是必要的答案。

(十五)开会

开会是集体交流和调查的主要形式。不同类型的会议有各自的特征。

1.交谈会:交谈会的目的是加强相互了解;它不拘于形式,没有主持者,参加者可以任意组合,变换谈话对象;交谈是平等、自愿、主动的。

2.告知会:告知会目的是提供一种情况,下达一种指令;听众人数不限;参加者处于被动地位;难以引起所有人的注意;表达方式难以适合所有人的口味;告知会要注意会议内容被接受的情况和整体效果。

3.协调会:协调会的目的是研究问题、集体协商,并达成较一致的意见;所有参加者都负有协调责任;主持者不是决策者,共享权利的有限性使会议可能陷入议而不决、协调无结果的境地;主持者不仅应具备交流的能力,而且要在业务和人品上受与会者的尊重。

此外,召开调查会、研讨会和列席客户工作会议等也都是调查的方法。

二、定量分析

(一)80/20 法则

80/20 法则是麦肯锡公司在管理咨询中的一大发现,它表明企业各种资源的投入与产出之间并不对称:80%的资源投入带来 20%的产出,而另外 20%的资源投入却带来 80%的产出。而且这种现象非常普遍: 20%的产品或 20%的客户,涵盖了约 80%的营业额; 20%的产品或顾客,提供了企业约 80%的获利;20%的员工,承担了 80%的责任;如此等等。见图 2-5 示意。

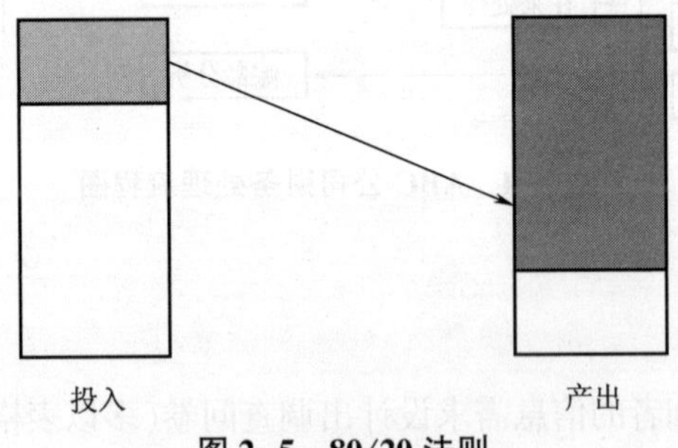

图 2-5 80/20 法则

(二)ABC 分析法

ABC 分析法又称为重点管理法或分类管理法,其基本原理是对影响组织活动和成效的各种因素依其重要性分成A,B,C三类。以原料和零部件采购和储存为例,种类少(约为物资品种的5%左右)但价值大(约占物资总价值的70%左右)的物资可列为A类,把其品种和价值占20%的物资列为B类,把品种很多(约占75%左右)但总价值较低(仅占5%左右)的物资列为C类。对存货进行ABC分析,有利于分清主次,抓住重点,区别对待,在管理能力有限的条件下,有效地控制存货资金。以此类推,对管理对象进行A,B,C分类,有利于提高管理工作效率。

(三)因素分析

企业的活动是一个有机整体,反映企业经营活动的每个经济指标的变化都受若干因素的影响。因素分析就是把构成经济指标的各项因素分解出来,测定这些因素变动对经济指标变化的影响方向和影响程度。因素分析法有四个要点:①确定某项指标的构成因素;②确定构成因素与该指标的数量关系(加减、乘除、乘方开方、函数等);③确定构成因素的排列顺序(主动因素、基础因素、质量因素在前,被动因素、派生因素、数量因素在后);④顺序分析某一因素的影响时,要假设其他因素不变或已经完成了变化。根据因素分析的方法特征,具体又分为三种方法:

1.连环替代法:将影响分析指标的因素依次排序,假设其他因素不变,把第一个因素的变动值代入指标计算过程,此时确定的分析指标的差异就是第一个因素的影响结果;然后再替换第二个因素,确定其影响;依此类推,直至各因素分析完毕。

2.差额替代法:是连环替代法的简化形式。直接用影响因素的差异值(变动前与变动后)代入分析指标的计算过程,其结果就是该因素对分析指标的影响程度。

3.插值分解法:在一个指标的计算过程中插入另一个相关指标,将其分解为两个以上因素的计算结果(积、商、和、差等),并以此来测定因素变动对指标的影响。

对因素分析法的具体运用,参见本书第六章中标准成本差异分析部分。

(四)相关分析

相关分析是通过统计不同变量的若干组相互对应的数据来确认变量之间关联程度的分析方法。一般来讲,变量之间的关系可分为两类:一类是确定型关系,另一类是非确定型关系。前者如,在产品价格一定或已知的条件下产品销售额与销售量的关系,即知道了销售量,就能准确地计算出销售额。后者如,农作物单位面积产量与施肥量之间有一定关系,但根据施肥量来推算农作物单位面积产量却不一定准确。变量之间的关系是属于确定型还是非确定型,可以用相关系数来衡量。相关系数用来反映具备相关关系的变量间的相关程度。当变量间的相关系数绝对值为1,则变量之间完全相关,其关系属于确定型关系;当变量间的相关系数绝对值为0,则变量之间完全不相关,变量之

间没有关联关系；当变量间的相关系数绝对值大于0小于1，则变量之间的关系属于非确定型关系，其关联程度用相关系数表示。人们通常认为，相关系数大于0.7，属于高度相关；在0.3~0.7之间，属于中度相关；低于0.3，属于低度相关。但是，对于解决不同问题或有不同偏好的人来说，对变量相关程度的要求是不一样的。譬如，某咨询机构的划分标准是：相关系数高于0.8，属于强相关；相关系数在0.7~0.8之间，属于较强相关；相关系数在0.5~0.7之间属于较弱相关；相关系数在0.5以下，属于弱相关。

相关系数运用最多的是两个变量之间关联程度的分析。设有 X，Y 两个变量，相关系数为 R，其计算公式为：

$$R=\frac{\sum(X_i-X_{均值})(Y_i-Y_{均值})}{\sqrt{\sum(X_i-X_{均值})^2}\cdot\sqrt{\sum(Y_i-Y_{均值})^2}}$$

表 2-2 关于产量与单位平均成本的数据

产量 x	20	30	40	50	80
单位平均成本 y	16.8	15.6	15	14.8	14.2

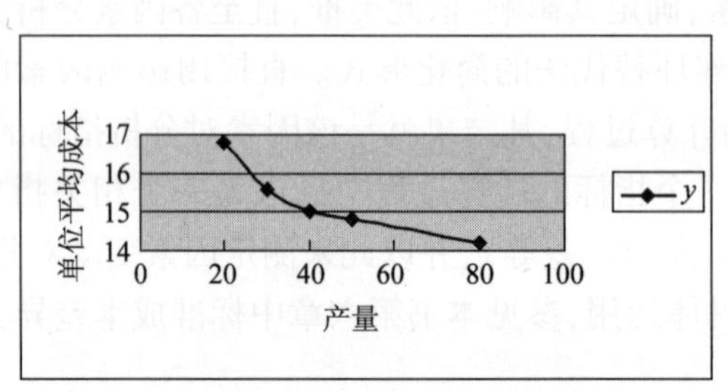

图 2-6 产量与单位平均成本的相关分析

计算结果：$R=0.9$，说明产量与单位平均成本两个变量之间高度相关。

咨询顾问需要注意的是，虽然计算出有些变量之间的相关系数很高，但是相互之间却毫不相关，这就是所谓的假相关现象。对于假相关现象，定量分析无能为力，只能用人们的常识或现象之间的逻辑关系来鉴别。

（五）指数分析

指数分析亦称动态分析，指数是指两个或两组同质绝对数的比值，它以相对数的形式综合反映某指标值的变动方向和变动程度。通过指数分析,有助于人们更深入、更全面地了解现象发展的动态。

例如:股价指数是用来反映股票市场价格变动的一种专用经济指标。股价指数上升,表明股价趋上扬之势;股价指数下降,则是股价回落的象征。编制股价指数,一是可以记录股市每日的变动;二是反映大市的整体情况。还可以利用指数的资料指数图,让股票投资者直观地分析股价的走势和股市的发展情况。股价指数按日来编制。它是以某年某月某日的股价作为基期股价,这一日称为基日,以后各日的股价同基日股价计算出百分数,即为各日股价指数。根据表2-3资料,计算两个计算日的股价指数如下:

表2-3 股价指数计算资料

股票名称	发行量 q (股)	股价(元/股)				
		基日	计算日			
		P_0	P_1	P_2	P_3	P_4
甲	12 000	13	15	14	14	16
乙	20 000	6	6	7	8	8
丙	25 000	5	7	8	8	9

$$一日:\frac{\sum p_1 q}{\sum p_0 q}=\frac{15\times 12\ 000+6\times 20\ 000+7\times 25\ 000}{13\times 12\ 000+6\times 20\ 000+5\times 25\ 000}=118.45\%$$

这说明第一日股价比基日上扬18.45点。

$$二日:\frac{\sum p_1 q}{\sum p_0 q}=\frac{14\times 12\ 000+7\times 20\ 000+8\times 25\ 000}{13\times 12\ 000+6\times 20\ 000+5\times 25\ 000}=126.48\%$$

这说明第二日股价比基日上扬26.48点。

(六)比率分析

比率是指两个不同的绝对指标进行相互比较而形成的相对指标,它反映分析对象的某种特征或属性。例如,财务比率可以用来反映企业财务状况是否处于正常状态。不同的财务比率反映的是企业不同方面的财务特征。销售利润率反映企业的盈利能力

特征(强抑或弱),资产负债率反映企业偿债能力特征,资金周转率反映企业资金效率特征(高抑或低)等等。比率分析的具体运用将在第五章财务管理咨询中财务报表分析部分介绍。

(七)统计分析

统计分析是以客观统计资料为依据的定量分析方法。它对分析对象的有关数据进行统计,通过计算总数、平均数、指数以及置信区间、置信概率、标准差、标准离差率等一系列指标进行系统分析,从而揭示各种现象之间的内在联系,认识事物的本质和发展规律。需要说明的是,统计分析并非单纯的数字罗列,而是将真实、客观的数据和具体实际情况相结合,将数量分析和质量分析相结合,探讨事物变化的原因,提出可行的对策。

综合评分法是统计分析的方法之一。下面举例说明综合评分法的运用。

【例 2-1】某电视机厂运用问卷调查方式请消费者对该厂生产的电视机质量进行评价,所用方法为打分法(分为 100 分,80 分,60 分,40 分和 20 分五个层次),回收有效问卷1 000份,假设所选评价指标及评分结果的分组资料如表 2-4 所示。

表 2-4 综合评分表

评价指标	得票数					平均得分
	100	80	60	40	20	
清晰度	500	200	200	50	50	81
耗电量	400	250	200	100	50	77
抗震能力	100	500	200	100	100	68

从该评分表可得到清晰度的平均得分为:

$$(500\times100+200\times80+200\times60+50\times40+50\times20)\div100=81(\text{分})$$

假定清晰度、耗电量及抗震能力的权数分别为 0.4,0.4 和 0.2,则该厂电视机质量的综合得分为:

$$81\times0.4+77\times0.4+68\times0.2=76.8\ (\text{分})$$

(八)结构分析

结构分析亦称比重分析,是计算某项经济指标的各个组成部分占总体的比重,并分析其变化,从而为预测和控制结构变化对指标的影响提供依据。例如,把构成现金流量的各个项目与现金总流量相比较,观察现金流量结构的变化对现金流量的影响,从而为加强现金流管理提供思路,指明方向。

【例 2-2】D 公司的现金结构分析数据如表 2-5 所示。

表 2-5　现金结构分析

一、经营活动	流入	流出	净流量	内部结构(%)	流入结构(%)	流出结构(%)	流入流出比
销售商品、提供劳务	13 425			100			
现金流入小计	13 425			100	64		
购买商品和劳务		4 923		51			
支付职工薪酬		3 000		31			
支付所得税		971		10			
其他税费		20		0			
其他现金流出		700		8			
现金流出小计		9 614		100		36	1.4
经营流量净额			3 811				
二、投资活动							
投资收回	165			5			
分得股利	300			9			
处置固定资产	3 003			86			
现金流入小计	3 468			100	17		
购置固定资产		4 510					
现金流出小计		4 510				17	0.77
投资流量净额			-1 042				
三、筹资活动							
借款	4 000						
现金流入小计	4 000				19		
偿还债务		12 500		99			
支付利息		125		1			
现金流出小计		12 625		100		47	0.32
筹资流量净额			-8 625				
合计	20 893	26 749	-5 856		100	100	

对总现金流量进行分析，流入20 893元，流出26 749元，净额为-5 856元，说明经营现金流入净额不能抵补投资现金支出净额和筹资现金支出净额。这与D公司正处于偿债高峰期有关。

1.现金流入结构分析。流入结构分析分为总流入结构和三项（经营、投资和筹资）活动流入的内部结构分析。该公司的总流入中，经营流入占64%，是其主要来源；投资流入占17%，筹资流入占19%，也占有重要地位。经营活动流入中销售收入（含税）占了100%，比较正常；投资活动的流入中，股利占9%，投资收回和处置固定资产占91%，大部分是回收资金而非获利；筹资活动的4 000万元全部是借款。

2.现金流出结构分析。流出结构分析分为总流出结构和三项流出的内部结构分析。该公司的总流出中经营活动流出占36%，投资活动占17%，筹资活动占47%，说明公司现金中偿还债务占很大比重并负债大量减少。在经营活动流出中，购买商品和劳务占51%，支付给职工的以及为职工支付的占31%，比重较大。投资活动流出全部是购置固定资产。筹资流出中偿还债务本金占99%，是绝大部分。

3.流入流出比分析。经营活动流入流出比为1.4，表明企业1元的流出可换回1.4元现金流入。投资活动流入流出比为0.77，表明公司处在扩张时期。发展时期此比值小，而衰退或缺少投资机会时此比值大。筹资活动流入流出比为0.32，表明还款明显大于借款。

（九）平衡分析

平衡分析是利用各项指标之间的数量平衡关系进行分析的方法。常见的平衡分析有盈亏平衡分析、投入产出平衡分析和四柱平衡分析。

1.盈亏平衡分析亦称量本利分析或保本（利）点分析，是在对成本习性分析的基础上，通过建立产品销售量、不同性质的成本和营业利润之间的数量关系式来进行分析的方法。盈亏平衡分析的用途较广，可用于经营预测、决策、计划编制、标准制定、控制、业绩考评等经营管理的各个环节。

2.投入产出平衡分析，是利用企业投入的材料、能源等各项资源与产出的产品或服务之间的平衡关系进行的分析。操作中，通过编制投入产出的棋盘式表格来进行分析。

3.四柱平衡分析是根据资金或财产物资在前后时期之间的数量变化规律进行的分析。早在我国汉代人们就总结了这个规律，并用于稽核账目与实物盘点。四柱的意思是“旧管+新收=开除+实在”，用现代语言就是“期初余额+本期增加=本期减少+期末余额”。四个变量是四个“柱子”，支撑着“账目大厦”不使其倒塌，若等式成立则账“平”，等式不成立则账“不平”。

(十)数学模型

模型是用适当的规则对实际物体所进行的简捷模仿。这一模仿品有助于人们了解所研究实体的状态和本质,并进行更多用途的利用。同样道理,数学模型所要模仿或表达的是变量之间的数量依存关系。数学模型是对于现实世界的某一特定对象,为了某个特定目的,作出一些必要的简化和假设,运用适当的数学工具得到的一个数学结构。它或者能解释特定现象的现实状态,或者能预测对象的未来状态,或者能提供处理对象的最优决策或控制。例如,简化的量本利关系的数学模型为:$E=PX-BX-A$(设 E 为利润,P 为销售单价,X 为销售量,B 为单位变动成本,A 为固定成本)。常见的数学模型有代数模型、线性规划模型、非线性规划模型、矩阵模型等。

(十一)敏感性分析

"敏感"是从生物学借用的名词,表明不同的生物(物体)之间的相互感应及其程度。敏感性分析发展成为一种专门技术,是指研究与分析一个系统因周围条件发生变化而引起其状态或输出结果变化的敏感程度的方法。它可用于分析与某一变量相关的因素变动对该变量的影响。敏感分析是在求得某个模型的最优解后,研究模型中某个或若干个参数允许变化到多大,仍能使原最优解的条件保持不变;或者当参数变化超出范围,原最优解已不能保持最优性时,提供一套简捷的计算方法,重新求得最优解。反应敏感程度的指标是敏感系数:

$$敏感系数=目标值变动百分比÷参量值变动百分比$$

【例 2-3】ABC 公司只生产一种产品,单价为 2 元,单位变动成本为 1.20 元,预计明年产品涨价 20%,固定成本为 40 000 元,产销量计划达 100 000 件。

分析单价的敏感程度:明年销售价格=2 × (1+20%) = 2.40 (元)

按此单价计算,利润为:100 000 × (2.40-1.20)-40 000= 80 000(元)

原来利润为:100 000 × (2-1.20)-40 000=40 000(元)

其变化率为:(80 000-40 000)÷40 000=100(%)

单价的敏感系数:100% ÷ 20% =5

同理,可求得单位变动成本的敏感系数为-3。

可求得固定成本的敏感系数为-1。

可求得销售的敏感系数为 2。

其中敏感系数为正值的,表明它与利润为同向增减;敏感系数为负值的,表明它与利润为反向增减。就本例而言,影响利润的诸因素中最敏感的是单价。从百分比来看,

利润以5倍的速率随单价变化。涨价是提高盈利的最有效手段，价格下跌也将是企业最大的威胁。经营者根据敏感系数知道，每降价1%，企业将失去5%的利润，必须格外予以关注。

(十二)临界分析

临界分析是临界思维方式的具体运用，是对财务指标从有利方面向不利方面或从不利方面向有利方面转变的边际分析，主要用于对事物质变程度的判断和决策与控制。根据临界分析的内容和方法特征，可以将其分为比率临界分析、盈亏临界分析、极值临界分析和转折临界分析。比率临界分析是分析财务比率或管理比率的临界值及其影响因素，其临界值有一般和相对之分。以资产负债率为例，其一般临界值为50%，小于50%表明净资产价值高于负债，大于50%表明净资产价值小于负债，即企业进入通常意义的“资不抵债”范围；其相对临界值则取决于背景环境，如经济周期、资本供求关系等等。盈亏临界分析亦称盈亏平衡点分析，即企业的销售产品数量或销售金额达到该临界点时企业不亏不赚，当销售产品数量或金额超过该临界点以后企业进入盈利状态，反之企业进入亏损状态。极值临界分析是在一定条件下，计算和确认收益最大或成本最低或资源利用最佳变量值的分析方法。极值临界分析方法的运用通常采用列表法、微分法、代数法、测试法和单纯形法。其用途有最佳供应批量分析、最佳保险储备量分析、最佳现金持有量分析、最佳质量控制标准分析、最佳设备使用年限分析、最佳资源分配方案分析等等。转折临界分析是指在一定条件下计算和确认不同方案的优劣转折点，其运用有不同生产工艺的比较与选择、设备更新决策分析、歇业与否决策分析和不同方案比较分析。

(十三)预警分析

预警分析是根据企业的经营态势，充分考虑竞争环境变化带来的影响，以及企业的生存发展战略，事先确定一系列关键指标的良好值区域、正常值区域、警告区域和危险区域，并随时关注这些指标的变化，在出现问题征兆时及时采取措施，以便早做防范的分析方法。预警分析通常包括以下一些步骤：

1.确认预警内容。确定进行预警的主要依据的因素，如以财务因素、技术因素等作为预警的关键因素。保证财务安全的预警指标选择，是资产负债率、流动比率抑或速动比率？是否需要考虑经营安全边际？

2.确认指标的预警线。这里需要分析行业的变化趋势，考虑企业在该行业的竞争力，因此可以参照同行业或国际公认的预警线标准。

3.落实责任。确定由哪个部门或由谁负责预警工作，由谁来观察、计量、记录、分析和报告。

4.建立健全反馈机制。规定有关信息如何传递、何时何部门对何种情况要做出何种反应。

5.定期对整个预警系统对企业的适用性作出评价,并及时调整该预警系统。

思 考 题

1.管理咨询程序由哪几个阶段组成?每个阶段有何内容?

2.为什么咨询者在承接业务之前需要了解社会经济的基本变化趋势?

3.试分析权威型介入和推动型介入的利弊。

4.为什么说咨询顾问与客户之间的合同关系是可靠关系和理想关系的基础?

5.咨询者向客户演示项目说明书时应注意哪些要点?

6.咨询调查应遵循哪些原则?

7.你认为容易干扰咨询顾问作出正确判断的因素有哪些?

8.在调查分析中为什么提倡定性分析与定量分析相结合?

9.常用的定性分析方法有哪些?各有何优缺点?

10.常用的定量分析方法有哪些?各有何优缺点?

作 业 题

1.试用定性分析法分析一个案例。

2.试用定量分析法分析一个案例。

3.试用定性分析与定量分析相结合的方法分析一个案例。

附录 2-1:麦肯锡走访的程序与秘诀

麦肯锡的每一个项目都要进行走访。走访是麦肯锡顾问填补其知识结构缺陷并增加其关于客户的经验和知识的一种办法。

(一)走访程序

1.事先充分准备,写好调查提纲。

提纲是你从被访问者那里得到你需要的东西的最佳工具,也是你利用好自己和他人的时间的最佳工具。

在构思提纲的时候,你必须考虑到两个层次。首先,要把自己需要答案的问题有哪

些搞清楚。把它们都写下来,别管顺序。其次,搞清楚在走访中你真正需要的是什么,你想达到什么目的,你为什么要跟这个人走访等等。把自己的目的定义搞清楚,这会有助于你按照正确的顺序提问,并且也有助于你把它们恰当地表达出来。

在走访之前尽可能多地了解被访者会大有裨益。他是不是一个很难打交道的老总?当你问一个敏感问题时,他会不会厉害得要把你吞下去?抑或他是一个平庸的经理,他提出的要求变革的请求在企业里根本没有人注意。也许二者都掌握同样的信息,但对于每一个人你要采取的措施是不一样的。

在麦肯锡公司,作为一条规矩,走访应该从一般性问题入手,然后再转向特殊性问题。不要一头扎进过于敏感的问题,比如说,你在这个公司待了多久。从安慰性的问题入手,比如说,对这个行业的看法。这会有助于被访者“热身”,从而让你培养一种和谐的气氛。

把提纲写出来以后,你要再细看一遍,然后问问自己:“在走访结束之前,我最想问的三个问题是什么?”这就是当你走进被访者的办公室时应该集中关注的问题,在离开之前,这三个问题你要想尽办法获得答案。最后,每一份走访提纲都应该以麦肯锡的原始问题结尾。在你把所有的问题问完之后,或者你剩下的时间已经不多了的时候,把提纲放在一边,问一问被访者,看他有没有什么想要告诉你的,或者是有没有你忘了的问题。一般情况下,被访者都会说没什么了,但一旦有什么,你就有可能会挖到一个“富矿”。

2.谈话注意聆听和引导。问完问题后让他们放开谈。大多数人都喜欢谈,尤其是在你让他们知道你对他们所谈的内容很感兴趣时更是如此。在必要的时候打断一下,这样会保证走访按部就班地进行。

在走访技巧方面,麦肯锡的顾问们接受了大量的训练。第一件事就是“让被访者清楚你正在听”。麦肯锡的顾问们是这样做到这一点的:在走访被访者的过程中,不断插入“对”或“我明白”这样的口头语,甚至只是“唔-唔”就行(这种做法被称之为麦肯锡咕哝)。我们也会拿出纸笔记下来。就像麦肯锡咕哝一样,记笔记暗示我们正在集中注意力,这会保证我们在被访者真的说出什么重要东西时做好了准备。

麦肯锡顾问进行走访的目的是为了得到别人脑子里的信息、经验和新的见解。顾问们在那里是为了听,而不是说。他们要记住,其他人有他们独特的思维套路,所以需要将他们把握在轨道上。

3.不要让被访者无处躲藏。有时候,被访者对走访感到非常不安。作为一名走访人员,你的任务就是调查商业问题,所以你有一定的权力和职权。也许这种职权没有超过首席执行官和高层管理人员,但却超过了许多人。比方说,麦肯锡公司正在帮助一家企业进行重组,该企业的老板让他的一位中层经理跟你谈话,他就会很害怕麦肯锡会让他

丢了饭碗，被访者就会很不安。因此，咨询顾问有尊重并减缓被访者的担忧的职业责任，你不能去利用这种担忧。尊重被访者的担忧意味着不能在走访结束后让他觉得无处可藏，就像他是被审问的对象一样。记住，你在走访中所寻找的不过是一两件事情的答案，你没有必要为了得到这些答案而把被访者榨干。而且，对于那些在商业环境下完全合适但从被访者的观点看却很深地涉及个人的事，在提问时一定要谨慎。

在大多数情况下，被访者是愿意提供帮助的。没有必要在第一刻就把你的职权像警徽一样炫耀。如果你这么干了，你有可能会发现，就像老的警匪片中的情形一样，被访者会“沉默下来”。如果你遇到了真正的障碍或敌意，你可能不得不对你的职权加以运用，但在此之前别用。因为伴随着权力而来的是必须明智地加以运用的责任。

4.记住走访秘诀。在进行走访的时候，一定要从大处着眼。因为你有必须要达到的目的而达到目的的时间又是有限的。记住麦肯锡走访秘诀，它们会有助于你从被访者那里得到你想要的东西。

（二）走访秘诀

1.请被访者上司安排会面。通过这位上司告诉被访者，这次走访很重要。如果他知道自己的上司想让他跟你走访，他就不怎么会跟你东拉西扯了。

2.两人一组。就你一个人要想有效地进行走访是很困难的。可能你忙着记笔记，以至于要想恰当地问问题变得很困难。你也许会忽略被访者给出的非语言的线索。有时候，两个走访者联手是很有作用的——可以在走访时轮流提问和记笔记。走访者之一在涉及的某一方面具有特殊的知识时，这一方法特别有效。而且，在走访过程中，对实际发生的事情有两种不同的观点是很有益处的。唯一要注意的是，无论谁记走访笔记，都要确保它们与另一位走访者一致。

3.要倾听不是指导。在多数走访中，你的目的并不是就你的问题得出“是”或“非”的答案。你所想要的是详尽的回答——获得尽可能多的信息。而获得这些信息的方法就是倾听。要尽可能地少说话，所说的只要保证走访没有跑题就足够了。记住，被访者对其企业的了解可能比你多得多，他所提供给你的大多数信息不是在这方面就是在那方面会对你有所帮助。

4.复述。在出去走访之前，每一个麦肯锡顾问都会接受这样的训练，即把某一主题的答案用稍微不同的形式复述出来。我不能过分强调这有多么重要。大多数人在思考或说话时无法以完全有条理的方式进行。他们会东拉西扯，他们会跑题，他们会把重要的事实与毫不相干的事情扯在一起。如果你能把他们的话重复给他们——比较理想的是按照某种条理复述给他们，那么他们就会告诉你你是否正确地理解了他们的意思。复述还给了被访者一个机会，使得他们可以补充信息或强调重点。

5.旁敲侧击。采用旁敲侧击的方式。一位项目经理的团队来了一个刚刚从海军退

役的新同事。他们两个人整理出了一份非常清晰的走访提纲,而且就他们与客户的一位中层管理人员走访时要达到的一系列特殊目标达成了共识,于是这位项目经理让这个新同事先开头。为了确切地得到他想要的东西,这位新手对这位中层管理人员步步紧逼,弄得就像是审问而不是走访。可想而知,被访者很恼火,于是他变得戒心重重,基本上已拒绝合作。

这个故事的寓意在于:"对被访者的情感要敏感",要理解这个人也许会感到受到了威胁。不要一头扎进棘手的问题。如果你不得不围绕着重要的内容兜几分钟的圈子,那也没什么大不了的。花一点时间,让走访过程以及被访者跟你在一起的时候感到自在。

6.不问太多。不要把被访者知道的每一件事都问出来,这有两个原因。首先,你可能已经得到了。在你写走访提纲的时候,要把自己的目标集中在两三个最重要的问题上。要是接下来你问被访者的是他关于饰品行业的全部知识,即便得到了你真正需要的东西,你也会发现自己从许多信息中可以把它们淘出来。

其次,不要穷追不舍。记住,对于大多数人来说,被采访,尤其是在商业问题方面被人采访,是让人很不舒服的经历。如果你逼得太紧,把这种不适感加强了,你会发现被访者变得不愿合作,甚或还充满了敌意。你不知道自己什么时候为了得到更多的信息又得回来找这个人,所以可别把大门给关死了。

7.考伦波策略。该策略来源于一部70年代的电视剧,那位穿着雨衣的考伦波探长在结束了对谋杀嫌疑犯在案发当时所在地的讯问之后,他拣起自己那件皱皱巴巴的雨衣向门外走去。当走到门口就要离去的时候,他又转过身来,用手指敲着太阳穴说:"对不起,夫人,有些事情我忘问了。"毫无疑问,这个问题给了考伦波需要的是谁干了这件事的答案。

要是你需要得到某个特殊问题的答案,或是想要一份特殊的数据,考伦波的策略往往是获取你想要的东西的不错的方法。一旦走访结束了,每个人都会放松下来。被访者那种你拥有某种超过他的权力的感觉就会消失。他那种提防的心理会大大降低,这时他往往会告诉你你所需要的东西,或是提供给你留尽心思在寻找的东西。

你也许还想试试"超级"考伦波策略。不是在门口转过身来,而是等过一两天后,顺访被访者的办公室。你只不过是顺路经过,记起了一个你忘记问了的问题。这会显得你没那么具有威胁性,这样就更可能获得你所需要的信息了。

(资料来源:埃森·拉塞尔:《麦肯锡方法》第二部分,华夏出版社,2003年。)

附录2-2:咨询成功之道①

咨询犹如教人学舞,教者必须既懂得音乐、舞蹈,还要懂得言传身教,会跳、善教,被教者必须积极主动、愿学、好学。只有双方互相配合,最终才有可能跳出优美的舞步。舞蹈大师不能让一个不愿走进舞池的人学会舞蹈;咨询大师也无法让缺乏革新勇气的企业改变面貌。咨询要想取得显著成效,咨询机构与企业客户双双互动至关重要。

一、互信是项目成功的开始

咨询项目的产生往往对企业起着主导作用。企业掌握着机构选择权。但是咨询机构在接受企业挑选时也不会被动等待,总是积极参与、主动配合,介绍自己的特长、优势、对企业项目的认识与实施的保障,同时最不应该忘记的是介绍自己的劣势,以供企业选择。绝对不可为了拿到项目而做出不切实际的承诺(这绝对是有始无终的开端)。

可以说,相互信任就是在企业挑选的过程中建立起来的。从企业的角度来讲,选对合适的咨询机构,项目成功就有了一半的保证。咨询机构也要认真调研,自我评估是否具备圆满完成项目的能力和条件。不具备条件时应该主动放弃。双方在价值观上是否认同应该作为能否合作的先决条件。哪怕企业做出了不恰当的选择,咨询机构都要有勇气拒绝。

放弃,并非不能,而是不为。2000年,清华总裁班学员——一个沿海地区的企业老板主动找到舒化鲁教授,请舒教授为其做一个企业文化改造项目,并且开出的价格高过市场行情。舒教授因为工作忙没有答应。哪想到这位老板并未放弃,又接连找了舒教授两次,其心情一次比一次迫切。他以为舒教授嫌钱少,每次价格都有加码,最后的报价已比首次的报价翻了一番。舒教授的确是时间安排不过来,最终都没有答应。舒教授没有接受请求,但也不忘关心这家企业。原来这家企业诚信存在很大问题,在外欠款很多,员工工资也不能按时发放,老板的焦虑可以想见。他听了舒教授讲的诚信企业文化(实为规范化管理)可以为企业整合更多的资源,所以就有了请舒教授为其做企业文化改造的强烈愿望。舒教授是对我们说起咨询师的良心时讲到这件事的。有位年轻的咨询师问舒教授:"上百万的项目没接,后悔不?"舒教授说:"不是后悔,而是幸运。如果我服务的企业很快就倒闭了,不说同行耻笑,我自己的良心也会不安。钱谁不想多赚?问题是赚钱也要赚得有价值,对得住客户,也对得起自己。"原来,此后不到两年时间,这家企业就走到了尽头——关门倒闭。舒教授坦言:说忙是实,可那位老板的理解是嫌钱少,他开口闭口谈钱,让我感到很不舒服,好像我就是看上他的钱才会为他服务。说白了,就是话不投机。双方没有建立互信的基础,就是勉强答应了,项目也不可能成功。

① 作者张国祥:中国企业规范化管理网专家委员、北京汉威智汇企业管理咨询有限公司咨询师。

我当时就对他讲:这笔钱你先发员工工资,再付部分货款,从现在开始,对供货商信守合同,比将这笔钱付给我更有用。

咨询只是提供思路和方法,接不接受看企业,实不实行看企业,在多大范围、多大程度上接受和实行也要看企业。为什么同一个老师会教出不同的学生,道理也就在这里。

难怪有人说咨询只能锦上添花,不能雪中送炭。由此观之,始觉信然。

良好的合作必须从相互信任开始。这对企业、对机构、对所有合作的双方都应该是笃行不移的箴言。

互信还有一个重要的层面就是相互都具有充足的信心。

咨询项目必定会给企业带来改变。改变就会打破现有格局,企业成员是否作好接受改变的准备、是否具备适应变化带来的挑战的勇气,是否对项目实施后的愿景坚定信心,将左右企业成员参与的热情和配合程度,信心越高,干劲越足,项目成功的可能性就越大。因此,除了企业负责人的重视之外,咨询机构必须就项目实施的愿景对企业成员作充分的宣传和鼓动,调动起所有参与人员的积极性,这是项目得以顺利实施的前提和保证。

咨询机构的参与人员更是需要信心百倍地投入进来,并且要做到心无杂念,以企业为家,以最终能为企业带来实实在在的改变为己任。良好的状态、充足的信心,在咨询人员与企业成员之间相互传递、相互感染。

信任和信心源于对企业实际的把握、源于对企业成员的认可、源于对项目技术和进度的全面把握。往往有需要咨询的企业都存在这样或那样的不足,如果咨询人员高高在上、盛气凌人,揪住别人的缺点大加挞伐,往往会打击企业成员参与的积极性,这对项目实施是非常有害的。正视现实,正视不足,真心帮助企业改进,真心帮助企业成员提高。给予企业成员以信任,反过来将极大地提高自己完成项目的信心。

二、互帮是项目成功的关键

互帮互学往往是孪生姐妹。我们不管到什么地方做项目,从调研开始,舒化鲁教授不论是面对我们项目咨询师,还是面对企业员工,他总是说,我们是来向企业学习的。我们虽然在理论上有一些成就,但是离开了企业实践,离开了企业的有效运用,再好的理论都是空中楼阁,好看不中用。企业员工在他们所从事的行业中都是行家里手,要把他们当老师对待。理论需要在实践中完善和补充,研究也必须以能服务企业,为企业发展带来改变和改善为目的。

的确如此,咨询项目离开了企业的帮助,简直寸步难行。从咨询机构的角度讲,一个好的咨询方案就是成功的一半。而咨询方案的制订,必须从了解和掌握企业的历史和现状开始。经验告诉我们,只听企业负责人介绍是无法掌握全貌的(当然这也很重要)。一个负责任的机构除了进行问卷调查之外,还必须面对面倾听各层员工代表的发言,还要实地考察。只有在掌握信息翔实准确的基础上,才能有针对性地设计项目实施方案。方案是咨询人员写的,可是大量准备工作却是企业人员做的。没有企业人员提供的帮助,就不能制定出切实可行的方案。

当然,我不否认有人即使不去企业也能制定出漂亮的方案。越是有经验的公司(案例众多)做得越是漂亮。没有经验的企业就越容易选中这类方案。这是一个比较流行的做法。但我不得不指出:这也是一个错误的选择。为此我曾专门写过一篇文章,题目是《存在就是差异——模式化咨询必须终结》。世界上不存在两个完全相同的企业,那种妄图将一个成功企业的做法复制给另一个企业的模式化操作,早已被世界咨询业老大麦肯锡证明是行不通的。模式化操作的后果是两败俱伤。漂亮的女人大多更具有吸引力,漂亮的方案同样对企业有诱惑力。企业也很容易觉得这样省时省力。我讲企业文化时曾打过一个比喻:企业文化的打造必须有一段过程,就如同妇女十月怀胎一样必须自己经历,妇科医生只能指导你健康生产,但不能代你怀胎。咨询和企业的关系与此类似,只能指导,不能代劳。

企业一旦决策上咨询项目,就必须作好充分的准备。其实咨询项目,不论从哪个角度来说,不论资金、人力,企业都比咨询机构付出更多。企业如果请了咨询公司,特别是请了经验丰富的公司,项目时间一到,企业就收获成果的想法是极端错误和有害的。企业项目组成员也很容易有套用他人现成做法的冲动——这也应了舒化鲁教授的那句名言:人在可以懒时不会不懒。我在企业咨询中遇到过不少这种请求,结果当然是被我拒绝。企业与企业之间文化不同、人员结构不同、管理体系不同,即使是两个名称相同的岗位,其做事方式都迥然有异。因此,哪怕是相同的咨询项目,不同的企业其咨询方案也应该是风格各异,绝不能雷同。

互相帮助也是咨询项目的特点所决定的。没有哪一项工作可以分得一清二楚:这是咨询机构该做的、这是企业该做的。我们的做法是项目的每一步推进都在相互讨论后进行。每一项工作都分工明确,同时又互相配合。咨询师与企业项目参与人员形成了一个团队,在一起办公、在一起学习、在一起讨论、在一起交流。咨询师也参加企业的早会,时刻关注企业,不仅对企业有静态的了解,而且还有动态的把握。这样对企业运行所提供的建议就更有针对性,也更易于被接受。

我在一家公司作咨询时,从他们的企业报上看到一篇文章,题目是《诚实守信必须贯穿始终》。文章对工作中的一些看似不起眼的小事提出了批评,特别批评了抽奖活动中有意将大奖放在最后的行为。文章是总经理写的。他强调勿以恶小而为之,大奖最后产生,看似为了公司利益——吸引更多顾客,但它违背了公司的诚信原则,对早期参加抽奖活动的顾客是一种欺骗行为。我很佩服总经理见微知著的眼光。后来在讨论企划部工作流程时,我碰到了这位大奖放后的始作俑者。我问他对总经理的批评有何感想。他说最初这样做就是想吸引更多顾客参加,再说所有的大奖我们都抽出来了,这也

没欺骗顾客呀。我告诉他大奖在前更能吸引顾客。我给他讲了朝三暮四的典故，然后从心理学角度分析，活动一开始就有大奖产生，更能吸引客流，这叫示范效应。企业后来的做法更是超出了我的设想。他们在设计促销活动的时候，一个周期之内，天天有大奖，活动做得相当成功。

我感到在你真心帮助企业的时候，往往你收获得比别人还多。这家企业落实诚信企业文化很多可取的做法，比我在教科书上学到的还要深刻许多。

三、互动是项目成功的保证

我之所以反对模式化咨询，一是看到太多失败的案例；二是在咨询实践中个人的经验和感悟。

我的咨询就是从失败开始的。一个朋友介绍我为一家家具企业做人力资源整合项目。这是一个只有二百多人的私营企业，老板夫妻二人同时参与管理，老公是总经理，老婆是财务与采购负责人。我是以总经理助理身份进厂的。老板在干部会上这样宣布：张某某，是我请来的管理老师，以我的助理身份参与企业全面管理，兼管人力资源部工作。请各位配合。当我与所有中层以上干部都做了工作沟通之后，我始终约不到老板娘面谈一次，直到一个月后我离开这家企业，都未能与其交换过意见，她总是以忙来搪塞。我不知道我的问题出在哪里，但一周的访谈，就让我明白了企业管理的问题却大部分在她的身上。企业有四根刺——四名中层干部，老板最头疼的是这四个人，员工最痛恨的是这四个人，遇事不走正常渠道而是先找老板娘汇报的也是这四个人。老板娘是刚刚生完小孩又重返工作岗位的。在她坐月子期间，这四大金刚就是她了解企业运作的眼线。老板为了稳定企业发展曾有两大重要举措：将企业股份各出让了10%给技术研发总监和营销总监。两大总监对老板娘给予这四个人的庇护行为极为不满。由于开厂资金绝大部分出自老板娘父母，老板自然免不了惧内。在我离开之前，将“拔掉四根刺”的人事整改方案交付老板手中的时候，他双手接过放在一边，只意味深长地说了一句：“你真是变成了师爷啊”！然后就开始兑现他的承诺，点钱给我——我在财务领取的只是按总经理助理职务计算的工资，不足的部分由他个人补足。

朋友介绍我的时候，告诉他我做职业经理人的时候曾是铁腕人物，老板的皇亲国戚被我罚了个遍，推行绩效考核，又把混饭吃的人请走了好几个。他难道是希望我亲手拔刺？抑或是有其他的不满？咨询师与师爷倒也有几分相似，可是我听了却很不是滋味。幸好这件事的结局还不错，半年后，朋友打电话告诉我，家具厂的老板亲手拔了四根刺，营销总监伙同妹妹飞单，也被他请出了公司。看来，我错怪了他，这位老板真是深有城府。我相信他的企业一定会成长壮大。

没有互信就不可能互动。没有互动就不可能有成效。

我们在成功咨询项目中所取得的每一个成果无不是在双方互动中产生的。这就像珠联璧合的绝唱，离开了其中任何一方都不能取得合作所产生的效果。我们梳理、总结、优化企业现实做法与按规范化管理可能达到的高度相结合，所设计制订的运行流程几乎集中了所有参与者的智慧，甚至有的流程也可以讲是凝聚了企业全体成员的智慧。其可操作性是任何专家在书房中编不出来的。拙作《实施流程管理，你的企业准备好了吗?》一文中所介绍的案例就是一个真实的写照。也很坦率地说，由于该类项目，本人是第一次参与（当然我有同行业的从业经历），没有可资借鉴的文件，反而因为一切从零开始，倒是让我很好地把握住了企业的实际。一切有形成果都是在企业已有做法基础上的提炼和升华。我们提出的口号是源于实际但高于实际，所以充分保证了项目实施的可操作性和运行效率的全面提高。

照抄照搬，可以推进项目完成的进度，短期而言，可以节省双方的时间；长期而言，对双方都是损失。企业由于得不到有用和有效的运用成果，前期投入有可能打水漂。咨询机构由于偷工减料，信誉丧失，对自己今后的发展无异于自垒障碍、自掘陷阱。

有位哲人说过，群众中蕴藏着无穷的智慧。在咨询项目中与企业成员互动，让我对此有了更深切的体会。有些我研究不到或体会不深的理论或现象，有时企业成员的一个提问就让我立即联想出了答案。有深度的提问本身就是智慧的火花，有时候就是这点火花照亮了你思维的死角，让你对曾经思索而思索未得的问题突然就有了豁然开朗的感觉。我对美誉度、对目标管理所下的定义被企业员工高度认同，其答案是产生于一问一答之间，但其深度却超越了我一人写作时冥思苦想归纳出来的结论。我曾经和企业的培训主管共同制作一个管理技巧的课件。她问我答，或者我问她讲，仅仅四个小时的时间，我们就完成了一个五小时讲课讲义的制作，其速度之快，超乎所有听课者的想象，也超出我本人平常速度的若干倍。

互动是智力开发的引擎，互动是有的放矢的良方，互动是咨询项目成功的保障。

四、互美是项目成功的必然

一个成功的咨询项目，必有两个赢家。企业无疑会以咨询公司为美，咨询公司当然会以成功的企业为荣，双方的简介都会增添对方的美名。检验一个项目成功与否，就看双方是否都把对方当成宣传的本钱。

咨询项目的成功首先是企业的功劳，然后才是机构的功劳。谁都知道知易行难，咨询机构即使给出再好的方案，如果企业束之高阁，咨询也不可能产生应有的作用。

一个班上出一两个成功的学生，不见得就是老师的功劳。只有班上所有的学生都成功了，这时似乎才可以炫耀这是老师的功劳。

咨询服务的对象大多是特定的企业，一对一的服务，应该比教学生有更多成功的把握。诚信负责，尽心尽力，用心去做，不一定都会成功，但一定离成功不远。

（资料来源：中国企业家联合会管理咨询委员会网站，2010-04-04。http://www.cec-ceda.org.cn/glzxs/action-model-name-research-itemid-26）

企业战略管理咨询

本章要点

企业战略管理要解决的是涉及企业生存和发展的根本问题。本章通过对企业战略管理一般和企业外部环境、内部资源以及企业机制分析的学习，使学生能够全面理解企业与环境的关系、作用；深入把握企业内部资源与机制的内涵，以及一系列重要的分析方法；掌握企业战略的种类以及如何根据企业的优势和劣势进行战略选择，然后做出战略评价。

第一节　企业战略管理咨询概述

一、企业战略概述

（一）企业战略的含义

“战略”一词源于古希腊的军事用语。美国哈佛大学的管理学家钱德勒于1962年最先将战略一词用于管理领域。他将企业战略定义为“战略是企业基本长期目标的确定，以及为达到目标所采用的行动过程的确定及必要的资源分配。”美国学者安索夫在1976年出版的《从战略计划走向战略管理》一书中把战略管理定义为“为了探求企业现在和今后应该进行怎样的经营活动而制定的决策基准”。迄今为止，许多管理学家从不同角度对企业战略给出了不同的定义。综合而言，企业战略的含义是：对企业生存发展所作出的带根本性、全局性、长远性的谋划和行为选择，包括目标选择以及达到目标的手段和方式的选择。

企业战略的特点表现在五个方面，即：全局性、长远性、指导性、风险性、创新性。

企业战略的意义可从四个方面理解：在本质上，是处理企业与外部环境的关系，协调企业内部资源的运用，以适应外部环境或改变外部环境，从而提高企业资源利用效率；在时间上，是对企业未来行动的长期谋划；在依据上，是对企业外部环境和内部资源的深入分析和准确判断；在重要程度上，对企业生存与发展具有决定性的影响。

（二）企业战略管理环节

1.战略分析。企业战略的本质是处理企业与环境的关系，即企业要适应环境变化，优化资源配置，赢得生存与发展。战略分析是战略决策的前置环节，需要做到“知彼知己”。分析内容是企业环境和资源及组织。分析环境是为了“知彼”，分析资源和组织运作机制则是为了“知己”。

2.战略决策。战略决策依据战略分析提供的信息，包括企业面临的环境变化、竞争格局、挑战与机遇、企业能力等，选择正确的经营战略，并对经营战略的落实做出规划和配置必需的资源。战略决策是关系企业生存和发展的全局性、长远性和根本性的决策。

3.战略实施。战略实施是对战略决策所确认的领域和目标所进行的组织调整、资源

安排、政策制定、制度实施、责任落实等一系列付诸实践的行为和过程。

4.战略考核。战略考核是对战略实施的过程和效果进行考核，对战略执行单位的绩效进行考核。

5.战略评价。战略评价是对战略分析、战略选择、战略实施、企业绩效等，从过程和成效两方面进行评价。

（三）企业战略层次

企业战略层次分为公司战略、经营单位战略和职能战略三个基本层次。

1.公司战略（Corporate Strategy）。公司战略也称公司总体战略，是企业战略中最高层次的战略，所要解决的问题覆盖公司所有业务，包括明确企业应在哪些经营领域中从事经营活动，决定发展或缩小哪些经营领域，进入或退出哪些经营领域，进而将资源进行合理配置，使各项经营业务相互支持、相互协调。从公司的经营发展方向到公司各经营单位之间的协调，从有形资源的充分利用到整个公司价值观念、文化环境的建立，都是总体战略的重要内容。

2.经营单位战略（SBU Strategy）。经营单位战略又称经营战略或事业部战略，是在公司总体战略的指导下，对具体经营单位的经营目标、实施步骤和资源配置做出的计划和安排。经营单位战略主要是针对不断变化的外部环境，在各自的经营领域里进行有效的竞争。为了保证企业的竞争优势，各经营单位要有效控制资源的分配和使用；同时，经营单位战略还要协调各职能层的战略，使之成为一个统一的整体。

3.职能战略（Functional Strategy）。职能战略是上述两个层次战略在各职能方面的具体化，是企业主要职能部门的战略计划，如生产战略、营销战略、财务战略、人力资源战略等。职能战略的作用是使职能部门的管理人员可以更加清楚地认识到本职能部门在实施企业总体战略中的责任和要求，有效地运用企业的各项经营职能，保证实现企业目标。

表3-1列示了公司战略、经营单位战略和职能战略三个战略层次的特点比较。

表3-1　企业三种战略的基本特征

特　点	战略层次		
	公司级	经营单位级	职能级
企业目标	谋求企业的生存，全面获得增长和利润	谋求在特定产品和细分市场上获得增长和利润	谋求市场占有率、技术领先等
明确程度	抽象	较确切	确切

续表

特　点	战略层次		
	公司级	经营单位级	职能级
可衡量程度	以判断评价为主	半定量化	可定量化
资源配置	企业财务、技术与组织方面的能力	随着产品和市场寿命周期阶段而变化	不同的职能领域、产品的发展阶段以及整个竞争地位有不同的变化
协同作用	作用于各经营业务之间	作用于各职能领域之间	作用于职能领域之中

资料来源：徐二明：《企业战略管理》，中国经济出版社，1998 年版，第 15 页。

二、企业战略管理咨询

（一）企业战略管理咨询的含义

咨询人员在对企业外部环境和内部资源及其运行机制进行调查分析的基础上，运用战略管理的理论、方法、经验和技能，为企业制定或改善战略、实施战略、考核与评价战略而提供的服务。

（二）企业战略管理咨询的内容

1.分析企业需求。企业的咨询服务需求往往是多种多样的，不同身份的管理者、不同的职能部门提出的需求不同甚至互相矛盾。这就需要咨询人员进行分析，分析哪些需求是重要的，哪些需求是迫切的，哪些需求是战略性的，哪些需求是战术性的等等。在此基础上，有针对性地筛选并排列出需要解决问题的轻重缓急，并确认战略管理咨询的内容。

2.诊断企业战略（过程与效果）。对企业现行战略的运行和效果进行诊断，为企业改变或调整或强化或坚持现行战略提供依据。

3.分析企业环境。企业战略的本质要求是企业适应环境，企业环境尤其是外部环境，是形成企业战略的客观条件，也是企业竞争的舞台。孙子曰：“知彼知己，百战不殆”。对企业而言，所谓“彼”就是环境，其中也包括竞争对手。咨询人员为企业提供战略管理咨询服务的基本内容，就是企业环境分析。

4.分析企业资源及其利用效果。分析企业环境为的是“知彼”，分析企业资源及其利用成效，分析企业的运行机制，为的是“知己”。这也是战略管理咨询的基本内容。如果咨询人员不对企业的资源及其利用成效、企业的运行机制及其成效深入了解，就好比

医生对病人的病情缺乏了解,是提不出解决问题的好方法来的。

5.提出战略方案。咨询人员通过从外到内的调查和分析,就能够对企业存在的问题及其解决方案"心中有数",在此基础上提出有针对性的解决方案,既符合企业实际,容易为企业所接受,又具有较强的可操作性,实施成本较低。

6.实施战略指导。在战略方案为企业所接受的情况下,对方案的宣传、培训、操作和指导,是战略管理咨询的最后内容。

第二节 企业环境分析

企业是一个具有生命特征的开放系统,它与外部进行人员、能量、物质、资金和信息等的交换,在这过程中无时无刻不受到客观环境的控制和影响。每个企业所处的外部环境不尽相同,因而对企业的生存和发展的影响也不相同。在企业内部条件相同的情况下,由于环境的不同,会导致企业的生存发展状态不同。因此,把握企业所处环境的现状及变化趋势,是企业谋求生存与发展的首要问题。企业环境分析对于制定企业战略乃至整个企业经营具有十分重要的意义。

一、企业与环境

(一)企业的性质

1.从法律角度看。《中华人民共和国全民所有制工业企业法》规定:"全民所有制工业企业是依法自主经营、自负盈亏、独立核算的社会主义商品生产和经营单位。"

《中华人民共和国公司法》则规定:"有限责任公司,股东以其出资额为限对公司承担责任,公司以其全部资产对公司的债务承担责任。""公司以其全部法人财产,依法自主经营、自负盈亏。"

由于没有一个对所有企业都适用的法律定义,上述两条定义仅仅是对具体企业形式的法律属性确认。根据这两个定义,企业首先是一个独立承担经济责任的主体,对其责任的界定,有无限和有限之分;其次是要自主经营、自负盈亏。这就决定了企业是区别于其他社会组织的营利性经济组织。

2.从经济学角度看。根据产权经济学家科斯的观点,"企业是市场制度的替代物"。科斯认为,市场机制的形成及其作用发挥是以产权清晰为前提的,在产权不清晰或利用市场制度配置资源存在较高交易成本时,市场制度便开始失灵,这时,就需要用企业制度代替市场制度在其范围内配置资源。企业制度的存在导致管理成本,所以其存在的必要性是交易成本与管理成本权衡的结果。当交易成本大于管理成本时,企业替代市场进行资源配置更为有效,企业便有了存在的理由。否则,就要被市场制度或其他更有效率的制度所取代。

3.从生物学角度看。企业是具有生命特征的经济组织,其生命特征之一,是每一个企业都具有生命周期,都要历经产生、成长、成熟、衰退四个阶段。登记注册、取得合法地位,意味着企业的诞生;破产清算、注销登记,则意味着企业的死亡。企业的寿命少则数年、多则数百年。与普通生命体不同的是,尽管企业的不同生命阶段之间具有连续性,但却是可逆的。濒于破产的企业因为有了正确的决策和抓住有利的机遇而起死回生、重新焕发青春的例子不胜枚举。其生命特征之二,是企业必须与外界进行物质、能量、信息等要素的交换与循环。企业作为一个开放系统从外部环境中输入必要的资源,如物质、资金、人才以及信息等,经过企业内部的转换,再向外界输出其产品和服务。这种连续不断的循环一旦中止,企业的生命就将无法维持。

从这个意义上说,管理咨询者好比是企业的医生,对企业的病情进行诊断,然后对症下药,以保证企业的康复和健壮。

(二)环境释义

外部环境是存在于企业范围之外并能够影响企业的一切因素。如国家政策、经济形势、供给与需求、竞争对手、社会文化等等。企业不能离开一定的环境而存在。孙子曰:“知彼知己,百战不殆”。在企业的生存发展竞争中,其“彼”就是外部环境。企业的外部环境不可能永远不变,恰恰相反,永远不变的是变化。企业的外部环境具有不断变化的动态性是指影响企业的环境因素并非一成不变,变化了的环境因素会给企业带来发展的机遇或生存的威胁,企业必须与之相适应,抓住机遇避开威胁,否则就会出问题。但是不断变化的环境因素在变化的程度上存在差异性,即不同的环境因素的变化幅度、速度和范围不同,不能一概而论。认不清环境的特性,会导致企业举措失当:或当变不变、过于滞后,或变化过快、欲速不达。

(三)环境分类

企业环境是一个多主体的、多层次的、发展变化的多位结构系统,由于研究环境的目的、任务和要求各不相同,因此对环境的分类也各不相同。

1.根据环境的范围和对企业影响的差异程度,分为宏观环境与微观环境。企业的宏观环境,是指那些影响范围广、企业之间差异程度小,即对所有企业都带来影响的外部因素,如社会文化背景、政府的政策、法律、经济形势、消费者需求、市场结构及技术革命等等,其

相关性并不一定特别明显。企业的微观环境,是指那些影响范围有限、企业之间差异程度大,即只对具体企业造成影响的外部因素,如企业的地理位置及其自然条件、交通运输便利程度、当地经济发展状况、风俗习惯、客户、竞争对手、供应商、同盟者、业务主管部门、税务财政部门以及企业所在社区等有关机构之间的关系等等,其相关性特征都比较明显。

宏观环境与微观环境的划分是相对的。就宏观而言,在地域上可以是一个地区、一个省、一个国家、一个跨国区域甚至全世界,在时间上可以是一年、一届政府、一段历史时期或一个历史阶段。宏观微观涉及范围的大小,与企业规模有关系。对小企业而言的宏观,对大企业而言也许只是微观。此外,还有一种中观环境的提法,即把行业环境看作介于宏观环境和微观环境之间的中观环境。

2.根据人们对待环境的主观程度不同,分为实际环境与主观环境。实际环境是客观存在的环境,它不以人的主观意识而存在。主观环境则是客观环境在人们头脑中的反映,是对客观环境的认识。企业管理人员因其文化背景、教育程度、工作经历、认识水平和思想观念诸方面的不同,会对同一的客观环境产生不同的认识,并导致不同的行为。前面讲的那则故事,两家制鞋公司为了开发产品销售市场而分别派人到非洲内陆某地做市场调查。其中一家公司的营销人员回来报告:该地区市场前景很差,因为当地人不穿鞋;另一家公司的营销人员回来则报告:该地区市场前景很好,因为当地人还没鞋穿。显然,“当地人没穿鞋”是共同的客观环境,而“不穿鞋”和“没鞋穿”就是不同的主观环境。其结果,前者放弃该地区,后者在该地区开辟经营领域。

3.根据影响企业环境因素的多少及其确定程度,分为简单环境与复杂环境。简单环境是指影响企业的外部因素较少或影响因素确定程度高;复杂环境是指影响企业的外部因素较多或影响因素确定程度低。通常,一家位于居民小区里经营粮油的商店所面临的环境属于简单环境,而一家航空公司所面临的经营环境则属于复杂环境。

4.根据环境因素的变化程度高低,分为稳定环境与变动环境。稳定环境是指影响企业的外部因素的变化幅度小、变化速度慢;变动环境则是指影响企业的外部因素的变化幅度大、变化速度快。由于信息技术发展迅速、产品更新速度快、市场供求变化幅度大、竞争激烈,使得大多数 IT 企业往往处在变动环境当中。相比较而言,发电厂或自来水公司则处在稳定环境中。

5.根据企业对外部环境的可控程度,分为垄断环境与竞争环境。垄断环境是指企业能够对外部影响因素加以控制,竞争对手少或竞争强度低,企业的利益不需艰苦努力就得以顺利实现。竞争环境则是指企业不能控制的外部影响因素,竞争对手多或竞争强度高,企业的利益须经过艰苦努力才能够实现。处于垄断环境中的企业,所具有的优势不容易被打破,它们不考虑生存却缺乏活力,尤其缺少创新的动力和机制,发展缓慢。处于竞争环境中的企业,生存压力大,激烈的竞争会使企业充满创新和进步的动力,一旦抓住机遇就能迅速发展。

(四)企业环境分析的重要性

不断变化的环境既给企业带来威胁和挑战,也给企业创造出发展的机会。企业的生存与发展就是在外部环境的不断变化之中趋利避害的结果。因此,企业分析环境、应对环境变化的能力至关重要,它决定着企业的生死存亡和兴衰荣辱。企业环境分析是企业制定战略、开展经营活动的首要前提。

二、环境因素分析

环境因素分析是对影响企业的各种因素进行的分析。

(一)PEST 分析

PEST 分析法是分别从政治法律环境因素(Political and Law)、经济环境因素(Economic)、社会文化环境因素(Social and Cultural)以及技术环境因素(Technological)四个方面对企业环境进行分析。

1.政治法律环境。它主要包括政府的目标、施政纲领和政策,国家法律和法规体系,外交方针与对外政策,政治经济管理体制、政治形势以及治安状况等等。由于历史的原因,我国的政治对社会经济生活的影响既全面又深入。在我国,不了解政治、不熟悉有关法律,要想经营好企业尤其是国有企业是不可想象的。

2.经济环境。它包括经济形势、国民收入、人民富裕程度及其购买力、商品化程度、物价水平及其变动、经济增长率、产业结构、税率变动、利率变动、汇率变动、投资动向、资本市场、国际融资和国际贸易等等。

3.社会文化环境。它包括人们的生活方式、价值观、风俗习惯、宗教信仰、文化传统和社会舆论等等。

4.技术环境。它是指技术的发展和运用状况。自 20 世纪 90 年代以来,以信息技术、生命科学、新材料、新工艺为代表的技术革命浪潮,给人类社会发展带来了深刻的影响,并从根本上改变了整个世界。技术的创新和运用,加速了新行业的诞生与发展,极大地增加了企业经营的风险,在催生新行业、新企业的同时,也加速了旧行业、旧企业的衰落。

(二)环境条件分析

根据环境条件特征,企业环境分析可以分为自然环境分析、人工环境分析和社会环境分析。

1.自然环境分析。它是指对企业所在地的自然条件进行的分析。自然条件包括土

地、地形地貌、气候、矿藏、水源、能源、动植物资源等等。

2.人工环境分析。它是指对企业所在地周边产业经济条件或企业经营涉及的产业经济条件进行的分析。产业经济条件包括农田、水利工程、农作物、道路交通设施(铁路、公路等)、码头、机场、工厂、矿山、通讯条件和广播电视等等。

3.社会环境分析。它是指对企业所在地的社会政治、法律、经济、语言、文化、人口分布、居民结构、风俗习惯、宗教信仰和社会心理等进行的分析。

(三)成功关键因素分析

企业成功的关键因素是指有利于企业发挥特长、在行业中形成特色并使企业在竞争中占优势地位的条件、变量或能力。虽然影响企业的因素是多方面的,但是决定企业生存发展的关键因素并不多。寻找这些因素,并围绕其配置资源,以提高资源利用效率,形成竞争优势,是企业取得成功的关键(行业成功的关键因素见表 3-2)。

表 3-2 行业成功关键因素分析

行业	成功关键因素
电子、制药	研究开发
石油、煤炭、羊绒加工	原料资源
航空、高保真音响设备	设计
造船、钢铁、电力	经济规模(生产设备)
百货商场、零部件供应	商品范围、花色品种齐全
汽车及某些饱和商品制造	销售能力(质量×数量)
酒类、胶卷、家电	销售网络
电梯、出租车	售后服务

资料来源:中国企业联合会咨询服务中心:《企业管理咨询理论与方法新论》,企业管理出版社,1999 年,第 57 页。

例如,在商厦林立的城市商业环境里,也并不是只有大商场才能生存,那些有特色的小专卖店、位于居民小区中方便住户的小饮食店,照样能够找到自己的生存之道——只要他们找到别人不能替代自己的优势所在并保持这种优势。

(四)行业环境分析

行业是根据产品或服务的性质和类型来划分的。根据行业规模大小有大行业和小行业之分。行业环境亦称中观环境,企业处于哪一个行业,取决于企业经营哪一类产品或服务。行业的进入障碍、竞争程度、发展潜力、技术水平、利润潜力、生命周期等等与企业的生存发展息息相关。行业环境决定企业的生存发展空间,对行业环境进行分析

有以下几个角度：

1.行业发展阶段分析。行业发展阶段分析即对企业所在行业的生命周期阶段进行分析。行业的生命周期可分为诞生、成长、成熟、衰退、消亡等阶段。

2.行业竞争结构分析。它是指对行业中企业总数、产能、市场容量、市场进入障碍、竞争对手的分析。

3.行业社会地位分析。它是指对行业在国民经济中的重要作用、收入水平、人员素质、社会认可程度、发展潜力和社会预期等等方面所进行的综合分析。

4.行业特性分析。行业分析有两层含义：一是对行业业务的内容、性质和特点进行的分析；二是对行业投资的收益性、成长性、风险性及效率性的分析。

5.行业技术水平分析。它是指对行业产品或服务的新技术含量、工艺装备水平的分析等等。

（五）市场环境分析

行业是一个产出概念，而市场是一个需求概念。市场环境分析的内容有需求分析（明显需求与潜在需求、基础需求与派生需求）、市场细分、用户分析、竞争对手分析和市场规则分析等等。

三、环境类型分析

如前所述，环境具有不确定性，描述环境的不确定程度有两个标准：简单与复杂程度、稳定与不稳定程度。将以上两个标准结合，就形成了一个评估环境不确定性的框架，并由此形成对环境类型的分类。

1.简单与稳定状况。该状况下不确定的程度很低。企业的相关外部因素较少，技术过程比较单一，竞争和市场在较长的时期内固定，市场和竞争的数量有限。此时，因为历史的重现性，对企业过去环境影响的分析就有一定的实际意义。

2.复杂与稳定状况。该状况下不确定性有所增加。在外部审查过程中需要考虑诸多的环境因素。然而，这种环境下的外部因素变化不大，且往往都在意料之中，变化速度缓慢并且可以预见。

3.简单与不稳定状况。在简单与不稳定状况下不确定性进一步增加。尽管企业的外部因素很少，然而，这些因素很难预料，往往与企业初衷相悖。

4.复杂与不稳定状况。复杂与不稳定状况下不确定程度最高。企业面临着诸多的外部因素且变化频繁，对企业的行为影响甚大。当几种因素同时变化时，环境会发生激烈动荡，许多外部因素会同时发生变化。

企业应当认真分析本企业所属的环境类型，认清企业环境的不确定性来自于何处，

环境变化	简单	复杂
稳定	简单与稳定状况=低程度的不确定性 1．外部因素较少，且性质比较接近 2．因素趋于稳定，如有变化也比较缓慢 如自来水厂、电厂、计划经济条件下的工厂	复杂与稳定状况=低至中等程度的不确定性 1．外部因素较多，且性质差异性大 2．因素趋于稳定，如有变化也比较缓慢 如学校、银行、保险公司等
不稳定	简单与不稳定状况=中至高程度不确定性 1．外部因素较少，且性质比较接近 2．因素变化频繁且无预见性 如IT企业、时装公司、玩具制造厂等	复杂与不稳定状况=高程度不确定性 1．外部因素较多，且性质相异 2．因素变化频繁且无预见性 如家电企业、航空公司、电子通讯设备制造公司等

环境复杂程度

图 3-1 评估环境不确定性框架图

资料来源：英国 ACCA 财会资格证书培训教材：《企业分析》，北京：生活 · 读书 · 新知三联书店，1997 年版，第 15 页。

从而选择不同对策，减少企业对环境不确定性的依赖程度和风险程度。

四、竞争环境分析

竞争环境一般是由相互争夺销售市场及资源的对手企业组成的。竞争环境对企业的影响是直接而且连续的，因而需要给予特别的重视。通过对企业竞争环境的分析，能够使企业清晰地把握自己的优势与劣势，从而制定相应的竞争战略。

（一）SWOT 分析

SWOT 分析法是一种综合考虑企业内部条件和外部环境的各种因素并进行系统评价，从而选择最佳经营战略的方法。

1.S（Superiority），即：企业优势。

2.W（Weaknesses），即：企业劣势。

优势和劣势是相对于竞争对手而言存在的，一般表现在企业的资金实力、人员素质、技术装备、研发能力、制造能力、营销能力、品牌商誉、决策机制和管理能力等方面。

3.O（Opportunities），即：企业外部环境的机会，是指环境中对企业有利的因素，如政府支持、高新技术的应用、良好的购买者和供应者关系等。

4.T（Threats），即：企业外部环境的威胁，是指环境中对企业不利的因素，如新竞争对手的出现、市场增长率缓慢及技术落后等。

应用SWOT分析法首先应依据企业目标,将对企业生产经营活动及发展有着重大影响的内部及外部因素列出,并根据所确定的标准对这些因素进行评价,从中判定出企业的优势与劣势、机会与威胁。通常的方法是对所列因素逐项打分,然后按因素的重要程度加权求和,企业在此基础上进行判断,选择相应的战略(见图3-2)。

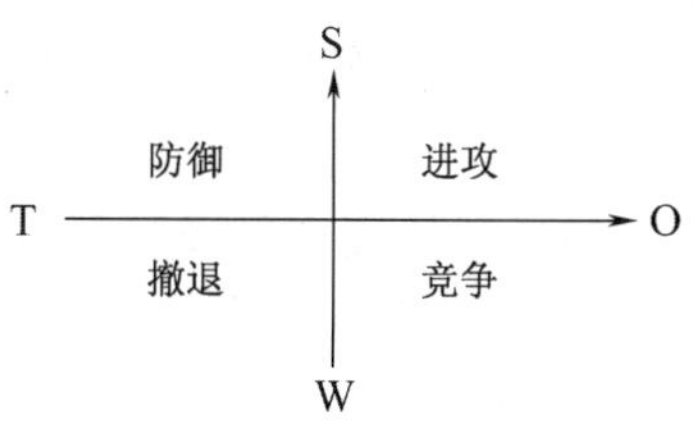

图3-2　SWOT分析图

(二)五种竞争力量结构分析

环境产生影响的数量和它们对企业的影响程度是很难确定的,而行业中竞争的根源在于其固有的经济领域,而各种竞争压力并不因某一行业中的竞争对手而转移。美国著名的战略管理学家迈克尔·波特指出,在一个行业中,存在着五种基本的竞争力量,即潜在对手、替代品、客户、供应商以及行业内部现有竞争者间的抗衡。企业的生存空间取决于在与五个方面的力量博弈的结果(见图3-3),企业对其中任何一个方面讨价还价的地位改善,都有可能给企业带来更大的生存空间。

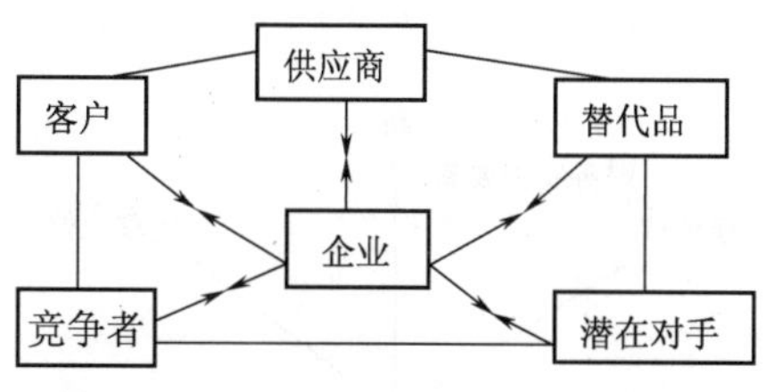

图3-3　行业中的五种竞争力量

1.潜在对手。对于一个行业来说,潜在的进入者会带来新的生产能力,带来新的物质资源,从而对已有的市场份额的格局提出重新分配的要求。分析潜在的进入者应从进入障碍与退出障碍两方面考虑。决定行业进入障碍的因素有规模经济、产品差别程度、资金需求、学习效应与分销渠道等等;决定行业退出障碍的因素有固定资产的专用化程度、退出成本、协同关系、政府与社会限制等等。

2.替代品。从广义上来说,一个行业中所有的企业都在与生产替代品的企业行业进行竞争。在质量相等的情况下,替代品的价格会比被替代产品的价格更具有竞争力。决定替代品威胁程度的因素包括相对价格、性价比、转换成本及客户倾向等方面。

3.客户的实力。客户是企业一个不可忽视的竞争力量。他会通过压低价格、要求较高的产品质量或更多的服务,甚至迫使作为供应者的企业互相竞争等方式来降低企业的毛利率水平。决定客户实力的因素包括客户集中度、供方信息、价格敏感性、品牌、转换成本及引力程度等。

4.供应商的实力。供应商往往通过抬高产品或服务的价格、降低出售的质量与购买方企业进行讨价还价。决定供应商实力的因素包括供方集中程度、批量、非通用性、客户相关信息和需方转换成本等。

5.行业内部竞争者间的抗衡。行业内部的抗衡是指行业内各企业之间的竞争关系与程度。通常的抗衡手段有价格战、广告战、引进新产品以及增加对消费者的服务等。决定竞争者间抗衡强度的因素包括产业增长、经济周期、固定成本、产品差异、商标专有、转化成本、退出壁垒和竞争者数量等。

在一个行业里,这五种基本竞争力量的状况及其综合强度引发行业内在的经济结构的变化,从而决定着行业内部竞争的激烈程度,决定着行业获利的最终潜力。

(三)SPACE 分析——行动评估矩阵

SPACE 分析方法的用途在于确定企业的战略地位和每一项业务的战略地位,使企业战略决策者能够从多方面确定企业的具体战略,并选择适合的行动方案。SPACE 的行动评估矩阵由财务要素、行业要素、环境要素和竞争要素四部分组成。行动评估矩阵见(图 3-4)。

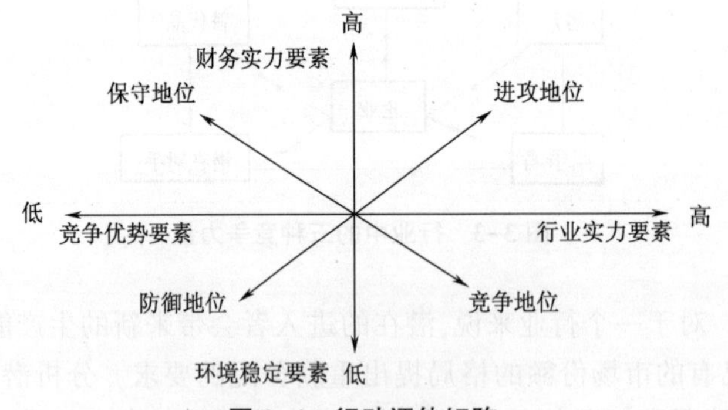

图 3-4 行动评估矩阵

资料来源:英国 ACCA 财会资格证书培训教材:《企业分析》,北京:生活 · 读书 · 新知三联书店,1997 年版,第 80 页。

在该矩阵中,财务实力和竞争优势是确定企业战略地位的两个主要方面,而行业实力和环境稳定性代表了整个行业的战略地位。四个方面要素集如下:

财务实力	竞争优势	行业实力	环境稳定
投资报酬	市场份额	发展潜力	技术变化
财务杠杆	产品质量	利润潜力	通货膨胀率
偿债能力	产品寿命周期	财务稳定性	需求变化
资本需求量	产品更换周期	资源利用率	竞争产品的价格范围
现金流量	顾客对产品的忠心程度	资本密集性	打进市场的障碍
经营风险	竞争对手生产能力利用程度	打进市场的难度	竞争压力
	技术	生产率	需求的价格弹性
	纵向联合	生产能力的利用程度	

通过对以上各项指标的评价、打分得到四项要素的加权平均数值,将其标在矩阵的数轴上,然后用连线连起,便可形成以下四种代表不同战略地位的评估矩阵图(见图3-5)。

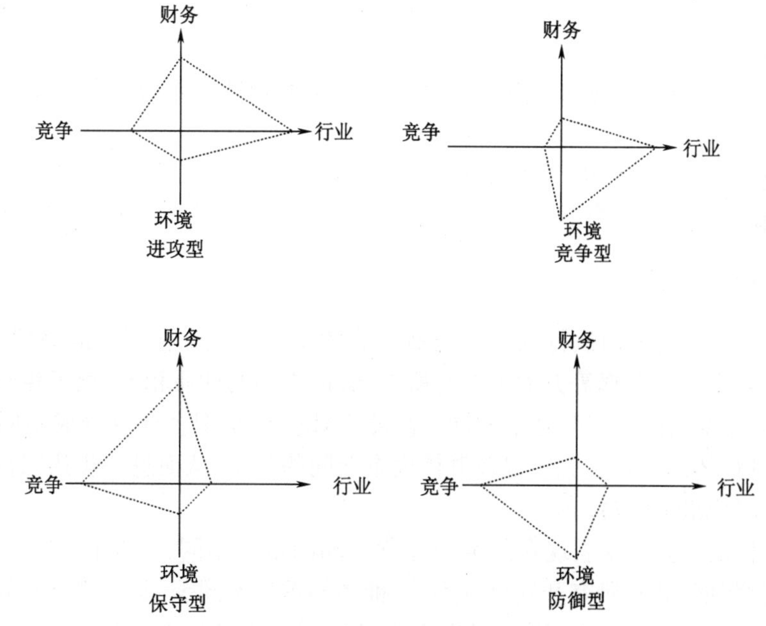

图 3-5　各种战略地位评估矩阵图

1.进攻型。这种战略适用于吸引力强、环境不确定性较小的企业。通常公司的发展

空间较大，具有一定的竞争力和财务实力。

2.竞争型。这种战略在吸引力强的行业尤为明显。企业所处环境相对不稳定，缺乏雄厚的财力，但占有竞争优势。所以，企业必须通过竞争优势来弥补财力匮乏的劣势，同时积极寻求财务资源。

3.保守型。这种战略在稳定而发展缓慢的市场较常见，产品的竞争能力是企业的主要问题，同时拥有较强的财务实力。处于这种地位的企业应加强产品技术开发，寻找有生产力的产品或者进入有前景的行业。

4.防御型。当企业本身缺乏竞争型产品并且财务实力不强，但所处行业却在获利时，企业应考虑退出行业，或退出该市场。

SPACE 分析法有助于企业确定它所处行业的吸引力和企业在该市场上的竞争能力，从而做出相应的战略选择。

（四）产品寿命周期分析

企业的竞争能力最基本的方面应该是其产品的竞争能力，产品的成长过程会影响到市场状况和竞争对手。因此，对产品生命周期的分析应当是最基本的、研究竞争环境的分析手段。

一般而言，产品寿命周期分为开发、发展、成熟、衰退四个阶段。图 3-6 是一个产品寿命周期模式。

通过产品寿命周期分析，可以了解到产品不同发展阶段企业所面对的市场环境以及内部财务、营销的含义均不同，从而给竞争战略的制定提供一个清晰的框架。

（五）战略群体分析

战略群体是指行业内执行同样或类似战略的一组企业。在同一战略群体内，企业的生产规模和市场占有率等方面可能有所不同，但它们的性质相同，处于相同的竞争地位，因而对环境变化的反应会基本相同。战略群体分析是把企业划分成不同的战略群体，并分析各群体间的相互关系以及群体内企业间的关系，从而进一步认识行业以及企业竞争的状况（见图 3-7）。

战略群体的差异主要表现在其生产经营活动的重点不同，主要有纵向一体化程度不同、专业化程度不同、研究开发重点不同、推销的重点不同等，其中最重要的两个约束因素是纵向一体化和专业化程度。这些差别导致不同战略群体在面对同一环境的变化或威胁时所采取的态度和行为的不同。此外，企业在一个行业里制定自己的竞争战略的同时，还要选择好适当的战略群体，以谋求更大的竞争优势。

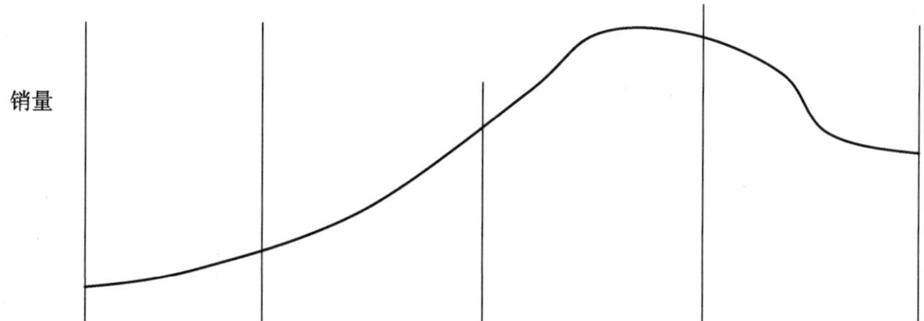

阶段	开发	发展	成熟	衰退
市场发展	缓慢	迅速	下降	亏损
市场结构	零乱	竞争对手极少	几乎没有竞争对手成为寡头	取决于衰退的性质，或形成寡头或出现垄断
产品系列	种类繁多，无标准化	种类减少，标准化程度增加	产品种类大幅减少	产品区分度小
财务含义	起动成本高，回本无保障	增长带来利润，但大部分利润用于再投资	带来巨额利润，再投资减少，形成现金来源	采取适当的战略来保持现金来源
现金使用或来源	大量使用现金	趋向保本	重要现金来源	现金来源（如果战略不适当，可能需使用大量现金）
产品含义	一次性或批量生产、未能流水生产或大量生产	经验曲线上升成本下降	强调降低成本提高效率	行业生产能力下降
研究和开发含义	大量的用于产品的生产过程	对产品的研究减少，继续生产过程研究	很少，只有必要时进行	除非生产过程或重振产品有此需要，否则无支出

图 3-6　产品寿命周期对战略的影响

(六)新产品推出速度分析

要适应市场环境,取得竞争优势就必须使企业的应变速度跟得上市场环境的变化速度,新产品的推出速度可以反映出一个企业应变环境、占领市场的速度,从效率的角度体现了企业的竞争能力。例如,海尔(Haier)曾经以 17 小时的快速市场反应速度向贸易洽谈会上的客户推出其所要求的样机产品,这样的响应速度使海尔抓住了一个又一

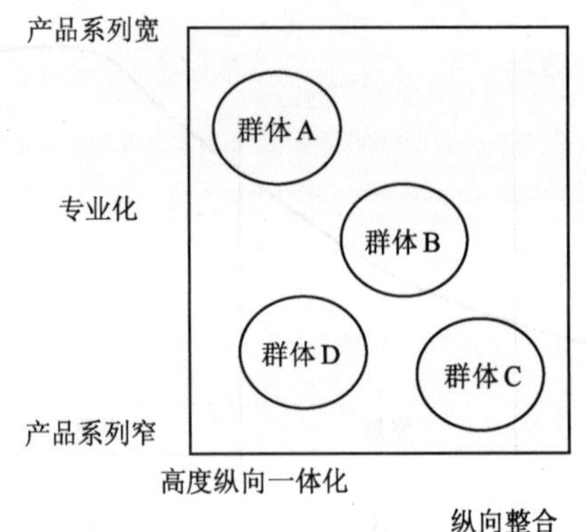

图 3-7　战略群体示意图

资料来源:徐二明:《企业战略管理》,中国经济出版社,1998 年版,第 66 页。

个的市场机会,这是企业竞争实力的体现。

(七)产品性能价格比分析

产品性能价格比是消费者在选择同类产品时常使用的一项指标,因此从该角度而言,产品性能价格比体现了同在一个产品市场上的不同产品竞争优势的比较。提供高性能、具有高质量及服务,同时又具有较低价格水平的产品具有明显的竞争优势。TCL 公司 2001 年度在越南市场经营,就是依靠其优越的产品性能价格比优势,以不相上下的质量和低得多的价格从日本、韩国家电企业手中夺来了 30 万台彩电的市场份额,在越南彩电市场上打开局面并站住了脚。

(八)竞争对手成本分析

在正常的竞争环境中,成本高低是检验竞争对手降价忍耐力的重要指标,也是企业制定竞争对策的重要依据。如果企业掌握竞争对手的成本,就有可能预测今后的价格水平和竞争对手的行动,并评价其战略潜力。

竞争对手成本分析包括对竞争对手成本数据的直接分析和对其产品设计、要素费用、生产率、销量、生产能力和投资规模等驱动成本的关键动因的分析。分析的依据有竞争对手公开披露的财务报表数据和经济指标,有企业所掌握的有关数据,也有企业推算或模拟得出的成本数据。

（九）产品组合分析

产品组合分析可利用著名的波士顿矩阵进行。1960年，美国波士顿咨询公司为一家造纸公司提供咨询时提出了一种投资组合分析方法（见图3-8）。这种方法是把企业生产经营的全部产品或业务的组合作为一个整体进行分析，目的在于帮助企业确定总体战略。

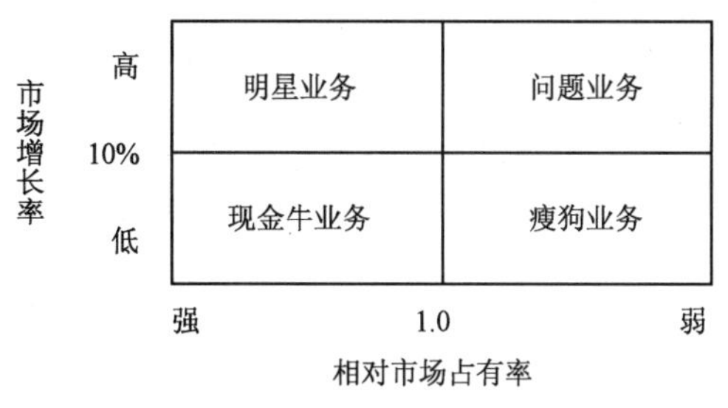

图3-8 波士顿矩阵图

矩阵的横轴表示企业某项业务的市场份额与这个市场中最大的竞争者的市场份额之比，通常以1.0~1.5为分界线。企业在行业中的相对市场份额能够显示企业竞争地位的强弱。纵轴表示市场增长率，是企业所在行业某项业务前后两年市场销售额增长的百分比，表明每项经营业务所在市场的相对吸引力。在分析中通常用10%的平均增长率为增长高低的界限。

根据业务或产品的行业市场增长率和企业相对市场份额标准，波士顿矩阵可以把企业全部的经营业务定位在四个区域，分别为：

1.明星业务。这类业务处于高增长与强竞争地位。在企业的全部业务当中，明星业务在增长和获利上有极好的长期机会，但也是企业资源的主要消费单位，需要大量的投资。

2.问题业务。这类业务处于高增长与弱竞争地位，现金流量状况较差。高增长率使企业必须进行大量投资以支持其生产经营活动，而相对较低的市场份额使企业回收的资金很少。

3.现金牛业务。这类业务处于低增长与强竞争地位，市场地位有利，盈利率高，因此本身不需要投资，相反能够为企业提供大量资金，以支持其他业务的发展。

4.瘦狗业务。这类业务处于低增长与低竞争地位。市场饱和、竞争激烈、获利率低，不能成为企业资金的来源。

产品组合分析指出了企业每个经营业务在竞争中的地位，是企业了解各项业务的

作用和任务，从而选择和集中运用企业有限的资金。同时，该分析将企业不同的经营业务综合到一个矩阵中，具有简单明了的效果，可以使企业判断经营业务的机会和威胁、优势和劣势，判定当前面临的主要战略问题和企业未来在竞争中的地位。

（十）产品关联性分析

产品关联性分析见表 3-3 是通过分析产品的相关性，来分析不同企业之间的产品在技术、设备、市场的相同程度及其可能带来的竞争程度。

表 3-3 产品关联性分析

	甲产品			乙产品			丙产品		
	技术	市场	设备	技术	市场	设备	技术	市场	设备
甲产品				3	3	1	1	1	1
乙产品							1	1	1
丙产品									

需要说明的是，无关联性为 0，关联性小为 1，关联性中等为 2，关联性大为 3。

（十一）产品系列平衡分析

产品系列平衡分析（见图 3-9）对产品从企业实力和市场引力两个方面进行平衡分析，以此确定产品经营战略。

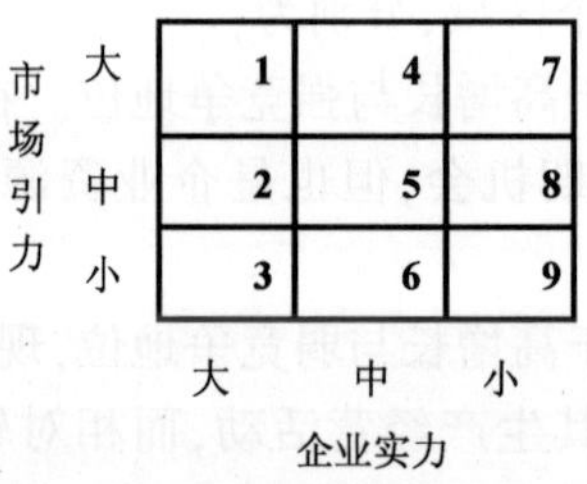

图 3-9 产品系列平衡分析

应对方略：对于市场引力和企业实力均较大的“1，2，4”系列产品要积极发展；对于市场引力小而企业实力大、市场引力和企业实力均为中等、市场引力大而企业实力小的“3，5，7”系列产品要维持现状；对于市场引力和企业实力均较小的“6，8，9”系列产品则减少生产。

第三节　企业资源分析

对企业外部环境，尤其是对企业的市场竞争环境的分析是为了“知彼”，对企业内部资源和企业机制的分析则是要做到“知己”。经济学的基本问题是如何合理有效地配置资源。对企业而言，其资源配置的有效性高低，决定了企业是否还有存在的理由。因此，开展企业资源分析，一是要分析企业拥有哪些资源；二是要分析企业资源的利用效率如何。企业的资源分为有形资源和无形资源两类。

一、企业有形资源分析

企业有形资源通常包括人力资源、财务资源和物质资源三部分，它们可以比较容易识别和评估，并在企业的财务报表中有所反映。

（一）人力资源分析

人力资源是企业核心资源之一。对人力资源的分析，一是分析企业拥有人力资源的数量；二是分析人力资源的素质和能力。结构分析是常用的方法。例如，通过年龄结构分析，可以了解企业的活力大小或经验多少；通过专业结构分析，可以了解企业的业务能力和擅长；通过学历结构分析，可以了解企业发展的后劲和人员的基本素质；通过职称结构分析，可以了解企业的技术水平和管理能力等等。当然，这不是绝对的，有的企业人员技术职称不高，技术水平却不低。

（二）财务资源分析

就企业战略而言，财务是战略的核心，因为对所有资源的整合都离不开价值要素，所以财务资源是企业的生命之源，资金是维持企业生命的血液。财务资源分析通常包括对企业资金来源及其结构、继续筹资的弹性、企业资金使用结构状况、现金流状况、企业总体财力、企业获利能力及经济效益的状况、企业利润分配、成本费用结构、股东资金和股利政策等重要方面进行分析。不仅如此，对企业财务资源的分析还要根据企业的战略目标来进行，分析企业为了达成战略目标需要在时间上和数量上提供什么样的资金保证。战略财务资源分析的侧重点是分析企业中长期的财务优势和劣势，以及长期的企业净收入趋势及总资产利用状况，同时计算企业在计划期内为保持战略所要求的

增长率而必须进行再投资的数量,从而判断出企业能否单独依靠自己内部的财力资源来支持预期的增长。

(三)物质资源分析

企业物质资源包括企业拥有使用权的土地、设备、建筑和存货等等。企业物质资源分析的内容包括土地、设备、建筑、存货等资源的拥有数量、分布状态、新旧程度、技术含量、价值高低以及结构等等。

二、企业无形资源分析

科技及社会的进步使得无形资源在企业的经营活动中发挥着越来越重要的作用,有时甚至会超过有形资源的战略作用;同时,由于许多无形资源目前还无法通过企业的财务报告反映出来,所以对企业无形资源的分析就显得更为重要。企业的无形资源可分为无形资产、知识资本和企业文化三部分。

(一)无形资产

企业的无形资产包括企业技术专利、专有技术、特许资产使用权、商标、品牌、商誉和重要的社会关系等等。其中,技术专利、专有技术和特许资产使用权等可以纳入会计核算,在财务报表上有所反映;而商标、品牌、商誉等则未能纳入会计系统核算,但是其价值能够在企业生产经营中体现出来。对企业无形资产分析可以从技术和品牌两个角度考察。企业技术可以通过申请专利数量、出让专利的收入、拥有专有技术数量和技术水准、研发人员占总员工比例等指标进行分析,企业品牌则可以通过对品牌知名度、品牌重购率、员工满意度等指标来分析。同时,企业品牌的市场表现往往可以表现为其产品的价格是否有超额的部分,以及其产品的市场规模。企业品牌的价值还可通过资产评估公司的定期评估给予确认。

(二)知识资本

知识资本是伴随知识经济而来的新概念。它是指其所有权属于个人或公司、并且能够给公司带来收益的特殊资源,它是与企业创造价值相关的知识、技能、经验、信息以及信息加工能力。知识资本有三个基本特性:

1.累积性。人们掌握知识尤其是专业知识,需要经过长期的学习才能获得,由此决定了高学历人才、受过长时期专门培训的人才以及有相关丰富工作经历的人才拥有较多的知识资本所有权。

2.相关性。这些特殊资源与企业生存发展的利害相关。不难想象,一个专门从事天体物理研究的学者在一个饮食服务企业里是很难根据其专业知识来索取报酬的，而到了从事航天事业的高新技术企业里就不一样。

3.时效性。人类对自然和社会的认识处于不停的发展变化之中，知识在不断更新，知识资本也会贬值，一项在昨天还具有国际先进水平的技术，今天也许就一文不值。

知识资本的分析内容包括企业积累的成败经验、技术文档、信息流量及其信息加工能力、信息沟通效率、重要信息采集能力、员工合理化建议的数量与质量等等。

随着知识经济的到来，越来越多的企业把企业员工以及管理者所拥有的知识技能作为衡量一个企业是否具有广阔的发展潜力的重要体现。

例 3-1:《华为公司基本法》第十七条

我们是用转化为资本这种形式，使劳动、知识以及企业家的管理和风险的积累贡献得到体现和报偿；利用股权的安排，形成公司的中坚力量和保持对公司的有效控制，使公司可持续成长。知识资本化与适应技术和社会变化的有活力的产权制度是我们不断探索的方向。

（三）企业文化

企业文化是由企业家倡导、经企业员工在较长时期的生产经营实践中形成的企业使命、信念、共有价值观、行为准则、工作氛围、做事风格及具有相应特色的行为方式和表现的总称。企业文化是形成企业机制（包括决策机制、激励机制、约束机制、执行机制等等）的重要组成部分。因此，营造优秀的企业文化，实际上也是在锻造企业的核心竞争力。

三、企业资源利用分析

对企业拥有资源内容的分析只是了解企业内部资源的一个方面，经济学的基本命题是如何合理有效地配置资源。所以，对企业资源分析更重要的一个方面是分析资源的利用效率和效益。

（一）资源利用效益

效益体现了企业资源的使用方向与用途的合理性，资源利用效益分析主要通过对资源利用结果的整体评价来判断企业运用资源的能力。资源利用效益的衡量标准可以从两个不同角度来选择。

1.资源的使用是否与企业战略吻合。资源的使用是企业战略在经营中的具体体现，制定和执行企业战略的目的和作用就是为了使有限的资源能够促使企业抓住机遇、避

开威胁，健康生存、持续发展。各项人、财、物资源的使用与企业战略要求的一致程度，是衡量资源利用效益的重要标准。资源用途如果与企业的正确战略方向相背离，无论其效率有多高，其效益也必定好不了，正如成语“南辕北辙”之意。

2.资源的使用产生何种经济、社会和环境效益。这一衡量角度是从企业具体的经营目标出发，来考察资源的使用效果。反映资源利用的经济效益的指标有资产报酬率、成本利润率、人均利润等；反映资源利用的社会效益的指标有社会贡献率、社会积累率、人均纳税额等；反映资源利用的环境效益的指标有资源再生率、治理“三废”投入、环境指数改善率等。

例 3-2：松下不做“领跑者”——低成本竞争战略与企业资源利用

在日本电子产品市场有着一道独特的风景，索尼永远以领跑者的姿态不断在同行业推出新产品，去淘“第一桶金”。然而，松下则总是以“跟随者”的姿态在索尼推出新产品后将其产品拿来研究，找到缺陷进而加以改进，推出自己的新产品。因此，松下的研发费用、广告费等均低于索尼的费用，从而其产品成本就低于索尼产品的成本。松下不是将企业资源集中在新产品的研发、宣传上，而是将企业资源用于其他方面，这正是其实行聚焦低成本战略的结果。从这个例子便可看出，企业资源利用应当与企业战略相吻合，这样才能有效地实现企业的战略目标。

(二)资源利用效率

另一个对资源使用效果的评价角度是数量与速度问题，即对资源使用效率的分析、评价。资源利用效率能够体现资源使用是否高效，而不仅仅是是否有效的问题。

1.人力资源的利用效率分析。人力资源利用效率分析包括人均工作量(成果)分析和劳动时间利用情况分析。反映人均工作量(成果)的指标有人均工业产值、人均销售额、人均利润和人均工作小时等；反映劳动时间利用情况的指标有实际工作时间与计划工作时间的比例、有效工作时间比率、出勤率和单位小时产量等。

2.生产设备利用效率分析。生产设备利用效率分析包括设备生产率完成情况分析和生产设备经济效益指标分析。通过生产设备工作时间利用率、设备生产率、设备完好率、设备综合利用率和设备有效利用率等指标进行分析，综合评价生产设备的利用情况。

3.资金利用效率分析。资金利用效率分析通常采用衡量资金周转速度方面的指标进行资金利用效率的分析。例如，存货周转率、应收账款周转率、流动资金周转率和总资产周转率等。周转率分为周转次数和周转天数两种表现形式，通过周转率指标的历史分析和行业分析，就可以判断企业的资金利用状况。

4.费用功效分析。根据费用影响的空间范围，费用功效可以分为直接功效和间接功

效。直接功效是指费用直接产生的功能和成效,例如,电话费的直接功效是通话次数和通话时间;间接功效是指费用间接产生的功能和成效;例如,电话费的间接功效是信息沟通或交易成功等。

根据费用影响的时间范围,费用的功效还可分为远期功效和即期功效。远期功效是指由于该项费用支出的影响而产生的超过1年以上的功效;即期功效则是指由于该项费用支出的影响而在1年以内产生的功效。对费用远期功效的财务分析多见于投资分析。

5.无形资产利用效率分析。对无形资产利用效率的分析较为复杂,既可用定量分析方法也可用定性分析方法来分析。例如,品牌战略成功与否?无形资产投资效益如何?信息资源的共享程度如何?企业文化的复制与同化范围与速度如何?

6.组合效率分析。组合效率分析是从企业人员与物质资源结合效率的角度来进行分析的内容,衡量人员的技能与物质资源或是具体任务的配合效率的高低,包括对主管人员的组合和技能、负责业务运作的人员的技能分析,同时注意平衡人员的技术水平及处理人际关系的能力的分析。

7.资源利用弹性分析。资源利用弹性分析反映企业资源在企业生产经营活动的过程中用途是否具有多样化。资源利用弹性分析包括:确定主要的、不确定性因素(包括企业内部或外部因素),分析企业目前针对这些不确定性因素而投入的资源,分析企业相对于这些不确定性因素所需要的灵活性,提出针对这些不确定性因素的行动方案。

例3-3:日本企业资源的灵活性

日本制造业企业资源灵活性的特点十分突出。20世纪60年代,日本从美国进口的大型生产设备经过改良可用于多个任务操作,操作人员也不像美国工厂的技术工人只从事单项技术操作。这就使日本企业资源的利用效率大大提高,使二战后的日本迅速崛起。

8.产品结构分析。企业生产经营任何产品都要耗费资源,亏损产品亦不例外。通过盈亏产品结构分析,有利于企业减少亏损产品并将资源转向盈利产品的生产与经营。通过新旧产品结构分析或产品技术档次结构分析,有利于改善市场经营结构,提高市场占有率。

例3-4:邯郸钢铁公司的产品调整原则

邯郸钢铁公司是我国实行低成本战略取得成功的优秀企业。20世纪90年代,该公司的产品生产原则是:“限平增畅停滞”,即限制平销产品,增加畅销产品,停产滞销产品。提倡“亏损产品不生产,盈利产品多生产”。

9.价值链分析。美国哈佛大学教授波特在1985年就战略决策提出了一个资源分析的理论框架。这一框架的基点是,消费者和用户对企业产品和服务的评价取决于企业在设计、生产、营销、交货以及售后服务等方面的表现程度。对企业战略能力的分析就

需要对这些活动进行分析。图 3-10 阐明了波特基于作业的价值链框架：

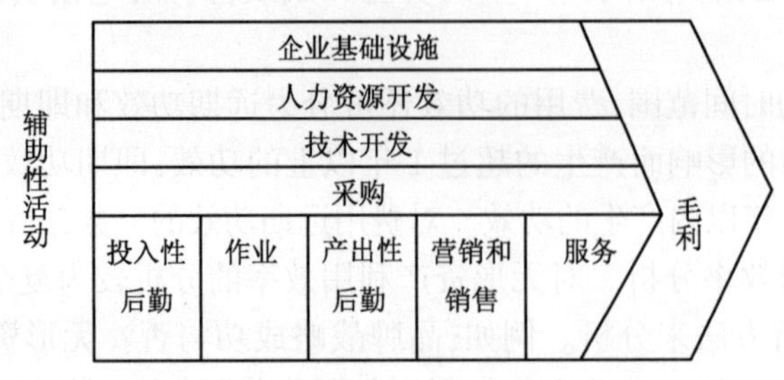

图 3-10　基于作业的价值链框架

资料来源：英国 ACCA 财会资格证书培训教材：《企业分析》，北京：生活·读书·新知三联书店，1997 年版，第 109 页。

投入性后勤：用于生产和服务的物资的收获、储存和配置等活动。

作业：作业活动包括机器设备、装配、产品质量等，其主要作用是将投入的要素转化为最终产品与服务。

产出性后勤：主要涉及如何将产品销售给顾客，包括库存、材料处理和管理。

营销和销售：这些活动旨在让顾客了解自己的产品或服务，涉及营销部门的全部活动。

服务：这些活动的目的在于提高或维持产品与服务的价值，涉及培训、修理和维护保养等。

价值链分析不仅可以用于分析企业的日常经营活动，而且可以用于分析企业在产业链中的地位和业务布局。图 3-11 表示基于产业的价值链框架：

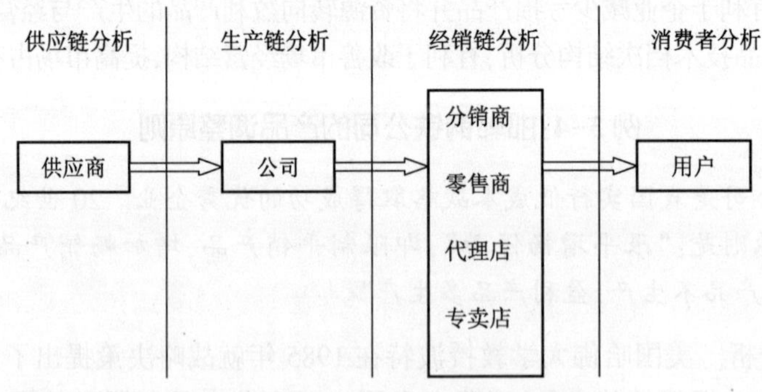

图 3-11　基于产业的价值链框架

综上所述,资源的利用效益既是前提也是结果,中间起连接作用的是资源利用效率,二者的关系如图 3-12 所示。

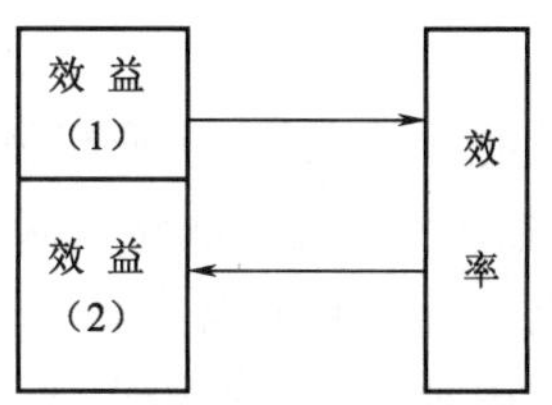

图 3-12　效益与效率的关系

第四节　企业机制分析

拥有同样资源的企业,资源利用效益和效率却大相径庭,这样的例子并不鲜见。为什么?如果排除外部环境因素的影响,那就是因为企业机制的不同。

一、企业机制释义

(一)企业机制的含义

从不同的角度看,企业机制有不同的表述。最初,人们用机器来形容企业,借用机械学的术语,把企业机制比喻为企业机器的构造及其工作原理。后来,人们又从生物学的角度来描述企业机制,在把企业比喻为具有生命的有机体的前提下,认为企业机制就是企业有机体的器官构造、功能及其相互之间的配合与作用。从管理学的角度,企业机制是指企业的组织结构及其人员之间相互作用的过程和方式,它是企业针对外部环境变化和自身条件所进行的自我调节、自我解决问题的一种自适应过程。因此,人们把改善企业机制称为"修炼内功"。

(二)企业机制的作用

在市场经济条件下,企业修炼"内功"是要建立和完善能够响应市场需求的一个有效的资源用途转换系统。好的企业机制表现在:对外能够做到"应对环境,趋利避害",使企业作为一个整体在面对复杂的外部环境变化时,能快速、有效、灵活地适应环境的变化;对内能够随时调整和优化各项资源的配置,使各项资源发挥协同作用,从而提高

企业资源的利用效益和效率。有人说,只要有了好的机制,用不着企业经理成天疲于奔命,企业也会势不可挡地奔向成功。

(三)企业机制的种类

企业是一个面向市场的复杂的开放系统,企业机制的种类和作用也是复杂的。企业机制是一个统称,具体内容包括决策机制(战略决策机制和经营决策机制)、用人机制、激励机制、约束机制和执行机制等。它们既有各自不同的作用,同时又相互配合形成企业的整体运行机制。在各种机制当中,决策机制是最重要的机制。企业决策机制是指企业如何收集和利用信息并据此作出决定的过程和方式。决定企业决策机制的基本要素是企业的制度和文化。要改善决策效果、提高决策质量,就必须加强企业有关决策的制度建设和文化建设。

二、利益相关者分析

企业是各种利益相关者以契约形式共同合作的利益主体。企业制度建设的实质是要将有关利益各方的责权利关系以条文的形式加以确认。根据利益相关者与企业关联的性质和地位,可将其分为内部利益相关者和外部利益相关者两类。

(一)内部利益相关者分析

1.投资者分析。无论是有限责任公司还是无限责任公司,股东和机构投资者都是企业风险的最终承担者。根据责权利相称原则,他们享有对企业资产和经营成效的最终权利。投资者投入企业的资本分为有形资本和无形资本。有形资本是传统意义上的财务资本,其形式有现金、设备及各种存货等;无形资本是正在发展的一个概念,是投资者投入企业经营并得到法律或利益相关者认可的生产要素,其形式有技术、经验、知识、能力及特许权利等,不仅包括传统的无形资产,而且包括正在得到社会公认的无形资产。根据投资者投入资本的数量和份额,投资者分为绝对控股(拥有50%以上股权)、相对控股(在投资者中拥有最大的股权份额)、份额持股(足够使股东进入董事会)和一般参股四种类型。根据由投资额和投资目的所决定的地位与作用,投资者分为大股东、小股东和股民。

2.经营者分析。经营者是受投资者委托对企业经营成效和资本增值承担责任的人。随着社会分工不断细化,企业经营规模不断扩大,企业经营管理复杂程度越来越高,企业资产所有权和经营权的分离越来越普遍,专门的职业经理人队伍逐渐形成,其称谓有经理、总经理和首席执行官(CEO)等。根据经营者是否对企业持股,可将其分为纯粹经营者、持股经营者和投资经营者(控股并经营)。对具体企业经营者的分析,内容有经

历、业绩、能力、志趣、性格、风格以及与大股东的关系等。

3.职能管理者分析。职能管理者是指在企业里承担专业管理职责的人。他们是企业各职能机构的负责人，其称谓较多，以财务与会计部门为例，常见的有财务总监（CFO）、总会计师、财务部经理或部长、会计部经理或部长等。对具体职能管理者的分析，内容主要有业务经历、受教育程度、业绩、专业能力、协调能力以及与经营者的关系等。

4.员工分析。广义的企业员工包括经营者和职能管理者，一般所说企业员工是狭义的，并不包括经营者和职能管理者。狭义的企业员工是指与企业签署正式契约关系的工作人员，亦称公司职员。根据不同的专业分工，其称谓不同，如会计人员、审计人员、销售业务员、质量检验员、技术员、研究开发人员、生产工人、维修工、保安人员和司机等。常用的分类有管理人员、技术人员和普通员工。对员工的分析，主要是从整体角度进行，内容有数量、素质、熟练程度、业务水平、职业化程度和士气等。

（二）外部利益相关者分析

1.债权人分析。债权人是企业债务资金的风险承担者和权益享有者，与企业有重要的利益关联。企业的债权人分为贷款债权人和商业交易债权人。贷款债权人通过向企业发放贷款的方式形成债权，其内容是定期取得贷款利息并收回本金。商业交易债权人通过与企业进行商品交易结算而形成的债权关系，其内容是企业应付账款。一旦企业资不抵债或不能偿还到期债务，债权人有权提出清算赔偿要求。在清算中，债权人虽然优先于投资人索赔顺序，但根据形成债权条件的不同，也要分出先后顺序。如商业交易债权人索偿在前，抵押贷款债权人在后，信用贷款债权人再其后。

2.消费者分析。消费者是企业产品与服务的接受者。美国管理大师德鲁克指出，企业的目标是“创造顾客”。没有顾客，企业就失去了存在的必要。在竞争环境中，消费者对企业所提供的产品和服务具有自由选择权。企业的产品与服务如果不能被消费者选中，企业就无法生存。因此，企业对消费者的分析是企业从事生产经营活动的出发点。消费者分析的内容有：消费者群体、消费心理、消费行为、消费方式、消费者偏好、消费者利益和消费者购买力等。

3.政府管理机构分析。政府是社会经济秩序的管理者，代表全社会的利益从多个角度对企业实施管理。与企业经营活动关系密切的政府管理机构有工商管理部门、税务部门、财政部门、公安部门、环境监测部门和城市建设规划部门等。政府管理机构分析的内容主要有各级政府管理部门的职责权限和有关法令法规等。

4.社会团体分析。社会团体与企业之间的关系既有直接的也有间接的，直接的如工会、妇女联合会、共青团和消费者协会等；间接的如各种专业学会、联谊会及慈善机构

等。社会团体往往通过社会舆论或道德观念来影响企业。

5.新闻媒体分析。新闻媒体对企业的影响作用日益扩大,对企业而言,其正反作用皆有。新闻媒体代表国家、社会主流的呼声和对企业正面的适度的报道,能给企业带来积极的影响;过分的宣传、不符合实际的渲染甚至是恶意的指责,会给企业带来灾难性影响。因此,如何与新闻媒体打交道是企业需要注意的问题。

6.经销商分析。经销商与企业的销售渠道建设息息相关,对经销商的选择与合作是企业经营的重要内容。对经销商分析的内容有企业经销商数量、经销能力、经销范围、经销内容、经销价格、进货路径、结算方式、服务质量、资源利用效率、资信等级和发展潜力等。

7.供应商分析。广义的供应商包括原材料、零部件和设备供应商。对供应商的选择与合作,同样是企业战略安排和日常经营的重要内容。对供应商的分析类似于对经销商的分析,只是把角度转换过来。

其他外部利益相关者还有行业管理部门、竞争对手、咨询机构及中介机构等。

(三)利益相关者的冲突与协调

企业内外各利益相关者都有着各自不同的利益和目标,当这些利益和目标一致时,大家同心协力、共同努力,相互协作与配合;当其相互之间的利益与目标不一致时,就会导致企业各利益相关者之间产生矛盾与冲突。对形成企业机制而言,需要理顺的几个主要关系是投资者与经营管理者、经营管理者与普通员工、企业与债权人等。

1.投资者与经营管理者。

(1)利益差异与冲突。投资者追求高额、稳定的投资回报,希望通过参股、控股等方式谋求自身的发展,凡是有利于增加投资回报的企业发展信息和经营业绩都会受到欢迎。投资者追求利好、厌恶风险的主观意图比较明显,与经营者相比,拥有的是财务资源优势。经营者往往更关注高额、稳定的薪金收入、地位、业绩和闲暇等,与投资者相比更加务实,其行为易于短期化,拥有专业能力和信息资源上的优势。经营管理者对投资者的利益损害常常表现为“可为而不为”的道德危机、“不可为而为之”的逆向选择以及“瞒天过海、偷梁换柱、借鸡生蛋、杀鸡取卵”的内部人控制。无奈之下的小股东和股民,通常只好“用脚投票”,一走了之。大股东则有更替经营者、诉诸外力(法律、政府)之举。

(2)利益协调与增进。企业投资者与经营管理者之间的冲突常常通过投资者的妥协或让步、调整协议、管理层持股或投资者进入经营管理队伍等方式来解决。对于投资者而言,这种利益协调与增进的实质就是投资者的激励成本与约束成本的权衡,也是操作成本与代理成本的权衡。

2.经营管理者与普通员工。对普通员工而言,稳定且较高的薪金收入、良好的福利、安全惬意的工作环境、有成就感的工作和较多的发展机会是其利益所在。经营管理者与普通员工在承担责任、地位、权利、收益、工作复杂程度以及未来的发展机会等方面均存在差异。对普通员工而言,为了维护或争取自身的利益,常采取的冲突形式有消极怠工、辞职、损害设备、逆向选择、请愿、示威、罢工、暴力和诉讼等。而减薪、罚款、扣发工资奖金、抑制发展或解聘等形式,则是经营管理者为解决问题而采用的冲突形式。

二者之间利益关系的协调与改善,需要企业建立合理的用人制度、报酬制度和得到大家认可的规章制度,谈判、对话是解决冲突的主要形式。同时,合理的企业文化也是解决这一冲突的有效工具。

3.企业与债权人。债权人的利益所在是收回其贷款本利和与应收账款的可靠性。他们往往关心企业偿付债款的能力、偿付利息的能力以及企业现金流量的管理状况,关注企业资本结构的变化和财务风险的大小。企业与债权人的利益冲突的焦点主要在于由谁来承担风险责任,以及相应责任的大小。企业通常会通过改变资本结构、改变资金投向、提供虚假会计信息等方式来损害债权人利益,而债权人也通过调查、要求提前还贷、破产清算以及诉讼等方式来维护自身利益。解决企业与债权人之间利益冲突的方式主要有实施信用评级制度、签订贷款协议、债务重组、债转股和优惠贷款等。

三、企业制度分析

企业的各项运行机制是建立在相应的具体制度基础之上的,同时制度的执行过程就是机制发挥作用的过程。

(一)企业基本制度

企业基本制度是形成企业基本的决策机制、战略机制、执行机制、激励机制和约束机制的框架结构,对于企业而言是一切制度的根本基础。企业基本制度是对公司出资人责权关系的界定及其对公司治理结构的安排。不同的企业形式所具有的企业基本制度内容是不一样的,以公司制企业为例,企业基本制度包括股东大会、董事会、监事会、经营管理委员会等机构的责权规定,以及企业的例会制、独立董事制、专业委员会制度、议事规程等内容。我国的《公司法》中对企业基本制度有明确的法律规定,同时企业根据《公司法》自身制定的公司章程也是其基本制度的体现。

(二)企业经营管理体制

企业的目标和战略必须通过具体的经营管理体制才能融合进企业的日常生产经营活动中并发挥指导和协调的作用。只有企业经营战略与管理体制相匹配,才能成功地实施企业经

营战略。因此,企业经营管理体制分析对企业战略的制定和实施都有着重要的作用。

企业经营管理体制的实质是企业经营管理机构的运作模式及其权责安排的组织体系,其作用是实现公司决策层意图并将其决策转化为行动,它是形成企业经营决策机制、执行机制、激励机制和约束机制的基础。

比较常见的经营管理体制有四种:直线职能式、事业部式、矩阵式和母子公司式。

1.直线职能式。直线职能式结构是按专业化管理要求来分解管理职能,根据管理职能划分部门,并把企业的经营管理权力集中于高层的组织结构(unitary structure),简称U型结构,亦称集权管理结构(见图3-13)。

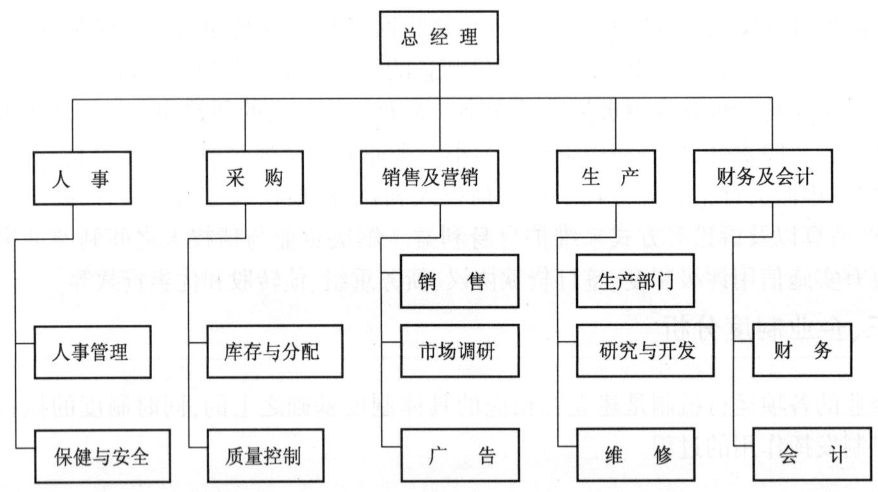

图 3-13 直线职能式结构

U型组织结构的特点是经营管理权集中在企业高层,分解到职能部门,各职能部门的领导之间是平级关系,直接受总经理指挥。其主要优点是:①权力集中,便于统一整个企业的生产经营活动,统一协调和调配资源,统一开展对外活动;②职责分工明确,组织运转有序,有利于提高专业化管理水平;③完成非常规任务的效率高;④容易控制。

U型组织结构是我国国有企业原来普遍采用的一种组织结构,在20世纪初期的公司企业中也普遍采用。它适宜于企业在规模较小、生产经营对象较单一和市场变化不剧烈的条件下采用。

在企业规模较大、生产经营对象多样化、市场变化剧烈的条件下,U型组织结构便暴露出自身的缺点:①高层领导负担过重,由于日常管理具体事务繁杂,使高层决策、规划职能和战略管理职能受到削弱;②企业对外界变化不敏感,处理问题迟钝,决策失误

概率增大;③中下层干部员工缺乏主动性,不能有效地开展多样化经营;④管理人员视野狭窄,随着部门的增多,相互之间的沟通与协调越来越困难;⑤最终经营成果责任不能向下传递,不利于从内部培养企业家。所以,自 20 世纪中期以来,发达国家的大公司便纷纷放弃这种结构。

2.事业部式。事业部式结构又称事业部制,简称 M 型结构(multidivisional structure),它是按产品、地区或市场(顾客)划分事业部,把企业的经营管理权分解到各个事业部,由事业部统筹配置资源的一种分权型组织结构(见图 3-14)。

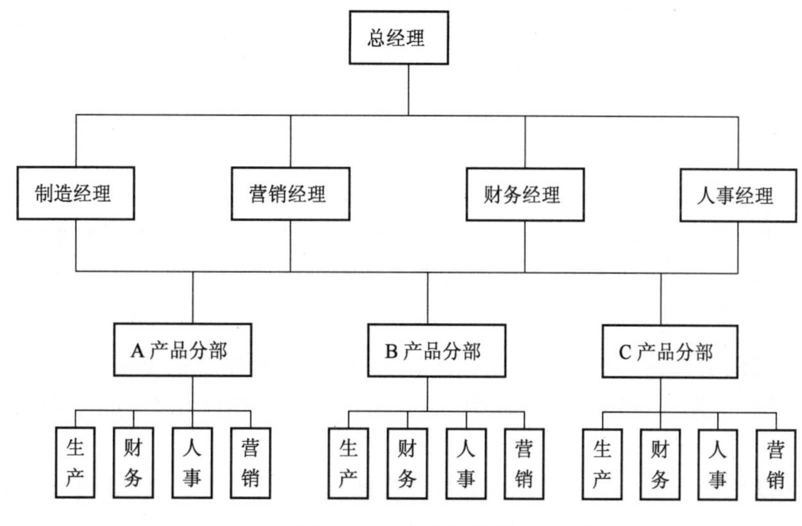

图 3-14　事业部结构

M 型组织结构的特点是日常经营管理权从总经理手中分解到各事业部经理手中,由各事业部经理分别行使。每个事业部是一个对利润或投资回报负责的责任中心,实行独立核算、自负盈亏,总公司保留重大事项决策权和协调控制权,对各事业部门下达利润指标进行考核,即在下放经营管理权的同时,也下放责任和风险,同时明确界定事业部的经济利益。

总公司保留的重大事项决策权是指确定公司的战略目标、经营方向、经营范围、经营方针、经营计划、重大筹资和投资方案、重要产品的研制与开发、组织机构设置、重要的人事安排、主要产品价格控制幅度、重要政策和基本管理制度等。总公司协调控制的内容有公司各级职能部门之间的协调、各个事业部之间的协调、重大经营活动的协调、公司与外界重要方面的协调,以及预算控制、项目投资控制、重要质量标准控制、现金流量控制和重要岗位人员调动等。

各事业部的经营管理权有一定额度内的投资权、流动资金使用权、经营范围内的生产经营管理权、内部人事管理权和事业部收益分配权、总公司规定范围内的价格决定权等。M 型组织结构的主要优点是:①提高公司最高领导的工作效率,使公司高层发挥更有效的决策、规划、协调和控制作用;②有利于调动基层干部员工的积极性和主动性,使企业能够更敏锐、灵活地对市场变化作出积极反应,抓住各种机遇发展企业;③有利于企业控制成本,开拓市场,提高效益;④有利于分散企业经营风险,增强企业抗风险能力;⑤有利于使企业的战略管理规划和经营计划落到实处;⑥有利于培养未来的经理人才。

但是,M 型组织结构的企业也存在着缺点:①事业部专业化职能界限模糊;②各事业部之间在信息、技术、人员方面的交流产生障碍;③助长事业部离心倾向;④机构层次和人员增加。所以,事业部式组织结构较为适用的是经营规模大、产品类别多、市场分布广或领域不单一的大型企业。此外,在事业部式基础上还派生出超事业部式组织结构,即在事业部之上再设事业部。

3.矩阵式。矩阵式结构是 U 型结构的一种变形,它在原有 U 型结构的基础上再建立按项目划分的横向领导系统,由项目负责人根据项目需要配置各种资源。这是 20 世纪 50 年代由洛克希勒公司、休斯公司率先采用的一种管理组织形式,又称为规划、目标结构组织。它以项目及专业职能两个因素作为部门、人员结合的基础,是一种类似于矩阵的二维结构(见图 3-15)。在实践中,还有经过改进的矩阵组织,如多维矩阵不仅包括职能维、项目维,而且包括地区维、顾客群体维等。

矩阵式结构的主要优点是:①加强项目管理,由于有专人负责,避免因部门扯皮而影响项目完成;②促进部门之间的沟通与协调,有利于新产品的研究开发、试制、投产;③有利于实现任务牵引下的资源有效配置;④有利于培养管理人才。

矩阵式结构的主要缺点是:①项目经理与部门经理会因资源的利用发生争夺权利或推卸责任的现象;②项目的临时性特征易使其推进受阻;③项目过多易削弱组织的整体性。

企业是否采用矩阵式组织结构,必须考虑其生产技术特点和业务性质、经营规模、竞争压力、管理风格、企业文化、市场变化等。如果一个企业的活动是多中心的,需要同时强调项目和职能,那么该企业就需要采用矩阵式结构。矩阵式结构对管理具体的工程项目尤为合适。

4.母子公司式。母子公司式组织结构又称 H 型结构(holding company),是总公司通过拥有对子公司具有决定性表决权的股份,从而对子公司行使人事、财务、生产经营等各方面重大问题的决策权、控制权的一种管理组织结构。总公司又称控股公司,其类型有纯粹控股公司和混合控股公司两种。纯粹控股公司是指母公司通过股权来控制子公

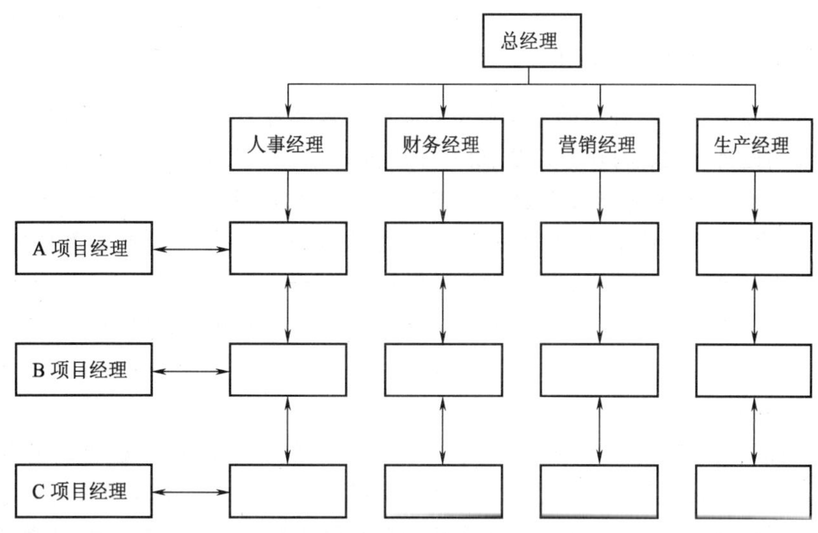

图 3-15 矩阵式结构

司的重大事项决策权，以此来实现母公司的战略意图，但母公司并不参与子公司的生产经营活动。其所有权和经营权的分离特征比较明显。混合控股公司是指母公司既控制股权又参与子公司的经营管理，其所有权和经营管理权是结合在一起的。根据母公司控股程度的不同，子公司分为全资子公司、绝对控股子公司和相对控股子公司和参股子公司。

母子公司结构的主要特点是：①母子公司之间通过产权关系联结，比较规范；②母子公司都是法人，法律地位平等；③母公司对子公司的控制程度根据母公司持股比例来确定。

母子公司结构的主要优点是：①有利于母公司通过购买股权的方式扩张；②有利于实现企业集团化经营、多元化经营，分散企业风险；③有利于建立母子公司之间全面、稳定、规范的企业法人联合体关系；④有利于保持子公司在生产经营上的自主性、主动性和灵活性；⑤有利于产权转让，利用市场机制配置资源。

母子公司结构的主要缺点是：①母子公司之间的协调比企业内部的协调要难，不仅要协调管理层，而且要协调其他股东；②监督与约束成本更高。

除了上述四种常见的经营管理体制模式以外，企业的经营管理体制还有内部模拟经营式、内部承包经营式、网络式、虚拟经营式等类型，而且各种模式之间还具有兼容性，你中有我，我中有你，不一而足。总之，组织结构取决于企业的战略和历史，企业战

略则取决于企业的目标与环境。

例 3-5：通用汽车——事业部式组织结构的创始者

通用汽车公司是全球著名的汽车制造商之一。该公司 1908 年成立，到 1916 年就成为美国第五大制造商。该公司扩张迅速，管理未能及时跟上。到第一次世界大战结束时，由于军品需求迅速下降，而通用又未能及时调整其研究开发、生产供应和销售的节奏，导致存货积压、债台高筑、股价下跌，财务出现巨大危机，后来不得不被杜邦和摩根财团接管。新总裁斯隆上任时，通用汽车的市场份额仅有 7%。斯隆上任后的举措是“细分市场，改革组织，分权管理，推陈出新，以旧换新和分期付款”。例如，将当时美国的轿车市场进行细分，并在此基础上设立事业部，即针对青年人市场的雪佛莱事业部、针对家庭市场的奥茨莫比尔事业部、针对白领阶层的奥克兰事业部、针对成功人士的别克事业部以及针对贵族阶层的豪华轿车凯迪拉克事业部，通过事业部来整合企业的研究开发和生产供应资源。事业部对产品经营效益承担责任，同时享有日常经营管理权。通用汽车公司的事业部制分权管理还有一个重要特征：当企业处于经济增长阶段时，总部放权较大，甚至使事业部成为投资中心，以便能够尽快抓住市场机会；一旦经济出现衰退，总部就进行集权，使事业部仅仅成为一个利润中心，甚至是一个人为的利润中心。其结果，使通用汽车在 20 世纪 40 年代的市场份额上升到 50%，成为美国汽车市场的龙头企业。

（三）职权与报酬分配制度

1.职权与报酬分配制度的作用。根据企业制度的作用，可将其分为三个层次：企业基本制度、企业经营管理体制、企业专业管理制度。在专业管理制度中，对企业机制影响较大的是职权与报酬分配制度。职权与报酬分配制度是形成企业决策机制、用人机制与激励机制的核心内容。

2.职权分配依据。职权是指企业各级管理者及员工在一定的范围内调动组织资源的能力，而权利的分配标准往往能够体现一个企业的用人机制。

职能分配标准有血缘关系、亲疏、忠诚、才能、民意、贤能和业绩等。企业有自己的权力分配标准。例如，家族企业往往按照血缘关系来分配权利，尤其是企业高层职位的职权划分更是如此。深圳华为公司虽然是民营企业，但分配职权的标准则是“让最有责任心的明白人最有权”。海尔公司则是“相马不如赛马”，靠业绩选拔人才。

3.报酬分配依据。员工报酬通常分为内在报酬和外在报酬。内在报酬产生于工作本身，包括自主权、责任和挑战等。外在报酬则是广义上所说的报酬，即工资、奖金、提升、津贴和工作条件等。对于内在报酬的衡量不容易操作，因此，目前对报酬制度的分析仍主要针对员工的外在报酬，但应考虑内在报酬因素的影响。

报酬分配标准的选择能够体现一个企业的激励机制，是考察企业报酬制度的一个重要出发点。企业报酬分配标准主要有：①按人分配：即传统意义上的“大锅饭”、“平均主义”；②按资分配：这种分配标准主要针对拥有企业出资的投资人而言，是做了各种扣除后的二次分配；③按劳分配：这种分配标准较为合理，“劳动”的种类包括复杂劳动、简单劳动、脑力劳动和体力劳动，不同劳动的相对价值如何衡量是目前尚不能很好解决的问题；④按生产要素分配：参与企业生产的各种要素，包括资本、劳动、技术、无形资产等均可作为分配的依据；⑤按贡献分配：将员工对企业所作贡献作为分配标准，将贡献与报酬挂钩是一种合理的分配标准，重点在于采用什么指标对“贡献”进行合理考评；⑥按知分配：这里的“知”是指能为企业创造价值的知识和技能，是强调技术要素参与分配的体现。

事实上，企业报酬的分配标准不可能是唯一的，企业应根据自身具体情况来选择、制定合理的分配标准体系，做到公平与效率兼顾。

（四）专业管理制度

专业管理制度是指导企业某项专业性活动的制度。企业的基本业务包括人、财、物、信息资源的筹集、研究开发、生产、销售、投资发展及行政管理。为保证企业战略实施和每一项业务有条不紊且高效地进行，企业需要制定一系列专业管理制度。

专业管理制度包括人事管理制度、财务管理制度、生产管理制度、销售管理制度等等。人事管理制度包括招聘录用制度、培训制度、劳动力调配制度、干部选拔制度、人事考核制度、工资制度、奖罚制度、退休制度、职工福利制度等等。销售管理制度包括合同管理制度、价格管理制度、售后服务制度、货款回收制度、广告宣传管理制度等等。

四、企业文化分析

企业文化是指在一定的社会背景下，由企业负责人倡导、员工实践而形成的企业宗旨、价值观、道德风尚、行为习惯、人际关系和工作环境氛围。

企业文化与企业制度相辅相成，当文化的观念渗透到企业制度当中，变成企业各项机制的一部分内容时，企业文化带来的是更深层次的影响与为企业创造价值的能力，它与企业制度共同形成企业机制。如果说企业各项制度是形成企业机制的硬件，那么企业文化就是形成企业机制的软件。

企业文化分析是通过比较不同企业的价值观、经营理念、做事风格和工作氛围等，分析其文化的优劣及其程度，考察企业文化是否与企业的目标或企业战略一致，从而使企业建立或改进内部价值观、道德规范，以期形成企业长期的资源优势。不同企业的文化各不相同，分析的方法也会因分析的目的不同而不同。从企业机制角度分析企业文

化，通常使用差异分析法、特色分析法以及利弊分析法。

例 3-6：优秀企业的追求与宗旨

TCL：为顾客创造价值，为员工创造机会，为社会创造效益。

索尼：持续不断地创造别人没有的东西，为人类提供最好的产品。

沃尔玛：为普通老百姓提供价廉物美的商品。

本田：员工喜欢，经销商喜欢，消费者喜欢。

第五节　企业战略选择与评价

一、企业战略种类

（一）基本战略

根据美国哈佛大学波特教授的观点，企业的基本战略分为差异化、低成本两种基本类型和聚焦战略、混合型战略两种派生类型。

1.差异化战略。差异化战略是指企业提供与众不同的产品和服务，满足顾客特殊的需求，或是提供一些在行业范围内具有独特性的东西，以形成和保持企业的竞争优势。这种战略主要是依靠产品和服务的特色，而不是产品和服务的成本。

产品差异化战略的优点是：①突出产品或服务的特色，吸引顾客的注意和信任，并由此降低顾客对价格的敏感程度，以较高的价格赢得较大的利润空间；②使企业在一定程度上或一定范围内避开竞争对手，在特定领域形成独家经营的市场；③增强企业对供应商和经销商讨价还价的能力；④使企业在与替代品的较量中，比同类企业处于更有利的地位。

形成产品差异化的方法大致有两种：一是使产品的内在因素产生差异化，二是使产品外在因素产生差异化。

产品内在因素差异化是指企业在产品性能、设计、质量及附加功能等方面与竞争对手相区别的独特性。企业通过加强研究开发，使用专门技术（或专利）以改进产品设计，提高产品的性能和质量，或增加产品的附加功能。产品外在因素差异化是要创造良好的产品形象，即充分利用产品的定价、商标、包装、销售渠道及促销手段等方法，使其与竞争对手在营销组合方面形成差异化,因而开创独特的市场,从而建立起公司的信誉和顾客对企业产品商标的忠诚,使竞争对手难以与之竞争。

例 3-7:华为公司的文化

华为的企业文化通过下列文字宣示而体现出来:

"在电子信息领域实现顾客的梦想,并依靠点点滴滴、锲而不舍的艰苦追求,使我们成为世界级领先企业。""尊重知识、尊重个性、集体奋斗","广泛吸收世界电子信息领域的最新研究成果,虚心向国内外优秀企业学习,在独立自主的基础上,开放合作地发展领先的核心技术体系","责任意识、创新精神、敬业精神和团结合作精神是我们企业文化的精髓","实事求是是我们行为的准则","在顾客、员工与合作者之间结成利益共同体。努力探索按生产要素分配的内部动力机制。我们决不让雷锋吃亏,奉献者定当得到合理的回报","人力资本增值的目标优先于财务资本增值的目标"。

2.低成本战略。低成本战略亦称成本领先战略,在 20 世纪 70 年代由于经验曲线概念的流行而得到日益普遍应用,它是指企业通过加强成本控制,在研究开发、生产、销售、服务和广告等领域里把成本降低,成为行业中的成本领先者。低成本战略的要领是,当企业的产品或服务与竞争对手没有较大差异的时候,顾客的关注点会放在价格上,产品降价就会吸引顾客,只要企业在成本上低于竞争对手,就能够在竞争中立于不败之地。所以,低成本战略适用于在市场竞争中价格竞争占有主导地位的行业,如钢铁、煤炭、石油、水泥、木材、化工产品等行业,由于多数企业生产的都是标准化产品,产品差异度较小,价格竞争便成为市场竞争的主要手段。

低成本战略的优点是:①避免为在技术上追赶对手而投入大量资源,可以利用价格武器来与竞争对手争夺市场、扩大销售、谋取规模经济效益;②有利于与供应商和经销商建立稳固的联系;③在与替代品的较量中,可以利用降价来稳定现有顾客群,使之不被替代品所替代。

实施低成本战略需要考虑几个方面的问题:企业所在的市场是否是完全竞争市场;该行业所有企业的产品是否是标准化的产品;大多数购买者是否以同样的方式使用产品;产品是否具有较高的价格弹性;价格竞争是否是市场竞争的主要手段等等。如果外部环境和内部条件不具备,则企业便难以实施低成本战略。

例 3-8:"长虹"——后来居上

彩电行业产业价值链纵向构成同其他行业一样,主要由研发、采购、生产、营销及售后服务等一系列有序的活动构成。四川长虹与我国当时大多数彩电厂家相似,是从彩电的加工组装发展起的,并没有掌握彩电的核心技术彩电的核心部分件——彩管制造

技术掌握在外国企业手中，如日本的松下、韩国的三星等企业，彩电制造商只是从这些厂家进口或从合资厂家采购，然后再制作电路板等配件，用自己的流水线组装成成品，再出售给经销商，完成自身的产业链循环。

基于当时彩电产业价值链与国外竞争对手的分析，长虹在技术研发领域不具备优势，在销售方面由于整个彩电市场处于上升期，销售阻力不大。长虹是由军工企业发展起来的，规模批量生产又是其传统的生产经营手段，当时国内其他主要彩电生产厂家由于处在由计划转向市场的调整期，生产经营转型慢，生产规模普遍较小，因此长虹将经营重点放在扩大生产规模、降低生产成本、争取低成本竞争优势上。

长虹最早于1979年从日本松下公司引进一条极简单的彩电组装线；1982年电视机产量超10万台；1985年又从松下引进一条先进生产线；1986年引进的先进生产线投产并超过设计生产能力，生产电视机32万台。在20世纪80年代的中国彩电行业，长虹首先具有对较复杂生产线的仿制和局部开发能力，很快就复制出连松下人都吃惊的、高水平的生产线，其后又陆续复制(含改进)了十几条生产线，抢先获得规模经济效益。1992年成立股份公司，并组建集团。当年，长虹是国内首家彩电年产销量突破百万大关的彩电生产企业。1995年，长虹彩电累计产销量突破1 000万台，2001年，累计产销量突破6 000万台。长虹利用规模经济带来的低成本优势，从20世纪90年代中期开始率先发动彩电价格大战，直至2000年，长虹连续多年保持国内彩电市场占有率第一名的地位。为此，第五十届世界统计大会授予长虹公司“中国最大彩电生产基地”和“中国彩电大王”荣誉称号。

3.聚焦战略。聚焦战略是指企业把经营范围限定在一个相对狭小的领域，即把战略重点放在一个特定的目标市场上，为特定的地区或特定的购买集团提供特殊的产品和服务。聚焦战略最突出的特征就是企业专门服务于总体市场的一部分。

通常，企业一旦选定了目标市场，就可以通过产品差别化或成本领先的方法形成重点集中的战略，即采用聚焦战略的企业基本上就是特殊的差异化企业或特殊的成本领先企业。所以，聚焦战略又可具体分为聚焦差异化战略和聚焦低成本战略。聚焦低成本战略往往在专用产品或复杂产品上建立自己的成本优势，例如，全球著名的快餐连锁店麦当劳(Mcdonald)采用的就是聚焦低成本战略；我国著名的通讯设备制造商华为公司实施的则是聚焦差异化战略。

聚焦战略的优点是：①经营目标集中，管理简单方便，可以集中使用企业的人、财、物等资源，容易取得成功；②有条件深入研究、掌握有关的专门知识，降低学习成本；③熟悉产品的市场、用户及同行业竞争方面的情况，因此有可能提高企业的优势，争取到产品及市场优势；④由于生产高度专业化，可以达到规模经济效益，降低成本，增加收益。

企业实施集中战略的关键是选好战略目标。一般的原则是，企业要尽可能地选择那些竞争对手最薄弱的目标和最不易受替代产品冲击的目标。在选择目标之前，企业必须确认：①购买者群体之间在需求上存在着差异；②在企业的目标市场上，没有其他竞争对手试图采取重点聚焦战略；③企业的目标市场在市场容量、成长速度、活力能力、竞争强度方面具有相对的吸引力；④本企业资源实力有限，不能追求更大的目标市场。

4.混合型战略。事实上，企业为取得其产品或市场的竞争优势往往以某种基本战略为主，以其他战略为辅，从而形成混合型竞争战略。例如，在同一市场中，随着时间的推移，常会出现产品差异化与成本领先战略循环变换的现象。一般来讲，为了竞争及生存的需要，企业往往以产品差异化战略“领军”，使整个市场的需求动向发生变化，当其他企业看到这种差异化产品有利可图时，纷纷仿制此种产品，这样使差异化产品逐渐丧失了差异化优势，最后该产品变为标准产品了。此时，企业常采用成本领先战略，降低成本，使产品产量达到规模经济水平，提高市场占有率来获得利润。当企业间竞争愈加激烈时，利润逐渐减少，企业要维持原来较高的利润，就必须着手开发新产品，开始新的差异化战略。

例 3-9：丰田汽车的混合竞争战略

日本丰田是一家享誉全球的汽车制造企业，在世界汽车市场中占有重要的一席之地。丰田在竞争战略上主要实施产品的差异化竞争，通过目标市场的定位，主要针对家用型及商用型产品的设计、制造。但与此同时，丰田注意进行有效的成本控制，其实施的目标成本管理就是在产品差异化战略的基础上来形成企业的成本优势。

丰田通过对产品寿命周期成本的分析，将产品成本分为制造成本（即一次成本）和后续成本（即使用成本）两部分。丰田的着眼点是首先研究市场需求，进行产品市场定价，然后结合企业对产品预期利润空间的设定，倒挤出产品的两部分成本；进行成本规划使购入成本和使用成本之和小于竞争对手的产品成本，然后再将成本规划落实到产品的研发、生产、销售等部门。通过目标成本管理，丰田实现了在以差异化取胜的同时，不会因竞争对手的竞争威胁而失去长期保持差异化的竞争优势，即对成本的有效控制保证企业不会因差异化的削弱而遭受危机。

（二）内部战略

企业战略的本质，是解决企业与环境的关系问题。环境是处于不断变化状态之中的，企业如果不能适用环境就难以生存和发展。通常，企业适应环境变化的方式有两种：一种是企业调整或改变自己以适应环境；另一种是企业改变环境以适应自己。前者称为内部战略，后者称为外部战略。根据企业实施内部战略的态势，又可将其分为进攻性内部战略和防御性内部战略。

1.进攻性内部战略。企业的核心是产品，而产品能够实现企业的目标是要通过市场

的作用,因此,经营战略的核心就是把握产品与市场的关系。最著名的产品—市场战略首先是由安索夫提出的(见表3-4)。

表3-4 产品与市场战略组合

市场＼产品	现有产品	新产品
现有市场	市场渗透战略	产品开发战略
新市场	市场开发战略	内部多元化战略

以上四种内部战略都是建立在企业现有的优势基础上的,强调低风险的经营活动集中在现有产品及市场上,或者是开发新产品和市场。

(1)市场渗透战略。市场渗透战略是指企业在现有产品和现有市场基础上进行"精耕细作"。市场渗透往往集中在单一市场,并依靠单一产品,目的在于大幅度增加市场占有率,这种战略也可以比喻为"坚守阵地"。采用市场渗透战略的一个直接目标就是提高产品销售量,产品销售量的提高可以从使用产品的消费者数量和消费者使用产品的频率两个角度考虑。这就需要企业管理人员应系统地考虑市场、产品及营销组合的策略,以促进产品的市场渗透。

(2)市场开发战略。市场开发战略是指企业将现有产品投入到其他企业尚未进入的、刚开始形成的新市场而产生的战略。企业通过该战略,将其现有产品或服务打进一个新的市场,从而发展现有产品的新顾客层或新的地域市场,以扩大产品销售量的战略。该战略的有利情况是:以现有的优势、技能和能力为基础;风险相对较低;可以就新产品的开发获得一定的收益。而该战略的不利情况是:通常只在产品处在寿命周期的开始阶段比较合适;很难识别具体的、有着独特情况的细分市场;要花费大量支出在广告和开辟新的批发渠道上。所以,实施这种战略的重心应放在新市场的拓展方面,通过企业营销的作用来实现市场的开发。

例3-10:"百事可乐"与"可口可乐"的较量

1898年创立的百事可乐与1886年创立的可口可乐之间的较量已经历了一个世纪。百事可乐创业的初期,与可口可乐的市场份额相差悬殊;第二次世界大战后,百事可乐开始出击。20世纪60年代,百事可乐的广告代理商BBDO(巴腾-巴顿-德斯廷和奥斯本)将百事可乐描绘成青年人的饮料,经过4年酝酿,"百事可乐新一代"的口号正式面世,从而将百事可乐的市场主要定位于青年人市场。如果说这不足以表现百事可乐的

战略意图,那么百事可乐进入苏联、中国以及亚洲、非洲的许多“真空地带”之举,的确给百事可乐带来了又一次可以与可口可乐相抗衡的机会。

百事可乐在与可口可乐强竞争的初期,所采取的正是市场开发战略,其积极进行市场开拓的做法使百事可乐成为能够与可口可乐相抗衡的强大对手。

(3)产品开发战略。产品开发战略是指企业对现有市场投放新产品或利用新技术增加产品的种类,以扩大市场占有率和增加销售额的企业发展战略。从某种意义上说,这一战略是企业发展战略的核心。因为,对企业而言,市场毕竟是不可控制的因素,而产品开发则是企业可以努力掌握的可控因素。大多数企业采取的正是这种产品开发战略。

该战略的优势是:在产品生命周期的后几个阶段,新产品开发对争取利润发挥了重要作用;在生产过程方面可能起到连锁反应(例如,质量控制得到了改善,交货更为迅速,产品成本降低)。同时,该战略存在的不利情况是:风险相对较高;新产品失败率高会影响后续经营;新产品的推出会夺占领现有产品的市场;需要在研究和开发方面大量投资,而且需要进行广告宣传。

采用这一战略的前提条件是:企业要对原有客户有较透彻的了解;能够提供满足顾客需求的其他产品,以及企业相应的产品开发能力。

(4)内部多元化战略。企业可以通过内部机制进行多元化经营(外部多元化将在后文中有所介绍),利用企业的技术和市场开发与目前经营的产品或服务相类似的产品或服务,或者开发与现在经营的产品和服务截然不同的、而能够迎合消费者需要的产品和服务。当市场变化非常快时,企业运用这一战略往往具有竞争优势。

运用这一战略的企业有的属于技术推动型,有的属于市场推动型,实际上两者应当结合起来而成为机会推动型发展战略。美国3M公司成功地运用了这一战略,它之所以成功有两方面原因:一是3M公司将技术开发导向与市场未来发展方向紧密联系;二是3M公司拥有若干代处于生命周期不同阶段的新技术,因此不必将最新技术产品直接投放市场,而是等待新产品进入市场的最佳时期的到来。

2.防御性内部战略。当企业的外部环境发生了巨大变化时,企业为了保存实力或避开风险,应采取防御性的内部战略,以减少环境压力对企业造成的损害。防御性的内部战略包括维持战略、收缩战略、转移战略和退出战略。

(1)维持战略。维持战略也称稳定型战略。维持战略的优点是:使企业在完善企业内部经营机制上下功夫,收到增产节约、增收节支、加强技术改造与革新、降低成本、提高产品竞争力的效果;提高对外界环境的应变能力及抗干扰能力。该战略的缺点是:导致企业发展缓慢;从维持战略向其他战略过渡需要打破原来的资源分配的平衡,建立新的平衡往往需要很长时间。

(2)收缩战略。企业采用收缩战略可能有四个原因:一是当国际市场和国内市场对某种产品的需求下降时,竞争变得异常激烈,企业经营转入不稳定状态;二是当国际或国内宏观经济衰退,经济不稳定或存在危机时,企业的制造成本和销售成本均面临日益增高的通胀压力;三是企业产品处于衰退期,市场竞争过度,产品不盈利,甚至产生亏损;四是企业采用大幅度销价这种进攻型战略,在获得较高市场占有率的同时,忽略了对利润的影响,生产能力发挥不足,固定成本负担过重,企业战略上有重大失误,财务上遇到危机等等,在这些情况下,企业可采取收缩战略。

(3)转移战略。当遇到上述四种情况时,企业也可以采用转移战略。转移战略实施的对象是陷入危机环境而又值得挽救的经营事业。

通常,企业可以采取修订现行战略的方法来实施转移战略。例如,采取新的竞争方法,重建企业市场地位;同该经营领域内的其他企业合并;与企业能力相匹配,将企业经营的范围压缩为某一个主导产品、某一核心市场。具体选择何种途径取决于行业状态、竞争对手的独特优势与劣势以及危机的严重程度。因此,行业、竞争对手、企业竞争地位及其经营资源、经营能力的状态分析是修订现行战略的前提。

(4)退出战略。同样,当上述四种情况发生时,如果企业经营变得十分艰难,预计难以通过转移或收缩战略扭转局面或当采用这些战略失败后,企业也可采取退出战略。退出战略就是将企业经营资源从这一经营领域中抽出,以现金收回为出发点,企业可暂时还留在该产品市场中,但不再进行任何新的投资,停止一切设备的维修,中止广告和研究开发,尽量减少产品的形式和种类,停止一切售后服务,缩减产品的配销渠道或通过特许经营、发包、卖断、减持股、管理层收购、资产置换甚至清算等方式退出市场。总之,这种战略是从企业的现状出发,以尽快收回现金为目的,最后放弃这一领域。

(三)外部战略

外部发展战略往往是通过企业兼并、合并、合资,或者是购买和约定那些处在本企业前向或反向价值链上的外部企业来得以实施的,当然也包括与企业处于价值链同一层次上的企业。这里所说的价值链是以原材料为起点而以市场上的客户为终点的。

1.外部战略的方式。外部战略的方式多种多样,包括收购、兼并及投资等方式。

(1)收购:股权收购、资产收购、企业整体收购等。

(2)兼并:无偿兼并、代偿债务、有条件兼并、资产置换等。

(3)投资:直接投资、间接投资。

企业往往通过收购及兼并的方式实现企业对其价值链上游、平行或下游企业的控制或拥有,可以迅速获取企业急需的新技术或管理技能,平衡或扩充企业现有的生产线,将企业产品多元化,从而实现企业扩张的目的。

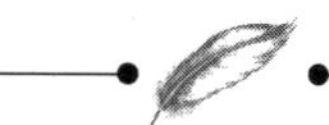

2.外部战略的内容。外部战略的内容包括多元化战略和联合战略。

(1)多元化战略。多元化战略也称多角化战略,在安索夫的产品—市场战略模型中加入相关产品与相关市场的因素,就可以将其定义为企业现有产品和市场组合的延伸,即相关产品与相关市场的组合。

多元化战略有集中型多元化和跨行业多元化两种形式。

所谓集中型多元化,是指购买那些与自己现有产品或服务相类似的企业。那些希望通过外部机制实行集中型多元化的企业往往寻求在市场、销售渠道、技术和资源各方面和自己相似的企业。

实行集中型多元化是基于这样的考虑,即两种不同经营方式的组合可以带来协同优势。然而,实行集中型多元化也可能是为了掩盖现存的弱点,或是弥补一个之前的错误决策。从财务收益角度而言,这种集中多元化回收期望往往比较长。

跨行业多元化是指企业购买那些与自己现有产品、服务或市场不尽相同的企业。人们往往认为跨行业多元化会带来财务上的协同优势,例如税务方面的优惠、较好的学习效应、更好地利用财务资源等等。如首都钢铁公司主要生产钢材,但同时还生产电子仪表、家用电器,开办陶瓷厂,开采大理石、花岗石,开设宾馆,涉足航运及金融业等。但这种跨行业多元化风险很高,因为企业在新的技术或新的市场方面缺乏经验,也可能缺乏管理新事业的技能。

(2)联合战略。联合通常有两种形式:横向联合与纵向联合。

横向联合往往是一个企业兼并或者合并一家与自己企业产品的价值链上处于相同阶段的竞争对手或企业。所购买的这些企业和自己本身也可能处在不同的市场环节上。例如,英国前著名的罗弗(Rover)汽车公司与英国航天公司合并,成为该航空公司的一部分。

纵向联合的企业或进行前向联合,即购买与产出有关的企业;或进行反向联合,即购买原材料或服务提供者。前向纵向联合有助于争取消费者或巩固销售网络,因此可促进销售;反向纵向联合可确保用低于竞争对手的价格获得原材料和服务的供应。同时,纵向联合也会给企业带来一定的代价:增加固定成本;退出难度增加;耗用大量企业资本资源;联合后的企业管理难度加大等等。

例3-11:日本“三菱”集团的联合战略

第二次世界大战后,一些工业发达国家形成了规模巨大的企业集团,如日本著名的六大集团:三井、三菱、住友、芙蓉、三河、第一劝业银行。以三菱为例,它由29家骨干公司组成,整个三菱集团有上千个子、孙公司。集团的核心层是由日本三菱银行、三菱商社、三菱重工及三菱化城四个核心企业组成,各成员企业并不因集团的联合而将其财产

归并,集团各成员之间只是持股而不是控股,是一种非所有权的联合组织。

应该指出,这种联合战略不同于上述的横向联合或纵向联合,也不同于企业多元化战略,而是一种以组建企业集团的方式进行企业协作、联合的经营战略,是目前世界上许多大型企业追求的运作方式,其所产生的协同优势和规模效应能给成员企业带来诸多利益。

二、企业战略评价

企业在进行战略分析及初步的战略方案制订后,企业战略研究人员或咨询者应对提出的若干战略方案进行评价。战略评价通常涉及两个方面的问题,即评价某一特定战略的各选择方案,以确定它们对企业的适合性、可行性、可接受性和一致性;此外,还应将战略收益与企业预定目标进行比较。

(一)定性评价标准

1.和谐性。企业战略的本质是解决企业与环境的关系问题。无论企业选择何种战略,都需要从是否与环境相适应的角度来评价。企业环境有自然环境和社会环境。企业战略如果与自然环境的良性变迁不相适应,将自身的生存发展建立在破坏自然生态的基础之上,则企业不可能持续发展;企业如果与社会环境的变化不相适应,将自身的发展建立在损害其他利益主体甚至社会根本利益的基础上,则企业很难生存下去。因此,正确的企业战略总是与企业环境和谐的战略。

2.一致性。企业战略的关键作用是完成企业目标,实现企业的价值,所以企业战略是否与企业目标一致,是否与企业的价值观相一致,是否使各部门的认识和努力相一致,是检验战略正确与否的第二个标准。企业在评价战略方案的一致性时应考虑以下问题:协调和计划上的问题是由于管理不善还是人为因素所致?如不是人为因素,那可能是因为战略与目标的不一致造成的;企业中某一单位或部门的成功是否意味着另一部门或单位的失败?如果是这样,那么这个战略很可能缺乏一致性。

3.可行性。在企业设备、人力和财务资源制约的情况下是否能够推行所制定的战略是个很关键的问题。通常应考虑的问题是:企业是否有实施战略所必备的资源以及协调和综合能力?企业是否有能力达到预期的水平?企业是否有能力应对竞争对手的行动?企业是否能获得必需的材料和服务等等。

4.认同性。认同性是指企业战略是否与主要利益相关者的期望相一致,这将影响到战略是否得以实施或实施效果如何。评价时可以提出的问题是:财务风险变化如何?战略会对资本结构产生什么影响?所考虑的战略是否适合现行的系统?是否需要大幅度的变革?在多大程度上战略会影响与主要利益相关者的关系?战略对企业内部各部门的职能和活动会产生什么影响等等。

5.有利性。有利性是指企业战略是否充分利用和创造了企业的竞争优势。竞争优势体现为企业拥有较多的资源、较强的技能、较强的管理能力、较高的资源利用率以及较有利的地位。评价战略的有利性时应考虑：战略能否使企业的资金、技术等资源优势得到充分的发挥？战略能否创造出企业独特的竞争优势？在满足市场需求的过程中，战略是否有助于企业积累独特的经验等等。

（二）战略评价方法

1.产品组合分析。产品组合分析，即波士顿矩阵，强调企业所处的市场（行业）特征和企业的竞争战略。企业进行产品组合分析的目的在于把企业中高盈利、低发展潜力的业务的资金转移到有长远发展和盈利潜力的、有吸引力的业务中去，通过资金平衡调度达到公司整体优化。矩阵中各区域的战略方针及资金流向关系可归纳如表3–5。

表3–5　产品组合分析得出的战略方针

业务类别	市场占有率	业务盈利能力	投资需要	净资金流
明星业务	保持或扩大	高	高	接近于0或小负数
金牛业务	保持	高	低	大正数
问题业务	扩大、利用或 退出	无或亏损 低或亏损	很高 回收	大负数 小正数
瘦狗业务	利用或退出	低或亏损	回收	正数

资料来源：刘冀生：《企业经营战略》，北京：清华大学出版社，1995年版，第331页。

产品组合分析方法具有简单明了的优点，能够使分析者根据本企业产品业务情况，比较清晰地把握战略制定的方向，但它较多地强调了市场占有率和降低成本的作用而忽视了其他因素，容易导致决策不够周密。

2.获利能力评价。获利能力是企业在进行战略决策、经营决策的过程中需要考虑的一个重要因素。企业获利能力评价通常采用投资分析的诸多方法，如计算战略实施后的企业净资产收益率、净现值、内部报酬率以及投资回收期等，通过各方案的指标比较，得到战略方案的获利能力大小的分析结果。

3.成本效益评价。对成本效益的考察通常从有形成本和无形成本两方面考虑。有形成本分析涉及对产品成本、服务成本、资金成本、存货成本、项目成本和期间成本等分

析;无形成本则涉及企业的管理成本、信息成本等方面,例如,考察企业信息系统的沟通能力、信息传递速度以及企业决策的失误率等,都属于企业无形成本的范畴。企业应从这两个角度对各战略方案的成本效益进行评价。

4.风险分析。风险同样也是企业在制定战略、进行战略选择时必须考虑的一个重要问题,通常采用 β 系数法进行风险评价。通过对战略风险的评价,企业可采取转移、分散、减少风险的办法来尽量降低战略实施给企业带来的风险问题。

5.关键因素敏感性分析。在对战略进行评价的时候,企业往往抓住几个主要的关键因素进行分析。关键因素的敏感性分析主要考察企业战略成功的各关键因素相对于企业成功(以某一具体指标来衡量,如利润、企业价值等)的敏感性是否有所下降。关键因素敏感性的降低会相应地降低企业战略的风险,因为敏感性的降低意味着因素的影响力降低,即该因素的急剧变化不会给企业带来不稳定的状态。

6.安全边际分析。安全边际的概念来自于管理会计,即指企业产品的单位边际贡献,是产品单价与单位变动成本之差。当安全边际为 0 时,企业的产品生产正好能够补偿固定成本,因此这是企业是否持续生产的最后防线。在进行战略方案的安全边际分析时,战略管理者或咨询者应考察企业的安全边际是否扩大。

7.现金流分析。企业现金流的状况不仅可以反映其财务上的灵活性和有效实力,还反映了一个企业的活力和实力。一项战略的实施会给企业带来现金流上的很大变动,企业能否有效控制在这一时期现金流入与流出在时间、数量上的匹配,或者企业能否承担现金流波动所带来的影响是企业在评价战略方案时应考虑的问题,否则会给企业带来至少是短期内经营的不稳定。

8.资源利用效率分析。对于资源利用效率的分析已经在第三节的企业资源分析中介绍过,主要是针对企业人、财、物以及无形资源的利用效率分析。在进行战略评价时,资源利用效率分析主要是从战略实施是否能够带来资源利用效率提高的角度进行的。

案例分析 3-1:华为为什么能成为市场的领导者?

华为首席管理科学家黄卫伟教授认为:企业战略是为实现企业的长远目标所做的方向选择、重大取舍和所采取的关键举措,以及对资源分配优先次序的锲而不舍的承诺。

华为的战略选择始终有两个明显的特点:第一是聚焦与压强,聚焦于通信设备的制造,始终扮演“信息的搬运工”角色,在一个主攻方向上面甚至于某一个点上聚集比竞争对手多得多的资源,高强度地锲而不舍地持续投入;第二是追求领先,以客户为导向,为客户提供超越竞争对手的高性价比服务。华为人力资源结构的突出特点是工程技术人员比重大，尤其是研发部门，人员占比高达45%。作为一个具有超强技术背景的公司，技术第一导向几乎是与生俱来的本能。但是华为却非常执着地坚持客户第一导向，始终用公司的战略方向和战略选择来约束技术第一和盲目多元化的倾向。任正非强调激光效应而摈弃散光效应，并指出为客户服务是华为存在的唯一理由。在处理企业是利己第一还是利他第一的关系上，始终把利他（客户）摆在第一位。

实际上，华为的产品并不少，有丰富的产品系列，但是在战略方向上始终是聚焦的。即在一个方向上深度挖掘客户的需求，在这个方向上满足尽可能多的客户的细分需求、个性化的需求，这就是华为的战略。

战略竞争力量不能消耗在非战略机会点上。把力量集中在关键的领域，就要对那些偏离主航道或者不在主航道上的业务，尤其是一些低端的、个性化、非本质需求的业务，不投入战略资源。"将军赶路，不撵小兔"。如果"小兔"不需要"撵"，而是"搂草打兔子"或是"兔子撞到枪口上"，可以考虑。华为的做法就是对非主航道的业务，只考核利润，只要利润，不要规模，也不要排名。只要利润，就是说，对非主航道业务只要能做到小投入大产出，低成本高效益，才可以做。这就逼得各战略经营单位不能盲目扩张。

华为坚持聚焦战略是基于对未来发展机遇的把握，就像任正非所说，现在是大互联网时代，未来的物联网会取代互联网，其流量更大，假设大信息流量的预测是正确的，就是物联网带来的全连接、大视频、大数据、云计算、人工智能，带来的大信息流量的传送，会呈几十倍的放大，按华为内部的测算是按75倍的放大，那就可以坚守在流量传输的管道领域并保持领先，流量管道越来越宽，就是机遇。

（作业根据黄卫伟"华为为什么要做市场领导者"的演讲整理，2017-02-17华夏基石e洞察）

问题：试分析华为成为ICT市场领导者的根本原因。

案例分析3-2：是什么摧毁了北大方正和海航集团？

谁能想像？一个是中国高科技、体制内企业的典范，另一个是中国航空服务业创新引领者，却同是天涯沧落人。行业不同起点各异，但皆归宿于同一特殊时间。

2021年1月下旬，岁暮天寒，腊梅怒放。人们盼望迎春花开，比哪一年都强烈。然而，中国的产业天空却飞出两只"黑天鹅"：北大方正破产重组，海航集团宣布破产。

根植于北大的方正，始于激光照排科技基因，功名卓著：中国最牛校企，汉字拥抱计算机时代之功臣。20世纪90年底中末期，北大汉字激光照排占领国内报刊出版业90%以上市场，海外中文排版系统80%的市场份额。2009年前后，方正的利润占中国整体校办产业利润总和的60%~70%，"左邻右舍"皆难望其项背。2019年，方正在中国企业

500强中列第138位,中国电子信息百强企业中排名第5。但2019年前三季度,方正亏损24.69亿元,归母公司净亏损31.9亿元。截至2019年三季度末,总负债为3 029.51亿元,资产负债率达82.84%。2020年2月18日,方正集团发布公告:由于未能清偿到期债务且明显不具备清偿能力,2月14日北京银行向法院申请对其破产重整。7天后,北京一中院裁定受理申请,并指定方正集团清算组担任管理人。自此,一个始于科技创新,历经34年风雨的企业即将画上一个时代的记号。

方正创始人王选2002年在公司内斗的余波中退出时,留给方正两块核心资产:激光照排和电脑。2002年,方正集团董事长魏新宣布实施"多元化战略"。方正为何要走上多元化之路,魏新的三句话就能得知答案:"激光照排一年才几个亿的销售收入。""我们的电脑销售收入比较大,一年有几十亿元,但那是高新技术企业吗?""我从来不认为电脑公司是高新技术企业,因为核心技术都不掌握在我们手里。"魏新推崇GE多元化,蔑视微软和IBM专业化。经过三年的转型,方正已经不是原来的方正,从一个高科技公司变成一个全新的金融控股财团。特别是,根据魏新脑袋里的高新技术概念,2009年方正毅然决然地砍掉PC业务。要知道,彼时方正电脑年销量达500万台,全球的TOP10。自此,方正在多元化的路上越走越宽,什么地产商贸、金融证券、智慧城市、智慧医疗、甚至智慧交通等等,都纳入自己经营版图。先后形成了IT、医疗医药、房地产、金融、大宗商品贸易、职业教育六大产业板块。今天再登录方正集团官网,核心业务板块变成了五个:信息技术、健康医疗、金融服务、品质地产、职业教育。

海航,起初是海南省地地道道的国企,但1993年经过陈峰等人的神运作成为中国首家国有企业民营化的航空企业。同年5月,海航开始践行"店小二"精神,笑迎八方客,真诚服务旅客,董事长陈峰甚至在空中为乘客倒茶,直击彼时中国民航业的痛点——服务差,给行业带来一道新奇的风景线。之后,服务至上成为海航的传统和经营的最高圣令,此精神成就了海航连续9年获SKYTRAX——全球航空公司奖(航空业的奥斯卡)五星航空公司称号。2019年海航再度上榜SKYTRAX"全球最佳航空公司TOP10"榜单,排名上升至第7位。旗下海口美兰国际机场为全球第8家、国内首家(除港澳台地区)SKYTRAX五星级机场。凭借至诚服务精神和快速扩张理念,海航成为中国发展最快、最有活力的航空公司之一,致力于为旅客提供全方位无缝隙的航空服务,也成为中国四大航空公司之一。2019年,海航在中国民营企业500强里,以6 000多亿元的营收仅次于华为,位列第二。

2001年后,每个出差的人突然发现,国内很多城市的四、五星酒店都冠上了"海航"。自此,大家才清楚,海航已不是之前仅仅从事航空服务的海航了,而是在多元化道路上开始一路狂奔。2008年海航集团确立了八大业务板块:航空、旅游业、商业、物流、实业、机场、置业、酒店。2012年8月被优化为航空、物流、资本、实业、旅业五大板块。

董事长陈峰抛出了“超级 X 计划”,即 2020 年海航集团营业收入要达到 8 000 亿~10 000亿元,进入“世界 100 强”,2030 年营业收入要达到 15 000 亿元,进入“世界 50 强”。这个宏伟计划预示着海航踏上了“以多方融资为支撑、以快速并购为主要手段的多元化战略扩张之路”。2009 年海航集团旗下公司发展到 200 家,2010 年发展到 311 家,2011 年 6 月发展到 700 家。企业并购不是买完就万事大吉,还必须进行整合。但海航“重并购轻管理轻整合”,结果导致各业务板块及旗下企业各自为政,各种风险逐渐积累,资产负债率从 2006 年的 56%上升到 2012 年的 79%,超出 60%公认的安全界限近 20%。所以,海航的今天,是昨天顺理成章的演化。今天,再打开海航的官网,“产业板块”栏中十分干净,只剩下曾经起家的航空服务了。

(资料来源:2021 年 2 月 1 日 14:06 财经新经济官方账号)

问题:中国企业应如何处理好“大而广”与“强而专”、“生产经营”与“资本经营”的关系?

思 考 题

1.简述什么是 PEST 分析,应从哪几个方面进行分析?

2.影响企业的环境都有哪些类型?对企业进行环境分析的重要性是什么?

3.试用 SPACE 分析方法对某企业进行分析。

4.试对某企业进行产品系列平衡分析。

5.企业的无形资源可分为哪几类?

6.试对某企业拥有的资源及其利用情况进行全面分析。

7.什么是企业文化?它的作用是什么?对企业文化有哪些分析方法?

8.投资者与经营管理者的利益冲突主要在哪里?如何协调?

9.从管理学角度看,企业机制的含义是什么?它有什么作用?

10.我国企业面对加入 WTO 以后的国际竞争形势,宜选择何种战略来应对?为什么?

11.企业采用维持战略的原因是什么?采用收缩战略的原因是什么?

12.企业战略有几个层次?如何评价企业战略?

作 业 题

1.举例说明环境因素如何影响企业的兴衰。

2.举例说明企业如何应对环境因素的不利变化而获得新的发展。

3.试用SWOT分析方法对某企业进行分析。

4.试用五种力量结构分析方法对某企业进行分析。

5.试对某企业拥有的资源及其利用情况进行重点分析。

6.寻找企业制度建设的案例并进行分析。

7.利用差异分析法比较两个企业的文化。

8.试举一例说明制度与文化如何相互作用,共同形成企业机制。

9.试分析现实中某企业所选择的发展战略。

企业战略实施咨询

本章要点

企业战略实施是企业战略管理的重要组成部分。本章分别从目标与预算管理、绩效考核与激励、内部控制等方面来介绍企业战略实施的管理。通过对本章的学习,使学生知道如何将企业的发展落到实处,如何使企业高层的决策转化为企业员工的行为,能够了解企业战略管理流程,能够分析和解决企业战略实施中的问题。

第一节　企业目标与预算管理

企业战略实施是战略管理过程的行动阶段,即将企业制定并选择的战略转化为企业日常的生产经营活动,并成为制度化工作内容的过程。在这个转化过程中,企业首先应考虑战略决策与战略实施的关系,两者配合得越好,战略管理越容易获得成功。目标管理和预算管理正是协调战略决策与战略实施的关系,将战略决策转化为战略实施的操作模式。

一、企业目标管理

(一)企业目标

企业目标是指企业在今后某一段时期内或未来某个时点要达到的状态、经营水平或规模。它对于企业战略的制定与实施都起着导向的作用,战略必须服从企业目标的内容,因此,在战略实施过程中保证战略与企业目标的一致性至关重要。

企业目标是一个体系,通常由企业根本目标、企业战略目标、企业经营目标三个层次有机组成。

1.企业根本目标。企业根本目标是对企业存在目的的描述,对此理论界有着不同的见解:有的认为企业的根本目标是盈利;也有的认为是“生存、发展、获利”;还有的认为是“股东财富最大化”;目前人们比较推崇的观点是“企业价值最大化”。而德鲁克则提出“创造顾客”才是企业的根本目标。从经济学的角度看,企业在保证对资源利用产生正价值的条件下,为顾客提供令其满意的产品和服务,才是其生存和发展的基础。

2.企业战略目标。企业战略目标包括公司战略目标、产品战略目标、职能战略目标三个层次。

(1)公司战略目标。该目标是指企业在其经营过程中所要达到的市场竞争地位和管理绩效,包括在行业中的领先地位、总体规模、竞争能力、技术能力、市场份额、收入和盈利增长率、投资回报率以及企业形象等等。

(2)产品战略目标。该目标是指企业对其产品经营所要实现的销售规模、盈利能力、技术水平和质量标准等。

(3)职能战略目标。该目标是企业根据公司战略目标和产品战略目标以及针对各项职能提出的战略目标,包括财务战略目标、营销战略目标、研发战略目标、生产运作战略目标、人力资源开发战略目标和信息资源开发战略目标等。职能战略目标是公司战略目标的具体化或某一方面的体现。

3.企业经营目标。企业经营目标是企业战略目标在经营年度的综合体现和具体化,是企业年度经营计划所确认的工作目标,可操作性强,对企业行为具有较强的指导作用。企业经营目标的内容有年销售额、销售量、利润、投资额或投资项目工程进度等。

(二)目标管理

美国管理大师德鲁克在1954年出版的《管理实践》一书中指出:“迅速地、明智地、理智地适应经济的变化始终是重要的。但是,管理超越了被动的反映和适应。管理人员的特定工作是使得所需要的东西首先成为可能,然后成为现实。只有真正能控制经济环境,并且采取有意识、有目的的行动来改变这些环境,他才真正算是实施了管理。因而,管理一家企业意味着通过目标进行管理。”(上海译文出版社,第13页)自那时起,德鲁克的目标管理理论不胫而走,成为最受企业界欢迎的管理理论之一,并在企业管理实践中得到广泛运用。目标管理是以重视成果的管理思想为基础,由成果的创造者,包括主管人员及其下属共同参与制定的一定时间内每个人必须达到的工作目标,明确相应的责任和职权,每个人朝着这些目标自觉工作、自我控制,并定期进行考核评价,实行反馈,是管理人员以有效实现预定目标为中心进行管理的一种体制和方法。

目标管理的理念是通过授权,进行有效的自我控制。有效的目标管理能够实现对企业员工的激励、协调、考核功能,同时全员参与管理过程能够提高士气和企业的劳动生产率,有助于提升企业把握未来的能力。目标管理的程序包括目标设定、目标执行及目标考核三个阶段。企业通过目标管理来实现其战略意图,在实践中很常见。

例4-1:中国三家知名企业在20世纪90年代末对战略目标的表述

“将康佳打造成一家具有强大核心竞争力和综合竞争优势的高科技型跨国企业。”(深圳康佳)

“由大型家电、通讯制造商和销售商战略拓展为全线互联网接入设备主流厂商和增值服务商,成为中国信息家庭新生活的缔造者。”(广东TCL)

“在电子信息领域实现顾客的梦想,并依靠点点滴滴、锲而不舍地艰苦追求,使我们成为世界级领先企业。为了使华为成为世界一流的设备供应商,我们将永不进入信息服务业。通过无依赖的市场压力传递,使内部机制永远处于激活状态。”(深圳华为)

二、企业预算管理

(一)预算含义及其作用

狭义地说,预算是对企业未来一定时期财务资源的取得和运用的具体安排;广义地讲,预算是对企业未来一定时期资源配置的数量安排,其主要内容是预算主体在未来一定时期内对资本的筹措与投放、营运资金的流入与流出、各项费用的开支与分配、利润的形成与分配,以及各生产要素的取得和运用所作的安排。预算的一般表现形式是由指标名称和数据组成的系列表格,具体内容为投资预算、现金预算、预计资产负债表、预计损益表等。

预算有五个方面的作用:①激励作用。预算是对企业各级责任部门完成既定工作目标的保证,具有对目标激励的加强作用。②协调作用。通过预算的编制与执行,能够协调资源的配置、部门或责任单位之间的相互配合。③控制作用。通过预算,能够对企业各方面的经济活动实施控制。④降低风险作用。通过预算的编制和调整,能够降低未来的不确定性,增强企业对未来的把握能力。⑤考核作用。预算执行结果是责任单位绩效考核的重要内容,考核责任单位的绩效要以预算执行结果为依据。实施预算管理,不仅有助于落实企业发展战略,而且有助于提升企业把握未来的能力和管理水平。

(二)预算种类及内容

1.按预算的涉及面分为全面预算和局部预算。全面预算是将企业各部门的所有经济活动及其涉及的资金收支和财务资源利用都纳入预算管理范围,其内容包括资本预算(投资预算)、销售预算、生产预算、采购预算、人工预算、制造费用预算、产品成本预算、期间费用预算、现金预算、预计资产负债表、预计损益表等(见图 4-1)。局部预算则是其中的一部分。全面预算是在实务中得到广泛应用的一种预算管理模式。其特点为"三性":①全面性,即预算指标覆盖企业全部业务全部责任单位或部门,做到"横到边纵到底";②全员性,即企业全体员工都要参与到预算的编制和执行过程中来;③全程性,即预算管理覆盖企业研发、采购、生产、销售、服务全过程,不留任何死角。

2.按预算的编制依据分为标准预算和目标预算。标准预算是以标准为基础制定的预算,其标准可分为基本标准、理想标准和可达标准。标准既可作为量化管理的基础,也可作为具体工作的目标,标准的特征较为固定。标准预算突出的是计划、控制,弹性较小。目标预算是以目标为依据制定的预算(见图 4-2),其目标的确定条件比标准更复杂、无序和不确定。目标与标准相比,更具主观性、灵活性和激励性,更能起到牵引和协调作用。目标预算突出的是牵引、协调,弹性较大。

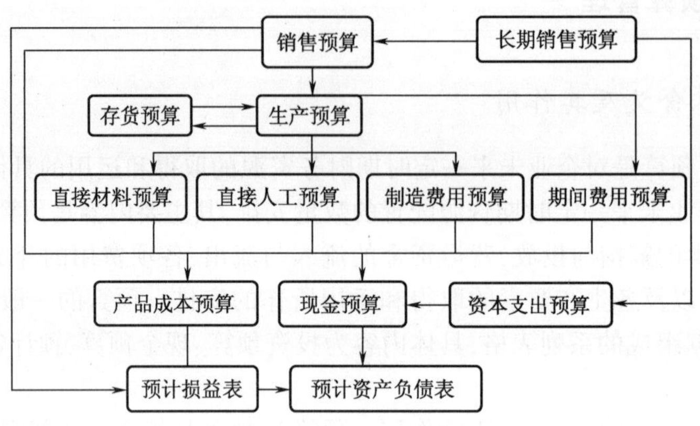

图 4-1 全面预算体系

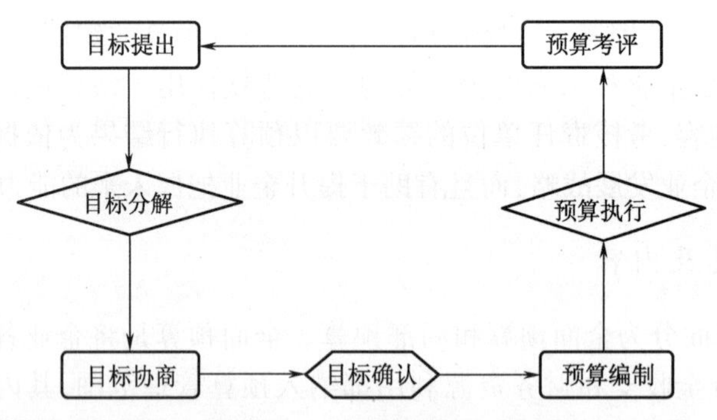

图 4-2 目标预算管理程序

3.按预算的编制基础分为增量预算和零基预算。增量预算亦称基础调整预算,即以基期预算数或实际数为基础,考虑有关因素变动的影响并对基数进行调整之后确定的预算。其计算公式为:预算数=基数×(1±有关因素变动率)。零基预算是以零为基础编制的预算。其优点为:预算的编制更加科学,更加有利于目标的实现,避免了把以前的低效率带入预算期。缺点为:编制成本较高,预算影响面较大。此种预算适用于企业所面临的环境发生较大变化,或者以前的低效率情况比较严重。零基预算的编制根据完成工作目标需要列出开支方案及项目;逐项进行"成本—效益"分析;根据分析结果将各开支项目分成若干层次并排出先后顺序;根据预算期内可动用的资金来源,按顺序分配资金,落实预算。

4.按预算对业务量的依存关系分为固定预算和弹性预算。固定预算是基于固定的

业务量水平编制的预算。该预算是编制预算最基本的方法,在编制预算时只按预算期内的一种活动水平来确定相应预算指标体系及其结果。固定预算的特点是编制简单。但是,当实际作业量偏离预算编制所依据的作业量时,预算难以发挥其控制和考核作用,适用于不随作业量的变化而变化的固定成本或费用。弹性预算是基于不确定的多种业务量水平编制的预算。弹性预算的特点是业务量具有伸缩性;任何实际业务量都可以找到相同或相近的预算控制依据和评价标准;预算弹性大小与预算范围成正比、与变化幅度成反比。适用于制造费用预算、销售费用预算和利润预算等与作业量相关的预算的编制。弹性预算方法有列表法、公式法和图解法。

5.按预算的确定程度分为确定预算和概率预算。确定预算亦称定值预算,是在各有关因素数值确定条件下编制的预算。概率预算是针对各有关变量数值的不确定性,分别估计其在一定范围内的可能值及其出现的概率,再通过加权平均来计算预算的期望值。概率预算的特点是:综合考虑未来各种变量的乐观、正常、悲观等状态,使预算更接近于实际。

6.按预算的期间范围分为定期预算和滚动预算。定期预算是预算期起止点和期间确定不变的预算。如月度预算、季度预算、年度预算等。滚动预算是指预算期长度不变、预算期起止点及预算期间逐期滚动的预算。其优点为:①既能保证预算作用的发挥,又可避免因对以后阶段做过细预算而造成时间和精力的浪费;②可以根据工作中发生的情况及时修订预算,使预算能够及时适应不断变化的情况;③预算期始终保持一个固定的期限,使管理人员总是能保持较长远的眼光。该预算适用于市场环境、生产经营活动复杂多变的情况。

7.按预算的期间长短分为长期预算和短期预算。长期预算是指预算期超过一年或超过一个营业周期以上的预算,通常指资本预算。短期预算则是预算期小于一年或小于一个营业周期的预算,通常指经营预算或年度预算。

8.按预算的管理职能分为业务预算和财务预算。业务预算亦称营业预算,是对企业日常生产经营活动编制的预算,包括销售预算、生产预算、采购预算、人工预算、制造费用预算、产品成本预算、期间费用预算等。财务预算是根据业务预算涉及的现金收支、资金变化、财务状况变动而编制的预算,包括现金预算、预计资产负债表、预计损益表等。

9.按预算的深化程度分为常规预算和作业预算。常规预算是依据常规变量或因素编制的预算。作业预算是以成本动因或具体作业为对象编制的预算。例如,基本工资的成本动因由员工人数和级别构成,要控制基本工资,就要确定预算期的员工人数和级别构成。如果材料搬运费的成本动因确定为搬运次数,要控制材料搬运费就要设法控制预算期内材料搬运次数。

10.按预算的实施程度分为规划预算和执行预算。规划预算是根据发展规划编制的预算,其作用在于促使管理当局未雨绸缪,早作安排。执行预算是付诸实施的具体预算,要求落实有关资源和各项措施。

11.按预算的可调程度分为刚性预算和柔性预算。刚性预算亦称约束性预算,是在预算期内必须发生的收支,不可变更。柔性预算亦称酌量性预算,是在预算期内可以根据具体情况酌情调整的收支,可以对其数额进行适当调整。

(三)预算程序

狭义的预算程序是指预算的编制过程。预算编制过程通常是自上而下与自下而上来回往复形成的。自上而下的内容有下达预算额度、下达预算修改意见、下达预算执行指标;自下而上的内容有上报预算数额、反馈预算修改意见。常见的预算编制程序有“两下一上”、“三下两上”。前者是“上级下达预算编制额度——下级编制预算并上报——上级下达预算执行指标”,后者是“上级下达预算额度——下级编制预算并上报——上级下达预算修改意见——下级重新编制预算并上报——上级下达预算执行指标”。

广义的预算程序是指预算的管理过程,通常包括预算编制、预算执行、预算调整、预算考核等环节(见图 4-3)。

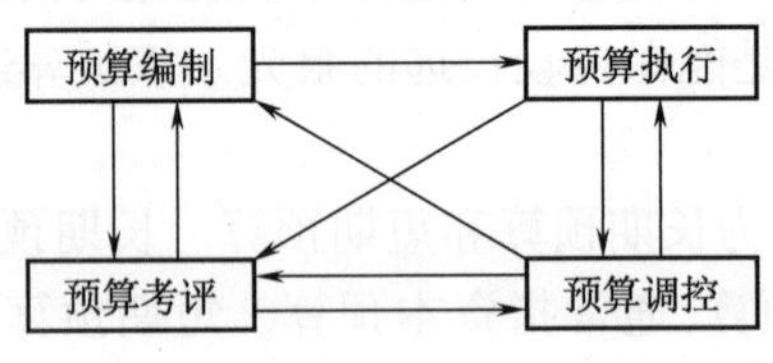

图 4-3 预算管理程序

(四)预算依据

预算的编制依据有两类:一类是法规依据,哪些事能做哪些事不能做,开支的标准和计价的标准,通常要根据法律法规和企业的制度来确定;另一类是数量依据,这里有历史数据、调查数据(引用数据)、标杆数据、标准数据、预测数据(含战略预测)等等。

(五)预算方法选择

对于不同背景和管理要求的企业宜选择不同的预算方法。例如,对于管理要求严格的企业,可以考虑选择弹性预算、零基预算、滚动预算、刚性预算和作业预算等;对于企业文化包容性强、氛围宽松的企业，可以考虑选择目标预算、增量预算和常规预算等；对于集权型管理的企业可选择刚性预算、增量预算、固定预算、定期预算和常规预算等，而柔性预算、零基预算、弹性预算、滚动预算和作业预算等则是分权型管理的企业可选择的预算方法。此外，管理基础、技术手段、产品生命周期、环境类型等等，均可作为预算方法选择的依据。

（六）预算考核与成效检验

预算考核的主要内容是通过对预算编制与执行结果的对比分析，来考核并检验预算的编制与执行是否合法合规、预算是否全面执行、预算项目执行结构是否适当、预算开支是否合理、预算收入是否实现、预算执行进度是否达到等等。对预算管理的成效，则主要通过指标检验、战略检验、成本检验、员工观念检验、行为检验和能力检验来进行。

第二节　企业绩效考核

一、企业绩效考核概述

考核是对某责任主体的工作态度、工作能力和工作绩效所进行的考查、审核、确认与评价。企业绩效是对某责任主体的工作业绩和成效所进行的考查、审核、确认与评价，它包含两个层面：一是对员工绩效的考核；二是对组织绩效的考核。

（一）企业绩效考核的作用

企业进行绩效考核具有三个方面的作用：

1.有利于落实并实现企业的经营目标。确认目标是管理的出发点和落脚点。绩效的本质是对实现目标的贡献。所以，通过绩效考核有利于落实并实现工作的目标。

2.有利于形成并强化企业的良性机制。通过基于共同目标的绩效考核，能够促进企业内部不同员工、不同部门之间的分工与协作，因而有利于形成并强化企业响应市场需求的良性机制。

3.有利于创造并传承企业的优秀文化。对绩效考核结果的正确应用，不仅能够激励员工更好地发挥职业潜能，为企业作出贡献，而且更重要的是将考核作为企业文化的载

体，能够形成良好的价值导向和工作氛围，有利于强化和传承企业的优秀文化。

(二)企业绩效考核的分类

企业绩效考核按照考核的对象分为个别考核与集体考核；按照考核的方法分为定性考核和定量考核；按照考核的范围分为综合考核与单项考核；按照考核的时间分为日常考核、定期考核、长期考核和不定期考核；按照考核的形式分为口头考核与书面考核、直接考核与间接考核；按照考核的主体分为内部考核与外部考核，其中内部考核又分为上级主管考核、下级考核、同级考核、服务对象考核、专门小组考核、自我考核；外部考核分为政府考核、社会考核。需要指出的是，即便考核内容相同，由于考核主体不同，对考核的结果和成效也会有所不同。上级主管考核，有利于评价被考核者对达成工作目标的贡献及其示范效应；下级考核，有利于评价上级的工作能力和指导成效；同级考核，有利于评价被考核者的团队协作精神和成效；服务对象考核，有利于传递市场竞争压力；专门小组考核实际上是综合了各种身份的考核者特点，较为公正；自我考核，是考核的最高境界，有利于纠正不良的行为，但是需要在被考核者高度认同组织目标并具有高度自觉性的条件下方有成效。外部考核，虽然客观性强，但是学习成本和管理成本较高。

(三)企业绩效考核的关注点和要求

1.企业绩效考核的理念及其关注点。理念：管理者是绩效改善的推动者，而不仅仅是员工能力和绩效的评定者。关注点：①激发组织的活力，形成符合组织战略目标和组织文化的价值导向；②改善员工的工作态度，激发员工的潜能，不断提高员工的职业能力和改进工作绩效，提高员工在工作中的主动性和有效性。

2.企业绩效考核的6个确认。①确认组织和员工工作为什么有效或无效；②确认如何对组织和员工的工作加以改进以提高有效性；③确认组织和员工工作执行能力和行为存在哪些不足；④确认如何改善组织和员工的能力与行为；⑤确认管理者和管理方法的有效性；⑥确认和选择更有效的管理方式和方法。

3.绩效考核的7个关键环节。①考核指标的设置及其权重配置，要依企业的目标、价值导向、管理要求、操作条件而定；②考核指标选自关键职责领域；③有清晰的工作标准；④有可靠的衡量手段；⑤有可靠的信息来源；⑥有调整偏差的方法；⑦公正地使用考核结果。

二、责任会计

责任会计是在企业实行分权管理的体制下，以企业内部责任单位(或人)为主体，以提高企业经济效益、保证企业计划顺利落实为目的，以各责任单位(或人)的经济责任为对象,利用价值形式并采用专门的会计方法对各责任单位的行为及结果进行核算、考核与评价的一种会计方法。建立和实施责任会计制度,是落实企业目标和预算的保证。

(一)责任中心的设置与变革

责任会计的第一要义,是确认责任中心。因此,合理设置组织机构是制定和实施企业战略的前提条件,即企业组织结构必须根据战略目标的变化而进行及时的调整,战略实施必须有合理的组织机构及制度上的保障。组织机构的设置原则是:第一,战略决定组织,即企业战略决定企业组织的结构、职责、效能和效益;第二,组织的权力与责任要相称;第三,组织机构的变革与调整是一个动态过程。

(二)责任会计内容

1.划分责任中心,确定责任范围。其中的重点在于如何确定责任中心的责任范围,以及使用哪些价值指标将其责任给予量化反映。

2.编制责任预算,制订考核标准。责任预算是利用货币形式对责任中心的生产经营活动做出的计划安排,其编制是以企业的财务预算为基础来进行的。

3.建立核算系统,编制责任报告。为反映责任中心的预算和考核指标的完成情况,即责任中心的业绩情况,必须建立相应的核算系统,对反映责任中心业绩的会计信息进行归集、加工和整理,最后以责任报告的形式提交企业主管。

4.根据业绩计酬,实施行为控制。这种做法是为了对以上责任承担者的行为实施控制,从而保证企业整体利益的实现。

通过实施责任会计,将企业战略的实施落实到各责任中心,利用会计信息反映经济责任,即量化各责任中心所承担的具体生产经营目标和工作任务,能够更有效地保证战略实施的每一个步骤和每一项工作有效、积极的完成。

(三)责任中心及其考核指标

1.费用中心。费用中心的绩效主要表现在该责任中心的主要业务方面,费用只是其完成业务、实现工作目标的条件,因此,对费用中心的绩效考核要侧重于主要业务,对费用指标,考核的是费用预算执行情况和费用功效(即费用利用效率)。在企业里,几乎所有涉及期间费用开支的管理职能部门均可以成为费用中心。

2.成本中心。成本中心是指其业务活动能够影响产品成本的业务部门,一般是指企业的生产部门及辅助生产部门。对这类责任中心,除了产品或服务的种类、数量、质量是其绩效的内容以外,成本指标也是其绩效的重要组成部分。纳入成本中心绩效考核的责任成本有三种:标准成本、可控成本、目标成本。

标准成本是以产品设计阶段所选定的设计方案和工艺方案为基础,根据对料、工、费统计测算确定的合理耗费,在现有生产和技术条件下确定的产品成本。用标准成本作为成本中心的考核指标,具有科学合理、可比性强的特点,长期以来在企业界广泛应用。

可控成本是根据成本的可控性,经过鉴别以后确定的成本中心的责任成本。鉴别成本费用的可控性有三条标准:成本费用的发生是否预先可知?发生的成本费用是否可以计量?成本费用的数量多少是否可以被影响?这三项如果均符合"是"的标准,就是可控成本,否则,是不可控成本。用可控成本作为成本中心的绩效考核指标,理论上是公平的,容易为成本中心所接受。但是,实际操作中不容易做到或者只能部分做到,因为成本中心容易过分强调客观而把一些可控的成本费用推到不可控成本范围内。

目标成本是用产品销售收入减去必须保证的效益之后的成本。其基本公式为:目标成本=销售收入-目标利润。用目标成本作为成本中心的绩效考核指标,优点是易于使成本中心分担市场风险,使企业落实目标责任;缺点是"效益无退路,市场没商量",指标确定不讲"情面"。我国20世纪90年代所推广的"邯钢经验"就是典型。

3.利润中心。利润中心是指其业务活动既能影响收入又能影响成本费用的责任中心,一般是指自负盈亏、独立核算的经营单位。利润中心分为自然利润中心和人为利润中心(内部利润中心)两种。前者具有对外经营和销售产品的权利,能够取得外销收入;后者则不直接对外,只对企业其他部门提供半成品或劳务,能够取得的只是内部销售收入。因此,后者的利润只是内部利润(或模拟利润)。对自然利润中心绩效考核指标有税前利润、边际贡献;对内部利润中心绩效考核指标有责任利润、部门边际贡献。

其中,税前利润=销售收入-销售成本-期间费用;边际贡献=销售收入-变动成本;责任利润=内部销售收入-内部成本;部门边际贡献=部门销售收入-部门变动成本。

4.投资中心。投资中心是指这样的责任中心:其职责权限既能决定投资的方向和数量,又能影响和决定投资的效果。投资中心亦可称为战略经营单位,它要为投资效果负责。根据投资权限不同,投资中心分为生产经营投资中心、产权经营投资中心、混合投资中心三种。生产经营投资中心是指有权通过项目投资的方式扩大生产经营规模的责任中心;产权经营投资中心是指有权通过收购兼并入股等方式扩大经营领域或经营规模的责任中心;混合投资中心则是前两者的混合。投资中心的绩效考核指标是投资报酬率、剩余收益、经济增加值(EVA)。

其中,投资报酬率=营业利润/营业资产;剩余收益=营业利润-营业资产×预期资产最低收益率;经济增加值=营业利润-营业资产×预期资产平均收益率。

(四)内部转移价格

内部转移价格是企业内部各责任中心之间进行产品与劳务供应的结算价格。内部转移价格具有核算依据、分配利益、转移资金、规避纳税、引入竞争机制等多重作用,因而是企业内部管理与企业集团内部管理的常用手段。

内部转移价格的定价方法有成本定价、成本加成定价、市场定价、协商定价、双重定价等。各种方法各有利弊,作用也不尽相同。

(五)内部结算与融资

将市场机制引入企业,内部各责任中心之间的经济业务往来需要相互结算。财务部门通过设立资金结算中心或内部银行来完成结算功能。伴随内部结算功能延伸而来的是内部融资,如果在责任中心之间调剂资金余缺是有偿的话,内部银行的投资功能也会形成。金融业的发展,出现两种并存的现象:一方面,是金融机构深入企业内部提供结算与投融资服务;另一方面,是企业资金中心发展成为财务公司等金融机构,不仅为本企业服务,而且也为其他企业服务。

三、平衡计分卡(The Balanced Scorecard)

平衡计分卡又称综合计分卡,是由美国哈佛大学教授罗伯特·卡普兰和诺顿研究所总裁诺顿于20世纪90年代初提出来的。平衡计分卡一反过去绝大多数美国公司侧重于从财务角度来评价企业绩效的做法,从财务、客户、内部流程、学习与创新四个纬度来评价企业的绩效。不仅如此,他们还把平衡计分卡发展成为“描述战略、分解目标、衡量战略、管理战略”的工具,以保证企业能够“平衡”协调和可持续地发展。

平衡计分卡是一个战略目标管理系统,每一个责任单位都有自己的“平衡计分卡”及其相应的考核指标,将企业各级责任单位的“平衡计分卡”指标值汇总,就是企业的“平衡计分卡”。平衡计分卡为企业战略实施提供了一个很好的框架结构,企业可以从上述四个纬度实施经营战略,同时在这四个方面进行控制与考核。

(一)财务纬度

在财务纬度中,反映绩效的目标值分布在五个方面:①获利能力:指标有利润率、净资产收益率、经济增加值、净现金流量等;②营业规模:指标有销售收入、销售收入增长率、市场份额等;③成本水平:指标有单位成本、费用功效等;④运营效率:指标有资产周转率、经营周期等;⑤风险水平:指标有经营杠杆、流动比率、资产负债率、利息保障倍数等。

(二)客户纬度

客户纬度中的指标有市场份额、客户满意度、客户获得率、客户留住率和客户利润率等。

(三)内部流程纬度

在内部流程纬度中,反映绩效的目标值分布在四个方面:①运营管理流程,这是企业的基本业务流程,包括分析市场、设计产品或服务、生产制造、向客户提供产品或服务;②客户管理流程包括选择目标客户、争取目标客户、保留目标客户、增加对客户的服务等;③创新流程,包括寻找确认新产品和新服务的机遇、设计开发新产品和服务、研究开发管理、将新产品和新服务投入市场;④法规与社会流程,这个流程是企业保有在具体领域从事经营活动的权利所必需的。

(四)学习与创新纬度

在学习与创新纬度中,反映组织学习与创新能力的指标有学习能力、信息系统能力、成长能力、员工参与程度、信息反馈速度和战略调整机制。

四、国有企业综合绩效考核

为了适应我国国有资产管理体制改革的需要,逐步建立和完善社会主义市场经济条件下的国有企业和国有资本的监管制度,保证国有资产的保值增值,财政部、国家经济贸易委员会、人事部、国家计划发展委员会于 1999 年 6 月 1 日共同颁发了《国有资本金效绩评价规则》(简称《规则》)和《国有资本金效绩评价操作细则》(简称《细则》)并从发布之日起逐步试行。2002 年 8 月,由财政部、国家经贸委、中央企业工委、劳动保障部、国家计委联合修改制定了《企业效绩评价操作细则(修订)》(简称《修订细则》),取代了原来的《规则》和《细则》。2006 年 10 月,国务院国有资产监督管理委员会(简称"国资委")发布了《中央企业综合绩效评价管理暂行办法》(简称《暂行办法》)和《中央企业综合绩效评价实施细则》(简称《实施细则》),并于当年开始实施。

三次发文的考核内容、方法和程序基本相同,都是从定量和定性两个方面展开,定量评价的财务指标和定性评议的综合指标,内容和权数也基本相同,保持了价值导向的连贯性。现以《实施细则》为依据,介绍国有企业综合绩效考核的内容、方法和程序。

(一)考核目标与指导思想

应当充分体现市场经济原则和资本运营特征,以投入产出分析为核心,运用定量分析与定性分析相结合、横向对比与纵向对比互为补充的方法，综合评价企业经营绩效和努力程度，促进企业提高市场竞争能力。

应当制定既符合行业实际又具有标杆引导性质的评价标准，并运用科学的评价计分方法，计量企业经营绩效水平，以充分体现行业之间的差异性，客观反映企业所在行业的盈利水平和经营环境，准确评判企业的经营成果。

（二）考核内容及指标与权数设置

企业综合绩效评价指标由 22 个财务绩效定量评价指标和 8 个管理绩效定性评价指标组成。

财务绩效定量评价指标由反映企业盈利能力状况、资产质量状况、债务风险状况和经营增长状况等四个方面的 8 个基本指标和 14 个修正指标构成，用于综合评价企业财务会计报表所反映的经营绩效状况。

企业管理绩效定性评价指标包括战略管理、发展创新、经营决策、风险控制、基础管理、人力资源、行业影响、社会贡献等八个方面的指标，主要反映企业在一定经营期间所采取的各项管理措施及其取得的管理成效（见表 4-1）。

表 4-1 企业综合绩效评价指标及权重表

<table>
<tr><th colspan="2" rowspan="2">评价内容
与权数</th><th colspan="4">财务绩效（70%）</th><th colspan="2">管理绩效（30%）</th></tr>
<tr><th>基本指标</th><th>权数</th><th>修正指标</th><th>权数</th><th>评议指标</th><th>权数</th></tr>
<tr><td>盈利能力状况</td><td>34</td><td>净资产收益率
总资产报酬率</td><td>20
14</td><td>销售（营业）利润率
盈余现金保障倍数
成本费用利润率
资本收益率</td><td>10
9
8
7</td><td rowspan="4">战略管理
发展创新
经营决策
风险控制
基础管理
人力资源
行业影响
社会贡献</td><td rowspan="4">18
15
16
13
14
8
8
8</td></tr>
<tr><td>资产质量状况</td><td>22</td><td>总资产周转率
应收账款周转率</td><td>10
12</td><td>不良资产比率
流动资产周转率
资产现金回收率</td><td>9
7
6</td></tr>
<tr><td>债务风险状况</td><td>22</td><td>资产负债率
已获利息倍数</td><td>12
10</td><td>速动比率
现金流动负债比率
带息负债比率
或有负债比率</td><td>6
6
5
5</td></tr>
<tr><td>经营增长状况</td><td>22</td><td>销售（营业）增长率
资本保值增值率</td><td>12
10</td><td>销售（营业）利润增长率
总资产增长率
技术投入比率</td><td>10
7
5</td></tr>
</table>

(三)考核评价方法与程序

企业综合绩效评价计分方法采取功效系数法和综合分析判断法。其中,功效系数法用于财务绩效定量评价指标的计分。综合分析判断法用于管理绩效定性评价指标的计分。

1.财务绩效考核评价。财务绩效定量评价基本指标计分是按照功效系数法计分原理,将评价指标实际值对照行业评价标准值,按照规定的计分公式计算各项基本指标得分。

(1)基本指标初步评价得分计算。计算公式为:

基本指标总得分=∑单项基本指标得分

单项基本指标得分=本档基础分+调整分

本档基础分=指标权数×本档标准系数

调整分=功效系数×(上档基础分-本档基础分)

上档基础分=指标权数×上档标准系数

功效系数=(实际值-本档标准值)/(上档标准值-本档标准值)

本档标准值是指上下两档标准值居于较低等级一档。

财务绩效定量评价标准划分为优秀(A)、良好(B)、平均(C)、较低(D)、较差(E)5个档次,管理绩效定性评价标准分为优(A)、良(B)、中(C)、低(D)、差(E)5个档次。对应5档评价标准的标准系数分别为1.0、0.8、0.6、0.4、0.2,差(E)以下为0。标准系数是评价标准的水平参数,反映了评价指标对应评价标准所达到的水平档次(见表4-2)。

表4-2

级 别	标 准 值	标准系数
优秀(A)	行业最高水平	1
良好(B)	行业较高水平	0.8
平均(C)	行业总体平均水平	0.6
较低(D)	行业较低水平	0.4
较差(E)	行业低水平	0.2
较差以下	行业最低水平	0

例 4-2:某企业基本指标初步评价得分计算

某企业净资产收益率为 4%,位于行业平均值 2%和良好值 8%之间,标准系数为 0.6%,则

基础分=30× 0.6%=18(分)

调整分=〔(4%-2%)/(8%-2%)〕×(30× 0.8%-18)=2(分)

该企业净资产收益率得分=18+2=20(分)

(2)基本指标修正得分计算。财务绩效定量评价修正指标的计分是在基本指标计分结果的基础上,运用功效系数法原理,分别计算盈利能力、资产质量、债务风险和经营增长四个部分的综合修正系数,再据此计算出修正后的分数。计算公式为:

修正后总得分=∑各部分修正后得分

各部分修正后得分=各部分基本指标分数×该部分综合修正系数

某部分综合修正系数=∑该部分各修正指标加权修正系数

某指标加权修正系数=(修正指标权数/该部分权数)×该指标单项修正系数

某指标单项修正系数=1.0+(本档标准系数+功效系数×0.2-该部分基本指标分析系数)

单项修正系数控制修正幅度为 0.7~1.3

某部分基本指标分析系数=该部分基本指标得分/该部分权数

例 4-3:某公司基本指标修正得分计算

某公司 2001 年度净资产收益率为 7%,行业优秀值为 12%,良好值为 8%,平均值为 6%。该公司总资产报酬率综合修正系数为 0.32,盈利能力状况初步评价得分 22 分,资产质量状况修正后得分 19.21 分,债务风险状况修正后得分 18.36 分,经营增长状况修正后得分 19.45,则:

盈利能力状况基本指标分析系数=22/34=0.65

功效系数=(7%-6%)/(8%-6%)=0.5

净资产收益率修正系数=1.0+(0.6+0.5×0.2-0.65)=1.05

净资产收益率加权修正系数=(20/34)×1.05=0.62

盈利能力状况综合修正系数=0.62+0.32=0.94

$$盈利状况修正后得分=22\times0.94=20.68(分)$$

$$修正后总得分=20.68+19.21+18.36+19.45=77.70(分)$$

任期财务绩效定量评价指标计分，应当运用任期各年度评价标准分别对各年度财务绩效定量指标进行计分，再计算任期平均分数，作为任期财务绩效定量评价分数。计算公式为：

$$任期财务绩效定量评价分数=(\sum任期各年度财务绩效定量评价分数)/任期年份数$$

2.管理绩效考核评价。管理绩效定性评价指标的计分通过专家评议打分的形式完成，聘请的专家应不少于7名；评议专家应当在充分了解企业管理绩效状况的基础上，对照评价参考标准，采取综合分析判断法，对企业管理绩效指标做出分析评议，评判各项指标所处的水平档次，并直接给出评价分数。计分公式为：

$$管理绩效定性评价指标分数=\sum单项指标分数$$

$$单项指标分数=(\sum每位专家给定的单项指标分数)/专家人数$$

管理绩效专家评议会程序：

(1)阅读相关资料，了解企业管理绩效评价指标实际情况。

(2)听取评价实施机构关于财务绩效定量评价情况的介绍。

(3)参照管理绩效定性评价标准，分析企业管理绩效状况。

(4)对企业管理绩效定性评价指标实施独立评判打分。

(5)对企业管理绩效进行集体评议，并提出咨询意见，形成评议咨询报告。

(6)汇总评判打分结果。

3.综合绩效评价。在得出财务绩效定量评价分数和管理绩效定性评价分数后，应当按照规定的权重，耦合形成综合绩效评价分数。计算公式为：

$$企业综合绩效评价分数=财务绩效定量评价分数\times70\%+管理绩效定性评价分数\times30\%$$

在得出评价分数以后，应当计算年度之间的绩效改进度，以反映企业年度之间经营绩效的变化状况。计算公式为：

$$绩效改进度=本期绩效评价分数/基期绩效评价分数$$

绩效改进度大于1，说明经营绩效上升；绩效改进度小于1，说明经营绩效下滑。

对企业经济效益上升幅度显著、经营规模较大、有重大科技创新的企业，应当给予适当加分，以充分反映不同企业努力程度和管理难度，激励企业加强科技创新；反之，被考核企业在考核期间发生不良重大事项的，则应给予适当减分。

（四）考核结果及报告

企业综合绩效评价结果以85、70、50、40分作为类型判定的分数线。

1.评价得分达到85分以上（含85分）的评价类型为优（A），在此基础上划分为三个级别，分别为：A ++≥95分；95分>A+≥90分；90分>A≥85分。

2.评价得分达到70分以上（含70分）不足85分的评价类型为良（B），在此基础上划分为三个级别，分别为：85分>B+≥80分；80分>B≥75分；75分>B-≥70分。

3.评价得分达到50分以上（含50分）不足70分的评价类型为中（C），在此基础上划分为两个级别，分别为：70分>C≥60分；60分>C-≥50分。

4.评价得分在40分以上（含40分）不足50分的评价类型为低（D）。

5.评价得分在40分以下的评价类型为差（E）。

企业综合绩效评价报告是根据评价结果编制、反映被评价企业综合绩效状况的文本文件，由报告正文和附件构成。

企业综合绩效评价报告正文应当包括评价目的、评价依据与评价方法、评价过程、评价结果及评价结论、重要事项说明等内容。企业综合绩效评价报告的正文应当文字简洁、重点突出、层次清晰、易于理解。

企业综合绩效评价报告附件应当包括企业经营绩效分析报告、评价结果计分表、问卷调查结果分析、专家咨询报告、评价基础数据及调整情况。其中，企业经营绩效分析报告是根据综合绩效评价结果对企业经营绩效状况进行深入分析的文件，应当包括评价对象概述、评价结果与主要绩效、存在的问题与不足及有关管理建议等。

第三节　企业内部控制

企业内部控制体系作为对企业经营活动进行自我调节和约束的内在机制，在企业战略实施过程中具有举足轻重的作用。企业内部控制体系的健全及实施状况，关系企业的兴衰成败。近些年，企业内部控制问题已经成为社会各方高度关注的问题。究其原因，一是企业外部的自然环境变化：科技进步与生产力发展使人类对资源环境的影响呈几何级数增长，不仅使资源短缺与环境破坏加剧，而且导致气候变化，如洪涝、干旱等灾害频繁发生；二是企业外部的社会经济环境变化：经济全球化进程加快，商品化程度提高，人们相互之间的联系和影响更加密切，金融危机及其引发的全球性经济危机危害

范围空前,各国尤其是发展中国家财富分配两极化现象更为严重,政府对经济运行和企业行为的干预力度越来越大,企业间的竞争也愈演愈烈;三是企业内部问题不断:决策失当、执行不力、信息造假、风险失控、内部分裂、经营困难等等。因此,无论是企业外部还是企业内部,无论是应对自然环境还是社会环境的变化,要求企业承担社会责任、加强内部控制和行为自律的呼声日趋高涨。企业内部控制已经不再仅仅是企业自己内部的事情,而是已经外化为社会问题了。由此而来的是企业内部控制外部化——由社会权威机构专门为企业制定内部控制的规范。其中,最有影响的是美国的企业内部控制体系(COSO 体系)和中国的企业内部控制体系。

一、COSO 体系

COSO 体系是在美国上市公司会计丑闻频发、财务欺诈屡犯、金融风险加剧,社会各界对上市公司的财务信息质量普遍不满的背景下,由美国注册会计师协会、美国会计学会、财务经理协会、内部审计师协会、金融管理学会等 5 个专业团体共同组成的全国虚假财务报告委员会(The Committee of Sponsoring Organizations of the National Commission of Fraudulent Financial Reporting,简称 COSO)潜心研究 4 年,于 1992 年以《内部控制—综合框架》(亦称 COSO 报告)的形式提出来的,并于 1994 年进行了增补。该报告针对公司行政总裁、其他高级执行官、董事、立法部门和监管部门的内部控制进行高度概括,内容由四部分组成。第一部分是概述,第二部分是定义框架,第三部分是对外部团体的报告,第四部分是评价工具。

COSO 报告的核心内容是内部控制的定义、目标和要素。

(一)内部控制的定义和目标

报告认为,内部控制是由董事、管理层及其他人员在公司内进行的,旨在为经营的有效性、财务报告的可靠性、适用法律法规的遵循性提供合理保证的过程。

报告认为,企业内部控制的目标是:经营的效率和效果(基本经济目标包括绩效、利润目标和资源、安全)、财务报告的可靠性(与对外公布的财务报表编制相关的,包括中期报告、合并财务报表中选取的数据的可靠性)和符合相应的法律法规。

(二)内部控制的要素

报告认为,为了实现内部控制的有效性,需要下列五个方面的要素支持:控制环境(Control environment)、风险评估(Risk assessment)、控制活动(Control activities)、信息与交流(Information and communication)和监督(Monitoring)。

控制环境包括最高管理层的完整性、道德观念、能力、管理哲学、经营风格和董事会的关注、指导，其特征是先明确定义机构的目标和政策，再以战略计划和预算过程进行支持；然后，清晰定义利于划分职责和汇报路径的组织结构，确立基于合理年度风险评估的风险接受政策；最后，向员工澄清有效控制和审计体系的必要性以及执行控制要求的重要性，同时，高级领导层需对文件控制系统作出承诺。

风险评估是在既定的经营目标下分析并减少风险，这一环节是 COSO 内部控制整体框架的独特之处。多年来，虽然美国银行一直使用复杂的模型技术（诸如"压力测试"、"Monte Carlo 模拟"和"风险价值"法）测算风险，但把风险评估作为要素引入内控领域，这还是第一次。

控制活动包括确保管理层指令得以实施的政策和程序：批准、授权；核对会计分录；核实（包括内部控制模型）；检查业绩、风险披露限制；职责划分、生产安全。制定程序的原则有两项：避免由"相关人士"组成的集团从头到尾控制某个操作或交易；"四只眼睛"的原则。

信息与交流为管理层监督各项活动和在必要时采取纠正措施提供了保证。内控是一个动态的过程，依据环境，制定措施，信息反馈，进行纠错，如此不断改进，但受成本效益原则的约束，内控实际上是一个无止境的过程。

监督贯穿于经营活动之中，具有一定的超然独立性。监督的实施途径可以是内部审计，也可以是内部控制的自我评估。前者的实施人是独立的职能部门，而后者是由管理部门和员工完成的。内部审计的目的是，就控制系统的风险和操作情况向管理层提供独立保证并帮助管理层有效地履行责任。内部审计是先依据审计章程，确定审计单位的独立性及其作用；然后将称职的工作人员分成三个主要单位，分别承担财务、操作和电子数据处理的工作；再根据机构的主要业务风险编写审计计划，密切关注计划、实地工作、报告以及每次审计的后续工作；最后，就操作系统的运作与管理层进行简明扼要和持续的沟通。应当让内部审计的结论为人所知。审计委员会监督内部审计的过程，采用外部审计评估控制系统，就财务报表的真实性和公正性提出意见。

二、企业内部控制规范

2008 年 6 月 28 日，我国财政部会同证监会、审计署、银监会、保监会联合颁发了《企业内部控制基本规范》，要求自 2009 年 7 月 1 日起在上市公司范围内施行，并鼓励非上市的大中型企业执行。执行该规范的上市公司，应当对本公司内部控制的有效性进行自我评价，披露年度自我评价报告，并可聘请具有证券、期货业务资格的会计师事务所对内部控制的有效性进行审计。权威机构制定该规范的目的，是"为了加强和规范企业内部控制，提高企业经营管理水平和风险防范能力，促进企业可持续发展，维护社会主义市场经济秩序和社会公众利益"。

2010 年 4 月 26 日，财政部又会同证监会、审计署、银监会、保监会联合发布了《企业内部控制配套指引》，要求自 2011 年 1 月 1 日起在境内外同时上市的公司施行，自 2012 年 1 月 1 日起在上海证券交易所、深圳证券交易所主板上市公司施行；在此基础上，择机在中小板和创业板上市公司施行，鼓励非上市大中型企业提前执行。执行《企业内部控制基本规范》及《企业内部控制配套指引》的上市公司和非上市大中型企业，应当对内部控制的有效性进行自我评价，披露年度自我评价报告，同时应当聘请会计师事务所对财务报告内部控制的有效性进行审计并出具审计报告。上市公司聘请的会计师事务所应当具有证券、期货业务资格；非上市大中型企业聘请的会计师事务所也可以是不具有证券、期货业务资格的大中型会计师事务所。该配套指引包括《企业内部控制应用指引》、《企业内部控制评价指引》和《企业内部控制审计指引》，连同先前发布的《企业内部控制基本规范》，标志着适应我国企业实际情况、融合国际先进经验的中国企业内部控制规范体系基本建成见图 4-4。

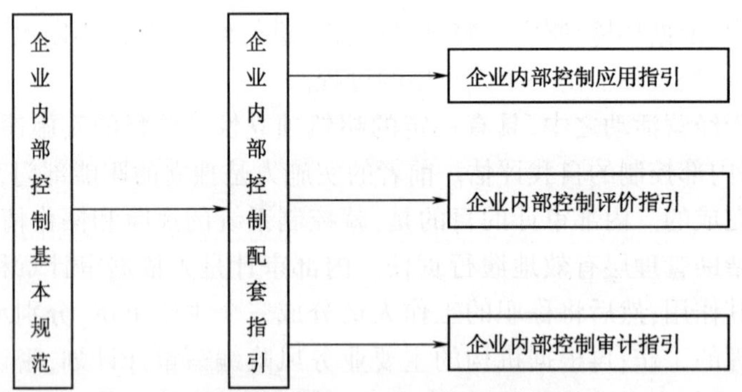

图 4-4　我国企业内部控制体系框架

（一）企业内部控制基本规范

企业内部控制基本规范分为七章五十条。第一章 总则，第一至第十条，阐述了企业内部控制的目的、适用范围、定义、原则、要素、实施要求和监督者。第二章 内部环境，第十一至第十九条，阐述了相关组织机构的设置与职责分工，人力资源政策与选人用人育人标准，企业文化建设与法制教育。第三章 风险评估，第二十至第二十七条，提出了企业进行风险评估、确认风险承受度、风险识别、风险分析和风险应对的具体要求。第四章 控制活动，第二十八至第三十七条，提出了进行风险控制的各项具体要求。第五章 信息与沟通，第三十八至第四十三条，提出了企业进行信息与沟通活动的五项具体要

求。第六章 内部监督,第四十四至第四十七条,提出了企业进行内部监督的四个方面的具体要求。第七章 附则,第四十八至第五十条,说明规范的解释权、配套办法和实施时期起点。

1.企业内部控制的定义和目的。"本规范所称内部控制,是由企业董事会、监事会、经理层和全体员工实施的、旨在实现控制目标的过程。""内部控制的目标是合理保证企业经营管理合法合规、资产安全、财务报告及相关信息真实完整,提高经营效率和效果,促进企业实现发展战略。"

2.企业内部控制的原则。

(1)全面性原则。内部控制应当贯穿决策、执行和监督全过程,覆盖企业及其所属单位的各种业务和事项。

(2)重要性原则。内部控制应当在全面控制的基础上,关注重要业务事项和高风险领域。

(3)制衡性原则。内部控制应当在治理结构、机构设置及权责分配、业务流程等方面形成相互制约、相互监督,同时兼顾运营效率。

(4)适应性原则。内部控制应当与企业经营规模、业务范围、竞争状况和风险水平等相适应,并随着情况的变化及时加以调整。

(5)成本效益原则。内部控制应当权衡实施成本与预期效益,以适当的成本实现有效控制。

3.企业内部控制的要素及其要求。

(1)内部环境。内部环境是企业实施内部控制的基础,一般包括治理结构、机构设置及权责分配、内部审计、人力资源政策、企业文化等。

(2)风险评估。风险评估是企业及时识别系统分析经营活动中与实现内部控制目标相关的风险,以便合理确定风险应对策略。

(3)控制活动。控制活动是企业根据风险评估结果,采用相应的控制措施,将风险控制在可承受度之内。

(4)信息与沟通。信息与沟通是企业及时并准确地收集、传递与内部控制相关的信息,确保信息在企业内部、企业与外部之间进行有效沟通。

(5)内部监督。内部监督是企业对内部控制建立与实施情况进行监督检查,评价内部控制的有效性,以便发现内部控制缺陷,及时加以改进。

(二)企业内部控制配套指引

企业内部控制配套指引由《企业内部控制应用指引》、《企业内部控制评价指引》和《企业内部控制审计指引》组成。其中,《企业内部控制应用指引》是对企业按照内控原

则和内控“五要素”建立健全本企业内部控制所提供的指引,在配套指引乃至整个内部控制规范体系中占主体地位;《企业内部控制评价指引》是企业管理层对本企业内部控制有效性进行自我评价提供的指引;《企业内部控制审计指引》是注册会计师和会计师事务所执行内部控制审计业务的执业准则。三者之间既相互独立,又相互联系,形成一个有机整体。

1.《企业内部控制应用指引》。按照计划,企业内部控制应用指引总计是21项,除了涉及银行、证券、保险三项业务尚未发布以外,本次共推出18项具体的应用指引。

应用指引可以划分为三类,即内部环境类指引、控制活动类指引、控制手段类指引,基本涵盖了企业资金流、实物流、人力流和信息流等各项业务和事项。

(1)内部环境类指引。内部环境是企业实施内部控制的基础,支配着企业全体员工的内控意识,影响着全体员工实施控制活动和履行控制责任的态度、认识和行为。内部环境类指引有5项,包括组织架构、发展战略、人力资源、企业文化和社会责任。

(2)控制活动类指引。企业在改进和完善内部环境控制的同时,还应对各项具体业务活动实施相应的控制。为此,权威机构制定了控制活动类应用指引,包括资金活动、采购业务、资产管理、销售业务、研究与开发、工程项目、担保业务、业务外包、财务报告9个指引。

(3)控制手段类指引。控制手段类指引偏重于“工具”性质,往往涉及企业整体业务或管理。此类指引有4项,包括全面预算、合同管理、内部信息传递和信息系统。

2.《企业内部控制评价指引》。该指引分为五章二十七条。第一章 总则,第一至第四条,阐述制定本指引的目的、应用范围、评价原则、工作程序和责任。第二章 内部控制评价的内容,第五至第十一条,阐明评价依据、评价内容(要素)和工作底稿内容。第三章 内部控制评价的程序,第十二至第十五条,阐明评价工作的具体程序。第四章 内部控制缺陷的认定,第十六至第十九条,阐明内部控制缺陷程度分级标准及其如何把握。第五章 内部控制评价报告,第二十至第二十七条,说明评价报告的内容、程序、保管以及报告日的确定。

3.《企业内部控制审计指引》。该指引分为七章三十五条。第一章 总则,第一至第五条,阐述制定本指引的目的、应用范围、审计目标、审计责任和权限。第二章 计划审计工作,第六至第九条,提出事前各项准备工作要求,包括人员、资讯、关注点、风险审视等。第三章 实施审计工作,第十至第十九条,阐明审计方法、关注内容、测试重点、测试内容、获取证据、询问等执业要求。第四章 评价控制缺陷,第二十至第二十二条,阐明内部控制缺陷程度分级标准及其如何把握。第五章 完成审计工作,第二十三至第二十六条,说明书面申明内容、如何评价证据和形成意见。第六章 出具审计报告,第二十七至第三十三条,阐述审计报告要素、审计意见分级标准、说明事项以及如何出具报告。第

七章 记录审计工作,第三十四至第三十五条,说明工作底稿应记录的内容。

第四节　企业风险管理

一、企业风险含义及种类

(一)企业风险含义

风险是指未来的不确定及其带来的预期结果变动。狭义地说,风险是指未来对预期结果发生不利影响的可能性或未来发生损失的可能性。企业风险是指未来对预期经营结果发生不利影响的可能性。

(二)企业风险种类

根据不同的标准和领域,对企业风险可以作不同的划分。

1.根据风险的来源划分为外部风险和内部风险。外部风险是指源自企业外部环境变化带来的风险。如由于自然环境变化带来的自然风险,由于经济形势、产业政策、资源供给、利率调整、汇率变动、税率调整、市场竞争等因素变化带来的经济风险,由于法律法规和监管要求发生变化带来的法律风险,由于时尚变迁、观念改变等因素带来的社会风险,由于技术进步带来的技术风险等等。

内部风险是指源自企业内部变化带来的风险。如由于高管变动、员工进出、士气升降、操守变化而带来的人员风险,由于经营方式、业务流程、信息沟通、规章制度的变化而带来的管理风险,由于现金流量、盈利状况、资本结构发生变化而带来的财务风险,由于员工健康、安全生产、环境污染等因素变化而带来的安全环保风险,等等。

2.根据风险的后果划分为纯粹风险和机会风险。纯粹风险是指狭义风险,即只可能带来损失不会带来获利,其结果有两种:要么有损失,要么没有损失。如火灾、地震、交通事故等。

机会风险是指广义风险,既可能带来损失也可能带来获利。如价格变动、汇率变化、利率调整等等。

3.根据风险是否可以分散划分为系统风险和非系统风险。系统风险是由于一些不可回避的共有因素作用而形成的风险,不可回避。如资本市场的股市大盘波动,对股票投资者个体而言就是无法回避的系统风险。

非系统风险是由于特定的原因引起，只对某些结果产生影响的风险，可以通过回避或分散化来减少。如资本市场上的特定股票价格波动，对股票投资者个体而言是可以通过分散投资的方式来回避或减少其风险的。

4.根据企业经营活动领域划分为人力资源风险、财务风险、市场营销风险、审计风险和信息披露风险等。人力资源风险包括高级管理人员和技术骨干的道德水准和职业操守、员工工作态度和工作能力、团队精神和企业文化、人才流动等的变化带来的风险。

财务风险包括筹资风险、投资风险、信用风险、资产管理风险、收益分配风险等。

市场营销风险包括消费者、销售渠道、竞争形势、经营模式、供需状况、价格、广告宣传等各因素变化而带来的风险。

审计风险是指由于财务报表存在重大错误或漏报，注册会计师发表了不恰当的审计意见的可能性。

信息披露风险是指企业在信息披露过程中由于披露不当而带来不利影响的可能性。例如，2007 年上半年我国股票市场的“杭萧钢构披露 344 亿元天价订单”而导致的股价起伏震荡、公司名誉损失并遭遇诉讼的热门事件。

二、风险管理的概念与过程

（一）风险管理概念

对风险管理并没有统一的定义，比较早期的定义是由美国学者威廉姆斯和汉斯作出的，他们在 1964 年出版的《风险管理与保险》中指出：“风险管理是通过对风险的识别、衡量和控制，以最小的成本、使风险损失达到最低程度的管理方法。”

2004 年，美国 COSO 机构发布的《企业风险管理——整合框架》中对风险管理的定义是：

“企业风险管理是一个过程，它由构成一个主体的董事会、管理当局和其他人员实施，应用于战略制定并贯穿于企业之中，旨在识别可能会影响主体的潜在事项，应对风险以使其在该主体的风险容量之内，并为主体目标的实现提供合理保证。”

我国国资委在 2006 年发布的《中央企业全面风险管理指引》中对企业全面风险管理做出如下定义：

“本指引所称全面风险管理，指企业围绕总体经营目标，通过在企业管理的各个环节和经营过程中执行风险管理的基本流程，培育良好的风险管理文化，建立健全全面风险管理体系，包括风险管理策略、风险理财措施、风险管理的组织职能体系、风险管理信息系统和内部控制系统，从而为实现风险管理的总体目标提供合理保证的过程和方法。”

(二)风险管理过程

风险管理过程由目标设定、风险识别、风险评估、风险应对四个环节构成。

1.目标设定。在这一环节,企业要确定经营的目标以及在总体上和各业务层次上对风险的容忍程度。

2.风险识别。风险识别是从风险的来源和领域里寻找出影响企业战略目标和经营目标、容易导致企业发生损失的风险因素。财政部等五部委在2006年颁发的《企业内部控制基本规范》中特别指出:企业识别内部风险,应当关注下列因素:董事、监事、经理及其他高级管理人员的职业操守、员工专业胜任能力等人力资源因素;组织机构、经营方式、资产管理、业务流程等管理因素;研究开发、技术投入、信息技术运用等自主创新因素;财务状况、经营成果、现金流量等财务因素;营运安全、员工健康、环境保护等安全环保因素;其他有关内部因素。企业识别外部风险,应当关注下列因素:经济形势、产业政策、融资环境、市场竞争、资源供给等经济因素;法律法规、监管要求等法律因素;安全稳定、文化传统、社会信用、教育水平、消费者行为等社会因素;技术进步、工艺改进等科学技术因素;自然灾害、环境状况等自然环境因素;其他有关外部风险因素。

3.风险评估。在风险识别的基础上,要对各种风险因素可能带来的风险影响程度进行充分的评估,同时也要对企业的风险容忍度进行评估,以确认各风险因素的容量和控制边界。风险评估的重点是确定各种风险因素所引起的风险发生的可能性和影响程度,依据这两个维度的标准,将风险进行排序与分级,确定企业应当重点关注和防范的风险。

4.风险应对。在风险识别和风险评估的基础上,根据企业风险管理的目标和风险承受力,制定企业对风险的态度和应对措施。风险应对的方法有两类:一是改变风险的方法,二是对风险发生后的损失进行补偿的方法。风险应对的策略主要有四种:风险规避、风险降低、风险分担、风险承受。

案例分析4-1:强效执行力的决定要素是什么?

GaryL. Neilson Karla L. Martin Elizabeth Powers:博斯公司

无论企业制定的战略有多完美,最关键的还是要落到执行上。然而,大多数公司并不精于此道。我们对全球1 000多家公司的数万名员工开展了多年的调查研究,结果显示,3/5公司的员工认为自己组织的执行力薄弱。

我们又通过员工调查，确定了各项特征对组织执行能力的相对影响力，并据此对特征进行排序。下面是排在前五位的有效战略执行的组织特征。

一、个人都清楚自己应该负责哪些决策和行动

在执行力强大的组织中，71%的人同意这一陈述；而在执行力薄弱的组织中，这一数字降到了32%。

当一家公司逐渐走向成熟，其决策权往往也会趋于模糊。年轻组织在初创时期通常杂事缠身，无暇对角色和职责做出清晰的界定，而且它们也没必要这样做，因为在小公司中，要想知道其他人在忙些什么并不是件难事。因此，在一段时间内，公司诸事顺利。然而，随着公司发展壮大，高管们走马灯似的进进出出，将各种各样的期望带进来又带出去，久而久之，审批流程变得愈加繁琐、晦涩。一个人的职责从哪里开始，另一个人的职责又在哪里终止，这一切都越来越模糊。

某全球耐用消费品公司在历经周折后终于认识到这一点。在这家公司，各种决策之间相互牵制、相互冲突的现象比比皆是，结果除了CEO之外，很难再找到一个认为自己应该对赢利能力负责的人。

在事业部与总部职能部门展开谈判时，各个层级的人员都会带着种种问题参与进来，结果导致决策陷入僵局。事业部中的职能人员(如财务分析师)常常听命于他们在总部的上司，而不是事业部副总裁，因为他们的薪酬和升迁都是由职能领导人说了算。只有CEO和他的高管团队有权解决争端。所有这些症状彼此影响、相互加强，共同妨碍了决策执行——直到公司走马换将，任命了一个新CEO。

新CEO要求各事业部聚焦于消费者，使公司重心从成本控制转为赢利性增长。作为组织模式的一部分，CEO明确了各事业部的利润责任，同时授权它们利用职能活动支持自己的目标，并赋予它们更多的预算控制权。CEO还重新规定了总部职能部门的角色和决策权，以更好地支持事业部的需求，并在各事业部之间建立起必要的职系，以培养整个企业的全球运作能力。通常情况下，各职能的领导人都了解市场现状，也明白实施变革需要对企业运营模式做出一定调整。因此，CEO让职能领导人参与组织结构的重新设计，有助于让他们认识到，新的组织模式并不是强加给他们的，而是他们自己共同参与建立的。

二、有关竞争环境的重要信息能迅速送达总部

公司总部可以在两方面发挥强大的作用：一是找出经营模式；二是将最佳实践推广到各业务部门和运营地区。但是，要想扮演好这一协调角色，总部必须及时掌握准确的市场情报。否则，它就往往会将自己的计划和政策强加给运营部门，不去尊重离客户更近的运营部门，不去尊重离客户更近的运营部门的意见。

以重型设备制造商卡特彼勒为例。如今，它已是一家极为成功的全球化公司，但在

大约30年前，卡特彼勒的组织结构却严重失调，甚至已经威胁到公司的生存。公司总部在美国的皮奥里亚市，这里的职能部门牢牢掌控着公司的决策大权，而制定决策所需的许多信息却掌握在基层销售经理手中。

由于高层主管与外部市场隔绝，不了解市场信息，只关注组织的内部运转，对问题分析过度，总是事后指责下属的决策，结果导致公司在瞬息万变的市场上错失良机。

例如，卡特彼勒的产品定价是以成本为基础的，由总部的定价部门来决策，而不是由市场现实来决定。结果，它在全球各地的销售代表一次次将订单输给了小松公司(Komatsu)，因为后者的定价更具竞争力，总能打败卡特彼勒。

要确保送达总部的信息正确，就必须放手让更基层的人员来做出正确决策。管理层在将运营职责下放给实际参与行动的人员后，自己就可以腾出时间，更多地关注全球战略问题。于是，公司进行了结构重组，建立了多个业务单元，并让每个业务单元自负盈亏。那些曾经一手遮天的总部职能部门几乎一夜之间就被撤销了。它们在工程、定价、制造等方面的人才和专业知识被分配到了新的业务单元，现在，这些业务单元可以设计自己的产品，制定自己的制造流程和工作进度，并自行设定价格。此举大大分散了决策权，使业务单元获得了对市场决策的控制权。现在，所有业务单元的盈亏情况都按照统一的标准来衡量，因为资产回报率已成为评估成功的通用指标。有了这些准确、及时、直接可比的信息，总部的高层决策者就可以做出明智的战备抉择和权衡取舍，而不是使用过时的销售数据来制定一些无效的战术性营销决策。

公司CEO欧文斯回忆说："这场伟大的变革让公司重获新生，它将一家死气沉沉的公司转变为一家充满创业激情的活力企业。"

三、决策一旦制定，就很少遭到事后质疑

你的决策是不是在事后遭到质疑，取决于你制定决策时的立足点。如果是居高临下从企业全局来看待问题，你有可能为决策增加价值；但如果只是帮下属做决策，就未必会增加价值，因为上司如若只是在重做下属的工作，而耽误了自己的本职工作，结果反而会拖慢整个进程。

最近，一家致力于消除贫困的全球慈善组织遇到了一个可能让其他组织羡慕不已的问题：由于捐款迅速增加，它开展的扶贫项目在深度和广度上也相应扩大，这给它带来了巨大的压力。你也许能猜得到，这家非营利性组织人人充满使命感，总是对项目有种强烈的个人责任感。它不奖励授权行为，哪怕是最不平凡的行政事务，上司也不愿委派给下属去做。比如说，区域经理就亲自监督复印机的修理工作。随着组织规模的扩大，由于管理者无法授权，导致了组织决策瘫痪和问责缺失。

于是，这家非营利性组织的管理层和董事会决定从头开始。我们与他们合作，设计了一张决策图，该工具能帮助他们确定不同类型的决策应该由谁来制定，从而明确和加

强了各级管理层的决策权。接着,该组织积极鼓励所有管理者将标准化的运营任务授权给下属。大家一旦清楚了哪些决策该由自己来制定、哪些自己不该插手,就会认为让自己对决策负责是公平的。此外,现在他们可以一心一意致力于实现组织使命。

四、信息跨越组织边界自由流动

当信息无法在公司各单元之间横向流动时,各单元就会各自为政,既不能实现规模经济,也不能分享最佳实践。而且,整个组织也会错失良机,无法培养出熟悉公司各方面业务的后备管理人才。

某 B2B 公司的故事可以给我们敲响警钟。该公司的客户团队和产品团队未能有效合作,共同服务于一个关键细分市场:跨产品大客户。为了管理与重要客户的关系,公司建立了一个以客户为中心的营销团队,负责开发客户推广项目、创新定价模型以及定制化的促销和折扣活动。但该团队没有向产品部门提交明确一致的计划和进度报告,也未能与常设的跨部门管理团队商定时间讨论关键的业绩问题。虽然新的客户团队在关键客户上取得了积极进展,但各产品部门并不知情,也不太相信它能做到。

不过,问题一旦搞清楚了,解决办法倒不是太复杂,无非是加强这些团队的相互沟通。客户团队负责向产品部门定期提交报告,列出各产品、各地区的业绩指标完成情况,并附带提供问题根源分析。公司每个季度都会召开一次绩效管理会议,为大家搭建一个论坛,可以面对面交流信息,讨论悬而未决的问题。这些举措在组织内建立起广泛的互信,为合作奠定了基础。

五、基层和一线员工通常掌握必要信息,知道自己的日常决策会对利润产生什么影响。

员工能否制定出合理的决策,必然取决于他们掌握了多少信息。如果管理者不知道收入每增加 1 美元需要付出多少成本,他们就会不断追求收入的增长。即使他们的决策根据充分的信息来判断是错误的,他们也很少会受到指责。

我们观察到一家大型多元化金融服务公司就出现了这种不健康的现象。在整合运营业务时,管理者将前台信贷人员和负责风险评估的后台支持团队分开,为他们设定了不同的上下级关系,而且在许多情况下把他们安排在不同的地点工作。遗憾的是,公司管理者没有建立必要的信息沟通和激励机制来确保业务顺利运转。结果,前台和后台双方各自追求不同的目标,而且这些目标还往往相互抵触。

为了解决这一信息错位问题,公司高管采取了一种"智能定制化"(smart customization)销售方法。他们对大多数交易中使用的端到端流程实行了标准化,只允许在指定情况下实行定制化。对于这些定制化交易,他们建立了清晰的后台流程和支持性分析工具,使销售人员能够掌握准确信息,对交易的成本了如指掌。同时,他们还为前台和后台业务设计了通用的汇报标准和工具，以确保每个团队在做决策时都能依据相同的数据和衡量指标。双方在了解了彼此的业务状况之后，合作就更有成效，并且双方都能够从整个公司的最大利益出发来采取行动。

众所周知，战略执行是一项长期而艰巨的挑战。即使是最精于此道的公司，也只有2/3 的员工同意"公司能将重要的战略和运营决策迅速转化为行动"这一陈述。只要公司仍旧主要或完全依靠结构性或激励性举措来解决执行问题，那么它们就会继续遭遇失败。不过，只要能确保大家真正明白自己的职责，知道由谁来制定哪些决策，然后再为他们提供履行职责所需的信息，那么这种失败几乎总是可以避免的。

案例分析 4-2：东华软件公司"四位一体"全面预算管理体系

东华软件公司是国内软件行业的龙头企业之一。该公司成立于 2001 年，2006 年在深交所上市。当年营业收入 6.06 亿元，利润 0.76 亿元，20 多亿元。发展 10 年，至 2015 年营业收入达到 56.2 亿元，利润 11.04 亿元，市值近 400 亿元。为了整合并购公司的经营理念和资源，降低管理难度和管理成本，顺应"大、智、移、云、物"的技术发展，借财政部推行管理会计应用之机，结合公司实际推出了业务、预算、资金、核算"四位一体"全面预算管理体系。

应用环境：在组织层面，公司成立企业管理会计研究院，成为推进工作的专家机构；在金融、医疗、新技术等多个事业部下面划分多个独立核算的业务单元，业务单元之间的协作引入市场机制，根据内部价格进行结算。在制度层面，出台一系列管理制度，如《全面预算管理办法》《业务单元经营核算管理办法》《公司销售与产品部门协同合作规范》《公司技术资源调配管理办法》《员工绩效考核管理办法》等。在人才配备层面，公司搭建管理会计人才的能力素质及培训晋升体系，从专业线和管理线两个方向进行培养。在资源支持层面，与政府、高校、产业协会、企业集团建立合作关系，调集优秀技术研发人员投入"业财一体化"系列产品研发，借助信息化手段实现管理体系落地。

体系设计：树立"以业务为龙头，以预算为纽带，以资金为抓手，以核算为基准"的四维度有机融合的管理理念。建立以公司各职能部门为一级平台，事业部、分公司、子公司为二级平台，各业务部为三级平台，各项目部为最小核算单位的组织架构。基本运行：集团及事业部层面作为各业务单元的服务平台，提供相应的资源、品牌、市场、人力等服务，与各业务单元核定服务价格或提留比率，各业务单元之间的产品使用、人员调拨等均按事先约定的内部价格进行结算。

应用活动：①预算编审"以业务为龙头"进行模型构建，围绕战略目标制订年度经营

目标及预算目标，通过预算表格数据之间的逻辑关系，将经营目标和计划落实到各类业务预算上，实现业务预算与财务预算的联动。②预算执行"以资金为抓手"实现过程控制。即以资金收付为抓手，对项目成本、项目费用、部门费用及合同收付款、投资等进行过程控制。③预算分析及考评"以核算为基础"实现多维视角与差异化激励。首先明确各责任主体的目标，找到衡量工作好坏的标准，进行监测，经四级经营核算后，根据绩效管理办法进行绩效考核，考核结果直接影响薪酬激励。

应用效果：预算编制效率提高，公司战略与经营目标得以落地；预算控制手段增强，公司战略目标实现有了保障；实现了多级、清晰的经营核算；预算分析的维度增加了；数据统计做到了快速高效。

（资料来源：盛继明，朱永利.工业和信息通信业管理会计案例集[M].北京：人民邮电出版社，2019，第191-206页。）

问题：东华软件公司"四位一体"全面预算管理体系对于落实企业战略目标的优缺点是什么？

附录4-1：风险矩阵

风险矩阵（也称风险热度图、风险坐标图等），是指按照风险发生的可能性和风险发生后果的严重程度，将风险绘制在矩阵图中，展示风险及其重要性等级的风险管理工具。风险矩阵的基本原理是根据企业风险偏好，判断并度量风险发生可能性和后果严重程度，计算风险值，以此作为主要依据在矩阵中描绘出风险重要性等级。企业应以风险后果严重程度为横坐标、以风险发生可能性为纵坐标，绘制风险矩阵坐标图。企业可根据风险管理精度的需要，确定定性、半定量或定量指标来描述风险后果严重程度和风险发生可能性。表示风险后果严重程度的横坐标等级可定性描述为"微小、较小、较大和重大"（也可采用1、2、3、4四个半定量分值），表示风险发生可能性的纵坐标等级可定性描述为"不太可能、偶尔可能、可能、很可能"（也可采用1、2、3、4四个半定量分值），从而形成16个（4×4）方格区域的空白风险矩阵图（见图4-5）。还可以根据需要通过定量指标更精确地描述风险后果严重程度和风险发生可能性。第十一条企业在确定风险重要性等级时，应综合考虑风险后果严重程度和发生可能性以及企业的风险偏好，将风险重要性等级划分为可忽视的风险、可接受的风险、要关注的风险和重大的风险等级别。对于使用半定量和定量指标描绘的矩阵，企业可将风险后果严重程度和发生可能性等级的乘积（即风险值）划分为与风险重要性等级相匹配区间（见表4-3）（资料来源：财政部官网）。

很可能	4				
可能	3				
偶尔可能	2				
不太可能	1				
风险可能性		1	2	3	4
风险后果		微小	较小	较大	重大

图 4-5　风险矩阵

表 4-3　风险重要性等级判断参考标准

风险值	风险等级代码	风险级别描述	等级含义
1~4	Ⅰ	可忽视	无须采取控制措施
5~8	Ⅱ	可接受	考虑建立规章制度,定期检查
9~12	Ⅲ	要关注	采取明确的监控和应对措施
13~16	Ⅳ	重大	需配置资源,积极应对

附录 4-2:风险清单

风险清单,是指企业根据自身战略、业务特点和风险管理要求,以表单形式进行风险识别、风险分析、风险应对措施、风险报告和沟通等管理活动的工具方法。风险清单适用于各类企业及企业内部各个层级和各类型风险的管理。企业应用风险清单工具方法的主要目标,是使企业从整体上了解自身风险概况和存在的重大风险,明晰各相关部门的风险管理责任,规范风险管理流程,并为企业构建风险预警和风险考评机制奠定基础。企业风险清单基本框架(见表 4-4 和表 4-5)一般包括风险识别、风险分析、风险应对三部分。风险识别部分主要包括风险类别、风险描述、关键风险指标等要素;风险分析部分主要包括可能产生的后果、关键影响因素、风险责任主体(以下简称“责任主体”)、风险发生可能性、风险后果严重程度、风险重要性等级等要素;风险应对部分主要包括风险应对措施等要素。企业构建风险清单基本框架时,可根据管理需要,对风险识别、风险分析、风险应对中的要素进行调整。

表 4-4　企业整体风险清单

风险识别								风险缝隙						风险应对
风险类别						风险描述	关键风险指标	可能产生后果	关键影响因素	风险责任主体	风险发生可能	风险后果程度	风险重要等级	风险应对措施
一级风险		二级风险		……										
编号	名称	编号	名称	编号	名称									
1	战略风险	1.1												
		1.2												
		……												
2	营运风险	2.1												
		2.2												
		……												
3	财务风险	3.1												
		3.2												
		……												
……	……													

表 4-5　部门风险清单

风险识别								风险缝隙						风险应对
风险类别						风险描述	关键风险指标	可能产生后果	关键影响因素	风险责任主体	风险发生可能	风险后果程度	风险重要等级	风险应对措施
一级风险		二级风险		……										
编号	名称	编号	名称	编号	名称									
1	业务 1	1.1	流程 1											
		1.2	流程 2											
		……	……	……										

续表

风险识别								风险缝隙						风险应对
		2.1												
2	业务 2	2.2												
		……												
		3.1												
3	业务 3	3.2												
		……												
……	……													

思　考　题

1.试述目标管理的内容和意义。

2.企业目标体系如何构成？

3.为什么通过目标管理就能够降低企业风险？

4.能否用一种预算方法去适应所有企业预算管理的需要？为什么？

5.试分析不同环境类型的预算方法选择。

6.如何针对不同的责任中心设置不同的考核指标？

7.国资委是如何考核央企绩效的？

8.试述平衡记分卡在战略管理中的地位和作用。

9.企业内部控制的主体和对象是什么？为什么要进行企业内部控制？

10.试分析我国企业内部控制基本规范与美国 COSO 体系的异同。

11.企业内部控制的内容有哪些？

12.具备哪些特征才能说企业内部控制是有效的？

13.企业的风险有哪些？如何进行风险管理？

作 业 题

1.试分析某企业在预算管理中存在的问题及其解决方法。

2.试分析某企业内部控制的有效性。

3.试举例说明某企业的风险管理成效(失败教训)。

企业经营分析

本章要点

企业经营分析是对企业各项职能的分析。本章主要介绍企业营销、技术创新和生产运作三个方面的经营分析，使学生树立正确的营销理念，了解营销过程和营销策略；牢固树立技术革新与技术进步是推动企业前进的发动机的观念，了解技术创新及技术管理过程，掌握评价企业的学习能力和技术创新能力的方法；学习企业生产运作方式及其特点，掌握生产成果、生产条件和生产效率的分析方法。

第一节　企业营销分析

在市场需求日益多样化同时竞争日益激烈的今天，市场营销的概念已经成为企业活动中举足轻重的内容，没有出色的营销活动，即便是出色的管理和控制都将失去其积极的意义。

一、企业营销理念

企业营销理念的形成、发展经历了诸多阶段，每一阶段市场都对营销有着不同的理解和运用。

（一）销售与营销

销售与营销的联系与区别。销售是将企业的产品或服务向顾客出售的行为或过程；营销是企业组织产品（服务）研究开发生产以响应市场需求的行为或过程。虽然二者的行为结果都是将产品或服务出售给顾客，但是传统的销售与现代的营销存在着三个较大的差别：

（1）行为与结果差别。销售行为强调卖出商品的结果，是一种被动的企业行为，带有局部性特征；营销行为是一种谋划商品生产与经营的活动，具有主动性、全局性特征。

（2）职能差别。传统的销售由销售部门负责，但是只负责产品销售及其相关的物流管理；现代营销部门的职能包括制定营销战略、树立企业形象、提供需求信息、制订销售计划、管理客户资源、促进产品销售、保持市场份额等。

（3）观念差别。传统销售观念只把销售部门视作生产部门的附属，并不重视销售渠道的建设。现代营销观念则把与市场紧密联系的营销系统视作带动企业发展的火车头，特别重视渠道建设。人们从传统的销售观念发展到现代的营销观念经历了以产定销、以销定产、以需定产三个阶段。

（二）营销过程

现代的企业营销过程是一个设计、生产、销售、售后服务的全营销过程。图5-1简要表明了企业的营销过程，包括建立营销理念、进行全面营销分析、选择营销策略、制定

营销计划、实施营销控制几个阶段。

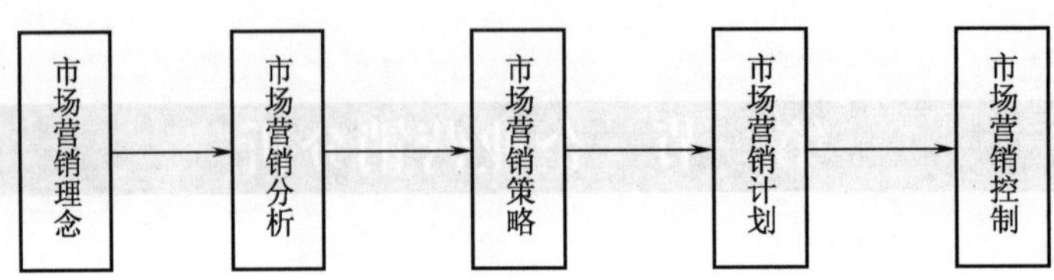

图 5-1　营销过程示意图

(三)企业营销理念

1.科特勒:满足需求的营销观。菲利浦·科特勒,市场营销理论集大成者,美国著名管理学家。他认为,实现企业或组织目标的关键在于确定潜在客户的需要,并且比竞争对手更有效、更有利地提供满足这些需求的产品。即企业或组织的关键任务就是如何正确判断客户心目中的选择偏好,并以客户满意的价格提供其所需要的产品,同时获得丰厚的利润。即提倡企业应该实施以顾客需求为起点和终点的全过程营销活动(见图5-2)。

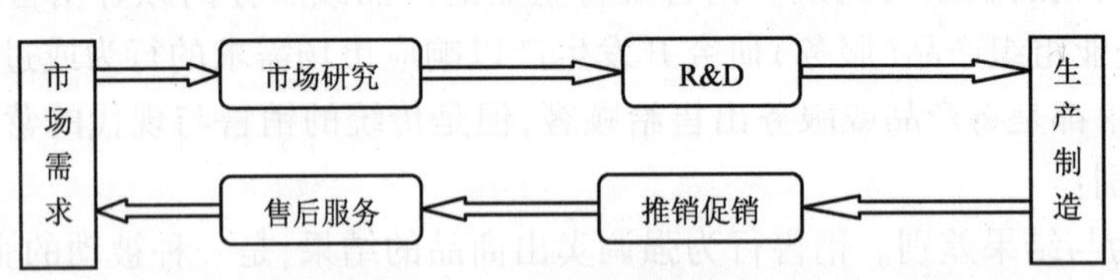

图 5-2　满足需求的营销观

2.包政:超越对手的营销观。包政,中国人民大学商学院教授,和君创业咨询公司首席咨询师。他认为,科特勒满足需求的营销观对市场需求做出了许多形而上学的假设,例如,市场需求是企业能够把握的,能够预测的。但事实是,一方面消费者的需求越来越难于把握;另一方面科学技术日新月异,以索尼、微软为代表的技术领先型企业在不断地“创造”着市场需求,甚至麦当劳、可口可乐这样的企业也能在不同文化背景的社会里取得巨大的成功。市场营销的基准不应该是需求,而是竞争。竞争推动需求,竞争决定成败,竞争使企业强壮。该观点的要点是:①寻找和确定企业在产业链中的存在理由;②在成功的关键因素上集中配置资源,形成优势;③依靠企业各部门协同,整体营销,把握市场;④通过标杆瞄准,不断超越竞争对手,确立和强化企业在产业链中不可替代的地位。

二、市场营销分析

(一)市场需求分析

一种产品的市场需求是指在一定的地理区域和一定的时期内,一定的营销环境和一定的营销组合方案下,由特定的顾客群体所愿意购买的总数量。市场需求分析主要内容包括:产品的明显市场需求与潜在市场需求、产品的确定需求与不确定需求、产品的基础需求与派生需求,以及市场需求的变化趋势、本企业产品市场占有率情况等。企业通过对产品市场需求的全面掌握、分析来制定合理有效的营销策略。

进行市场需求分析的方法多种多样,最常用的方法有购买者意图调查法、销售人员意见法、专家意见法(德尔菲法)、时间序列分析法、相关分析法等等。企业应结合本企业具体情况和要求,选择不同的分析方法。

(二)市场机会分析

市场机会是指客观存在的尚未得到满足的顾客需求。在竞争激烈的买方市场,企业要进行深入的市场调研,以寻找尚未得到满足的顾客需求。市场机会几乎随时随地都存在,任何一个企业只要潜心观察都能发现或大或小、或多或少的市场机会。如何从中筛选出企业需要投入资源去抓住的市场机会,是通过市场机会分析要解决的问题。营销人员可以借助机会引力与成功概率分析矩阵(见图 5-3)进行分析。市场机会的潜在吸引力由顾客需求的强烈程度、需求量前景、产品或服务的价格高低、利润空间大小等因素决定;市场机会的成功可能性由技术开发难度、生产制造难度、财务及人力资源保证程度、管理及适应能力、竞争程度、环境条件等因素决定。对于第 1 类市场机会,企业应当立即行动,马上抓住;对于第 2 类市场机会,企业宜多观察,不宜轻举妄动;对于第 3 类市场机会,企业应给予必要的重视,在资源富裕或允许的条件下,不妨择其重点抓住它;对于第 4 类市场机会则不予理会。

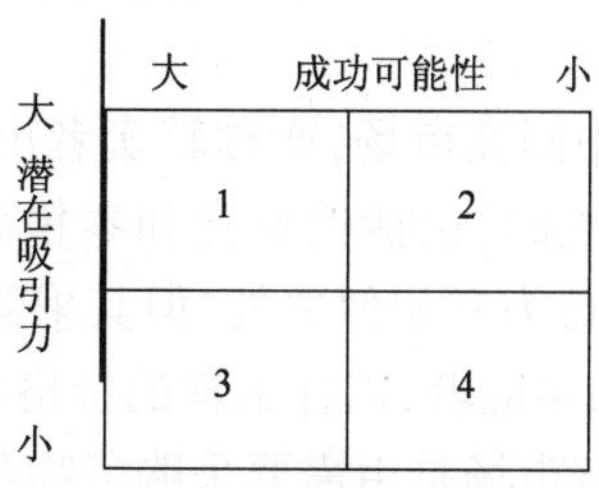

图 5-3　机会引力与成功概率分析矩阵

（三）消费者市场购买行为分析

对于生产经营消费品的企业来说，分析消费者购买消费品过程、购买行为特点和影响其购买行为的因素，有利于企业制定正确的产品战略和营销策略，有针对性地采取各种措施来保证销售顺利实现。

消费者购买消费品的过程是一个从形成购买动机到实现购买行为的过程，分为信号刺激、需求产生与动机形成、了解产品并作出决策、实施购买四个阶段。在信号刺激阶段，需要分析什么样的宣传方式（刺激形式）效果最好；在需求产生与动机形成阶段，要分析消费者的购买力、需求程度和需求量大小等等；在了解产品并作出决策阶段，要分析消费者通过什么途径、方式，采用什么标准来“货比三家”；在实施购买阶段，要分析消费者在什么时间、地点、场合、交易方式下进行购买等等。

消费者的购买行为具有非营利性、非专家性、可诱导性、多样性、分散性和时尚性等特点。企业要分析的是不同的消费者群体，购买行为的主要特点是什么。

影响消费者购买行为的各种因素有：价格、性能、质量、售后服务、品牌、宣传、外观、规格、色彩、方便、观念和心理感受等等。分析各种因素及其对顾客购买行为的影响程度，是制定营销策略的关键。

（四）组织市场购买行为分析

如果企业面临的顾客不是单个的消费者而是一个一个的组织的话，就有必要进行组织市场的购买行为分析。组织市场或组织机构市场是由那些采购产品或劳务的正式组织构成的，包括生产企业、中间商和政府机构，因而组织市场就包括三种类型：产业市场（生产者市场）、中间商市场和政府市场。

1.产业市场购买行为分析。产业市场的特点是：购买者数量少，但购买规模大；地理位置集中；需求具有较大波动性；买卖双方能够保持长期业务关系；可以直接交易等等。在正常情况下，影响产业用户采购决策的主要因素包括价格、性能、质量、服务、稳定性、品牌、宣传及关系等。此外，在对产业市场购买行为的分析过程中还应注意对其购买决策过程各个步骤的分析。

2.中间商购买行为分析。中间商市场，亦称转卖者市场，是由以营利为目的的从事转卖或租赁业务的个体和组织构成的，包括批发商和零售商，其实质是顾客的采购代理。中间商购买行为同产业购买者行为有相似之处，但其采购计划包括三个主要决策：经营范围和商品搭配；选择什么样的供应者；以什么样的价格和条件来采购。

3.政府购买行为分析。政府市场是由需要采购货物和劳务的各级政府部门构成的，它们采购的目的是为了执行政府机构的职能，所以，政府采购者的行为与一般民间采购者有所不同。在对政府购买行为的分析过程中应注意影响政府购买行为的因素与购买决策过程分析。此外,事业单位购买行为与政府部门相似,不再重复。

(五)产品市场强度分析

产品市场强度由市场地位、性能价格比、收益性、成长性、产品结构等因素决定。分析产品市场地位通过市场占有率分析、市场覆盖率分析、了解顾客评议(口碑)等方法进行;产品性能价格比分析需要通过与旧产品性价比、竞争对手产品性价比之间的比较来进行;反映产品收益性的指标有销售价格、销售额、边际贡献(率)、销售毛利(率)、销售利润(率)等;产品成长性分析通过分析产品销售增长率、市场扩大率、实质销售增长率等指标进行;产品结构分析是对盈利产品比重、明星与金牛产品比重、新老产品比重、不同技术档次产品比重等的分析。将各因素分析的结果汇总,可确认企业的产品市场强度。

(六)竞争者分析

竞争者分析是营销分析中非常重要的一个方面。在买方市场环境中,企业的生存发展态势在很大程度上取决于竞争。不了解竞争者,就等于不了解竞争环境,既做不到知彼,也做不到知己。因为了解对手的过程也是了解自己的过程。分析竞争者可从三个方面展开:竞争者实力、竞争强度、差异程度。

竞争者实力分析多采用对比方式进行,比较的内容根据需要灵活而广泛,包括品牌力、研发力、制造力、营销力、效率、成本、人员素质、管理能力、企业文化、资金实力、财务状况等等。

竞争强度分析是指对竞争者的产品战略、营销策略、宣传方式、促销手段、敌视程度、其行为对本企业甚至本行业的伤害程度等等的分析。

差异程度分析,竞争强度基本上是由竞争者之间的差异程度决定的。竞争对手在经营内容、经营区域、目标客户群、产品性能、产品价格、销售渠道、市场占有率、规模与实力等方面的差异程度越小,竞争强度就会上升,反之,则下降。

(七)营销力分析

营销力是企业实力的重要组成部分。营销力分析的内容有:销售组织分析,包括对销售机构设置、运作模式、销售人员素质、基础资料等的分析;销售渠道分析,包括对销售渠道类型、客户资源、中间商管理等的分析;促销活动分析,包括对企业促销手段、促销计划与效果、广告形势与效果的分析等;信息系统分析,包括对企业信息系统的软件与硬件分析,速度与灵敏度分析,信息收集、加工与利用的分析等;销售业绩分析,主要包括对计划完成情况、市场发展性等方面的分析。

三、市场营销策略

市场营销分析的目的是要制定正确的产品战略和市场营销策略。关于产品战略问题我们已经在第三章里有所介绍,此处介绍企业如何制定市场营销策略。通常,市场营销策略包括市场细分与定位、产品组合策略、品牌策略、价格策略、分销策略和促销策略六个方面。

(一)市场细分与定位

市场细分及目标市场选择是企业制定市场营销战略的前提条件。市场细分是根据市场需求的不同层次和不同特点对市场进行划分。市场细分的标准可以是多角度的:地区、年龄、职业、购买力、信仰、习惯和社会地位等等。通过市场细分,下一步要进行的就是有效的目标市场定位。应注意遵循市场定位四原则:①相关性原则,指企业的产品、技术与目标市场应具有较强的相关性;②一致性原则,指目标市场定位要与企业的战略目标相一致,短期效益与长期效益相一致;③有利性原则,在进行市场定位时要注意发挥企业自身的优势,注意扬长避短;④相乘性原则,指有利于创造更多的市场机会,为企业赢得更大的发展空间。

市场定位策略是一种竞争策略,定位方式不同,竞争态势也不同。企业通常使用三种主要定位方式,即避强定位、迎强定位和重新定位。避强定位是避开强大的竞争对手,到对手相对薄弱的地方去发展,其优点是能够迅速地在市场上站稳,并在消费者心目中迅速树立起一种形象。迎强定位是与强者对话,向强者发出挑战,在与强者的较量中使自己也变得强大起来。但是,实施迎强定位策略,必须能够做到知己知彼,正确估计和使用自己的实力,并且还要善于利用对手的失误。重新定位是对销路少、收益低、市场反映差的产品进行的再次定位,通常通过调整客户群或开辟新市场来进行。

(二)产品组合策略

产品组合是指一个企业提供给市场的产品种类或产品项目的组合。产品组合策略是指企业通过对不同产品种类或项目销售额、边际贡献和销售利润的分析,以及与竞争者的产品比较分析,来选择、调整产品结构。企业的产品组合策略包括:①扩大产品组合策略,即从广度和深度来扩大产品种类。②缩减产品组合策略,即减少产品种类。常见的是,市场不景气时,企业从产品组合中剔除那些获利小的产品线或产品项目,集中资源经营那些获利最多的产品线和产品项目。③优化产品组合策略,即以收益性或成长性为标准,调整产品结构,停止或减少收益性或成长性差的产品生产,增加收益性或成长性好的产品生产。④产品线延伸策略,指部分或全部地改变公司原有产品线的市场地位。该策略可分为三种形态,即向下延伸、向上延伸和双向延伸。

（三）品牌策略

品牌经营属于企业战略范畴，同时也是企业制定市场营销策略不可忽视的内容。在品牌策略的选择与企业的产品战略目标相一致的前提下，有效的品牌策略有助于企业新产品市场的开发，同时也有助于提高企业产品和服务的质量。品牌策略包括：①品牌合一策略，即一个企业或企业集团只经营一个品牌，企业名称与产品品牌相一致，如云南白药。②品牌扩展策略，当一个领域的产品品牌经营成功以后，企业在其他领域也沿用这一品牌，如 TCL 产品。③多品牌策略，即同一个企业（集团）经营不同名称的产品，创出多种品牌，如通用汽车。④品牌质量定位策略，即企业将产品定位于具有某一质量特征的地位，如亨得利钟表店和同仁堂药店。

（四）价格策略

价格仍然是影响销售的一个重要因素。价格作为企业市场营销策略组合中最活跃的因素引起人们对它的极大关注，它不仅直接关系到企业产品销售量和利润，还会对整个行业的竞争态势带来影响。影响企业定价的因素主要有成本因素、需求因素和竞争因素。相应的，产品定价也有三种导向：成本导向、需求导向和竞争导向。在成本导向下，企业定价多采用将本求利策略，在技术上是成本加成，即在确定成本和利润率的基础上确定产品价格。在需求导向下，企业定价策略通常是见风使舵，价格随着需求程度的变化而变化，但往往在收获利益的同时要丧失信义。在竞争导向下，企业定价策略往往是带头降价或跟进降价，其目的是保持或扩大自己的市场份额，在操作上比较注意研究降价的节奏、幅度和产品类型。需要注意的是，企业不理智的行为常常伴随着价格战而来，到头来是一损俱损，大家一起吃亏，就像我国彩电企业 1999~2001 年度的表现。

此外，价格策略类型还有：新产品价格策略（高价回收策略、低价渗透策略、随行就市策略），心理价格策略（档次定价策略、尾数定价策略、整数定价策略、声望定价策略、调高预期定价策略），差别价格策略（折扣定价策略、季节定价策略、地区差别定价策略、用途差别定价策略等等）。

（五）分销策略

分销策略也称为销售渠道策略。销售渠道的选择，从某种意义上说，是企业市场营销中所面临的最复杂的决策之一。相同的产品，不同的销售渠道及模式将带来不同的销量及成本。

销售渠道按中间环节的多少可分为四类：①直接销售渠道，包括上门推销、邮寄销售、自设商店销售。②一层渠道，即买卖双方之间只存在一级中间商，在消费市场通常

是批发商和零售商;在生产者市场通常是代理商或商业经纪人。③二层渠道,即买卖双方之间存在二级中间商。④三层及三层以上渠道,该渠道多用于消费者市场。事实上,营销渠道不是一成不变的,随着新型批发机构和零售机构的不断涌现,垂直营销系统、水平式营销系统以及多渠道营销系统应运而生,并开始发挥重要作用。分销渠道类型见图 5-4。

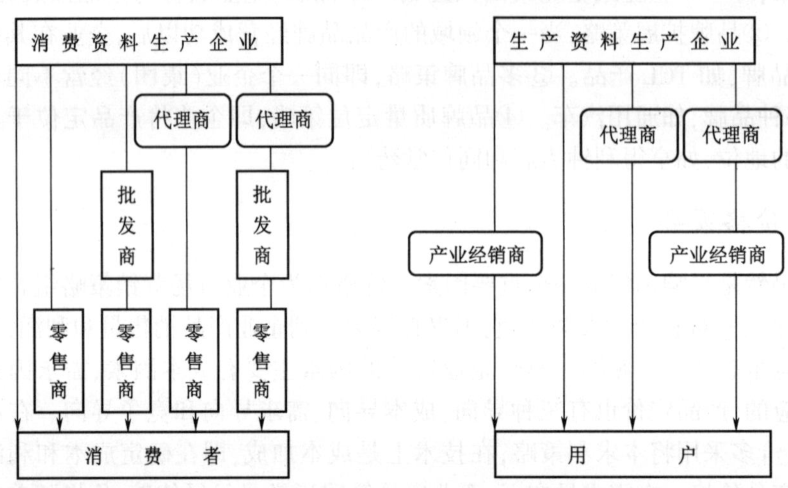

图 5-4 分销渠道类型

(六)促销策略

促销活动是连接生产者和消费者,沟通二者信息的必要途径。通过促销,卖方向买方传达产品或服务的信息,帮助顾客认识产品或服务的特点和性能,引起顾客注意,提高顾客兴趣,激发顾客的购买欲望,促进产品或服务从卖方向买方转移。促销策略有多种,如人员上门推销、广告促销、导购促销、服务促销、有奖促销、签名促销及公益活动促销等等。通常,促销策略与目标市场的特点相结合,与其他营销策略相互配合,方能取得成效。

第二节 技术与创新分析

科学技术是第一生产力,这个观点已为人们普遍接受。在 20 世纪 90 年代,有人对西方发达国家的科技成果运用率与我国进行了比较，发现一个很有趣的三七开现象：在我国，科技成果运用率为30%；在西方发达国家，科技成果运用率为70%。造成我国科技成果运用率低的原因是多方面的，其中最主要的一个原因是过多的研究机构与企业的生产经营活动相脱节。基于这种原因才有了我国科研管理体制的改革和后来从政府主管部门领导到企业界的共同呼声：让企业成为我国科技创新的主体！

一、技术的性质与形式

"技术"一词源于希腊文，是指人们改变某种事物或状态的方法，与技能、技巧相通。随着社会的进步，"技术"的内涵与外延都在不断发展。根据裴锡铁、阎志峰的观点，"技术是为社会生产和社会生活需要而使用的各种物质手段、工艺技术、劳动经验和相应知识及方法的总和。它既包括基本生产实践经验和自然科学原理发展成的各种工艺操作方法与技能，又包括相应的生产工具和其他物资设备，以及生产的工艺过程和作业程序等。它有两种表现形式，即硬技术和软技术。所谓硬技术，包括人们在劳动过程中用于改变或影响劳动对象的一切物质资料，其基础与核心是劳动工具。所谓软技术，包括工艺、制造技术、生产组织与管理技术等。它是科学地组织生产力诸要素的重要手段。①"

实际上，技术的性质是人体器官功能的延伸，它能将有关资源转化为人类所需要的产品或服务。技术的形式多种多样，从人体器官功能延伸的角度看，技术形式分为手工技术形式、半自动技术形式、全自动技术形式、计算机技术形式、信息技术形式、机器人技术形式等等。

技术创新是技术创造与技术革新的统称，目前在全社会的使用频率居高不下。无论是科特勒的满足需求营销观，还是包政的超越对手营销观，都认识到了技术创新对于企业的重要性。在科特勒看来，企业只有通过技术创新，才能有效地响应市场需求；在包政看来，企业只有通过技术创新，才能有效地创造市场需求。

在通常情况下，企业技术创新的途径是技术开发、技术引进和技术改造。

二、技术开发

（一）技术开发的内容

技术开发是指企业主要依靠自身的力量或与别人合作的方式所进行的技术研究、创新与发明活动，包括学习、消化、修改、掌握、调查、分析、研究、发现、论证、检验和鉴定

① 裴锡铁、阎志峰：《企业管理咨询理论与方法新论》，企业管理出版社，1999年版，第274页。

等一系列的创造性活动。按照技术开发的程度和规模分为小革新、小发明、局部革新、技术创新与发明；按照技术开发的具体对象分为产品开发、生产工艺与设备开发、材料及能源开发。

（二）技术开发的途径

1.独创型技术开发：以基础科学研究为基础，以应用研究为桥梁和媒介，实现由科学原理向技术原理的过渡与转换，从而取得技术突破和新的技术成果。企业具有自主知识产权的核心技术就是通过独创型技术开发获得的。

2.模仿型技术开发：以别人的技术成果或生物体为对象，通过分析研究，在吸收、消化和掌握其技术原理的基础上，进行仿制以至于创新，从而取得技术开发成果。

3.延伸型技术开发：以现有技术为基础，通过改进，进一步强化或扩大其功能。

4.经验型技术开发：在生产实践中，人们利用熟能生巧的原理，能够不断总结提炼出效率更高的工作方法和工艺改进方案，从而形成新的技术成果。

5.克服缺点型技术开发：从现有运用技术存在的缺点入手，寻找克服缺点的方法，从而获得新的改进的技术成果。

6.综合型技术开发：根据相关技术之间的固有联系，进行组合研究，以创造具有新的技术功能的组合型技术系统。换句话说，就是把现有的各项技术进行重新组合运用。

（三）产品开发与改进

1.新产品开发。根据企业的产品战略和市场营销策略，企业需要不断地向市场推出新的产品。新产品的推出要经过研究开发、样品试制、小批试产、正式生产、市场销售五个阶段。新产品开发包括前三个阶段。在研究开发阶段，主要是完成新产品的总体设想和方案评选。新产品的总体设想根据用户意见、竞争对手的产品状况、成本功能分析、开发人员的创意等综合整理得出。对各种总体设想方案，要通过市场调查、生产能力调查和有关专家的评选确定，在此基础上形成新产品开发建议书，报经企业主管部门或决策部门批准后执行。新产品开发建议书的内容有：新产品类型、理由、初步设想、用途、特性、对技术先进性与经济合理性的分析、研制方式、研发费用概算等。在样品试制阶段，要制定新产品开发设计书，进行样品设计、试制、试验和鉴定。在小批试产阶段，要研究样品试制鉴定结果，考虑设计改进方案，并通过试生产考核工艺和工装，通过试制鉴定和试销进一步改进产品，为正式投产和销售做好准备。

2.老产品改进。狭义的老产品改进策略有：①产品重新定位。将产品从原来的目标市场撤出，投放到新的目标市场。例如，彩电厂商将21寸和25寸的低价位彩电从城市市场转移投放到农村市场。②产品异样化。对本企业产品的特点加以强化和渲染。例如,同样是销售彩电,创维强调的卖点是"不闪的"。③提高产品质量。通过改变材料、工艺或组配来改善老产品的性能。例如,TCL 率先将彩电的黑色外壳改变成多种颜色,据此推出银佳系列、钛金系列和百变星系列。广义的老产品改进包括对老产品的淘汰,淘汰方式有立即淘汰、逐步淘汰、自然淘汰。

(四)工艺、设备技术开发

工艺设备技术开发是对现有的生产工艺、设备和工具进行的技术开发。对工艺及设备的技术开发,往往与设备的更新改造结合进行。过去许多企业在这个问题上走了弯路,单纯追求技术的先进性,结果投资耗费不少,效果却打了折扣。在这方面,邯郸钢铁公司的经验值得借鉴。他们不求尖端但求经济、不图虚名但求实效的做法,不仅使其低成本战略意图在投资项目的管理上得到了体现,而且还协调发展,加快了技术进步的速度。

(五)材料、能源技术开发

材料能源技术开发是针对产品制造过程和使用过程对材料、能源的利用技术进行的改进和替代,包括对新材料、新能源的开发。其目的是减少自然资源的消耗,降低产品成本,提高经济效益。

(六)技术开发经济分析

技术开发经济分析是指利用科学的分析方法对技术开发项目的成本—收益的合理性进行科学的评估,是技术开发项目决策的重要依据。评价技术开发经济可行性,可以用三个评价指数:奥尔森评价指数、蒂尔评价指数和伯西菲柯评价指数。

1.奥尔森评价指数。

评价指数=投资效益×成功概率/研究开发费用

如果评价指数≥3,则技术开发方案可取。

2.蒂尔评价指数。

评价指数=研发费用回收指数×固定资产回收指数×销售额增加指数×市场占有指数

如果评价指数≥1,则技术开发方案可取。

式中:

研发费用回收指数=新产品经济寿命周期中创造的纯利润/25×研究开发费用

固定资产回收指数=新产品经济寿命周期中创造的纯利润/必需的固定资产价值

销售额增加指数=新产品经济寿命周期内企业总销售额/
(新产品经济寿命周期内企业总销售额-
新产品经济寿命周期内的销售额)

市场占有指数=新产品经济寿命周期内企业总销售额/0.5×新产品经济寿命周期内全行业销售额

3.伯西非柯评价指数。

评价指数=商业成功概率×技术成功概率×(产品价格-单位产品销售成本)×
年销售量×产品商业寿命/产品寿命周期总费用

如果评价指数≥2,则技术开发方案可取。

三、技术引进

(一)技术引进的内容

企业技术引进是指企业从境外、行业外、其他企业、科研机构或大专院校引进的自己急需的技术。在我国,企业技术引进主要有以下三项内容包括:

1.专有技术及生产手段。它包括产品设计、工艺流程、材料配方、操作规程、技术情报、设备样机等。

2.相关管理软件。如计算机信息管理程序、文件处理系统、质量保证体系等。

3.技术服务。它包括人员培训、技术交流、专家指导等。

(二)技术引进的形式

1.许可证贸易(含专有技术、专利使用权、商标)。许可贸易即贸易双方签订协议,技术供应方允许技术接受方在协议规定的条件下有偿使用其技术。

2.中外合资与合作。中外合资是中外双方共同出资兴办合资企业,中方多以场地、建筑物、人员、管理以及部分资金为投资形式,外方多以技术、品牌、设备及资金为投资形式。中外合作则是中外双方针对某一具体项目进行的合作。

3."三来一补"。即来料加工、来件装配、来样生产和补偿贸易。

4. 进口成套设备。这里又分直接购入、贷款购入和融资租赁三种。

5.工程项目招标。对一些技术要求程度高,而我国技术力量又不足的工程项目,通过对外招标,可以达到引进先进技术的目的,如果与技术转让相结合,效果更好。

6.技术咨询与技术服务。技术咨询包括聘请专家进行可行性研究、工程设计、协议招标、审查投标、指导工作等;技术服务包括人员培训、解决设备使用、维修、管理等问题。

(三)技术引进分析

技术引进与技术开发最大的区别在于引进的技术存在与企业协调、契合的问题,先进的技术未必是适合企业的合理技术,因此在引进技术的决策过程中对技术引进项目的全面分析十分重要。技术引进分析主要从四个方面进行:

1.技术选择分析。分析技术来源(国内、国外)是否得当?技术类型(先进技术、累进技术、中间技术)是否合理?技术内容是否属于“瓶颈”?

2.经济分析。投资额有多大,企业能否承受?投资回报前景如何?风险如何?企业偿债能力如何?

3.消化吸收分析。投产达产率如何?国产化程度多高?

4.综合分析。从技术、工程条件、市场、环保、经济、政府政策等多方面综合考虑与权衡。

四、技术改造

技术改造是利用更先进的技术、工艺和装备替代原有的技术、工艺和装备,以提升企业技术水平和效率。技术改造的内容主要包括工厂改建、设备更新、工艺改革、产品线更新换代、建筑物和公用工程改造、燃料或原材料综合利用、“三废”处理和零星固定资产购置等。

企业技术改造涉及不同目的,因此在进行技术改造的过程中应抓住不同的改造重点。例如,解决技术的“瓶颈”问题、节约材料、降低消耗、降低成本、提高产品质量和性能、提高资源利用率、促进环境保护等。企业必须抓住技术改造重点,从而有效实现技术水平的提升。

对技术改造的分析主要包括三个方面:

1.技术选择分析,主要从技术的配套性、效益性、先进性、适应性等方面进行分析。

2.系统分析,从技术的薄弱环节与综合效益角度进行的全面分析。

3.经济可行性分析,可以从成本、保本点、现金流等角度进行分析。

五、技术创新基础分析

企业技术创新必须有资源及制度上的保障。在企业资源中,技术研究人员、科技经费和技术装备三项资源是核心资源,技术管理基础工作制度和激励制度则是企业技术创新的基本保障。

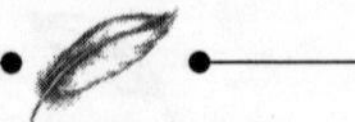

（一）技术人员结构分析

技术人员是企业进行技术创新的主体，技术人员的素质分析主要从人员的技术水平、综合素质等方面进行的分析；技术人员的结构分析则是从企业整体角度来考察研发人员的整体实力水平。具体分析内容包括：

（1）技术人员占职工总数的比重。

（2）直接从事技术工作的人员占职工总数的比重。

（3）技术人员专业结构。

（4）技术人员能级（职称）结构。

（5）技术人员职能结构（科学研究人员、工程技术人员、科技管理人员）。

（6）技术人员年龄结构。

（二）科技活动经费投入及效果分析

有力的资金保障是企业进行技术创新的基础。企业不仅要保证研发经费的充分投入，同时还要保证其合理的使用。因此，企业科技活动经费分析应从资金投入与资金使用效果两方面进行，具体分析内容包括：

（1）科技经费来源与投向分析。

（2）销售收入中研发费用提取比率分析。

（3）留用利润中研发基金提取比率分析。

（4）研究开发费用分析（绝对数、增长率）。

（5）科技创新投资率分析（创新投资额/年销售额）。

（6）研发费用功效和研发费用习性分析。

（7）新产品销售收入比重分析。

（8）优质产品销售收入比重分析。

（9）重大革新成果价值比重分析。

（三）技术装备分析

企业技术装备的先进性与全面性对于技术创新也起着至关重要的作用。技术装备分析可以从以下几方面进行：

（1）技术开发专用设备比重。

（2）技术开发专用建筑面积比重。

（3）技术装备构成（测试设备、工艺设备、一般设备）。

（4）大型精密仪器占技术装备的比重。

(5)技术装备更新系数(期内新增技术装备原值/期末技术装备原值)。

(6)科技活动技术装备系数(技术装备原值/技术人员人数)。

(四)技术竞争能力分析

企业在技术核心资源上的优势更多地体现在技术所具有的竞争能力上,只有具有竞争力的技术,才能为企业获得超越对手的优势,形成企业的核心竞争力。通常,可以从以下三方面给企业技术竞争能力打分:

(1)技术的直接竞争力:包括技术的创新性、实用性、经济性。

(2)技术的间接竞争力:包括企业的研究开发能力、生产制造能力、吸收消化能力。

(3)技术的核心竞争力:包括技术的活件(即技术人员)、硬件和软件。

给予不同的要素以不同的权重,通过加权平均得到对企业技术竞争能力的一个总评价,与对手企业或行业水平相比较,从而确定企业在技术竞争能力上的实力水平(见表5-1)。

表5-1 企业技术竞争能力评价

层 次	要 素	权数	分数1~5	总评价
技术的直接竞争力	创新性 实用性 经济性			
技术的间接竞争力	研究开发能力 生产制造能力 吸收消化能力			
技术的核心竞争力	技术活件 技术硬件 技术软件			
Σ		1.0		

(五)技术创新保障分析

企业进行技术创新就必须有相应的制度安排、政策或其他措施激励各创新活动主体和参与者的技术创新积极性和主动性,以实现技术创新的系统目标。企业应从制度与企业文化两个方面给予技术创新保障。

1.制度保障。保障技术创新的制度是一个体系,其内容有基础工作制度、专利及命名制度、薪酬制度。技术管理基础工作制度主要有四项内容:①标准化工作制度,包括技术标准、管理标准、工作标准的设计及实施。②计量工作制度,包括计量方法、计量手段、计量组织的设计及其管理。③技术规程,包括产品设计、工艺、设备维护和维修等方面的工作程序和要求。④科技情报与文档制度,主要包括企业内外技术情报的记录、搜集、整理、加工和服务等规定。专利及命名制度的主要内容为:专利的申请、审查、登记和保护的程序与手续规定;小发明、小革新的鉴定,审批与命名规定。薪酬制度的内容为:有关技术研究人员的业绩考核、工资标准及晋级、津贴与奖金发放以及股金评定等方面的规定。对制度保障的分析主要是看其制度是否健全、是否符合企业实际、是否得以落实、是否发挥作用。

2.文化保障。一个浓厚的、焦点适当集中的企业文化有助于支持创造和革新活动。内部创业精神是一个过程,在这个过程中,个人或团体在企业内部开发一个新产品或新业务。企业成员通过创业精神和团队精神的激励而发挥其创造与革新的精神。对文化保障的分析主要是看技术研究人员的士气是否高昂、工作是否投入、相互配合是否默契等。

六、技术创新成果分析

技术创新对企业的影响体现在对价值创造和提高技术水平两个方面。因此,对技术创新成果的分析也从价值指标与非价值指标两方面进行。

1.价值指标分析:通过新产品销售率或新产品产值率、科技增长贡献率、优质产品销售率或重大革新成果价值比重等指标进行。

2.非价值指标分析:

(1)新产品开发成功率与新产品投产率分析。

(2)新产品(工艺)分析,包括新产品推出速度、质量、功能等方面的分析。

(3)合理化建议的数量与采用率方面的分析。

(4)科研项目与成果分析,对企业科研成果的内容、形式、结构、进度等方面进行分析。

(5)企业年创专利数分析。

第三节　生产运作分析

一、生产运作的内容与方式

（一）生产运作的内容

生产是指“以一定的生产关系联系起来的人们，通过改造自然，创造物质资料（物质财富）的过程”①。根据这个观点，生产的内涵是指人们对物质资料的改造过程，生产的外延则是指农业、畜牧业、制造业、建筑业等与有形物质形态改造、创造相关的行业，并且是与分配、交换、消费相对应的一个社会再生产过程中的一个环节。这是人们所熟知的狭义生产观。

与传统的狭义生产观不同，现代广义生产观认为：“生产是一切社会组织将它的输入转化为输出的过程”②。输入的是各种生产要素，原材料、能源、信息、人力、资金等，输出的是产品和服务。严格地说，狭义生产观所指的生产是 Production（制造），广义生产观所指的生产则是 Operations（运作）。广义生产观所指的产品，不仅包括有形的物质产品，而且包括无形的产品——软件、技术、专利、商标、服务等等。广义生产观将服务业的活动划入生产活动。根据陈荣秋教授等人的观点，服务业范围很广，分为五个方面：①业务服务：如咨询、财务金融、银行、房地产等；②贸易服务：零售、维修等；③基础设施服务：交通运输、通讯等；④社会服务：餐馆、旅店、保健等；⑤公共服务：教育、公用事业、政府等③。

为了区分广义和狭义生产观，本书将广义生产观所指的生产称为生产运作。生产运作按其领域可分为制造性生产运作和服务性生产运作。

1.制造性生产运作。制造性生产运作是以改变物质资料的用途为目的的生产运作。制造性生产运作还可进一步作如下分类：

（1）按工艺过程特点分为连续型生产与离散型生产。连续型生产是指产品在生产过程的各个阶段、各个工序之间，在时间上紧密衔接、连续不断，始终随着生产流水线运

① 许涤新主编：《政治经济学辞典》（上），人民出版社，1980 年，第 91 页。

② 陈荣秋，马士华：《生产与运作管理》，高等教育出版社，1999 年，第 6 页。

③ 陈荣秋，马士华：《生产与运作管理》，高等教育出版社，1999 年，第 6 页，第 5 页。

动,不发生或很少发生不必要的中断与停顿。离散型生产是指产品在生产过程中各个阶段、各个工序之间,在空间上可以分开、时间上可以并列,不需要统一的生产流水线和连续不断的运动。

(2)按组织生产特点分为备货型生产和订货型生产。备货型生产是指不论产品是否已有货主,企业仍然不停地生产,直到生产周期结束。例如,以甘蔗为原料的季节性生产的糖厂。订货型生产则比较灵活,有订货生产,没订货就不生产。

(3)按产品专业化程度高低分为大量生产、单件生产、成批生产。大量生产的特点是产品生产的规模大、数量多、时间长、分工细、专业化程度高;单件生产的特点则是以单件产品为对象来组织生产,一般生产规模小、数量少、分工不细、专业化程度不高;成批生产则介于两者之间。大量大批生产的优点是高效率、低成本、产品质量稳定;其缺点是难于响应多变动、多样化的市场需求。随着市场需求的个性化、多样化发展,大量大批生产正在逐步被多品种小批量生产所替代。为了提高小批量生产的效率,人们对生产设备的性能和用途进行改造,推出了成组技术(Group technology,GT)和柔性制造系统(Flexible manufacturing system,FMS)。

2.服务性生产运作。服务性生产运作是以提供满足客户需求的服务为目的的生产运作。它包括运输、通讯、旅游、金融、餐饮、中介、咨询等。不同行业的服务性生产运作具有不同的特点和要求,如运输业要求安全与快捷,通讯要求方便与迅速,旅游业要求集安全、知识、体验、趣味、特色于一体,金融业要求信誉、稳健与回报等等。

(二)生产运作方式

生产运作方式是指在不同的生产技术运用条件下,人们生产加工不同数量、规模和品种数量的产品时所采用的方式。主要有四种方式:

1.手工生产运作方式(作坊式)。这是以手工技术或半自动技术运用为特点的生产运作方式,如工艺品制作、特色饮食服务等。

2.大量生产运作方式(标准化)。这是以自动化技术运用、产品生产规模大、效率高为主要特征的生产运作模式,如钢铁厂、化工厂等。

3.精细生产运作方式(Lean production,LP)。这是以自动化技术、计算机技术、机器人技术运用,产品品种多、批量小、质量高为主要特征的生产运作模式,如汽车制造厂。

4.大量定制生产运作方式。这是以顾客参与、技术综合、品种多、规格复杂、批量大为特征的生产运作方式。这种生产运作方式目前开始受到企业界的青睐,成为企业努力的方向。表5-2是各种生产运作方式的特点比较。

表 5-2　各种生产运作方式特点比较

生产运作方式	手　工	大　量	精　细	大量定制
产品特点	完全按顾客要求	标准化、品种单一	品种规格多样化、系列化	按顾客要求
加工设备和工艺装备	通用、灵活、便宜	专用、高效、昂贵	专用但弹性大、效率高、昂贵	多用途、效率高
分工与工作内容	粗略、丰富多样	细致、简单、重复	较粗、多技能、丰富	粗略、丰富多样、多技能
操作工人	懂设计制造、具有高技能	不需要专门技能	多技能	多技能
库存水平	高	高	低	低
制造成本	高	低	更低	低
产品质量	低	高	更高	高
权力与责任分配	分散	集中	分散	分散

(三)生产运作管理方式

对于制造性生产运作，基本的管理方式有推进式管理和牵引式管理。

1.推进式管理。推进式管理是传统的生产管理方式，其特点是生产管理部门直接向各生产工序下达生产指令，各工序则将生产情况向上反馈到生产管理部门，生产管理部门再据此下达新的指令，依此顺序循环。生产管理部门通过信息的上下往复运动，来推动产品物流在不同工序之间的运动(见图 5-5)。这是集权型管理，对管理部门的管理能力要求高，适用于生产在不复杂条件下的管理。

2.牵引式管理。牵引式管理是生产管理部门或销售部门直接对最后一道工序下达生产指令，该工序根据完成任务所必需确定的半成品数量和时间对上游工序发出信息，上游工序亦据此对其上游提出要求，依此类推。这种管理方式亦称看板管理，即各工序根据来自下游工序(客户)的要求(信息板)来安排生产，这对工序组织生产的能力要求较高(见图 5-6)。

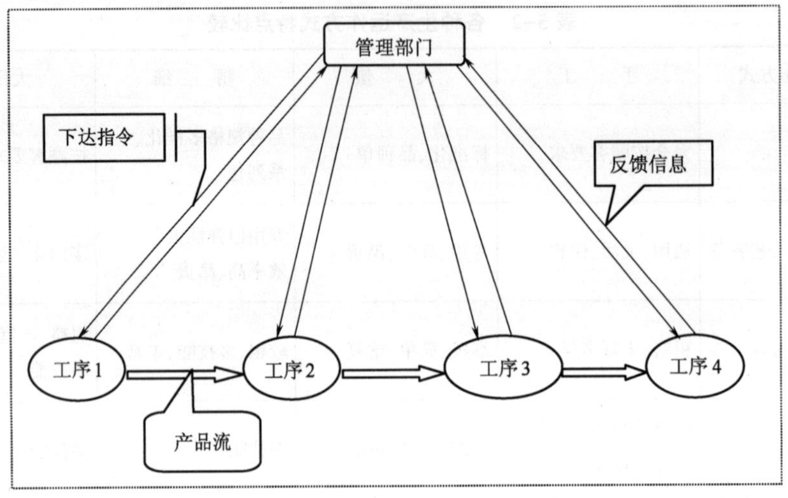

图 5-5 推进式生产管理

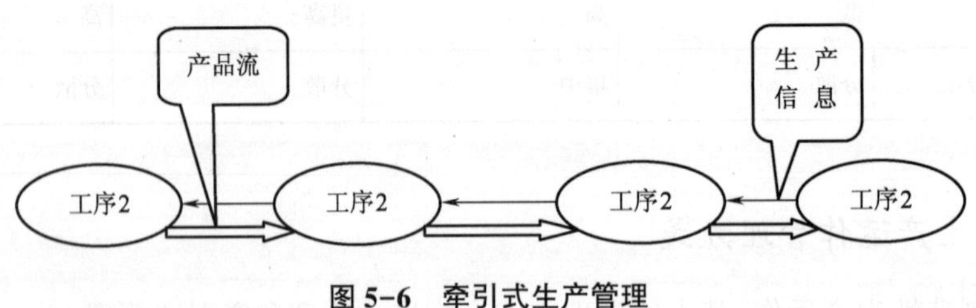

图 5-6 牵引式生产管理

推进式管理和牵引式管理，代表着两种不同的管理思想和责权分配观。前者强调纵向管理，主张权力与责任的集中；后者强调横向管理，主张权力与责任的下放或分担。

二、生产运作分析

企业生产运作分析可以从不同角度展开，其内容非常丰富。从资源配置的空间组织的合理性来分析，其内容有生产组织的空间布局分析、产品结构分析、生产过程中的物流分析、物流与人员活动相关性分析、工序系列图分析、作业流程图分析、操作程序分析、动作分析等等。从资源配置的时间安排的合理性来分析，其内容有生产周期分析、作业时间结构分析、在制品移动方式分析、生产过程运输分析、加工顺序优化分析等等。

本书从生产资源利用效率和生产工作业绩的角度对制造业企业的生产运作进行分析。分析内容有产品产量分析、产品品种分析、产品质量分析、生产条件分析。

(一)产品产量分析

企业进行生产的结果,首先表现为加工完成的一定数量的产品。产品产量分析就是要了解企业在一定时间内完成了多少数量的产品生产?生产的进度或节奏是快还是慢?从时间进程看,生产是否均衡?比起期间计划,完工产品数量是多还是少?

1.生产进度分析。分析企业生产的进度或节奏是快还是慢的标准是生产计划,因此可以从三个方面来观察实际生产量达到计划进度的程度:

(1) 分析每日实际平均日产量达到计划平均日产量的程度。假设某企业 A 产品的月产量计划是 2 200 件,每月计划工作日 22 天,日平均计划产量 100 件(2 200/22);现在完成工作日 10 天,累计实际产量 900 件,实际平均日产量 90 件(900/10),只达到计划日产量的 90%(90/100)。

(2)分析累计实际产量完成计划的程度。A 产品月计划产量 2 200 件,已经完成 900 件,达到计划的 41%,尚有 59%或 1 100 件的 A 产品需要在余下的 12 个工作日里完成。

(3)确定本月底以前应完成的日产量。本月底以前应完成的日产量为 108.33 件(1 300/12),由于前一段时间里生产进度较慢,所以该企业要加快进度,将日产量从每天 90 件提高到每天 108 件以上,才有可能完成月生产计划。

2.生产均衡性分析。不同类型的企业或同一类型而不同生产条件的企业,其生产均衡程度不同,分析的方法也不同。对于大量流水生产的企业,一般要求按日组织均衡生产,分析以每分钟、小时为计算单位的分均衡、时均衡的生产情况;对于成批生产的企业,则要求按月计划的 30%、30%、40%分别作为上、中、下旬计划,分析以每日、每旬、每月为计算单位的日均衡、旬均衡、月均衡的生产情况;单件小批生产的企业,分析旬均衡、月均衡和季均衡的生产情况。

3.生产成套性分析。生产是否均衡还可以通过生产成套性分析来了解。生产成套性分析是指对组成产品的零部件生产是否按比例进行所作的分析。通过生产成套性分析,可以及时发现生产环节上的各种问题,合理调配劳动力和劳动工具,组织好原材料和外协加工件的供应,促进各种零部件按比例地完成,保证全面地完成生产任务。例如,某企业 3 月份计划装配甲产品 100 台,该产品由 5 种零件组成,全月实际生产零件情况如表 5-3 所示。从表中可见,该月实际只能够装配 75 台产品,原因是 4 号零部件的供应跟不上,成为制约成套生产的“瓶颈”。如果不考虑 3 号和 4 号零部件的月末库存,则可保证当月完成装配 100 台的任务。

表 5-3　生产成套性分析

编号	定额	计划产量	月初储备	实际产量	月末储备	实际耗用	实际装配台份数							
							70	75	80	85	90	95	100	105
1	2	200	20	220	40	200	√	√	√	√	√	√	√	√
2	4	400	40	440	80	400	√	√	√	√	√	√	√	√
3	1	100	20	80	20	80	√	√	√					
4	2	200	10	180	40	150	√	√						
5	1	100	20	150	20	100	√	√	√	√	√	√	√	√

4.产品产量计划完成情况分析。产品产量有三种表现形式:产品实物量、产品价值量、产品劳动量(时间单位)。分析产品产量的计划完成情况,主要依据是产量统计报表(见表 5-4)。根据该统计报表,甲、丁两种产品皆超额完成了产量计划,其中丁产品超额幅度最大,超额 80%;乙产品刚好完成计划;丙产品只完成计划的 75%,尚欠 25%,未能完成计划,需要进一步分析原因;4 种产品综合统计,还是超额完成了计划。

表 5-4　产品产量计划完成情况

产品	实物产量(万件)			价值量(万元)			
	计划	实际	完成(%)	单价	计划	实际	完成(%)
甲	500	600	120	3	1 500	1 800	120
乙	400	400	100	2	800	800	100
丙	200	150	75	5	1 000	750	75
丁	100	180	180	6	600	1 080	180
合计	1 200	1 330	111		3 900	4 430	116

(二)产品品种分析

产品是根据使用价值进行分类的,不同的产品具有不同的使用价值。企业不仅要按时按质按量完成产品产量计划,而且要按品种完成产量计划。产品品种分析有三个角度:经济效益角度、技术水平角度、计划完成角度。从经济效益角度和技术水平角度两个角度的分析亦称产品结构分析,前已述及,此处不重复。从计划完成角度分析,通过计算产品品种计划完成率进行:

产品品种计划完成率(%)=完成计划产量的品种数/计划规定应生产的品种数×100%

例如,某厂某月产品品种计划完成情况如表5-5所示。该厂品种计划完成率为:

(3/4)×100%=75%

表5-5 产品品种计划完成情况

产品名称	计量单位	计划产量	实际产量	完成计划(%)
甲	台	1 200	1 000	83.33
乙	台	1 500	1 600	106.67
丙	台	1 800	1 800	100
丁	台	2 000	2 200	110

(三)产品质量分析

在生产过程中的产品质量分析通常以分析产品本身质量的指标为主,以分析企业生产工作质量的指标为辅。产品本身常用的质量指标是产品等级品率和产品废品率,通过对质量指标的分析,来了解企业产品质量管理体系的有效性。

1.产品等级品率分析。产品等级品率分析是通过计算产品等级品率进行分析:

产品等级品率=(等级品产量/合格品总产量)×100%

产品平均等级=∑(产品级别×该级产量)/合格品总产量

产品等级系数=各级产品换算成一级品产量之和/合格品总产量

例如,某企业某月A产品的产品等级品率分析见表5-6和表5-7。

表 5-6　产品等级品率分析(1)

产品等级	产品单价(元)	计划				实际		
		比价	产量(件)	换算一等品	总价(元)	产量(件)	换算一等品	总价(元)
一等品	5.00	1.0	1 000	1 000	5 000	1 200	1 200	6 000
二等品	4.00	0.8	700	560	2 800	600	480	2 400
三等品	2.50	0.5	400	200	1 000	500	250	1 250
合　计			2 100	1 760	8 800	2 300	1 930	9 650

表 5-7　产品等级品率分析(2)

指　　标	计　划	实　际
一等品率	47.62%	52.17%
二等品率	33.33%	26.09%
三等品率	19.05%	21.74%
平均等级	1.714	1.696
等级系数	0.838	0.839

从表 5-6、表 5-7 可见，虽然一等品率有所提高，但由于二等品率的下降和三等品率的提高，使平均等级略微有所提高，等级系数基本不变。总的评价是产品质量总水平稳定不变，但出现了两极分化的趋势，需要进一步分析原因。

2.产品废品率分析。废品产生的多少，标志着企业工作质量的高低。所以，也可以用废品率(或合格品率)作为考核企业生产工作质量的指标。有些产品不符合规定的质量标准，但返修以后又能成为合格品，这种产品称为返修品。因此，返修率的高低也就成为生产工作质量的又一项标准。

产品废品率=(废品数量 / 产品总产量)×100%

=1-合格品率

产品返修率=(返修品数量 / 产品总产量)×100%

产品合格品率=(合格品数量 / 产品总产量)×100%

3.产品质量的全面分析。产品等级品率和废品率所揭示的只是生产过程中产品质量的反映。产品质量问题不仅仅存在于生产阶段,而是存在于企业的整个生产经营过程中。所以,对产品质量的全面分析包括如下八个方面:

(1)顾客消费。分析现有产品的使用效果,了解顾客对产品质量的看法和要求,分析本企业产品质量在竞争中的地位。

(2)产品设计。产品设计不仅决定产品成本的先天性数额,而且也决定产品使用价值的先天性特征。因此,要分析产品设计的技术经济合理性,分析产品在制造过程和使用过程中的质量特性和相应的成本,使其技术上的先进性与经济上的合理性得到统一。

(3)材料供应。分析外购原材料、辅助材料、零部件以及外协加工件的质量是否确有保证,是否严格按质量标准进行订货、采购、运输、检查验收、储存保管,在运输、保管过程中有无损坏、变质等等。

(4)设备工具。分析设备、工具在产品加工过程中对产品质量的影响。分析设备是否按质量标准安装、启用、检查校正、使用和维护,设备运行是否正常,是否达到规定的各项技术标准要求。分析工具是否达到技术标准要求的精密程度,工具本身在使用中的质量是否可靠。

(5)人员操作。分析在加工制造、包装、运输、保管过程中的人员操作是否规范,操作人员的技术熟练程度是否得到保证,人们的工作责任心是否得到加强,工作情绪是否正常,有无人为的破坏因素存在等等。

(6)过程管理。分析产品质量形成过程和检验过程中的管理是否科学,是否严格,各项规章制度是否健全,是否得到贯彻执行,执行是否到位。

(7)产品销售。分析产品出厂检验是否严格,产品是否配备了通俗易懂、简洁明了的产品说明书,产品的安装、使用和维修是否落实了责任人,是否在产品质量保证期内作了相应的准备,是否建立了用户呼叫中心,整个售后服务的工作质量是否存在一个保证系统。

(8)质量效益。产品质量效益体现在使用价值与价值的统一上面。突出表现二者相互关系的指标是两个不同角度的性价比,即获得一定质量标准下的使用价值的价值代价相比较最低,或付出的价值代价一定,达到质量标准要求的使用价值相比较最大。从顾客角度看,所付出的价值代价是产品价格;从企业角度看,所付出的价值代价是产品成本。

(四)生产条件分析

企业生产过程是生产者与生产资料相互结合共同作用的过程。生产者在生产过程中投入的是以时间为计量单位的劳动,生产资料则分为劳动手段和劳动对象,前者为生产者在生产过程中所使用,后者是生产者加工改造的对象。在实际操作中,对三者的分

析体现为劳动力利用效果分析、生产设备利用效果分析、材料能源利用效果分析。

1.劳动力利用效果分析。对劳动力利用效果的分析，一是分析平均每位员工完成了多少符合质量标准的工作量；二是分析劳动时间是否得到了合理利用。

(1)劳动效率分析。分析劳动效率的指标有全员劳动生产率、生产工人劳动生产率、基本生产工人劳动生产率、人均销售额、人均创利税等。其中，劳动生产率指标的计算是以产品总产值与人数之比确定的。

(2)劳动时间利用分析。通过对劳动时间进行分类统计和比较，来分析对其利用的合理程度。统计分析的口径有月工作时间分析和日工作时间分析。月工作时间分析是分析工作日、假日、停工日、缺勤日(含病假)的比例及其变化情况，以及造成停工和缺勤的各种原因。日工作时间分析是分析工作准备时间、基本工作时间、辅助工作时间、正常宽放时间、非正常宽放时间的比例及其变化，以及造成工作准备时间延长和宽放时间增加的原因。各种宽放时间及原因见表5-8。

表5-8 宽放时间及原因分析

宽放分类	宽放内容
作业宽放	必要的交谈、取放材料、了解设备情况、看图纸、设备加油、处理传票等
管理宽放	工作联络、等待设备、记录计算、帮助同伴、待料、等待指令、停电、停水、调节通风、整理场地、处理人事关系、工序交涉、换岗位、躲避危险等
生理宽放	喝水、擦汗、上厕所、洗手、吸烟、就餐
疲劳宽放	休息、做工间操、调整姿势
非正常宽放	操作失误、返工、串岗聊天、办私事、懒惰

2.生产设备利用效果分析。生产设备利用效果分析可通过下列指标进行：

(1)设备完好率。

设备完好率=生产设备完好台数÷全部生产设备台数×100%

本指标反映设备的技术状态，是正指标，数值越高，表明技术状态越好。确定设备完好的标准是：性能良好，运转正常，材料、燃料、油料消耗正常。

(2)设备有效利用率。

设备有效利用率=设备实际作业时间÷(设备实际作业时间+设备停用时间)×100%

本指标反映生产设备在时间方面的利用情况，也是正指标。对设备停用时间及其变化要进一步分析。

(3)设备事故率。

设备事故率=事故停机时间÷生产时间×100%

本指标反映设备技术状态,是反指标,数值越低,表明技术状态越好。

(4)设备生产率。

设备生产率=设备作业小时×每小时生产量

本指标反映设备生产能力,是正指标。

(5)设备投资效果。

设备投资效果=产品产量÷设备投资×100

本指标反映每百元设备投资可带来的产品产量,是正指标。

3.材料能源利用效果分析。材料能源利用效果分析可通过下列指标进行:

(1)百元产值消耗原材料(能源)。

百元产值消耗原材料=原材料(能源)消耗额÷产品产值×100

本指标是反指标,数值越低,原材料利用效果越好,亦可用于分析具体能源(如电力)利用效果或某种材料利用效果,唯变动指标计算公式的分子即可。

(2)单位产品消耗原材料(能源)。

单位产品消耗原材料(能源)= 原材料(能源)消耗量÷产品产量×100

本指标是反指标,数值越低,原材料利用效果越好,亦可用于分析具体能源(如油料)利用效果或某种材料的利用效果,唯变动指标计算公式的分子即可。

(3)主、副产品产值比率。

主、副产品产值比率=副产品总产值÷主产品总产值×100%

本指标是正指标,可以间接反映企业在原材料综合利用方面的规模。

案例分析5-1:用情报系统和快速反应制胜蓝海

位于东京的电器专卖店BIC CAMERA有乐町分店,陈列在架上的ELECOM的商品每星期都不同,如果把不同颜色视为不同品项来计算,该公司所拥有的商品项目高达五

到六千种。其中产品寿命最长的为3年,最短的竟然只有数小时。ELECOM公司创办人叶田顺治社长说:“我们自己亲手让公司的产品变成腐朽。”此话的意义是什么呢?支持着公司得以用眼花缭乱般的速度替换商品的,是一套远超过该公司规模所需要的情报系统。ELECOM每年提拔营收的7%投入电脑系统设备,因此可以随时获知各项产品的单位贡献毛利、每日库存量、在量贩店的代售情形以及在公司自有店铺的销售情形等。以这套系统为基准,每项产品从开发到销售,每位员工都有权可以提出“停止销售命令”。只要有员工提出:“这个别卖了。”则该项产品便会从店头消失。据市调公司BCN表示,在日本国内的电脑周边商品市场中,ELECOM囊括了滑鼠、USB、键盘、游戏机控制器等七项商品的销售冠军。其原动力之一,就是全体员工竭力排除“冷门商品”。但事实并不仅止于此。ELECOM是一家没有生产工厂的企业,他们自行开发商品,委托由中国(内地)或台湾地区的工厂生产。因此,为了配合ELECOM如此飞快的商品替换速度,代工厂商的速度应对是不可或缺的。但是代工厂的替换速度竟然也是瞬息万变。光是代工厂商名单就多达两百到三百家之多,而且10年来拥有长期合作关系的企业数竟然不到一成。叶田社长说:“时常保持着危机感,才能敦促商品速度替换。”由于电脑周边产品的特性就是市场进入障碍不高,加上台湾及中国厂商的竞争也无可避免。因此,ELECOM要想提升目前仅有一成左右的海外业务并不容易,看来唯有设计能力才是制胜关键。ELECOM大约有15名设计人员。为了提升这些设计人员的能吸引消费者的产品开发能力,再多的费用也愿意支出。公司的预算无上限,至于费用的效果如何,要看产品寿命的表现。从公司产品到代工厂商,甚至是人才运用,正因为彻底奉行实力主义,才能支持ELECOM在这价格与品质竞争激励的业界中成为生存者。

(资料来源:选自安邦咨询公司《管理视野》总第635期)

问题:ELECOM公司是如何做到快速响应市场需求的?

案例分析5-2:集中兵力深耕关键客户

在营销领域,历来的“常规”思维方式都是围绕大众营销而展开,但是“大众”的土壤却在今天变得越来越难以灌溉。不仅量入为出的企业难以再那么慷慨,而且随着媒体种类、数量的急剧膨胀,消费者的注意力也有明显的“碎片化”倾向,且面对更多商家的“争抢”。所有一切都在呼唤我们掌握新的“集中兵力”的思维方式和技巧。与大众性营销相比,“滴灌”这种针对性营销更强调对“关键点”的掌控。例如,是否再对关键客户进行精加工、深加工?是否再对关键受众进行聚焦式传播,进行重点突破?同样是航班乘客,有的可能一年只乘坐一次飞机,而有的却是飞行里程长、乘坐频次高的“空中飞人”。国航通过对乘客的统计,为6万多“空中飞人”办理了国航VIP会员资格。一位常年在各地做培训的 VIP 会员张先生讲:印象最深的是可以得到与众不同的优先服务,例如,曾遇到时间紧迫,但很多人挤在一起办登机手续的时候,只要掏出 VIP 卡,服务人员马上会优先办理,而且在“众目睽睽”之下从 VIP 专用通道登机,这可大大方便了登机过程。而且登机之后,也会在用餐等方面得到优先服务。这部分高端客户还在以每年10%以上的速度增长着,每年贡献给国航的收入达六七十亿元人民币。银行领域对客户的争夺向来是激烈而残酷的。在加拿大皇家银行(RBC),领导层认识到:一些身无分文的年轻人很可能以后会变成富有的、给银行带来利润增长点的客户。于是 RBC 分析师仔细研究了年轻客户的数据资料,为未来收入有着强劲增长潜力的人群做客户细分。最后,目标被锁定在医学院或牙科学校在读学生,以及那些实习医师人群身上。于是 RBC 发起了一个融资产品计划,满足处于借贷状态的年轻医学从业者的融资需求。这个计划包括助学贷款、为新开业的从业者提供医疗设备贷款、为他们的第一个诊所提供发起贷款等。一年之内,RBC 针对这类用户的市场份额从 2%快速上升到了 18%,而且,几年后这类客户平均每位给银行带来的收入是公司整体平均水平的3.7倍。

(资料来源:选自安邦咨询公司《管理视野》总第 635 期。)

问题:试分析国航与加拿大皇家银行营销策略的局限性。

案例分析 5-3:病毒式营销出奇制胜

病毒式营销利用的是用户口碑传播的原理,在互联网上口碑传播可以像病毒一样迅速蔓延,因此病毒营销成为一种高效的信息传播方式。由于这种传播是用户之间自发进行的,因此,也是一种几乎不需要费用的网络营销手段。就在几个月前,澳大利亚昆士兰州的一项名为“世界上最好的工作”的全球性招聘,将病毒式营销引向了一个全新的方向。这一长约 6 个月的“世界上最好的工作”非常诱人,工作内容主要为在沙滩上晒太阳和在博客上写日志,而应聘获胜者的工作报酬则高达 10.5 万美元,全球约有3.5万人应聘了这项工作。5 月 6 日,昆士兰州政府宣布,应聘获胜者为本·绍索尔(Ben Southall),一个英国慈善工作者、业余探险爱好者。虽然绍索尔的工作从 7 月 1 日才正式开始,但事实上,他已全程参与了此次能量惊人的病毒式营销,完成了自己的工作任务——增加昆士兰州的曝光率。在此次招聘的短短几个月时间内,数以百万的网络访问者在网站上浏览了昆士兰州的美丽风光。顷刻间,昆士兰州从一个以前人们从未听说过的地方,跃升为世界最顶级的度假胜地之一。尽管 10.5 万美元的投入并不算低,但是与巨额广告费用相比,这次投入就划算多了(资料来源:选自安邦咨询公司《管理视野》总第 635 期)。

问题:试举出同样的例子来说明病毒式营销的有效性。

案例分析 5-4:个性化定制和规模化生产真的不能统一吗?

多年以来,企业往往必须在两种战略之间做出选择:要么通过大规模的标准化生产提供低成本的产品或服务,要么通过小规模的定制化生产提供成本较高的产品或服务。但是现在,在定制与效率之间,企业或许能有第三种选择——大规模定制。脱胎于软件企业的维尚家具,将软件开发的模块化思维延伸到家具的定制与生产环节中,创造了对手难以复制的竞争优势,为规模化定制的实现提供了一个可资借鉴的案例。2004 年,维尚正式作为行业新兵进入家具行业,维尚选择了做一个"全屋定制"家具服务的提供商。然而基于个性化需求的定制与规模化生产之间,一直存在着某种天然的矛盾,维尚是凭借哪些资源与能力来支撑这种商业模式的呢? 定制的实现是在销售终端完成的。销售终端是一个直接为消费者提供价值主张体验的平台。在具备传统销售店面所有功能的基础上,维尚的销售终端还拥有两个独特的服务体系:其一是为消费者提供从实地测量到设计方案的一整套服务;其二是消费者便捷体验和设计家居的自助式电子系统。作为企业前身的圆方软件资源,为规模化定制的实现解决了许多关键的技术问题。如终端店面与生产环节的无缝对接。当消费者在维尚家具的终端店面选购好家具后,订单会直接通过电脑进入工厂的生产后台,软件可以支持直接的拆单(将产品造型设计图转化为所有生产零件图)生产。为了给顾客提供尽可能多样化的个性化选择,维尚必须将家具产品进行产品子模块的无限细分,子模块越多,个性化定制的元素就越多,最终产品的组合也就越多。大规模定制的实现,最根本的就是要实现产品子模块的无限细分和最终产品的无限组合。维尚工厂解决大规模定制的产品生产理念是"部件即产品",包括零件通用化和模块化设计。在某种意义上,工厂生产的是部件,而非成品家具,这实际上是软件开发思维模式的延续。根据部件即产品的理念,维尚工厂实施了混合排产的方式。传统的家具企业如果面对完全不同规格产品的订单,一般只能对单件产品进行单独生产,这种效率低下的方式显然无法应对庞大的个性化订单需求。而在维尚,当订单下到工厂后,可以同时实现数十个"拆单",并针对每个家具零件生成相应的条形码,贴在相应的板件上,通过电脑指挥工人进行领料、组装等工序。而在这一环节,家具是没有"属于谁"的概念的,到了包装车间后,工人才开始"照方抓药",将零件按照顾客所定的家具进行分类。最后通过外包的物流系统,将产品发往各地,由维尚的安装人员进行送货上门的安装服务。受惠于出色的 IT 系统管理,维尚的规模生产能力明显高于同行。在正常情况下,维尚的生产周期能够达到 7~10 天,而在同等订单规模的情况下,许多成品家具厂家的生产周期可能要到两个星期。事实上,在 IT 系统管理方面的能力,也是一个企业要实现大规模定制而必须具备的基本能力。在这方面,脱胎于软件公司的维尚，无疑具备了其他同行不易复制的优势，其大规模定制的商业模式，最终也依托于这种资源与能力而得到实现（资料来源：选自安邦咨询公司《管理视野》总第623期）。

问题：维尚家具解决个性化定制与大规模生产之间的矛盾靠的是什么？

案例分析5-5：华为技术创新的保障

深圳华为公司特别重视企业的技术创新，并把公司的发展建立在技术创新基础上。该公司研发部门人员占比高达45%。为了留住人才并鼓励员工的创新思想和创新行为，华为公司除了在战略层面确立技术创新的主导地位以外，还在价值评价与分配和企业文化两个方面做足了文章。在价值评价与分配方面，率先进行知识资本化的实践，用股权奖励那些表现突出的优秀员工。当员工有了新的想法，可以向公司提出建议，有关部门立刻进行研究并做出回应。如果该想法或方案具有可行性，公司就会给予立项并拨出充足的研究经费。一旦研究出了成果，在成果投入运用的同时，还要对创新者给予重奖；如果该创新不具可行性或研究失败，该创新者也不会因此遭到处罚，因为企业为了支持创新，必须鼓励员工敢于创新，企业也容忍失败，从报酬制度上鼓励创新行为。但是，这种鼓励绝不是盲目的。在华为的创新管理中，建立了健全的文档管理制度。企业员工所进行的创新研究，无论是成功或失败都要进行备案，目的是避免重复。尤其是对于曾经失败的创新研究，第一次可以鼓励，但第二次的失败就意味着浪费了企业的资源，会受到处罚。这种"犯错误也有奖"的做法是为了保证企业的技术创新是有目标的、合理的，而不是无序的、盲目的。此外，公司还通过开展团队活动，合理化建议活动来奖励用于创新的员工。在企业文化方面，公司提倡"不让雷锋吃亏""马上就做""小改进，大奖励""让最有责任心的明白人最有权""帮助下属成长有功""烧不死的鸟就是凤凰""力出一孔、利出一孔"的价值导向，形成了公司上下勤奋、踏实、创新的风气，取得了在国内企业中拥有自主知识产权核心技术最多的成就。

（资料来源：作者根据在华为的咨询经历整理。）

问题：华为公司的创新动力机制是如何形成的？

思考题

1.试述销售与营销的根本区别。

2.调查某企业的市场分析过程并作出评议。

3.寻找一个案例，说明企业如何制定营销策略。

4.如何分析竞争的强度？

5.企业财务人员为什么也要具备与销售人员相同的营销观？

6.为什么优秀的高新技术企业提出要把自己建成员工能力的管理平台？

7.怎样才能提升我国企业的技术创新能力？

8.试分析团队活动如何促进企业的技术创新。

9.试分析生产管理方式中推进式与牵引式各自的适用条件。

10.试述生产成套性分析在管理上的启发和普遍性。

11.如何进行产品产量、品种和质量的分析？

企业财务管理咨询

本章要点

财务管理咨询是管理咨询的重要方面，对于财会专业和注册会计师专门化的学生来说，学习和掌握财务管理咨询的内容与方法，是对专业学习的深化，并有助于提高专业技能。学习本章，要求学生树立现代企业理财观和企业财务战略观，熟悉和了解企业财务管理的内容以及财务咨询的主要内容，掌握财务分析的各种方法，并能够运用于实际工作。

第一节 企业财务管理概述

一、企业财务管理的含义及内容

(一)企业财务管理的含义

从字面上看,企业财务是指有关企业财产物资增减变化的事务。进一步分析,在商品经济条件下,企业生产经营的产品是使用价值和价值的统一体。企业再生产过程表现为使用价值的生产和交换过程以及相应价值的形成和实现过程的统一。企业的生产经营过程一方面表现为劳动者对使用价值的加工改造过程;另一方面表现为价值形态从一种形态转化为另一种形态的运动过程。由价值形态的变化来反映使用价值的改变过程,并伴随着再生产过程的不断进行而周而复始地改变着自己的形态,称为资金运动。更进一步分析,企业是人们利益关系的契约集合体,在表面上看得见的资金运动(钱与物的增减变动)后面,是人们之间的经济利益关系。企业财务的实质,正是企业内外利益相关者的经济关系。

由于上述分析,人们对企业财务管理内涵的表述才有了如下四种:第一种,企业财务管理是对企业财产物资增减变化事务的管理。第二种,企业财务管理是利用价值形式对企业的生产经营活动所进行的管理。第三种,企业财务管理是对企业的资金运动,包括资金筹措、投放、使用、分配所进行的管理。第四种,企业财务管理的实质是处理有关各方的利益关系。由于第一种表述过于肤浅,第二、四种表述又过于抽象,所以在实际操作中,人们普遍接受的是第三种表述。其实,第三种表述也不能将财务管理的内容全部涵盖。自我国改革开放以来,随着企业自主权的逐渐扩大,财务管理的职能和内容也在逐渐扩大,从原有的会计财务分不开到现在的资本运作和母子公司体制管理,从总会计师的称谓到财务总监的流行,财务管理的内涵和外延还处于不断地变化过程之中。

(二)企业财务管理的特点

1.综合性。财务信息是利用价值尺度来对企业方方面面的情况进行衡量与反映的经济信息,货币单位是能够把所有具有不同衡量标准的对象统一起来的计量单位,所以

无论从技术操作层面还是从处理有关各方经济关系的角度看,财务管理都具有综合性特征。何况企业作为一个营利性的经济组织,组织的目标必须体现在经济上投入产出的数量比较上,财务信息和财务指标正好给了企业一个统揽全局的视角。

2.全面性。由于货币计量的通用性,使得企业方方面面的经济活动都可以通过财务会计系统反映出来。不仅如此,管理人员还可以在会计信息的确认、计量、记录和报告的过程中及时了解情况,对有关经济活动进行监督和干预,达到对过程实施管理的目的。

3.间接性。不恰当地夸大财务人员的作用是有害的。虽然财务信息是通过货币计量来反映具体业务的发生过程,但是却不可能取代具体业务。产品的研究开发要靠技术人员,产品的制造加工要靠生产工人,产品的保管和销售要靠仓储人员和销售人员,对具体业务对象的管理,除了要用会计信息以外,还要用针对性更强、更直截了当的非货币计量的信息。从这个意义上说,对于具体的生产经营活动(除了财务专业活动),其业务管理是直接管理,财务管理是间接管理。

(三)企业财务管理的内容

由于财务管理的综合性、全面性和间接性的特点决定,企业财务管理的内容十分丰富。可以从以下三个角度对企业财务管理的内容进行归纳和梳理。

1.根据管理的对象特征,财务管理分为财务战略管理、财务人员管理、资金运动管理。企业财务战略管理是企业理财环境分析、企业战略财务评价与企业财务战略选择、企业财务战略实施的统称。企业理财环境分析分为外部理财环境分析和内部理财环境分析,外部理财环境分析包括法治环境分析、经济形势分析(尤其金融形势)、国家经济政策分析(尤其财政、税收、利率、汇率方面)、行业经济分析、资本市场分析、信用分析等等;内部理财环境分析包括企业治理结构分析、管理体制分析(尤其是财务管理体制)、人员素质分析、企业机制分析。从财务角度制定企业战略,利用财务指标、财务标准和财务方法,对企业战略进行评价和选择,是企业财务战略管理的重要内容。企业财务战略实施包括改革和调整企业财务管理体制、实施预算管理制度、建立健全和落实财务管理制度等。财务人员管理则包括对财务管理人员、会计人员和内部审计人员的管理,其内容包括人员选聘、使用、培训、奖罚和解聘等。

2.根据资金运动的目的和特点,资金管理的内容分为筹资管理、投资管理、营运资金管理、收益分配管理。筹资管理的内容有筹资决策、企业重组、企业改制、企业上市、企业出售等等。投资管理的内容包括证券投资与项目投资的分析、评价及决策。营运资金管理的内容包括现金管理、存货管理、信用管理、无形资产管理等。收益分配管理内容包括税收筹划、利润分配政策选择、权益管理(含股票期权制度)。

3.根据管理职能作用过程的各个环节,财务管理分为财务预测、财务决策、财务预算、财务控制、财务分析与评价。财务预测是根据历史资料和有关条件变化的判断,对企业未来的财务状况进行的预计和测算。财务决策是根据企业发展战略确定财务目标,依据实现财务目标的要求,提出各种备选方案,利用专门的财务方法和评价标准,从中选出满意方案的过程。财务预算是在未来一定时期里对实施财务决策所需要的各种资源的取得和使用,在数量和进度上所作出的安排。财务控制是利用财务信息和特定手段对企业财务活动施加的影响和调节,并使财务目标得以实现。财务分析是根据财务报告等财务信息,对企业生产经营活动过程及其结果进行的分析与评价。

二、企业财务管理目标

企业财务管理目标是企业财务管理活动的出发点和归宿。企业财务管理是企业管理的重要组成部分,一方面,它利用价值形式对企业生产经营活动进行综合管理;另一方面,它又是专门化的职能管理。它促进或制约着企业其他职能管理,但是却不能取代它们。这个特点决定了企业财务管理目标必须与企业的目标相一致。20 世纪初,泰罗推行科学管理,将企业管理的目标定位于使劳资双方的利益最大化;20 世纪中叶,德鲁克倡导目标管理,又将企业管理的目标定位于“造就顾客”;20 世纪末,波特强调战略管理,将企业管理的目标定位于赢得竞争优势。企业的目标取决于其生存发展需要,在不同的历史背景下,企业目标定位不同。企业目标尚且如此,企业财务管理目标更是如此。新中国成立以来,我国企业的理财目标几经变化,择其要点如下:

1.产值最大化。这是我国国有企业在相当长的一段历史时期内财务管理所追求的目标。这既是在原来高度集中的计划经济管理体制下的企业目标,也是企业理财目标。直到今天,也仍然有一些国有企业在追求这一目标。企业的目标取决于其生存发展需要。在计划经济体制下,上级是根据企业的产值来决定其领导人的前途和资源的供给的,企业没有理由不以产值最大化为目标。

2.经济效益最大化。20 世纪 80 年代初期,我国开始实行以市场为导向的经济管理体制改革。伴随着放权让利、承包经营、利改税、厂长负责制等一系列改革措施的出台,国有企业进一步扩大了生产经营自主权和与此相联系的筹资投资决策权,企业开始面向市场,其目标也由追求产值逐步转向追求经济效益。

3.利润最大化。由于利润是按照收入费用配比原则计算的,它反映一定时期企业投入资源的价值(所费)与出售产品和劳务的价值(所得)对比的结果,所以利润水平的高低表示经济效益的好坏,比起综合的经济效益指标来,利润指标具有很强的可操作性。再加上国家对企业实行经营承包责任制,不仅把利润作为考核企业经济效益的首要指标,而且把职工的经济利益同企业利润的多少挂起钩来,这就使得企业经济效益最大化

的理财目标必然要被利润最大化的具体目标所取代。

利润最大化目标的优点是易于操作，但是却在理论界受到广泛批评，主要问题是：①利润额是绝对数，不能反映所得利润同投入资本额的关系，不便于进行经济效益比较；并且，片面强调利润额的增加，易导致企业短期行为，虽提高了当期利润，却加大了未来潜亏，引起资产贬值和流失。②未考虑资金时间价值和投资风险。③没有考虑现金流问题，不利于企业保持支付能力，控制财务风险。因为即使是利润额很高的企业，如果不注意控制现金流，也会发生支付困难，甚至因为不能偿还到期债务而发生生存危机。相反，一个亏损企业只要能按时偿还到期债务，还可以继续生存下去。由此可见，从企业生存角度看，在一定条件下现金流比利润更重要。

4.股东财富最大化。股东财富最大化或称所有者财富最大化。到了20世纪90年代，以《中华人民共和国公司法》的颁布为标志，我国国有企业的改革开始定位于以公司制为代表的现代企业制度。现代公司制度的典型特征是所有权与经营权相分离，企业所有者要承担最终的风险，因而具有大于企业其他利益相关者的根本权益。为了保障所有者权益，要求公司理财须以股东财富最大化为目标。由于股东财富可用每股盈余、股票价格等具体财务指标来表现，所以也有人将其表述为“每股盈余最大化”或“股票价值最大化”。据中国人民大学王化成教授分析，“在美国，股东在财务决策中起主导作用，使得美国财务经理非常重视股东利益，而股东财富主要表现为股票价格的上涨，因此，其财务管理目标又转化为股票价格的最高”①。

5.企业价值最大化。股东财富最大化的观点尚未成为主流意识，企业价值最大化的呼声又起，并且后来居上，成为当今中国财务理论界的权威观点。根据财政部会计主管部门的观点，“投资者建立企业的重要目的，在于创造尽可能多的财富。这种财富首先表现为企业的价值。企业价值不是账面资产的总价值，而是企业全部财产的市场价值，它反映了企业潜在或预期获利能力。投资者在评价企业价值时，是以投资者预期投资时间为起点的，并将未来收入按预期投资时间的同一口径进行折现，未来收入的多少按可能实现的概率进行计算……以企业价值最大化作为财务管理的目标，其优点主要表现在：①该目标考虑了资金的时间价值和投资的风险价值……②该目标反映了对企业资产保值增值的要求……③该目标有利于克服管理上的片面性和短期行为；④该目标有利于社会资源的合理配置”②。但是该目标的最大问题是如何操作的问题，对此，人们存有异议。

6.企业运行健康化。如果换一个角度，从企业是具有生命特征的经济主体的角度来

① 王化成：《财务管理目标的国际比较》，《财务与会计》，2000年第1期。

② 全国会计专业技术资格考试用书 中级会计资格《财务管理》，中国财政经济出版社，2001年，第8页。

看就不难发现，企业从完成在工商管理部门注册登记的那一刻起就有了自己的生命。在以后的生命历程中，它的目的是生存与发展。过去，国有企业背靠国家，不虑生死。以市场经济为导向的经济管理体制改革到位以后，尤其是我国加入世界贸易组织以后，在激烈的市场竞争当中，生死存亡问题将每日每时呈现在企业的决策者面前。把生存与发展作为企业的目标在现实中是可以操作的。从理财的角度看，要保证企业的生存与发展，必须使企业运行健康化，这既符合理财者稳健的秉性，也符合企业在做强的基础上做大的追求。将企业运行健康化作为企业理财的目标，就是要保证企业能够以收抵支，在具有足以偿还到期债务的现金支付能力的基础上，为企业的发展提供支持决策的有效财务信息、筹措所需资金、加速资金周转、提高投资效益。

按照这个观点，企业财务管理目标具有如下性质：

(1)动态性。首先，企业在其生存发展的生命历程中，要历经不同的阶段。对于处在不同发展阶段的企业来说，其管理目标和业绩评价的侧重点是不同的。其次，企业的外部环境处于不停的变化之中，管理者要据此对企业的行动方向和行为作出必要的调整。再次，正如本书第三章第四节对利益相关者的分析，企业是有关各方利益关系的契约集合体，各类利益主体根据其责权条件的变化进行博弈的结果，必然体现为企业的利益追求和业绩评价方面的差异。

(2)系统性。企业是一个系统，企业的运作必须通过不同责权层次和不同分工部门之间的相互配合来进行。因此，其管理目标亦是不同层次、不同侧重、不同作用的目标集合。

(3)辩证性。首先，是价值目标与使用价值目标的对立统一：价值目标是各种具体的使用价值目标的综合，没有价值目标，就失去了投入产出的比较标准，不仅不能客观地评价企业的经营，而且资源配置的优化也无从谈起；使用价值目标是价值目标的基础，离开了使用价值目标的支撑，价值目标就要落空。其次，是抽象目标与具体目标的对立统一：任何具有可操作性的财务指标都不可避免的有其优缺点，利润如此，每股盈余如此，每股现金净流量甚至每股净现值皆如此，想要从中找出一个十全十美、综合程度最高的财务指标很难，即使研究出一个，如企业价值最大，却又不可操作，最后成了抽象目标。再次，是相容目标与互斥目标的对立统一：一味追求稳健会丧失盈利机会甚至削弱盈利能力，反之亦然。最后，是大目标与小目标、主导目标与辅助目标，长远目标与近期目标，模糊目标与清晰目标的对立统一。总之，价值目标、抽象目标、大目标与长远目标的综合性、概括性强，覆盖面宽，影响时间长，既能集中体现各利益主体的共同愿景，又可引导企业健康地生存发展；使用价值目标、具体目标、小目标和近期目标针对性强，容易操作，能清晰表达对责任主体的工作要求。过分强调前者，易失之空泛，不能落地；过分强调后者，易流于琐碎，难于协调。所以，二

者应有机结合,不可分离。

三、现代企业理财观

采用先进的理财方法能够带来立竿见影的理财效果。但是,为什么有的企业能够不断地学习和运用先进的理财方法,能够不断地总结经验、创新方法,而其他在人员文化素质和物质条件方面相差无几的企业却做不到?这就不得不归结到观念问题上了。现代企业理财观是在传统理财观基础上发展形成的。其主要内容有下述十个方面:

1.增值观。比起传统的效益观,增值观具有更深入的内涵和更宽泛的外延。从内涵看,它涉及企业的理财目标。在构成企业的各类利益主体中,股东们承担的责任和风险最大,因而具有对与之相对应的企业运作结果的最终索取权。在法人治理结构健全的企业,股东们对投资结果的回报要求体现为资本增值。不仅如此,随着企业资产的增值,债权人、经营者、管理层、普通员工,甚至社会管理者的利益都能够得到不同程度的增进。谋求企业增值的理财目标,可以成为利益相关者们的共同愿景。从外延看,它有如下三层含义:①在企业经营的产业链环节,其资源配置的有效性通过增值额反映,它决定企业的存在理由;②通过企业内部的价值链分析,对责任者在企业价值形成过程中的贡献一目了然,并为过程的管理提供依据;③通过对增值额分配结果和比例关系的分析,有利于调整各方利益关系,形成良好的分配机制。

2.战略观。随着经济全球化进程的加快,我国企业的理财环境正在发生着深刻而巨大的变化。如果说企业财务主管的视角从会计到财务意味着第一次飞跃,从产品经营到资本运作意味着第二次飞跃,那么,从国内竞争到国际竞争、从专业性到全局性、从战术层面到战略层面的飞跃就是第三次飞跃。财务人员具有战略观,要求学会分析环境,从大局考虑问题,保证内部资源利用与外部环境变化相协调。

3.竞合观。竞争无处不在。企业只有赢得竞争优势才能获得发展。缺乏竞争就激发不出活力,但是,过度竞争的结果,是一损俱损,互相牵制,大家都发展不起来。因此,竞争与合作相辅相成,互不可缺。企业之间、企业与事业单位之间的竞争与合作是做大行业蛋糕、大家共同发展的必由之路。而且,竞争与合作的关系不仅存在于企业外部,也存在于企业内部,存在于内部各责任单位之间。

4.诚信观。诚信是市场经济的基石,经济越发达,诚信越重要。诚信也是企业经营之道,得道多助,失道寡助,多助者兴,寡助者亡。不讲诚信的企业,必定失去顾客,失去利益相关者的支持,最后也将失去自己。安然如此,安达信亦如此。

5.法制观。讲法制守规矩,是诚信的体现。财务工作与法律制度有天然联系,这并不意味着财务人员可以淡化法制观念,恰恰相反,我国加入世界贸易组织以后,企业不

仅要学习和了解本国的法律法规,而且要学习和了解国际的法律法规。

6.风险观。理财环境的激烈变化使得企业未来预期财务成果的不确定程度大大增加。如果企业把握未来的能力能够成为核心竞争力之一,就需要财务人员具备控制财务风险的能力。具备风险观的理财行为,并不是要回避风险,而是要控制风险和一旦冒了大风险就要得到大收益。

7.成本观。成本不仅仅是耗费,而是为了达到决策目标取得更大收益的代价。现代理财所要求的成本控制观念不再仅仅是"量入为出"和"尽可能地节省",而是"量效为出",在提高效能成本的同时带来更大的质量效益。

8.时效观。同一数量单位的货币在不同的时点具有不同的价值,同一数量单位的资产额在不同的时点具有不同的价值,无论是直接的货币抑或反映资产价值的资金,其不同时点的价值差异就是时间价值。与20年前相比,这种资金时间价值观念在今天早已深入人心。但是,对于同样的决策或行为在不同的时点具有不同的意义这一点,直到今天还没有成为人们普遍具备的观念。理财者要懂得:"正确的决策错过了时机也是错误"。从支持决策的会计信息的产生到决策过程的结束,有时效性问题;从做出决策到行动结果产生,也有时效性问题。"起个大早赶个晚集"还算过得去,"起个大早没赶上集"才说不过去。

9.节奏观。"笨鸟先飞",早作准备固然稳妥,但若是"半夜鸡叫",过早投入,则可能劳而无功。所以,审时度势、把握节奏不光是政治家的能力,也是现代理财要具备的观念。

10.效率观。19世纪末,当劳资双方都把增加自己一方的利益放在减少对方利益的基础上,并因此而引起没完没了、愈演愈烈的纠纷和斗争之时,泰罗提出"管理的目标就是劳资双方的利益最大化"的命题,并因此开创了科学管理的先河。泰罗认为,做大蛋糕比争论切割比例更重要,只要劳资双方到手的蛋糕在不断增大,劳资矛盾便不会激化。换句话说,只要做到"高工资低成本",劳资双方的利益就有了保证。泰罗的逻辑是:要做到高工资低成本就要提高工作效率,要完成工作任务一定有不止一种的工作方法,现有的方法并非最好,通过统计分析,人们可以找到更好的方法,挑选工人接受新方法的培训,通过计件工资制使工人得以分享提高工作效率之后的利益。事实正是如此,在实施泰罗制的企业里,工作效率大大提高,劳资双方各得其利。现代财务管理的效率观要求的是:现行的财务管理工作的方法不一定是最好的,只要认真观察和分析,一定能够找到更好的,通过运用新方法而带来的高效率一定要使员工和企业都受益,以此形成不断学习和创新的企业机制。

第二节 企业财务分析

企业财务分析是以财务报告为主要依据,运用专门的分析方法对企业财务活动的过程和结果所进行的分析。从内容看,财务分析的主要内容包括:①企业财务资源的取得和利用分析;②企业经营成果的形成和分配分析;③企业现金收支状况分析;④企业财务业绩综合分析;⑤企业财务发展趋势分析。从形式看,财务分析的主要形式有:①定期财务报告分析;②现场调查分析;③问卷调查分析。从方法看,财务分析常用的方法有:①结构分析;②比较分析;③比率分析;④指数分析;⑤因素分析。

一、企业财务分析的依据

(一)企业财务报告

企业财务报告是财务分析的主要依据,它是反映企业财务状况和经营成果的书面文件。以我国上市公司为例,财务报告由财务报表、财务报表附注、补充资料和其他资料组成。财务报表是利用表格形式将记录于会计账簿的会计信息进行汇总整理而成的书面文件。企业需要定期编制的主要财务报表是资产负债表、利润表和现金流量表。财务报表附注是对财务报表中需要详细说明的交易或事项作出的解释和说明。财务报表附注的主要内容包括:①公司的基本情况;②会计政策、会计估计和合并财务报表的编制方法;③主要税种和税率;④控股子公司及合营企业;⑤财务报表项目附注的要求;⑥母公司财务报表有关项目附注;⑦子公司与母公司会计政策不一致对合并会计报表的影响;⑧关联方关系及其交易;⑨或有事项;⑩承诺事项;⑪资产负债表日后事项;⑫其他重要事项等。补充资料是针对发行境内上市外资股、香港和境外上市外资股、金融类等实行国内、国际补充审计的公司,根据境内外不同的会计准则,揭示和说明其净资产、净利润等差异的报表;其他资料是指财务分析报告、财务预测信息、主管人员的业务报告、注册会计师审计报告等。近年来,随着人们对企业承担社会责任和保护环境的关注程度上升,反映企业社会责任和环保投入方面的信息也在逐步纳入企业财务报告的过程中。

(二)其他文件

对上市公司而言,除了财务报告以外,其他涉及财务和非财务信息披露的文件有:

招股说明书、上市公告、定期报告、临时公告。这些文件必须在证监会指定的报刊(如《中国证券报》)上予以公布。招股说明书是企业向证监会申请公开发行股票的申报材料,是向公众发布的旨在公开募集股份的书面文件;其中涉及的财务信息有投资风险和对策、筹集资金的运用、股利分配政策、验资证明、经营业绩、股本、债务、资产、盈利预测,以及主要会计资料等。

上市公告是企业的股票获准在证券交易所交易后,对社会公众公布的文件;除招股说明书涉及的内容外,还要求披露:①股票交易日期和批准文号;②股票发行情况;③公司创立大会或股东大会同意公司股票在交易所交易的决议;④董事、监事、独立董事和高级管理人员简历及其持有本公司股份的情况;⑤公司近三年或成立以来的经营业绩和财务状况;⑥公司下一年的盈利预测;⑦证券交易所要求载明的其他事项。

定期报告包括年度报告和中期报告。年度报告的内容包括上市公司简介、会计数据和业务数据摘要、董事长或总经理的业务报告、董事会报告、监事会报告、股东会简介、财务报告、年度内发生的重大事件及其披露情况要览等。中期报告的内容包括重要提示,上市公司基本情况,股本变动和主要股东持股情况,董事、独立董事、监事、高级管理人员情况,重要事项和财务报告。中期报告一般不需经过审计,其形式有半年报和季报两种。

临时公告包括重大事件公告和公司收购公告。上市公司的重大事件有:①公司的经营方针和经营范围的重大变化;②公司订立的重要合同,而该合同可能对公司的财务状况和经营成果产生重大的影响;③发生重大债务和未能清偿到期重大债务的违约情况;④发生重大亏损或遭受超过净资产10%以上的重大损失;⑤减资、合并、分立、解散及申请破产事项;⑥涉及公司的重大诉讼;⑦法院依法撤销股东大会、董事会决议等。常见的重大事件公告是“公司股份变动公告”和“配股说明书”。根据现行规定,通过证券交易所的证券交易,投资者增持或减持一家上市公司已发行股份的5%比例时,应当向中国证监会和证券交易所作出书面报告,通知该上市公司并予以公告。公告持股人的名称、住所、所持股票名称、数量、持股达到法定比例的日期。持有一家上市公司已发行股份的30%以上欲继续收购的投资者,在向证监会报告的同时要向该公司股东发出收购要约,说明收购目的、预计收购的股份数额、收购期限和价格、收购所需资金额及资金保证、开始收购时收购人所持有的股份比例等。

非上市公司不可能像上市公司那样提供规范而详细的财务信息,但是根据咨询工作的需要,相关的财务报表及其说明材料必不可少。此外,一些以内部报告、内部报表形式归集的财务信息,也是深入进行财务分析所不可缺少的。这类信息通常可以分为决策会计类信息和责任会计类信息。前者是企业决策的财务依据,后者是企业进行业

绩考评的财务依据。

二、企业财务报表结构分析

企业财务报表是企业财务报告的主要内容,资产负债表、利润表、现金流量表是企业财务报表中的3张主要报表。对这3张报表的结构分析是了解企业财务状况和经营成果的基本方式。

(一)资产负债表结构分析

1.资产负债表的内容与结构。资产负债表是反映企业在某一特定日期(年末或月末)财务状况的会计报表。它根据"资产=负债+所有者权益"这一基本会计公式,按照一定的分类标准和顺序,在报表左边列示各项资产,在报表右边列示各项负债和所有者权益,左右两边合计数相等。

报表左边反映的资产是企业实际拥有或控制的、能够给企业带来经济利益的财务资源,按照资产的变现能力强弱(或流动性大小)自上而下排列,变现能力强的资产在先,变现能力弱的资产在后,其基本顺序是:流动资产、长期投资、固定资产、无形资产及其他资产、递延税项。流动资产是指预期能在一年或超过一年的一个经营周期以内变现或耗用的资产,如货币资金、短期投资、应收账款、存货等。长期投资是指投资期限在一年或一个经营周期以上的各种投资,如股票投资、债券投资等。固定资产是在经营过程中使用的经济寿命在一年以上、单位价值在规定标准以上,并在使用过程中保持原来实物形态的资产,如房屋、设备等。无形资产是不具有实物形态而在较长时间内能够给企业带来特定经济利益的资源,包括专利权、商标、商誉、土地使用权等。其他资产是指长期待摊费用、特种物资、涉及诉讼的财产等。递延税项(借方)是指超缴的税款。

报表右边反映的负债是企业向外筹措、要在将来某个确定的日期,用资产或劳务或新的流动负债予以偿还的债务,亦称借入资本,分为流动负债和长期负债两类。流动负债是指一年或一个经营周期内需用流动资产或新的流动负债去偿还的债务,包括短期借款、应付账款、应付工资、应交税金、应付利润等。长期负债是指偿还期限在一年以上或一个经营周期以上的债务,如长期借款、长期应付款等。负债要按到期日的远近排列,近期在先,远期在后。

报表右边排在负债下面的是所有者权益。所有者权益亦称自有资本,是指企业所有者对企业净资产的所有权。从数量上看,它是资产减去负债后的剩余,分为实收资本、资本公积、盈余公积和未分配利润。实收资本是投资者投入的、在工商管理部门注册登记的实际投入资本。投资者投入资本超过实收资本的部分是资本公积。盈余公积

是按有关程序和比例留用的利润，包括公益金、法定盈余公积和任意盈余公积。未分配利润是企业尚未分配的经营成果。所有者权益按权益的永久性程度排列，永久性大的在先，永久性小的在后。

2.资产负债表结构分析。根据资产负债表的结构，可以了解和判断企业的下列情况：

（1）企业拥有财务资源的数量和规模。

（2）企业资产的流动性。流动性是指资产转化为现金（含存款）或清偿债务的时间长短。流动性强，说明企业的偿债能力强，经营的安全程度高；流动性强弱根据流动资产的比重判断。例如，甲企业流动资产占全部资产的比例为40%，乙企业流动资产占全部资产的比例为30%，则甲企业的资产流动性大于乙企业。如果丙企业的流动资产占全部资产的比例也为40%，是否就可以判断甲、丙企业的资产流动性相等？不一定。倘若甲企业的流动资产当中，现金占50%，应收账款占20%，存货占30%；丙企业的流动资产当中，现金占20%，应收账款占20%，存货占60%。显然，甲企业的资产流动性比丙企业强。

（3）长期资本适合率。长期资本适合率是指企业长期资产与长期资金来源的比值或企业长期投资和固定资产与长期负债和所有者权益之间的比值。即：

$$长期资本适合率=(长期投资+固定资产)\div(长期负债+所有者权益)\times100\%$$

其比值超过100%，表明不适合，企业需要用短期负债来支撑长期投资或被固化为难以变现的资产。其比值低于100%，表明适合。

（4）企业资本结构。企业资本结构是指企业长期资金来源中长期负债与所有者权益的比例关系。一般在企业总资产报酬率高于借款利率的条件下，长期负债比重大，有利于提高企业净资产报酬率；但是也因此增大了企业的财务风险。反之，减少长期负债比重，有利于降低企业的财务风险，但净资产报酬率也会因为缺少财务杠杆而下降。孰轻孰重，企业需要仔细权衡。

（5）企业财务弹性。企业财务弹性是指企业为适应事先未预料的需要和机会，改变现金流的流量与时间的能力。财务弹性强的企业，应对危机和抓住机遇的能力要强，一般而言，其失败的风险较小，成功的希望较大。财务弹性大小，根据资产质量、债务结构和权益结构分析确定。

简要分析：该企业规模不大，总资产为3 200万元。流动资产占总资产的38%，流动性一般。长期资本适合率为76%，较好。资本结构为1：2，财务风险较小。由于应收账款与存货占流动资产比重较大（67%），固定资产成新率不到六成（59%），资产负债率为53%，尚有400万元的未分配利润（占所有者权益27%），所以该企业筹资弹性不大。

表 6-1　某企业某年 12 月 31 日资产负债表　　单位:万元

资　产	金　额	负债及所有者权益	金　额
流动资产		流动负债	
货币资金	400	短期借款	250
应收账款	300	应付账款	450
存货	500	流动负债小计	700
流动资产小计	1 200	长期负债	
长期投资	600	长期借款	1 000
固定资产		所有者权益	
固定资产原价	2 200	实收资本	300
减:累计折旧	900	资本公积	200
固定资产净值	1 300	盈余公积	600
无形资产	100	未分配利润	400
		所有者权益小计	1 500
合计	3 200	合计	3 200

(二)利润表结构分析

1.利润表内容与结构。利润表亦称损益表,是反映企业在一定会计期间内(年度、半年度、季度或月度)取得经营成果的会计报表。它根据利润形成过程,分步骤依次排列有关收入、成本和费用项目。第一步,以主营业务收入为基础,减去主营业务成本和主营业务税金及附加,计算出主营业务利润;第二步,以主营业务利润为基础,加上其他业务利润,减去营业费用、管理费用、财务费用,计算出营业利润;第三步,在营业利润基础上,加上投资收益、补贴收入、营业外收入,减去营业外支出,计算出利润总额;第四步,从利润总额中减去所得税,计算出净利润。

主营业务收入是指企业在销售商品、提供劳务以及让渡资产使用权等日常活动中所产生的收入。主营业务成本是指企业在销售商品、提供劳务以及让渡资产使用权等日常活动中所发生的实际成本。主营业务税金及附加是指企业在日常活动中应负担的税金及附加,包括营业税、消费税、资源税、城市维护建设税、土地增值税和教育费附加等。其他业务利润是其他业务收入减去其他业务支出的差额,其中,其他业务收入(支出)是指除主营业务以外的其他销售收入(支出),包括材料销售、代购代销、包装物出租、提供劳务等的收入(支出)。营业费用亦称销售费用,是企业在销售商品过程中发生的费用,包括运输费、装卸费、包装费、展览费、广告费、销售机构开支、业务费、销售人员工资等。管理费用是指为组织和管理企业生产经营活动而发生的费用,包括所有企业管理部门发生的和应由本企业分担的上级公司管理费用。财务费用是企业为筹集资金而发生的费用,包括借款利息支出净额、汇兑损失净额以及相关手续费等。投资收益是指企业对外投资取得的收益或损失。补贴收入是指企业按规定收到的国家给予企业的有关补贴,如财政扶持补贴、退税等。营业外收入(支出)是指企业发生的与生产经营无直接关系的各项收入(支出),包括固定资产盘盈(盘亏)、处置固定资产净收益(净损失)、出售无形资产净收益(净损失)、债务重组收益(损失)等。

2.利润表结构分析。分析利润表结构可以掌握的情况是:

(1)了解企业的获利能力、盈利空间和管理业绩。收入与成本、费用之间的差额大小决定企业的利润空间。利润空间大,表明企业的经营有成效(无论是差异化经营还是低成本运作),管理有效率。

(2)了解企业利润的主要来源和构成。一般而言,主营业务利润应是企业利润的主要来源(主流),其他业务利润是辅助来源(支流),而营业外收支净额则是不稳定的偶然性的来源,如果三者比例关系颠倒,就需要进一步分析其原因。因为企业的资源主要是投放在主营业务方面,如果在这方面的收益反而不如其他方面,要么说明企业的经营方向或经营战略出了问题,要么说明企业的经营管理不善,要么说明企业在操纵利润等。

(3)根据企业利润的来源和构成,判断企业的经营方向和性质。如果主要来源于营业利润,说明企业是以生产经营为主,产权经营为辅(参股);如果主要来源于投资收益,说明企业是以产权经营为主(控股),生产经营为辅。

对利润表的分析可以通过企业盈亏状态分析框架进行。根据有关项目的排列组合关系,企业可能出现的盈亏状态有 27 种,见表 6-2。

表6-2 企业盈亏状态分析框架

盈亏状态	主营业务利润	营业利润	利润总额	净利润	数理分析
1	+	+	+	+	营业盈利,利润来源与资源分布相称,企业盈利能力强
2	+	+	0	0	生产经营盈利,但对外投资亏损或营业外开支较大,导致企业无利润
3	+	+	-	-	生产经营盈利,但对外投资亏损严重或营业外开支过大,最终导致企业亏损
4	+	0	+	+	期间费用过高或毛利过少,导致营业亏损,但对外投资收益好或有较大的营业外收入,使企业还能够盈利
5	+	0	0	0	销售毛利空间小或期间费用开支大,使盈亏持平,无对外投资或对外投资无效益,营业外收支正好相抵
6	+	0	—	-	销售毛利空间小或期间费用开支大,使营业持平,因对外投资效益不好,最终导致亏损
7	+	-	+	+	虽然主营业务有毛利,但过高的期间费用导致出现营业亏损,只有靠产权经营或对外投资收益维持盈利
8	+	-	0	0	销售毛利空间小或期间费用开支大导致营业亏损,因对外投资有效益,最终弥补了亏损
9	+	-	-	-	虽然有毛利,但过高的期间费用导致出现营业亏损,对外投资效益不好或营业外开支过大,使企业出现亏损
10	0	+	+	+	尽管主营业务没有毛利,但是其他销售利润大于期间费用,对外投资效益不错或营业外收入高,使企业盈利
11	0	+	0	0	主营业务无毛利,其他销售利润大于期间费用,对外投资收益不好或营业外支出过大,使企业无利润
12	0	+	-	-	主营业务无毛利,其他销售利润大于期间费用,对外投资收益不好或营业外支出过大,使企业出现亏损
13	0	0	+	+	主营业务无毛利,由于其他销售利润抵补了期间费用,未出现经营亏损,由于对外投资效益不错或营业外收入高,使企业盈利
14	0	0	0	0	主营业务无毛利,由于其他销售利润抵补了期间费用,未出现经营亏损,无对外投资收益或营业外收支平衡,使企业持平
15	0	0	-	-	主营业务无毛利,由于其他销售利润抵补了期间费用,未出现经营亏损,由于对外投资效益不好或营业外支出过高,使企业亏损

续表

盈亏状态	主营业务利润	营业利润	利润总额	净利润	数理分析
16	0	-	+	+	主营业务无毛利，也没有其他销售利润或其不足以抵补期间费用，导致经营亏损，由于对外投资效益不错或营业外收入高，使企业盈利
17	0	-	0	0	主营业务无毛利，也无其他销售利润或其不足以抵补期间费用，导致经营亏损，由于对外投资效益不错或营业外收入高，才使企业持平
18	0	-	-	-	主营业务无毛利，也无其他销售利润或其不足以抵补期间费用，导致经营亏损，由于对外投资效益不佳或营业外支出过高，使企业亏损
19	-	+	+	+	主营业务亏损，靠其他业务利润弥补了期间费用并维持营业盈利，对外投资效益好或有较高的营业外收入，使企业盈利
20	-	+	0	0	主营业务亏损，靠其他业务利润弥补了期间费用并维持营业盈利，对外投资效益较好或有较高的营业外收入，才使企业持平
21	-	+	-	-	主营业务亏损，靠其他业务利润弥补了期间费用并维持营业盈利，对外投资效益不好或有较高的营业外支出，导致企业亏损
22	-	0	+	+	主营业务亏损，其他业务利润正好弥补了期间费用，对外投资效益较好或有较高的营业外收入，使企业盈利
23	-	0	0	0	主营业务亏损，其他业务利润正好弥补了期间费用，对外投资无效益或营业外收支持平，使企业持平
24	-	0	-	-	主营业务亏损，无其他业务利润或其不足以弥补期间费用，经营出现亏损，对外投资效益不好或有较高的营业外支出，使企业亏损
25	-	-	+	+	生产经营和其他经营项目全面亏损，靠对外投资的效益或较高的营业外收入来维持盈利
26	-	-	0	0	生产经营和其他经营项目全面亏损，靠对外投资的效益或较高的营业外收入来弥补亏损，最终使企业持平
27	-	-	-	-	主营项目和非主营项目全面亏损，企业面临破产危局

注："+"表示盈利，"0"表示盈亏平衡，"-"表示亏损。

利用盈亏状态分析框架，只能够从项目之间的数理关系角度来进行分析，其对盈亏的程度和具体原因的分析还不够，需要针对具体企业的具体报表来进行分析。对某企业年度利润表（表 6-3）的简要分析如下：

表6-3　利润表

编制单位：　　　　　　　　　　　　　　　　　　　　　　　　　　　单位：万元

项　目	本月数	本年累计数
一、主营业务收入		4 800
减：主营业务成本		-2 800
主营业务税金及附加		-400
二、主营业务利润		1 600
加：其他业务利润		500
减：营业费用		-700
管理费用		-300
财务费用	（略）	10
三、营业利润		1 110
加：投资收益		190
补贴收入		20
营业外收入		150
减：营业外支出		-120
四、利润总额		1 350
减：所得税		-446
五、净利润		904

根据年度利润表，主营业务销售利润率为33%，利润空间大，表明企业盈利能力强，管理有效率。主营业务利润大于其他业务利润，其他业务利润大于投资收益，投资收益大于营业外收支净额，从利润来源看，与企业资源分布相称，属于盈亏状态分析框架中的第一种状态，全面正常。

（三）现金流量表结构分析

1.现金流量表内容与结构。现金流量表是反映企业在一定会计期间以内现金及现金等价物的流入量和流出量的会计报表（见表6-4）。该表分成三部分，按照经营活动产生的现金流量、投资活动产生的现金流量、筹资活动产生的现金流量的顺序自上而下排列，每一部分里面又按照现金流入、现金流出、现金流量净额顺序排列。

经营活动产生的现金流量包括销售商品、提供劳务收到的现金,收到的税费返还,收到的其他与经营活动有关的现金;购买商品、劳务支付的现金,支付给职工以及为职工支付的现金,支付的各项税费,支付的其他与经营活动有关的现金。

投资活动产生的现金流量包括收回投资所收到的现金,取得投资收益收到的现金,处置固定资产、无形资产和其他长期资产所收回的现金净额,收到的其他与投资活动有关的现金;购建固定资产、无形资产和其他长期资产所支付的现金,投资所支付的现金,支付的其他与投资活动有关的现金。

筹资活动产生的现金流量包括吸收投资所收到的现金,借款所收到的现金,收到的其他与筹资活动有关的现金;偿还债务所支付的现金,分配股利、利润或偿付利息所支付的现金,支付的其他与筹资活动有关的现金。

表 6-4 现金流量表

项　　目	金　　额
一、经营活动产生的现金流量	
销售商品、提供劳务收到的现金	
收到的税费返还	
收到的其他与经营活动有关的现金	
经营活动现金流入小计	
购买商品、接受劳务收到的现金	
支付给职工以及为职工支付的现金	
支付的各项税费	
支付的其他与经营活动有关的现金	
经营活动现金流出小计	
经营活动产生的现金流量净额	
二、投资活动产生的现金流量	
收回投资所收到的现金	
取得投资收益所收到的现金	
处置无形资产、固定资产和其他长期资产所收回的现金净额	
收到的其他与投资活动有关的现金	
投资活动现金流入小计	
购建无形资产、固定资产和其他长期资产所支付的现金	

续表

项目	金额
投资所支付的现金 支付的其他与投资活动有关的现金 投资活动现金流出小计 投资活动产生的现金流量净额	
三、筹资活动产生的现金流量 吸收投资所收到的现金 借款所收到的现金 收到的其他与筹资活动有关的现金 筹资活动现金流入小计 偿还债务所支付的现金 分配股利、利润或偿付利息所支付的现金 支付的其他与筹资活动有关的现金 筹资活动现金流出小计 筹资活动产生的现金流量净额	
四、汇率变动对现金的影响	
五、现金及现金等价物净增加额	

2.现金流量表结构分析。根据现金流量表结构分析,企业有三种不同的活动,每一种活动都会导致三种结果:现金净流量为正、为零、为负;最后综合的结果也是三种:现金净流量总额为正、为零、为负。按照数学上的排列组合原理,所有的现金流状态一共是81(3×3×3×3)种,根据逻辑关系剔除其中不可能出现的30种状态,还有51种现金流状态,其分析框架如表6-5所示。

表6-5 企业现金流状态分析框架

现金流状态	经营活动现金净流量	投资活动现金净流量	筹资活动现金净流量	现金净流量总额	数理分析
1	+	+	+	+	三种活动皆产生现金净流入量,现金富裕
2	+	+	0	+	经营与投资皆带来现金净流入量,未筹资,现金富裕

续表

现金流状态	经营活动现金净流量	投资活动现金净流量	筹资活动现金净流量	现金净流量总额	数理分析
3	+	+	−	+	经营与投资皆带来现金净流入量且大于还款额，现金富裕
4	+	+	−	0	经营与投资产生的现金净流入量之和等于还款额，现金平衡
5	+	+	−	−	经营与投资产生的现金净流入量之和小于还款额，现金短缺
6	+	0	+	+	经营与筹资皆带来现金净流入量，未投资，现金富裕
7	+	0	0	+	经营产生现金净流入量，未筹资，未投资或投资收支平衡，现金富裕
8	+	0	−	+	经营产生现金净流入量大于还债额，未投资，现金富裕
9	+	0	−	0	经营产生现金净流入量等于还债额，未投资，现金平衡
10	+	0	−	−	经营产生现金净流入量小于还债额，未投资，现金短缺
11	+	−	+	+	经营与筹资皆带来现金净流入量，虽正在投资，但现金也富裕
12	+	−	+	0	经营和筹资所带来的现金净流入量与投资支出平衡
13	+	−	+	−	经营和筹资所带来的现金净流入量小于投资支出，现金短缺
14	+	−	0	+	经营现金净流入量大于投资支出，未筹资，现金富裕
15	+	−	0	0	经营现金净流入量等于投资支出，未筹资，现金平衡
16	+	−	0	−	经营现金净流入量小于投资支出，未筹资，现金短缺
17	+	−	−	+	经营现金净流入量大于投资支出和还债额，现金富裕
18	+	−	−	0	经营现金净流入量等于投资支出和还债额，现金平衡
19	+	−	−	−	经营现金净流入量小于投资支出和还债额，现金短缺
20	0	+	+	+	投资产生收益，筹资有所得，经营现金收支平衡，现金富裕
21	0	+	0	+	未筹资，投资有收益，经营现金收支平衡，现金富裕
22	0	+	−	+	经营现金收支平衡，投资收益大于还债额，现金富裕
23	0	+	−	0	经营现金收支平衡，投资收益与还款额相等，现金平衡
24	0	+	−	−	经营现金收支平衡，投资收益小于还款额，现金短缺
25	0	0	+	+	经营与投资现金收支平衡，或无投资，有筹资收入，现金富裕
26	0	0	0	0	经营与投资现金收支平衡，或无投资，无筹资收入，现金平衡
27	0	0	−	−	经营现金收支平衡，无投资或投资现金收支平衡，正在还债，现金短缺
28	0	−	+	+	经营现金收支平衡，筹资净收入大于投资净支出，现金富裕

续表

现金流状态	经营活动现金净流量	投资活动现金净流量	筹资活动现金净流量	现金净流量总额	数 理 分 析
29	0	-	+	0	经营现金收支平衡,筹资净收入等于投资净支出,现金平衡
30	0	-	+	-	经营现金收支平衡,筹资净收入小于投资净支出,现金短缺
31	0	-	0	-	经营现金收支平衡,无筹资收入,有投资净支出,现金短缺
32	0	-	-	-	经营现金收支平衡,有投资净支出且正在还债,现金短缺
33	-	+	+	+	投资收益与筹资额之和大于经营现金净流出量,现金富裕
34	-	+	+	0	投资收益与筹资额之和等于经营现金净流出量,现金平衡
35	-	+	+	-	投资收益与筹资额之和小于经营现金净流出量,现金短缺
36	-	+	0	+	投资收益大于经营现金净流出量,无筹资收入,现金富裕
37	-	+	0	0	投资收益等于经营现金净流出量,无筹资收入,现金平衡
38	-	+	0	-	投资收益小于经营现金净流出量,无筹资收入,现金短缺
39	-	+	-	+	投资收益大于经营现金净流出量与还债额之和,现金富裕
40	-	+	-	0	投资收益等于经营现金净流出量与还债额之和,现金平衡
41	-	+	-	-	投资收益小于经营现金净流出量与还债额之和,现金短缺
42	-	0	+	+	筹资额大于经营现金净流出量,无投资或投资收支相抵,现金富裕
43	-	0	+	0	筹资额等于经营现金净流出量,无投资或投资收支相抵,现金平衡
44	-	0	+	-	筹资额小于经营现金净流出量,无投资或投资收支相抵,现金短缺
45	-	0	0	-	无筹资,无投资或投资收支相抵,经营现金收不抵支,导致现金短缺
46	-	0	-	-	无投资或投资收支相抵,经营现金收不抵支,正在还债,现金短缺
47	-	-	+	+	筹资净额大于经营现金净流出量与投资净支出之和,现金富裕
48	-	-	+	0	筹资净额等于经营现金净流出量与投资净支出之和,现金平衡
49	-	-	+	-	筹资净额小于经营现金净流出量与投资净支出之和,现金短缺
50	-	-	0	-	无筹资收入,经营现金收不抵支,还在扩大投资,现金短缺
51	-	-	-	-	经营现金收不抵支,一边还债一边扩大投资,现金极其短缺

注:"+"表示数额大于零,"0"表示数额为零,"-"表示数额小于零。

三、企业财务报表比较分析

阅读企业财务报表，并对企业财务报表进行结构分析，还不能够完全判断出“好”与“不好”。没有比较就没有鉴别，通过对不同时期的企业财务报表的对比分析，可以了解企业财务状况和经营成果的变化趋势；通过对行业标准财务报表或竞争对手财务报表的对比分析，可以了解企业在竞争中所处的位置。

（一）纵向比较

纵向比较是企业对不同时期的企业财务报表进行比较。表6-6是三个会计年度利润表的比较，对其简要分析如下：

2001年度的净利润比上年度增长37%，2002年度的净利润比2001年度增长45%，平均每年增长41%，说明该企业的净利润在逐年大幅度递增，如果净资产规模没有扩大，则表明其净资产报酬率也在逐年提升，企业的盈利能力很强，并处于不断增强的状态。其主要原因为：主营业务收入以每年22%的速度增长，相应的主营业务成本和主营业务税金及附加以每年16%的速度增长，比起收入增长，无论是速度还是数额都要低；总收入量（主营业务收入+其他业务利润+投资收益+补贴收入+营业外收入）以每年平均22%的速度增长，总成本费用（主营业务成本+主营业务税金及附加+营业费用+管理费用+财务费用+营业外支出+所得税）以每年19%的速度增长，也比收入增长速度慢。

表6-6 多期财务报表比较分析（利润表）

编制单位： 单位：万元

项　目	2000年	2001年	2002年
一、主营业务收入	3 200	4 000	4 800
减：主营业务成本	-2 100	-2 500	-2 800
主营业务税金及附加	-260	-320	-400
二、主营业务利润	840	1 180	1 600
加：其他业务利润	300	400	500
减：营业费用	-400	-550	-700
管理费用	-230	-270	-300
财务费用	6	8	10

续表

项　　目	2000年	2001年	2002年
三、营业利润	516	768	1 110
加:投资收益	94	122	190
补贴收入	10	15	20
营业外收入	200	105	150
减:营业外支出	-140	-80	-120
四、利润总额	680	930	1 350
减:所得税	-224	-307	-446
五、净利润	456	623	904

(二)横向比较

横向比较是将企业的财务报表与其他企业或行业平均水平的财务报表进行比较。行业平均水平的财务报表又称标准财务报表,是根据行业财务指标统计平均数确定的财务报表构成编制的报表。假设表6-7是根据某行业财务指标统计平均数确定的财务报表构成,则表6-8就是标准财务报表与企业实际财务报表的对比结果。

表6-7　某行业标准资产负债表构成

流动资产:	50%	负债:	45%
速动资产 20%		流动负债 30%	
盘存资产 30%		长期负债 15%	
长期投资:	10%	所有者权益:	55%
固定资产:	35%	实收资本 25%	
无形资产:	5%	公积金 20%	
		未分配利润 10%	
总计	100%	总计	100%

表 6-8 比较资产负债表 单位:百万元

项 目	标准	实际	差异	项 目	标准	实际	差异
流动资产 50%	400	300	-100	负债 45%	360	420	+60
速动资产 20%	160	120	-40	流动负债 30%	240	280	+40
盘存资产 30%	240	180	-60	长期负债 15%	120	140	+20
长期投资 10%	80	100	+20	所有者权益 55%	440	380	-60
固定资产 35%	280	360	+80	实收资本 25%	200	180	-20
无形资产 5%	40	40		公积金 20%	160	90	-70
				未分配利润 10%	80	110	+30
总 计	800	800		总计	800	800	

根据表 6-8 做如下简要分析:

从资产方面看,固定资产和长期投资比重较大,流动资产比重较少;资产固化程度高,并且超过自有资本,不得不加大负债,使企业的资产负债率高于行业平均水平;而且,由于流动资产比重下降,使得资产流动性下降,资金周转速度也会减慢。

从负债方面看,负债比例高于行业水平,其资产负债率为 53%,高于行业 45%的平均值,企业因此承担的财务风险也比行业平均值要大得多。

从所有者权益方面看,自有资本比重低于行业水平,尤其是公积金更低,这对企业发展不利。但是,未分配利润却过多,看来当期经营成果不错。保留大量未分配利润,说明企业面临要求分红的股东压力和要求多提公积金、控制财务风险的双重压力,并且两种意见相持不下。

四、企业财务比率分析

企业财务比率是两个财务指标的比值,即把财务报表中的相关项目的金额相互对比,据以计算一系列财务比率,以此来揭示、分析企业的财务状况和经营业绩。所谓相关项目可以取自一张财务报表,也可以取自不同的财务报表。不论如何选择,都要保证相互比较的项目之间存在逻辑联系,这样才能够具有一定的经济意义。通常,人们利用财务比率分析企业的盈利能力、偿债能力和营运能力。

(一)企业盈利能力分析

反映企业盈利能力的财务比率不少,常用的是销售净利率、总资产收益率、净资产

收益率、资本保值增值率。

1.销售(营业)净利率。销售(营业)净利率是净利润与主营业务收入之比,是正指标,表明每百元的主营业务收入能实现多少净利润,比率越高,盈利能力越强。其计算公式:

销售(营业)净利率=(净利润÷主营业务收入)×100%

与本指标接近但口径有些出入的指标是销售利润率(分子为利润总额)、产品销售利润率(产品销售利润与产品销售收入之比)。

2.总资产收益率。总资产收益率亦称总资产报酬率,是正指标,其计算公式为:

总资产收益率=(利润总额÷总资产年均余额)×100%

其中,总资产年均余额=(总资产年初余额+总资产年末余额)÷2;该比率反映企业资产利用的综合效果,比率越高,企业财务资源的综合利用效果越好。

3.净资产收益率。净资产收益率亦称股东权益收益率或净资产报酬率,是正指标,其计算公式:

净资产报酬率=(净利润÷净资产年均余额)×100%

其中,

净资产年均余额=(净资产年初余额+净资产年末余额)÷2

该比率反映企业所有者投资的获利能力,比率越高,企业所有者投资的获利能力越强。

4.资本保值增值率。资本保值增值率反映企业所有者投资保值增值情况,其计算公式为:

资本保值增值率=期末所有者权益÷期初所有者权益

这一指标是正指标,比率越高,说明自有资本的增值能力越强。

(二)企业偿债能力分析

偿债能力包括短期偿债能力和长期偿债能力两个方面。分析短期偿债能力的常用财务比率是流动比率、速动比率和现金比率。分析长期偿债能力的常用财务比率是资产负债率、利息保障倍数以及长期负债与运营资金的比率。

1.流动比率。流动比率是流动资产与流动负债的比率,表示企业用其流动资产偿还流动负债的能力。其计算公式为：

流动比率=流动资产÷流动负债

该比率是正指标，比值越高，说明企业偿还短期债务的能力越强。国际上通常认为该比率保持在2∶1比较合理，其理由是流动资产中有一半是变现能力弱的存货资产，剩下的一半流动性强的流动资产至少要等于流动负债，才能保证企业具备必要的短期偿债能力。

2.速动比率。速动比率亦称酸性测试比率，是流动资产中扣除存货后的那部分资产（速动资产）与流动负债的比率。其计算公式为：

速动比率=速动资产÷流动负债

该比率是正指标，比率越高，说明企业偿还短期债务的能力越强。国际上通常认为该比率保持在1∶1以上比较合理，其理由是速动资产至少要等于流动负债，才能使企业的短期偿债能力得到保障。

3.现金比率。现金比率是货币资金与流动负债的比率，表示企业用货币资金偿还流动负债的能力。其计算公式：

现金比率=货币资金÷流动负债

该比率是正指标，比值越高，说明企业偿还短期债务的能力越强。国际上通常认为该比率保持在1∶2比较合理，因为流动负债是一年以内需要偿还的债务，并不需要立刻全部一次性偿还，只要保持能够及时偿还一半以上流动负债的现金支付能力，企业就具备了必要的短期偿债能力。

4.资产负债率。资产负债率是企业负债总额占资产总额的百分比。其计算公式为：

资产负债率=（负债总额÷资产总额）×100%

该比率表示企业用总资产偿还债务的保证程度。对企业来说，该比率意味着财务风险的大小；对债权人来说，它意味着向企业提供信贷资金的风险。从理论上看，由于企业总资产是由自有资金和借入资金两部分组成的，只有当资产负债率等于或小于50%时，借入资金才能等于或小于自有资金，因而才表示企业具备了足够的偿债能力。但实际上，只要企业资金周转速度快，盈利能力强，即使资产负债率突破50%，也并不意味着企业的偿债能力弱。

5.利息保障倍数。利息保障倍数是税息前利润与利息费用之比。其计算公式为：

利息保障倍数=税息前利润÷利息费用

该比率表示利润对支付利息的保障程度,是正指标,该比率越高,利润对支付利息的保障程度越高。因为利息的实质是对企业盈利的分配,所以只有该比率大于1,利息的支付才有保证。

(三)企业营运能力分析

从财务角度看,企业营运能力体现在资金周转速度上。资金周转速度越快,说明企业资金利用效率越高,管理能力也越强。营运能力分析的财务比率是流动资产周转率、存货周转率、应收账款周转率。

1.流动资产周转率。流动资产周转率是反映流动资产周转速度的财务比率。其表现形式有两种:一种是流动资产周转次数,表明在一定时间范围内(如一年)流动资产能够周转的次数,是正指标,周转次数越多,表明周转速度越快;另一种是流动资产周转天数,表明流动资产完成一次周转所需要的时间(天数),是反指标,周转天数越多,表明周转速度越慢,周转天数越少,周转速度越快。其计算公式为:

$$\text{流动资金周转率(次数)}=\frac{\text{销售收入}}{\text{流动资产平均余额}}=\frac{\text{销售收入}}{\text{(期初流动资产+期末流动资产)}\div 2}$$

$$\text{流动资金周转率(天数)}=\frac{360}{\text{流动资金周转次数}}=\frac{\text{流动资产平均余额}\times 360}{\text{销售收入}}$$

2.存货周转率。存货周转率是反映存货周转速度的财务比率。其表现形式也有两种:一种是存货周转次数,表明在一定时间范围内(如一年)存货能够周转的次数,是正指标,周转次数越多,表明周转速度越快;另一种是存货周转天数,表明存货完成一次周转所需要的时间(天数),是反指标,周转天数越多,表明周转速度越慢,周转天数越少,周转速度越快。其计算公式为:

$$\text{存货周转率(次数)}=\frac{\text{销货成本}}{\text{存货平均余额}}=\frac{\text{销货成本}}{\text{(期初存货+期末存货)}\div 2}$$

$$\text{存货周转率(天数)}=\frac{360}{\text{存货周转次数}}=\frac{\text{存货平均余额}\times 360}{\text{销货成本}}$$

3.应收账款周转率。应收账款周转率是反映应收账款变现速度的财务比率。其表现形式有两种:一种是应收账款周转次数,表明在一定时间范围内(如一年)应收账款变为现金的次数,是正指标,周转次数越多,表明变现速度越快;另一种是应收账款周转天数,表明企业从取得应收账款的权利到收回款项、转化为现金所需的时间(天数),是反

指标，周转天数越多，表明变现速度越慢，周转天数越少，变现速度越快。其计算公式为：

$$应收账款周转率(次数)=\frac{销售收入}{应收账款平均余额}=\frac{销售收入}{(期初应收账款+期末应收账款)\div 2}$$

$$应收账款周转率(天数)=\frac{360}{应收账款周转次数}=\frac{应收账款平均余额\times 360}{销售收入}$$

需要说明的是，公式中的"销售收入"包含了赊销和现金销售两部分，后者从理论上是说不通的，应将"销售收入"改为"赊销额"，但是在缺乏赊销额资料的情况下，用"销售收入"来代替也不是不行，只要保持历史一贯性，这种近似计算对指标的影响就不大。

五、企业财务综合分析

利用财务比率分析企业的财务状况和经营业绩，是从某一特定的角度对企业的某一方面进行分析，它不足以全面评价企业的总体财务状况和经营业绩。为了弥补这一不足，可将有关指标按其内在联系或代表面组合起来，进行综合分析。企业财务综合分析的方法不少，这里着重介绍杜邦分析法、综合系数分析法和企业效绩评价法。

（一）杜邦分析法

杜邦分析法是利用各主要财务比率之间的内在联系，建立起以净资产收益率为总纲的财务指标体系及其分析模型，来综合地分析、评价企业财务状况和经营业绩的方法。由于这种财务比率分析综合模型是由美国杜邦公司最先设计和使用的，故名杜邦分析法或杜邦分析模型(The Du Pont System)。

净资产收益率是杜邦分析模型的龙头指标，它可以分解为资产净利率乘以所有者权益乘数(权益资产率)；资产净利率分解为销售净利率与资产周转率的乘积，权益资产率分解为总资产与所有者权益的比率；销售净利率分解为净利润与销售收入的比率；资产周转率分解为销售收入与资产总额的比率；资产总额分解为各项具体资产之和，所有者权益分为各个具体权益项目之和等。图 6-1 是杜邦分析模型示意图。

从杜邦分析模型，可以了解以下财务情况：

净资产收益率是综合性最强的财务比率，是杜邦分析模型的核心，它集中体现了企业的经营业绩，是投资者和经营者最关注的财务信息。其比率高低，反映了企业盈利能力的强弱。由于它与其他比率的关联性，它的高低不仅仅取决于资产收益率的高低，还取决于所有者权益的比重。所以，它是企业资产运用效率和融资状况的综合体现。资产收益率也是一个重要的财务比率，它是销售净利率和资产周转率的乘积。要提高销

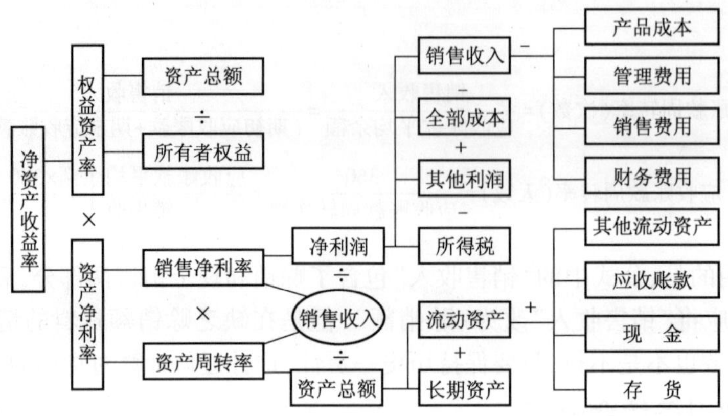

图 6-1 杜邦分析模型

售净利率就要扩大销售收入、降低经营成本,因此要进一步分析各项成本变动对利润的影响,并寻求降低成本费用的途径;要加速资金周转就要降低资金占用,因此要分析和调整资产结构等等。可见,资产收益率也是销售成果与资产管理效果的综合体现。总之,根据杜邦分析模型,有利于分析指标变动的原因和趋势,为进一步深化分析和采取措施指明了方向。

(二) 综合系数分析法

综合系数分析法是以标准财务比率为依据,通过实际比率与标准比率的对比,来综合评价企业财务状况的方法。其要点是:根据选定若干能够反映各方面情况的财务比率,按其重要程度,给定一个权重(重要性系数),总和为 1;将实际财务比率与标准财务比率进行比较,计算出每项指标的关系比值,根据关系比值与重要性系数的乘积得出综合系数,汇总综合系数并用于判断企业的财务状况。表 6-9 是财务比率综合系数分析法的运用举例。

表 6-9 财务比率综合系数分析表

指标	重要性系数	标准值	实际值	关系比率	综合系数
1	2	3	4	5＝4÷3	6＝2×5
流动比率	0.15	2	1.8	0.90	0.14
速动比率	0.1	1	1.10	1.10	0.11

续表

指标	重要性系数	标准值	实际值	关系比率	综合系数
资产负债率	0.10	0.4	0.5	1.25	0.13
应收账款周转率	0.05	6	7	1.17	0.06
存货周转率	0.10	4	5	1.25	0.13
总资产周转率	0.15	1.5	2	1.33	0.20
销售净利率	0.10	18%	20%	1.11	0.11
总资产收益率	0.10	5%	6%	1.2	0.12
净资产收益率	0.15	15%	17%	1.13	0.17
合计	1				1.17

本例中,综合系数1.17与1有较大的差异,说明该企业与行业平均水平或标准比率之间有距离。这种差距是有利差距,因为各个比率比较的结果,基本上都比标准比率要好(除了资产负债率和流动比率略差),即使财务风险有所增加,偿债能力并未下降(速动比率指标为1.1),而且由于盈利能力和营运能力都提高了,所以财务情况是好的。

采用财务比率综合系数进行分析评价,其效果取决于四个环节:第一,指标选择。既要选择有代表性、能够综合反映企业全貌的指标,又要注意指标间的相关程度,相关程度高的指标不宜选择过多。第二,标准确认。是用行业平均水平还是用行业先进水平,抑或竞争对手水平,要根据企业的实际情况决定。比出落后差距,催人奋进,但如果差距太大,也会使人丧失信心;比出领先差距,令人自信,但如果差距太大,易使人缺乏危机感,骄傲自满、故步自封。第三,权重选择。孰轻孰重,要依企业战略导向和管理要求来定。第四,用途及人员选择。如果是用于自我分析,对操作人员没有严格限制;如果是用于考核评价,需要由具有独立性的专家来负责。

(三)企业效绩评价法

无论杜邦分析模型还是财务比率的综合系数分析,都只是注重了对财务信息的利用,没有对非财务信息予以关注。虽然财务信息具有综合性、全面性的特点,但是仍然有些情况概括不进来,如经营者素质、员工素质、基础管理、企业学习能力等等,由中华人民共和国财政部、国家经济贸易委员会、中共中央企业工作委员会、劳动和社会保障部、国家发展计划委员会在原有《国有资本金效绩评价操作细则》的基础上共同修改制

定了《企业效绩评价操作细则》,为全方位评价国有企业的业绩提供了操作方法和标准(相关内容详见本书第四章)。

第三节　财务管理基础咨询

对企业财务状况的分析和判断离不开财务信息,信息的数量和质量往往决定了分析和判断结果的正确程度。虽然有关法律制度规定了财务报告的种类和内容,明确了财务信息的数量和质量要求,但是,由于种种原因,咨询者所看到的财务信息未必都能够符合其在数量上和质量上的要求。撇开人为因素不说,对于财务管理基础工作好坏不同的企业,各自所提供的财务信息的数量和质量是不同的。管理基础好的企业,其财务信息的供应数量和质量特征符合要求的程度高;管理基础差的企业,其财务信息的供应数量和质量特征符合要求的程度低。根据不充分的信息和不符合质量要求的信息,来分析和判断企业的财务状况,容易造成失误,因此要慎重对待。如何辨别其财务信息的可靠程度,这需要了解企业的财务管理基础工作。

一、计量与计价工作

财务信息是量化的信息。量化财务信息有两个重要方面:一是对象的量化,如要购进多少公斤的原材料,要提供多少小时的劳务,要出售多少件产品,凡是具体的业务量均要用一定的计量单位进行量化。二是对象的计价,如原材料的价格、工时费率等。实物计量单位、时间计量单位和货币计量单位是量化对象的主要手段。对管理对象全面、准确、及时地计量和计价,是财务管理基础工作的重要内容。

企业计量与计价工作状况的咨询要点是:计量的物质手段有哪些,是否齐备,是否适用,是否处于良好状态?计量标准的制定、维护与修改,是否有统一的规定?计量工作责任是否落实到人?材料物资采购、劳务购买、半成品转移等如何计价?是否有完善的内部价格制定与调整制度?内部价格的管理责任是否落实?

二、原始记录与原始凭证

原始记录和原始凭证既是财务信息的基础,也是最基本的财务信息,它涉及面广、工作量大,其健全、准确、可靠与否,决定着财务信息的数量与质量。对此需要了解的是:企业的各项业务活动,尤其是涉及交易的事项和考核的内容,是否有完善的记录?

材料物资运输、入库、保管、领用，在制品转移和发出产品的各个环节数量记录是否健全，是否准确？工作量统计与考勤记录是否完备？各项原始记录是否有专人负责？原始记录的内容与格式是否完备和规范等。

三、会计核算系统

会计核算系统是财务信息的采集、加工、分解、归类的工作系统，其工作状况直接关系财务信息的质量。财务信息的质量特征是：合规性、全面性、相关性、真实性和及时性。财务信息的合规程度、覆盖范围大小、相关程度、真实程度和及时程度均是由会计核算系统的工作来决定的。所谓企业会计信息失真、“做假账”等问题，也是通过这个系统发生的。从财务信息质量特征的角度看，咨询要点是：①企业会计制度与国家颁布的《中华人民共和国会计法》《企业会计制度》或相关行业会计制度之间有哪些差异，为什么？制度执行程度如何，哪些执行不了？②财务会计系统与管理会计系统的覆盖面有多宽，是否将企业所有的经济活动都覆盖了？③所提供信息的适用性如何，是否能够满足管理需求？④数据来源是否反映客观、是否可靠，数据加工过程是否合乎制度规定，有无严格的稽核环节？⑤报表汇总与报送的时间是否合乎制度规定，企业能在多长时间内将母公司报表报出？有无快报，最短的报表间隔时间是多少，能够实时报出的信息有哪些？了解会计核算系统工作状况的方法与途径主要是：各种形式的内部审计和外部审计、会计电算化的装备条件和软件运用水平、会计档案的健全程度。

四、制度规范

没有规矩，不成方圆。企业的所有活动都需要在有关规章制度的框架内进行。与财务管理基础密切相关的制度是会计制度、财务制度和审计制度。企业的有关制度是否规范，需要了解的内容主要有：企业及其所属分公司和子公司的会计制度、财务制度和审计制度是否统一？会计科目的核算内容、名称、编号是否统一？会计核算程序是否统一？会计报表的内容、格式、名称、编号、报送时间是否有统一的规定？对资金筹措和投放是否有规定的审批程序和权限划分？对销售收款和往来结算有无统一的规定？对现金收支和银行存款管理有无明确要求？各项开支的批准和报销有无合理合法的具体规定？对各项资产的使用、调配、处置有无统一的规定？是否定期接受外部审计？内部审计的制度和机构是否健全等等。

第四节 企业损益管理与现金收支管理

一、企业损益管理咨询

作为营利性经济组织，追逐利润、避免亏损是企业的天性。企业损益管理主要涉及两个方面：一是利润的形成；二是利润的分配。我们通过本章第二节对企业利润表的分析，已经了解了企业的利润是如何形成的，并知道企业的盈亏状态有27种，其中营业的盈亏状态是生产经营型企业最为关注的一个方面产权经营型企业最关注的则是投资收益和最终的利润。对于生产经营型企业，决定营业损益的主要因素是销售收入、销售成本和期间费用。对于销售成本和期间费用的管理咨询问题，将在第八章里论述，这里要论述的是对销售收入、利润及利润分配的管理。

(一)销售收入管理咨询

当企业的产品单位成本水平和期间费用开支规模基本确定之后，利润的多少就直接由销售收入的高低决定。决定销售收入高低的直接因素是销售产品的数量、质量、价格、品种结构、信用政策及结算方式；间接因素则是企业的营销能力、技术创新能力和制造能力等。对企业营销能力、技术创新能力和制造能力方面的分析，已在第五章里有所介绍，在此论述与销售收入直接相关的因素。

1.销售数量预测咨询。“凡事预则立，不预则废”，对产品销售数量的预测，是企业制订生产经营计划和编制预算的基础。产品销售数量预测咨询的要点是：企业采用什么方法来进行销售量预测？为什么要用这些方法？预测的数据来源是否可靠？预测结果的可信程度有多高？如何改进企业的产品销售预测工作？产品销售量预测的方法主要有时间系列分析法、回归分析法、本量利分析法和市场占有率分析法四种。

(1)时间系列分析法。时间系列分析法亦称趋势外推分析法，其理论依据是以过去推断未来，其前提是假设决定过去销售数量的条件还会在未来重现或发生可以预计的变化，所以根据时间顺序排列下来的以往销售数量来计算平均数，以此作为对未来的预测值。平均数的计算以时期为权数。根据权数的不同确定方式，时间系列分析法分为算术平均法、移动加权平均法和指数平滑法三种。算术平均法将各期数据平等对待，较适合于各期销售量变化不大的情况；移动加权平均法根据越是与未来时期接近的时期，其条件或环境越相似的假设,根据由近及远的顺序给予各期由大到小的权数,较适合于销售量变化趋势基本不变的情况;指数平滑法根据销售量的变化幅度调整平滑指数,确定平滑变化幅度,即实际销售与预测销售之间的差异大,平滑指数取值偏大,反之则相反,指数平滑法较适合于销售量变化趋势较大的情况。三种时间系列法的计算公式为:

$$\text{算术平均法:计划期销售预测数}=\frac{\text{各期销售量之和}}{\text{期数}}$$

$$\text{移动加权平均法:计划期销售预测数}=\frac{\sum\text{各期销售量}\times\text{各期权数}}{\sum\text{各期权数}}$$

$$\text{指数平滑法:计划期销售预测数}=\text{平滑指数}\times\text{上期实际销售量}+(1-\text{平滑指数})\times\text{上期预测销售量}$$

$$\text{平滑指数取值范围}=0.3\sim0.7$$

(2)回归分析法。回归分析法亦称最小平方法或最小二乘法,它是根据数学上最小平方法的原理来确定一个能够代表两个变量数量依存关系的直线方程,并使历史数据与该直线之间的差异平方和最小。设 X 为销售量,T 为时间间隔(年度或月度),a、b 为方程常数(根据历史数据归纳),n 为期数(观测次数),则预测销售量的计算公式为:

$$X=a+bT$$

若 n 为奇数,将“0”置于所有观测期的中央,其余各期数均以±1 递增减;若 n 为偶数,则取 T 的间隔期为 2,即中间相隔两期为+1,其余各期数均以±2 递增减;这样可以使:

$$\sum T=0,a=(\sum X)/n\ ,\ b=(\sum XT)/\sum X^2$$

(3)本量利分析法。本量利分析法(CVP 分析)是根据成本—业务量—利润三者之间的数量关系来预测销售量的分析方法。其销售量的计算公式如下:

$$\text{保本销售量}=\frac{\text{固定成本总额}}{\text{销售价格}-\text{单位产品变动成本}}$$

$$\text{目标利润销售量}=\frac{\text{固定成本总额}+\text{目标利润}}{\text{销售价格}-\text{单位产品变动成本}}$$

(4)市场占有率分析法。市场占有率分析法是以企业在一定时期内的产品市场占有率为依据来预测未来销售量的方法。其计算公式为:

$$\text{计划期销售量预测数}=\text{计划期市场需求量}\times\text{市场占有率}$$

2.产品质量分析。

(1)产品质量要素分析。产品质量高低会对销售数量和销售价格产生直接影响。构成产品质量的要素有两类:一类是产品的自然属性要素;另一类是产品的社会属性要素。自然属性要素有便利性、安全性、耐久性、舒适性、用途多样性等;社会属性要素有时尚、特色、象征、视觉和人群偏好等。自然属性是社会属性的基础,社会属性是自然属性的提升,二者相互作用、相辅相成。

(2)产品性能价格比分析。产品性能价格比的计算公式为:

产品性能价格比=(∑产品性能)/产品价格

这一指标是正指标,表明每一元的代价可以得到的产品性能。

通过对产品质量要素的分析和产品性能与价格的比较可以揭示企业产品质量及质量管理中存在的问题,为妥善处理产品质量、数量、价格三者之间的关系,改善产品质量指明方向和途径。

3.产品价格分析。产品价格水平分析和产品数量价格关系分析是产品价格分析的两个方面。产品价格水平分析的内容有:不同企业同类产品的价格比较、产品价格与成本的比较、不同时期或季节产品价格的比较、不同地点同类产品的价格比较。产品数量价格关系分析是根据价格升降对销售数量的影响,来寻找形成销售收入最大化的价格区间,其分析方法有边际分析法、列表法和图示法。通过对产品价格的分析,来寻找企业定价的策略与方法。

4.品种结构分析。麦肯锡公司提出的80/20法则与ABC分析法,可用于分析各种产品对企业损益的贡献,即少数品种带来大的盈利,而大多数品种只带来很少的盈利,甚至还有不少品种处于亏损状态。2001年,当中国的彩电厂商热衷于在彩电中、低端产品上面大打价格战,使“彩电当成萝卜卖”的时候,日本索尼公司放弃了在中、低端产品与中国厂商的争夺,把力量集中投入到盈利空间很大的高端产品,结果是,它们以比任何一家中国厂商卖得都少的彩电销售量,取得了比几乎所有中国厂商销售彩电的盈利之和还要多的盈利。

5.信用政策与信用管理咨询。企业的信用政策是指为了扩大销售和及时收回现金而给顾客在支付货款方面开出的条件,包括对信用期间、信用标准、现金折扣、结算方式及融资信用等具体内容的确定。

信用期间是企业允许顾客从购货到付款的时间。信用期间的长短,对企业的影响是:延长信用期(即延长赊销期),等于变相对顾客让利——对其提供商业信用资金,有利的是会使企业的销售额增加,不利的是会增加应收账款、收账费用和坏账损失;缩短信用期情况则相反。其利弊关系,企业需要仔细权衡,以确定合理的信用期间和相应的

结算方式。

信用标准是顾客获得企业交易信用和信用优惠的条件,也是企业为了扩大销售收入和减少信用损失而对顾客制定的信用等级。信用等级高的顾客可以享受优惠的信用待遇,信用等级低的顾客则享受不到信用优惠,达不到信用等级要求的顾客,企业甚至可以放弃与之进行商业往来。等级的划分因企业而异,有的企业愿意引用金融系统的通用信用等级,有的则愿意结合自身的特点由自己确定。国际上确定信用等级的依据通常是“5C”系统,即品质(Character)、能力(Capacity)、资本(Capital)、抵押(Collateral)、条件(Conditions)。顾客的品质可以通过其付款记录和一贯做法以及与其他供货企业的关系来判断。顾客的能力可以通过分析其相关财务比率来掌握。顾客的资本可以通过解读其财务报表来了解。抵押是指顾客拒付款项或无力支付款项时能被用做抵押的资产。条件是可能影响顾客付款能力的客观环境和观念,如其他企业欠顾客的款项是否过多,该顾客是否过分关注自己的利益而缺乏必要的合作精神等等。

现金折扣是企业为了鼓励顾客尽早付款而在商品价格上作出的减让,其减让程度依据付款时间的长短来定,付款早折扣大,付款晚折扣小,其目的是吸引顾客为享受优惠而提前付款,以缩短企业的平均收账期。它与为了鼓励顾客多买商品而根据购买数量的多少来确定的数量折扣不同。

结算方式是指买卖双方完成交易支付款项或划拨资金的具体程序和办法。根据买卖双方所处地域的不同分为同城结算方式和异地结算方式两类。目前通用的同城结算方式有现金结算、信用卡结算、委托收款结算、委托付款结算、支票结算、银行本票结算、商业承兑汇票结算、银行承兑汇票结算。异地结算方式有信用卡结算、托收承付结算、委托收款结算、汇兑结算、商业承兑汇票结算和银行承兑汇票结算。此外,电话委托结算、网上银行结算、金融机构保理等结算方式正在发展。不同的结算方式,对企业资金周转速度和交易安全的影响不同。

融资信用类似于买方信用,它是顾客为了保证取得商品而向供应方提前预付款项的行为。当企业的商品供不应求时,经销商为了保证货源常用此办法。此时企业的信用政策与其说是对顾客制定不如说是对自己制定,如果自己不能够及时向顾客交货,信誉损失将以失去客户和市场的形式表现出来。

企业信用管理的内容,除了上述对顾客进行信用评价和制定信用政策以外,还包括应收账款账龄分析、提取坏账减值准备、明确和落实收账责任、制定各种收账措施。

咨询要点是:信用期间长短是否合适?信用标准的制定与执行是否到位?现金折扣是否有效?结算方式是否有利?融资信用是否应有限度?不良资产比例有多大,有无管理措施,措施是否落实?坏账减值准备的提取比例是多少?提取的数额是否足够应付危局?更重要的是,对会计部门提供的警示信号,业务部门是如何处理的?

例 6-1:Herman Miller 公司加速回收应收账款

Herman Miller 是一家家具销售公司,在两年以内,成功地使平均收账期减少了 15 天。为了减少平均收账期,销售部门的员工着手解决客户拖延付款的问题。他们发现,客户拖延付款的主要原因是发货不全造成的。当发货不全时,客户通常会停付所有款项,直到补齐短缺货物为止。因此,这家公司通过加速生产这些短缺的货物并加速发货来加速回收应收账款(资料来源:S David Young & Stephen F. O'Byrne, EVA and Value Based Management, McGraw-Hill, 2002)。

(二)利润管理咨询

1.目标利润管理咨询。利润是企业经营成果的综合体现,也是企业利益相关者最为关注的指标。自从德鲁克总结了目标管理对于企业的重要性以后,实行目标管理的企业越来越多,实践证明,目标管理是对利润形成过程的一种十分有效的管理模式。对利润形成过程实施目标管理,要重视三个环节:目标利润决策、目标利润预算和目标利润控制。

(1)目标利润决策。目标利润决策涉及的问题与咨询要点是:企业的目标利润是如何提出来的?通过什么程序得到确认?它与企业的发展战略有何关系?企业目标利润的依据是什么?目标利润水平是否合理?

企业目标利润的确认原则是:第一,要与企业的发展战略和发展阶段相适应;第二,要经过一定的决策程序,使之成为大家的共识(忌讳只是个别经营者的目标);第三,要依据客观的数据与合理的方法来测算;第四,利润水平既要先进又要合理,失去先进性的目标起不到激励员工和提升组织能力的作用,失去合理性的目标起不到牵引和动员的作用。

目标利润的测算方法有四种:

第一种方法是利润增长比率法。稳定发展的企业,可以根据以往的利润水平和增长速度进行预测。其计算公式为:

$$目标利润=基期利润\times(1\pm利润增长率)$$

第二种方法是财务比率法。利用财务指标之间的相互关系,在预测相关指标的基础上计算目标利润。其计算公式为:

$$\begin{aligned}目标利润&=预计销售额\times销售利润率\\&=预计平均资金占用\times资金利润率\end{aligned}$$

第三种方法是本量利分析法。本量利分析法是利用成本—业务量—利润三者之间的数量关系来测算目标利润。其计算公式为：

目标利润=目标销售量×(预计销售价格-单位变动成本)-固定成本
=目标安全边际销售量×(预计销售价格-单位变动成本)

第四种方法是倒推法。倒推法是根据某些限制条件来倒推测算目标利润的方法。例如，过去我国企业曾实行过职工工资总额增长与利润增长挂钩的经济责任制，企业为了动员全体员工努力实现经营目标，就根据工资增长目标反算利润增长目标。其计算公式为：

目标利润=基期利润×(1±期望利润增长率)

期望利润增长率=目标工资增长率×工效挂钩杠杆率

工效挂钩杠杆率=利润增长1%÷承包合同规定的工资总额挂钩增长率

(2)目标利润预算。目标利润预算涉及的问题与咨询要点是：企业确认的目标利润应如何层层分解，使其与每一个成员的具体行动联系起来？如何与预算挂钩？如何配置必需的资源以保证其得以落实？

为此，企业需要根据目标利润和本量利关系来分解确定相关的经济责任指标，并将其落实到责任单位或责任者身上。确定目标销售额并分解落实其责任，确定目标期间费用并分解落实其责任，确定目标销售成本并分解落实其责任等。

(3)目标利润控制。目标利润控制涉及的问题与咨询要点是：目标执行过程是否顺利？信息系统工作是否有效？对执行情况的反馈是否及时？目标利润及其相关责任指标在执行过程中出现偏差怎么办？有无分析，有无对策，有无行动？对目标的实现或未达有无考核，有无奖罚，奖罚是否兑现？

2.利润分配管理咨询。

(1)利润分配原则与顺序。通常，企业的利润分配是指对净利润的分配。根据公司法和绝大多数企业的章程，其分配原则是：依据法规和章程规定进行分配，积累优先，适当考虑经营者和职工利益，以丰补歉。其法定分配顺序为：①支付被没收财物损失、各项税收的滞纳金和罚款。②弥补以前年度亏损。③提取法定盈余公积金。法定盈余公积金按照税后利润扣除前两项后的10%提取，提取达到公司注册资本的50%可以不再提取。④提取公益金。⑤向投资者分配利润。以前年度未分配利润可以并入本年度向投资者分配。

(2)股利分配政策。股利分配政策的基本类型有剩余股利政策、固定股利或持续增加的股利政策、固定股利支付率政策和低正常股利加额外股利政策。

剩余股利政策,是指当企业需要扩大资产规模时,为了保持一定的资本结构,先将扩资所需的权益资本从净利润中留用,剩余部分再行分配。

固定股利或持续增加的股利政策,是将每年发放的股利固定在一个水平上或每年都有所增加的分配政策。其优点是树立公司的良好形象,不断增强投资者信心,且有利于投资者作预算安排;缺点是当公司经营不善时难以为继,勉强实施,易导致资金短缺。

固定股利支付率政策,是固定一个分配比率,年年按此比率从净利润中提取分配。其优点是多盈多分,少盈少分,不会给经营带来额外负担;缺点是易造成公司经营不稳定的印象。

低正常股利加额外股利政策,是在一般情况下,公司每年只支付较低的股利,在盈余较多的年份,再发放额外的股利。其优点是公司在吸引一部分期望收益稳定的投资者的同时具有较大的灵活性。

各种分配政策都各有所长,企业在选择制定自己的分配政策时要综合考虑。需要考虑的因素有法规、战略、控股权、筹资能力、偿债需要、资产流动性、投资机会、资本结构、政策惯性和股东态度。

二、现金收支管理咨询

在一定时期内,盈利企业不一定能够生存,亏损企业不一定就会倒闭,关键是看企业是否能够做到以收抵支、偿还到期债务。

我们根据本章第二节关于企业现金流状态表的分析,了解到企业现金收支可能出现51种状态,为了保持企业现金流处于平衡或有利状态,避免不利状态,企业需要加强对现金收支的管理。

现金管理的目的是,通过对现金收支的合理安排和控制,保证企业经营对现金的需求,加速现金流动,减少现金闲置,提高财务资源利用效率。

现金管理应遵循的原则主要有:量入为出,收支平衡;量效为出,开源节流;提高流速,减少沉淀,以丰补歉。

现金管理的内容有:建立健全现金管理制度;合理测算现金需求,编制现金收支预算;调剂余缺,控制日常现金收支;保持合理的现金余额;改进结算方式,缩短流转时间。

1.建立健全现金管理制度。现金管理制度的内容包括:现金开支范围,费用报销审批程序,结算方式运用的具体规定,对支票的领取、编号、印鉴、保管、签字、发出、入账等规定的支票管理制度,对出纳人员的任职资格、工作内容、工作程序、责任权力的明确规定(如规定无有关领导的批准不得报销费用,审核原始凭证,现金盘点做到日清月结、账实相符等),内部稽核制度(如业务流程、岗位分设、明确责任分工、同一事项要有不同的人经手、定期核对账目等),收支两条线管理,对备用金范围、内容、用途、数额、批准程序、核销办法的具体规定，内部融资与结算规定等。

2.合理测算现金需求，编制现金收支预算。现金收支预算是对计划期企业或所属各责任单位的具体收入和支出项目的收支时间、收支数额的事先安排。编制现金收支预算，有利于企业合理规划现金的使用，减少财务风险，提高资源利用效率。

3.调剂余缺，控制日常现金收支。随时掌握库存现金和银行存款动态，对照收支预算，及时采取有关措施调剂余缺。企业建立内部银行或内部结算中心，是调剂现金余缺和内部融资的重要手段。内部结算中心是在企业内部尤其是集团公司内部设立的、办理内部各成员企业或分公司现金收付和往来结算业务的专门机构。它通常设于财务部门内，是一个独立运行的职能机构。其主要职能是：①集中管理各成员企业或分公司的现金收入。②统一拨付各成员或分公司因业务所需的货币资金，监控货币资金的使用方向。③统一对外筹资，确保整个企业和集团的资金需要。④办理各成员企业或分公司之间的往来结算。⑤计算各成员企业或分公司在结算中心的现金流入净额和相应的利息成本或利息收入。⑥核定各成员企业或分公司日常留用的现金余额。由此可以看出，内部结算中心在企业内部发挥着资金结算中心、资金信贷中心、资金调控中心和资金信息中心的职能。内部结算中心的这些职能在增强企业活力、强化资金管理、控制财务收支、正确处理业务管理与资金管理的关系、完善企业经营机制方面发挥了不可低估的作用。

4.保持合理的现金余额。缺少现金，不能及时支付有关款项，会给企业造成信誉、机会等方面的损失，但是闲置现金太多，也会给企业带来盈利能力下降和机会成本的损失。因此，现金过多和现金不足都不合理。如何保持合理的现金余额，确定最佳的现金余额，可用存货模型和随机模型来测算。

存货模型所权衡的是持有现金的机会成本（如用于投资可得的收益）和应付急需时的变现成本。其计算公式为：

$$\text{最佳现金持有量}=\sqrt{(2\times\text{给定期间的现金需求量}\times\text{将有价证券转换为现金的成本})/\text{持有现金的机会成本}}$$

随机模型是根据企业现金支出的历史数据和现金预算，测算出现金余额控制范围，当现金余额超过上限时就去购买有价证券；当现金余额低于下限时就去抛售有价证券，使现金余额控制在上下限之内。

5.改进结算方式，缩短流转时间。企业应利用先进的结算手段和结算方式来加速收支款项的划拨。目前较先进的办法有网上银行与电子划汇。网上银行亦称“电子银行（E-Bank）”，是在 Internet 上的虚拟银行柜台。它是用户进行电子交易的中介和必备条件，利用网上银行，用户可以不受时间、空间的限制，只要用 1 台 PC、1 根电话线就可以

享受全天候的网上金融服务。网上银行从三个层面提供服务:①结算:包括银证资金结算、集团公司内部账户调拨资金、代发工资、付款等。②理财:交易查询、总公司对分公司财务实施监控管理。③B to B 交易:网上信用证要求付款人、受款人均在银行开设账户,且付款人应存有足额保证金。

电子划汇是企业与它的开户行、各存款机构之间以及企业与企业之间通过电子形式进行资金的转移。电子划汇就是在网上进行金融交换,这种交换的内容通常是由银行中介或法定货币所背书的某种形式的数字金融工具,比如,加密过的信用卡号码、电子支票或数字现金等。电子划汇可以分为三种不同的类型:①电子现金,即数字现金,在电子划汇方式上,数字现金可能是最主要取代纸钞的付款方式。它具备金钱价值、互通性、可取得性和安全性的特性。②电子支票,即采用信用方式替代现金的电子付款方式。它以电子方式起始,使用电子签名做背书,并使用数字证明来验证付款者、付款银行和银行账户。③信用卡。信用卡付款有三种方式:一是刷卡支付;二是扫码支付,信用卡通过绑定支付宝、微信等支付工具完成支付;三是云闪付,利用手机、手表等终端下载的 App 进行网上支付。

第五节　企业财务战略与财务管理体制

如果说,对利润表及利润分配表的分析是企业损益管理的基础,对现金流量表的分析是企业现金管理的基础,那么,对资产负债表及其他报表的综合分析就是企业财务战略管理必不可少的组成部分。企业财务战略是在分析企业外部环境和内部资源的基础上,对企业财务资源的开发和利用作出的全局性、根本性和长远性的谋划。企业战略指导和制约财务战略,财务战略是企业战略在财务方面的体现。换句话说,企业财务战略与其他职能战略相互影响、相互配合,共同组成企业战略。战略的突出作用在于其对企业发展方向、重大决策的指导和影响。过去,人们总是把财务放在一个从属于其他职能管理的地位,忽视了财务本身所具有的综合性、全面性特征,财务的职能没有得到充分发挥。自从企业间的竞争加剧以后,与存量资产和企业的改制重组密切相关的产权经营、对外投资越来越成为企业管理和企业战略的重要内容,相应的,财务管理的内容也丰富了,地位和作用更重要了,人们开始从战略的角度考虑财务问题,财务战略已经成为财务管理不可缺少的重要内容。

一、企业理财环境分析

(一)法律与政策环境

在我国,对法律与政策环境的分析有三个层面:首先是国家与地方法律法规的体系及其完善程度;其次是政府对经济发展(包括地方经济与行业经济)的优惠政策或政策倾斜;再次是法规政策的落实程度。

随着我国法制化进程的推进,完整的法律法规体系框架基本建成,涉及企业理财行为的法律法规体系内容主要有四个部分:有关企业组织的法律法规,如公司法、外资企业法等;有关市场秩序的法律法规,如合同法、证券法等;有关国民收入分配的法规,如税法、补贴等;有关财务与会计方面的法规,如会计法、会计准则、会计制度、财务通则等。为了扩大改革开放、促进经济发展,我国各级政府在法律框架基础上不断出台各项优惠政策,如税收减免、财政补贴、允许一定标准的研发设备投资计入当期损益等等。企业充分了解相关的法律法规和优惠政策,是“把政策用足”,争取更多有利于发展的资源的前提。但是,由于我国的法制建设在立法和司法程序上尚不完善,无论是从人们的法制观念还是从具体的司法实践看,各项法规政策的出台与落实之间还有很大的距离,对此要有清醒的认识。

(二)金融市场环境

金融市场是企业筹资与投资的场所。随着我国金融体制的不断改革,金融市场上的筹资渠道与投资方式越来越多,了解这些筹资渠道与投资方式,对企业理财具有十分重要的现实意义。广义的金融市场是一切资本流动的市场,即取得各种财务资源的市场,包括货币借贷、票据承兑与贴现、有价证券买卖(股票与债券)、黄金买卖、外汇买卖、办理国内外保险、期货交易、产权交易等等。金融市场的运行有四要素:市场、市场主体、市场客体、参加人。市场是完成市场客体交易的场所,如上海证券交易所、深圳证券交易所等;市场主体是各种类型的金融机构,如银行、证券公司、期货公司、保险公司和投资基金等;市场客体是各种类型的交易对象,如公司股票、政府债券、企业债券、商业票据和期货合同等;参加人是客体的供应者和需求者,如企业、政府部门、事业单位和个人等。

(三)宏观经济环境

宏观经济环境是指影响处于不同行业的企业理财的共同因素,包括经济发展周期、通货膨胀或紧缩的程度、利率变动程度、汇率变动程度等等。

(四)行业经济环境

行业经济环境是指影响处于同一行业的企业理财的共同因素,包括市场供求关系、技术发展趋势、供销渠道与运作模式、行业内竞争程度、行业管理状况、政府的产业经济政策及竞争对手情况等等。

(五)微观经济环境

微观经济环境是指仅对本企业理财造成影响的因素,如投资者的意愿和行动,债权人的行为,政府和公众对本企业的态度,本企业与相关部门、企业、事业单位的关系,本企业的地理位置和社会地位,本企业拥有资源的数量与质量,本企业员工队伍的素质和管理层的能力,企业机制,地方和企业文化等等。

二、防御型财务战略

顺风船好开,平坦路好走。一般而言,企业在顺境中理财,只要把握住"谨慎"二字,就不会出大问题。但是,在市场不景气的环境中,理财,问题就不简单。且不说由于市场不景气会引起连锁反应,使相关条件也恶化起来,单是竞争对手们为了各自的生存而使出的招数,也会令企业雪上加霜、祸不单行。对此,企业需要认真对待。

(一)市场不景气辨析

1.市场不景气特征。市场不景气的特征,从整个行业看,有产品或服务的绝对需求量、营业额和利润增长放缓或下降;存货及资金周转速度减慢。从企业自身看,有营业额、现金流量、利润率下降;坏账比率增加;资金周转减缓;企业股价下跌。

2.市场不景气的成因。不同的成因,预示不景气的程度和复苏到来的期限。市场不景气的成因有国际市场和国际(区域)经济形势发生变化,经济周期进入萧条阶段和国家经济政策变化(财政、税收、利率、汇率、其他)、政局动荡、社会时尚与观念变化、技术革命、行业管理不善导致过度竞争、突发事件等。

(二)防御型财务战略选择

1.维持战略。维持战略的前提是经济形势可望复苏,竞争对手情况更糟。其判断标准是:造成衰退的原因少,企业危机并不严重,利益相关者对企业持积极态度,产品(服务)与竞争对手相比有明显的区分度,企业的管理能力强,士气高。维持战略的内容包括保持现有的运作模式,通过现金流控制维持企业的经营。

2.收缩战略。收缩战略的前提是企业继续在原来的领域经营下去也能生存,能够做

到收支平衡。其判断标准是:能保留住业务骨干,拥有稳定的客户群、供应和销售渠道,产品(服务)有较明显的差异,有成熟的技术和较强的生产能力。收缩战略的内容包括缩小经营规模、精简组织机构和人员,加强库存控制、催收应收账款,甚至拍卖某些资产,以减少企业资源的支出。

3.转移战略。转移战略从收缩战略发展而来。其前提是企业继续在原来的领域经营下去已不合算。其判断标准是:长期处于亏损状态或资源转移使用带来的机会成本太高以至于留不住业务骨干。其内容包括放弃现有主营业务,重新配置资源,经营其他有前景的业务。

4.退出战略。退出战略的前提是企业继续在原来的领域经营下去已无必要。其判断标准是:企业始终处于失血状态,管理能力弱,利益相关者态度消极,产品(服务)无竞争力,士气低落。其内容包括以现金收回为出发点,将资源从这一经营领域中抽出,通过特许经营、发包、卖断、减持股、管理层收购、资产置换甚至清算等方式退出市场。

(三)配套的财务对策与措施

与企业防御型战略相配套的财务对策与措施有如下各项:

1.长期投资管理:集中资源于优势领域,削减或放弃弱势领域投资,提高总部集权程度,调整企业资本结构。

2.现金流量管理:控制速动比率和现金比率,规范营销合同,调整结算方式,加速资金回笼(强化收支两条线和内部银行管理,实行电子划汇),硬化资本性支出与固定费用开支的约束,减少赊销,将销售回款纳入业绩考核。

3.应收账款管理:根据交易额对客户进行 ABC 分类,开展客户资信调查,严格信用政策,清理应收账款,落实管理责任,及时处理坏账,将不良资产降低率纳入考核。

4.存货管理:严格审批采购计划,加强货物验收,及时清理库存,优化库存成本,夯实信息基础,编制销售预算。

5.成本费用管理:分解落实目标成本责任,进行成本优化分析,寻找关键成本动因,分析费用功效,实行量效为出政策,收缩人员编制,调整薪资。

6.内部控制:改善决策机制,法治德治并举,推行目标预算,加强内部审计。

三、进攻型财务战略

进攻型财务战略的特征就是扩大与扩张。扩大的是生产经营规模和投资规模以及相应的筹资规模;扩张的是经营领域和经营范围。企业最基本的元素是市场,基于市场的机会与需求才有扩大生产经营规模的理由,有了扩大生产经营规模的理由,不论是企业自己去做还是找别人去做,才能考虑扩大投资规模,在投资可行的基础上才有相应的

筹资规模。如此的逻辑顺序有利于医治我国许多企业的资本运营失策病,有利于企业健康发展。如果反过来,先“圈钱”后找“项目”,则容易导致盲目扩张,加大风险,因此而遭遇失败的企业已不胜枚举。

(一)发展机会辨析

正面辨析:市场有哪些需求,尤其是有哪些潜在需求、隐含需求和派生需求?环境有何种变化,尤其是有何种大变化、暂不为人知道的变化和派生变化?市场机会的引力有多大,其成功概率又有多大?(可利用机会引力与成功概率分析矩阵进行分析)

反面辨析:投资效益这么好,为什么别人不去做?为什么偏偏只有本企业才能碰上这样的机会?机会是如何发现的?提供机会的人有何动机,其利益何在?类似的项目有无人去做,结果如何?为什么会是这样的结果?如果要去做,如何开始,如何继续,如何收尾,要投入多少资源,是不是企业的长项或容易形成的优势,胜算有几成?

(二)进攻型财务战略选择

进攻型财务战略的内容包括相关多元化、跨行业多元化、在产业链上的纵向发展或横向发展。其形式有三种:①投资,包括生产经营项目投资、产权经营投资(资本经营投资);②收购,收购是产权经营投资的形式之一,包括股权收购、资产收购和企业整体收购;③兼并,兼并也是产权经营投资的形式之一,包括无偿兼并、代偿债务兼并、有偿兼并和有条件兼并等。

进攻型财务战略的实质是扩大投资。即使是无偿兼并,也与兼并后的扩大投资密切相关,充其量只是“以小博大”,不可能不增加投入。如前所述,企业投资类型有两种:一是生产经营投资;二是产权经营投资。生产经营投资是企业为了向市场提供某种产品(服务)或改善生产经营条件而进行的投资;产权经营投资是企业通过控股、参股、合并、分立、重组、改制、上市、收购、债转股等方式进行的投资。常规的财务管理对生产经营投资的可行性分析比较充分,考虑的因素包括市场、技术、经济环境等,评价的指标和方法有净现值、现值指数、内含报酬率、外部收益率、投资回收期、年平均现金净流入量、保本点、投资方案敏感度等等。产权经营投资的可行性分析与企业的财务战略密切相关,到目前为止,人们在这方面的研究偏重于股票市场、期货市场和债券市场的投资策略,对涉及企业生死存亡的产权经营投资问题还未有充分定量化的分析,这也许是由于其不确定因素过于大了的缘故。尽管如此,利用德尔菲法等定性分析的方法来评价产权经营投资项目的可行性,其效果要比“首长工程”、“三拍工程”好得多。

例6-2：不相关企业的并购成功率低

据麦卡锡咨询公司在1986年对1972—1983年涉及的200家最大的国有企业公司并购进行研究，结果发现，如果以股东财产的增值为评价标准，获得成功的仅为23%，不相关经营领域企业的并购成功率仅为8%。其结论是并购会降低效率，也并不能真正鼓励创新。事后人们总是发现并购的出发点和归宿有较大的差距。（资料来源：《中国经济时报》，2002-09-11。）

四、企业改制、重组与上市

我国企业进行资本经营的常见形式是在证券市场公开发行公司股票。企业上市实际上还包括了改制与重组两方面的内容。

（一）企业改制

广义地说，企业改制是指企业将原有的基本产权制度改变为另一种类型的产权制度，例如，独资企业变为合资企业，事业单位所有变为合伙人所有，国有企业变为股份制企业等。狭义地讲，企业改制是特指将我国原有的由政府直接经营的国有企业制度改造为现代企业制度下的企业，即有限责任公司和股份有限公司。其目的是转变政府职能，改革国有资产管理体制，变行政管理为产权管理，使企业成为真正自主经营的市场经济主体。从规模上看，企业改制本身不一定就是扩张，有时候反而是收缩，但通过改制却能使企业获得扩张的基础。如同跳高，运动员要想跃过横杆，在起跳前的一刹那，一定是要先降低重心的。

（二）企业重组

企业重组是指企业按《公司法》及相关法律法规对企业资产进行重新组合，目的是使企业的资产结构、组结架构和管理模式符合股份公司的运作要求。企业重组基本模式有整体性重组（见图6-2）、分解性重组（见图6-3）、合并性重组（见图6-4）。整体性重组是发起人企业不进行资产调整，原企业整体上市。此模式的适用条件为：①新建的企业或社会负担较小的老企业；②资产相关性大、业务单一的企业；③非经营性资产有一定盈利能力。分解性重组是原企业先进行资产剥离，把优良资产剥离出来，组建新的上市公司。其适用条件为：①大而全性质的大型国有企业；②剥离出去的资产相关性不大；③上市公司不承担非经营性资产。合并性重组是原企业通过购买或股权交换方式取得对另一个企业的控股地位或其全部资产，成立新的股份公司；或是新设立股份公司，纳入两家以上企业的资产，原有企业全部撤销。其适用条件：①原企业规模小，但相

对独立,业务联系紧密;②各企业均有自己的优势;③单个一家企业规模小,不能上市。

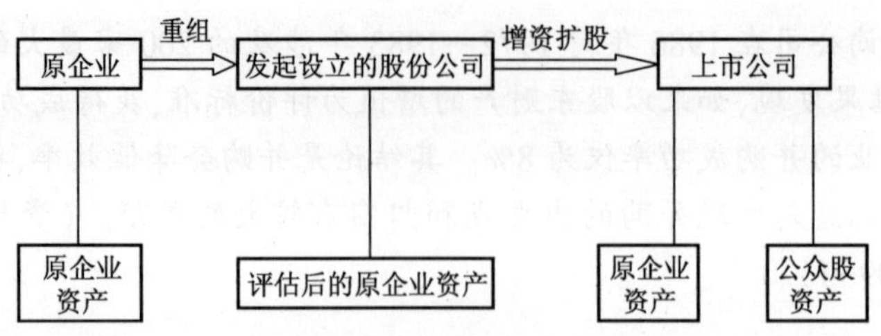

图 6-2　整体性重组

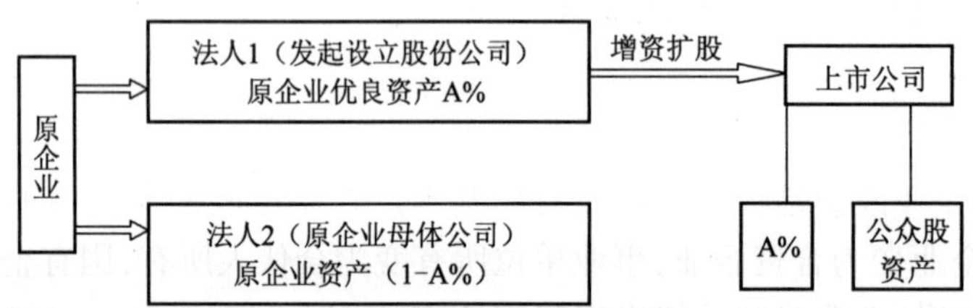

图 6-3　分解性重组

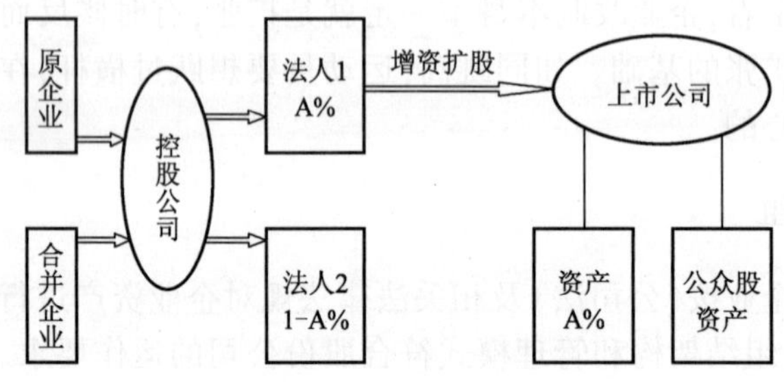

图 6-4　合并性重组

(三)企业上市

企业上市是指企业经改组为股份有限公司以后,通过证券市场向社会公开发行股票募集资金的行为。企业从改制到上市的操作步骤如下:

1.确定企业发展规划和投资项目详细计划。

2.筹备股份制公司,内容包括:拟订股份制改组方案,取得上级机构和主管部门批准

文件，申请工商局预登记和批准文件。

3.聘请财务顾问，内容包括：选择并与财务顾问签订协议，制定上市全程方案，选定上市顾问服务机构（律师事务所、会计师事务所、资产评估事务所、证券经纪公司）并与之签订协议，取得资产管理机关资产评估的立项文件。

4.发起人与顾问机构协作实施企业改组方案，内容包括：对资产进行评估，取得资产管理机关资产评估报批文件，律师界定重要合同与产权，审计主要发起人的会计资料。

5.筹办股份制公司，内容包括：编制设立股份制公司可行性报告，邀请发起人认股并签订协议，取得各发起人资格证明材料，拟订股份公司资本计划，编制公司章程，审核新公司未来三年利润，编制招股说明书和股份募集方案，发起人购股并出具验资报告，确定公司常年顾问，汇总文件批文证书，律师出具法律意见书。

6.上市操作准备，内容包括：委托证券登记公司签订上市交易监管协议，与承销商签订股票发行协议，编制发行方案与报告书及摘要，邀请上市推荐人，申报证监所并审定上市资格，向证监部门取得批准文件和发行规模，募股结束后编制报告和股东名册。

7.股份制公司成立，内容包括：公司创立会批准公司章程，律师认证公司决议文件，选举董事会和监事会，任命公司高级职员，董事会通过上市议案，注册会计师提出新公司验资报告，新公司注册登记领取营业执照，与上市推荐人签订辅导协议。

8.股份公司运行与上市辅导，内容包括：证监会派出机构专项负责，上市推荐人进行辅导操作，推荐人提出股份公司运行报告，证监会派出机构核准运行报告，公司年度报告与信息披露。

9.上市申请与报批，内容包括：主承销商上报股票发行报批文件，证监会初审报批材料，主承销商完善股票发行报批文件，证监会进一步审核报批材料，股份公司取得证监会发行批文。

10.上网路演发行推销股票，内容包括：在指定报刊刊登指示性报告，向上市主管部门提交报批文件和发行公告，确定发行时间和证券名称，刊登发行公告和招股说明书，填写发行申请和划款通知，交易所发布中签率，公布中签率举行摇号仪式，公布中签配号并将股款划账，注册会计师出具对股款的验资报告。

五、企业财务管理体制

企业财务管理体制是指财务管理组织机构及岗位的责权安排和相应的人事管理规定。财务管理体制应与企业经营管理体制相适应，并成为企业经营管理体制的有机组成部分。由于母子公司组织结构的企业既有生产经营又包括产权经营，所以便以此为背景来分析企业财务管理体制问题。

(一)权责关系类型

母子公司组织结构是母公司通过拥有对子公司具有决定性表决权的股份,从而对子公司行使人事、财务、生产经营等各方面重大问题的决策权、控制权的一种管理组织结构,其特点是母公司对子公司的控制程度根据母公司持股比例来确定。母公司作为控股公司,常常面临两种选择:一种是纯粹控股,只负责产权经营;另一种是混合控股,既有产权经营又有生产经营。前者要求强化财务管理的投融资职能;后者虽然看似全面,却偏重于财务管理的营运资金管理职能,弱于投融资管理职能,我国多数企业属于后者。这也是造就管理咨询机构在这方面业务获利丰厚的原因。

母子公司之间的权责关系有四种类型:集权型,分权型,统分结合、以统为主,统分结合、以分为主。集权型是指将所有的管理决策权都集中到母公司,各项规章制度由母公司统一组织制定,子公司只是具体执行单位。其优点是规范、统一,母公司易于控制子公司,且便于统筹调度资源,甚至于做到以小博大——以少量的自有权益资金掌控大量的非自有权益资金和借入资金;缺点是对母公司的反应速度和决策能力的要求高,倘若达不到则会降低组织的效率,容易使子公司丧失主动性与进取性,遏制集团的发展动力。分权型正好相反,它将绝大部分管理决策权下放到子公司,具体规章制度的制定与执行也由子公司自行决定。其优点是子公司有压力、有动力、有活力,减轻母公司的压力;缺点是管理不规范,子公司追求自身目标,相互竞争,并争夺集团资源,甚至有损整体利益,使集团对其失控。统分结合型是介于集权型和分权型之间的状态,在同一项管理职能中,有些内容是集权的,另一些内容是分权的。根据集权的程度和内容多少,统分结合型细分为以统为主型和以分为主型。前者,统的程度较高,统的内容较多;后者,分的程度较高,分的内容较多。

对于经营领域单一,成员企业不多,管理层次少的企业集团,宜采取集权型。对于经营领域宽,成员企业多,管理层次多,环境比较复杂的企业集团,则宜采取分权型。虽然经营对象不止一个行业,但是相关程度较高,成员企业与管理层次也较多的集团,而企业又想集中资源抓机遇,则宜于采用统分结合、以统为主的类型。否则,便采用以分为主的类型。至于责任,在集权型模式下,子公司名义上是独立核算、自负盈亏,实际上是母公司在统负盈亏;资不抵债、入不敷出的子公司因为有母公司做靠山而继续存活。在分权型模式下,子公司名实相符,即使破产清算,母公司也只承担出资额范围内的资产损失责任。在这里,责任与权力是对等的。

对于统分结合型的模式,哪些内容该统,哪些内容该分,要结合企业的实际情况作出决定。可考虑的内容主要是财务会计审计部门设置、岗位职责规定、主管人员的任免、财会审人员的选聘与解聘、财会审人员的晋升及薪酬、财务管理制度、会计核算制

度、预算工作组织、长期资金筹集、短期资金筹集、长期产权投资、短期产权投资、投资决策标准选择、生产经营项目投资、经营现金流管理、固定资产购置、设备采购标准制定、固定资产折旧方法选择、固定资产报废清理、成本计算方法选择、成本开支范围、成本开支标准、期间费用开支范围、期间费用开支标准、利润计算、税金计算与缴纳、审计方法与内容等等。

(二)机构设置与人员管理

财务机构设置根据职能分工,宜分设会计部门、财务部门和审计部门。会计部门负责财务信息的采集、加工、处理和报告工作,以及日常现金收支的管理。财务部门负责制度的制定与推行、预算管理、财务分析、资金筹措、投资可行性分析、业绩考核、财会审人员管理等。审计部门负责对各项制度执行情况的监督、对所有理财业务活动及其结果的审计、向监事会和董事会提供审计报告等。

人员管理与集权或分权的统分模式有关,与之相应的是委派制和监督制。前者是自上而下委派财会审计人员,委派的人员层次与类型因企业而异,常见的是委派部门负责人和审计人员;后者是人事方面由基层单位自选,上级审批或实施监督。

案例分析6-1:高度集权与充分授权是华为资金管理的秘诀

华为作为一家非上市的民营企业,内生性增长是支持华为生存发展的核心和主要驱动力。华为的财务战略是以内生性直接融资加银行贷款和商业信用多样化的间接融资来支撑公司的聚焦型发展战略规划。面对外界关于华为上市的传闻,公司强调“不考虑整体上市,不考虑分拆上市,不考虑通过合并、兼并、收购的方式进入资本市场,也不会与外部资本合资一些项目,以免被拖入资本陷阱。”(徐直军,2013)。其发展模式是充分发掘劳动创造财富的潜力、保持公司轻资产性质,通过自身的资本积累,有效管理资本结构和间接融资规模,提高经营资产效率,满足公司快速发展对资金的需求。这样的发展模式,一方面要求财务不断加大对技术创新和国际化经营的支持力度,另一方面又要求财务不断提高对越来越大的公司风险的承受能力。对此,华为公司实行的是高度集权和充分授权相结合的资金管理体制。

华为的高度集权体现在:一是发展战略明确,财务定位于服务,实行稳健的财务政策,不寻求主导;二是对资金实行三级管理,财经委员会管政策,销售融资与资金管理部负责市场项目融资、回款,以及生产供应的融资,财务部负责执行;三是规范账户管理,建立统一的司库制度;四是强化自上而下的监督,资金管理监督、账务管理监督、审计监督三条线直接穿透各层各级,在各层各级实现透明。

华为的充分授权体现在：一是高度重视经营现金流入，建立项目责任制和货物回款责任制，实行按站点、按站群、按工程进度回款，强调合理控制库存，加快经营资金周转，提高资产效率，实现有利润的收入和有现金流的利润；二是广泛拓展融资渠道，开拓海外银行间业务渠道，建立多元化的融资体系和资金结算中心，实现本地化融资，分散融资风险；三是充分利用 ICT 的先进工具和方法，实现费用报销全球化、自动化、智能化。

（资料来源：黄卫伟主编.价值为纲——华为公司财经管理纲要[M].北京：中信出版集团，2017：304-317。）

问题：

1.华为通过何种形式将员工劳动创造的财富变成企业资金来源的？

2.华为公司为什么不上市融资？

3.华为如何在实现资金集中管理的同时又保持一线员工的高效率工作？

案例分析 6-2：海尔的兼并扩张

1.吃"休克鱼"理论。如果把企业兼并看做是"鱼吃鱼"，那么通常便有三种"吃法"。

首先是"大鱼吃小鱼"。这时技术含量尚未成为竞争的决定因素，企业的资本存量、经营规模决定着竞争的成败，兼并重组的主要形式是大企业兼并小企业。

再是"快鱼吃慢鱼"。此时技术含量的作用已经起到资本的作用而成为决定性的因素，谁占领了技术制高点，谁就在竞争中赢得了主动。兼并重组趋势是资本向技术靠拢，新技术企业兼并传统产业。

然后是"鲨鱼吃鲨鱼"。这时的"吃"，已经没有一方击败另一方的意义，而是我们常说的所谓"强强联合"。这是资本高度集中、技术飞速发展、世界经济日趋一体化的今天，企业兼并重组的最高形式。波音和麦道的合作就是"鲨鱼吃鲨鱼"典型案例。

海尔吃的是什么鱼呢？不是通常意义上的三种鱼。张瑞敏认为，他们吃的不是小鱼，也不是慢鱼，更不是鲨鱼，而是"休克鱼"。

什么叫"休克鱼"？张瑞敏的解释是：鱼的肌体没有腐烂，比如，企业的硬件很好，而处于休克状态，比喻企业的思想、观念有问题，导致企业停滞不前。这种企业一旦注入新的管理思想，有一套行之有效的管理办法，很快就能够被激活起来。

"吃休克鱼"的理论为海尔选择兼并对象提供了现实依据。海尔看重的不是兼并对象现有的资产，而是市场上买期权不是买股票。海尔 18 件兼并案中有 14 件是按照"吃休克鱼"的模式进行的。14 家被兼并企业的亏损总额达到 5.5 亿元，而最终盘活的资产为 15.2 亿元，成功地实现了 1+14>15 的低成本扩张的目标。

2.鱼的四种吃法。"鱼性不同，吃法有异"。根据各自不同的情况，海尔探索了不同

的兼并重组形式。归纳海尔的做法,主要有四种形式:

(1)整体兼并。也就是依托政府的行政划拨实现企业的合并,比如对红星电器公司的兼并。红星电器曾是我国三大洗衣机生产企业之一,年产洗衣机70多万台,拥有3500多名员工,但由于经营不善,企业亏损1亿多元。1995年7月,青岛市政府决定将红星电器公司及所属5个厂家整体划归海尔。海尔兼并3个月后扭亏,半年后盈利151万元。

(2)投资控股。整体兼并更多地出现在同地区、同一行业企业间的兼并中,而跨地区、跨行业的兼并则主要依靠投资控股的形式。1995年12月海尔收购武汉冷柜厂60%的股权,迈出了跨地区经营的第一步。1997年3月,海尔再度挥师南下,出资60%与广东爱德集团公司合资组建顺德海尔电器有限公司,并创下了“一个月投产,第二个月形成批量,第三个月挂牌”的“海尔速度”。

(3)品牌运作。品牌是一种标识,代表的是以企业文化为内涵的无形资产。在通过运作资本实现兼并扩张的同时,海尔开始以无形资产调控、盘活有形资产的尝试。

(4)虚拟经营。所谓“虚拟经营”,既是品牌运作的一种高级形式,也是海尔“先有市场、后建工厂”经营理念的具体体现,这种重组方式已经超越了“吃休克鱼”的模式,而是通过强强联合,优势互补,新造了一条活鱼。与杭州西湖电子集团的合作就是海尔虚拟经营的成功尝试。从这个意义上说,海尔不仅是市场的探路者,也是扩张重组新形式的探路者。

3.克隆海尔鱼。“总体一定要大于局部之和”,这是海尔兼并扩张的一条基本原则。它体现了海尔扩张的宗旨:求强,而不仅仅是为了做大。想“做大”是很容易的。海尔兼并重组的过程,实质上是海尔自我复制的过程。用时髦的话说,就是“克隆海尔鱼”。许多人都问张瑞敏同样一个问题:为什么海尔搞兼并个个成功?因为它有一个非常重要的原则,就是利用不可改变的模块——经营模式,或者叫经营理念。兼并能不能成功,就看企业有没有一个过得硬的经营模式。如果你自己的经营模式不成功或者不成熟,那么兼并别的企业只会是一种灾难。一般接收兼并企业,第一个派去的总是财务部门,海尔第一个派去的却是企业文化中心。由企业文化中心的人去讲海尔精神、海尔理念。当年海尔兼并红星电器公司时就是如此,没有一分钱的投入,靠海尔精神、海尔理念激活了一个企业。后来这家被兼并的企业用同样的办法成功实现了与爱德洗衣机的合作、重组,在被称为“中国家电之乡”的顺德复制了一个新的海尔。海尔要想在不久的将来昂首步入世界500强,成为在国际市场上扬帆出海的“联合舰队”,需要克隆更多的“海尔鱼”。中国经济要培育一大批具有国际竞争力的跨国集团,需要克隆更多的海尔(资料来源:http://www.hair.cn)。

问题:1.为什么海尔能够消化“休克鱼”?

2.什么是“品牌运作”？

思考题

1.试分析财务管理的特点。

2.企业财务管理有哪些内容？

3.财务管理目标有何特性？为什么？

4.现代企业理财者应具备哪些理财观念？为什么？

5.企业财务分析的依据有哪些？

6.如何阅读与分析资产负债表？

7.如何阅读与分析利润表？

8.如何阅读与分析现金流量表？

9.试综合分析某上市公司的财务报表。

10.如何改善和加强财务管理基础工作？

11.如何加强企业的利润管理？

12.如何加强企业的现金流管理？

13.企业应当制定什么样的信用政策？

14.试分析财务战略与企业战略的关系。

15.试分析企业在市场景气和不景气时应分别采用何种财务对策。

16.国有企业如何完成股份制改造并成功上市？

17.试分析集权型财务管理体制的利与弊。

18.试分析以统为主型财务管理体制的具体内容及其适用条件。

19.设某企业货币资金为680万元，有价证券为120万元，应收及预付款为180万元，存货为1 356万元，其他流动资产为50万元，长期投资为510万元，固定资产为8 567万元，无形资产与其他资产为720万元，销售收入为38 660万元，销售成本为30 220万元，期间费用为3 242万元，税金为2 200万元，其他支出为-1 460万元，所有者权益为8 362万元。试利用指标间的关系，绘制出杜邦分析模型。

作业题

1.某企业生产和销售甲、乙两种产品，产品的单价分别为2元和10元，边际贡献率分别为20%和10%，全年固定成本为45 000元，假设企业全年两种产品的销售量分别为50 000件和30 000件，计算该企业的加权平均边际贡献率和安全边际率。

2.某公司下设一个投资中心,所占用的资产总额为100万元,该公司的资本成本为15%, 2002年,该投资中心有关资料如下：销售收入为200万元,变动成本率60%,部门固定间接费用30万元,其中折旧10万元,其余为部门可控费用。试计算该投资中心的投资报酬率和剩余收益。

3.某公司年末会计报表上部分数据为:流动负债60万元,流动比率为2,速动比率为1.2, 销售成本100万元,年初存货为52万元,试计算本年度存货周转次数。

4.某公司某年销售收入为120 000元,销售毛利率为50%,销售净利率为15%,期初资产总额为185 000元,其中存货为10 000元,存货周转次数为5次,期末资产总额中存货占8%,根据上述资料计算该公司的资产净利率。

5.某公司一投资中心的本年数据如下:部门销售收入28 000元,销售成本和变动销售费用16 000元,部门折旧费用2 500元,部门可控的间接费用1 600元,分配的公司管理费2 000元,本中心占用资产60 000元,公司的平均资本成本10%,试计算该中心的投资报酬率和剩余收益。

6.某企业只生产一种产品,单位变动成本为36元,固定成本总额为4 000元,产品单位售价为56元,若要使得企业的安全边际率达到50%,其正常销售量应达到多少?

7.某企业20××年度财务报表有关数据如下:(单位:万元)

项目	期初数	期末数
销售收入	2 500	2 750
税后利润	125	137.5
支付股利	50	55
股东权益	825	907.5
负债总额	150	165

试计算该企业下列相关指标:净资产收益率、总资产周转率、收益留存率及资产负债率。

8.某企业经营某产品,近年来发生亏损,有关资料如下：

销售收入(120元/件×700)	84 000元
变动成本	70 000元
固定成本	20 000元
净收益	−6 000元

要求:计算该企业为扭转亏损所需的某种产品的最低产销数量。

9.M企业经营甲、乙两种产品,单位边际贡献分别为13元和20元,产销比率为

5∶2,固定成本总额为21 000元。要求:计算该企业实现盈亏平衡时甲、乙两种产品的产销数量(实物单位)。

10.A公司年末资产负债表如下,该公司的年末流动比率为2;产权比率为0.7;以销售额和年末存货计算的存货周转率14次;以销售成本和年末存货计算的存货周转率为10次;本年销售毛利额为40 000元。利用资产负债表中已有的数据和以上已知资料计算表中空缺的项目金额。

A公司资产负债表　　单位:元

资　产		负债及所有者权益	
货币资金	5 000	应付账款	?
应收账款净额	?	应交税金	7 500
存货	?	长期负债	?
固定资产净额	50 000	实收资本	60 000
		未分配利润	?
合计	85 000	总计	?

11.某公司年销售收入300万元,总资产周转率为3,销售净利率5%,该公司过去几年的资产规模较为稳定。

(1)该公司总资产利润率是多少?

(2)该公司已打算购置一台新设备,它会使资产提高20%,而且预计使销售净利率从5%提高到6%,预计销售净利率不变,这项设备对公司的资产报酬率和盈利能力产生何种影响?

12.B公司2001年的净资产收益率为14%,净利润为120万元,产权比率为80%,2001年销售收入净额为3 600万元,2001年的所有者权益期初数与期末数相同,预计2002年销售收入净额为4 158万元,2002年资产总额比上年增长10%,销售净利率、权益乘数保持不变,所得税税率为30%。

(1)计算2001年资产总额、资产周转率、权益乘数、销售净利率;

(2)计算2002年净资产收益率,并与2001年比较,(百分位保留一位小数)分析其变动原因。

13.企业经营某产品,下年度预计产销量40 000件,预计成本资料为:材料成本400 000元,人工成本360 000元,制造费用300 000元,销售及管理费200 000元。以上各项成本中的变动部分分别为100%、75%、40%、25%。要求计算:

(1)为使目标销售利润率达到10%所应实现的单位产品销售价格；

(2)为使目标销售利润率达到10%且单位售价保持在30元的前提下，该产品应实现的销售收入总额。

14.某企业盈亏平衡点的月销售额为50 000元，在其他指标不变而固定成本增加5 000元时，为了实现保本需增加销售额8 000元。试计算：(1)原固定成本额度；(2)变动成本率；(3)边际贡献率。

15.甲企业只产销一种产品，2002年销售量为10 000件，每件售价200元，单位成本为150元，其中单位变动成本120元，该企业拟使2003年的利润在2002年的基础上增加20%。运用本量利分析原理进行规划，从哪些方面采取措施(要求定量计算；假定采取某项措施时，其他条件不变)，才能实现目标利润。

16.请将下列表格中空白处填上：

表1

项目 产品	单价	单位变动成本	单位边际贡献	销售量	固定成本	税前利润	边际贡献率(%)	变动成本率(%)
A	10	6	( )	1 000	2 500	( )	( )	( )
B	( )	( )	4	2 000	( )	-100	( )	80
C	40	( )	2	( )	300	100	( )	( )

表2

时期 项目	一	二	三	四	五	六
期初存货量	0	( )	( )	1 000	8 000	( )
本期生产量	8 000	8 000	( )	( )	( )	1 000
本期销售量	8 000	6 000	10 000	6 000	10 000	6 000
期末存货量	0	( )	1 000	( )	( )	( )

17.N企业经营A产品，目前的产销数量为10 000件，单位售价20元，单位变动成本12元，固定成本总额60 000元。要求：分别计算、确定当该产品单位售价上升20%和下降20%后，其边际贡献率、盈亏平衡点和净收益的相应变化。

18.某企业生产和销售甲、乙两种产品，产品的单位售价分别为2元和10元，边际贡献率分别是20%和10%，全年固定成本为45 000元。

(1)假设全年甲、乙两种产品分别销售了50 000件和30 000件,试计算下列指标:

①用金额表示的盈亏临界点;

②用实物单位表示的甲、乙两种产品的盈亏临界点销售量;

③用金额表现的安全边际;

④预计利润。

(2)如果增加广告费5 000元,可使甲产品销售量增至60 000件,而乙产品的销售量会减少到20 000件。试计算此时盈亏临界点的销售额,并说明采取这一广告措施是否合算。

19.企业经营A产品,单位售价4元,单位变动生产成本2.2元,单位变动销售费用0.2元,全年固定成本440 000元。本年度产销数量390 000件,所得税率40%。经调查测算,确认A产品下年度单位变动生产成本将上升15%,故拟将产品销售价格作相应提高,其余有关资料假定不变。

计算:(1)A产品下年度的盈亏平衡点;(2)为弥补成本上升和保持目前边际贡献率之需,下年度应达到的单位产品售价;(3)当成本上升15%,单位售价依旧保持目前水平(4元),为实现同本年一样的税后利润总额所需要的A产品产销量。

20.已知乙企业为生产和销售单一产品的企业。经全面分析,预计未来年度的单价、单位变动成本和固定成本的估计值及相应概率如表3:

表3

项目	单价(元)		单位变动成本(元)		固定成本(元)
估计值	30	25	15	10	30 000
概率	0.8	0.2	0.9	0.1	1

要求:(1)根据上述资料预测盈亏临界点销售量;(2)若未来年度计划销售量为3 000件,试预测未来年度可获取的利润。

21.某公司20×1年、20×2年末的资产负债表中的有关数据如表4所示,要求编制该公司的“比较资产负债表”,并根据计算结果对资产和权益的变动情况进行分析。

表4 比较资产负债表

项 目	×1年	×2年	×2年比×1年增减	
			差 额	%
速动资产	4 550	4 200		

续表

项　　目	×1 年	×2 年	×2 年比×1 年增减	
			差　额	%
存货	7 450	9 300		
流动资产合计	12 000	13 500		
固定资产净额	21 000	24 000		
资产总计	33 000	37 500		
流动负债	6 000	6 900		
长期负债	3 000	3 750		
实收资本	19 000	19 000		
公积金	2 700	4 050		
未分配利润	2 300	3 800		
所有者权益合计	24 000	26 850		
负债及所有者权益合计	33 000	37 500		

22.设某企业货币资金为 680 万元，有价证券为 120 万元，应收及预付款为 180 万元，存货为1 356万元，其他流动资产为 50 万元，长期投资为 510 万元，固定资产为8 567万元，无形资产与其他资产为 720 万元，销售收入为38 660万元，销售成本为30 220万元，期间费用为3 242万元，税金为2 200万元，其他支出为-1 460万元，所有者权益为8 362万元。试利用指标间的关系，绘制杜邦出分析图。

税务咨询

本章要点

企业税务咨询是管理咨询业务的重要组成部分。通过本章学习，使学生能够了解税务咨询、税务筹划、税务代理和税务风险管理的基本内容，掌握税务筹划和税务风险管理的基本方法。

第一节 税务咨询概述

一、税务咨询

税务咨询是指具有税务方面专门知识和技能的专业人员,向纳税人、扣缴义务人以及其他相关人员提供有关税务问题的解决办法,并帮助其解决问题的咨询活动。其目的是帮助企业依法纳税与合理纳税,获得经济利益。其咨询形式有个体咨询、集体咨询与综合咨询。其范围有国内税务咨询和涉外税务咨询。国内税务咨询的内容主要有如何办理税务登记、应该缴纳哪些税款、如何进行纳税申报、如何计算税款、如何进行税收抵免、如何办理延期纳税、如何才能不违反税法、如何申请减税免税退税、如何申请税务行政复议、如何向税务机关提起诉讼等。涉外税务咨询的主要内容有在境外经营应如何纳税、如何避免双重征税、如何进行国际避税、如何进行反避税等。

二、税务代理

税务咨询和税务代理的内涵中有相同之处,即都是受他人委托而为委托人服务的一种行为,都必须依照税法和有关法律办事。但也有一些不同之处,其主要区别是提供服务的方式不同:税务咨询侧重于向客户提供解决问题的办法;税务代理侧重于替客户完成有关的业务实际操作。税务代理的内容有代理税务登记、代理发票领购、代理纳税申报、代理缴纳税款和申请退税、代理纳税审查、代理税务行政复议、代理制作设税文书、代理建账建制和办理账务、代理税务工作底稿和税务档案管理。

三、注册税务师资格考试和注册登记制度

为了规范税务咨询和税务代理活动,国家税务总局于 1994 年颁发了《税务代理试行办法》,要求咨询人员和机构要具备一定的资质,执业中遵守相应的规定。人事部与国家税务总局于 1996 年联合下发了《注册税务师资格制度暂行规定》,对税务咨询人员的职业资质作出了明确规定。

四、税务风险管理

税务风险的防范与控制已成为企业风险管理体系中的一个重要方面,咨询者为企

业辨别税务风险、评估风险程度和企业的风险忍受限度、提供风险对策、建立风险防范与控制体系等,成为税务风险管理咨询的主要内容。

五、税务筹划

税务筹划是指咨询者(或税务咨询师或单位内部财务人员)在遵守税法的前提下,对纳税人的涉税事项所进行的旨在减轻税负、扩大财务资源的税务对策和谋划。企业税务筹划的主要内容包括筹资与投资税务筹划、产权重组中的税务筹划、成本费用核算中的税务筹划、企业内部核算的税务筹划、企业运输方式的税务筹划、流转税的税务筹划、所得税的税务筹划和消费税的税务筹划等。

第二节 税务风险管理

一、税务风险管理理念与原则

我国企业在税务管理方面普遍存在违规违法、操作不当、政策使用不妥、管理漏洞、综合纳税成本高、涉税风险大等一系列问题。不少企业曾经受过税务处罚,造成过较大损失。绝大多数企业没有专业的税务管理人员、科学的税务管理制度、自我税务安全监控能力。对此,国家税务总局于 2009 年 5 月专门为大企业发布了《大企业税务风险管理指引(试行)》文件(见附录 7-1)。

无论咨询者抑或企业,均应树立税务风险管理理念和原则,即:依法、诚信、合理、安全纳税。

二、税务风险管理目标

(一)合规性与安全性目标

根据《大企业税务风险管理指引(试行)》,企业税务风险管理的主要目标包括:税务规划具有合理的商业目的,并符合税法规定;经营决策和日常经营活动考虑税收因素的影响,符合税法规定;对税务事项的会计处理符合相关会计制度或准则以及相关法律法规;纳税申报和税款缴纳符合税法规定;税务登记、账簿凭证管理、税务档案管理以及税务资料的准备和报备等涉税事项符合税法规定。

(二)合理性与效益性目标

在合规合法与安全经营的前提下,企业通过税务风险管理和税务筹划,降低综合纳税成本,扩大资金来源或提高资金使用效率。

三、税务风险的种类

从不同的角度看,企业税务风险包括税种风险、税政风险、汇算风险、凭证风险和操作风险五种。

(一)税种风险

税种风险是企业最常见的涉税风险,涉及的税种有增值税、营业税、企业所得税、关税、资源税、个人所得税、土地增值税、房产税、车船使用税、印花税和契税等。随着国家建设"资源节约型"和"环境友好型"社会的进程,企业在资源耗费和环境保护方面将面临为新税种纳税的预期。

(二)税政风险

企业的税政风险体现在高新技术、关联交易、外资优惠政策利用、混合销售、进出口业务等方面。

(三)汇算风险

企业的汇算风险体现在收入计算、成本列支、税前抵扣、减免税项、费用处理等方面。

(四)凭证风险

凭证风险分布于合同管理、进项发票、销项发票、费用凭证、相关文档等方面。

(五)操作风险

操作风险存在于税务登记操作、纳税申报操作、汇算清缴操作、税务审计操作和税务会计鉴证操作等过程中。

四、税务风险的识别与评估

(一)税务风险识别

根据《大企业税务风险管理指引(试行)》,企业应结合自身税务风险管理机制和实际经营情况,重点识别下列税务风险因素:

(1)董事会、监事会等企业治理层以及管理层的税务遵从意识和对待税务风险的态度。

(2)涉税员工的职业操守和专业胜任能力。

(3)组织机构、经营方式和业务流程。

(4)技术投入和信息技术的运用。

(5)财务状况、经营成果及现金流情况。

(6)相关内部控制制度的设计和执行。

(7)经济形势、产业政策、市场竞争及行业惯例。

(8)法律法规和监管要求。

(9)其他有关风险因素。

(二)税务风险评估

税务风险评估是在税务风险识别的基础上,对具体税务风险的程度、损失概率及其分布、企业的承受能力等进行的分析和测算。采用的方法有统计分析法、敏感性分析法、临界分析法、情景测试法、压力测试法和专家打分法等。

企业税务风险评估由企业税务部门协同相关职能部门实施,也可聘请具有相关资质和专业能力的中介机构协助实施。

五、税务风险应对

(一)税务风险控制

首先,企业管理层须具有依法纳税、合理纳税的观念,并使之形成企业领导与员工的共识;其次,建立健全基于各项业务流程的税务风险管理组织机构和制度;再次,涉税人员不断地学习和了解税收法规的变化情况;最后,企业针对各种具体的税务风险采取正确的应对策略。

（二）税务风险应对策略

1.风险承担。企业经营不可能没有风险，税务风险也如此。只要企业依法依规办事，用人得当，随时与税务部门保持良好的沟通，由于工作失误或会计差错等原因导致的税务风险，一般来说是可以承担的。

2.风险分担。风险分担是在风险承担的前提下，设计风险分担方案，对风险进行分解，确定分担的责任主体并评估分担效果。

3.风险降低。通过强化信息沟通、细化管理流程、改善风险环节、设定风险预警等措施降低风险。

4.风险回避。对于超出企业容忍限度的风险区域、风险环节、风险事项或风险点，企业可以采取回避策略来应对。回避的方法有不进入该风险区域、外包业务、借助第三方帮助处理相关业务或事项。

第三节　税务筹划

一、税务筹划概述

（一）税务筹划的概念

税务筹划又称为税收筹划、纳税筹划。它是指纳税人依据所涉及的税境和现行税法，遵循税收的国际惯例，在遵守税法的前提下对企业涉税事项进行的谋划与安排。

税务筹划有狭义和广义之分。狭义的税务筹划就仅仅是指节税；广义的税务筹划既包括节税，还包括避税和税负转嫁。税务筹划的主体是纳税人，纳税人既可以是企业法人，也有可能是自然人。纳税人可以自己作为行为主体进行税务筹划，也可以聘请税务顾问代理进行税务筹划。

与税务筹划相关的概念主要有避税、逃税、节税和税收屏蔽等。

避税是指纳税人利用税法漏洞、特例和缺陷，来规避或减轻纳税义务的行为。

逃税是指纳税人利用虚报、隐瞒、伪造等各种非法税收欺诈手段，以达到逃税或者减少其纳税义务目的的违法行为。

节税是指纳税人在遵循税收法规和恪守法律规定的前提下所采取的合法、合理的

节减税额的行为。

税收屏蔽是指纳税人从国家税收优惠中获得的税收利益，是国家给予纳税人的一种保护，包括优惠、延期纳税、对未来资本利得的扣除和财务杠杆优惠等等。

（二）税务筹划的原则

1.守法原则。税务筹划应在税法允许的范围内进行，在企业有多种方案可供选择时，做出缴纳税费最低的合理并且合法的选择。筹划者要熟知税法，利用税法要素来选择最优方案，做到不违法。这是税务筹划的最基本原则和最基本的特征，是与偷、逃税的本质区别。

2.保护原则。纳税人为了实现自我保护，应该增强法制观念，树立税法意识，熟知税法、会计准则，熟悉税务筹划的技术和方法，避免多缴税款。在兼营不同税种、不同税率的货物、劳务时，要按照不同税率分别算账、分别核算。

3.时效原则。由于我国目前还处于税法不断改革的时期，因此税收政策变化很大。某个税收筹划方案以前可能是适用的，但因税法的变动可能失去了作用，纳税人应当关注税法的变动，及时调整税务筹划方案。

4.整体原则。在进行税务筹划时，要整体筹划、综合衡量，达到最大限度地减轻税收负担，要防止顾此失彼、前轻后重。企业不能只关注个别税种的税负高低，而要着眼于整体税负的轻重。同时，企业要把税务筹划纳入企业经营管理的各个方面，与其他各项管理活动紧密结合，这样才能实现减税增收的效果。

（三）税务筹划的程序

税务筹划的程序一般可以分为主体选择、收集信息确立目标、建立备选方案、选择最佳方案和实施与反馈阶段。

1.主体选择。企业可以由内部人员自行制定税务筹划的策略，也可以外包给专业机构。因此，企业应当首先确定策略设计的主体，对两种方式进行比较，选择比较合适的方式。

2.收集信息确定目标。设计主体要熟知国家税法和相关规定，以及企业自身的经营、财务状况，充分利用内外部环境，确定税务筹划的目标。

3.建立备选方案。在掌握了相关信息和确定目标之后，制定者就要设计税务筹划的具体方案。关注角度不同，方案就存在差异，每个备选方案都包含不同的法律安排。

4.选择最佳方案。在列示了多项备选方案之后，制定者要综合考虑内外部环境、目标及可行性等，对备选方案进行科学的分析，必要时建立适当的数学模型，选择最佳方案。

5.实施与反馈。在选定了方案之后就要付诸实施了，同时要对税务筹划方案的收益进行记录,验证税务筹划的结果,并将实施过程中的偏差反馈给制定者,使其对方案进行修正。

(四)税务筹划的基本方法

税务筹划的方法很多,可以单独采用,也可以同时采用,在同时采用两种或两种以上筹划方法时,要考虑不同方法之间的相互影响。

1.减免税方法:该方法是指在不违法和合理的情况下,使纳税人成为减免税人,或使纳税人从事减免税活动,或使征税对象成为减免税对象而少缴纳税款的税务筹划。

2.分割方法:该方法是指在不违法和合理的情况下,使纳税所得在两个或更多的纳税人之间,或者在适用不同税种、不同税率、减免税政策的多个事项之间进行分割。

3.扣除方法:该方法是指在不违法和合理的情况下,使扣除额增加以直接节减税额,或者调整扣除额在各个应税期的分布而相对节减税额的方法。

4.税率差异方法:该方法是指在不违法和合理的情况下,利用税率的差异直接节减税额的方法。分割方法与税率差异方法的区别在于:前者是通过降低纳税基数达到减税的目的。

5.抵免方法:该方法是指在不违法和合理的情况下,使税收抵免额增加的方法。税收抵免额越大,应纳税所得额就越少。

6.退税方法:该方法是指在不违法和合理的情况下,使税务机关退还纳税人已经缴纳的税款。

7.延期纳税方法:该方法是指在不违法和合理的情况下,使纳税人延期缴纳税款,利用资金的时间价值,获得投资收益或降低筹资资本。

8.会计政策选择方法:该方法是指在不违法和合理的情况下,采用适当的会计政策,以减轻税负或延缓纳税的方法。不同的会计政策,核算出来的应纳税所得额是不同的,不同的结果对纳税人的税负会产生很大的影响。

二、流转税的税务筹划

(一)流转税概念

流转税是以商品和劳务的流转额为课税对象而缴纳的税种的统称,国际上一般将其称为商品和劳务税。流转税一直是我国税制结构中的主体税种,主要由增值税、消费税、营业税和关税等组成。

由于流转税以商品或劳务为征税对象,以商品或劳务的流转额为计税依据,因此,只要发生了商品的流转,国家就可以从市场主体交易中分享流转收益。同时,可以减轻

企业的税负,避免重复征税的现象发生。

(二)增值税的税务筹划

增值税是对在我国境内销售货物或者提供加工、修理修配服务,以及进口货物的单位和个人,就其取得的货物及应税劳务的销售额,以及进口货物的金额计算税款,并实行税款抵扣制的一种流转税。

增值税纳税人分为一般纳税人和小规模纳税人,分别适用不同的税率。一般纳税人除了国家规定的几项货物采用13%的税率之外,其余大部分行为都适用17%的税率。小规模纳税人的税率规定为:商业企业的小规模纳税人适用的征收率是4%,商业企业以外的其他企业采用6%的征收率。

增值税的计算公式为:

一般纳税人的应纳税额=当期销项税额-当期进项税额

小规模纳税人的应纳税额=不含税的销售额×征收率

增值税的税务筹划主要有以下几种方法:

1.一般纳税人与小规模纳税人的身份选择。由于小规模纳税人不能使用增值税专用发票,购买方不能进行进项税的抵扣,会增加购买方的税负,影响销售。同时,小规模纳税人也不能根据专用发票抵扣进项税。因此,一般情况下,增值税一般纳税人的负担低于小规模纳税人。但是,如果满足一定的条件,小规模纳税人的负担也会低于一般纳税人。企业应当根据合理的分析确定对自己更有利的身份,甚至可以创造条件改变纳税人身份。

企业为了减轻增值税税负,可以事先从不同角度计算两类纳税人税负的平衡点,通过税负平衡点,就可以合理合法地选择税负较轻的纳税人身份。一般都采用实际增值率与平衡点增值率比较的方法。

增值率=(销售商品价款-购进货物价款)/ 销售商品价款 ×100%

=(销项税额-进项税额)/销项税额×100%

平衡点增值率=小规模纳税人增值税适用税率/一般纳税人适用的税率

当实际增值率等于平衡点增值率时,小规模纳税人与一般纳税人的税负相同;当实际增值率小于平衡点增值率时,小规模纳税人税负重于一般纳税人;当实际增值率大于平衡点增值率时,一般纳税人税负重于小规模纳税人。所以,在增值率较低的情况下,一般纳税人比小规模纳税人有优势,但是随着增值率的上升,一般纳税人的优势就越来越小。

2.增值税的兼营与混合销售行为。企业的兼营行为包括两种：一种是兼营增值税与营业税的应税行为；另一种是兼营增值税不同税率的行为。从一般意义上讲，纳税人将各兼营项目分别核算可以有效降低自身的税收负担，但是在某些特殊情况下，统一缴纳增值税的税务负担可能更轻。纳税人应当计算不同情况下的税务负担，选择负担较轻的纳税方式。

一项销售行为既涉及应税货物又涉及非应税劳务时，为混合销售行为。纳税人年货物销售额与非应税劳务营业额的合计数中货物销售额超过 50%，非应税劳务低于 50%时就应当缴纳增值税。企业可以调节非应税劳务的营业额，使它高于 50%，这样就可以缴纳较低的营业税，达到降低税负的目的。

3.折扣方式的选择。在企业的销售行为中，采取折扣方式销售（也就是会计中的商业折扣，不包括销售折扣）已经日益成为诸多企业所采用的方式，折扣方式的选择对企业的税收负担会产生直接的影响。如果销售额和折扣额在同一张发票上分别注明，可按折扣后的余额作为销售额计算增值税；如果将折扣额另开发票，不论其在财务上如何处理，均不得从销售额中减除折扣额，即按折扣前的销售额计算。

销售折扣属于融资性质的理财费用，因而不能从销售额中扣除，企业应按全部销售额计算缴纳增值税。因此，从税法的角度看，折扣销售方式优于销售折扣。

4.关联企业间的增值税税务筹划。关联企业间的增值税可以通过关联企业间延期纳税的方法，利用资金的时间价值，即把关联企业上游产品的销售时间推迟，再加上价格转移，推迟增值税销项税的发生时间，以达到无偿使用资金的目的。但是，一定要注意内部转移价格不能过度偏离正常交易价格，以免导致税务机关的纳税调整。

5.利用增值税的优惠政策。增值税有一些税收优惠政策，企业应当熟知这些政策，利用优惠措施，达到减税的目的。

（三）消费税的税务筹划

消费税是对在我国境内从事生产、委托加工和进口应税消费品的单位和个人征收的一种税。我国目前征收消费税的税目主要有 14 种，不同的税目有不同的税率。消费税的应纳税额的计算主要有从价计征、从量计征、复合计征三种方法。

消费税的税务筹划主要有以下几种方法：

1.建立独立核算的销售机构。由于我国除了金银首饰在零售环节征收消费税外，其他消费税都是单环节征税并且是在生产环节，因此，出厂环节是实现消费税筹划的关键所在。如果能够降低产品的出厂价，就可以实现消费税的税务筹划。建立独立核算的销售机构，就是在确保利润水平的前提下，实现税务筹划的最有效的方法。但是，生产厂家和销售公司之间的交易价格不能明显低于非关联企业间的价格。

2.分别核算兼营行为中的应税产品。我国有关法律规定，纳税人经营不同税负的应税产品时，属于兼营行为，应当分别核算不同税率应税消费品的销售额、销售数量，未分别核算的一律从高计征。这要求企业有健全的财务制度和存货管理制度，保证分别核算的可能性。

3.降低没有交易价格的产品成本。在一些特殊情况下，纳税人虽然发生了消费税应税行为，但是却没有实际的交易价格，比如自产自用、委托加工、进口应税消费品等。在这里要采用组成计税价格计算消费税。在组成计税价格中，最主要的是成本的高低，企业可以在会计核算过程中，在制度允许的范围内，尽量不多计产品成本和费用，以降低组成价格。

自产自用消费品的组成计税价格＝(成本+利润)／(1-消费税率)

委托加工消费品的组成计税价格＝(材料成本+加工费)/(1-消费税率)

4.改变非货币性交易。税法规定，纳税人的应税消费品由于换取生产资料、投资入股或抵偿债务等，应当按照纳税人同类消费品的最高销售价格作为计税依据。如果企业采取先销售后换货、入股或抵债的方式，就可以达到减轻税负的作用。在这个过程中一定要进行现金的真实划拨，否则还是会被认为非货币性交易。

5.使用不同税率的消费品定价。在应税消费品中，卷烟和啤酒的消费税税率依定价的不同而不同。在价格临界点附近，税负会突然加重，因此，在考虑这些产品的定价高于临界点时，其现金流量的增长幅度要能抵消税负的增长。

(四)营业税的税务筹划

营业税是对在我国境内提供应税劳务、转让无形资产和销售不动产的行为为课税对象所征收的一种税。这里所说的应税劳务是指属于交通运输业、建筑业、金融保险业、邮电通信业、文化体育业、娱乐业、服务业七个税目。计税依据为营业额，是指纳税人提供应税劳务、转让无形资产或者销售不动产向对方收取的全部价款和价外费用。

营业税的税务筹划主要有以下几种方法：

1.调整征税范围。对征收营业税的范围，我国法律有明确的限制。纳税人可以通过筹划，选择合适的经营方式或材料供应方式，使其经营的项目排除在营业税的征税范围之外，获得节税的收益。

2.缩小计税依据。营业税的计税依据有的是全额计税，有的则要扣除一定的比例采用余额计税。企业可以通过缩小营业额，扩大税前扣除项目的办法达到减轻税负的目的。还可以通过分解营业额，缩小计税依据，减少应纳税额。

3.利用纳税义务发生时间。我国税法规定，营业税的纳税义务发生时间为纳税人收讫营业收入款项或者取得索取营业收入款项凭据的当天。对于信誉良好的客户可以延迟纳税时间,采取分期收款的方式。企业可以延迟纳税时间,利用资金的时间价值获益。

4.利用税收优惠政策。我国税法中规定了一些免征营业税的项目,纳税人兼营免税、减税项目的,应当单独核算营业额,否则不得减免税。因此,企业要分开核算应税和免税项目的营业额,及时办理免税程序。

(五)关税的税务筹划

关税是海关依法对进出境货物、物品征收的一种税。进口货物的收货人、出口货物的发货人、进出境物品的所有人,是关税的纳税义务人。进口税率主要有最惠国税率、协定税率、特惠税率、普通税率、关税配额税率等,出口税率一般都比较低,而且征收出口关税的商品也比较少,为了刺激出口,还有一些特殊税率,如报复性税率、反倾销税与反补贴税率、保障性税率等。关税的计税依据是关税完税价格。

关税的税务筹划主要有以下几种方法:

1.应用关税优惠政策。关税优惠政策是纳税人进行税收筹划的重点。世界上几百个经济特区对关税的课征都有一定的优惠措施,企业可以避开高关税,调整经营战略。

2.合理控制完税价格。在税率确定的条件下,完税价格的高低决定了关税的轻重。完税价格的确定有很大的弹性,而且有时候完税价格还会影响税率的大小。因此,利用完税价格进行纳税筹划也是一个很好的切入点,就要选择同类产品中成交价格比较低、运杂费相对较小的货物。

进口关税的完税价格包括货物的货价、货物运抵我国境内输入地点起卸前的运费及其相关费用、保险费。出口货物的完税价格由海关以该货物向境外销售的成交价格为基础审查确定,并应包括货物运至我国境内输出地点装载前的运输及其相关费用、保险费,但其中包含的出口关税税额应当扣除。

3.充分利用原产地标准。我国对进口商品设定了不同的税率,同一种货物的进口国不同,适用的税率也可能存在很大的区别。正确合理使用原产地标准,选择合适的地点,就可以达到税收筹划的目的。

4.利用保税区。为了创造完善的投资环境、运营环境,国家通常会设立保税区。保税区内复运出口的货物往往免征进口关税。利用保税区进行税务筹划,纳税人就要积极在保税区投资建厂,开展出口贸易的加工、整理、运输和转口贸易等,以获取豁免进出口关税的好处。纳税人还可以先把货物运进保税区,再转向保税区外销售,此时再补缴关税,达到税款滞后缴纳的目的。

5.选择货物的进口方式。境内纳税人进口货物有很多种方式,每种方式的完税价格

的确定是有区别的。不同货物的进口方式的选择就为纳税人进行税务筹划提供了空间。如纳税人要引进国外先进的设备,就可以比较购买或者租赁两种方式的总成本,进行选择。

三、所得税的税务筹划

所得税是以所得为征税对象并由获取所得的主体缴纳的一类税的总称。在我国所得税主要分为企业所得税和个人所得税两种。

(一)企业所得税的税务筹划

企业所得税是对我国境内的企业和其他取得收入的组织的生产经营所得和其他所得所征收的一种税,是国家参与企业利润分配的重要手段。企业所得税的纳税人分为居民企业和非居民企业。居民企业是指依法在中国境内成立或者依照外国法律成立但实际管理机构在中国境内的企业;非居民企业是指依照外国法律成立且实际管理机构不在中国境内,但在中国境内设立机构、场所的,或者在中国境内未设立机构、场所,但有来源于中国境内所得的企业。征税对象是企业的生产经营所得、其他所得和清算所得。

企业所得税的基本税率为25%,适用于居民企业和在中国境内设立机构、场所且收入与机构、场所有关联的非居民企业;低税率为20%,适用于其他非居民企业,但实际征收时却适用10%的税率,这是为了吸引外商投资。

应纳税所得额=收入总额-不征税收入-免税收入-各项扣除-以前年度亏损

企业所得税的税务筹划主要有以下几种方法:

1.通过企业设立降低税负。企业在设立过程中需要考虑的问题包括资金来源、行业选择、地域选择、企业形式选择等问题,这些都影响了企业所得税的缴纳。不同的资金来源(债务或者是股票)决定了企业所支付的资金回报在成本列支方面的不同待遇;不同的行业选择决定了企业能否享受国家有关的行业优惠待遇,比如,国家重点扶持的高新技术企业减按15%的所得税税率征收企业所得税。不同的地域选择决定了企业能否享受区域性优惠政策,例如,对设立在西部地区国家鼓励类产业的内资企业,在2001—2010年减按15%的税率征收企业所得税。企业形式的选择决定了企业纳税身份的不同,当总机构可以长期享受优惠税收政策,而分支机构建立在不能享受优惠政策的区域时,为了使分支机构与总机构合并纳税,选择分公司的形式比较好;相反,如果分支机构设立在可以享受优惠政策的区域,选择子公司的形式比较好。企业在设立过程中,应综合考虑设立机构方面的问题,从根本上降低税负。

2.运用费用扣除标准降低税负。

(1)借款利息支出。按照财务核算的原理,借款利息可以在所得税前扣除。因此,一些企业设法增加借款利息支出,将借款利息全部在计算所得额前扣除,但却忽视了相关的限额标准,反而使企业因偷税受到税务机关的处罚。

我国税法规定,非金融企业向金融企业借款的利息支出可据实扣除,但是向非金融企业借款的利息支出不超过金融机构同期利率的部分可以扣除,超过部分不得扣除。企业在进行税务筹划时要在规定的范围内,尽量增加借款利息,达到降低税负的作用。

(2)工资、薪金支出及三项费用的扣除。企业发生的合理的工资、薪金支出准予据实扣除,包括所有的现金和非现金形式的劳务报酬。企业发生的职工福利费(不得超过工资、薪金总额的14%)、工会经费(不得超过工资、薪金总额的2%)、职工教育经费(不超过工资、薪金总额的2.5%,超过部分准予以后年度扣除)则要按标准扣除,未超过标准的部分按实际数扣除,超过标准的只能按标准扣除。企业在进行税务筹划时要充分运用限额标准,注意费用的充分列支。

(3)利用业务招待费、广告费与业务宣传费的扣除政策。税法规定,企业发生的与生产经营有关的业务招待费支出按照发生额的60%扣除,但最高不得超过当年销售收入的5‰,即以年销售收入的5‰与实际招待费的60%比较,以其较小者作为扣除金额。

对于广告费,不超过销售收入的15%的部分可以扣除,超过部分准予结转到以后年度扣除。纳税人应严格审查企业的业务招待费是否应计入管理费用,防止超过标准,引起纳税调整,增加企业的所得税负担。对于广告费和业务宣传费也要在限额内扣除。

(4)公益性捐赠支出。公益性捐赠支出是指企业通过公益性社会团体或者县级以上人民政府及其部门,按《中华人民共和国公益事业捐赠法》规定的公益事业的捐赠。企业发生的公益性捐赠支出不得超过年度利润总额的12%,这里的年度利润是指企业的年度会计利润。这就要求企业在进行税务筹划时把握捐赠的方式,最好不要直接捐赠,而是要通过公益性组织,以达到节税的目的。

3.折旧计提。我国企业所得税的税务筹划中,成本费用的筹划是很重要的一环,而折旧是企业成本费用项目中的重要内容。企业可以通过缩短折旧期限或者加速折旧的方法,利用资金的时间价值,但是一定要注意税法中对固定资产折旧年限的时间限制,不得低于最低年限。

4.收入确认时间。这主要体现在损失弥补和享受税收优惠的过程中。我国税法规定,纳税人发生年度亏损,可以用下一年度的所得弥补,下一年度所得不足以弥补的,可以逐年延续弥补,但最长不得超过5年。因此,企业可以在制度允许的前提下,在亏损后的第五年年底增加确认一部分收入,或者改变收款方式,争取提前收取销售收入,甚至通过销售折扣鼓励对方提前付款。

5.关联企业的价格转移。价格转移是一种常用的税务筹划方法，但是也受到税务部门的严格管理。企业最好选择特殊的商品进行交易，最好选择只在关联企业之间发生交易的物品，尤其是其他独立企业没有类似的商品交易，以避免产生大量的独立企业交易的参考价格。

(二)个人所得税的税务筹划

个人所得税是对个人取得的各项应税所得征收的一种税。个人所得税的应税项目主要有11个，分别为工资、薪金所得，个体工商户的生产、经营所得，对企事业单位的承包经营、承租经营的所得，劳务报酬所得，稿酬所得，特许权使用费所得，利息、股息、红利所得，财产租赁所得，财产转让所得，偶然所得和经国务院财政部门确定征收的其他所得。

不同的项目采用不同的税率，比如，工资、薪金就采用九级累进税率，从5%~45%不等；个体工商户的经营所得则适用5%~35%的超额累进税率。

个人所得税的税务筹划主要有以下几种方法：

1.纳税人身份认定。我国的个人所得税将纳税人分为居民纳税人和非居民纳税人。居民纳税人负有无限纳税义务，就其来源于中国境内外的全部所得缴纳个人所得税；非居民纳税人只承担有限纳税义务，只需要就其来源于中国境内的所得缴纳个人所得税。因此，合理确定纳税人身份决定了税负的高低。对于外籍人员可以合理安排自己的出入境时间等，使自己成为非居民纳税人，减轻税收负担。

2.灵活选择兼职收入形式。我国个人所得税的11个征税项目是完全分离征税的，每个项目的税率也有很大的不同，因此，同样一笔收入，被归为不同的收入项目，税收负担就不同，这就给纳税人提供了筹划的空间。兼职收入可以划分为劳务报酬，也可以签订劳动合同确定为工资、薪金，要合理测算不同情况下的税收总额并加以比较，选择比较合适的方式。

3.劳务报酬化整为零。我国将个人从事各种非雇用的各种劳务所得取得的收入分为28个详细的项目，对于这28个项目只有一次性收入的，以取得该项收入为一次；属于同一事项连续取得收入的，以一个月内取得的收入为一次。纳税人可以尽量将劳务报酬所得分次计算，次数越多纳税人扣除费用的次数也就越多，将一次的所得分散成多次可以降低每次的收入额，防止使用较高的税率。

4.个人捐赠的筹划途径。我国税法规定：个人将其所得通过境内的社会团体、国家机关向教育和其他公益事业以及遭受严重自然灾害的地区、贫困地区捐赠，捐赠额未超过纳税人申报的应税所得额30%的部分，可从其应税所得额中扣除；个人通过非盈利的社会团体、国家机关向农村义务教育、福利性非营利性老年服务机构、红十字事业、公益

性青少年活动场所的捐赠可全额扣除。个人可以通过捐赠实现税务筹划,但是一定要符合规定,并且提供有关的捐赠证明。

四、资源税的税务筹划

资源税的纳税义务人是指在中华人民共和国境内开采应税资源的矿产品或者生产盐的单位和个人。资源税主要采用从量定额的办法征收,实施“普遍征收,级差调节”的原则。资源税税目、税额包括7大类,在7个税目下又有多个子税目,主要的7类税目有原油、天然气、煤炭、其他非金属矿原矿、黑色金属矿原矿、有色金属矿原矿、盐。

资源税的税务筹划主要有以下几种方法:

1.利用准确核算进行税务筹划。纳税人可以通过准确核算个税目的课税数量,清楚区分应税与免税项目、数量,分清税率不同的应税资源产品,合适选择适用的税率,以便充分享受到税收优惠,达到节省资源税税款的目的。

2.利用相关产品进行税务筹划。资源税的税目涉及7类,在现实中,一个矿床一般不可能仅仅生产一种矿产品,除了一种主要矿产品外,还有其他矿产品。如何对这些矿产品进行税务筹划是一个很重要的方面。例如,伴生矿是指在同一矿床内除了主要矿产品之外还含有多种有用的成分,这些成分就是伴生矿,税务机关在征税时往往以主矿确定税率,但是如果伴生矿的税率较低,纳税人可以在开采之前就进行税务筹划,影响税务机关对主矿的认识,确定较低的税率,就达到了节税的效果。

3.利用折算比例进行税务筹划。纳税人不能准确提供应税产品销售数量或移送使用数量的,以应税产品的产量或主管税务机关确定的折算比换算成的数量为课税数量。如果企业明明知道自身的折算比例低于税务机关可能采用的折算比例,这时按照税务机关确定的折算比例折算的数量就低于实际数量,减少了资源税的缴纳。

五、土地增值税的税务筹划

土地增值税的纳税义务人是转让国有土地使用权、地上建筑物及其附着物并取得收入的单位和个人,包括内外资企业、行政事业单位、中外籍个人等。土地增值税采用四级超率累进税率。

土地增值税的税务筹划主要有以下几种方法:

1.利用适当增值进行筹划。我国税法规定,纳税人建造房屋根据不同的增值额采用不同的税率,当纳税人建造房屋出售时,应当充分考虑增值额增加带来的收益与放弃起征优惠而增加的税收负担间的大小关系,以避免因增值税税率稍高于起征点而得不偿失。

2.利用分散收入进行筹划。在累进税制下,通过分散收入来实现税务筹划是很重要的。因为在累进税制下,收入的增长意味着税率的提高,使纳税人税收负担增加。纳税

人在出售房屋时将可以分开单独处理的部分从整个房地产中分离,降低每一部分的收入,降低税率。

3.利用成本费用进行规划。房地产开发企业的费用成本是很多的,费用成本的大小会严重影响纳税人的税额大小。纳税人最大限度地扩大费用的列支,就会节省税款。对于同时开发多处房产,每处房产的增值率不同时,纳税人可以对开发成本进行必要的调整,使得各处开发业务的增值率大致相同,从而节省税款。

六、城镇土地使用税的税务筹划

城镇土地使用税是以城镇土地为征税对象,对拥有土地使用权的单位和个人征收的一种税。城镇土地使用税的纳税义务人,是使用城市、县城、建制镇和工矿区土地的单位和个人,包括内资企业、外商投资企业和外国企业在华机构、事业单位、社会团体、国家机关、军队及其他单位,个体工商户及个人也是纳税人。城镇土地使用税的征税范围是城市、县城、建制镇和工矿区内属于国家所有和集体所有的土地,不包括农村集体所有的土地。

城镇土地使用税采用有幅度的定额税率,按大、中、小城市和县城、建制镇、工矿区分别规定每平方米土地的年应纳税额。

城镇土地使用税的税务筹划主要有以下几种方法:

1.利用城镇土地使用税的征收范围进行筹划。城镇土地使用税的征收范围是有限的,企业可以通过选择投资地点进行该税种的筹划。如果将生产经营场所建在课税范围之外,就可以完全避免该税种的负担。

2.利用级差税率进行筹划。在课征城镇土地使用税的区域内,不同地区之间的税收负担水平是有很大的差别的。企业应根据自身的特点,在能够满足其对生产经营环境的要求、不降低经济效益的前提下,尽可能选择将生产经营场所建立在税收负担水平较低的区域。

3.利用税收优惠政策进行筹划。企业应认真研究优惠政策,规避城镇土地使用税的负担。同时,企业应尽量缩减经营用地,实现税收负担的最小化。

七、房产税的税务筹划

房产税是以房产为征税对象,依据房产价格或房产租金收入向房产所有人或经营人征收的一种税。纳税义务人是征税范围内的房屋产权所有人,对于一些特殊情况,我国税法都有明确的规定。征税对象的房产,是指有屋面和围护结构,能遮风避雨,可供人们生产、学习、工作和生活的场所。

房产税的征税范围是城市、县城、建制镇和工矿区;房产税的征税范围不包括农村。

这与城镇土地使用税的征收范围是一致的。

房产税的税务筹划主要有以下几种方法：

1.利用合理确定房屋原值进行筹划。房产税是以房产价格或者租金收入为计税依据的，采用比例税率，分为从价计征、从租计征两种方式。一种是以房产原值一次扣除10%~30%后的余值，税率为1.2%；一种是按房产的租金收入计征，税率为12%。因此，合理降低房产的原值是进行税务筹划的一个关键点。作为房产的有关附属设备可以将使用功能单独计价，那就不计入房产的原值，降低了税负。

2.利用征收范围进行筹划。房产税的征收也有一定的范围，即城市、县城、建制镇和工矿区。纳税人应根据自己的需要，综合考虑各个方面的因素，选择合适的地点建造房产，在保证经济利益的前提下尽量选择不征房产税的区域。

八、车船税的税务筹划

车船税是指在中华人民共和国境内，车辆、船舶（以下简称车船）的所有人或者管理人按照中华人民共和国车船税暂行条例应缴纳的一种税。征收范围是依法在我国车船管理部门登记的车船，包括车辆和非机动车辆。车船税实行定额税率，对不同的车船规定了不同的税率。

车船税的税务筹划主要有两种方法：

1.利用选择购买车船进行筹划。企业和个人购买车船时一般都是从价格性能方面考虑，往往忽略了将来可能缴纳的税款，因此，企业在购买车船时就要充分考虑纳税的问题。不同的车船的税率是不同的，购买者承担的税负也就有了很大的差别。因此，如何衡量车船使用带来的收益与税收负担也应当成为购买者考虑的因素。

2.利用应税和免税项目划分进行筹划。对纳税人来说，最简单的方法就是清楚区分不同税目及免税项目，以便最大限度地节省税款。车船税有一些优惠措施，一些特殊用途的车船往往是免税项目，纳税人应当合理选择车船的使用方式，以便节省税款。

九、印花税的税务筹划

印花税是对经济和经济交往中书立、使用、领受具有法律效力的凭证的单位和个人征收的一种税。印花税的纳税人是在中国境内书立、使用、领受印花税法所列举的凭证，并应依法履行纳税义务的单位和个人，包括内、外资企业，各类行政（机关、部队）和事业单位，中、外籍个人。印花税的税目总计有13个，税率从0.05‰~3‰。

印花税的税务筹划方法主要有以下三种：

1.划清不同税率的经济事项金额。同一张应税凭证如果记载了两项经济事项，如果分别记载金额，可以分别计算缴纳印花税；如果未分别记载金额，按高税率计算纳税额。

因此,纳税人应当在书立此种凭证时,分别记载适用不同税目、税率的经济事项的金额,在总金额既定的前提下,尽量少计适用高税率的事项,以达到降低税负的目的。

2.模糊合同金额。税法规定,对于在签订时无法确定计税金额的合同,在签订时先按定额5元贴花,以后结算时再按实际结算金额计税,补缴印花税。因此,纳税人在签订金额较大的合同时,可以尽量模糊金额,以达到暂时少缴税款的目的,充分利用资金的时间价值。

3.合理选择借款方式。企业在经营旺季往往需要大量的资金,向金融机构借款,在淡季往往会归还借款,当生产旺季再来临时再度借款。如果每次借款都要重新订立合同,那么每次都要按照合同金额缴纳印花税。如果企业与金融机构签订最高限额的合同,企业在一定期限内,在规定的限额内可以多次借款,那么企业只要在签订合同时按照这一限额缴纳一次印花税就可以了,从而减轻了企业的负担。

十、契税的税务筹划

契税是以所有权发生转移变动的不动产为征税对象,向产权承受人征收的一种财产税。契税的征税对象是在境内转移土地、房屋权属的行为。契税征税对象包括五种具体情况:国有土地使用权出让、国有土地使用权转让、房屋买卖、房屋赠予、房屋交换。

契税的纳税义务人,是境内转移土地、房屋权属承受的单位和个人。单位包括内外资企业、事业单位、国家机关、军事单位和社会团体;个人包括中国公民和外籍人员。契税实行3%~5%的幅度税率。

契税的税务筹划主要有两种方法:

1.利用等价交换进行筹划。根据我国税法规定,土地使用权交换、房屋交换,以所交换土地使用权、房屋价格的差额为计税依据。这就是说,当双方当事人进行交换的价格相等时,因为差价为零,任何一方都不需缴纳契税。因此,应尽量缩小两者的差价。

2.利用隐形赠与进行筹划。我国税法规定,赠与土地使用权、房屋,属于应税行为,受赠人要支付税款,增加了额外负担。因此,可以通过隐形赠与,不办理房屋产权过户手续,就可以达到节税的目的。

案例分析:企业合并的税收筹划

企业合并,是指两个或两个以上的企业,依据法律规定或合同的约定,合并为一个企业的法律行为。其中包括被合并企业将其全部资产和负债转让给另一家现存或新设企业(以下简称合并企业),为其股东换取合并企业的股权或其他财产,实现两个或两个以上企业的依法合并的情况。

涉及企业合并的税法主要有两个:《企业改组改制中若干所得税业务问题的暂行规定》(国税发〔1998〕97号)和《关于企业合并分立业务有关所得税问题的通知》(国税发〔2000〕119号)。企业合并业务的所得税应根据合并的具体方式处理。

1.一般情况下,被合并企业应视为按公允价值转让、处置全部资产,计算资产的转让所得,依法缴纳所得税。被合并企业以前年度的亏损,不得结转到合并企业弥补。合并企业接受被合并企业的有关资产,计税时可以按经评估确认的价值确定成本。

2.当合并企业支付给被合并企业(股东)价款的方式不同时,其所得税的处理就不相同。即:合并企业支付给被合并企业或其股东的收购价款中,除合并企业股权以外的现金、有价证券和其他资产(以下简称非股权支付额),不高于所支付的股权票面价值(或支付的股本的账面价值)20%的,经税务机关审核确认,当事各方可选择按下列规定进行所得税处理:

(1)被合并企业不确认全部资产的转让所得或损失,不计算缴纳所得税。被合并企业合并以前的全部企业所得税纳税事项由合并企业承担,以前年度的亏损,如果未超过法定弥补期限,可由合并企业继续按规定用以后年度实现的与被合并企业资产相关的所得弥补。

(2)合并企业接受被合并企业全部资产的计税成本,须以被合并企业原账面净值为基础确定。

某股份有限公司A,2000年9月兼并某亏损国有企业B。B企业合并时账面净资产为500万元,上年亏损为100万元(以前年度无亏损),评估确认的价值为550万元,经双方协商,A公司可以用两种方案合并B企业。A公司合并后股票市价为3.1元/股。A公司已发行的股票共计2 000万股(面值为1元/股)。

第一种方案:A公司以180万股和10万元人民币购买B企业(A公司股票市价为3元/股)。

第二种方案:A公司以150万股和100万元人民币购买B企业。

假设合并后被合并企业的股东在合并企业中所占的股份以后年度不发生变化,合并企业每年未弥补亏损前的应纳税所得额为900万元,增值后的资产的平均折旧年限为5年,行业平均利润率为10%,所得税税率为33%。

从合并企业的角度来看:选择第一种方案,首先涉及合并时的税收问题:因为非股权支付额(10万元)小于股权按票面计的20%(36万元),所以,B企业不就转让所得缴纳所得税;B企业上年的亏损可以由A公司弥补,A公司可在第一年和第二年弥补B企业的亏损额100万元。A公司接受B企业资产时,可以以B企业原账面净值为基础作

为资产的计税成本。

其次，A公司将来应就B企业180万股股票支付多少股利呢？

A公司第一年、第二年因涉及亏损弥补，第一年的税后利润为629.34[900×(1-33%)+79.84×33%]万元，可供分配的股利为472.01[629.34×(1-25%)]万元(其中的10%为法定盈余公积，5%为公益金，10%为任意盈余公积)，支付给B企业股东的股利折现值为38.62(180÷2 000×472.01×0.909)万元。同理，A公司第二年支付给B企业股东的股利折现值为34万元；A公司以后年度支付给B企业股东的股利按利润率10%计算，折现值为336.37[180÷2 000×(900×67%)×(1-25%)÷10%×0.8264]万元。

所以，选择第一种方案，A公司合并B企业所需的现金流出折现值共计为418.98(10+38.62+34+336.36)万元。

若选择第二种方案，因为非股权支付额(100万元)大于股权按票面计的20%(30万元)，所以，被合并B企业应就转让所得缴纳所得税，应缴纳的所得税为16.5[(180×3+10-500)×33%]万元。又因为合并后，B企业已不再存在，这部分所得税实际上由合并的A公司承担。B企业上年的亏损不能由A公司再弥补。

因为A公司可按增值后的资产的价值作为计税价，增值部分在折旧年限内每年可减少所得税为3.3[(550-500)÷5×33%]万元。

A公司第一年的税后利润为589.8[900×(1-33%)+3.3-16.5]万元，按第一方案的计算方法计算，A公司第一年支付B企业股东股利折现值为30.16万元，第二年至第五年支付给B企业股东股利折现值为89.33万元，A公司以后年度支付B企业股东股利折现值为210.60万元。

所以，选择第二种方案，A公司合并B企业所需现金流出折现值为446.59(16.5+100+30.16+89.33+210.60)万元。

比较两种方案，第一种方案现金流出较少，所以，A公司应当选择第一种方案。

从实例分析可以看出，税收筹划必须考虑经营活动发生改变所带来的一定时期的税收变化和现金流量的变化。本例中，由于A公司合并B企业，不仅要考虑A公司在合并时支付B企业股东现金价款，而且要考虑由于B企业股东还拥有A公司的股权，A公司每年均要向B企业股东支付股利。

由于合并企业支付给被合并企业的价款方式不同，将导致不同的所得税处理方式，其涉及被合并企业是否就转让所得缴税、亏损是否能够弥补，合并企业支付给被合并企业的股利折现、接受资产增值部分的折旧等问题，比较复杂。

因此，并非在任何情况下，采取非股权支付额不高于所支付的股权票面价值20%的合并方式都划算。要考虑可弥补亏损数额的大小、行业利润率的高低等因素，在上述实例中，如果这些因素发生变化，选择第二种方案就有可能是划算的。

(资料来源:《中国税务报》,2001-05-31)

问题:你是否同意上述分析?为什么?

思 考 题

1.试述税务咨询的目的。

2.税务咨询与税务代理有何不同?

3.试述税务风险管理的目标与原则。

4.如何识别税务风险?

5.如何评估税务风险?

6.如何应对税务风险?

7.税务筹划面临什么风险?

8.税务筹划应遵循什么原则与程序?

作 业 题

1.某市一家电生产企业为增值税一般纳税人,12 月份将一批自产家电移送职工活动中心,成本价为 20 万元,市场销售价格为 23 万元(不含税)。计算该项活动应确认的销项税额。

2.某新华书店批发一批图书,每册标价 20 元,共计 1 000 册。由于购买方购买量大,故按七折优惠价格成交,并将折扣部分与销售额同开在一张发票上。10 日内付款 2%折扣,购买方如期付款。此项交易应缴纳的增值税销项税额是多少?

3.某公司是一个年含税销售额在 80 万元左右的生产企业,公司每年购进的可按 17%的税率进行抵扣的价格约为 45 万元(不含税)。如果该企业是一般纳税人,适用的税率是 17%,如果是小规模纳税人,适用税率则为 6%。该公司会计核算制度健全,有条件被认定为一般纳税人。试判断该企业适宜做何种纳税人。

4.某葡萄酒生产企业,生产葡萄酒按 10%税率缴纳消费税。销售葡萄酒 100 万元,本月以 200 吨葡萄酒换生产资料,最高价每吨为 200 元,最低价每吨为 180 元,中间平均价每吨为 190 元。计算应缴纳的消费税。

5.某摩托车生产企业,当月对外销售同型号的摩托车时共有三种价格:以 4 000 元的单价销售 50 辆,以 4 500 元的单价销售 10 辆,以 4 800 元的单价销售 5 辆。当月准备以 20 辆同型号的摩托车与甲企业换取原材料,双方按当月加权平均销售价格确定摩托车的价格。摩托车的消费税税率为 10%。为企业作出购销方式的决策。

6.某日用化妆品厂将生产的化妆品、护肤护发品、小工艺品等组成成套的消费品出售。每套消费品由下列产品组成：化妆品包括一瓶香水 30 元，护肤护发品包括一瓶摩丝 10 元，塑料包装盒 5 元，上述价格均不含税。化妆品消费税税率为 30%。利用分割方法对该厂进行税务筹划。

7.甲单位采用预收款的方式向乙企业转让土地使用权，转让收入共计 150 万元。2008 年 8 月 10 日，甲单位收到乙企业预付的价款 60 万元，11 月又收到预付款 30 万元。12 月 5 日，双方办理结算，甲单位开具发票，共计价款 150 万元，但是乙企业尚有 60 万元的价款未付。要求为该企业进行税务筹划。

8.某广告公司 4 月发生以下业务：取得广告业务收入为 94 万元，营业成本为 90 万元，支付给某电视台的广告发布费为 25 万元，支付给某报社的广告发布费为 18 万元。经主管税务机关审核，认为其广告收费明显偏低，且无正当理由，又无同类广告可比价格，于是决定重新审核其计税价格（核定的成本利润率为 16%）。计算该广告公司当月应纳营业税税额。

9.张某为下岗工人，所在地区营业税按期纳税的起征点为月营业额 1 000 元。张某再就业后为社区提供看护病人的服务。目前他每周提供 25 小时的服务，每小时收费 10 元。按照每月 4 周计算，张某每月来源于看护服务的收入为 1 000 元，恰好达到了起征点。为张某进行税务筹划（此时营业税税率为 5%）。

10.某公司需要购进一批铁矿石 5 吨，可以选择两家企业：一家巴西企业，价格为 9 万美元/吨，运费及保险费等费用为 12 万美元；一家印度企业，价格为 10 万美元/吨，运费及保险费等费用为 5 万美元。假设关税税率为 20%。该公司应当从哪国进口铁矿石？

11.某企业 2008 年为本企业员工支付工资 300 万元、奖金 40 万元、地区补贴 20 万元。假定企业工资、薪金支出符合标准，当年该企业职工福利费、工会经费和职工教育经费在所得税前列支的限额是多少？

12.王先生 2008 年 9 月给几家公司提供劳务，同时取得多项收入：给省设计院设计了一套工程图纸，获得设计费 2 万元；在某外资企业做了 10 天兼职翻译，获得 1.5 万元；给某民营企业提供技术帮助，获得该公司的 3 万元报酬。王先生将各项所得加总缴纳了个人所得税。判断该纳税方式是否合理。

13.一家开采铁矿石的矿山企业 2 月份生产销售了铁矿石原矿 20 000 吨，在开采铁矿石的过程中还开采了伴生矿锰矿石 2 000 吨，铬矿石 1 000 吨。已知该矿的铁矿石、锰矿石、铬矿石的资源税的单位税额分别为 16 元/吨、2 元/吨、3 元/吨。计算该矿山企业在分别核算和未分别核算情况下应缴纳的资源税（税法规定，铁矿石的资源税按单位税额的 40%征收）。

企业成本管理咨询

本章要点

成本管理是企业战略和管理的基础,学习本章,要求熟悉和了解成本的概念及其本质,成本管理的基本环节与方法,目标成本管理、标准成本系统、成本—功能分析原理及分析步骤,质量成本管理及产品质量成本优化分析的方法,作业成本管理和期间费用管理等内容,掌握成本分析的各种方法,学会分析成本和寻找降低成本的途径。

第一节　成本管理概述

一、成本概念与成本形态

(一)成本概念

成本是什么?1951年,美国会计学会(AAA)将成本定义为"为达到特定目的而发生或应发生的价值牺牲,它可用货币单位加以衡量"。这一定义的外延广泛,不仅指产品成本,而且包括其他方面的成本。

1957年,美国注册会计师协会(AICPA)对成本所下的定义为"为获取财货或劳务而支付的现金或转移其他资产、发行股票、提供劳务或发生负债,而以货币衡量的数额"。这一定义表明,成本是为获取财货或劳务而支付的现金及其等价物。

马克思在分析资本主义社会的商品价值构成时指出:"按照资本主义方式生产的每一个商品 W 的价值,用公式来表示是 $W=C+V+M$。如果我们从这个产品价值中减去剩余价值 M,那么在商品中剩下的只是一个在生产要素上耗费的资本价值 $C+V$ 的等价物或补偿价值。""商品价值的这个部分,即补偿所消耗的生产资料价格和所使用的劳动力价格的部分。只是补偿商品使资本家自身消耗的东西,所以对资本家来说,这就是商品的成本价格。"[①]在这里,马克思将商品价值分为三个部分,其中 C 和 V 两部分之和就是成本。根据马克思的分析,M 是资本家追逐的目的,即剩余价值;$C+V$ 则是为了得到 M 而付出的代价,因而是成本。人们通常称 $C+V$ 为理论成本或成本本质。

综上所述,作为一个广义的经济范畴,成本是指人们在经济活动过程中,为达到一定的目的而耗费的各种资源——人、财、物、时间、信息、机会等等。作为一个价值范畴,成本是经济主体为达到一定的目的而付出的(或可能付出的)用货币计量的价值牺牲。

① 马克思:《资本论》第3卷,人民出版社,1970年,第30页。

(二)成本分类与成本形态

进行成本管理,仅仅了解成本的一般概念是远远不够的。在管理实践中,人们要定义、划分和归类出各种具体的耗费,以便有目的地进行得失比较。出于某种管理目的或利用某种标准对成本进行分类的结果,称为成本形态或具体成本。以下是常见的成本分类及其结果:

1.按成本对象分:产品成本、服务成本、资金成本、期间成本、项目成本、方案成本、存货成本等。

2.按管理层次分:班组成本、车间成本、工厂成本、部门成本、公司成本等。

3.按经营环节分:研发成本、采购成本、制造成本、流通成本、售后服务成本等。

4.按成本习性分:固定成本、变动成本、混合成本等。

5.按决策要求分:资金成本、项目成本、方案成本、机会成本、相关成本、差量成本、专属成本、边际成本、管理成本、交易成本、产品寿命周期成本等。

6.按控制要求分:标准成本、目标成本、预计成本、质量成本、作业成本等。

7.按计价要求分:实际成本、平均成本、重置成本等。

8.按产品成本项目分:直接材料、直接人工、制造费用。

二、主要成本形态及其分析

在成本管理咨询活动中,主要成本形态的内容及用途见表 8-1。

表 8-1 主要成本形态的内容及用途

成本形态	内 容	主要用途
产品成本 (服务成本)	企业为生产产品、提供劳务而发生的各种耗费,分为直接材料、直接人工和制造费用三个成本项目,内容包括:①为制造产品而消耗的原材料、燃料、辅助材料、外购半成品及其运输、装卸、整理等费用;②为制造产品而耗费的动力费;③企业生产单位支付给职工的工资、奖金、津贴、补贴和提取的福利费等;④生产用固定资产折旧费、租赁费(不包括融资租赁费)、修理费和低值易耗品的摊销费用;⑤企业生产单位因生产原因发生的废品损失,以及季节性和修理期间的停工损失;⑥企业生产单位为管理和组织生产而支付的办公费、取暖费、水电费、差旅费、运输费、保险费、设计制图费、试验检验费和劳动保护费等	企业生产经营成果的计算依据;制定产品价格的依据;资源耗费的控制对象。降低产品成本,是企业赢得竞争优势的重要途径

续表

成本形态	内　　容	主要用途
作业成本	以企业的各项业务活动(作业)为对象归集的相关费用。如客户调查成本、零部件搬运成本、调整计划成本、记账算账成本、修理设备成本等。 在计算产品成本过程中涉及制造费用的分配。传统的分配方法是寻找一个合理的标准来进行分配,但由于引起资源耗费的成本动因具有多样化特征,用单一动因作为标准来归集和分配费用,其结果是对成本信息的扭曲,人们以作业为对象来归集费用,以成本动因为标准来分配费用,就能够使制造费用及其他间接费用的分配更为合理	得到更准确的成本信息,把成本计算、分析、控制三者结合起来,为企业进行价值链分析和经营决策提供依据
质量成本	企业为确保产品质量和实施全面质量管理而支出的费用,以及因未达到既定质量标准而发生的损失的总和,分为预防费用、检验费用、内部损失、外部损失四个成本项目	计算和评价质量经济效益,为控制成本、提高经济效益提供依据
资金成本	亦称资本成本,是企业为筹集和使用资金而付出的代价,其本质是资金所有者让渡资金使用权和承担投资风险而要求得到的报酬,表现为资金时间价值和投资风险报酬。通常以相对数(资金成本率)的形式表现。具体内容有股票发行费用、股息与红利、借款手续费、银行借款利息、债券利息、投资机会成本等	是计算、评价企业投融资效益和产权经营成果的基础,为投融资决策和业绩考核提供依据
机会成本	是指因选择某投资方案或资金用途而被放弃的投资方案或资金用途的收益。推而广之,因选择了资源的某种用途而放弃了其他用途的收益也是机会成本	成为业绩评价与投资决策的依据
资源配置成本	企业配置和利用资源的成本,即在经营活动中对各种资源的取得和利用所付出的代价,分为管理成本和交易成本两部分。管理成本是内部人自我经营的耗费;交易成本是外部人代理经营的耗费。如企业自办纳税发生的人员费用、办公费用等,属于管理成本;由中介机构税务代理而付出的代理费用,属于交易成本	成为业绩评价、结构调整、战略决策与战略实施的依据
产品寿命周期成本	产品在整个经济寿命周期内的总成本,包括原始成本和使用成本两部分。产品经济寿命周期划分为生产期和使用期两个阶段。对产品经营者来说,在生产期形成的成本是原始成本(或制造成本),包括产品研究开发、试制以及生产、销售过程中的各项耗费;在使用期形成的成本是使用成本,是指为消费者提供售后服务而发生的一切费用	用于正确评价产品经营的经济效益和产品竞争力,为产品开发决策提供依据

三、成本管理的环节与方法

(一)成本预测

古人说“凡事预则立,不预则废”。对未来的情况进行预测,是一切管理的首要环节。成本管理也不例外。成本预测是依据成本的有关数据及其与各种技术经济因素之间的依存关系,结合发展前景以及采取的各种措施,通过一定的程序、方法和模型,对未来成本水平及其变化趋势所作出的估计。通过成本预测,有助于管理层变未知为已知,帮助经营管理者减少盲目性,对未来经营活动作出合理安排,从而不断提高成本管理水平。成本预测包括在计划或方案制订阶段的成本预测以及在计划实施过程中的成本预测。在实际工作中,常用的成本预测方法有技术测定法、比率确定法、统计分析法、本量利分析法和标杆瞄准。

1.技术测定法。这是根据在一定的技术和工艺条件下资源消耗的性质和特征来确定未来成本水平的方法。如根据锅炉的有关技术参数和工作要求,确定其在未来的燃料消耗数量和管理时间与人数,然后再计算出相应的燃料费和工时费。

2.比率确定法。这是根据成本费用与有关技术经济指标之间的比率关系来确定未来成本水平的方法。如根据以往的销售成本率和未来的预计销售收入,就可以测算未来的销售成本;根据每件产品的材料消耗定额和预计产量,就可以测算未来的材料费用。

3.统计分析法。这是根据历史成本数据的统计平均数来预测未来成本水平的方法。其中,对统计平均数的计算又分为算术平均法、加权平均法、指数平滑法。

4.本量利分析法。这是依据成本—业务量—利润三者之间的数量关系模型来预测未来成本水平的方法。成本—业务量—利润关系模型的表现形式有线性和非线性两类,常用的是线性关系模型,即:

税息前利润=销售数量×销售价格-销售数量×单位变动成本-固定成本

当有关变量成为已知条件时,成本便可计算得出。

5.标杆瞄准。这是根据行业平均成本水平或先进企业的成本水平来预测企业在未来的成本水平的方法。

(二)成本规划与决策

从战略层面看,成本规划与决策是从成本角度来选择企业的发展方向和投资方案;从日常生产经营管理层面看,成本规划与决策是从新产品的基本构想立案开始,经研究

开发、试制投产、运输销售，至售后服务，为确保目标利润、降低经营成本而进行的各种决策与计划活动。成本规划与决策的方法主要有目标成本法、数学模型法、差量分析法、边际分析法、函数极值法、投入产出法、决策表法和年平均成本法等。

1.目标成本法。这是根据未来具有竞争力的产品价格，减去目标利润，倒推出目标成本，再将其全面分解、层层落实，以保证企业的市场份额和盈利水平的方法。

2.数学模型法。这是根据成本与相关变量的历史数据，来总结相互之间的数量依存关系，并使之形成数学模型，然后利用此数学模型来确认和选择相应的变量和成本水平的方法。

3.差量分析法。这是根据不同的方案之间的差量损益来确认更佳方案的方法。例如，有 A、B 两个可行方案，当 A 的收入与 B 的收入产生差异（差量收入）、A 的成本与 B 的成本也产生差异（差量成本）时，如果差量收入大于差量成本，被减方案更优；反之则相反。

4.边际分析法。这是差量分析法的特例，用于分析最佳业务量的控制区间。其评价标准是边际收入与边际成本孰高。当边际收入高于边际成本时，宜扩大业务量；当边际收入低于边际成本时，宜缩小业务量。

5.函数极值法。这是数学模型法之一，是根据变量之间相互影响的关系，通过调整变量的结构，以求得在一定条件下某个参数值最佳。例如，通过调整变动订货成本和变动储存保管成本，来确定使总成本最低的采购次数和采购批量。函数极值法的具体运用形式有四种：列表法、图示法、微分法、代数法。

6.投入产出法。这是将各项投入要素与各个产出项目按棋盘格式进行排列，利用矩阵模型求解，据以确定最佳的投入产出匹配的方法。

7.决策表法。这是在不确定条件下的决策分析方法。估计拟采取的各种方案在不同条件下出现的结果，然后从中选取一个方案。常用的有“小中取大”和“大中取小”两种。即按照稳健原则，找出各种方案在不利条件下的最小收益（最大成本），再从这些最小收益（最大成本）中选取能够带来最大收益（最小成本）的方案。

8.年平均成本法。在不同方案对收益不造成影响的条件下，根据年平均成本（年平均现金净流出量）最低的标准来选择方案。此方法常用于设备更新决策。其计算公式为：

年平均成本＝现金净流出量现值/年金现值系数

（三）成本控制

1.成本控制的内容。成本控制是指企业在经营过程中对经营成本的形成和变化所进行的人为的干预、影响与调节，使其不超出人们设定的范围，以保证成本目标的实现。

成本控制的内容十分丰富,按控制的时间划分,可分为事前控制、事中控制和事后控制;按控制的费用内容划分,可分为产品设计成本控制、产品试制成本控制、产品工艺成本控制、产品质量成本控制、材料成本控制、人工成本控制、制造费用控制、管理费用控制和销售费用控制等;按控制的方法划分,可分为绝对成本控制和相对成本控制;按控制的范围和程度划分,可分为全面控制和重点控制;按控制的形式划分,可分为制度控制和观念控制;按企业经营的对象划分,可分为产权经营成本控制和生产经营成本控制。目前,人们对产权经营成本的控制问题研究甚少,通常所讲的成本控制皆是针对生产经营而言的。

2.成本控制的基本程序。成本控制的基本程序可分为三个步骤:①确定成本控制的标准。目标成本、计划成本、标准成本和定额成本等,均可以成为成本控制的标准。②对成本形成过程进行监督。一般用实际成本与成本控制标准进行比较,以揭示差异,及时提供成本超支或节约的信息。③采取措施,纠正偏差。分析成本差异的形成原因,找出问题,有针对性地采取措施加以解决。

3.成本控制原则。成本控制原则是有效控制成本应遵循的规范。常见的有可控原则、三全原则(全员、全过程、全方位)、重要性原则、例外管理原则、责权利相结合原则等。

4.成本日常控制。成本形成过程中,遵循一定的原则和要求,并根据预先设定的标准,对实际发生的各项成本和费用开支进行经常性的监督、指导和限制,使产品成本不突破标准或定额,以确保目标成本的实现。成本日常控制属于成本的事中控制,是对成本形成过程进行的动态控制。成本日常控制的内容一般有三个方面:①根据归口分级的成本计划,编制定额或预算;②在实际费用发生时,按照成本控制标准,进行严格审查和监督;③及时反馈成本信息,把实际脱离控制标准的差异,分别不同情况揭示出来,进行分析、研究,并采取措施,加以解决。

(四)成本核算

成本核算有广义和狭义之分。广义的成本核算是指对具体成本形态的数据进行记录、归集和分配的过程。狭义的成本核算特指利用会计凭证、账簿、报表系统,来记录、归集、分配企业产品生产过程中发生的各种生产费用,并采用专门方法计算各种产品的总成本和单位成本。这些专门方法主要有品种法、分批法、分类法、分步法、标准成本法、变动成本法和作业成本法等。

1.品种法。品种法是以产品的品种作为成本计算对象用以归集生产费用并计算产品成本的一种方法。它适用于大量大批简单生产的企业,如发电、采掘等,也适用于规模较小,成本管理上不要求分步骤计算成本的进行大量大批复杂生产的企业,如小型水泥厂、造纸厂、砖瓦厂等。在品种法下，以产品的品种作为成本计算对象，开设“成本计算单”（参见表8-2）。如果企业只生产一种产品，只需要设置一张成本计算单，按成本项目分设专栏，所发生的一切生产费用都是直接费用，可直接归集进入该产品成本计算单中。如果企业生产多种产品，就需要按照每种产品分别设置成本计算单，发生的直接费用要直接计入各有关成本计算单，间接费用则另行归集，然后采用适当的方法分配计入各成本计算单中有关项目。在品种法下，成本计算每月定期进行。月末，如果没有在产品，或者在产品数量极少，可以不计算在产品成本，成本计算单中归集的所有费用就是完工产品的总成本；如果在产品数量较多，则需将成本计算单归集的产品费用采用一定的方法在完工产品和月末在产品之间分配，以确定完工产品的总成本、单位成本和在产品成本。

表8-2　成本计算单

产品名称：　　　　　　　　　　年　　月　　　　　　　　　　单位：元

凭证号	摘　　要	直接材料	直接人工	制造费用	合　　计
	期初在产品成本				
	本期发生成本				
	合　　计				
	产品数量				
	产品单位成本				
	完工产品成本				
	期末在产品成本				

2.分批法。分批法亦称“定单法”，是按照产品的批别或定单归集生产费用并计算产品成本的一种方法，主要适用于单件小批生产企业，如重型机械、船舶、专用工具、专用设备制造以及新产品试制等。分批法下，成本计算对象是购买者的定单或企业生产计划部门下达的“生产任务通知单”。成本计算单按定单或批别设置，按成本项目开设专栏。归集生产费用时，能按定单或批别划分的直接费用，要直接计入各该成本计算单，不能按定单或批别划分的间接费用，则需先按费用发生地点进行归集，再按一定标准（如工时）分配计入各批产品成本计算单。投产批数较多的企业，为了简化间接费用的分配，可采用“累计分配法”。即每月发生的间接费用，在“基本生产”或“生产成本”二级账中按成本项目登记全部产品的累计生产费用，当月不按批别分配，待某批产品完工时，再根据累计间接费用分配率，确定该批完工产品应负担的间接费用。采用分批法，成本计算期与生产周期相一致，而与核算报告期不一致。在一张订单或某批产品完

工前,成本明细账中归集的生产费用就是在产品成本,完工后则所有费用均为完工产品成本。所以,这种方法一般不存在月末在产品成本的计算问题。批内产品跨月陆续完工时,为简化核算,可按计划成本、定额成本或上批同种完工产品的实际成本作为完工产品成本。待该批产品全部完工时,再计算该批产品的实际总成本和单位成本。对已经转账的产成品成本一般不作账面调整。如果批内产品跨期陆续完工情况较多,批内完工产品数量占全部批量比重较大,可考虑采用适当的分配方法来确定完工产品和在产品的成本。

3.分类法。分类法是以产品类别作为成本计算对象,先归集生产费用,计算出各类产品的总成本,然后在产品类别内再按一定标准对类别成本进行分配,计算出各品种(或规格)产品成本的一种方法。分类法主要适用于产品品种或规格繁多但可按一定标准划分为若干类别的大量生产企业,如无线电元件、针织皮革、食品等。分类法并非独立的成本计算方法,而是为了简化成本计算工作采用的一种方法,必须同品种法、分步法等基本方法结合使用。分类法下,类别成本的分配方法有定额比例法、系数法等。选用分类法要注意分类适当、类距合适,在各种产品之间分配类别成本的分配标准要合理。

4.分步法。分步法是指以产品生产步骤和产品品种为成本计算对象,归集生产费用,计算产品成本的一种成本计算方法。它适用于大量大批的多步骤生产,如冶金、纺织、造纸以及机械制造等企业。其产品成本计算对象是各种产品及其所经过的各生产步骤。因此,成本计算单按生产步骤和产品品种(或类别)设置。归集产品费用时,凡能直接计入某一步骤某一品种(或类别)产品的生产费用,要直接计入有关的成本计算单;不能直接计入的,要先按步骤归集费用,然后按一定标准分配计入该步骤的各种(类)产品成本计算单中。用分步法计算成本要每月定期进行。由于大量大批复杂生产的企业产品往往跨月陆续完工,月末常有在产品,所以,月末要把各成本计算单中归集的生产费用,采用适当的方法在完工产品和月末在产品之间进行分配。分步法下结转各步骤成本时,有逐步结转和平行结转两种方法。

此外,还有将成本核算与成本决策、成本控制、成本分析、成本考核结合起来的标准成本法、变动成本法和作业成本法,这些方法都是以前述四种成本计算方法为基础的完善或派生的方法,并不是单独的成本核算方法。

(五)成本分析

成本分析是指利用成本核算资料及其他有关资料,分析成本水平升降和成本构成变动情况,研究其影响因素,寻找改善结构、控制或降低成本的有效方法和途径。通过成本分析,有助于掌握成本变动的规律,实现控制成本或降低成本的目标。成本分析的内容和形式有成本计划执行情况分析、成本效益比较分析;全面分析、专项分析;事前分析、事后分析等。为了寻找和确定影响成本变化的因素及其对成本的影响程度,主要采用的分析方法有对比分析法(与计划比、与历史最好水平比、与行业平均水平比、与竞争对手比)、因素分析法(连环替代法、差额替代法、因素分解法、因素分摊法)、结构分析法、平衡分析法、动态分析法、鱼刺图法、实地观察法、动因分析法和功效分析法等。

(六)成本考核

成本考核是指定期通过对成本指标的对比分析,考察审核目标成本的实现情况和成本指标的完成结果,全面评价成本管理的业绩。通过成本考核,企业能够评价各责任中心的成本指标完成情况,评价有关财经纪律和管理制度的执行情况,评价各责任中心的业绩,为企业内部分配和确定奖惩提供依据。通常,成本考核是成本中心业绩考核的主要内容。其考核标准有三种:目标成本、标准成本、责任成本。关于目标成本和标准成本将在后文中介绍。责任成本是责任中心对其数额变化承担责任的那部分成本。为了使赏罚公平合理,责任者心服口服,责任成本往往是剔除了责任者不可控费用和不可控因素以后剩余的那部分可控成本。对可控与否的衡量标准有三项:①费用的发生在事前可以预测;②对发生的费用可以计量;③责任者的行为会影响费用的数额。

第二节　目标成本管理

一、目标成本管理内容及步骤

目标成本管理亦称目标成本控制、成本目标管理。作为企业目标管理的组成部分,它是根据企业总的奋斗目标(如目标利润,或目标资金利润率)来确定、分解、执行、分析和考评目标成本,全方位地控制和降低实际成本支出,以达到创造和保持企业竞争优势的目的的一系列管理活动。目标成本管理的实施一般分为四个步骤。

1.确定目标成本。根据企业奋斗的目标,提出、协商并确定企业产品的目标成本。目标成本的确定方法有倒推法和参照法两种。倒推法是根据预计销售收入减去目标利润后得出目标成本;参照法是选择国内外同行业同类产品的先进成本水平,或竞争对手的成本水平,或本企业已实现了的历史上最好的成本水平作为目标成本。此外,标准成本、定额成本也可作为目标成本。

2.分解目标成本。将目标成本按产品维(产品品种或产品形成过程或产品成本内容)、组织维(责任单位或责任人)、时间维(月、季、年)进行三维分解。

3.执行目标成本。按照目标要求,组织设计、试验、生产准备、材料供应以及日常生产管理和技术管理,以保证目标成本的达成。

4.考评执行结果。揭示目标成本与实际成本之间的差异,分析差异产生的原因,落实经济责任。

二、目标成本的设定与考核

目标成本的设定有两个层面:战略层面的目标成本设定和日常经营层面的目标成本设定。战略层面的目标成本设定是在对未来的产品市场需求进行分析的基础上,确定具有竞争力的产品价格,再扣掉行业平均利润或企业预期利润以后形成的产品寿命周期成本。只有企业从研究开发、试制投产、运输销售到售后服务各个环节的成本都能控制在倒推形成的目标成本范围以内,企业才能够在竞争中居于主动地位。日常经营层面的目标成本设定是在对未来产品市场销售价格和销售量进行预测的基础上,扣除企业目标利润以后确定的成本。为了保证目标利润的实现,要对成本指标进行层层分解,并纳入责任者的业绩评价指标体系之中。

第三节　标准成本系统

一、标准成本系统释义

标准成本系统是指预先制定标准成本,将标准成本与实际成本相比较,揭示成本差异,分析差异产生的原因,明确经济责任,消除差异并据以加强成本控制的一种成本计算和控制系统。标准成本系统就其内容来看,它是一个包括制定标准成本、计算和分析成本差异以及处理成本差异三个环节的完整系统。它既是成本计算系统的一个分支,又是成本控制系统的一个分支。它不仅被用来计算产品成本,而且更重要的是被用来加强成本控制。

采用标准成本系统,对于加强企业成本管理具有以下三个方面的意义。

(一)算管结合,强化控制

标准成本系统是把成本的计划、控制、计算和分析相结合的一种会计信息系统和成本控制系统。标准成本既是衡量实际成本水平的一个尺度,又是评价和考核成本管理工作水平的一个重要依据。企业通过事前制定成本标准，在成本形成过程中，按成本标准控制支出，产品成本形成之后通过标准成本和实际成本的比较，一方面分析差异产生的原因，另一方面明确造成差异的经济责任，有利于强化成本的事前、事中和事后控制。

（二）明确责任，协调关系

在标准成本系统中，以标准成本作为评估业绩的尺度，可以避免各成本中心的责任成本受外界因素的影响，有利于正确评价业绩，协调各责任中心的关系。

（三）简化核算，决策依据

采用标准成本系统，可以将标准成本和成本差异分别列示。材料、在产品和产品销售成本都可以按照标准成本直接入账，各项成本差异另外设置有关账户进行归集，在期终时一并进行处理。这样，使得账务处理及时简单，减少了很多费用分配的计算，同时标准成本提供了及时性、一致性的成本信息，消除了经营管理过程中由于低效率或浪费以及偶然因素的影响，成为企业决策的重要依据。

二、标准成本系统管理程序

标准成本系统的运作过程由制定标准、计算标准成本、汇总实际成本、揭示成本差异、分析成本差异、处理成本差异六个环节组成。见图 8-1。

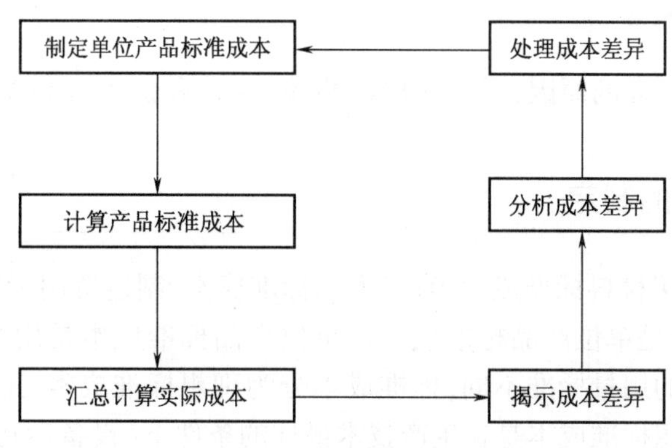

图 8-1 标准成本系统

（一）制定单位产品标准成本

单位产品标准成本的制定是标准成本计算好成本控制的基础。单位产品的标准成

本通常是产品的零件、部件及制造阶段，分别按直接材料、直接人工和制造费用三个成本项目制定，然后加总。

(二)计算产品标准成本

按照产品的实际产量，计算出各种产品的直接材料、直接人工和制造费用的标准成本，即用实际产品产量乘以单位产品标准成本。

(三)汇总计算实际成本

按照一般的成本核算程序，归集和计算产品生产制造过程中实际发生的直接材料、直接人工和制造费用。

(四)揭示成本差异

用实际成本与标准成本相比，如果实际成本大于标准成本，成为不利差异；如果实际成本小于标准成本，成为有利差异。

(五)分析成本差异

分析成本差异是标准成本系统运作程序中最为重要的一个环节，只有分析导致成本差异的原因及其影响程度，才能为控制成本和降低成本指明方向。

(六)处理成本差异

针对导致成本差异的原因，采取相应的措施，保持和扩大有利差异，控制或缩小不利差异。

三、标准成本的制定

标准成本由直接材料标准成本、直接人工标准成本、制造费用标准成本三个成本项目组成，其表现形式是单位产品标准成本。单位产品标准成本是用量标准与价格标准的乘积。根据确认的用量标准不同，标准成本分为理想标准成本、正常标准成本、基本标准成本三种。理想标准成本是在生产技术最佳的条件下(设备运行状态最好、材料质量最好、材料供应最及时、工人士气最高、工人技术水平最高、各方面配合默契等)制定的标准成本；正常标准成本又称可达标准成本，是在生产技术正常的条件下(正常的设备利用率、材料质量和供应正常、工人士气和技术熟练程度较高、各方面配合比较默契等)，剔除了不合理的耗费而制定的标准成本；基本标准成本是在现有生产技术下，根据各项耗费的实际平均水平制定的标准成本。其中常用的是正常标准成本，计算公式为：

单位产品标准成本＝∑用量标准×价格标准

或＝直接材料标准成本+直接人工标准成本+制造费用标准成本

直接材料标准成本＝∑单位产品材料用量标准×材料标准价格

直接人工标准成本＝∑单位产品工时用量标准×小时工资标准

制造费用标准成本＝∑单位产品工时用量标准×小时费用标准

四、标准成本差异分析

标准成本与实际成本之间常常会有差异,包括直接材料成本差异、直接人工成本差异和制造费用成本差异三个部分。由于每个成本项目又是数量与价格的乘积,因此每一项成本差异又可以进一步区分为数量差异和价格差异。如果根据成本习性将成本分为变动成本和固定成本,则差异分析方法又有不同。对变动成本,常用连环替代法与差额替代法进行分析;对固定成本,常用插值分解法进行分析。

(一)变动成本差异分析

直接材料、直接人工和变动制造费用属于变动成本,其计算公式为:

标准成本差异＝标准成本－实际成本

＝标准用量×标准价格－实际用量×实际价格

＝标准用量×标准价格－实际用量×标准价格+实际用量×标准价格－实际用量×实际价格

＝(标准用量－实际用量)×标准价格+实际用量×(标准价格－实际价格)

＝用量差异影响+价格差异影响

式中,用量是指材料或工时耗用量;价格是指材料单价、小时工资和小时费用。

1.直接材料成本差异原因分析。影响材料用量差异的因素是多方面的。技术革新、综合利用、改进配方、合理下料等,是降低材料用量的主要途径;废品损失、跑冒滴漏、大材小用、优材劣用等,则是材料消耗上升的重要原因。材料实际价格受许多因素的影响,如供货单位实行新的定价表、采购地点和数量、运输方式和途径、可利用的数量折扣、紧急订货等,任何一项脱离制定标准成本时的预定要求都将形成价格差异。

2.直接人工成本差异原因分析。影响工时用量(即效率)差异的主要原因有:工人技术熟练程度或熟练工人比例;生产组织调度情况;设备运行状况;原材料、燃料、动力供应状况;生产工艺变更;员工士气;生产批量大小和生产准备时间长短;工作环境等。

影响小时工资的主要因素有:人员调度不当;工资待遇或工资标准变动;工资计算方法改变;季节性或临时性增加工资;出勤率变化等。

3.变动制造费用成本差异原因分析。由于变动制造费用是根据工时来分配的,所以影响变动制造费用效率的原因与直接人工效率差异相同。造成小时费用差异的原因主要有:预算估计不准,实际发生的变动费用超过或低于标准变动费用;间接材料价格变化;间接材料用量变化;间接人工工资调整;间接人工用量变化;其他各项费用控制不当等。

(二)固定制造费用成本差异分析

固定制造费用成本差异分析用插值分解法进行,设:

①固定制造费用标准成本=标准工时×标准小时费用

②产能工时预算=生产能力工时×标准小时费用

③实际工时预算=实际耗用工时×标准小时费用

④固定制造费用实际成本=实际工时×实际小时费用

则:

固定制造费用标准成本差异=④-①=(④-②)+(②-①)

=预算差异+能量差异

=(④-②)+(②-③)+(③-①)

=预算差异+能力利用差异+效率差异

造成固定制造费用预算差异的原因主要有:管理人员的增加或减少;管理人员工资调整;税率变动;折旧方法改变;修理费用开支增减;职工培训费增加或减少;租赁费、保险费、劳动保护费调整;各项公用事业价格变化等。

造成固定制造费用生产能力利用差异的原因主要有:市场萎缩,订货减少;产品定价过高,影响产销量;原设计生产能量过剩,市场容纳不下;供应不足,停工待料;机械发生故障,停工修理;燃料能源短缺,开工不足;产品调整,小批量试产;人员技术水平有限,不能充分发挥设备能力;产品竞争力不强或企业营销能力不强等。

由于固定制造费用也是根据工时分配,所以造成固定制造费用效率差异的原因与直接人工效率差异的原因相同。

第四节　作业成本管理

一、作业成本及相关概念

作业成本法（Activity-Based Costing）简称ABC法，是将间接费用更准确地分配到作业、产品及服务中的一种成本计算方法。20世纪80年代以来，由于科学技术的进步使制造业环境发生了深刻的变化，在新的制造环境中，大量的人工被电子计算机和机器设备取代，科技的进步也使得材料利用方式和利用效率大幅度提升，这就使产品成本结构发生了变化：直接人工和直接材料比重下降，制造费用比重上升。根据传统的制造费用分配方式（以工时、机时为分配标准）计算的产品成本随着制造费用的比重上升而越来越不准确，不能客观反映制造费用与产出量之间的因果关系，导致产品成本信息失真，误导管理者利用成本信息作出错误决策。作业成本法以产品耗用作业，作业耗用资源为基础，对不同作业的费用根据其成本动因进行分配，从而克服了传统成本计算法因费用分配标准单一而使成本信息扭曲的弊端。作业成本法涉及的基本概念有如下六项。

（一）作业

作业（Activity）是指企业具体的消耗资源的生产经营业务活动。人们从不同的角度对作业进行分类，其主要类型有如下各项：

1.逻辑性作业。这是订购、执行和确保材料移动的作业。从事逻辑性作业的人员包括间接场地巡视工人以及从事接收、运输、数据登记、电子计算机处理系统和会计人员。

2.平衡性作业。这是将原材料、人工和机器供应与需求配比的作业。如编制、调整和监督执行采购计划、生产计划及销售计划的作业。

3.质量作业。这是确保生产和规范一致的作业。质量控制、间接工程技术、采购等人员从事质量作业。

4.变化作业。这是使生产信息现代化的作业。涉及计划、程序规范标准和材料清单的制造以及质量工程的作业。

5.单位作业。这是使单位产品受益的作业。如机器的折旧及动力等。这种作业的成本与产品产量成比例变动。

6.批别作业。这是使一批产品受益的作业。例如,对每批产品的检视、机器准备、原料处理、订单处理等。这种作业的成本与产品的批数成比例变动。

7.产品作业。这是使某种产品的每个单位都受益的作业。例如,对一种产品编制数控规划、材料清单。这种作业的成本与产品产量及批数无关,但与产品项目成比例变动。

8.过程作业,它也称管理级作业,是为了支持和管理生产经营活动而进行的作业。

9.顾客作业。即为特定顾客服务的作业。如为顾客提供技术服务。

10.重复作业和不重复作业。前者是以连续性为基础的在作业会计系统内不断地维持投入、产出和处理过程的作业;后者是一次性作业,主要用于一次性工程。

11.一级作业和二级作业。前者是指一个部门或一个组织单位的基本职责,如工程部门的一级作业是产品设计和制模;后者是支持组织一级作业的作业,如支持整个组织或组织中某几个部门的一级作业的二级作业,有行政管理、监督、训练及秘书工作等。

12.必需作业和酌量作业。前者是一个组织必不可少的作业;后者是可以根据管理者的判断进行选择的作业。

13.增值作业和不增值作业(或正价值作业和负价值作业)。前者带来增值;后者消耗资源的价值。

14.高效作业和低效作业。前者的效率高于行业平均水平;后者的效率低于行业平均水平。

(二)作业链

作业概念的提出,使人们对企业形成了一种新的认识:即企业的实质是一个为了最终满足顾客需要而建立的一系列有序作业的集合体,一个由此及彼、由内而外的“作业链”(activity chain)。对企业而言,产品设计、材料采购、产品制造、产品储运、市场营销和售后服务是企业的基本作业活动。根据产品实体在作业链上的流转程序,企业的基本作业活动又可划分为“上游环节的作业”和“下游环节的作业”两大类。上游环节作业的中心是产品,与产品的技术特性关系密切;下游环节作业的中心是顾客,涉及顾客需要的满足程度。围绕企业基本作业活动的组织建设、人事管理、技术管理、研究开发等是企业中的支持性作业活动。作业链的各个环节相互关联、相互影响,对其中一个环节的运作将会影响到其他环节的成本和效益。例如,对原材料的采购作业管理不善,可能会导致原材料的质量达不到标准而出现残次品,从而增加了企业的检验和修理作业。

（三）价值链

价值链的概念最初是美国迈克尔·波特教授于 1985 年提出的。价值链与服务于顾客需求的作业链密切相连，是作业链的货币表现，可用来分析企业的竞争优势。价值链分为企业内部的职能价值链和拓展的产业价值链两种。前者认为一个企业是职能价值链的集合，包括策略与管理、研究与开发、设计、生产、营销、配送和售后服务七个部分，每个部分又分别由诸多小的子价值链构成；后者是把企业职能价值链向前、向后分别延伸的结果，向前拓展至下游的顾客，向后延伸到上游的供应商。

价值链分析是企业管理的重要环节，也是进行成本控制的重要分析工具。对企业职能价值链进行分析，可以达到三个目的：①筛选作业，发现对价值链没有贡献的作业即不增值作业，并采取措施将其消除，例如，根据 JIT 安排生产和采购计划，消除存货积压，从而消除存货储存作业；②改善作业，即提高增值作业的效率，使之成为增值高效作业，例如，改善顾客服务质量，提高反馈速度等；③除改善各独立的职能价值链上的作业外，还协调所有作业，实现整条价值链的优化。对拓展的价值链进行分析，以与产品相关的所有企业职能为中心，而不管这些职能是在同一部门发生，还是在一系列法律上独立的组织中发生，它侧重于价值链的整体效益，关注顾客的满意程度是否得到提高，从而为企业获取持续竞争优势提供思路。

（四）作业成本库

根据作业耗费资源、产品耗费作业的关系，将各种耗费按作业进行归类的结果，就是作业成本库。

（五）成本动因

要控制成本，必须理解资源、作业发生的原因，这涉及成本动因概念。成本动因是指引起成本发生和变化的根本因素。依据成本动因在资源流动中所处的位置，可将其分为资源动因和作业动因两种。资源动因反映了资源被消耗的起因，是把资源费用归集到作业的依据；作业动因是指作业被耗用的原因，是将作业成本库中的成本分配到成本目标的依据，也是将资源消耗与最终产出沟通的中介。

（六）成本动因分析

成本动因分析主要是指对资源动因和作业动因的价值分析。

1.资源动因价值分析。资源动因价值分析是通过对作业的识别、计量，作业消耗资源费用的确认与归集，分析评价各项作业有效性的方法。资源动因价值分析的程序是：

①调查产品从设计、试制、生产、储备、销售、运输到用户使用的全过程;②在熟悉产品流程的基础上识别、计量作业,并将作业适当合并,建立作业中心;③归集资源费用到各相应的作业;④分析作业消耗资源的情况,确定作业的有效性。

由于作业成本库是根据资源动因一项一项分配汇集而成的,所以对资源动因进行分析首先可以揭示作业成本的资源项目,即作业成本要素;再通过作业成本要素和作业相应关系的分析,揭示哪些资源是必需的,哪些可以减少,哪些需要重新配置,最终确定如何降低作业消耗资源的数量,进一步降低作业成本,提高作业效率。资源动因价值分析的过程正是判断作业消耗资源必要性、合理性的过程,即评价作业有效性的过程。

2.作业动因价值分析。作业动因价值分析是通过产出对作业消耗的确认、计量,作业成本库费用的分配与产出成本的归集,分析评价各项作业增值性的方法。作业动因价值分析的程序是:①从构成作业成本库的各项作业中,选择代表作业,计量成本动因率;②确认并计量各产出消耗的代表作业;③计算、归集各产出的作业成本;④分析各作业对产出的贡献,确认作业的增值性。

作业动因价值分析重在揭示动态的成本驱动因素,它的主要目的是为了揭示哪些作业是必须的,哪些作业是多余的,应该减少,最终确定如何减少产品消耗作业的数量,从整体上降低作业成本和产品成本。利用作业动因价值分析的结果可以判断产出消耗作业的情况,可以评价作业的价值。确定是否增值作业时,结合作业动因价值分析对每项作业开展细微的分析。增值作业必须同时满足三个条件:①该作业的功能是明确的;②该作业能为最终产品或劳务提供价值;③该作业在企业的整个作业链中不能去掉、合并或被替代。如果有一个条件不符合,该作业就是不增值作业。一般企业的各种加工作业、装配作业等都是增值作业,而大部分的仓储、搬运、维护、检验、整理、分类、清洁,因质量不合格而进行的返工、修理,以及供产销中任何一个环节的等待、延续等都属于不增值作业。

二、作业成本核算

作业成本核算与传统成本计算法比较,二者的主要区别是:传统成本计算法将制造费用或间接费用首先分摊到各生产部门,再按生产部门确定费用分配率,将费用分配到产品成本中,分摊流程如图 8-2 所示;作业基础成本法则先将制造费用或间接费用归于每一作业或作业成本库,然后再由每一作业或作业成本库确定分配率将费用分配到产品成本中,分摊流程如图 8-3 所示。

举例:某企业生产 A、B 两种产品,发生装配费用 240 000 元,铸压费用 160 000 元,原料处理费用 180 000 元,整理准备费用 160 000 元,工程费用 160 000 元,管理费用 80 000元,折旧费用20 000元。制造费用总计 1 000 000 元。成本动因分析见表 8-3。

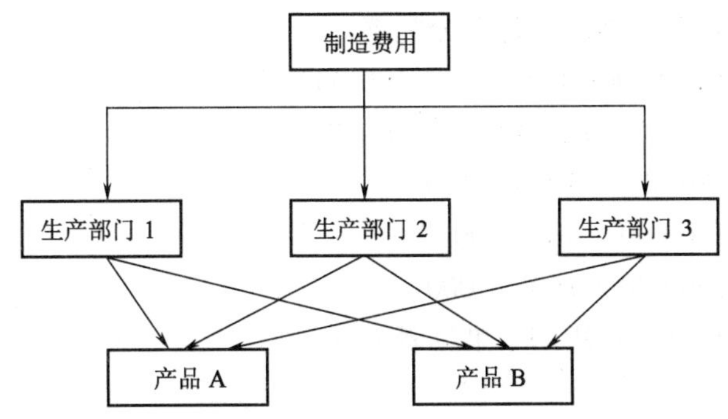

图 8-2　传统制造费用分配

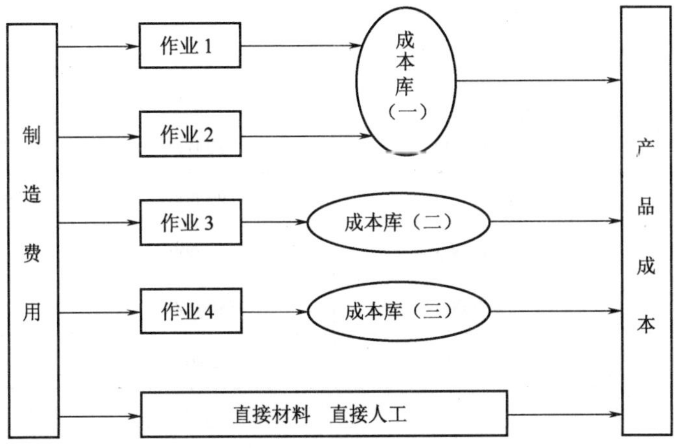

图 8-3　作业成本法计算流程

表 8-3　成本动因分析

成本动因	A 产品	B 产品	合　计
①产量(件)	100 000	200 000	300 000
②工时(小时)	300 000	1300 000	1600 000
③机器小时(小时)	40 000	60 000	100 000
④原料搬运(次)	600	400	1 000
⑤整理准备(次)	200	200	400
⑥工程命令(次)	100	60	160

根据成本动因建立成本库并计算分配率：

①装配与管理(240 000+80 000)／1 600 000＝0.2

②铸压与折旧(160 000+20 000)／100 000＝1.8

③原料处理　180 000／1 000＝180

④整理准备　160 000／400＝400

⑤工程　　　160 000／160＝1 000

按成本动因分配制造费用的结果见表8-4。

表8-4　制造费用分配

成本库	A产品	B产品	降低途径
①320 000	60 000	260 000	提高工作效率
②180 000	72 000	108 000	提高机器使用率
③180 000	108 000	72 000	减少原料搬运
④160 000	80 000	80 000	减少准备次数
⑤160 000	100 000	60 000	减少命令次数
合计	420 000	580 000	
单位成本	4.20	2.90	

按过去算法：

费用分配率＝1 000 000/1 600 000＝0.625

A产品制造费用＝300 000×0.625＝187 500(元)

B产品制造费用＝1300 000×0.625＝812 500(元)

A产品单位制造费用＝1.875

B产品单位制造费用＝4.0625

可见，用多个标准分配制造费用比用单一标准分配制造费用更准确，而且成本计算过程也是成本动因分析与成本控制过程。

三、作业成本法下的成本管理

作业成本法的特点是将成本核算、成本分析与成本控制三者结合起来，不仅成本信息更为准确，而且对成本的控制也更为有效。此外，在作业成本法下，成本预算、成本决策、成本考核也具有了与传统成本核算下的成本预算、成本决策、成本考核不同的特点。

(一)作业成本法下的成本预算

作业成本法下的成本预算的特点是：①以作业为基础编制预算，使费用发生的因果关系直截了当、一目了然，便于分清责任；②以作业为基础编制预算，能够更准确地制定标准成本，使预算控制的作用得以很好地发挥；③以作业为基础编制预算，能够区分实际所需要的资源和作业与过剩的资源和作业，更有利于提高资源利用率。

例如，某企业预算年度生产A、B两种产品，预计产量分别为100件和80件，有关数据和利用作业成本法编制的费用预算如表8-5和表8-6所示。

表8-5　制造费用预算及产品耗用作业标准　　单位：元

项　目	人工费	折旧费	检验费	电费	燃料费	调度费	合计
单位作业成本	10	15	20	0,15	2	100	—
作业量标准	8 000	6 000	1 200	20 000	3 000	60	—
金额(元)	80 000	90 000	24 000	3 000	6 000	6 000	209 000
产品\分配标准	工时	机时	检验次数	度数	千克	调度次数	—
A产品	5 000	2 000	800	6 000	1 000	45	
B产品	3 000	4 000	400	14 000	2 000	15	

表8-6　产品制造费用预算　　单位：元

项　目	人工费	折旧费	检验费	电费	燃料费	调度费	合计
A产品	50 000	30 000	16 000	900	2 000	4 500	103 400
B产品	30 000	60 000	8 000	2 100	4 000	1 500	105 600
合　计	80 000	90 000	24 000	3 000	6 000	6 000	209 000

(二)作业成本法下的成本决策

与原有的成本分类相比，作业成本法将成本分为短期变动成本、长期变动成本和

长期固定成本三类。短期变动成本与产品产量相关,随产品产量的变动而变动;长期变动成本与产品产量无关但与作业量相关,随作业量的变动而变动;长期固定成本与产品产量、作业量均无关。在此条件下,可进行产品经营决策、产品定价决策和成本降低决策。

例如,新产品开发决策,按照原有的决策分析方法,研究开发费用作为期间费用,不是决策考虑的对象,这无疑将影响企业的长期获利能力。在作业成本法下,研究开发费用是可以量化的因素,列入长期变动费用,作为决策方案的考虑因素,以防止企业片面追求当期利益而忽略了长远发展。

(三)作业成本法下的成本考核

由于对产生成本的动因有了更深入的了解,对增值作业和不增值作业有了更准确的判断,对责任中心的考核标准更为明确,业绩评价更加科学合理;同时,引进了非财务指标,拓宽了业绩评价的范围和成本管理的范围,使成本管理更能够落到实处。

第五节 成本—功能分析

一、成本-功能分析原理

成本-功能分析,亦称"价值工程",是通过产品功能结构与成本结构的对比分析,寻找降低成本途径的一种分析方法。其思路是:每一个产品部件的功能要与该部件的成本相称,如果不相称,就要分析原因,采取措施,促使其尽可能相称。首先,要计算出各部件功能占产品总功能的比重,即各部件的功能系数 F。其次,要计算出各部件成本占产品总成本的比重,即各部件的成本系数 C;然后,将相应的功能系数与成本系数对比,计算出价值系数 V,即 $V=F/C$。如果 $V=1$,说明该部件的功能与成本相称;如果 $V>1$,说明该部件的功能与成本不相称,功能比重大于成本比重,要分析该部件是否功能过剩或成本不足;如果 $V<1$,说明该部件的功能与成本不相称,功能比重小于成本比重,要分析该部件是否功能不足或成本过高。

功能是指产品的使用价值,包括效用、可靠性、寿命、质量等,从产品整体来看,F 不再是比例系数而是量化的功能,C 是产品成本,此时价值系数 V 越大,说明成本效益越好。要提高成本效益,可从四个方面着手:①功能不变,降低成本;②成本不变,提高功

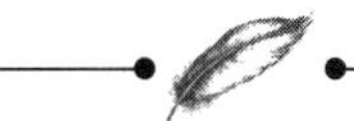

能；③提高功能，降低成本；④成本上升，功能更大提高。

二、成本–功能分析步骤

（一）功能评价与构成分析

如果把产品的功能看做一个整体，构成产品整体的各个部件就是局部功能的载体。各局部功能之间相互配合、相互影响，共同组成产品的总功能。如果将总功能定为100%，那么各部件功能量化的结果就一定小于100%，而且它们的总和就是100%。在对产品各部件或各子系统的功能进行定性分析（描述、定义和整理）的基础上进行量化处理，就可以得到各部件或各子系统的功能在总功能中的比重。图8–4是对某产品功能评价与构成分析结果的示意（图中 $F=F_1+F_2+F_3$）。

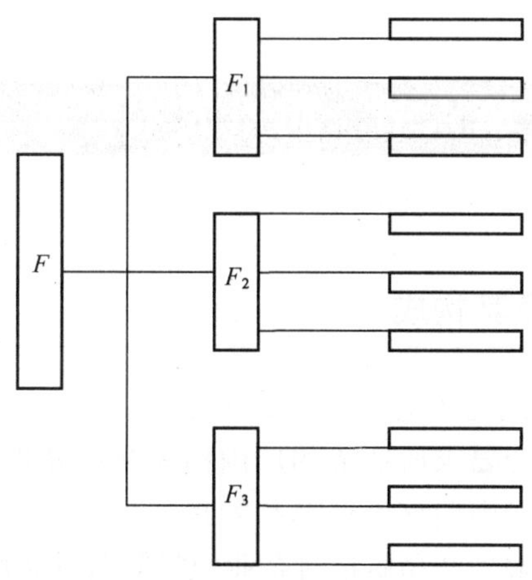

图8–4　某产品功能系统图

（二）成本构成分析

与功能构成分析相对应，产品总成本也可以视同各个部件或各个子系统成本之和。成本构成分析就是分析各个部件或子系统的成本占全部产品成本的比重。

（三）成本–功能对称性分析

假如某产品只有三个部件，经功能评价，$F_1=30\%$，$F_2=40\%$，$F_3=30\%$；产品总成本为1 000元，$C_1=250$元，$C_2=400$元，$C_3=350$元。则：

$V_1 = 30\% \div 25\% = 1.2$,这表明成本与功能不相称,功能的重要程度超过成本比重,要分析是否由于成本相对不足影响功能的正常发挥。

$V_2 = 40\% \div 40\% = 1$,这表明成本与功能相称,通常不作为分析的重点。

$V_3 = 30\% \div 35\% = 0.86$,这表明成本与功能不相称,成本费用的投入程度大于功能的比重,需要分析是否存在浪费资源的现象。

(四)价值分析

成本—功能对称性分析的目的是平衡各部件投入与产出之间的关系。就提高价值而言,则是要尽可能地使成本相对降低,功能相对扩大。做到这一点有三种情形:①功能提高幅度大于成本提高幅度(或成本不变或成本下降);②功能降低幅度小于成本降低幅度;③功能不变,成本降低。

第六节　质量成本管理

一、产品质量成本及其构成

20 世纪 50 年代初,美国通用电气公司质量管理专家 V.A.费根堡姆主张把质量预防费用和检测费用与产品不合要求所造成的厂内损失和厂外损失一起加以考虑,并首先提出质量成本概念。费根堡姆向该公司最高管理层提出了以货币为语言的质量报告,促使企业当局更深入地了解到产品质量对企业经济效益的影响。费根堡姆的主张很快就引起了西方企业界的普遍重视。为了增强竞争力,企业纷纷探索降低质量成本的途径,质量成本管理在管理实践中不断发展和完善。特别是美国质量管理专家 J.M.朱兰提出质量成本如同“矿中黄金”理论之后,更使建立在这一基础之上的质量成本理论日趋完善。

产品质量成本是指为确保产品质量和实施全面质量管理而发生的费用,以及因未达到质量标准而发生的损失。产品成本由预防费用、检验费用、内部损失、外部损失四个成本项目构成。

预防费用,指预防产生质量问题的有关费用,包括宣传、培训、鉴定、研究、办公、奖励和质量改进措施等项费用。

检验费用,指检验产品形成过程中各项要素的有关费用,包括材料、工序、产品、设备检验费和检测设备维修、折旧,检验低值易耗品摊销等项费用。

内部损失,指产品在生产制造、包装储存和企业内部运输过程中产生的废品损失、降级损失、停工损失、减产损失和返修费、复检费、材料筛选损失等。

外部损失,指产品离开企业以后发生的质量损失,包括产品折价、三包损失,以及退还、索赔、诉讼等费用。

二、产品质量成本优化分析

产品质量成本的四个组成部分的结构比例在不同的企业各有不同,但是通常存在着一定的变化规律:即检验费用与预防费用在开始时一般较低,随着质量要求的提高而逐渐增大,但当质量达到一定的水平后,若再提高要求,质量管理费用就会急剧上升;内部损失与外部损失的情况恰好相反,开始时由于合格品率较低,质量损失较大,但随着质量的提高,质量损失则会逐渐下降。当质量达到一定水平后,尽管大幅度提高检验费用和预防费用,质量损失的下降速度反而会逐渐减慢。因此,预防检验费用与内部、外部损失是两类边际习性相反的费用。随着预防检验费用的增长,产品质量提高,因产品质量原因带来的内部、外部损失相应减少;反之,降低预防检验费用,会导致产品质量下降,因产品质量原因带来的内部、外部损失相应增加。如何使两类具有不同边际习性的费用比例适当、质量总成本最低,是优化产品质量成本要解决的问题。

产品质量成本优化分析方法有列表法、图示法、微分法、代数法四种。

(一)列表法

列表法是通过列示不同产品质量水准下的费用来寻找质量成本的最低区域,并以此作为质量控制标准和费用最佳比例。根据表 8-7 的举例,质量控制标准为 95%,两类费用的控制标准分别为 42 万元和 38 万元,在此区域,质量成本最低。

表 8-7 列举法 单位:万元

质量标准	92%	93%	94%	95%	96%	97%	98%	99%
预防检验费用	35	37	39	42	48	52	56	62
内部、外部损失	56	48	44	38	35	33	30	28
质量成本合计	91	85	83	80	83	85	86	90

(二)图示法

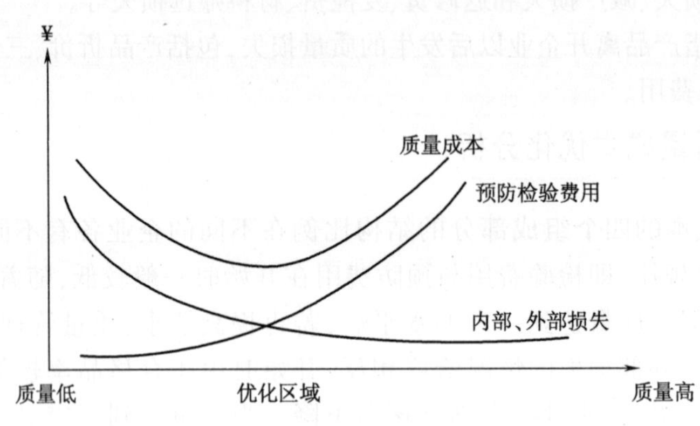

图 8-5 图示法

(三)微分法

根据数学原理,某一函数在一阶导数为零处有极值,当其二阶导数大于零时,有极小值。微分法就是先确定质量成本函数,然后再通过微分方法来寻找质量成本的最低点。

设:C—— 质量成本;

Q—— 量化的质量标准;

N—— 发生质量问题次数;

A—— 平均每次质量问题要耗费的内部、外部损失;

F—— 平均每一个质量标准单位对应的预防检验费用。

则:$C=(N/Q)\cdot A+(Q/2)\cdot F$。

令 $C'=0$,解出 $Q=\sqrt{2AN/F}$

再令 $C''=0$,解出 $2AN/Q^3>0$,说明 Q 有极小值。

例如,某企业计划年度估计发生质量问题的总次数为 4 000 次,平均每次质量问题所导致的内部、外部损失为 20 元,平均每一个质量标准单位对应的预防检验费用为 1 元,据此确定最佳质量控制标准如下:

$$Q=\sqrt{2\times20\times400/1}=400(\text{质量标准单位})$$

$2\times20\times400/400^3>0$,说明 $Q=400$ 是极小值。

$$预防检验费用 = (4000/400) \cdot 20 = 200(元)$$

$$内部、外部损失 = (400 \div 2) \cdot 1 = 200(元)$$

$$质量成本 = 200+200 = 400(元)$$

(四)代数法

根据上述三种方法可以推论,当两类费用数额接近或彼此相等时,质量成本有最小值。令$(N/Q) \cdot A = (Q/2) \cdot F$,解出$Q = \sqrt{2AN/F}$。计算结果同上。

可见,运用微分法和代数法的前提是要建立起两类费用与质量标准之间的函数关系。

上述四种方法的运用前提是假设产品质量与产品售价无关,以求得在销售收入一定的条件下成本最低。但是实际上,优质优价在现实中更为常见,在此条件下所寻求的则是边际质量收入等于或接近边际质量成本的区域。

第七节　期间费用管理

一、期间费用及其管理特点

期间费用是指企业在一定期间内发生的不计入产品成本的经营费用,其数额大小与期间长短相关,与产品数量多少无关。它在当期发生并直接计入当期损益,主要包括管理费用、财务费用和营业费用(销售费用)。期间费用虽然不属于产品成本,但是其数额的高低却对当期经营损益起直接的影响作用。由于这种特性,它往往成为企业调节不同时期利润水平的工具,对其管理要求,模糊大于清晰。

从核算的角度看,期间费用与产品数量增减没有直接关系,这使得期间费用的效果不直观,加之期间费用所包含的内容复杂、用途多样,对其成效的评价就很难用一个统一的标准来进行。通常,对期间费用的管理主要是通过编制预算、执行预算、分析与考核预算的方式来进行,其成效表现为预算的执行结果。

随着企业间竞争的加剧,企业内部对加强期间费用管理的要求是越来越严了。为了加强对期间费用的控制,提高期间费用资源的利用效率,必须编准预算,必须对费用的习性和功效有进一步的了解。

二、期间费用习性分析

期间费用习性是指费用对于相关因素变化而表现出来的特性。把握了费用的习性,就能根据对费用支出内容、数量、结构的调节,来影响有关因素的变化趋势,从而提高费用功效。对于任何一个理财主体,其费用习性绝不会与其他理财主体的习性完全一样。因此,分析和掌握本单位各种费用的习性,是提高费用功效的必由之路。

(一)期间费用数量习性分析

费用数量习性是指费用对于相关因素或某项作业的数量变化而表现出来的数量特征。根据费用的数量习性,可将其分为固定费用、变动费用、混合费用三类。固定费用是其总额不随相关因素的数量变化而变化、其单位固定费用却与相关因素的数量变化成反比例变化关系的费用。根据固定费用的"固定"程度,可将其进一步分为约束型固定费用和酌量型固定费用。变动费用是其总额随相关因素的数量变动而成正比例变动、其单位变动费用却不变的费用。根据变动费用的"变动"特征,可将其进一步分为线性变动费用和非线性变动费用。混合费用则是其数量特性介于固定费用和变动费用之间的费用,根据其与前两者的相近程度,可将其进一步分为半固定费用和半变动费用。各种不同习性的费用之间是相互联系的,并呈现出由一个极端向另一个极端的递进式的演变状态。以电话费为例,相关因素是有关人员通话次数及时间,在电话机终端确定的条件下,如果以通话时间为相关因素,无论通话与否都必须支付的月租费是固定费用,根据通话次数支付的通话费是混合费用,根据通话时间长短支付的费用是变动费用。通过对期间费用的数量习性分析,可以为组织编制弹性预算提供依据。

(二)期间费用功效习性分析

费用功效习性是指费用支出对于相关因素质量变化而表现出来的质量特征。根据费用功效习性,可将其分为基础费用和效能费用。基础费用是形成相关因素基本质量所必需的资金耗费,效能费用则是形成相关因素质量差异的资金耗费。例如,甲乙两个企业都有销售渠道,经营 A 产品,销售量相当,达到经营 A 产品所需的行业平均销售费用是 40 元/件,假如 A 产品平均毛利是 50 元/件,则平均利润为 10 元。如果甲企业的销售费用率和产品毛利均与行业平均水平相同,则其盈利水平亦与行业水平相同。如果乙企业比甲企业在每个产品上多投入了 10 元的销售费用,以提高产品的知名度,而其售价也相应提高,使其达到 75 元/件,则乙企业每件产品的盈利水平就是 25 元,每件产品比甲企业多盈利 15 元。乙企业多投入的销售费用就是效能费用。企业增加效能费用开支或压缩基础费用开支,能够带来更高的经济效益。利

用边际分析原理,当效能费用大于新增利润(边际利润)时,效能费用功效不佳,增不如减;反之则相反。

(三)期间费用边际习性分析

如果说,费用的数量习性和功效习性均是针对与费用相关的异质变量而言的,费用的边际习性则是针对与费用相关的同质变量而言。异质变量是指两个相关变量之间的计量标准(单位)不一致。例如,费用的计量单位是元,某业务量的计量单位是公斤,二者异质。同质变量是指两个相关变量之间的计量标准(单位)相一致。例如,前一节所述产品预防检验费用的计量单位是元,内部、外部损失的计量单位也是元,二者同质。费用边际习性是指某项费用对于其他费用变化影响所表现出来的数量特征。根据费用的边际习性,可将其分为同向变动费用、逆向变动费用和不变费用三类。同向变动费用是指某项费用与相关的另一项费用的变化方向一致,此增彼亦增,此减彼亦减。根据变动的幅度不同,同向变动费用还可进一步分为同比例同向变动费用和不同比例同向变动费用两种。例如,职工福利费对于职工基本工资而言就是同比例同向变动费用;职工浮动工资对于职工基本工资而言就是不同比例同向变动费用。逆向变动费用是指某项费用与相关的另一项费用的变化方向相反,此增彼减,此减彼增。例如,存货成本与缺货损失、现金持有成本与变现成本等。不变费用是指不受相关因素及费用变化影响的费用。例如,对于材料采购批量而言,材料购买成本是不变费用,采购费用则与变动储存保管费用互为逆向变动费用:采购批量大,则储存保管费用高而采购费用低;采购批量小,则储存保管费用低而采购费用高。对费用边际习性的分析,是函数极值分析的基础。此种分析的用途很广,只要留心观察和记录,总能找出一些彼此之间互为逆向变动的费用。然后通过调整其比例,就能提高经济效益。例如,增加信息成本和决策成本,必定降低由于决策失误所导致的投资损失或经营损失;反之则相反。

需要指出的是,无论是费用功效分析还是费用习性分析,均要以费用信息的真实性、可靠性为前提。失真的费用信息,将导致分析结论的不可靠。用不可靠的结论去预测、决策、考核,结果可想而知。造成信息失真的原因很多,技术、政策、制度、理解偏差、人员素质诸方面都有可能。所以,在操作中要注意将扭曲的费用信息还原成真实的信息。

三、期间费用功效分类与分析

对期间费用的管理需要遵循“量效为出”的原则。“量效为出”指的是根据支出的功效来决定支出的内容和数额。“功效”是一个包容面宽泛的广义词,不仅“收入”是“功效”之一,而且每一项具体支出产生的直接结果都是“功效”的体现。任何一个单位

的运作，都由一系列相互联系、相互依赖、相互影响的专项活动组成，每一项活动都有特定的功能及其成效，而且都离不开对资金的耗费。对企业而言，一方面，每个专项活动都需要相应的费用来支持，都要耗费一定的财务资源；另一方面，资金支持专项活动的最终结果，是要创造新的价值，形成资金流的良性循环。"量效为出"就是对于具有正面功效作用和产生正价值的活动给予积极的支持，减少甚至最终切断对于具有负面功效作用和产生负价值的活动的支持。

"量效为出"的基础是对支出功效的定义和分析。根据支出影响的空间范围，支出的功效可以分为直接功效和间接功效。直接功效是指支出直接产生的功能和成效。例如，电话费的直接功效是通话次数和通话时间；间接功效是指支出间接产生的功能和成效。例如，电话费的间接功效是信息沟通、交易成功等。

根据支出影响的时间范围，支出的功效还可分为远期功效和即期功效。远期功效指由于该项支出的影响而产生的超过一年以上的功效；即期功效则是指由于该项支出的影响而在一年以内产生的功效。对支出远期功效的财务分析，多见于投资分析。比较而言，现在欠缺的是支出即期功效的财务分析。为了简化，这里用"费用功效分析"来取代"支出即期功效的财务分析"。

（一）费用直接功效分析

费用直接功效分析是对费用驱动因素确认、费用功效指标计算、比较和差异原因分析的统称。对费用驱动因素的确认方法有逻辑分析和相关分析两种。逻辑分析是通过对影响费用因素的排列、判断、取证，以及因果关系和逻辑关系分析，来确认费用动因，如员工基本工资和福利费，在工资水平和工资结构一定的条件下，员工人数就是驱动因素；相关分析是对费用及其相关因素的统计数据进行相关系数计算，根据相关系数高低来确认费用动因，如运输费用，在运价一定的情况下，其与运输量的相关系数高达0.9以上，呈强相关关系，据此确认其为运输费用的驱动因素。费用功效指标是指某项费用与该项费用驱动因素之比。其比值有正指标和反指标两种形式。正指标是比值越大，功效越高，如百元运输量=运输量/运输费；反指标则相反，比值越大，功效越低，如每吨公里运输费=运输费/运输量。比较不同时期的费用功效指标，可知费用功效的变化趋势；比较标杆费用功效指标，可揭示该项费用资源利用效率差异，以便分析形成差异的原因。

（二）费用间接功效分析

费用间接功效分析是将费用与组织考核的目标变量值相比较，由此确定费用功效指标，再对费用功效指标的变化进行分析。如广告费用功效正指标为：百元广告费

销售收入=销售收入/广告费;广告费用功效反指标为:销售广告费用率=广告费/销售收入。

(三)费用功效预警分析

费用功效预警分析是将费用变化率与费用驱动因素变化率(或目标变量值变化率)相比较,以确定其敏感性系数,通过对敏感性系数变化的反映提示管理当局对费用功效的关注。例如,营业费用杠杆率=销售收入变动率/营业费用变动率。营业费用杠杆率=1,表明销售收入的增长与营业费用增长同步。营业费用杠杆率>1,表明销售收入的增长大于营业费用的增长;在二者强相关条件下,该指标值越大,表明营业费用的功效越高,企业加大对营业费用的投入,将带来销售收入的大幅度增长,营业费用杠杆率<1,表明销售收入的增长低于营业费用的增长;该指标值越小,表明营业费用的功效越低,企业即使加大对营业费用的投入,也很难带来销售收入的增长(见图8-6)。

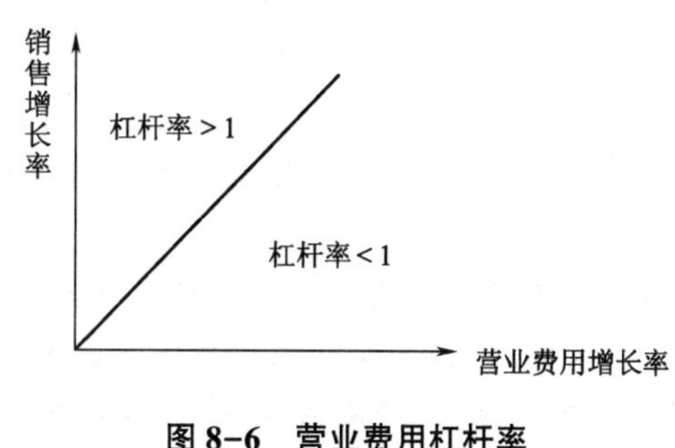

图8-6 营业费用杠杆率

案例分析8-1:邯钢经验与丰田模式的比较

在市场经济条件下,企业的生存与发展取决于其是否能够创造和赢得竞争优势。在制造业,日本企业拥有世界一流的技术和管理。这从根本上克服了日本原料资源匮乏的弱点,使日本企业能够利用国际市场经济规则,立足于产业链中附加值最高的环节,创造出举世瞩目的辉煌。1991年8月美国《幸福》杂志刊登了一篇题为"锋利的日本秘密武器"的文章:"这是一种独一无二的成本管理体系,它有效地引导和促使企业的设计人员以尽可能低的成本设计产品,帮助企业削减成本,并以低成本和相当大的自由空间使得产品能快速地占据市场,击败西方业者的竞争。"这种秘密武器就是目前正在成为主导全球成本管理思潮的成本企画或目标成本(Cost Design or Target Costing)管理

体系。成本企画或目标成本管理源自日本丰田汽车公司，被誉为丰田模式。无独有偶，在20世纪90年代的中国制造业，也有一家企业因实施目标成本管理而卓有成效、闻名全国，这就是邯郸钢铁公司。邯郸钢铁公司的目标成本管理被誉为邯钢经验。

一、丰田模式与邯钢经验诠释

(一)丰田模式

丰田的目标成本管理，是在产品的设计与开发阶段，首先确立产品的市场定位与质量、功能特征，并将适应市场竞争需要的成本值锁定在目标范围内，然后运用价值工程与作业分析，通过相关各部门、各作业环节的逐层逐级控制挤压，以使成本目标值最终得以达成。其要点是：

1.建立市场导向，实行成本企画。以市场需求为基础，计算出为了获得必要的利润而必须达到的目标成本，用此目标成本来控制企业从产品研发到售后服务的全过程。因为其出发点在于订立具有市场竞争力的产品售价，因此倒推出来的产品目标成本亦有竞争力。即在产品设计阶段就将成本事先限定，从产品工艺制造过程实际发生的成本，至顾客的使用成本，都不允许超越。

2.设立目标，力求完美无缺。指导思想是：与其设定合理的目标不如设定理想的目标。这一指导思想体现在产品设计中进行“成本—功能分析”，在质量管理中实行“零缺陷”制度，在存货管理中实行“零库存”制度，在费用的控制与分配中实行“作业成本”制度等方面。

3.成本企画、成本维持和成本改善是目标成本管理的三大支柱。成本企画是从新产品的基本构想立案至生产开始阶段，为确保目标利润降低成本而进行的各种管理活动。其主要内容有：新产品开发提案的提出、讨论与核准，目标利润与成本企画目标的确定，成本企画目标的分配，产品、工艺设计与价值工程分析，生产准备与试产。成本维持是指以上期成本水平为标准，将本期成本控制在成本标准之下。成本改善是指为使标准成本逼近目标成本，企业各部门各层次的员工与管理人员树立成本意识，经常性地提出改进成本和技术的方案并加以实施。

成本企画立足于设计阶段，成本维持立足于制造、销售和售后服务阶段，成本改善则涵盖企业生产经营活动全过程。

4.不同职能领域的人积极参与成本管理。成本企画及成本改善都重视由不同职能领域的人共同来参与合作，不论是横跨部门(设计、制造、生产技术、采购、销售、会计等部门)所组成的成本改善委员会，或是在企画设计阶段参加成本企画活动的人员，都能在总负责人(丰田称为主查，即车种别产品经理，负责产品整个寿命周期)的协调下，相互配合，及时地交流信息。如销售部门提供有关市场销售价格与款式的情报，会计部门根据业务、技术部门等提供的情报，提出目标成本，并随时监控成本的变化情形，生产技术部门提供在生产技术方面可能遇见的问题，并随着沟通获知须做哪些准备工作，采购部门也提前从设计部门获得各零部件的设计构想以及目标成本的信息，开始与供应商接触及探讨达成目标成本的方法等。

5.协作供应商的参与。在企画设计阶段，除了公司内各部门共同参与外，还与协作供应商沟通，采购部门把各个零部件的设计构想以及目标成本信息提供给供应商，要求供应商降低成本并广泛征求改善提案。

6.运用工学方法降低成本。日本人认为，成本决非单纯是账簿的产物，它既然在制造过程中发生，就应该从工学的、技术的层面去把握成本信息，以工学方法对成本进行预测、监控。成本管理执行者应是熟悉产品工艺、工序和操作的设计人员和现场人员。

（二）邯钢经验

1990年初，由于市场疲软、竞争激烈，钢材价格一降再降，加之原材料价格和运输费上涨，以及与效益脱节的内部分配机制，使邯钢一季度出现了大面积亏损。在严峻的形势面前，企业领导分析了外部环境和企业内部情况，决定面向市场，从成本入手，大胆改革，抓管理，练内功，转变企业经营机制。

邯钢此前实行的经济责任制，是适应国家计划经济管理体制要求的经营承包责任制，其突出特点是负盈不负亏。邯钢当时是总厂亏损，分厂盈利，内部责任单位和职工利益与企业的盈亏脱离了联系。造成这种反常现象的深层次原因是管理体制和观念，直接原因则是成本核算采用的物料计划价格和内部结算价格与市场价格之间严重背离，巨大的不利价格差异由总厂来承担。对此，邯钢从调整内部价格入手，将材料价格和内部结算价格调整到贴近市场价格的水平，将多年不变的内部核算价格体系调整成为其价格水平每年度、半年度甚至每季度一变的内部核算价格体系，旨在与市场价格变化的节奏相一致，即“推墙入海”。用符合市价标准的价格计算销售收入，扣除与职工工资总额息息相关、必须保证的目标利润，便倒推出目标成本；将目标成本指标归口到各职能部门，分解到各个分厂；再层层分解，逐步细化，最后落实到每一个责任单位和责任者头上。成本指标纳入责任考核范围，实行“成本否决”制。其他指标完成得再好，只要成本指标完成不了，就要否决工资上调机会，否决一切奖金，否决干部任职资格。这就把企业外部的市场压力传递到了企业内部，让每一个责任单位和每一位员工都来分担企业的盈亏风险。这种以面向市场、负盈负亏、降本增效为特征的经济责任制，邯钢人概括为“模拟市场核算，实行成本否决”。该制度从1991年开始在邯钢全面实行，历经10年，成效显著，使邯钢成为中国工业企业的一面旗帜。

二、中日目标成本管理特点比较

1.制定成本目标的出发点。丰田从如何使产品具有竞争力切入，贯彻使企业赢得竞争优势的产品经营与市场经营战略，因而意在长久、谋在深处。邯钢从如何保证员工工

资刚性启动，以求形成员工与企业的利益共同体，帮助企业渡过难关，抗御市场风险，至于后来形成颇具特色的低成本战略，则属于“无意插柳”。

2.制定成本目标的主要考虑因素。丰田的经营者考虑的主要是经济与技术因素。邯钢的领导者则不然，社会安定因素及政治因素，是国有企业尤其是在当地具有很大影响的国有企业领导必须时刻考虑的重要因素。这也许正是一项卓有成效的改革制度，往往首先在那些“没有退路”的企业或单位取得成功的原因。

3.制定成本目标的时间范围。丰田的目标成本是“全生命周期目标成本”，对产品而言，从试制阶段开始，历经成长、成熟、衰退诸阶段，直至完全淘汰；对公司而言，则以“持续经营”为假设，使目标成本管理成为贯彻企业生命周期始终的企业行为习惯。邯钢的目标成本则是考核年度业绩的依据，无论对产品还是对企业，都不能确定现任领导班子卸任以后，目标成本管理责任制是否还是邯钢经验的同义词。

4.制定成本目标的空间范围。丰田的目标成本，开始得“早”，结束得“晚”：从研究、设计环节开始，经制造、管理、销售、售后服务诸环节，直至顾客使用；既有设计成本，也有顾客使用成本。邯钢的目标成本则在设计阶段考虑不全，在顾客使用阶段未加考虑。

5.制定成本目标的逻辑程序。丰田目标成本的制定程序与邯钢目标成本的制定程序基本一致：都采用市场价格计算收入，都强调利润刚性，都通过“倒推法”确定目标成本，都要对目标成本进行分解，都要将目标成本的分解指标作为经济活动的限制性标准。但是，二者的根本不同点在于：①丰田对市场价格的确认特征是进攻性、计划性；邯钢对市场价格的确认则是防御性、反馈性。②丰田对目标成本的确认和分解，是以技术创新为基础；邯钢则是以市场博弈为基础，“市场没商量，效益无退路”。

6.制定成本目标的数据基础。丰田和邯钢都在管理上精耕细作，注重原始数据的采集、加工和积累。不同的是，丰田注重收集各种材料的技术性能和市场价格信息，以利于开展价值工程分析，心理预期是把事情做得最好；邯钢更注重收集同行业其他企业的技术经济指标，以利于对比分析，树立标杆，心理预期是与别人“找齐”。

7.成本核算的组织与手段。丰田主要是利用专业人员和计算机来组织成本核算，特点是集中。邯钢则把专业核算人员分散到各个部门和分厂，把核算组织建立在基层，在现场则有专职或兼职核算员，实行“算管结合”与扁平化管理，特点是分散；核算手段基本上是手工，近年来逐渐实现了电算化。

8.对成本目标的制定要求。丰田的成本目标要求达到理想化，其着眼点是实现最优成本设计方案，取得最大的成本支出效果；邯钢的成本目标要求达到合理化，其着眼点是完成企业经济效益目标，保证国家、企业和职工三者利益的实现。

9.降低成本的途径。丰田人把成本思考的立足点从传统的生产现场转移到产品的构想、设计活动中，立足于对事物最初的出发点进行深入分析，在日本称之为“源流管理”。日本人认为，若不对工序源流出现的问题加以处置，后道工序将会出现无效作业，大量的无效成本将会发生。反之，在产品开发初期就彻底地实现源流管理，巨额的成本降低完全有可能实现。这好比造房子，用水泥砌砖块的同时也将砖块、水泥与人工的成本一并砌进了建筑物。假如在图纸的“预演”中排除了各种无效或低效因素，图纸上有限的筑入成本可能就等同于制造现场的实际成本，这就等于在前期确保了成本降低的可能性。成本筑入意味着在产品构思阶段，针对目标成本这一“容器”，把顾客所期望的质量、外观设计、功能、信用、交货期以及材料、部品等按程序逐个“装入”。

邯钢人降低成本的主要招数是：①不断比较，不断树标杆。将技术经济指标拿出来与国际国内同行业企业的水平相比，比出不如别人之处就是潜力所在。尤其是那些生产技术条件与自己相似的企业，更是比较的重点。1991 年提出的“炼铁学马钢，炼钢学安钢，轧钢学唐钢，中板学济钢”就是一例。②“限平增畅停滞”；即限制平销产品，增加畅销产品，停产滞销产品。通过事前算计，看能否做到“亏损产品不亏损，盈利产品多盈利”，否则就不生产；原材料、燃料采购，价格是否突破最高限价，采购成本是否得到了应有控制，否则就要改变采购对策；产品投产进度安排与要素投入是否超过目标成本，否则就要重新安排；产成品销售价格是否突破最低限价，销售收入是否达到了预期规模，否则要调整销售策略、方式和渠道。③加强技术更新改造，提高项目投资效益。技术改造不是为了片面追求高技术和高产量，而是要追求企业整体高效率和高效益。选项注重整体配合功效，侧重于淘汰那些原燃料消耗高、性能差、环境污染严重、在生产经营过程中成为“瓶颈”的旧设备。做到不见效益的项目不投资，不能控制投资规模和工程进度的项目不上马。④模拟市场，成本否决。一方面，引入市场风险机制，利用市场规则克服“平均主义”；另一方面，实行成本否决，奖励降低成本，落实目标成本管理经济责任制。

10.目标成本管理成效。由于丰田落实目标成本所强调的是技术权威，能不断突破既有生产技术条件限制，引导创新，所以在提高工作效率和技术创新方面卓有成效；邯钢落实目标成本强调的则是合理性和可行性，能不断改进现有生产技术条件利用效率，引导挖潜，所以在学习与赶超先进方面卓有成效。

三、目标成本管理理念及其背景

如果把企业管理系统比作一座冰山，那么，浮在水面上的部分是管理组织、技术方法和手段，在水面下的部分则是管理理念和企业文化；社会经济文化背景则是承载冰山的海洋。

1.“不讲理”的理财观。市场是企业一切管理的出发点和落脚点。日本的市场经济早已成型，丰田在这样的背景下形成目标成本管理思想和成本企画观，顺理成章；邯钢

人的改革,则是在制止经济过热的"硬着陆"措施导致市场疲软、价格"双轨制"、极不规范并过早进入恶性竞争的市场、是搞计划经济还是市场经济、搞社会主义还是资本主义的争论……这样的背景下推出的,更显出企业领导者的远见与勇气。要把两万八千名职工的观念扭转过来,需要付出多大的气力?!不讲理的指标,是建立在不讲理的市场之上的。由于"市场没商量,效益无退路",只好"千斤重担众人挑,人人肩上有指标"。

2."降低成本潜力无穷"的效益观。这是丰田人与邯钢人的共识。不同的是对挖掘潜力的要求和挖潜的方式。丰田人认为与其设定合理的目标不如设定理想的目标。这种意识贯穿于产品设计与制造过程的始终。在设计阶段,体现为目标成本设定的"理想性"特征;在生产阶段,JIT要求"零库存""零缺陷",将在库时间、检查时间、搬运时间、等待时间、设备调试时间等各方面徒耗无效时间的因素消除殆尽。

邯钢人认为目标成本的设定尽管由于市场不确定性和效益刚性而变得极不可控,但却是建立在有潜力可挖的基础之上的,因而是合理的。潜力来自于以下几个方面:①邯钢生产每吨钢材的能耗、物耗水平是日本、美国、韩国的数倍;②邯钢的各项技术经济指标在国内同行业中是落后的(当时);③职工的积极性并没有充分调动起来,当家不做主,身上无责任;④内部管理制度不严,浪费现象普遍,国家财产"大家拿"时有发生;⑤项目进度失控,项目投资超预算严重;⑥市场经营粗放,信息管理不够细致;等等。此外,在成本指标试算平衡时留有余地。例如,当时轧钢成材率是93%,生产技术条件相同的唐钢是96%,通过实地考察,确定的目标是每年提高一个百分点以上,三年赶超。

3.全体员工当家理财观。丰田与邯钢都强调树立全体员工的当家理财观和成本意识,都通过经济责任制将员工利益与成本升降联系起来;双方的差别是:丰田利用终身雇佣制、年功序列工资制和企业工会三个支柱,与员工结成"命运共同体",倡导团队精神,鼓励员工以公司为家。邯钢利用员工身份管理制度、医疗福利保障制度、工资奖金制度和党团工会组织,宣传落实员工当家做主的主人翁地位,通过推行目标成本管理,使其"有家可当,有责可负,有财可理,有利可得"。例如,实行目标成本管理的前5年,员工提出了合理化建议10万多条,创造直接经济效益2亿多元。

4.严格细致、说到做到的执行。丰田人遵章守纪、认真负责的精神从实行"零库存""零缺陷"管理制度本身就得到体现。在中国企业,人们之间讲义气、讲情面,即使执行一项代表众人利益、得到大家拥护的法规,其难度也相当大。邯钢实行了成本否决,突出了一个"严"字,"不讲情面,不讲客观"。严必较真,较真就要奖惩准确;准确的基础是细致,所以邯钢人不能不算细账,不能不把指标分解得细而又细。这在不长于精细的中国北方,其难更甚。

5.向技术要效益,向管理要效益。丰田与邯钢皆认同于此。丰田人对向技术和管理要效益的理解是创新,并且将组织创新置于技术创新的基础上,认为组织创新是对技术

创新的响应。邯钢人则把向管理要效益放在前面,认为技术更新要在正确的管理原则指导下进行,而且特别强调整体协调,以发挥整个企业的协同效率。

6.以和为贵的双赢观。丰田特别注重与供应商、协作厂搞好关系,对竞争对手尤其是大企业,相互之间不轻易搞恶性竞争。邯钢的境界更高,认为企业不仅要创造效益,而且要承担社会责任,因此无偿地向竞争对手介绍和提供管理经验,帮助同行走出困境、创造效益。邯钢这样做,认为是对社会的贡献,能使邯钢人产生自豪感,通过外界宣传,形成精神动力,鞭策邯钢人不断创新、不断进步。同时也通过互相学习、传经送宝的方式,启动行业内的"比学赶帮超"效应,使中国制造业的整体技术水平和管理水平得到提高。

7.制度与榜样。经过多年市场经济,日本社会已法制化。丰田员工也早已养成遵章守纪的行为习惯,强调的是制度和纪律。中国还尚未完全走出人治社会的历史,人们更习惯听命于领导,因此,邯钢更多地要靠领导作出的表率来牵引,在承担责任与作出贡献方面,干部必须以身作则。干部的牺牲精神和奉献精神越强,才越有威信去引导员工。

通过比较可以看出,丰田与邯钢的目标成本管理模式既相同又不相同。其相同之处主要是:都以市场为出发点和立足点,都把目标成本作为企业内部管理的核心内容,都扎根于本国的社会政治经济文化土壤,都适应于其市场环境和社会环境,都取得了管理上的成功。其不同之处主要是:一个是在市场经济的游戏规则比较健全并普遍得到人们认同的背景下产生,强调的是技术、完美、效率和经济效益,对经营者的主要激励内容是经济利益;一个是在计划经济向市场经济转变、游戏规则尚未建立健全、人们还不完全适应的背景下产生,强调的是管理、合理、公平和社会效益,对经营者的主要激励内容是政治利益。

(资料来源:杨世忠,刘俊茹:《邯钢经验与丰田模式》,《国际财务与会计》,2000 年第 3 期。)

问题:通过比较邯钢经验与丰田模式,你有何感想?

案例分析 8-2:中国同幅的精益管理与降本增效

2021 年 2 月 2 日,在中国同幅股份有限公司北京总部召开了"2020 年精益管理(降本增效)总结表彰大会"。由于新冠肺炎疫情影响,表彰大会采取线上线下相结合的方式举行。据公司董事长介绍,同幅公司响应母公司中国核工业集团要求,从 2017 年开始推行以精益管理和降本增效活动以来,年年召开这样的表彰大会。在这次会上,有 14 项团队项目和 4 项个人项目获得表彰。获得表彰的项目都是从集团下属公司上百个项

目中筛选出来到公司总部来进行决赛的。专家由来自高校的专业教授、来自咨询公司的咨询师和来自知名企业在精益管理和降本增效方面卓有成效的专业高管组成。评分标准是创新性(满分20)、实践性(满分25)、经济效益(满分20)、其他效益(满分15)、推广应用(满分20),总计100分。最后根据专家评分结果(平均)进行排序,分出一二三等奖。此外,每年还优选部分成果编辑成书,形成中国同幅公司成本管理实践系列丛书公开出版。目前,该公司已在中国原子能出版社出版了四本书:《降本增效六十七个故事——2017中国同幅强管理启航录》《降本增效七十七个故事——2018中国同幅强管理续航录》《降本增效50篇好文——2018中国同幅强管理文化录》《降本增效149个故事——2019中国同幅强管理续航录》。

中国同幅是中国核工业集团的下属子集团公司,主要经营核技术推广应用。2017年在集团公司全系统启动降本增效工作,以财务为抓手,以成本为切入点,通过引入精益理念和阿米巴思维,推行"项目制"管理,深化业财融合,发动全员基于企业全价值链创新创效。在各公司"一把手"的直接推动下,由财务部门牵头,各职能部门跟进。工作启动以后,员工参与率逐年提升。仅2017—2019期间,完成项目309个,涉及技术创新、工艺改进、管理深化、节能降耗、资产盘活等多个方面,参与人数达1 237人次,员工参与率74%,实现直接经济效益6 319万元,项目持续经济效益9 312万元。

(资料来源:作者根据现场调研和《降本增效149个故事——2019中国同幅强管理续航录》整理。)

问题:中国同幅开展的"项目制"降本增效活动是否具有普遍推广应用的价值?为什么?

思考题

1.试分析成本实质和成本形态类型。

2.试述成本管理环节与成本分析方法之间的关系。

3.如何制定成本费用控制标准?

4.如何分析成本费用差异?

5.何谓插值分解?如何利用它来分析成本差异?

6.日本丰田公司的目标成本管理有何特点?

7.试述作业成本法的核算方法及其对于成本管理的意义。

8.试分析作业成本法的主要优缺点。

9.为什么说"以作业为基础的全面预算才是彻底的全面预算"?

10.试述成本—功能分析的原理和步骤。

11.如何优化质量成本,控制质量水平?

12.如何进行期间费用习性分析?

13.如何进行期间费用功效分析?

作 业 题

1.某公司采购甲材料20 000公斤,按材料标准成本,本年度生产2 000件产品的标准费用为20 000元。实际这批材料生产的产品为2 500件。材料费用为24 000元。

(1)计算本年度实际产量下甲企业实际成本与标准成本的差异额。

(2)计算材料价格差异和数量差异。

2.某企业采用标准成本法,A产品的正常生产能力为1 000件,单位产品标准成本如下:

	单位产品标准成本	(产品A)
直接材料	0.1(千克)×150(元/千克)	15元
直接人工	5(小时)×4(元/小时)	20元
制造费用		
其中:变动费用	6 000元/1 000件	6元
固定费用	5 000元/1 000件	5元
单位产品标准成本		40元
本月生产A产品800件,实际单位成本为:		
直接材料	0.11(千克)×140(元/千克)	15.4元
直接人工	5.5(小时)×3.9(元/小时)	21.45元
制造费用		
其中:变动费用	6 000元/1 000件	6元
固定费用	5 000元/1 000件	5元
单位产品标准成本		40元

(1)计算直接材料成本差异。

(2)计算直接人工成本差异。

(3)计算变动制造费用差异。

(4)采用二因素法,计算固定制造费用差异。

(5)采用三因素法,计算固定制造费用差异。

3.设某纸业公司生产各种类型的纸包装箱,其生产工艺以机械化为主,但需要少量人工。9月份该公司获得2份生产订单,要求如下表:

	A 产品(15 000 个)	B 产品(5 000 个)
直接人工小时	300	100
原材料成本	300 000	100 000
设计时间	100	200
机器调整次数	2	4
机器工时	160	200

(1)该厂若采用标准制造费用分配率，按直接人工小时分配制造费用。该月直接人工小时预算为 500 小时。计算 A、B 产品的单位制造成本。

(2)采用作业成本计算，在对生产经营过程进行分析后，该公司会计主管认为生产包装箱的作业有六种，并选定了六个成本动因，如下表：

作　业	制造费用	成本动因	成本动因数
材料采购、存储	120 000	原材料成本	480
产品设计	60 000	设计时间	300
机器调整	60 000	生产次数	6
机器折旧、维修	180 000	机器工时	360
厂房折旧	120 000	机器工时	360
其他制造费用	10 000	机器工时	360

(3)对比(1)(2)，分析差异并说明原因。

4.某企业制造费用及机器工作小时资料如下：

机器工作(小时)	16 000	18 000	20 000	22 000
制造费用(元)				
间接材料费	400	450	500	550
间接人工费	3 000	3 200	3 400	3 600
折旧	5 000	5 000	5 000	5 000
管理人员工资	1 000	1 000	1 000	1 000
其他	1 200	1 280	1 360	1 440
合计	10 600	10 930	11 260	11 590

要求：通过计算分析，确定该企业制造费用同机器工作小时之间的相互关系模型。

业务流程重组

本章要点

业务流程重组是当今管理的前沿课题，也是管理咨询业方兴未艾的咨询业务。通过对本章的学习，要求学生理解业务流程重组的发展过程，业务流程重组的概念、特征、原则，掌握基本的业务流程重组的程序、技术和方法，并能够对企业核心业务流程的系统化重组提出思路和操作方案。

第一节 业务流程重组概述

业务流程重组的倡导者迈克尔·哈默曾经说过:“进入 90 年代,有两种新的工具可以改变企业:一个是信息技术——由电脑、应用软件与通讯技术所提供的能力;另一个是企业流程再设计(Business Process Redesign,简称 BPR)——对组织的工作流程与程序进行分析和设计,或称为重组工程(Reengineering)。”

一、业务流程重组的概念及特征

业务流程重组也称流程再造、企业再造、业务重组等多个名称。按照流程重组概念的创始者哈默和钱皮在《企业重组——经营革命宣言》中所给出的定义,业务流程重组“就是对公司的业务流程、组织结构、文化进行彻底的、急剧的重新设计,以达到业绩的飞跃”。他们在《重组手册》中作了更精确的表述:“重组就是对战略、增值营运流程,以及支撑它们的系统、政策、组织、结构的快速、彻底、急剧的重新设计,以达到工作流程和生产率的最优化”。众多学者对流程重组作了多种多样的定义。我们综合各种观点,对业务流程重组的概念描述如下:业务流程重组是在企业价值链分析的基础上,以顾客需求为导向,运用信息技术,打破职能部门管理限制,重新设计和改造原有的业务流程,以便于企业消除或增强薄弱环节,优化价值链,提高工作效率,以便更好地应对竞争的压力和响应市场的需求。

根据业务流程重组的概念,归纳出业务流程重组以下方面的特征:

1.以价值链分析为基础。业务流程重组的目的是通过清除企业非增值的不必要的流程或工作环节,简化复杂的流程与环节,增加创造企业核心竞争能力的流程与环节,以降低成本,满足顾客需求的变化,提高企业的经济效益。可以看出,重组对象的选择,是以对流程所创造的价值分析为前提的。没有对业务流程构成的企业价值链所创造价值大小的分析,重组就失去依据。同时,对重组成功与否、重组效果优劣的评估也要从改善价值链的角度来进行。

2.以满足顾客需求为导向。“顾客需求”既是业务重组流程分析的起点,也是业务重组流程实现其价值的终点。企业所做的一切,从根本上来说,都是为满足顾客的需求。企业设计的各种流程,都应以顾客需求为出发点和落脚点。没有“需求”的流程是

“无源之水,无本之木”,是没有生命力和存在价值的,是应该被清除的。“百川东流终归海”,企业各种业务流程所创造的价值,最终都要以满足顾客需求为实现条件。

3.以现代信息技术为手段。现代信息技术为业务流程重组的形成奠定了基础,同时业务流程重组的实现也必须借助现代信息技术。以电脑技术、网络技术、通信技术三者为主体的现代信息技术革命,开创了人类生活的新篇章。业务流程要真正成为通畅不息的河流,必须借助于宽广高速的通道和有效的疏通工具,而这正是现代信息技术所能做到的。没有现代信息技术,业务流程重组难免成为“纸上谈兵”和“空中楼阁”。

4.以提高效率、适应环境为目标。现代社会是一个快节奏、多元化的社会,传统的企业组织结构和经营方式很难适应竞争激烈、复杂多变的市场环境,业务流程重组正是在这种背景下产生并飞速发展起来的。它通过对企业的组织结构、业务流程的变革与重新设计,使企业可以提高对顾客多变需求的响应能力,增强对复杂环境的应变能力,甚至使传统企业获得新的生命。

二、业务流程重组的必要性与可能性

(一)业务流程重组的必要性

传统的企业科层分工制组织形式是建立在专业化职能分工基础之上的,其产生的背景是第一次产业革命和第二次产业革命。泰罗的科学管理理论和法约尔的组织管理理论是其理论基础。在信息化和知识经济时代,这一理论的局限性日渐突出,主要表现在以下三个方面:

1.以职能导向建立起来的组织结构存在部门分割、机构重叠、横向联系差的问题,信息传递渠道窄、环节多、速度慢,并且失真现象严重。

2.以科层组织理论建立的组织结构,易导致层次膨胀,程序繁杂,不同部门互相推卸责任,人浮于事,文牍主义、官僚作风盛行,并形成沟通成本高、工作效率低的局面。

3.分工细化在提高生产率的同时,限制了人们的自由发展空间,减少了人们的情感交流、相互促进和共同发展的机会,抑制了现代人们学习的积极性和创造精神,造成人力资源在创新方面的严重浪费。

(二)业务流程重组的可能性

第二次世界大战以后,尤其是20世纪90年代以来,先进的管理思想不断涌现,如价值链管理(Value Chain Management,简称VCM)、供应链管理(Supply Chain Management,简称SCM)、客户关系管理(Custom Relationship Management,简称CRM)等,为业务流程重组提供了理论基础。

与先进管理思想涌现的同时,管理方式和管理技术也在不断创新,如全面质量管理(TQC)、准时制生产(JIT)及精益化生产等,为业务流程重组提供了业务操作层面的支持。

科学技术的进步和信息技术的发展,如工业机器人、个人电脑、互联网、卫星通讯、数字技术、自动化、人工智能等技术,以及物料需求计划(Material Requirement Planning,简称MRP)、制造资源计划(Manufacture Resource Planning,简称MRP)、计算机集成制造系统(Computer Intergration Manufacturing System,简称CISM)、工作流管理(Work Flow Management,简称WFM)、企业资源计划(Enterprise Resource Planning,简称ERP)等,为企业的业务流程重组提供了物质技术基础。

在知识经济时代,人们对教育文化日益重视,人们的科学文化素质同以前相比有了非常大的提高,企业中高素质人才的比例日益增加,同时人们的学习热情日益高涨,建立学习型的组织和企业文化成为许多现代化企业的目标,这些都为企业业务流程重组提供了人力资源基础和文化氛围。

三、业务流程重组的基本原则

业务流程重组的成功实施可以增强企业的核心竞争力,给企业的各个方面带来极大的改观,所以,美国绝大多数企业都已经或正在计划实施重组。我国的许多大型企业已正在或计划实施业务重组,以应付加入WTO和经济全球化的巨大挑战。但调查表明,在已实施的业务流程重组的企业中,高达70%的重组项目没有达到预定目标或归于失败。究其原因,是由于没有把握和遵循业务流程重组的基本原则,这些原则主要有以下五项:

(一)以顾客为中心的原则

"以顾客为中心"的原则强调企业和员工必须在思想上和潜意识中视顾客的利益高于一切,并可以自觉地用它来指导日常工作行为。"以顾客为中心"的原则是以顾客为导向的流程重组特征的具体化和可操作性。这个基本原则又可以细分为下面几项细则:

1.强调顾客满意,而不是领导满意的原则。对于今天的企业来说,面临的巨大挑战主要来自三方面:顾客(Customer)、竞争(Competent)、变化(change),由于这三个词语的英语单词都以字母"C"开头,所以又称为"3Cs"。企业实施业务流程重组的原因在很大程度是为了应对"3Cs"的挑战。因此,重组实施强调以适应"3Cs"为原则。把顾客放在首位,以顾客满意为判别一切行为的合理性标准,而不是传统企业组织中顾客的首要地位不知不觉中让位于领导,从而导致领导的独断专行和官僚主义盛行,企业运行机制僵化,对于市场的变化缺乏感知力和应变力,失去了发展的动力。业务流程重组以顾客为

中心,建立以最快的速度响应和满足激烈市场竞争中不断变化的顾客需求的业务流程、组织结构、运行机制、企业文化。企业中的各个部门和员工都以顾客为中心开展工作,目标一致,行动同向,考核标准明确,领导和上司是业务的指导者和监控者,这样就可以减少人事摩擦和部门利益冲突,减少无谓的损耗,提高效率,增强竞争力。

2.强调内外顾客满意统一的原则。在业务流程重组中的“顾客”,不仅包括企业的外部顾客,而且包括企业的内部顾客——内部员工或各部门服务的对象。将为顾客服务的观念引入企业内部,可以增强部门和员工的责任感,有利于部门之间沟通与协调,并提高工作效率。

3.强调把供应商引入“顾客满意”流程体系的原则。现代企业的竞争不只是单个企业之间的竞争,而是一个企业的供应链和价值链与另一个企业的供应链和价值链之间的竞争。这就要求企业在进行业务流程重组时,不仅考虑企业内部的业务流程的重组,而且还要考虑对业务流程的上、下游的整合。根据现代市场的“双赢”竞合观,企业与供应商之间应建立一种彼此服务的“相对顾客”关系,这样有利于企业形成一个集供、产、销为一体的通畅的业务流程体系,实现提高效率、增加效益、增强竞争优势的效果。

(二)以流程为导向的原则

企业流程重组不同于以往任何的企业变革,是因为它不仅是精简机构、裁减员工,甚至也不是单纯的重新设计企业的流程,所有这些都不足以涵盖企业流程重组的最终目标——将企业由过去的职能分工导向型转变为流程疏通导向型。企业业务流程重组的这一目标意味着,不仅企业的流程设计、组织结构、人事制度等要在重组中根本变革,更为重要和基本的是一个经过真正重组的企业,树立了“流程”理念,其组织的出发点、领导和员工的思维方式、企业的日常运作方式乃至企业文化都将得到改造。

以流程为导向意味着企业形态的弹性特征,流程是直接面对顾客需求的,随着市场的变化,流程也必须变化,所以,以流程为导向的变革是一场持久的革命,一个企业必须持续关注它的流程,这样才能以变应变,在激烈多变的市场竞争中生存和发展下去。同时,以流程为导向的原则还要求企业在日常管理中要采用疏通引导的方式,而不能像过去那样采用强压死控的方式。

(三)以人为本和团队式管理的原则

业务流程重组的结果不是要求大家回到早期的福特公司机械式的流水线年代,而是要求企业在保证业务流程畅通的条件下,给员工更大的自由空间和施展才能的机会,充分调动员工的主观能动性,把员工自身价值的实现和企业价值的实现统一起来,增加员工的归属感、自豪感和满足感。

（四）流程整体系统最优化原则

企业在进行流程重组时，应用系统化思想，注重整体流程的系统优化，强调优化全局而不是单个流程或环节。这种系统最优化衡量标准是要理顺业务流程，从流程系统全局最优的目标出发，设计和优化各个流程，消除本位主义和利益分散主义。

（五）简约化原则

管理学家彼德·德鲁克针对繁杂的管理程序曾说过"简单最好"。简约化原则应贯穿业务流程重组的始终和企业日常管理行为之中。流程重组最主要的目的就是清除非增值流程和环节，简化复杂环节，提高效率。特别值得注意的是，在进行信息化建设时，不要盲目学习和模仿先进的信息管理方式，人为地使处理手段和程序复杂化，要本着只要能达到预计目标，路径越短越好，手段越简单越好，这样可以节约有限的资源，提高效益。

四、业务流程分类

根据不同的分类标准，可以对企业的业务流程作多种分类：

1.根据流程在企业实现价值增值中的地位不同，可以分为核心流程、非核心流程。核心流程是指在实现企业价值的过程中起主导作用，可以为创造或增强企业核心竞争力的流程。

2.根据流程在企业实现价值增值中的作用不同，可以分为增值流程、支持流程、非增值流程。增值流程是指可创造价值或实现价值增值的流程；支持流程是指不直接创造价值，但能为其他流程提供必要的支持的流程；非增值流程是指在企业实现价值的过程中不能创造价值或实现价值的增值，甚至创造负价值的不必要流程。

3.根据流程在企业经营管理中的地位不同，可以分为战略流程、经营管理流程、保障流程。战略流程是指在企业经营管理中占据战略地位，为实现企业战略目标设计和组织的流程；经营管理流程是指企业日常管理中处理的，实现企业经营管理目标的一般流程；保障流程是指为保障企业战略目标或经营管理目标组织的流程。

4.按流程处理的对象，可以分为实物流程、资金流程、信息流程、人力资源流程等。实物流程是指材料购进、运输、储存、耗用、加工、半成品转移、产成品储存、运输、消费等过程；资金流程是指由于资金的筹措、投放、使用、分配而形成的各种资金形态周而复始的循环过程；信息流程是指信息的采集、加工、储存、传递、运用的过程；人力资源流程是指由于人员的考察、录取（聘请）、培训、使用、考核、激励、约束、退休、解聘等工作而形成的人员进出企业以及在企业内部各个岗位流动的过程。

5.按流程跨越组织的范围,可以分为个人之间的流程、部门之间的流程、组织之间的流程。

第二节 业务流程重组的技术与方法

一、业务流程重组技术

企业业务流程重组从出现到现在,仅仅20多年时间,但已经有了丰富的实践经验,形成了比较完善的理论体系。管理学者和专家通过对重组理论的深入研究,对重组实践经验的总结,发展出许多有效的重组方法和技术。

由于企业本身是一个复杂的社会经济技术系统,因此决定了业务流程重组是一项复杂的工程。它涉及许多领域的问题,包括社会学、技术工程学、信息系统学、项目管理学、战略管理学、人力资源学以及心理学等跨领域的学科。同时,这些学科丰富的内容也为企业重组提供大量的专门技术。根据威廉姆等人的调查和研究,共有71项技术可以用于企业重组过程。每一种技术都有各自的应用目的和范围,可以分别用于企业业务流程的不同阶段、不同任务中,按照阶段和任务将这些技术进行分类。如表9-1供参考。

表9-1 业务流程重组技术一览表

阶段	任务	应用技术
第一阶段 构思和设想	得到企业管理者的承诺和愿景	快速全员参加与变化法、研讨会、愿景、说明技术
	发现流程创新的机会	前提假设暴露法、核心流程分析、头脑风暴法、作用因子分析法、企业系统规划、竞争分析、关键成功因子法、德尔菲法、文化评估分析、提案组技术、黑箱思考、价值链分析
	认识信息技术和信息系统潜能	头脑风暴法、企业系统规划、信息技术分析
	选择流程	层次分析法、关键成功因子法、成本/效益/风险分析法、流程优先选择矩阵

续表

阶段	任　　务	应用技术
第二阶段 项目启动	通知股东	说明技术、研讨会、意义重释法、快速全员参与变化法
	成立重组小组	团队小组建立
	制订项目实施计划	预算、项目调度技术
	分析外部顾客需求	头脑风暴法、品质功能部署、调查、焦点讨论小组、结构化会议
	设置流程重组绩效目标	设立标杆、关键活动因子法、成本/效益/风险分析、黑箱思考、德尔菲法
第三阶段 分析论断	描述现有流程	基本活动的成本分析、流程图、计算机辅助软件工程、信息控制网、岗位分析、语言交互建模、调查、时间动作研究、结构会议技术、员工小组态度观念评估、作用活动图
	分析现有流程	基本活动的成本分析、鱼刺图、Pareto 曲线图、头脑风暴法、因果图、品质功能部署、统计流程控制、计算机辅助软件工程、价值工程、价值分析、信息控制图
第四阶段 流程设计	分析并定义新流程的初步方案	层次化着色 Petri 网、头脑风暴法、因果图、计算机辅助软件工程、岗位分析、作用因子分析、社会技术系统设计、语言交互建模、前提假设暴露法、模拟、作用活动图、成本/效益/风险分析、黑箱思考、快速全员参与变化法、愿景、工作流程设计、提案组技术、流程图
	建立新流程的原型和设计方案	基于活动的成本分析、角色扮演、层次化着色 Petri 网、模拟、流程图
	设计人力资源	快速全员参与变化法、黑箱思考、软件系统法、社会技术系统设计、信息控制网、语言交互建模、岗位分析、头脑风暴法、基于团队的组织设计、技能储备分析、员工小组态度观念评估、关键事件技术
	信息系统分析和设计	计算机辅助软件工程、信息工程、软件再造工程、语言交互建模、数据库设计、信息系统原型法、信息系统流程技术、工作流程设计
第五阶段 实施重组	重组组织结构及其运行机制	前提假设暴露法、头脑风暴法、作用因子分析、社会技术系统设计、意义重释法、团队建立技术、基于团队的组织设计、角色扮演法、技能储备分析
	信息系统实施	系统测试技术
	新旧流程切换	转变技术

续表

阶段	任　务	应用技术
第六阶段 评估改善	评估流程绩效	基于活动的成本分析、审计、焦点讨论小组、时间动作研究、调查、鱼刺图分析、统计过程控制、价值分析、结构技术、品质功能部署、Pareto 曲线图、员工和小组态度观念评估
	转向连续改善活动	全面品质管理

二、业务流程重组的具体方法

(一)流程的描述与识别方法

1.流程的描述方法。在现实生活中,无论是购物、做饭,还是享受某种服务等为实现一定目的的行为均是由一系列有序活动构成的流程,人们对流程并不陌生。企业的业务流程是"为向特定顾客和市场(含企业内部顾客和市场)提供特定的产品或服务,而实施的跨越一定的时间和空间的一系列事先设计的有序活动的有机结合"。

对业务流程的描述可以采用流程图方式进行。业务流程图(Business Activity Mapping)是一种简洁有效的描述与建立业务流程模型的工具。流程图是采用事先设计好代表一定的组织机构、物质、行为的图例,借助一定的工具,来形象地描述实现业务流程的方法。图 9-1 是企业的维修服务流程:

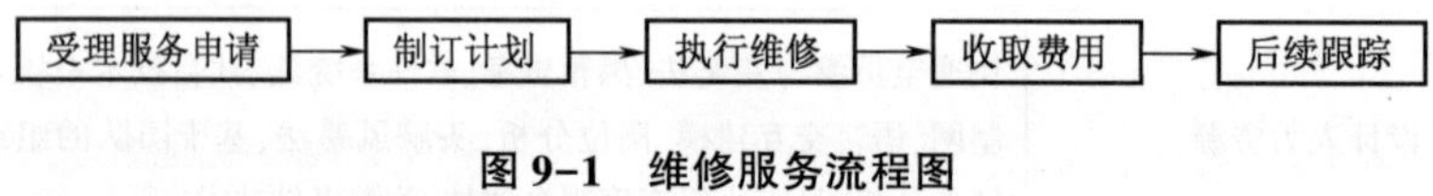

图 9-1　维修服务流程图

该流程通过相关的五项业务活动,修复了顾客的设备或产品的故障,实现了该流程的目的。我们可以采用同样的方法描述企业的其他业务流程。借助流程图,所有业务流程都可以识别与界定。

2.流程的识别方法。业务流程作为工作的方式,应该能够很容易识别出来。但现实往往没有这么简单,传统企业是以职能为标准进行部门分工,而不是以流程为标准来分工。企业一个流程可能要经过许多部门的参与,而每一个部门又可能参与诸多流程,这样在现实企业中不同的流程与不同的部门相互交织,构成了一个复杂的网,很难对不同流程进行识别。

如果要用一个简单有效的方法识别一个流程，则首推逆向识别法。逆向识别法即，在识别一个流程时，首先关注流程的结果，并从结果出发寻找与产生该结果有关的事件或人，即寻找流程的终点，然后根据输入/输出的相互关系，一环扣一环地逆向寻找和识别与此相关的各个环节，一直找到流程的起点，这样就可以识别出一个完整的流程。例如，为识别上例企业的维修业务流程，我们可以采用图 9-2 所示的逆向识别法进行：

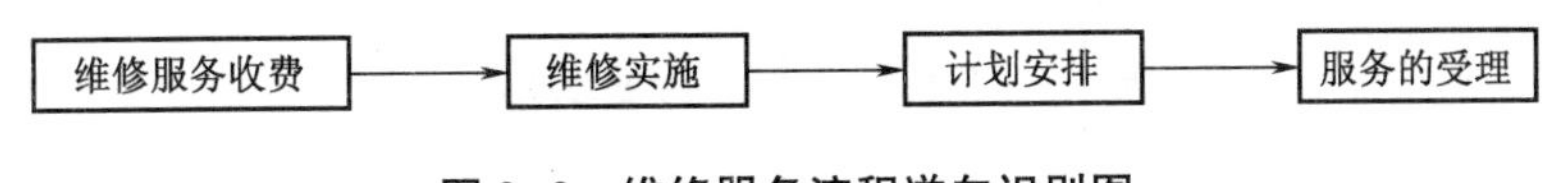

图 9-2　维修服务流程逆向识别图

一般而言，企业内部的流程均可以通过这种方法进行识别。

（二）选择重组核心流程的原则与方法

在企业诸多的业务流程中，哪些才是需要重组的对象？事实上，人们不可能，也没有必要对企业的所有流程进行重组。企业内部并非每个流程都因效率低下需要重组，而有的流程会受目前的物质、技术因素限制不可能进行重组。这就要求我们按照一定的原则和方法，从诸多的流程中选择出需要且能够重组的核心流程。

1.选择重组核心流程应遵循的原则。

（1）绩效低下。在企业中有些流程运行效率低下，严重地阻碍了企业的整体运行效率，成为制约物流（或资金流等）通畅的“瓶颈”，应考虑对这些流程进行重组。

（2）地位重要。在企业的各种流程中，虽然所有流程都是为了最后满足顾客的需求，但各种流程在实现这一目标中的地位和作用是不相同的，有的流程占据着重要的地位和支配地位，有的流程则处于次要地位和被支配的地位（或派生地位）。如销售与货款回收流程，对于企业实现其产品“惊险的跳跃”来说至关重要，自然成为重组的核心流程。需要指出的是，随着企业战略重心的转移，各种流程的重要程度也会发生变化。

（3）重组的可行性。企业只能对那些目前技术水平、人员素质、承受能力允许的流程进行重组。对于重组条件不成熟和时机不到的流程，则暂时不应进行重组。

根据以上原则，企业通常针对以下业务流程实施重组：①不完整的业务流程；②对全局工作有影响的核心业务流程；③高附加值的业务流程；④提供为顾客服务的业务流程；⑤属于瓶颈的业务流程；⑥跨职能部门的业务流程。

2.选择核心业务流程的技术方法。在上述原则的指导下，应用行之有效的技术方法，能够在有限的时间内，降低选择重组流程的成本。

（1）绩效表现——重要性矩阵法。马蒂拉和詹姆斯提出的绩效表现——重要性矩阵（图 9-3）是一个简单而实用的选择重组核心业务流程的方法。它能够帮助重组人员

发现最需要实施改进的领域。

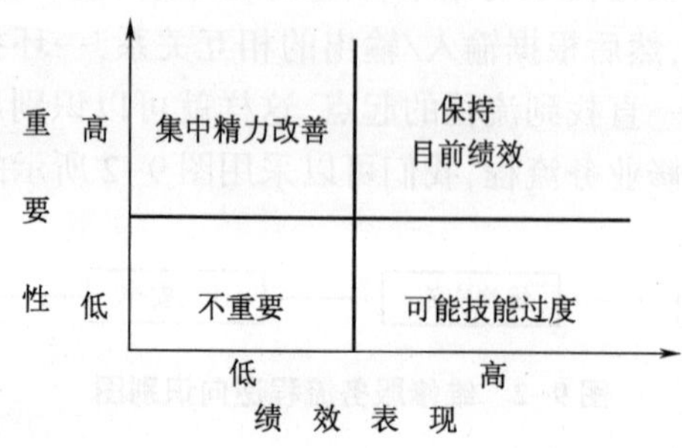

图 9-3　绩效表现—重要性矩阵

如图 9-3 所示,纵轴的"重要性"与横轴的"绩效表现"分别代表流程的重要性和其运行结果的优劣程度。结合各种组织内部的数据和顾客反馈信息来界定各类流程在矩阵上的位置,往往有助于重组者找到重组流程的线索。

(2)重要性—重组成本矩阵法。另一种与绩效表现—重要性的矩阵相似的矩阵分析方法是重要性—重组成本矩阵(图 9-4)。这一分析方法强调根据一项流程对顾客的重要性和对该流程进行重组所需成本多少来确定是否对其进行重组。

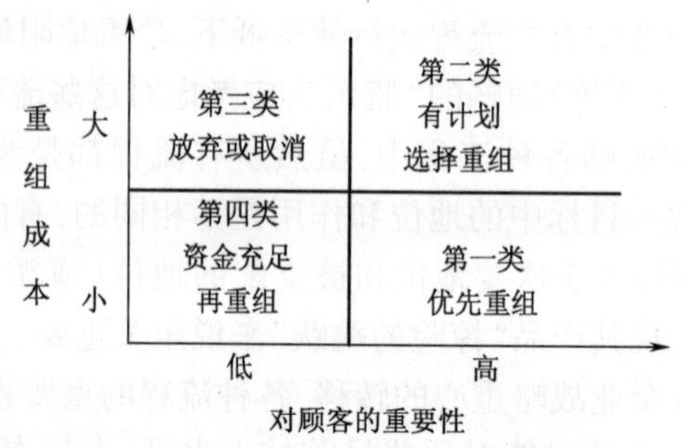

图 9-4　重要性—重组成本矩阵

其中,流程对顾客的重要性可以通过该流程对顾客满意度影响的大小来评价衡量。一个有效的评价工具是由价格、产品、产品质量、服务质量、变革、企业形象五项指标构成的顾客价值包(Value-package)。如图 9-6 所示,第一类流程是业务流程重组的优先目标,其实施成本小,而对顾客的重要性又大,因此,应该成为企业倾其资源确保重组成功的实施对象。第二类流程中对顾客重要性较高而重组成本也高的流程,它们一般是融入了企业核心能力的核心流程。从长远来看,这类业务流程的重组

对企业可持续发展意义深远,因此,应该结合企业战略规划的要求,有计划地把这类流程的重组项目作为增加顾客满意度的有效手段实施。第三类流程是对顾客满意度影响不大且重组成本偏高,属于企业应尽早放弃或取消的流程。第四类流程是对顾客满意度影响不大,而重组成本较小的流程,这类支持性流程可以被作为那些资金充足时的重组候选对象。

(3)标杆瞄准法。借助供应商、员工、外部咨询顾问的知识、经验以及业内企业的标杆瞄准成果,对选择重组业务流程也非常有益。在选择重组核心业务流程时,可以采用标杆瞄准法,企业将自己的核心业务流程同行业内或其他可参考的企业的业务流程相比较,这样就可以发现自身的流程同比较对象相比是否有差距和是否有改进的空间,这是一种较为实用的选择方法。

(三)核心流程的系统化重组

对业务流程的系统化重组是在选择出核心业务流程的基础上,采用一定的方法对企业的核心业务流程进行重组,然后再围绕这个经过重组后的流程,将企业的其他流程作适应性调整的过程。所有组织的最终目的都应该是以某种方式为顾客"创造或增加价值",系统化重组现有业务流程或重新设计现有业务流程的工作,就是为达到这一目的而消除非增值流程和调整增强核心增值流程。其基本方法可以简化概括为EAIS:清除(Eliminate);简化(Simplify);整合(Integrate);自动化(Automate)。

1.清除。流程重组的清除是指删除企业原有流程中的非增值且不必要的流程。在现实的企业中,存在相当数量的非增值且不必要的活动。这些活动的存在有两种原因:一是在现行管理体制中不得不存在;二是由于种种历史原因遗留下的(本身就是多余的)。前者,如企业的组织大都是按管理职能设置的,为了完成某一跨部门业务流程而不得不进行的没完没了的协调工作;后者,如企业由计划经济体制向市场经济体系转换过程中由于人员安置、利益调整而不得不保存下来的不必要的工作。

清除这些非增值流程的有效方法是存在怀疑法。存在怀疑法就是在进行流程重组分析时,对流程中的每一环节或要素存在的必要性都加以怀疑,问一个"流程中这个环节为什么要存在,有必要吗?",如果答案是否定的,那么就清除它。

下面,我们来分析企业内容易存在多余的非增值环节之处:

(1)过量的产出。这里的产出不仅指产品,而且包括一切工作的成果。任何时候超过需要的产出对于流程来说都是一种浪费,因为它无效地占用了流程本身就很有限的资源。在流程重组前,过量的产出存在的原因可能是为了防止需求变动、设备故障等。要问的问题是:在流程重组以后,企业变成以流程为导向、以顾客为目标的团队工作后,这些解释或理由还存在吗?如果不存在,那么就予以清除。

(2)过量的库存。这里的库存不仅指有形的物料库存,而且包括在流程运作中大量存在的文件和信息。许多企业,包括自称自动化办公的企业,人们常常看到物料和文件堆积如山,我们需要问一下:这些库存和文件有存在的必要吗?如果没有存在的必要,也予以清除。

(3)没完没了的会议和招待。企业领导将大量的时间都用在各种会议和各方面的招待与应酬上,真正进行经营管理的时间并不多。我们可以问一下:这些会议与招待真有必要吗?它们究竟为企业带来些什么?

(4)跨部门的协调。在原有的以职能划分建立的组织中,任何一项跨部门的业务都需要各级管理的协调,以及由此带来的人事冲突与官僚主义。这时,我们应从流程出发来思考这些问题。例如,福特公司就是通过引进自动化来代替那些需要不同部门之间密切配合的步骤的重组方法,使应收账款减少了75%,而效率却未受到影响。

(5)其他方面还有活动时间的等待、不必要的运输与文件传递、繁复的审批手续;缺陷、故障;重复的活动、反复的检验等等。

2.简化。简化是指将非增值或负增值活动或环节从流程中剔除出去或尽可能地压缩。在尽可能地清除了非增价值不必要的流程后,对于剩下的流程就应进一步简化。简化的思想可以说是流程重组的核心指导思想。从某种意义上说,流程清除就是一种最彻底的简化。

(1)流程简化的前提。通常,在实施流程重组中,若存在下述现象,就可以考虑有选择地开展流程简化工作:

第一,流程占用的时间和费用存在改进的可能性。如果时间和费用已处于节约水平,就不存在简化的必要了。

第二,标杆瞄准表明,在质量和服务上存在明显劣势。在与竞争对手的比较中,如果存在差距,就意味着企业有进一步发展的机会和潜力。例如,在20世纪90年代,邯钢人将自己的各项技术经济指标与同行业其他企业相比较,比出不如别人的差距,就认为是降耗增效的潜力所在,就确定指标改善的期限和目标,采取各种措施去改进工作。

第三,对满足顾客需求的贡献甚微。任何流程的目的都是为顾客需求服务的,流程中的各个环节也不例外地要为这一目的服务。如果它对完成这一目的所起的作用很小,就可以考虑对它进行简化,特别是当它占用的时间和成本很高时。

(2)流程简化的目的。

第一,提高对顾客需求的响应能力并缩短响应时间。在现代市场中消费者的消费行为是多元的、易变的,为了更好地响应顾客需求变化,企业就应当尽可能简化流程中为顾客提供支持服务的输送环节,加快周转速度,提高顾客的满意度。

第二,降低成本或消耗。

第三，降低废次品率。

第四，提高员工和顾客的满意度。

(3)流程简化的思路和导向。这里所讲的流程简化的思路和导向，是指进行流程简化时切入的方向，并不是具体的操作方法。

第一，成本导向的流程简化。这是一种最基本的流程简化思路，它的目的在于通过对特定流程进行成本分析，来识别并减少那些导致资源投入增加或成本上升的环节。该方法适用于流程中对产品或服务的价格或成本影响较大的环节。其应用的前提是不能以损害那些必要或关键的确保满足顾客需要的流程或活动为代价。现在很多企业通过精简机构、裁减人员而"降本节支"就属于这种思路。

第二，时间导向型的流程简化。这是一种在降低产品或服务生产时间，提高对顾客的响应时间方面应用越来越广泛的程序简化思路。其特点是注重对整个流程中各环节占用时间以及各环节的协同时间进行深入的量化分析，发现在占用时间上可以改进的环节并予以改进。现在许多企业事业单位简化办事手续，或通过采用信息技术提高办事效率大都属于这种方法。

第三，顾客导向型的流程简化。这是一种适用范围最广泛的流程简化思路。其特点是通过对流程中各环节或活动为顾客提供价值和令顾客满意方面所发挥作用的分析，发现并简化那些不必要或效率低下的环节，从而更好地为顾客提供服务。

(4)常见的流程简化领域。通常在以下领域存在过分复杂的活动，有简化的可能和必要：

第一，被肢解的程序。传统企业建立业务流程处理程序时，我们总是有一个前提假设：业务处理程序中，每一个员工就其信息处理能力而言是非常有限的。因此，我们在设计业务处理程序时，总是倾向于将程序肢解成许多不必要的环节，以便让更多的人参与进来。这样就出现了在业务处理时层层干预，审而不决，责任推诿，效率低下，官僚主义盛行的局面。因此，在进行流程重组设计时，就要把这些肢解的环节结合现有的员工的业务处理能力重新考虑，给予员工充分的授权，简化流程处理程序，达到提高效率的目的。

第二，沟通障碍。企业内部的沟通和协调有时让人很烦恼。企业内部员工总是倾向于用自己专业领域的"行话"与别的部门的员工进行沟通，传递信息的文件繁琐冗长，使得原本简单的沟通变得复杂起来。在进行流程简化时，可以要求员工在进行沟通时应使用清晰易懂的语言，尽可能避免使用自己的"行话"，文件要简洁，能达到信息传递目的即可。英国的 Prudential 公司甚至因此开展一项活动，要求公司各种文件中使用的最长的字不得超过 Prudential 这 10 个字母的长度。

第三，技术阻碍。在现在的企业里，技术变成一个越来越难以处理的问题。企业通

过日益强大的高技术工具,生产日益复杂的产品和工艺系统,并且以越来越复杂的方式向流程内部、外部去解释这些技术本身,这不仅造成技术沟通障碍,而且有时出于安全或应用的需要,企业通过设立专门的技术人员或部门来处理相关的技术和数据。对于那些真正需要技术信息或数据的人却被以"技术安全"为由排斥在技术之外,由此造成信息淤积和技术获得障碍。需要说明的是,对于过分复杂技术的简化,并非是对高科技的排斥,而是指在技术的传递和使用上,选择一种简单的方式,消除障碍。

第四,物流不畅。物流管理一直受到管理界的重视。现实的情况总是这样:由于企业生产经营方式局部变化,会使得原先设计的井然有序的物流系统变得复杂和低效,这样就有必要在重组时考虑将其简化。在进行物流重组时,目的是设计一个自身具有较强适应能力的物流结构。

第五,其他可能存在简化的领域。

繁杂的表格:通过重新设计表格系统,减少重复、无效的表格填制与传递工作。

问题区域:经常出现问题的地方就意味着有些事务过分复杂或者难以处理,因此存在进一步简化的可能。

3.整合。流程整合是指对于经过清除或简化的流程,应用系统化的方法进行有机的调整和组合,使得整个流程顺畅、连贯,更好地满足顾客需求,实现流程的目的。从理论上讲,对流程的整合是流程重组中一个不可缺少的环节。因为经过对流程的清除和简化,现有业务流程已发生了根本性的变化。首先,流程的承担者对于活动和信息的处理能力大大增加,原先需要几个人的工作,现在一个人就可以轻松地完成;其次,流程原有的一些环节已被清除和简化,存在重新连接和组合的问题;最后,被清除和简化后的流程只有经过整合发挥整体效应和协同效应,才能达到重组的目的。从整体上看,一个流程可以被整合的环节主要有活动、活动的承担者、流程的上下游。下面我们作进一步的分析。

(1)活动。在流程中,有时把几项活动合成一个活动集合更为合理。有时,授权一个人完成一系列简单的活动,比分别交给几个人更能加快流程运作效率。而且,每当一项活动从一个人交给另一个人时,都会增加一次发生错误的机会。因此,如果对活动进行一定的整合,形成活动集合,由一个人承担,可以减少发生错误的机会,提高流程的效果。

(2)团队。组成团队是合并活动的逻辑延伸。团队可以完成单个成员无法承担的系列活动。在经过这种流程化改组"团队式"的企业组织中,在组织关系上,虽然仍然会保留一定的向职能部门报告的关系,但他们是结合成一个的整体,是为执行一个流程日常运作的组织。团队成员之间在空间距离上非常接近,这样使得原先由于职能划分而出现的成员之间沟通和协调的问题不再会出现,而且即使出现也可以很快解决。所以,在整合中应尽量使团队成员集中于一处,并尽量避免使用在地理上分布于各处的成员参与同一团队工作的复杂信息系统,因为它无法代替成员之间互相接触发挥的功能。

这样的组织安排使得物料、信息、文件的传送距离最短,从而改善在同一流程上工作的成员的沟通和交流。

(3)供应商(流程的上游)。这里的供应商包括内部和外部两种。对供应商的整合通常是通过消除企业与供应商之间不必要的手续和增加交流方式而实现。同与顾客的整合一样,这里整合的关键也是信任和伙伴关系。

(4)顾客(流程的下游)。这里的顾客同样包括内部顾客和外部顾客两种。顾客的整合可以从两个主要层次上考虑:单个顾客的整合和顾客组织的整合。在企业所有流程或环节中同顾客直接接触的流程与环节非常重要,通过对它们的整合同顾客形成伙伴关系,这种关系能将顾客与组织紧密结合起来,使得竞争对手难于插入。其中有一种整合方式称为增值服务,即在所购基本产品之外为顾客提供能够增值的附加服务。例如,有些药品公司在销售药品的同时为顾客提供各种无偿的保健服务。

4.自动化。流程自动化应在完成对流程的清除、简化和整合之后进行。因为如果没完成上述工作,可能使得那些非增值的、不必要的、复杂的流程与环节成为自动化的对象,这样不但不能达到重组的目的,反而增加了自动化的成本。在进入自动化程序以后,有可能还会返回前面的阶段,进一步清除、简化和整合。需要说明的是,技术是为人服务的,任何复杂高级的技术最终也要为人们服务,有的企业却不是这样,总是千方百计不计成本地去改变自己,以适应技术,到头来不但没有跟上技术进步的脚步,反而无所适从,丧失了工作的主动。

企业通常对以下流程和环节进行自动化:

(1)脏活、累活、险活以及乏味的工作。这从一开始就是自动化的领域,同时也是人性化管理、提高员工满意度的必要工作。

(2)数据的采集和传输。这也是自动化一直关注的领域。

(3)数据分析。在流程中信息系统的一个重要目的就是实现数据的分析和分析结果的共享,而不应像许多企业里计算机只是用来进行文件的装饰与资料的存储。

在流程自动化阶段需要注意两方面的问题:一方面,自动化并非适用于任何流程。通常自动化只适用于控制和运行良好的流程,对于那些存在问题的流程,实行自动化只能增加费用和使流程变得更糟。另一方面,在对流程进行自动化改造时,没有必要去追求百分之百的完美的计算机系统支持。这有两个原因:一是这种方式成本高,开发周期长;二是百分之百的自动化只是加大了现有系统下流程的刚性,使得流程的适应变化能力下降。可以采用 80∶20 法则,即用 20%的成本和时间设计和应用一个能完成 80%流程功能的自动系统,获得流程效率与成本的最佳配合。例如,我国某大型营销企业在完成会计报表合并的设计中,没有对全营销网络各经营单位运用的不同会计软件进行统一,而仅仅只是设计了一个能兼容各种软件核算结果的模板,就使会计信息高速公路得

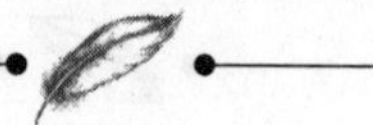

以建成,并创出了国内第一的合并报表速度。

第三节　几种实用的业务流程管理方法

业务流程重组是对现有业务流程的实质性或根本性的变革,它需要巨大的人力和资金支持。对于小企业或公司的日常管理来说,更为有效和适用的是掌握一些实用性强、灵活易用业务流程管理方法,形成一种持续的业务流程改善机制。为此下面介绍几种实用的业务管理技术。

一、五个为什么:问题就是改进机会

对于企业管理者来说,面临的每个问题都是改进的机会,对每个问题的有效解决都是改进。他像猎人寻找猎物一样寻找问题,然后分析问题的起因并且创造出解决的方法。

很多问题的原因经常陷于很深的层次,为了揭示出内在原因必须问许多问题,要有点儿“打破沙锅问到底”的精神。例如,日本丰田公司希望员工在遇到问题时要问五个为什么,以此来寻找和解决流程中的问题。

寻找问题起因的方法就是问“为什么”。对于同一个问题要问许多次,直到问题的根本原因出现为止。图 9-5 是一个典型的例子:对机器停止运转问五个“为什么”。

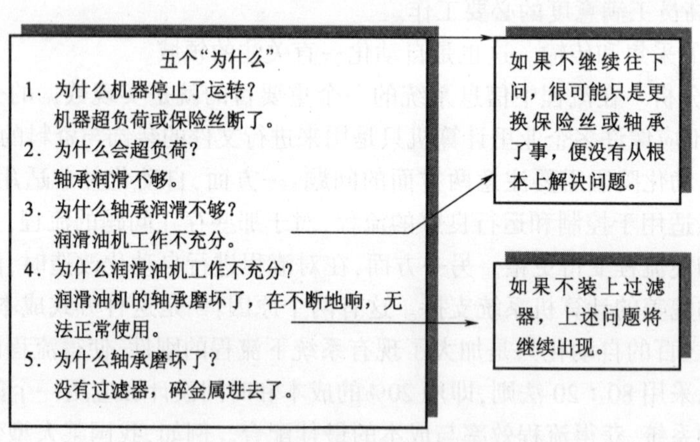

图 9-5　机器停止了运转:五个“为什么”

“五个‘为什么’”看上去很简单,但是,令人感到吃惊的是,对于领导最关心的问题,常常可以快速找到原因,甚至能找到一个解决问题的好办法。在很多时候,领导认为很严重和很难办的问题实际上与业务流程中某个环节或细节有关。只要加以改进,问题就可以解决。

要注意的是,回答的答案应尽可能是对问题原因的解释,而避免是对该现象的描述。

二、六西格玛(sigma)和六西格玛加

(一)六西格玛

“六西格玛”即“6σ”,是一项以数据为基础,追求几乎完美的质量管理办法,后来发展为追求几乎完美的战略目标和管理思想。“西格玛”即“σ”,是统计学中的一个单位,表示与平均值的标准偏差。它可以衡量一个流程的完美程度,具体看每100万次操作中发生多少次失误。“西格玛”的数值越高,失误率就越低。具体地说,相关数据可以表示如下:

1个西格玛=690 000次失误/百万次操作

2个西格玛=308 000次失误/百万次操作

3个西格玛=66 800次失误/百万次操作

4个西格玛=6 210次失误/百万次操作

5个西格玛=230次失误/百万次操作

6个西格玛=3.4次失误/百万次操作

7个西格玛=0次失误/百万次操作

“六西格玛”由摩托罗拉公司率先倡导。1987年,摩托罗拉公司生产的每千个部件中有六个有缺陷。为了改进产品质量,他们便制订了一个被称做“六西格玛”的工作质量目标,要求质量标准达到每百万个部件中不超过3.4个缺陷。

六西格玛管理方法的重点是将所有的工作都当做一种流程,采用量化的方法分析流程中影响质量的因素,从中找出最关键的因素加以改进,从而达到更高的客户满意度。企业高层领导建立了明确的质量观,使实现质量目标的各种措施,如质量衡量、合理化建议、质量圈、持续改进文化,以及全面质量管理等都发挥了作用。到1992年,摩托罗拉公司将缺陷降低到了每百万个平均不超过3.5个,某些产品达到了六西格玛标准。后来摩托罗拉公司甚至还制订了一个更为严格的目标:每10亿个部件中不超过60个缺陷。由于树立了严格持续改进的质量目标,并采取相应的质量控制措施,摩托罗拉

公司赢得了顾客,创造了辉煌的业绩。

IBM公司紧随摩托罗拉公司,拟订了一个把软件质量提高到每百万代码不超过3.4个错误的长期目标。全公司所有管理者需要定期参与和质量成绩有关的颁奖典礼以及与个人质量业绩认可相关的活动。

美国通用电器(GE)公司总裁杰克·韦尔奇先生曾被人赞誉为“世界头号老板”。1999年,GE公司市值突破3 000亿美元,成为世界上最赢利和最有价值的企业。是什么使韦尔奇先生领导的这支世界超级企业舰队所向披靡?韦尔奇说是GE公司的“六西格玛”“产品服务”“全球化”三大发展战略。韦尔奇先生视六西格玛管理战略为企业获得竞争优势和经营成功的金钥匙。他说六西格玛“是GE公司从来没有经历过的最重要的管理战略”。

在已经实施六西格玛管理并获得成功的企业名单上,人们可以发现摩托罗拉、联信、美国快递、杜邦、福特这样的“世界巨人”。今天,越来越多的企业加入了“六西格玛实践者”的行列。

(二)六西格玛加

1999年底,联信公司与霍尼韦尔公司完成合并工作,新的霍尼韦尔国际公司诞生并跻身于《财富》杂志评选的世界50强之列。在这家销售额达250亿美元的公司中,每个角落都在实施“六西格玛加”战略。

“六西格玛加”是结合了原联信的“六西格玛”和原霍尼韦尔公司的质量管理体系而形成的。“六西格玛加”这一标准代表了工艺完美追求。在新霍尼韦尔公司,“六西格玛加”首先是一种总体战略,其目的是加快公司在工艺、产品以及服务方面的发展,从而满足客户的要求,为股东创造价值。其次,它是一种全面质量评估手段,借此可以了解到公司在清除工艺缺陷及不合理要求方面做得如何,以改进工艺,提高生产率。作为战略,“六西格玛加”不仅限于工厂的生产场所,它还适用于公司的各职能部门。在向这个目标迈进的过程中,营销、财务、服务、工程技术以及其他职能部门都参与进来,它给员工一种意识,即“独到而成功地做好每一件事”。“六西格玛加”成为一种语言,这个概念已深入到各个环节。可以说“六西格玛加”将各公司、各部门、各工序联系起来。

大多数公司的运作状况处于“三西格玛”这个水平。欲达到“六西格玛加”的霍尼韦尔公司的水平面临巨大的挑战。仅从“三西格玛”跃升到“四西格玛”,就需要将绩效提高27倍,从“四西格玛”升级到“六西格玛加”,还需要将绩效再提高69倍。

三、看板管理

看板管理是一种高度可视化的、需求拉动的物料运送和队列控制方法。需求拉动以最简单的形式——通过下游工作中心向上游工作中心传递信息卡来实现。信息卡相当于生产指令,与过去不同的是,生产指令是来自于下游的"顾客"而不是上级管理部门。信息卡又称为看板——供上游工作中心员工看的载有产品规格型号、数量、时间要求的"板"。所有物料通过看板方块从一个工作中心移动到另一个工作中心,每个看板方块分配一定数量的单元格(或容器)授权存储在里面,看板方块的工作数量是同它的授权级别有关系的,而授权级别影响它上游和下游工作中心的运作。不管何时,需求拉动对于其实践有两方面的原则:

(1)除非下游看板低于它的授权水平,否则,上游工作中心就不工作。

(2)进行生产以保持下游看板是满的。

图 9-6 给出了两个工作中心和三个看板,人形图形代表工作中心,方块代表看板,每个看板被分成三部分来代表看板的授权存储水平,圆圈代表一个工作部件,工作部件可以是一件或一个容器等,工作流向从左到右。

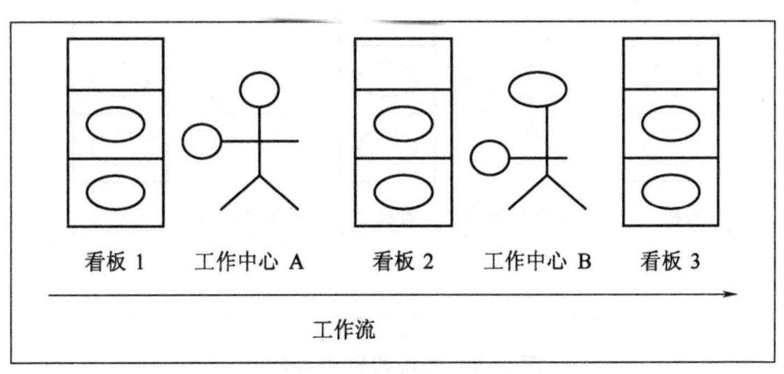

图 9-6　看板管理流程(1)

在图 9-6 中每个工作中心被授权执行它们的分配任务。工作向下游传送,工作中心供应的看板方块都低于它们的授权水平,注意到每个工作中心都在工作并执行必须的操作,当每个工作中心完成了其任务时,产品就向下游看板传送(如图 9-7)。

这时,如果不从看板 3 拉出部件,A,B 两个工作中心都要停止工作。所有的下游看板方块都被填满,都保持了它们的授权水平。按规则,没有工作中心被授权开始工作时,只有当下游看板方块出现空格(看板低于授权水平),上游工作中心才被授权从其上游看板中拉出一个工作部件,开始执行它的任务。在图 9-7 中,所有的工作都是停止的,在制品库达到最大。

一旦从看板 3 中拉出了一个部件,工作中心 B 马上被授权开始生产,从看板 2 中拉出物料以生产另一个工作部件,这就使得看板 2 低于其被授权的水平,因此,工作中心 A

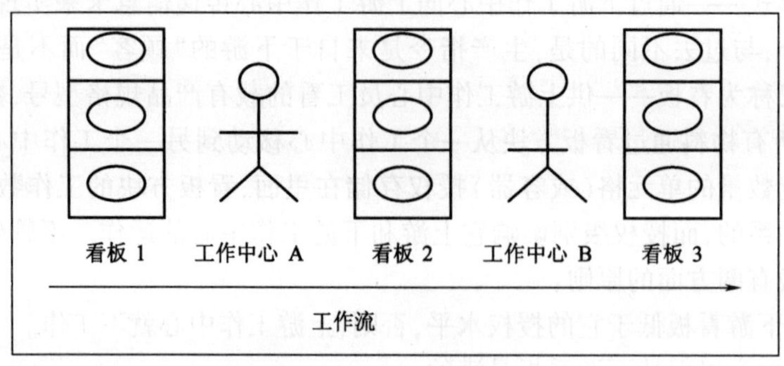

图 9-7　看板管理流程(2)

从看板 1 中拉出物料,开始生产(如图 9-8 所示)。

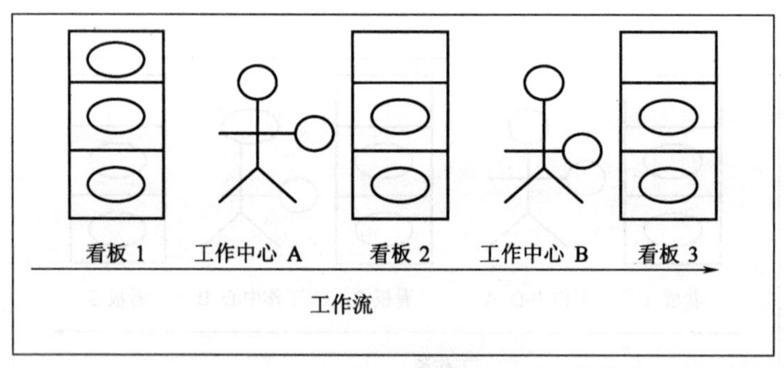

图 9-8　看板管理流程(3)

在图 9-8 中,两个工作中心都在工作,一个工作部件正被授权生产以补充到看板 3 中去,当上游工作中心不能看到实际的下游看板方块时,看板卡就被引入物料的这种需求拉动过程中,在这种情况下,卡片代表在上游和下游工作中心之间的看板方块的授权存储空位,有了卡片就可以生产了。这些卡片授权开始生产,并与生产结束相联系。当物料向下游工作中心运送时,卡片也开始随之移动。当物料被下游工作中心使用了,卡片将向上游工作中心返回。简单的观察可以看出,看板卡与部件一起移动向下游工作中心,独自返回上游工作中心。这些卡片就挂在上游工作的告示板上,操作人员可以迅速地看到工作中心的状态。这块板通常标明了两个工作中心所用的所有看板的数目,除了在运送物料和看板时的时间间歇,都能看到看板方块,从而操作人员可得到一个全面的信息:有多少部件可以发往下游,有多少部件需要生产。

一般来讲,在两个工作中心之间的看板方块就置于两个指定的工作中心之间,并不随生产(从物料提取到产品完工)而移动,不像标准车间订单那样。可是在一家工厂里看板卡实际上就是车间订单,它们以有色号码与其他看板区别开来,并在制造过程开始就被引入这些卡片与物料一起向前推进,当它们到达下游工作中心时就拿走或挂起。当所有的运作完成后,它们就从制造车间拿走,返回计划部门。

这就是需求拉动,很机械,并不难操作,但它对提高生产过程中在制品生产、提前期、质量、设置以及订单数量等环节的效率非常有效。

四、成果导向标准和过程导向标准

成果导向标准是在管理过程中对员工的评价主要以所取得的成果为标准,而不注重对其行为过程的评价,简单地说,就是“以成败论英雄”。过程导向标准则相反,在对员工进行评价时,不仅注重对成果的考查,而且更注重对其行为过程的管理和评价,简单地说,就是“不计较结果,只重视过程”。我们还可以用这两个标准来区分两种不同的管理方式:成果导向标准与销售额、利润、投资回报和股票价格相关;过程导向标准与过程改进、过程中的问题、缺陷、质量、时间管理、技能开发、小组活动、建议系统和持续改进等有关。

多数西方企业管理直到最近还是主要以成果导向标准为中心。日本企业管理则看重过程导向标准。他们倾注了很大的努力,对过程改进给员工予以奖励。一般说来,建立能应用于过程导向标准的考核与奖励制度是理想的,它预示着企业有长远的前景。

由于持续改进意味着不断地变化,因此日本工厂很少保持不变。日本工厂里的工程师和经理人员告诫:“如果你们一直以同样的方式做事,那就没有进步。”我国海尔集团的 OEC 管理模式“日清日毕,日清日高”同样也是一种持续改进的管理思维方式。

如果企业能形成一种持续改进的文化,对企业的业务流程就可以在日常工作中进行不断的改进与完善,做到与时俱进,就能给企业提供长久的生命动力,做成一个长寿企业,而不是像我国目前许多企业那样“你方唱罢我登场,各领风骚三五年”。

五、PDCA 循环与持续改进

对现代企业来说,持续改进是一种非常重要的企业学习形式,建设“学习型组织”说的也是要在企业内部形成一种持续的学习机制。企业应把每位员工在任何时间学到的如何更好地开展工作的成果记录下来,以便训练别的员工使用这些技术。企业实际生产应用的技术方法大部分都来自于做实际工作的员工而非外部的设计人员或专家,可以说员工是技术的真正创造者。这里所说的技术是广义的,不

仅包括生产技术,而且包括除了生产以外的一切工作。具有持续改进文化的公司鼓励每个人每时每刻都要学习。华为公司倡导创新、允许员工犯错误的企业文化,海尔集团将员工的发明创造张榜表彰,并以员工的名字命名,都是为了形成持续改进工作的机制。

持续改进可以采用由美国质量管理专家戴明博士提出的PACD循环活动圈的形式进行。PACD循环是指计划、执行、行动、检查的循环,如图9-9所示。

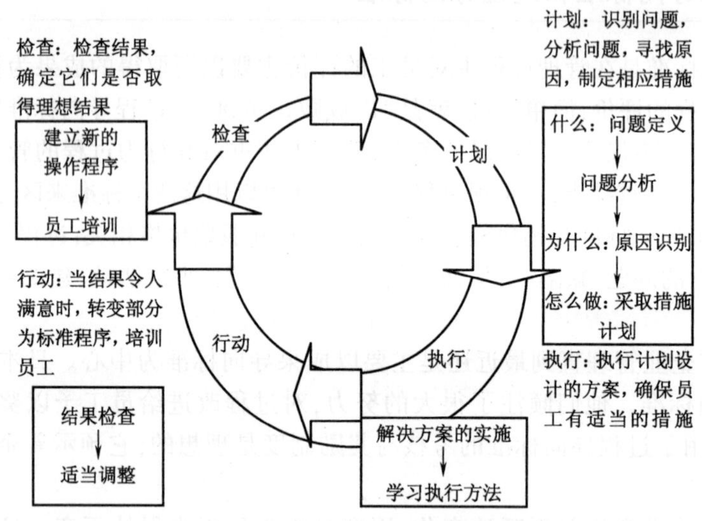

图 9-9 PACD 循环活动圈

PACD循环是一个可无限循环的闭环系统,保证运行的持续性,同时外界又通过检查、行动和计划的调整等手段不断进行控制,保证了每一次循环都不是上一次循环的简单重复,每一次循环都在不断地改进,从而确保了持续改进机制的运行。

案例分析 9-1:福特汽车公司的应付账款的采购业务流程重组

北美福特汽车公司应付账款部门如何重组其应付账款业务流程以减少其管理费用,是流程重组最经典的案例之一。福特汽车公司是美国三大汽车巨头之一,但到了20世纪80年代初,福特像许多美国大企业一样面临着日本企业的竞争挑战,正在想方设法削减管理费和各种行政开支。

福特汽车公司2/3的汽车部件是需要向外部供应商购进的,为此需要相当多的雇员从事应付账款的管理工作。当时,公司应付账款部有500多名员工,负责审核并签发供应商供货账单的应付款项。按照传统的观念，这么大一家汽车公司，业务量如此庞大，有500多个员工处理应付账款是非常合理的。进行业务流程重组前，管理人员计划通过业务处理程序合理化和应用计算机系统，将员工裁减到最多不超过400人，实现裁员20%的目标。

促使福特公司认真考虑“应付账款”工作是日本马自达汽车公司。这是一家福特公司占股22%的参股公司，有5位职员负责应付账款工作。尽管两个公司在规模上存在一定的差距，但按公司规模进行数据调整之后，福特公司仍多雇用了5倍的员工，5：500这个比例让福特公司的经理再也无法泰然处之了。福特公司决定对与应付账款部门相关的整个业务流程进行重组。

福特汽车公司应付账款部门的工作就是接收采购部门送来的采购订单副本、仓库的验货单和供应商的发票，然后将三类票据在一起进行核对，查看其中的14项数据是否相符，绝大部分时间被耗费在这14项数据由于种种原因造成的不相符上。福特汽车公司重组前的业务流程如图9-10所示。

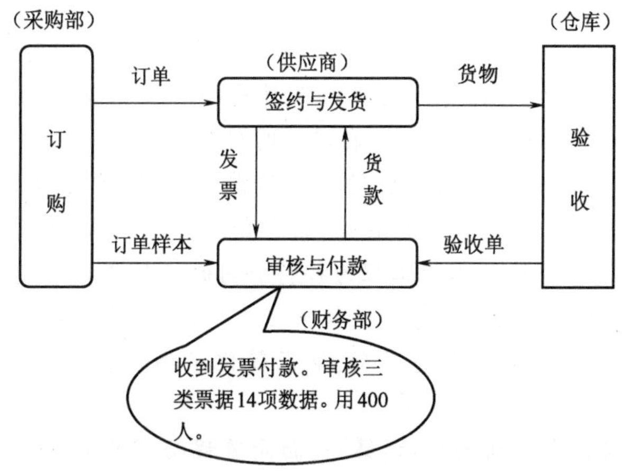

图9-10　重组前的业务流程

如图9-10所示，第一，采购部门向供应商发出订单，将订单的复印件送往应付账款部门；第二，供应商发货，福特的验收部门检验，并将验收报告送到应付账款部门；第三，供应商供货的同时将产品以及发票送至应付账款部门。

针对上述流程，按流程重组的要求，应付账款部门不再需要发票，需要核实的数据项减为三项：零部件名称、数量和供应商代码，采购部门和仓库分别将订单和收货信息输入到计算机系统后，由计算机进行电子数据匹配。业务流程重组之后的公司业务流

程如图 9-11 所示。

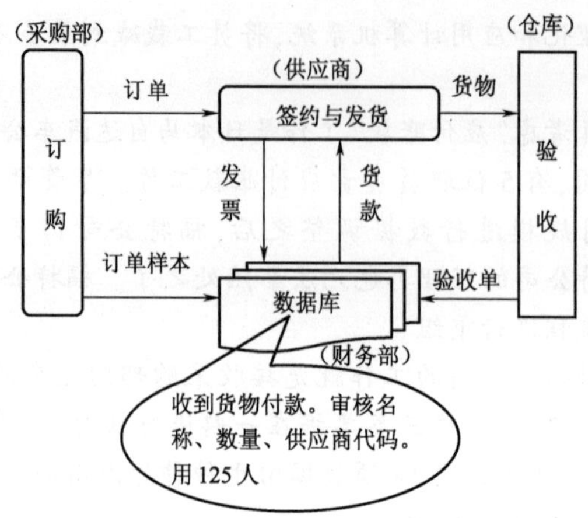

图 9-11　重组后的业务流程

新的流程中包括两个工作步骤：第一，采购部门发出订单，同时将订单内容输入联机数据库；第二，供货商发货，验货部门核对来货是否与数据库中的内容相符。如果相符，就在终端按键通知数据库，计算机会自动按时付款。

业务流程重组的结果是：①以往应付款部门需在订单、验货报告和发票上核查 14 项内容，而如今只需核查 3 项：零部件名称、数量和供应商代码；②应付账款部门只剩下 125 位员工，这意味着业务流程重组工程为福特公司的应付账款部门节约了 75%的人力资源而不是原先的 20%；③由于订单和验收单自然相符，应付账款部门员工不再负责应付账款的付款授权，付款也自然及时准确，从而简化了物料管理工作，并使得财务信息更加准确。

福特公司的业务流程重组的启示：第一，面向流程而不是单一部门。如果福特仅仅是重建一个部门，那将会发现是徒劳的，正确的重建是将注意力集中于整个“物料获取流程”，包括采购、验收和付款部门，这才能获得显著改善。第二，大胆挑战传统原则。福特的旧原则是：当收到发票时，我们付款；福特的新原则是：当收到货物时，我们付款。

（资料来源：参见芮明杰、钱凡平著：《再造流程》，浙江人民出版社，1997 年。）

问题：福特汽车公司对业务流程做了哪些重组与变革？

案例分析 9-2:海尔的组织结构改进和张瑞敏的“有序非平衡结构”

一个态势良好的企业在发展过程中,规模会由小到大,经营的产品会由少到多,发展的空间会由国内市场逐步走向国际市场。企业若想在规模不断发展壮大的基础上保证其市场竞争的活力,使企业各部门之间权责明确,信息通畅,边界摩擦减少,就必须随着企业规模的不断扩张,随着企业战略目标的调整,对企业的组织结构进行适时的调整。

海尔集团经过 10 多年的快速扩张发展成为今天的一家国际化企业,其发展的历程也是一个组织结构调整的历程。

一、直线职能制

1984 年,海尔集团的前身——青岛电冰箱厂成立时,生产的产品只有一种,规模也很小,年销售额只有 348 万元,而且管理混乱。当时,海尔采用的是典型的直线职能制,在企业领导者之下设置相应的职能部门,分别从事专业管理。由于按职能划分部门,使员工职责明确,行政上指挥统一,能够实现在整个企业范围内调配各种资源,便于决策者的决策、管理指示迅速传达给全厂员工,提高了管理效率,为海尔当时的快速发展奠定了基础。随着海尔的快速增长,企业规模不断扩大,到 1988 年,年销售额为 2.6 亿元。

二、事业部制

随着规模的急速扩张和多元化经营的开展,直线职能制对企业发展的阻碍作用越来越明显,在这种情况下,海尔集团以青岛海尔电冰箱股份有限公司为首逐步推行了事业部制的组织结构,即按产品划分各事业部,集团成为资本运营和战略决策中心,各事业部独立核算,自负盈亏,自成系统,是利润中心,事业部下面的企业是成本中心。采用事业部制以后,各事业部负责人的积极性及潜能被充分发挥出来。同时,事业部制组织结构使得各事业部之间相互比较,形成竞争,增强了整个企业集团的活力。海尔集团在这段时期也急剧扩张,销售额从 1994 年的 25 亿元发展到 1997 年的 108 亿元。

三、事业本部制

虽然事业部制的组织结构从集团来看是分权化的、扁平型的,但对于单个事业部而言,仍然是集权式的组织结构即直线职能型,这种状况在海尔超常速发展过程中又出现了一系列的不适应,这决定了海尔集团在其扩张过程中必然要对其做出相应的调整,以适应企业发展的迫切需要。于是,海尔集团在 1997 年初,在借鉴日本松下电气公司的经验的基础上,对其组织机构进行了新的调整,调整后,集团下设 6 个产品本部,每个本部根据生产的具体产品分设产品事业部。如图 9-12 所示。

改进后的海尔集团组织机构的特点是分层利润中心制,这种调整使得:①本部由“集权”的直线职能制转变为“相对分权”的扁平型,相对缩小了高层管理者的管理幅

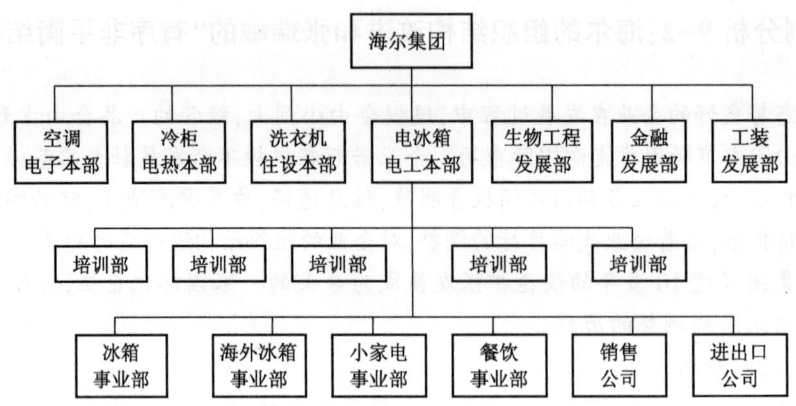

表 9-12 海尔事业本部制组织结构

度;②形成两级利润中心,各本部为一级利润中心,本部下的事业部为二级利润中心,职能部门职责更清晰,效率更高;③营销部成为独立的法人,直接收购冰箱、电工本部的产品并接受本部的管理,使得企业更加贴近市场,信息沟通更加顺畅,企业应变能力加强。在这次调整中,海尔集团顺应了组织机构小型化、简单化和弹性化的大趋势,集团与事业本部,本部与事业部,事业部与成本中心之间层次分明,职责明确,集权与分权处理得比较成功。而且从实践上看,1998 年海尔销售收入达到 162 亿元,比上年增长了 50%,可见,海尔集团新的组织机构的调整是成功的。除了以事业本部为主在不断地兼并各种类型的企业外,事业本部的部长也可以脱身于繁杂的日常事物之外,腾出时间去考虑企业的兼并及发展的大思路,这就使得海尔集团的发展有了坚实的物质与干部基础。

四、流程化组织结构——有序非平衡结构

21 世纪,以信息技术、网络技术为代表的高新技术正全速把企业带入一个新经济时代,企业经营国际化、全球经济一体化已成为一种主流趋势。国际化企业的经营要求其组织结构必须适应国际市场的个性化需求,其组织结构所形成的业务流程必须能够快速整合市场资源和管理资源,才能在国际市场竞争中占有一席之地。许多跨国公司的成功经验也说明,基于职能化的企业组织结构在企业规模发展到一定程度后,由于自身结构不可避免的缺陷会使企业步入衰退的境地,其根本原因在于传统的组织结构所造就的业务流程已无法适应市场的迅速变化和个性化的消费需求,想通过局部的改良和优化难以从根本上解决这个问题,唯一的选择就是改造流程。

在企业的进一步发展迫切要求提高组织的管理效率的背景下,1999 年 8 月海尔对组织结构进行了战略性调整,形成了扁平化、信息化的组织结构。这次调整,第一步,把

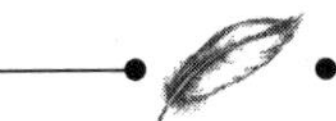

原来分属于每个事业部的财务、采购、销售业务全部分离出来，整合成独立经营的商流推进本部、物流本部、资金流推进本部，实行全集团范围内统一营销、统一采购、统一结算。第二步，把集团原来的职能管理资源进行整合，如人力资源开发、技术开发、质量管理、设备管理、信息管理、规划管理等职能管理部门全部从各事业本部分离出来，成立独立经营的服务公司。整合后集团形成了直接面对市场的完整的物流、商流等核心流程体系和资金流、企业基础设施、研究发展、人力资源等职能中心作为支撑核心流程的体系。海尔的流程化组织结构如图 9-13 所示。

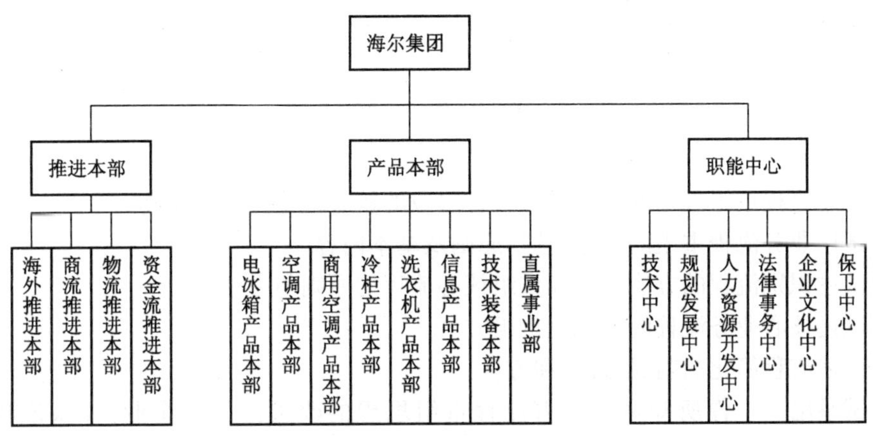

图 9-13 海尔流程化组织结构

经过这种调整后，海尔以首尾相接的、完整连贯的整合性业务流程取代了过去被各种职能部门分割的、不易看见也难于管理的破碎性流程，为顾客提供最直接的服务。通过业务流程重组打破了过去的职能管理，变为现在的流程管理，各业务流程之间互为市场，围绕订单开始企业的一切活动。过去每个部门都有一个上级，现在所有部门的上级都是市场。过去每个员工只向上级负责，现在不仅对上级负责，更重要的是对市场、对客户负责。外部市场压力转化为内部市场压力，给每个员工提供了个性化创新的空间，以满足消费者个性化需求，最大限度地减少了组织结构性消耗，大大提高了经营管理的效率，使企业规模化之后还能够保持持续创新能力和巨大的成长潜力。

海尔的新战略管理可以归纳为"三化"：业务流程化、结构网络化、竞争全球化。从战略上来考虑，业务流程化是参与新经济竞争的一个基础，结构网络化把海尔原来的结构作了一个转化，竞争全球化是海尔的目标。在海尔的 CEO 张瑞敏看来，网络化使人无法自满，它令距离消亡，传统的连续性面临破坏，传统结构趋向消亡。张瑞敏主张在海尔构建一个"有序的非平衡结构"。正如张瑞敏所说："如果一个组织的结构是一个有序

的平衡结构，那就是一个死结构，也就是超稳定的结构。现在外部世界变化太快，如果还是这么一种结构，海尔明天就会被经济的发展所抛弃。如果今天已经平衡了，那么就必须打破，当然这个打破是有一个新的目标，在打破的过程当中，可能是一个比较无序的状态，但这个无序一定要叫它走向有序，当它走向有序并且平衡的时候，需要再提出一个新的指标，再打破它，始终处于动态的调整当中。企业结构中总是处于一种静止，或者说是停滞的状态，没有什么变化，组织危机就会出现。"正是在这种思想指导下，海尔始终根据企业的规模，企业的发展目标，企业的外部环境及时、恰当地调整组织结构，使组织结构更好地为企业发展服务。

问题：海尔的组织结构重组体现了哪些变革思想？

思考题

1.试述流程重组理论的形成过程及各阶段的核心理论及代表人物。

2.试述业务流程重组的理念、基本原则及基本内容。

3.试述识别流程的方法和选择重组核心流程的原则与方法。

4.试述核心业务流程的系统化重组方法。

5.试述流程简化的前提、目的和方法。

6.试举出一个你所知道的有着流程重组思想的改进措施的企业，并谈谈自己的看法。

财务与会计制度设计

本章要点

企业财务制度和会计制度的设计,是管理咨询业务,尤其是会计师事务所管理咨询业务中的主要内容。通过本章学习,要求学生熟悉企业财务与会计制度的内容及分类,了解各种财务与会计制度的设计原则和程序,掌握制度设计的基本思路和方法,并能够运用于实践。

第一节　企业财务制度设计

一、企业财务制度内涵与分类

(一)企业财务制度内涵及范围

企业财务制度,从内涵看,是指对企业基于经济价值创造和分配的一切理财行为的规范。从外延看,可分为广义财务制度和狭义财务制度两个概念。广义的企业财务制度是对企业的资金筹集、资金投放、资金使用、成本费用、利润分配、现金流量、会计核算、财务信息披露和财务会计人员管理等内容所作的制度规定。狭义的企业财务制度是把会计制度两部分内容从广义的企业财务制度中去除以后的财务制度。本书采取后一种观点,第一节介绍财务制度设计,第二节介绍财务会计制度设计,第三节介绍管理会计制度设计。

(二)企业财务制度分类

根据企业财务的内容、特点和角度的不同,其制度有如下分类:

1.根据财务行为特征,分为财务职权制度(含授权与审批)、财务组织制度。

2.根据财务管理环节,分为财务决策制度、预算管理制度、财务报告制度(财务信息披露制度)、财务分析制度和财务预警制度。

3.根据财务管理主体和范围,分为国家财务制度(即《企业财务通则》)、集团财务制度、公司财务制度、工厂财务制度、财务结算中心制度(或财务公司管理制度),以及具体经营单位财务制度等。

4.根据财务管理内容,分为现金管理制度、应收账款管理制度、存货管理制度、固定资产管理制度、长期投资管理制度、无形资产管理制度、筹资管理制度、投资管理制度、成本费用管理制度、利润分配制度和所有者权益管理制度等。

二、企业财务制度设计依据

从本质上看,企业财务制度是协调企业利益相关者之间经济利益关系的制度性安

排,是企业理财行为要遵循的规范。因此,其制度设计的依据离不了合法性与合理性的约束。首先,财务制度的设计要遵循国家的有关法律和法规,遵循符合社会道德规范的要求;其次,财务制度的设计要保证有关利益主体的利益不至于受到损害,并且有利于企业经济利益的增长;最后,财务制度的设计要建立在切实可行的基础之上,符合在一定时期一定环境条件下的客观实际。从这三个方面考虑,企业财务制度的设计依据有以下六项:

(一)国家与地方政府制定的法律、法规

国家与地方政府制定的法规是企业进行财务活动必须遵守的强制性规范,企业必须遵守。因此,在进行企业财务制度设计时,对所有与财务活动相关的法律、法规必须予以充分的考虑,不得违反这些法律、法规。这些法律、法规包括《中华人民共和国公司法》《企业财务通则》《国有企业财产监督管理条例》《中华人民共和国票据法》以及《中华人民共和国增值税暂行条例》等各种税务法规。

(二)国家与地方政府的政策

自我国改革开放以来,国家与地方政府通过制定和实施各种经济政策来促进经济的发展。其中,有大量具有优惠性质的政策。如新产品新技术开发优惠政策、安置待业青年政策、产品出口优惠政策、福利企业优惠政策、"三免两减"税收优惠政策、治理污染企业搬迁政策、职工教育政策、吸引人才政策、人员分流政策等等。企业在进行财务制度设计时,同样要充分考虑这些政策,尽可能地利用和享受这些优惠政策,为企业的长远发展奠定基础。

(三)企业基本制度及其他制度

如本书第三章所介绍,形成企业机制的基础是企业的各项规章制度。企业的规章制度分为三个层次:基本制度、组织管理制度和职能管理制度。企业财务制度作为一项综合性的职能管理制度,必须以企业基本制度和组织管理制度为基础,与其他职能管理制度相协调,共同组成规范企业行为的制度体系。各种职能管理制度之间没有谁服从谁的问题,只有如何相互配合、相互协调、相辅相成的问题。

(四)企业目标及战略

公司章程等基本制度是设计财务制度的基础,这是由企业的性质所决定的。作为财务制度基础之一的组织管理制度,则取决于企业的目标和战略。作为实现企业目标的保障和实施企业战略的重要方面,企业财务制度的设计,尤其是预算管理制度、财务

决策制度、财务预警制度等的设计，需以企业目标和战略为出发点与落脚点。

(五)当地经济发展水平与生活消费水平

任何一个企业都是在一定的经济条件与环境中生存与发展的，它必须同自身生存的环境相适应才能生存下去。企业财务活动作为企业经营活动的主要组织部分，也必然要同企业当地经济发展水平与生活消费水平相适应。这就要求企业在进行财务制度设计时必须以当地经济发展水平与生活消费水平为依据，制定出科学、合理的收入与支出标准，保证财务活动的正常开展，促进企业的发展。

(六)企业员工的素质和企业文化

设计制度的目的是让人们遵循它，如果人们对其不理解甚至抵触，则制度的作用就要打折扣。因此，任何制度的设计都要结合实际，尤其是要使大多数人能够接受。譬如，为了严格军纪，体现人民军队的本质，中国人民解放军的缔造者制定了符合实际的“三大纪律八项注意”，并且将它编成歌曲让战士传唱，收到了实实在在的效果。

三、财务制度设计原则

财务问题是涉及有关各方利益关系的敏感问题，受到各方的高度重视。其制度设计是一项复杂、细致的系统工程，必须遵循明确的设计原则。这些原则除了制度设计的一般原则外，还有以下一些独特原则。

(一)合规性原则

合规性原则是指财务制度本身的实施和实施的结果，既要符合国家经济、法律、法规等方面的相关规定，又要符合现代企业管理制度的要求。具体表现在三方面：

1.要符合法律、法规要求。合规性首先是合法，如《中华人民共和国公司法》第174条明确规定：“公司应当依照法律、法规和国务院财政主管部门的规定建立本公司的财务、会计制度。”

2.要符合企业基本制度的要求，如符合公司章程的要求。

3.要符合市场经济规律的要求，如讲求诚信、公平等。

(二)合理性原则

企业是营利性经济组织，资源的投放和配置要符合产出大于投入的要求。财务制度的设计不能违背这一要求。

(三)协调性原则

财务不仅涉及企业内部的所有者、管理者、员工以及不同层次、不同部门之间的利益,而且涉及企业外部的国家、债权人、消费者、供应商及经销商等方面的利益,因此,在设计财务制度时,要充分考虑有关各方的利益,遵循报酬与风险对等、责权利相称、多劳多得等原则,将有关各方的利益关系通过制度加以协调。

(四)一致性原则

一致性原则有两层含义:一是财务制度要同其他职能管理制度一致起来;二是财务制度要与国家经济发展目标、企业目标、企业战略、各部门及基层单位以及员工目标和业绩考核尽可能一致,以充分调动各方面的积极性,为实现企业的目标服务。

四、财务制度设计方式

按照企业财务设计的范围和内容的不同,企业财务制度设计方式可以分为全局性设计、局部性设计和修订性设计。全局性设计是对企业财务工作所应遵守的一切规范进行设计,通过全面设计,形成企业财务制度的基本框架,并产生一套完整的企业财务制度体系。新成立的企业需要进行全局性财务制度设计,当企业经营管理或国家相关法规发生根本性变化时企业也可能进行全局性设计。局部性设计是对财务制度进行补充性的设计,多由于企业经营规模扩大、经营范围拓宽或经营方式转变等原因引起,因而设计内容一般是原企业财务制度中所欠缺的。修订性设计是对原有财务制度进行修改,通过设计,更新财务制度中的部分内容。

按照参与企业财务制度设计的人员不同,企业财务制度的设计方式可以分为自行设计、委托设计和联合设计。自行设计是由本企业财务人员独立进行财务制度设计。它的优点是设计费用低,便于运行;缺点是受企业财务人员水平影响,质量难以保证。委托设计是企业委托外部机构为企业设计财务制度。它的优点是外部设计人员专业化程度高,有利于提高企业财务工作质量;缺点是费用高,设计出的制度在适用性方面可能存在问题。联合设计是企业聘请财务设计专家与企业财务人员共同设计企业财务制度,这种方式有利于充分发挥前两种方式的优点,但是会受到双方人员配合程度的影响。

五、企业财务制度的形式

就像综合反映企业经营效益和财务状况的会计信息要通过报表的形式表现出来一样,企业财务制度的内容也要通过一定的形式表现出来。恰当的表现形式,能够使制度

所蕴涵的思想和内容恰当、合理、简洁、生动地表现出来。常用的企业财务制度形式主要有文字说明形式、图表说明形式和图文并茂形式。

(一)文字说明形式

文字说明形式是在制度设计形式中最常用的一种,是通过文字形式来说明制度有关的内容。具体又可以分为三种形式:

1.条款式。条款形式是文字说明最常用的一种,它是通过采用连续依次编号的条目的形式,对规章制度的内容予以说明,例如,《企业会计制度》中大部分内容就是以条款的形式存在。

2.注解式。注解式一般是通过段落文字表现制度的内容,一般用在对制度的总体说明和补充说明中。

3.公文式。公文式是以企业公文的形式表达制度所要说明的内容。

文字说明形式可以将制度所要表达的内容全面、完整、严密地表达出来,可以避免人们因理解能力不同、思维习惯不同而产生歧义。在应用文字说明形式时应注意行文规范、定义严谨、语句确切、简洁明了,不易使人产生误解。

(二)图表说明形式

图表说明形式是通过图形或表格的形式对制度的内容加以说明,主要有流程图和表格两种形式。

1.流程图式。流程图式是用一定的图形来反映业务处理程序和程序化内容的制度设计形式。运用流程图来反映程序化的内容比文字说明简明,易于人们理解和掌握。

2.表格式。表格式是通过事先设计制作的规范化的表格来表现制度的内容与要求。例如,在企业会计制度设计中就大量采用表格形式进行制度设计。在使用表格形式时要做到尺寸统一、划线标准、内容规范;同时,还要对表格运用中的领用、填制、留存、收回、废止进行控制。

(三)图文并茂形式

图文并茂形式是进行设计时同时采用图表和文字两种形式进行说明。它同时具备了两种形式的优点,既可以做到形象生动,易于理解,又可以做到表达严谨。在设计采用图表形式时,大都要对图表进行说明,做到图文并茂。

六、企业财务制度设计程序

企业财务制度设计与会计制度设计的程序大致相同,一般是在企业管理当局的支

持下,在企业财务主管的领导下,由财务部门组织有关人员共同完成。

企业财务制度设计是一项复杂的系统工程,也是一项专业技术性很强的工作。不论是企业自行设计还是委托服务中介机构设计,抑或联合设计,都必须统筹规划,精心组织。一般而言,企业财务制度设计可参照以下程序进行(见图10-1)。

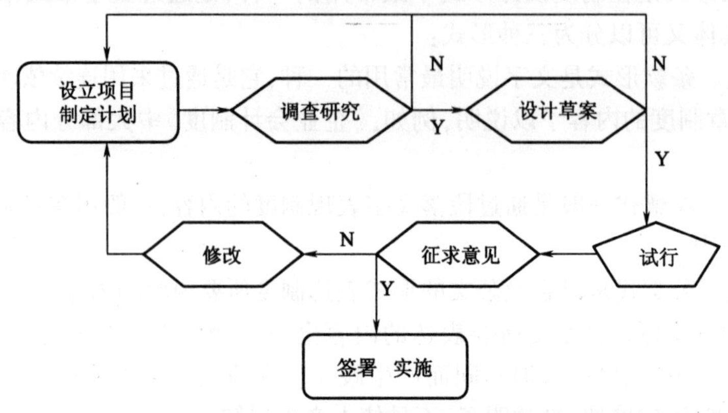

图10-1 企业财务制度设计流程图

(一)设立项目,制定计划

企业在计划进行财务制度设计时,首先要经过企业领导层充分讨论并决定立项。由于企业财务制度涉及方方面面的利益,只有得到企业高层领导的支持,制度设计工作才可以顺利开展下去。其次要确定设计人员,是自己设计还是委托设计,要根据企业的具体情况决定。需要考虑的因素有成本、时间、权威性、接受程度等。如果企业有能力自行设计,而且又能得到大家的认同,还可以节约成本、锻炼队伍,就应该自行设计;对于新设立企业或规模较小的企业则可委托咨询机构设计;聘请专家进行联合设计,适用于企业能力不足或内部矛盾较多的情况。最后,应对设计工作进行科学规划,制订工作计划,明确职责分工,以保证设计工作顺利有序地进行。

(二)调查研究

要设计适用于企业生产经营实际的财务制度,设计人员必须对企业进行实地调查研究。调查的内容主要有:企业的性质、规模、生产经营特点、组织结构、有关利益主体、人员素质、技术设备条件、企业的业务处理流程。在调查了解、收集资料的基础上,设计人员进行分析研究,确定工作重点,协调不同观点并取得一致意见,如有必要应修订工作计划,提高以后的工作效率。

（三）设计草案

在做好设计前的准备工作后，设计人员就可以根据设计计划设计制度草案。设计人员按确定的职责分工和进度安排详细的制度草案设计，并定期集合汇报，反馈信息，相互协调，保证设计工作的全面开展，最后汇总形成制度草案。

（四）试行和修改

企业会计制度设计是一项十分复杂的工作，很难一次就设计成功。一般在制度草案制定好以后，制度设计项目负责人提交企业安排一定时期的试运行。在试运行阶段，设计人员要对制度的运行情况进行跟踪，并听取执行人员和员工的反馈意见。设计人员将收集的情况进行分析研究，如果认为确是制度本身不当，应对制度进行修改。如此反复，直到达到设计目标，并可以顺利运行，形成正式制度为止。

（五）签署发布，正式实施

经修改定稿后，设计项目负责人要将最终的设计制度提交企业领导，由企业行政领导签署并公开发布，正式实施。

七、财务制度设计内容

根据企业财务行为特征和管理对象，可以将企业财务制度分为三个方面：关于财务职权的制度、关于财务组织的制度和针对财务管理对象的制度。财务职权制度主要是关于国家与企业之间、不同财务管理岗位之间、上级与下级之间的财务管理权限划分的制度。财务组织制度是指有关企业设置财务管理部门或岗位的具体形式的制度。财务管理对象的制度即是管理各项财务活动的规章制度。相应于企业财务制度的三个方面，企业财务制度设计内容也可以分为财务职权制度设计、财务组织制度设计和财务管理制度设计三个方面。

八、财务职权制度设计

财务职权制度设计有两个层面：一是设计母公司与子公司之间、集团与各个事业部之间的财务职权与责任；二是设计公司内部各层次、各部门之间的财务职权与责任。前一个层面的问题，在本书第五章里有所介绍，此处不重复。这里谈的是第二个层面的财务职权制度设计，即以制度的形式科学合理地将企业的财务管理职权在不同级别、不同部门进行划分，并确定职责，从而既保证必要的财务职权的集中统一行使，又能够充分调动各个方面的积极性和主动性。不同的企业，其财务职权划分是不同的。财务职权

的划分要受企业规模、管理能力、宏观经济发展状况以及企业传统等多种因素的影响。下面以《中华人民共和国公司法》《企业财务通则》等有关法规中关于公司制企业中的财务权责划分的规定为依据进行简单介绍。

(一)股东会(或股东大会)的财务管理权责

根据现代企业制度安排,股东是公司的出资人,也是企业的最终所有者。股东会是公司的权力机构,它享有资产受益、重大决策、选择管理者等权利。股东履行出资义务,并以出资额对企业承担有限责任,其具体的财务管理权责如下:

1.审议批准董事会报告。

2.审议批准公司年度财务预算、决算方案。

3.审议批准公司的利润分配方案和弥补亏损方案。

4.对公司增加或减少注册资本作出决议。

5.对发行公司债券作出决议。

6.对公司的合并、分设、解散和清算作出决议。

(二)董事会的财务管理权责

董事会是将分散的股东权利集中起来的公司最高决策机构,它代表股东的利益,对股东会负责并报告工作,其总负责人是董事长,其主要财务管理权责如下:

1.执行股东大会的决议。

2.决定公司的经营计划和投资方案。

3.制订公司年度财务预算、决算方案。

4.制订公司的利润分配方案和弥补亏损方案。

5.制订增加或减少注册资本方案以及发行公司债券的方案。

6.拟订公司的合并、分设、解散的方案。

7.根据总经理的提名,聘任或解聘公司的副经理、财务负责人。

(三)经理会的财务管理权责

经理会亦称经营管理委员会,是对公司的日常经营负责的执行权力机构,其成员由公司总经理、副总经理、主要部门和单位负责人组成,其总负责人是总经理,总经理由董事会聘任或解聘。经理会作为执行董事会重大决策并对企业日常经营活动作出决策的权力机构,对董事会负责,其主要财务管理权责如下:

1.主持公司的日常经营管理工作,组织实施董事会决议。

2.组织实施公司的经营计划和投资方案。

3.决定企业财务管理机构的设置与制订公司财务管理制度。

4.提请聘任或解聘公司副经理、财务负责人。

5.审批或授权审批各项财务收支。

(四)财务负责人的财务管理权责

公司财务负责人——财务总监或总会计师,在公司经理领导下具体主持公司的财务管理工作,其主要财务管理权责是:

1.负责具体组织领导公司的经济核算和财务工作,对公司经理和董事会负责。

2.主管负责宣传、贯彻执行国家有关财务政策法规;对企业财会机构设置、人员配备提出方案;支持财会人员依法行使职权。

3.参加公司的重要生产经营会议,参与投资、筹资等重要的财务方案的制订。

4.组织编制公司和执行公司的财务预算和投资、筹资等重要的财务方案。

5.负责审批其职权范围内的财务收支。

6.协调各职能部门、各基层单位与财务部门的关系,定期检查各部门、各单位执行财务预算、成本费用计划情况,研究解决执行中存在的问题。

7.建立健全企业内部控制制度,实施财务风险管理。

8.选聘、任用、培训、考核下级财务人员。

(五)财务部门的财务管理权责

财务部门是公司进行财务管理的具体职能部门,负责公司各种日常财务活动的计划、组织、指挥、协调、控制,对公司内部各种财务关系进行协调和处理。其主要财务管理的职责如下:

1.公司财务部门和会计部门同在财务主管领导下,分别执行财务管理、会计核算职能,既明确分工,又相互合作。采用财会合一的模式,要做到职能不能混同,人员各有专职。

2.根据法规规定,结合公司自身特点,具体制订内部财务管理办法,并负责组织、指导、监督基层单位实施。

3.运用科学的财务预测与决策方法,根据企业领导及财务主管确定的生产经营方案负责编制公司财务预算,并组织财务预算的执行、检查、分析。

4.参与公司经营管理,加强资金管理,预警财务风险,遵守国家财税法规,如实反映公司的财务经营成果和财务状况。

5.清收应收债权,偿付应付债务,保证公司良好的偿债能力与维护公司的财务信用。

（六）各职能部门的财务管理权责

财务管理涉及面广，单靠财务部门不能做好财务工作。其他职能部门和基层单位，为了履行本部门或本单位的职责，需要支配一定的财务资源，也因此要承担一定的财务管理职责。

1.各职能部门负责各项财务指标的归口管理，各单位承担相应的经营责任，开展自身财务活动，进行具体的责任会计核算。

2.各职能部门、单位要积极配合财务部门工作，落实财务预算任务，负责下达指标的完成，做好基础工作，填报各种原始记录，按规定编报报表，并保证数据的真实性、准确性、完整性、及时性。

3.各职能部门、单位接受财务主管和财务部门的指导与监督，分工负责有关的财务管理工作，保证财务指标任务的完成。

4.各职能部门、单位执行企业内部控制规范，实施各自业务领域的风险管理。

九、财务组织制度设计

企业财务组织制度是有关企业财务管理领导层次、机构设置、人员配备、岗位分工、岗位责任和考核办法等方面的组织制度。其中财务管理组织机构是直接从事及组织企业财务管理工作的职能机构。建立健全财务管理机构，配备必要的财务人员，是加强财务管理，保证财务工作顺利有效进行的前提条件。下面以较大规模的企业为背景，介绍其财务管理组织制度的设计内容。

企业财务管理和会计核算十分密切。根据财务管理组织和会计核算组织的关系，企业财务管理组织机构可分为两种：财会分设与财会合设。一般而言，财务部门的主要职责是组织筹集和应用资金，管理财务收支和分配经营成果，履行管理和控制职能。会计部门的主要职责是对资金运动过程及结果进行确认、计量、记录和报告，履行反映和监督职能。二者在业务上既有重叠交叉部分，又有分工和侧重，很难严格区分，因此会计机构和财务机构在企业中既有分别设立的，又有合并设立的。二者的主要优缺点见表10-1。

表10-1 财会机构分设与合设比较

设置办法	分设		合设
机构名称	会计科（部、中心）	财务科（部、中心）	财会科（部、中心）
机构负责人	会计科长（部、主任）	财务科长（部、主任）	财会科长（部、主任）

续表

设置办法	分设		合设
组织人员	记账员、核算员、稽核员、报表编审员等	出纳员、资金管理员、利润管理员等	财务与会计部门全体工作人员
工作内容	资金运动过程及结果的确认、计量、记录、报告与分析	资金的筹集、调拨、使用、分配、归还与保护	会计、财务全部工作
优点	①分工明确、各司其职、各负其责 ②防止重核算、轻管理现象 ③便于加强内部控制		①密切财会联系,便于协调工作 ②会计记录及时、直接 ③减少信息传递,提高工作效率
缺点	信息传递慢;工作手续增多;调协相对困难;费用加大		难免造成职责不清;内控减弱;忙于核算,忽视管理
适应范围	集团型、大型企业事业单位		中小企业单位

对于规模较大的企业,宜采用财会机构分设的方式,在此根据这一背景介绍其财务管理组织机构的设计。根据企业核算层次可以分单一企业、集团企业两种,因此财务管理组织机构的设置也分成两种。

(一)单一企业财务机构设置

单一企业是指独立核算的单层次企业。这类企业财务机构的基本模式可划分为四个层次,如图 10-2 所示。

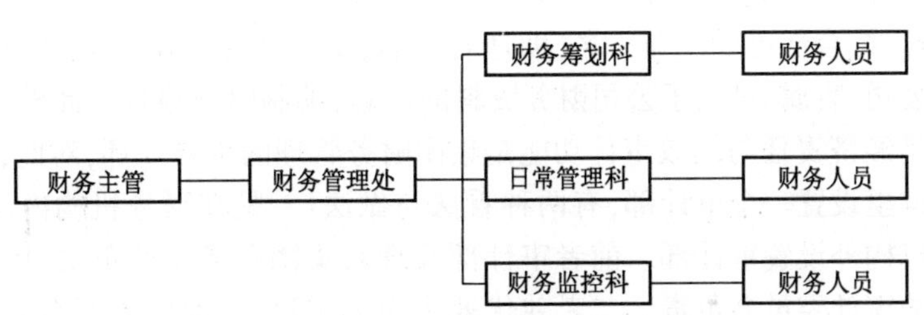

图 10-2 单一企业财务机构设置图

第一层次是财务主管,统管公司财务,负责重大的经营事项决策和全面财务事项安排。

第二层次是财务管理处,主要负责对财务信息的收集、分析、筹划和输出各项任务

指标。

第三层次是在财务管理处下设各职能科室,其中财务筹划科具体负责财务信息处理和财务目标的制定、预测及决策资金的投向,包括筹资方案的选择、投资方案决策等一系列事前管理活动;日常管理科主要进行事中管理工作,负责流动资金的运营及资金流入与流出管理;财务监控科负责从资金的投入到收回全过程的考核与控制,以保证财务目标的实现,同时负责各项财务指标的考核等。

第四层次是具体的财务人员,根据不同的岗位分工,进行具体的财务管理工作。

(二)集团企业财务机构设置

企业集团是以一个实力雄厚的企业为核心,以资本和契约为纽带,把诸多企业、事业单位联系在一起的多层次的经济联合体。企业集团的结构一般分为四个层次:一是集团核心,具有母公司性质的主体公司;二是由集团公司独资或控股的子公司;三是集团公司持股、参股的关联企业;四是承认集团章程,与主体公司、子公司、关联公司有稳定合作关系的合作企业。集团内部的成员企业都是独立的法人,都是能够依法自主经营、自负盈亏的法人实体。企业集团实际上是一个既独立又统一的有机体。一方面,集团内部成员企业要自主经营,自负盈亏,实现自我增长;另一方面,它们又要服从于整个集团的共同战略目标,要受集团公司的控制和影响。

1.集团总公司的财务机构设置。集团公司是企业集团的核心和权力中心,在财务管理方面应发挥对整个企业集团资金的筹集、运用、回收与分配的战略决策的作用。因此,其财务机构的设置应根据财务管理的内容分别设置筹资部、投资部、综合部,并由财务总监统一领导。财务总监一般应兼任集团副总裁或与其相应级别的职务。筹资部、投资部可各设经理一名,并依集团规模设助理经理,负责与集团战略相关的资金的筹集、投放决策。综合部可设经理一名,助理若干名,负责核算集团核心公司的管理费用以及下属分公司、直属分厂、子公司财务资料的汇总,编制财务报告。此外,企业内部审计功能尤其是经济责任与绩效审计功能是集团财务管理的重要一环,对此,是否需要在集团财务机构里设置一个审计部,有两种看法与做法:一是在财务机构内设置审计部;二是在财务机构外设置审计部。前者审计部经理对集团财务总监负责,后者审计部经理对董事会的审计委员会负责。二者孰优孰劣尚无定论,一般要根据企业内部的人事变动形势和管理侧重点的变化而定。审计部设专员一名,助理若干,负责监督与审查整个集团内部,对集团财务制度、程序的遵循情况、预算执行情况、各部门和单位负责人的业绩与责任以及会计记录等进行审计。

2.子公司财务机构设计。子公司在法律上是自主经营、自负盈亏的独立法人实体,但由于其资本大部分或全部是由集团公司(母公司)投入的,故其生产经营活动要受母

公司控制。因此，子公司在设置财务机构时，应参照母公司的相关机构相应设置筹资部、投资部和综合部，并由企业财务主管统辖。各部的业务内容与总公司所设部门基本相同，不同之处有两个方面：第一，其决策权限只限于母公司所规定的可独立决策的范围；第二，要汇总、上报本公司的财务预算、决算报告。规模不大的子公司及以下单位不设审计部，审计工作由集团总部全权执行。

3.分公司、直属分厂的财务机构设计。分公司、直属分厂对外并不具有法人资格，其财务管理的主要工作应集中在总部进行。也就是有关筹资、投资决策的业务由总部统一规划，分公司、直属分厂只需负责本单位的资金运用管理和预、决算管理工作。在机构设置上，分公司、直属分厂可单设财务部，下设资金组、成本组、综合组，并由财务主管统辖。

以上财务机构设置只是基于一般情况而言。对于不具有规模的子公司，也可不设筹资部、投资部，而按分公司模式设置财务机构；对于规模较大的分公司，也可按子公司模式设置，增设筹资部、投资部；至于关联企业、合作企业，虽然其不归集团公司直接控制，但为便于统一管理，其财务机构设置也可参照子公司进行。集团公司财务机构设置见图 10-3。

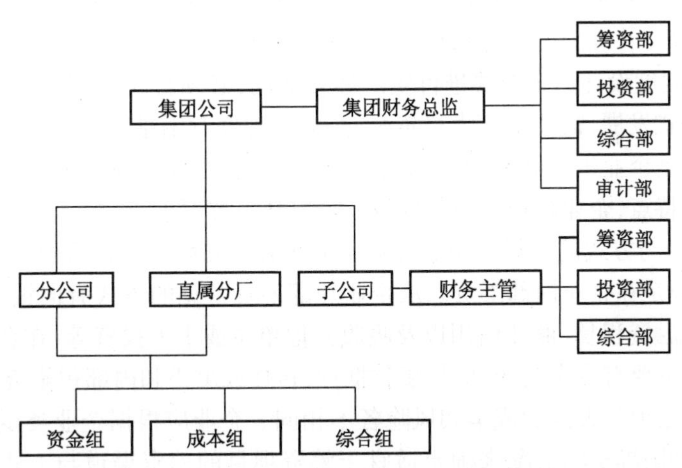

图 10-3 集团公司财务机构设置图

4.在财务管理组织制度设置时应注意的问题。这些问题主要有两个方面：

(1)合理把握机构设置与业务量大小之间的度。要在“精简、效能”原则下设置机构和设岗设人，“财会分设”的管理结构是明确分工的需要，但同时又不可避免地会面临着因财会分离而出现人浮于事的问题。因此，在设置相对独立的财务与会计机构时，应

充分考虑业务量与成本关系，保证不降低费用的功效。

(2)要把握战略决定组织的原则，围绕实现公司战略目标的要求来协调各种管理活动和各种管理职能，不断寻找和加强公司管理职能方面的"短木板"，并将它加长。

十、财务管理制度设计

现代企业财务管理是企业管理的重要组织部分，它以价值形式对企业的资金、资产以及企业生产经营过程的费用进行管理。财务管理制度设计是针对企业资金运动和各项财务活动的管理而设计的制度。它是企业财务制度的主要部分，可以说财务制度的其他组织部分，如职权制度、组织制度等都是为财务管理制度服务的。财务管理制度按其具体管理对象的不同可以分为资金管理制度、资产管理制度、收入管理制度、成本费用管理制度、预算管理制度和财务分析制度。

(一)资金管理制度设计

企业财务管理是通过履行预测、决策、计划、控制职能，对资金的筹集、投放、运用、回收与分配方面实施的管理。资金管理是企业财务中最重要的组成部分，主要内容有筹资管理、投资管理和利润分配管理。相应的，资金管理制度设计的基本内容包括筹资管理制度设计、投资管理制度设计和利润分配制度设计。

1.筹资管理制度设计。企业要进行生产经营活动，必须首先筹到一定数量的资金，企业要实现跨越式发展，需要筹集大量资金，企业出现经营困难时，也需要补充资金，可以说企业筹资既是企业生产经营活动的前提，也是企业再生产顺利进行的保证。结合企业筹资管理的特点，企业筹资管理制度设计可以从三方面进行。

(1)筹资渠道与方式的选择。企业筹资渠道从大的方面来说有两种：一种是从企业外部筹资；另一种是在企业内部筹资。从企业外部筹资常见的方式有向银行借款、发行债券、发行股票、融资租赁、商业信用以及吸收其他单位或个人投资等；在企业内部筹资常见的筹资方式主要有变卖资产、应收账款抵押、转让或出售和内部积累资金。

不同的筹资渠道与方式的成本和风险各不相同。企业应根据企业类型、筹资规模、资本结构、运用期限等实际情况来确定适宜于筹资项目的筹资渠道与方式。发行普通股是股份公司筹集资金的主要方式，由于普通股没有固定的到期日，也没有固定的利息负担，因此筹资风险小。但是，普通股发行的成本很高，对于上市公司来说发行普通股的条件限制很严，审批手续也越来越严格，筹资期限也长，通常只适用于大规模的资本筹集。对大数企业来说，银行借款由于手续简便快捷，筹资成本较低，因此是最常用的筹资方式。但是，银行借款到期必须偿还，还需定期支付利息，因此风险大，而且银行往往不愿为困难企业提供借款，因此对这些企业来说很难取得银行借款。吸收其他单位

或个人的投资也是企业从外部筹资的一种方式，而且，随着我国资本市场的发展和民间投资的兴起，应用这种方式筹资将越来越多。与外部筹资相比，内部筹资的成本低、风险小，是一种最理想的筹资方式，但受企业资产规模、盈利能力和企业积累能力的限制，不可能在短期内筹集起大量的资金。因此，进行筹资制度设计时，要结合企业的实际情况，对筹资渠道、与方式的选择作出选择标准、选择权限方面的具体规定。

(2)筹资数量与比例关系的限定。企业筹资的数量一方面取决于投资项目的大小，对于大型固定资产投资、控股投资，投资数额大，相应的要求筹资数量也大；另一方面取决于所选用的筹资方式，发行股票或债券所能筹集的资金数量大，而商业信用所能筹集的资金数量一般较小。筹资的比例关系，取决于公司资本结构，即公司债务与资本的比例。公司如果大量采用举债方式筹资，属于高风险型资本结构，这一方面可增加企业在赢利年度的收益能力，但另一方面也增强了企业的破产风险。因此，企业应根据宏观经济发展状况、企业所在行业的类型以及企业自身的赢利能力，合理设计资本结构，从而确定筹资比例，并以制度形式加以明确。

(3)筹资决策程序与权限的划分。企业在进行筹资决策时，首先要进行筹资成本的比较。通过比较不同的筹资方案的筹资成本，以确定不同筹资方案的优劣。其次要进行筹资条件的比较。通过分析比较各种不同的筹资方案的不同条件，选择有利于企业的筹资方案。再次要进行筹资风险的比较。要逐一判断各个筹资方案的风险程度，同时还要正确处理筹资风险与筹资成本的关系，根据具体筹资方案的风险类型和客观条件选择筹资方案。最后，要进行筹资效益的比较。不同的筹资方案可能带来的预期效益各不相同，进行筹资决策时，要选择预期效益高的筹资方案。

企业在进行筹资决策时，还应根据不同的筹资方式、筹资规模、运用期限在不同的管理层级中进行划分。对战略性筹资，如发行股票、债券的权限应仅限于企业最高决策层即股东大会。对战术性筹资，可以由企业的执行层行使，如长期借款可以由董事会决策，日常筹资如商业信用可以由公司的管理层或职能部门来行使。

2.投资管理制度设计。投资者对于企业的要求是赢利，要赢利，企业就必须把筹集到的资金正确地投放、运用到生产经营中去。如何投放资金，是投资制度设计的关键。因此，投资管理制度设计可以考虑以下三方面内容：

(1)投资的分类。标准不同，可分为不同种类。

按投资期限的不同，企业投资可以分为短期投资和长期投资。短期投资是指能够随时变现并且持有时间不准备超过一年(含一年)的投资，长期投资是指期限超过一年的投资。

按投资对象特征的不同，可以将投资分为实物资产投资和金融资产投资。实物资产投资是指购买固定资产等实物资产，直接投资于生产活动，属于直接投资。金融资产

投资是指将资金应用于购买股票、债券等金融资产，属于间接投资。

按投资目标和形式的不同，可以把投资分为产权经营投资和生产经营投资。产权经营投资是指以资本运作方式，通过对企业的并购、重组、托管、改造、上市、控股及参股等一系列手段来盘活社会存量资产，谋求企业长远经济利益和价值增长的投资。生产经营投资是指对具体生产经营活动进行的投资。

按投资在企业生产经营中的重要性不同，可以分为战略性投资、战术性投资和日常投资。

不同的投资类型有不同的决策方法和审批权限，因此对投资的分类及其管理权限的划分，是投资管理制度的主要内容。

(2)投资决策的程序与方法。企业在投资决策时，首先要确定投资的目的。企业的任何投资都是为一定的目的而进行的，目的明确是进行投资决策最基本的要求。其次要确定投资方案。同一个投资目的，可以通过不同的投资方案来实现，企业要尽可能地设计出多种投资方案。再次要采用科学方法来评价不同的投资方案的优劣。最后要在多种投资方案中选择出最适宜的投资方案。

不同种类的投资方式，有着不同的决策评价方法。对于固定资产投资来说，主要的决策评价方法有平均年成本法、经济寿命法。对于债券投资来说，主要有债券价值法、到期收益率法。对于股票投资来说，主要的决策方法有股票价值法和预期收益率法。投资管理制度要对不同种类的投资决策程序与方法作出具体规定，包括决策方法涉及的指标计算口径、数据来源、计算操作过程的说明。

(3)投资决策的权限划分。同筹资决策一样，投资决策作为企业经营决策中的重要内容，其决策权限也要在不同管理层级进行划分，从制度上保证投资的安全性和收益性。同筹资决策权限划分相似，战略性投资，由于其数额巨大，风险大，有可能事关企业未来的发展命运，因此其审批权限应仅限于企业最高决策层即股东会。战术性筹资，可以由企业的执行层行使，由董事会决策，日常投资可由公司的管理层或职能部门来行使。

3.利润分配制度设计。利润是企业经过一定时期生产经营活动所取得的经营成果，利润分配是在兼顾企业各方利益和长短期利益的基础上对利润的用途进行的划分。由于利润额的高低与利润形成过程中对费用的处理和会计政策有关，所以利润分配制度有广义和狭义之分。广义的利润分配制度亦称利润管理制度，既包括对利润形成过程的管理，也包括利润分配过程的管理。

(1)利润形成过程制度设计。企业对利润形成过程的管理可以分为三项基本内容，即利润定义、利润责任、利润控制。利润定义是在遵从国家会计制度规定的利润计算过程、计算口径的基础上，结合企业的管理实际，对利润形成过程中的各种具体形式所作

出的规定,如“内部利润”“虚拟利润”“责任利润”等,包括对计算具体利润形式所涉及的各种指标与变量的口径的规定。利润责任是责任单位对内部具体形式的利润额所承担的责任,内容包括责任的划分与界定。利润控制是责任单位通过利润预测、利润规划、利润预算、利润分析和利润考核等形式,对利润的形成过程所实施的控制。将上述内容以制度形式加以明确,便是利润管理制度的组成部分。

(2)利润分配过程制度设计。对企业税后利润的分配,由于涉及重要的利益相关者,国家对此有明确规定。根据《中华人民共和国公司法》或《企业财务通则》规定的分配程序,企业缴纳所得税后利润,除国家另有规定外,按照以下顺序进行分配:①被没收财务损失、违反税法规定支付的滞纳金和罚款;②弥补企业以前年度亏损;③提取法定盈余公积金;④提取公益金;⑤向投资者分配利润。除了法定分配程序,还有法定分配比例。

在按法定分配程序和法定分配比例进行分配的基础上,企业还有较大的空间来进行利润分配。制度设计时要考虑多种因素的影响:首先是企业发展战略的影响,企业如果将实行扩张战略,就必须筹集大量资金,因而应增加积累,考虑规定一个较高的积累率。相反,如果企业将实行收缩战略,就可以将大部分利润分配给所有者。其次是公司激励机制的影响,许多公司采用期权或股权来激励经营者,公司为加大激励力度,也会将一部分利润用于激励经营者。再次是利润分配还要考虑公司盈余的稳定性、资产的流动性、公司的举债能力等多方面因素的影响。因此,企业在进行利润分配过程管理制度设计时,要综合考虑多种因素的影响,设计出符合实际的合理规定。

(二)资产管理制度设计

资金处于某种具体运用形态时称为资产。安全性、效率性和效益性是对资金运用的要求,也是资产管理的目的。设计资产管理制度,就是要使资产的安全性、效率性和效益性得到保障。资产的具体存在形态有现金、应收账款、存货、固定资产和无形资产,与此相应,资产管理制度设计的内容有现金管理制度设计、应收账款管理制度设计、存货管理制度设计、固定资产管理制度设计和无形资产管理制度设计。

1.现金管理制度设计。这里的现金是指广义的现金,包括库存现金、各项存款和其他货币资金。现金在企业的各种资产中流动性最强,发生意外损失的风险最大,因此要建立严格的管理制度以保证现金的安全。设计管理制度的依据有国家的现金管理规定和银行结算办法。结合企业的具体情况,现金管理制度设计通常包括以下四方面内容:

(1)现金收支管理制度设计。其主要内容有:现金使用范围、现金使用审批程序、库存现金限额、内部牵制制度、现金收支报表的编报、现金清查盘点、备用金现额、收支两条线等规定,以及防止出现小金库、现金体外循环、白条抵库等现象的规定。

(2)银行存款管理制度设计。其主要内容有:银行开户、支票印鉴、外汇兑换、电子

汇划、结算方式、银行对账等方面的规定；以及不得出租、出借银行账号，不得签发空头支票和远期支票，不得套用银行信用，不得保存账外公款或公款私存等规定。

(3)现金营运管理制度设计。通过制定加速收款和控制现金支出的制度，尽可能地延长现金支出浮存，缩短现金收入浮存，降低资金占用成本，提高企业经济效益。

(4)财务结算中心或内部银行制度设计。其主要内容有：开户办法、结算方式设计、内部融资办法及融资利率确定、存款结算与核对、银行授信、银企直联、信用证与票据的集中办理等。

2.应收账款管理制度设计。应收账款是企业为扩大销售而向买方提供的一种商业信用。这种商业信用在帮助企业扩大销售的同时，也给企业带来了资金占用成本和坏账损失成本。企业应收账款管理的目的就是通过对企业应收账款进行收益与风险的权衡，以选择最佳的信用政策、坏账准备政策和收账政策。与此相应，建立健全应收账款管理制度就是要使有关政策变为可操作的具体规定。应收账款管理制度的内容主要有账龄分析、客户信用调查与评级、客户还款情况分析、收款作业程序、收款要领、收款异样报告、呆坏账处理办法、收账责任制、收账方式选择和收账费用开支办法等。

3.存货管理制度设计。存货是原材料、在产品、库存商品、低值易耗品、委托加工物料等的总称，是企业流动资产的重要组成部分。就安全性讲，除了现金以外，存货的变现能力相对较强，易发生被盗及各种错弊，存货也极易因变质、过时、降价等原因而发生损失；存货的结构、数量、流动速度更是与企业的效率、效益和竞争能力息息相关，所以企业历来都很重视对存货的管理。存货管理制度包括存货收发管理制度、存货存储管理制度和计价结算制度。

(1)存货收发管理制度设计。存货收发管理制度设计包括存货收发的流程与方法、凭证传递、检验责任等的设计。其主要内容有存货收发责任制、业务流程、存货鉴别、验收、凭证填制与传递、分类、存放、领用与发放手续和质量检验等。

(2)存货存储管理制度设计。存货存储管理制度的主要内容有存货分类、登记、盘点(方法、手续、时间、人员等要求)、清查、核对、报告、码放、苫盖、防火、防潮、防水、防毁损、溢余或损失处理、保管责任制等。

(3)计价结算制度设计。计价结算制度设计即对存货的采购、运输、保管等费用的归集，存货成本结转以及存货的定价等方面的规定。关于存货在企业内部转移的结算价格问题，详见本章第三节企业管理会计制度设计部分。

4.固定资产管理制度设计。由于固定资产价值高、使用期长，产生损失和利用不当的风险也大。在固定资产的购建、使用、报废各个环节，均有可能产生各种问题。如缺乏论证，决策失误，控制不严，采购不当，监督不力，甚至发生舞弊，使用过程中计划不周，调度不合理，人员操作失误，维修、拍卖、报废过程中的舞弊等等，使企业遭受巨大损失。因此，建立固定资产管理制度也非常重要。设计固定资产管理制度一般应包括以下内容：

(1)确定固定资产的范围。要依据《企业财务通则》和《企业会计制度》中的相关内容和重要性原则确定企业固定资产的范围，制定适合于本企业的固定资产目录、分类方法，建立固定资产登记卡。

(2)明确内部各单位的职责分工。企业固定资产按照“统一管理、归口使用”和“谁使用谁负责”的原则，建立固定资产的分级归口管理制度。一般可按设备(资产)管理部门、基本建设部门、财务部门、设备(资产)使用部门进行划分，明确内部单位的职责分工。如设备管理部门负责固定资产的计划、采购、统计、出售、报废等，基建部门负责固定资产的建造及其质量管理，财务部门从价值形态负责固定资产的投资论证、需要量计划、在建工程核算、固定资产核算(新增、折旧、维修、出售、调拨、报废等)、计提折旧政策等，使用部门负责固定资产的日常维护、合理使用和安全保管等。

(3)制定固定资产投资管理办法。企业可根据企业的类型、规模、行业特点以及其他具体情况制定固定资产投资的购建程序和审批权限。企业应根据企业实际情况核定固定资产的需求类型和数量，对新购建固定资产要进行认真的评估和可行性研究，避免决策失误，造成经济损失。

(4)建立固定资产清查盘点制度。企业对所有的固定资产，包括使用中的固定资产、购建中的固定资产、未使用的固定资产、不需使用的固定资产等都进行定期盘点，并根据结果制作清查报告。对于盘盈、盘亏以及报废、清理的固定资产，要按国家有关规定及时办理有关手续，进行财务处理。

(5)制定固定资产折旧制度。企业固定资产折旧制度应根据《企业财务通则》和其他有关规定进行确定。在企业折旧制度中应明确规定固定资产的分类折旧年限、折旧办法和折旧范围等。

5.无形资产管理制度设计。无形资产是指为提供劳务、出租给他人、或为管理目的而持有的、没有实物形态的非货币性长期资产。无形资产必须与企业的其他资产结合，才能为企业创造经济效益。无形资产创造经济效益的能力易受外界因素影响，其创利能力存在很大的不确定性。随着知识经济时代的到来和经济全球化进程的加快，无形资产在创造企业价值过程中的作用越来越大，企业加强无形资产管理的重要性也日益凸显。作为加强无形资产管理的制度保障，一般包括以下主要内容：

(1)无形资产的取得。企业取得无形资产有两种方式：一种是自创，另一种是从外部取得。对于自创无形资产，主要对创建过程中立项、资金投入、费用归集、过程监控以及形成确认的职责与程序进行规定。对于外部取得的无形资产主要是对有关价值评估、投资审批、办理相关手续、确定入账方面的职责与程序进行规定。

(2)无形资产的价值管理。由于无形资产的价值易受外界环境因素的变化影响,所以要在无形资产的价值评估、计价、摊销、运用、对外投资、维护等方面制定具体规定,从制度上保证无形资产价值的存在性和有效性。

(3)无形资产的出售与转让。要对无形资产出售与转让的授权、责任划分、业务程序作出明确规定。

(三)收入管理制度设计

收入管理的主要责任是由销售部门承担的,相应的,销售管理制度是对销售部门开展业务活动的规范。从财务的角度看,收入管理在现金管理制度和应收账款管理制度中均有所涉及,一般企业不再特意为财务部门制定收入管理制度。如果需要设计,则可考虑如何规范各项收入的确认、收入的实现程序、收入的分类、收入的核算程序、收入的结算方式、收支两条线操作规程、计价方法、纳税操作程序及收入责任与权力等。

(四)成本费用管理制度设计

成本费用的管理内容在本书第六章里有所介绍,其管理制度的设计内容比较丰富,有日常费用开支规定(开支范围、开支标准、开支限额、开支审批、开支报销等)、责任成本管理办法、标准成本制度、作业成本管理、质量成本核算暨管理办法等等;从管理环节看,还有成本费用预测、预算、核算、控制、分析、考核等等内容,其中每一项内容又可以细分。以成本预测制度为例,要对负责预测的部门、参与预测人员的组织、预测工作的工作期限、预测的程序、预测的方法、审定的权限及预测结果处理等作出规定。

(五)预算管理制度设计

预算管理是企业财务管理的重要内容,企业将预算的编制与执行纳入制度化轨道,有利于形成企业对风险的预控机制,有利于落实企业战略目标、协调各部门各单位行动,为企业资源的统筹兼顾与合理配置提供保证。设计预算管理制度要考虑和解决的问题主要有预算管理的指导思想、预算管理原则、预算范围、预算管理程序、预算编制方法、预算执行与调整、预算分析、预算考核、预算成效检验等。

(六)财务分析制度设计

财务分析是财务管理工作的一个环节,是进行财务预测、决策和编制预算的前提,是寻找差距、分析原因、改进工作的手段,也是财务控制、业绩评价与考核不可或缺的内容。设计财务分析制度,首先要确定财务分析的主体和责任者,虽然企业提倡全面分析与全员分析,但是作为专业分析,一定要明确责任的承担者,否则分析工作就不能经常化。分析责任者一般要具备一定的财务知识，能够明确财务分析的目的，熟练运用分析方法和技巧，具备通过分析发现问题的能力。其次要有明确的分析目的和有利于启发分析者开拓思路、变换视角、抓住关键的规定，不能使分析报告成为形式主义、千篇一律、无助于改善管理的信息垃圾。再次是确定分析内容、分析程序、分析方法、分析报告等方面的内容。其中，分析内容要覆盖企业的主要经营活动，同时还要突出重点；分析程序包括资料的收集渠道、信息的处理方式和传递路径等内容；分析方法要与分析目的、分析内容、分析程序、分析报告阅读者的理解能力相适应。最后是规定分析报告责任人，分析报告格式与内容、指标计算口径、报告接受者、报告期限，报告方式是定期报告还是一次性报告、报告存档等内容。

第二节　企业财务会计制度设计

一、企业会计制度内涵与分类

企业会计制度是指政府有关部门或企业单位制定的，用来约束会计人员从事会计工作的程序、方法等方面的行为规范。由于企业会计信息，尤其是上市公司的会计信息与社会公众投资者的经济利益密切相关，为了保护广大投资者的利益，防止企业经营者或大股东操纵利润、公布虚假财务信息，也为了规范我国的证券市场，财政部在2000年以《中华人民共和国会计法》为依据，制定并颁布了《企业会计制度》，要求所有上市公司从2001年开始实行。各企业在此基础上结合本企业生产经营特点和管理要求，制定本企业的会计制度。

需要说明的是，凡属于根据国家法规对外披露的会计信息，称为财务会计信息，相应的会计制度称为财务会计制度，这是狭义的企业会计概念。广义的企业会计概念是由财务会计和管理会计两部分共同组成的，因此，无论是财政部颁布的还是企业根据政府法规制定的会计制度都属于财务会计范畴。而企业根据自身管理要求制定的专为内部管理服务的会计制度，称为管理会计制度。二者之和，才是广义的企业会计制度。可见，根据不同的分类标准，企业会计制度可以分为多种类型，比如，根据信息披露要求和服务对象分为外部会计制度（财务会计制度）和内部会计制度（管理会计制度）；根据管理对象分为会计人员管理制度和会计工作制度；根据管理目的和职能分为会计核算制度、决策会计制度、责任会计制度和内部控制制度。

二、企业会计制度设计内容

根据会计制度的分类,在一般企业里,需要设计的会计制度内容包括四个方面:会计组织制度设计、财务会计制度设计、管理会计制度设计和内部控制制度设计。会计组织制度设计主要是设计与会计机构和会计人员方面有关的制度;财务会计制度设计是会计制度设计的核心,包括会计科目、会计凭证、会计账簿和会计报表等一系列资料格式与会计核算程序的设计,以及有关会计政策、会计方法的选择;管理会计制度设计是为了满足企业经营管理要求而对有关决策信息与业绩信息的收集、加工、分析、报告的规定;内部控制制度设计则是为纠正错弊、防止舞弊、控制风险、保证安全而对组织或个人的行为及其信息的约束和规范进行的设计。需要指出的是,由于各单位的情况不同,会计制度设计的内容也会有所不同。各企业要针对本单位自身的情况,设计出适合于自己的会计制度。

三、会计组织制度设计

会计组织制度设计即根据国家有关法规制度的规定,结合本单位的业务流程与组织结构制度,制定有关科学合理地建立会计机构、配备会计人员、规划会计工作的过程。

会计机构是单位内部组织领导和直接从事会计工作的职能部门,同时也是会计制度的主要执行机构;会计人员是从事会计工作的人员,同时也是会计制度的主要执行人员,其工作成果表现为向信息的需求者提供符合制度规范的会计信息。会计制度贯彻执行如何,主要取决于会计机构和会计人员,因此,建立健全会计机构,配备专职人员并明确他们的工作范围和职责,是会计制度设计首先要解决的问题。会计组织制度设计主要有三方面内容。

(一)设置会计机构

《中华人民共和国会计法》第36规定:“各单位应当根据会计业务的需要,设置会计机构或者在有关机构中设置会计人员并指定会计主管人员。”具体讲,凡实行独立核算的企事业单位都必须单独设置会计机构,并配备相应的会计人员;会计业务不多的小型单位经有关部门批准,可以不单独设置会计机构,但必须配备专职人员,或者委托经批准设立从事会计代理记账的中介机构代理记账。

(二)配备会计人员

会计人员的配备需要考虑的是:①人员素质与专业资格。会计部门是对各方利益关系变化反应敏感的部门,甚至天天与金钱打交道,这就要求从事会计工作的人员具备一定的道德修养和诚实、细心、稳重的品行，而且还要具有一定的专业知识和技能，具备从业资格。对此，要有具体规定。②人员配备要与工作的内容、性质和工作量相适应。既不能为了节约人力而违背牵制原则，也不应人浮于事，浪费人力资源。

（三）合理划分岗位，明确工作职责

会计岗位的设置，要符合相互牵制的原则，使每一项会计事项的处理都能经过不同的岗位，以避免或减少错弊与舞弊的发生。同时，要明确每个岗位和每一名会计人员的职责。

四、企业财务会计制度设计

（一）企业财务会计制度设计依据

企业财务会计制度是会计人员进行会计处理、办理会计业务的工作规范，也是会计管理的基础。为了确保财务会计制度设计的质量，进行企业财务会计制度设计时要掌握下列依据：

1.国家会计法规。国家有关的会计法规主要有《中华人民共和国会计法》《企业会计制度》《企业财务会计报告条例》《会计档案管理办法》《会计基础工作规范》等，这些都是国家对于企业会计工作的强制性规范，企业必须遵守，因此在进行制度设计时必须以这些相关法规为依据。

2.企业生产经营活动特点。不同类型的企业的生产经营活动不相同，同一企业在不同的时期生产经营活动也不尽相同。会计的重要职能就是反映企业经营活动，这就要求在进行制度设计时必须以本企业的经营活动为依据，制定适应的会计制度，并在企业的经营活动发生变动时作相应的变动。

3.主要利益相关者的要求。企业有许多的利益相关者，如国家、投资者、企业债权人、员工等，不同的利益相关者对会计信息的要求不尽相同。对于财务会计信息而言，其主要服务对象是企业的投资者和潜在的投资者，因此财务信息披露的详略程度和会计期间长短应取决于投资者的要求。对于上市公司而言，主要利益相关者是社会公众，则由证监会代表公众投资者向企业提出信息披露的要求。

（二）企业财务会计制度设计原则

1.合法性原则。财务会计工作是一项法律规范性很强的工作，对上市公司或国有企业，其财务会计制度是根据会计法律和会计行政法规制定的，因此在进行制度设计时必须始终贯彻有关法律法规，遵循合法性原则。

2.系统性原则。企业是由多个不同部分组织的一个统一的系统,因此在进行企业制度设计时,必须做到整体规划、系统设计。根据系统设计思想,在进行企业制度设计时,首先要根据企业的现状和发展趋势,充分考虑企业制度体系的整体优化,确定出企业制度设计整体上所能达到的水平和所应达到的目标。在进行各个具体制度设计时,既要兼顾各种不同制度的不同特点,又要使各个制度之间相互联系、相互协调,避免冲突,使得企业的各个制度构成一个相互协调、相互补充的有机统一体,达到整体最优化和原定的设计目标。

3.全面性原则。由于会计工作涉及企业生产经营的方方面面,因此在进行会计制度设计时,要遵从全面性原则,关注企业经营的各个方面,把会计工作与会计信息所要反映的各个方面都纳入设计视野。

4.充分借鉴国际惯例原则。世界经济正朝着全球化的方向发展,我国已加入世界贸易组织(WTO),我国经济正在融入世界经济大舞台,会计作为世界商业通用语言日益向国际化靠拢。因此,在会计制度设计时应充分借鉴国际惯例,与国际接轨。

(三)会计基本业务制度设计

会计基本业务就是把企业经济业务的原始资料加工、整理、确认、分类、记录和汇总,最终形成会计信息的过程,它是会计工作的核心工作。因此,会计基本业务制度设计包括会计科目设计、会计凭证设计、会计账簿设计、会计报表设计、会计核算和账务处理程序设计在内的一系列设计工作。

(四)会计科目设计

会计科目是对会计对象的具体内容进行分类核算的项目的名称。会计科目的设计,实质上就是如何对企业各种各样的经济业务的具体内容做出科学的分类,确定每类经济业务在会计上的名称及其相互关系,形成完整的会计科目体系。从会计循环的角度讲,会计科目是会计核算的起点,在企业会计制度中起"支柱"作用。因此,会计科目设计应是企业会计制度设计的一个最重要的环节,它不仅是会计凭证、会计账簿、会计报表等设计的基础,而且关系到整套会计制度设计的质量,进而影响会计工作的质量。

会计科目设计的步骤可以归纳如下:明确与科目有关的法规制度;全面了解本单位经济业务内容;对经济业务进行分类,确定会计科目名称;为科目编号,以备检索与电算化使用;编写科目使用说明。

会计科目按其反映经济业务内容的详略不同,可分为总分类科目和明细分类科目。总分类科目是对会计核算的全部内容进行的分类,提供总括性的价值指标;明细科目是

对总分类科目反映的内容所做的进一步分类,提供的是详细的价值指标与数量指标。因此,会计科目设计可以分为总分类科目设计与明细分类科目设计。

1.总分类科目设计。总分类科目的设计方法有两种:一种是按反映经济业务的内容设计总分类科目;另一种是按账户的用途和结构设计会计科目。

(1)按反映经济业务的内容设计总分类科目。会计科目按反映经济业务的内容分为五大类:资产类科目;负债类科目;所有者权益类科目;成本类科目;损益类科目。按经济业务内容设置每一总分类会计科目都反映了一定的经济内容,同时特定内容也必须由特定的科目来反映。按经济业务内容设计会计科目是进行科目设计的基础方法。

在我国现行的统一的会计管理制度体制下,总分类科目的设计实际上只是各单位根据本单位可能发生的经济业务,参照国家现行会计制度中的《会计科目表》,选择适用的会计科目。凡是国家会计制度中已明确规定的会计科目,企业只有选择权,没有命名权。只有对现行制度中没有规定而企业确实发生的业务,方允许企业自行命名增设会计科目。

(2)按账户用途和结构设计总分类会计科目。账户的用途是指设置账户的目的,即通过设置和使用账户为经营管理提供哪些指标;账户结构是指使用账户的方式,即如何运用账户为经营管理提供指标。按不同的用途和结构,可以将会计科目分为盘存类、投资类、权益类、结算类、调整类、过渡类、待处理类和无形资产类八类科目。

2.明细分类科目设计。明细分类科目一般可按经济业务的内容和用途进行划分,也可以按照业务部门和责任部门进行分类设计。具体设计方法同总分类科目大体相同,只是在其基础上作进一步细化。根据企业业务复杂程度,明细科目可以设置到二级明细、三级明细甚至更细。

(五)会计凭证设计

会计凭证是记录经济业务、明确经济责任的书面证明,也是登记账簿的主要依据。会计凭证多种多样,按用途和填制程序可以分为原始凭证和记账凭证两种。原始凭证是在经济业务发生时直接取得的用来记录和证明经济业务发生具有法律效力的原始证据,它是进行会计核算的原始资料和主要依据。记账凭证是会计人员根据审核后的原始凭证进行归类、整理,并确定会计分录而编制的凭证,是登记账簿的依据。

1.会计凭证设计的一般要求。该要求的内容主要有四个方面:

(1)要如实反映经济业务。会计的首要职能就是反映企业的经济业务,而经济业务的如实反映必须借助于科学合理的凭证格式。在设计凭证格式时,应使凭证能够把经济业务的内容、时间、地点、经办人、责任人、审核人等基本情况记录下来,留下经济业务

的运行轨迹。

(2)要充分满足内部控制的要求。在设计凭证时,要根据实际需要,合理确定各种凭证的联次,并规定各联次的具体用途。既要满足各单位、各部门从事经济管理和核算的要求,又要通过连续编号、复写多联等方式使各部门相互制约,相互监督。

(3)要有利于加快信息传递速度,提高工作效率。在设计凭证时,应科学合理地规定每一凭证的传递程序,避免过程中的迂回与脱节,影响信息的顺利传递。

(4)凭证的种类、用途、格式要规范化和通用化。在企业内部,办理同种类性质的经济业务所使用的凭证应统一,并尽可能保持稳定,以方便凭证的填制与审查,同时也有利于保存。

2.会计凭证设计的基本内容。

(1)原始凭证的设计。原始凭证按其来源分为自制原始凭证和外来原始凭证两种。这里的原始凭证设计是指自制原始凭证的设计。自制原始凭证的内容包括:原始凭证的名称、凭证填制的日期、填制凭证和接受凭证的单位、经济业务内容的摘要、有关单位或个人的签章等。这样的原始凭证,才能保证经济业务具有全面性和可靠性。原始凭证的具体格式如表10-2所示。

表10-2 差旅费报销单

年 月 日

<table>
<tr><td>报销人姓名</td><td></td><td>所在部门</td><td colspan="2"></td><td>出差地点</td><td colspan="2"></td></tr>
<tr><td>出差事由</td><td colspan="2"></td><td>出差时间</td><td colspan="4">年 月 日</td></tr>
<tr><td rowspan="2">费用项目</td><td colspan="3">交通费</td><td rowspan="2">住宿费</td><td rowspan="2">补助费</td><td rowspan="2">其他</td><td rowspan="2">合计</td></tr>
<tr><td>火车</td><td>飞机</td><td>汽车</td></tr>
<tr><td>凭证张数</td><td></td><td></td><td></td><td></td><td></td><td></td><td></td></tr>
<tr><td>金 额</td><td></td><td></td><td></td><td></td><td></td><td></td><td></td></tr>
<tr><td>原借款数</td><td colspan="2"></td><td>报销数</td><td colspan="2"></td><td>退补数</td><td></td></tr>
<tr><td>人民币(大写)</td><td colspan="7"></td></tr>
</table>

审核: 报销部门负责人: 报销人:

(2)记账凭证的设计。记账凭证的内容包括:记账凭证的名称、凭证填制的日期和编号、使用的会计科目(包括总账科目和明细账科目及其及增减变化金额);所附原始凭证的张数以及经办与审计人员的签章。记账凭证格式如表10-3所示。

表 10-3　记账凭证

年　月　日　　　　字第________号

附件________号

摘　要	会计科目	账　页	借方金额		贷方金额	
			总账科目	明细科目	总账科目	明细科目
合　计						

会计主管：　　记账：　　出纳：　　复核：　　制证：

3.会计凭证传递程序的设计。会计凭证传递程序是指会计凭证填制、审核、传送以及整理、核算、装订、保管等凭证处理全过程。为了使原始凭证在有关部门和人员之间有序、快速地传递，并能及时准确地提供核算和管理所需要的资料与信息，要建立“定证、定人、定时、定序”的凭证传递岗位责任制度。这样通过凭证的依时依序传递，把企业各个业务部门联系起来，凡能用货币表现的各种经济活动均集中到财会部门进行核算和控制，形成以财会部门为中心的信息网与控制网。例如，反映领料业务的“领料单”，一般由领料部门填制后，交供应部门审批，仓库发料人根据审批后的“领料单”发料，并将实发数填入单内，交各有关部门。

4.会计凭证保管制度设计。对于空白原始凭证，应指定专人负责管理，所有空白凭证都应编号，按规定领用；领用和交回凭证存根时也要办理登记或注销登记手续，防止凭证丢失并留存备查。会计凭证保管制度设计还应考虑保管的措施与办法，以便本单位随时检查和利用。对于所附原始凭证属于特殊重要的业务单据，应单独保管。在制度设计时还应考虑保密工作，防止重要的会计信息的遗失和泄露。

（六）会计账簿设计

会计账簿是根据会计凭证序时地、分类地记录和反映各项经济业务的簿籍，同时也是汇集、整理和加工会计信息的工具。设置和登记账簿，是会计核算的中心环节，它可以将分散在会计凭证上的大量资料加以集中和归类整理，进而为经营管理提供系统的信息资料。因此，科学、合理地设计账簿，建立健全簿籍系统，是会计制度设计的内容。

所谓账簿设计，就是根据企业的经营特点和管理要求对账簿的种类、数量、格式、内容、账簿间关系以及登记账簿的方法等进行规定。设计会计账簿的一般要求是：①与企业的规模和业务类型相适应；②与已经设计的科目和凭证相适应；③与企业选用的核算程序相适应；④做到简便易行。

1.会计账簿分类。按不同标准账簿可进行以下分类：

(1)按照账簿的用途，可以分为序时账簿、分类账簿和备查账簿。

(2)按照账簿的外表形式，可分为订本账、活页账和卡片账。

(3)按照账簿中账页格式的不同，可以分为三栏式、多栏式和数量金额式。

根据单位的经济业务类型、经营管理要求以及会计机构内部的分工情况，来确定各个会计科目使用的账簿种类，并在此基础上设计账簿的数量、格式和内容。

2.序时账簿设计。序时账簿是按照经济业务发生的先后顺序逐日逐笔登记的账簿。序时账簿根据登记的经济业务类型可以分为普通日记账、现金日记账、银行存款日记账、购货日记账和销货日记账。

(1)普通日记账设计。采用普通日记账会计核算程序的企业必须设置普通日记账，用以逐日逐笔登记全部转账业务，其格式如表 10-4 所示。

表 10-4　普通日记账

第____页

年		凭证		摘要	会计科目	账页	借方金额	贷方金额
月	日	字	号					

(2)现金日记账设计。“现金日记账”和“银行存款日记账”是要求所有企业必须建立的两本账。现金日记账是专门用来记录现金收支业务的日记账。一般企业可以设置借、贷、余三栏现金日记账，在现金收支较多的企业可以分别设置现金收入日记账和现金支出日记账。三栏现金日记账格式如表 10-5 所示。

表 10-5 现金日记账

第____页

<table>
<tr><th colspan="2">年</th><th colspan="2">凭证</th><th rowspan="2">摘要</th><th colspan="3">收 入</th><th colspan="3">支 出</th><th rowspan="2">结余</th></tr>
<tr><th>月</th><th>日</th><th>字</th><th>号</th><th>贷方科目</th><th>收入合计</th><th>账页</th><th>借方科目</th><th>支出合计</th><th>账页</th></tr>
<tr><td></td><td></td><td></td><td></td><td></td><td></td><td></td><td></td><td></td><td></td><td></td><td></td></tr>
<tr><td></td><td></td><td></td><td></td><td></td><td></td><td></td><td></td><td></td><td></td><td></td><td></td></tr>
<tr><td></td><td></td><td></td><td></td><td></td><td></td><td></td><td></td><td></td><td></td><td></td><td></td></tr>
</table>

(3)银行存款日记账设计。银行存款日记账是用来记录银行存款收支业务的日记账,其格式同现金日记账相同。

(4)购货和销货日记账设计。购货和销货日记账是有购销业务的企业用来登记购销业务的日记账,其格式如表 10-6、表 10-7 所示。

表 10-6 购货日记账

借方科目:材料采购　　　　第____页

<table>
<tr><th colspan="2">年</th><th colspan="2">凭证</th><th rowspan="2">摘要</th><th rowspan="2">应付账款明细科目</th><th rowspan="2">数量</th><th rowspan="2">单价</th><th rowspan="2">金额</th></tr>
<tr><th>月</th><th>日</th><th>字</th><th>号</th></tr>
<tr><td></td><td></td><td></td><td></td><td></td><td></td><td></td><td></td><td></td></tr>
<tr><td></td><td></td><td></td><td></td><td></td><td></td><td></td><td></td><td></td></tr>
<tr><td></td><td></td><td></td><td></td><td></td><td></td><td></td><td></td><td></td></tr>
</table>

表 10-7 销货日记账

贷方科目:产品销售收入　　　　第____页

<table>
<tr><th colspan="2">年</th><th colspan="2">凭证</th><th rowspan="2">摘要</th><th rowspan="2">应付账款明细科目</th><th rowspan="2">数量</th><th rowspan="2">单价</th><th rowspan="2">金额</th></tr>
<tr><th>月</th><th>日</th><th>字</th><th>号</th></tr>
<tr><td></td><td></td><td></td><td></td><td></td><td></td><td></td><td></td><td></td></tr>
<tr><td></td><td></td><td></td><td></td><td></td><td></td><td></td><td></td><td></td></tr>
<tr><td></td><td></td><td></td><td></td><td></td><td></td><td></td><td></td><td></td></tr>
<tr><td></td><td></td><td></td><td></td><td></td><td></td><td></td><td></td><td></td></tr>
</table>

3.分类账簿设计。分类账簿具体分为两种:

(1)总分类账簿设计。总分类账簿一般采用三栏式,对于那些期末没有余额的账户可采用双栏式。在总分类账之间应尽可能保持账户间的对应关系,这样有助于分析经济业务内容。三栏式总分类账格式参见表10-8。

表10-8 总分类账

第____页

年		凭证		摘要	借方	贷方	借或贷	余额
月	日	字	号					

(2)明细分类账簿设计。明细分类账簿可根据核算的不同内容采用不同的格式。对于一般账户,可采用借、贷、余三栏式;对于原材料类账簿,可以采用数量金额式;对于那些只需核算金额的实物资产还可设计为收、发、存三栏式。三栏式明细账如"应收款明细账"格式如表10-9所示。

表10-9 应收款明细账

明细科目:(购货单位名称)

第____页

年		凭证		摘要	借方	贷方	借或贷	余额
月	日	字	号					

4.备查类账簿设计。备查类账簿的主要用途是记录序时账簿和分类账簿款未能或无法反映的特殊经济事项。一般有三种类型:代管物资登记簿;固定资产登记卡;经济合同执行情况记录等。根据实际需要,其设计方式灵活多样,不拘一格。

(七)会计报表设计

会计报表是日常会计核算资料加以归集、加工、汇总所形成的用来反映企业的财务状况、经营成果、现金流量以及企业内部成本、费用情况的书面报告。会计报表所提供的信息综合性最强,是决策者据以拟定决策的重要依据,因此会计报表设计是会计制度设计的重要一环。会计报表按报送对象不同,可以分为对外会计报表和内部会计报表。对外会计报表按照我国现行会计制度与准则的规定,包括"资产负债表""利润表""利润分配表""现金流量表""资产减值准备明细表""所有者权益(或股东权益)增减变动表""应交增值税明细表""分部报表"等。对这些报表现行企业会计制度都作了强制性规定,企业没有设计自主权,因此只需要直接利用,不再自行展开设计。内部会计报表设计见本章第三节。

(八)账务处理程序设计

账务处理程序,又称会计核算程序或会计核算组织程序,是指从填制与审核会计凭证、登记会计账簿到编制会计报表的整个过程。在这一过程中,将会计凭证、会计账簿、会计报表等要素,按不同的方式和顺序有机地组合起来就形成不同的账务处理程序。科学、合理地设计或选用账务处理程序,对于保证会计核算质量、简化会计核算工作、提高工作效率等具有重要作用。

账务处理程序设计具有很大的灵活性,必须依据企业的具体情况来设计,统一会计制度对此不做也不可能做统一的规定。由于各种账务处理程序的主要区别在于登记总分类账的依据和方式不同,因此,设计账务处理程序的种类主要以如何登记总分类账为标准。一般讲,在登记总分类账时,既可以将经济业务逐笔记入总分类账,简称为逐笔过账;又可以将经济业务汇总后记入总分类账,简称为汇总过账。逐笔过账程序和汇总过账程序的具体方式又有多种(见图10-4)。

1.记账凭证账务处理程序。记账凭证账务处理程序是账务处理程序中最基本的形式。这种账务处理程序的特点是根据各种记账凭证(收款凭证、付款凭证、转账凭证)逐笔直接登记总分类账,最终编制会计报表的一种账务处理程序。

记账凭证账务处理程序的一般步骤是:

(1)根据原始凭证或原始凭证汇总表编制记账凭证。

(2)根据记账凭证中的收款、付款凭证逐日逐笔登记现金、银行存款日记账。

(3)根据原始凭证、汇总原始凭证或各种记账凭证登记明细分类账。

(4)根据各种记账凭证逐笔登记总分类账。

(5)根据总分类账资料定期与有关明细账和日记账核对,保证账账相符。

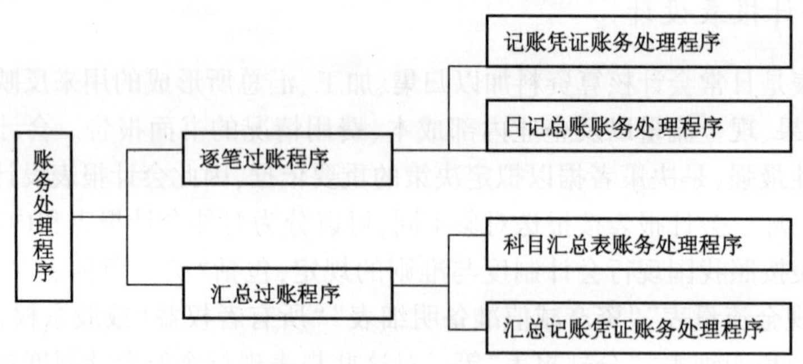

图 10-4　账务处理程序分类

(6)根据总分类账、明细分类账编制会计报表。

记账凭证账务处理程序的流程见图 10-5。

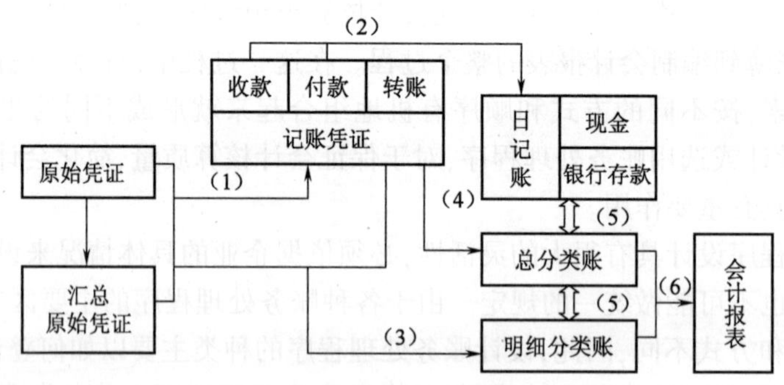

图 10-5　记账凭证账务处理程序流程

记账凭证账务处理程序有其优缺点和适宜的适用范围:该账务处理程序手续简单,操作容易,清晰明白,易学易懂,但由于是总账逐笔登记,因而工作量大,尤其遇上经济业务量大时,存在大量重复劳动。该程序适用于规模小、业务量少的企业和采用计算机核算的企业。

2.日记总账账务处理程序。日记总账账务处理程序是设置一种兼有序时记录和分类记录双重作用的联合账簿——日记总账,并根据记账凭证予以逐笔登记。它与记账凭证账务处理程序的主要区别是总分类账的设置不同,其他基本一致。

日记总账账务处理程序的一般步骤是:

(1)根据原始凭证或原始凭证汇总表编制记账凭证。

(2)根据记账凭证中的收款、付款凭证逐日逐笔登记现金、银行存款日记账。

(3)根据原始凭证、汇总原始凭证或各种记账凭证,登记明细分类账。

(4)根据各种日记账逐笔登记日记总账。

(5)根据日记总账资料定期与有关明细账和日记账核对,保证账账相符。

(6)根据日记总账、明细分类账编制会计报表。

日记总账账务处理程序的流程见图10-6。

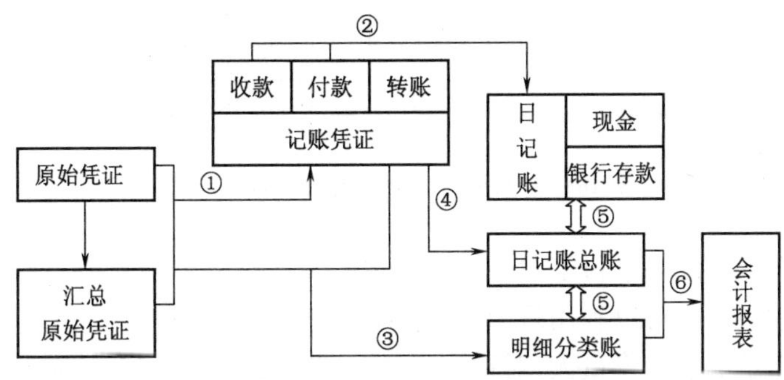

图10-6　日记总账账务处理程序流程

日记总账账务处理程序有其优缺点和适宜的适用范围:优点是将全部经济业务集中在日记总账上,便于反映企业的经济活动全貌;账簿上能够清楚地反映出账户之间的对应关系,便于检查与核对;缺点是不便于分工记账,日记总账账页过长,不便于查阅与记账,也不便于保管。该程序主要适用于业务量少的小型企业。

3.科目汇总表账务处理程序。科目汇总表账务处理程序是根据一定期间内的全部记账凭证,按相同的科目分类汇总编制科目汇总表,以此登记总账的一种会计核算程序。它的特点是按总账科目单独编制一张记账凭证——“科目汇总表”。

科目汇总表账务处理程序的一般步骤是:

(1)根据原始凭证或原始凭证汇总表编制记账凭证。

(2)根据记账凭证中的收款、付款凭证逐日逐笔登记现金、银行存款日记账。

(3)根据原始凭证、汇总原始凭证或各种记账凭证登记明细分类账。

(4)根据记账凭证定期编制科目汇总表。

(5)根据科目汇总表登记总分类账。

(6)月终,将总分类账与有关明细账、日记账核对,保证账账相符。

(7)根据总分类账、明细账和其他有关资料编制会计报表。

科目汇总表账务处理程序的流程见图10-7。

科目汇总表账务处理程序有其优缺点和适宜的适用范围。优点是简化总账的登记

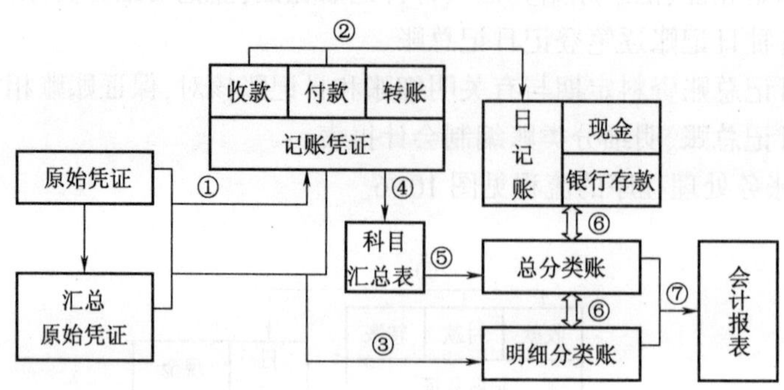

图 10-7 科目汇总表账务处理程序流程

工作,减少了工作量;编制科目汇总表,还可以对科目的借方和贷方发生额进行试算平衡,保证数据的准确性;可以利用现金、银行存款科目汇总表考核货币资金的收支计划执行情况。缺点是汇总工作量大,对记账凭证的编制要求不严格,不能反映账户之间的对应关系,不便对经济业务的分析与检查。该程序适用于规模大、经济业务较多的大中型企业。

4.汇总记账凭证账务处理程序。汇总记账凭证账务处理程序是定期将所有的记账凭证加以汇总后编制成汇总记账凭证,然后再根据汇总记账凭证登记总分类账,进而编制会计报表的会计核算程序。

汇总记账凭证账务处理程序的一般步骤是:

(1)根据原始凭证或原始凭证汇总表编制记账凭证。

(2)根据记账凭证中的收款、付款凭证逐日逐笔登记现金、银行存款日记账。

(3)根据原始凭证、汇总原始凭证或各种记账凭证登记明细分类账。

(4)根据记账凭证定期编制汇总记账凭证。

(5)根据汇总记账凭证登记总分类账。

(6)月终,将总分类账与有关明细账、日记账核对,保证账账相符。

(7)根据总分类账、明细账、其他有关资料编制会计报表。

汇总记账凭证账务处理程序的流程见图10-8。

汇总记账凭证账务处理程序有其优缺点和适宜的适用范围。优点是日常发生的大量记账凭证分散在平时整理,通过归类汇总,一次汇总登记入总账,减轻了登记总账的工作;汇总记账凭证保持了账户间的对应关系,便于对经济业务进行检查与分析。缺点是不利于分工,月末汇总工作量大。该账务处理程序适用于经济业务较多的大中型企业。

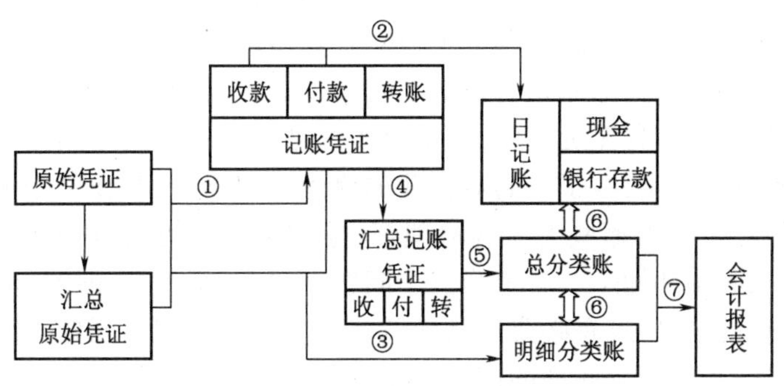

图 10-8 汇总记账凭证账务处理程序流程

第三节 企业管理会计制度设计

与财务会计不同,管理会计的规范性要求并不高,政府或行业监管部门也并不介入,完全由企业管理当局自行决定。尽管如此,相当多的企业都重视管理会计并且将其纳入制度化的轨道,以求提升企业的管理能力和经济效益。管理会计工作需要设置专门的岗位或专人来做,根据成功企业的经验,除负责专业牵头的管理会计师以外,其他核算人员最好能够分散在各部门和各基层单位。

一、管理会计制度设计原则

(一)效益性原则

信息经济学告诉我们,任何信息都具有成本。为企业决策与考核所用的管理会计信息也不例外。不仅如此,为了收集和加工管理会计信息而建立的管理会计制度也有成本,这是制度成本。因此,设计管理会计制度要考虑四个问题:第一,有无必要收集和加工管理会计信息?第二,要收集和加工哪些管理会计信息,如何收集与加工?第三,有无必要为获得所需要的管理会计信息而建立专门的制度?第四,这种制度要建立到什么程度?在考虑解决这些问题的过程中,需要遵循效益性原则。对于第一个问题,实践已经做了回答。在今天,如果哪一家企业不会计算保本点,就不知道哪些成本具有固

定习性,哪些费用具有变动习性,如何是亏,如何是赚;不知道哪些钱花得值,哪些钱不该花;不知道哪个产品、哪个部门、哪个单位对企业做出了什么贡献,那么,这个企业就会很快被市场竞争所打垮,除非是有政府在背后撑着。对于第二个问题就需要认真考虑了。例如,作业成本信息无疑重要,但是由于产品成本中制造费用比重不高,由于基础工作可能不够细致扎实,由于人们对作业的概念认识不清、工作紧张人手不足等等,硬要核算将得不偿失。而那些大家容易理解、操作简便、能够见利见效的管理会计信息,则可以考虑去收集和加工。对于第三个问题,则要分析信息使用的频率,对于偶然使用的、非常规性的信息,没有必要为其建章建制。对于第四个问题,要考虑对不同用途、不同重要程度、不同使用频率的信息的详略程度、可靠程度、步骤方法的严格程度等方面作出不同的规定。

(二)相关性原则

为了减少核算工作量,提高信息利用效率,纳入管理会计制度进行日常核算的管理会计信息必须是能够帮助解决管理问题的相关的必要信息,并不是全部信息。而且,要尽可能地利用财务会计信息系统,使管理会计信息系统与财务会计信息系统二者相互结合,以减少重复工作。例如,对固定费用的归集,如果采用线性回归法,可以直接利用财务会计信息系统提供的数据,对其计算口径、数据组数、数据期间、检验方法、相关系数取值范围等等作出规定;如果采用账户法或项目分解法,就要修改财务会计制度中的会计账簿格式,使相关信息可从账簿记录里得到。

(三)重要性原则

管理会计与财务会计不同,其对信息的加工处理难易程度和视角均有很大的差异,不同职能不同层次的管理需要也各不相同,并且还处于不停的变化过程中,会计系统很难做到随时响应具体管理需求,及时提供不同的管理会计信息。其中的限制因素有人力资源、信息来源、时间资源和技术手段等等。既然在一系列限制条件下不能响应所有的管理需求,那就要从中选择重要的、必不可少的、条件允许的那一部分信息纳入工作制度,保证达到其收集和加工的数量与质量标准。

(四)简明适用原则

制度是要让人去执行的,尤其管理会计制度更需要基层员工的积极配合。因此,管理会计制度应当在保证质量的前提下,力求简便易行。管理会计制度既要适应本企业生产经营特点和管理需要,又要与员工的素质和技术水平相适应,使制度具有可操作性。对于先进企业的办法,只能借鉴和吸收,不能简单模仿。

二、企业决策会计制度设计

根据国内学术界普遍认同的观点，常规的管理会计可以根据其职能分为决策会计和责任会计两部分，或决策与规划会计和执行与控制会计两部分。因此，管理会计制度设计也可相应地分成这两部分。

（一）决策会计制度内容

决策会计要解决的问题是为企业的经营决策提供信息支持。决策问题遍及企业管理的方方面面，哪些决策需要会计部门的信息支持？哪些信息的加工处理需要有制度来保证？这是设计决策会计制度要解决的两个首要问题。根据第三章和第四章的分析，那些事关企业生存发展的决策问题所需要的信息，会计部门要能够提供支持。譬如，从产权经营层面看，资本成本、资金周转率、财务杠杆、偿债能力、筹资弹性、方案敏感系数等信息是对产权经营决策的重要支持；从生产经营投资决策层面看，资本成本、净现值、内部收益率、投资回收期、方案敏感系数等信息是对投资决策的重要支持；从产品经营层面看，固定成本、单位变动成本、边际贡献等信息是对产品经营决策的重要支持；从产品开发层面看，产品寿命周期成本、质量成本等信息是对产品开发决策的重要支持等等。需要有制度来保证的信息是那些用途广、使用频率密集、重要程度高的信息。

决策会计制度有如下各项内容：

1.决策报告种类。决策分日常化和非日常化两种。前者由于重复性强、决策标准已被决策者牢牢掌握，加之决策权限的下放，往往不需要设计复杂的论证过程，决策者所需要的只是反映业务进程和情况变化的日常数据，所以会计部门要提供的往往是对外部财务报表的细化或补充报表。这类报告可称之为决策会计报表，其特征是不对有关数据进行深加工。对于非日常化决策，除非企业领导果断拍板，不经过有关程序，否则就需要合理的依据，而这些依据在很大程度上正是决策会计信息。可见，财务人员参与决策的作用往往体现在非日常化决策方面。对于支持非日常化决策的报告，可称之为决策会计报告，其特征是要对有关数据进行深加工和说明。无论是对决策会计报表的设计还是对决策会计报告的设计，都要根据不同的决策主体和决策问题来确定，并且规定每一种决策报告的报送对象、报送方式和报送条件（定期或不定期）。

2.决策报表与决策报告内容。决策会计报表只列示反映有关业务进程和情况变化的数据，除非有必要，否则并不对数据进行深加工。决策会计报告要根据解决决策问题的要求，列示有关方案及其相关数据，对各种方案的利弊进行分析。

3.决策报告说明（或附件）。该说明解释有关指标的内涵、范围、用途及其适用条

件;说明信息来源和依据;列示指标计算公式和程序;其他相关情况说明。

4.决策信息加工流程与方法。首先是决策信息定义。明确什么样的决策运用什么样的信息,确定有关指标的内涵、范围、用途及其适用条件,在这个过程中要把握信息与决策的相关性、有用性、时效性、效益性和可获取性等方面的要求。其次是设计信息的加工流程与方法。信息的加工流程设计包括收集、分类、加工、存储、传送以及反馈等一系列步骤。决策的方法很多,有定性分析和定量分析,要加以选择,根据企业的实际建立数学模型。

5.决策文件存档。对决策报表、决策报告、决策过程和结果的记录要存档,将其作为日后追溯决策责任、进行业绩考核与总结经验教训的依据。设计时要对存档期间、存档范围作出规定。

(二)决策会计报表

决策会计报表是为了满足企业内部经营管理的需要而编制的供企业经营管理人员使用,用以进行日常经营决策的会计报表。它具有三个明显的特点:针对性强,为解决特定问题而提供;灵活性大,报告时间、格式、内容灵活多样;及时性强,报表必须及时,以免延误决策。由于企业的经营规模和管理要求不同,需要设计的内部报表种类也不一样,大中型工商企业一般可以考虑设计的会计报表有日常管理报表、财务状况分析报表、经营成果分析报表、成本费用报表。

1.日常管理报表设计。企业日常管理主要是货币奖金管理、存货管理。为适应日常管理需要,通常需要编制货币资金增减变动和结余情况、一日或一段时间内存货增减变化和结存情况以及一日或一段时间内商品销售情况的报表。企业可以根据需要灵活设计这些报表。表10-10是销货日报表的参考格式。

表10-10 销货日报表

年 月 日　　　　单位:元

品名	规格及型号	计量单位	数量	单价	金额			本月累计销售	
					现销	赊销	合计	数量	金额
总计									

会计主管:　　　　制表:　　　　审核:

2.财务状况分析表设计。财务状况分析表是根据资产负债表的有关资料,对各项资产、负债和所有者权益在各自总额中所占的比重以及报告期和基期比较变化情况进行分析的报表,也称为资产负债分析表。通过它可以考查资产、负债的构成是否合理,便于了解企业的偿债能力,预计企业未来的财务状况。其参考格式见表10-11。

表10-11　资产负债分析表

年　月　日　　　　单位:

资产项目	上期数	本期数			负债及所有者权益项目	上期数	本期数		
		金额	增减额	增减百分比			金额	增减额	增减百分比
一、流动资产					一、流动负债				
1.货币资金					1.短期借款				
2.短期投资					2.应付账款				
3.应收账款					二、长期负债				
4.存货					1.长期借款				
二、非流动资产					2.应付债券				
1.长期投资					3.长期应付款				
2.固定资产					三、所有者权益				
3.无形资产					1.实收资本				
4.其他资产					2.留存收益				
合计					合计				

会计主管:　　　　制表:　　　　审核:

3.经营成果分析表设计。经营成果分析表主要是对企业一定时期构成经营成果的各项目本期数的实际数与计划数或历史同期数等进行对比和分析的报表。经营成果分析报表一般包括利润分析表、主营业务分析表、营业外支出明细表、管理费用明细表及营业费用明细表等。利润分析表参考格式见表10-12。

表 10-12 利润分析表

年 月 单位：

项目	本期数				本年累计数			
	实际数	计划数	差异额	完成计划百分比	实际数	计划数	差异额	完成计划百分比
一、主营业务利润								
加：其他业务利润								
减：管理费用								
营业费用								
财务费用								
二、营业利润								
加：投资收益								
补贴收入								
营业外收入								
减：营业外支出								
四、利润总额								
减：所得税								
五、净利润								

会计主管： 制表： 审核：

4.成本费用报表设计。反映企业成本费用的报表均属于内部管理用会计报表，因为在市场经济条件下，企业的成本费用是企业内部管理问题，其成本费用水平是企业的商业秘密，不对外透露。受企业经营特点的影响，不同行业的成本费用报表也不尽相同。在工业企业里，常用的成本费用报表主要有制造费用明细表、产品生产成本明细表、主要产品单位成本表和材料、人工消耗报表等。产品生产成本明细表见表 10-13。

表 10-13 产品生产成本明细表

年 月 单位：

项目	行次	本年计划	本月实际	本年累计实际
本月生产费用				
其中：直接材料				

续表

项目	行次	本年计划	本月实际	本年累计实际
直接人工				
变动制造费用				
固定制造费用				
加:在产品、自制半成品月初余额				
减:在产品、自制半成品月末余额				
完工产品生产总成本				

会计主管: 制表: 审核:

三、企业责任会计制度设计

责任会计制度是管理会计的一个重要分支,是专为考核经济组织内部各成员经济责任和业务水平的一种管理会计制度。企业推行责任会计制度可以将企业的整体目标分解为局部目标,通过目标管理和经济责任制进行控制、分析、评价和考核,以促使企业整体目标的实现。

责任会计制度设计的原则除了与管理会计制度设计的原则一致以外,还有其独特原则:一是可控性原则,即责任中心只对自己能够控制的行为负责;二是责权利相结合原则;三是责权利相对称原则。责任会计制度设计的主要内容包括企业责任中心划分与考核内容设计、责任会计核算模式设计、责任会计账户处理程序设计、内部结算制度设计、责任分析与考核制度设计等方面。

(一)企业责任中心划分与考核内容设计

责任中心是指有专人负责、承担一定经济责任,并具有相应权力的单位或部门,亦即各个责任层次能够对其经济活动进行严格控制的区域。责任中心按控制区域和责任范围分为费用中心、成本中心、利润中心和投资中心。

1.费用中心。费用中心是能够对其发生的费用负责的责任中心。在企业内部,任何一个单位或个人的活动都不可避免地要发生费用,因此每一个单位或个人都可以设计为一个费用中心。这里所讲的费用中心是指在企业内部那些不能直接为企业带来收入,而重在考核其发生的费用的部门,主要是从事职能管理的部门,如会计部门、人事部门及研发部门等。对费用中心的考核内容是其可控费用,其形式是费用预算。

2.成本中心。成本中心是指能够对其发生的成本负责的责任中心。一个责任中心

如果不直接形成收入或者不考核其收入,而重在考核其成本,就可以将其设计为成本中心。成本中心在企业中大到加工分厂、车间,小到工段、班组甚至个人。成本中心的考核形式有两种:标准成本和目标成本。考核的实质是可控成本。可控成本是指成本中心在特定时期内,通过自身的决策或行为可以控制其支出水平的成本。可控成本必须具备三个条件:一是成本中心能够预知它的发生;二是成本中心能够计量它的耗费;三是成本中心能够调节它的数量,即可知可算可调。可控成本与不可控成本是相对应的。一个中心的可控成本,可能是另一个中心的不可控成本。随着条件的变化,某一时期的可控成本到了一个时期可能会成为不可控成本;反之亦然。所以,在制度设计时要注意这一点。

3.利润中心。利润中心是指不仅能对费用、成本负责,而且能对收入负责的责任中心。利润中心适于能够取得收入来源的责任单位。按收入来源的性质不同,利润中心可分为自然利润中心和人为利润中心两种。自然利润中心是指直接向企业外部出售产品,在市场上进行购销业务的利润中心。人为利润中心是指在企业内部按照内部转移价格出售产品取得内部销售收入的利润中心。如果成本中心的产品、零件采用内部转移价格“出售”给其他责任中心,则成本中心就是人为利润中心。利润中心的考核内容就是自然利润或内部利润(人为利润)。

4.投资中心。投资中心是既对成本、收入、利润负责,又对全部营业资产使用效果负责的责任中心。投资中心所拥有的自主权不仅包括制定价格、确定产品和生产方法等短期经营决策权,而且还包括投资规模和投资类型等投资决策权。投资中心的考核内容不仅包括利润,而且包括与资产利用效率有关的内容,如投资报酬率、剩余收益等。投资中心可以分为两类:一类是产权经营投资中心,另一类是生产经营投资中心。

(二)责任会计核算模式设计

责任会计核算模式是指在实行责任会计制度的企业,为获取责任会计信息所建立的账簿组织体系和会计核算制度。有两种核算模式:一种是“双轨制”;另一种是“单轨制”。

1.“双轨制”核算模式。双轨制核算模式是指财务会计按传统的方法设置账簿进行原有的财务会计核算,而责任会计则根据企业内部管理需要,另设一套与财务会计核算账簿不同的账簿体系,进行独立的责任会计核算。两个体系并存,各成一体,互不干扰。

实行“双轨制”核算模式的企业,其责任会计的核算方法具有较大的灵活性,可以根据企业内部各个责任中心管理的需要设置有关的账簿,进行责任成本、费用、利润及投资收益的核算。责任成本费用的核算,是在各成本费用中心核算的基础上,由会计部门汇总编制全企业的责任成本费用表,反映各成本费用中心的成本费用情况。责任利润、投资收益的核算在利润中心、投资中心中进行，在计算出产品销售总成本并编制责任利润表后，在此基础上投资中心还要计算出投资收益，并编制出利润、投资收益报表。在实行“双轨制”的企业内，各责任中心之间可以通过各种原始凭证直接进行往来结算。

“双轨制”核算的优点是便于理解，比较容易推行。责任会计核算可以完全按照企业内部管理的要求进行，按企业内部管理的要求提供企业责任中心计划完成情况的各项资料，具有很大的灵活性。实行“双轨制”核算的缺点也很明显：一方面，凭证要按不同的要求进行双重核算，核算工作量大；另一方面，由于财务会计核算与责任会计核算提供的数据之间缺少直接的联系，因而无法通过责任会计提供的资料，反映产品实际成本和实际利润形成过程中的责任归属；另外，实行“双轨制”不仅不易发现责任会计核算的差错，而且还有可能为责任中心在完成责任成本预算等方面提供弄虚作假的可乘之机。

2.“单轨制”核算模式。“单轨制”核算模式是指责任会计与财务会计结合，企业在满足财务会计要求的前提下，将有关责任会计核算内容纳入财务会计核算体系，按照责任会计核算的要求，对财务核算体系进行一些必要的调整和补充，在企业内部形成一个包括财务会计核算与责任会计核算在内的统一的会计核算体系。

在实行“单轨制”的核算模式中，责任成本计算和产品制造成本计算要结合进行，两者的结合方法有两种：一种方法是以产品制造成本为基础调整计算责任成本；另一种方法则是以责任成本核算为基础调整计算制造成本。采用前一种方法，仍按传统方法计算各种产品的制造成本，只是各车间的消耗均按内部结算价格，而各项成本差异和期间费用则由有关责任中心直接转给厂部会计部门，在有关产品之间进行分配或直接转入损益。采用后一种方法，车间在进行有关成本核算时，先将各种费用按可控费用与不可控费用划分，并设置各种明细账进行归集；然后将可控费用与不可控费用在相关产品之间进行分配；再根据各种产品的可控成本之和计算车间的责任成本，根据某产品的可控成本与不可控成本之和计算该产品的制造成本。在“单轨制”会计核算中，企业会计部门要承担多种职能。一方面，会计部门作为一个责任中心，要对本部门各项可控费用进行核算；另一方面，会计部门还要在各责任中心核算的基础上，对各责任中心不可控的各项成本与收入进行核算，进而调整计算产品实际制造成本和企业实际利润，并负责编制企业的各种会计报表。

采用“单轨制”核算模式的优点是责任成本的计算是通过编制调整计算表来完成的，不需要另外设置账簿；对相同的原始凭证只需进行一次处理，减少了工作量。缺点是要设置辅助科目来进行责任调整，手续繁杂，而且有时调整后的数据同实际责任成本有较大的出入；同时，实行“单轨制”的核算程序复杂，对会计人员的技术水平与业务素质要求也较高。

(三)责任会计账务处理程序设计

实行“双轨制”责任会计核算模式下的会计核算程序同传统会计的核算程序相同,这里不再重述。在实行“单轨制”的责任会计核算模式下,企业的会计账簿组织形式主要有四种,以此决定的责任会计账务处理程序也有四种形式,即统驭式、转换式、并立式和补充式。

1.统驭式责任会计账务处理程序。统驭式账簿组织形式是利用总账进行控制的一种形式,适用于企业或责任单位需要严格控制的核算内容。总账设在控制单位,明细账设在被控制单位,总账与明细账平行登记。明细账根据原始凭证以及原始汇总凭证登记,总账根据记账凭证或科目汇总表登记,总账与所统驭的明细账之间记账方向相同、金额相等。双方定期核对,如有不符,及时纠正。由此决定的统驭式账务处理程序与原有财务会计账务处理程序基本相同,原有记账凭证账务处理程序、汇总记账凭证账务处理程序、科目汇总表账务处理程序、日记账总账账务处理程序均可选用。现以科目汇总表账务处理程序为例说明统驭式责任会计账务处理程序的流程(见图 10-9)。

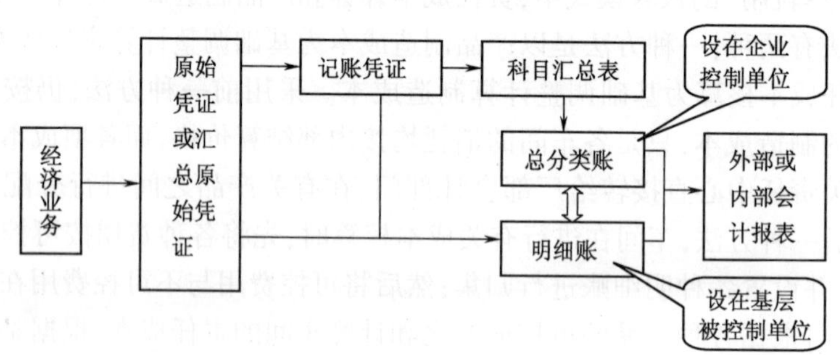

图 10-9 统驭式责任会计账务处理程序流程

2.转换式责任会计账务处理程序。转换式账簿组织形式是利用总账进行控制的另一种形式,适用于企业需要加以控制的核算内容。通过在内部银行和基层责任单位增设内容相对应、账户结构相反的一对内部往来会计科目,将企业对外核算或企业核算内容转换成内部责任单位的核算内容。企业财会部门通过增设在内部银行的会计科目来控制与之内容相对应的基层责任单位的会计科目,从而保证有关总账与总账之间、总账与分总账之间、总账与明细账之间的内容相符、金额相等。期末,增加在内部银行和基层责任单位的内部往来科目要相互轧账。账目轧平了,表明双方记账无误,可以编制会计报表;账目轧不平,表明记账有误,需要进一步调整。与转换式账簿组织形式相对应的是转换式责任会计账务处理程序。转换式责任会计账务处理程序的具体转换形式也不尽相同。仍以通常采用的科目汇总表账务处理程序为基础,说明转换式责任会计账务处理程序的流程(见图 10-10)。

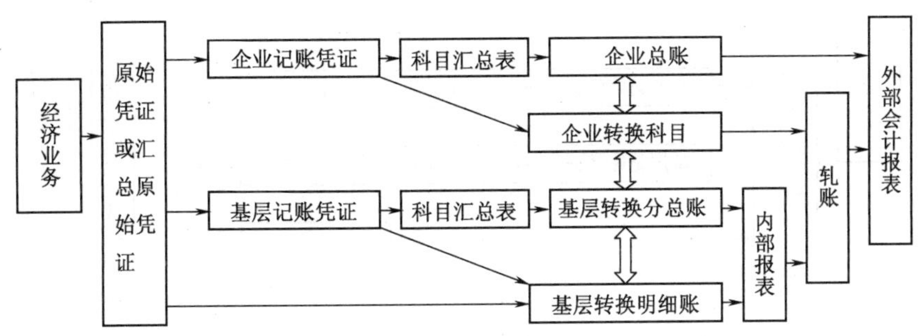

图 10-10　转换式责任会计账务处理程序流程

3.并立式责任会计账务处理程序。并立式账簿组织形式是企业财会部门利用并立的分总账对核算内容进行控制的一种形式,适用于企业不下放管理权限的核算内容。通过内部银行和增设转换会计科目,将企业财会部门的总账转换到责任单位,成为两个以上并立的分总账,企业财会部门根据需要设置分总账,专门核算企业负责的那部分内容。在并立式责任会计核算程序中将企业财会部门的总账分成两个或两个以上的分总账。分总账与分总账之间是相互并立的,而分总账与明细账之间则是统驭的。仍以科目汇总表账务处理程序为基础,说明并立式责任会计账务处理的流程(见图 10-11)。

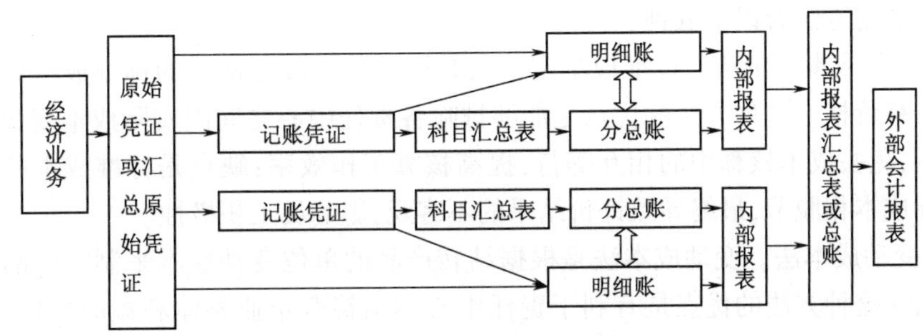

图 10-11　并立式责任会计账务处理程序流程

4.补充调整式责任会计账务处理程序。补充调整式账簿组织形式是企业财会部门利用分总账进行控制的另一种形式。形式上类似于并立式,区别在于企业财会部门保留分总账,其核算内容是基层单位核算内容的补充,属于责任单位的不可控部分。仍以科目汇总表账务处理程序为基础说明补充调整式责任会计账务处理程序的流程(见

图10-12)。

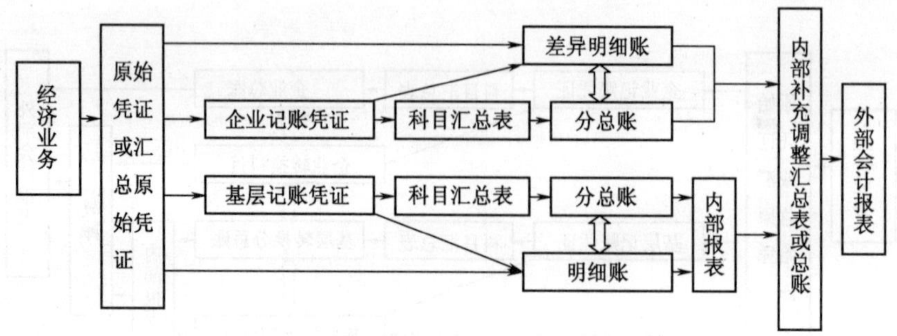

图10-12 补充调整式责任会计账务处理程序流程

(四)内部结算制度设计

内部结算是指在企业内部模拟银行,对各责任单位所发生的经济业务采用一定的形式进行计价结算,以达到管理和控制企业经济活动的目的。内部结算制度设计的内容有结算价格、结算方式以及内部结算机构。

1.内部结算价格的设计。内部结算价格亦称内部转移价格,是指企业内部各责任单位之间因互相"买卖"产品或劳务而进行计价结算时采用的价格。为了分清责任中心之间的经济责任,计算和评价责任中心的经营业绩,企业需要设计内部结算价格。内部结算价格的制定方法有以下五种:

(1)标准成本定价法。标准成本定价法是根据产品或零部件的标准成本来制定其内部的转移价格。这种方法的优点是能够排除各责任中心之间因实际成本变化带来的相互影响,免去成本核算中的相互等待,提高核算工作效率;缺点是标准成本的制定可能与实际成本相脱节,最终导致评价结果的不客观,影响员工积极性。

(2)变动成本法。变动成本法是根据结转产品的单位变动成本来制定产品结算价格的方法。这种方法的优点是有利于责任中心作出符合企业整体利益的最佳决策;缺点是不能以此来正确评价和考核责任中心的经营业绩。

(3)成本加成定价法。成本加成定价法就是在责任中心成本的基础上再加上一定成数的利润,并以此作为内部转移价格。这种方法的优点是企业可以利用价格杠杆调节各责任中心的利润水平,以利于调动各责任中心的积极性;缺点是对利润和价格的制定比较复杂,根据各成本项目比例来确定的利润受主观因素影响较大。

(4)市场定价法。市场定价法是直接比较市场价格来制定内部转移价格。这种方

法的优点是能够正确反映各责任单位的经营业绩，体现公平原则；缺点是在市场价格不合理的情况下，容易扭曲责任中心的业绩，而且有些产品难以找到市场价格，不易确定转移价格。

(5)协商定价法。协商定价法是各责任中心以市场价格为基础，共同协商，确定出大家都能接受的价格水平为内部转移价格。这种方法的优点是保留了市场定价的优点，并在一定程度上减弱了市场竞争带来的冲击和震荡；缺点是协商浪费时间，易造成部门间的矛盾，而且受到谈判人员技巧的影响。

2.内部结算方式设计。内部结算方式就是企业内部责任中心之间在发生经济业务往来时进行结算的形式。在进行内部结算方式的设计时，要努力做到既能满足企业结算业务和资金管理的需要，又能简化结算工作手续，设计出适合本企业特点的内部结算方式。常用的内部结算方式主要有以下四种：

(1)内部货币结算方式。这种方式是在企业内部发行“货币”，用于各责任中心之间的往来结算，但不得在企业范围之外流通使用。这种方式能够增强各责任单位和有关人员的价值观念和效益观念，但手续过于复杂，一般必须设置内部银行。这种结算方式适用于责任单位之间小额的零星收支结算，一般与其他结算方式配合使用。

(2)内部支票结算方式。采用这种结算方式，在责任中心之间的结算业务中，由付款单位签发内部支票给收款单位，收款单位将内部支票送交内部银行或内部结算中心，内部银行或内部结算中心据以划拨款项。这种结算方式手续较为方便，便于企业对各责任中心进行控制，是常用的内部结算方式，适用于责任单位之间金额较大的结算业务。

(3)内部委托收款结算方式。这种方式是由收款单位向内部银行或内部结算中心办理托收手续，委托其办理收款业务的内部结算方式。这种结算方式适用于收、付款单位不直接会面进行各项固定往来的内部的结算。

(4)内部委托付款方式。这种方式是付款单位向内部银行或内部结算中心办理委托付款手续，委托其向收款单位付款的内部结算方式。这种结算方式适用于收、付款单位不直接会面进行各项交拨款项的结算，企业财会部门向责任单位划拨资金比较适用于这种结算方式。

3.内部结算机构的设计。企业进行各责任单位之间内部结算，需要设置一定的内部结算机构。内部结算机构有两种设计方式：一是设立内部结算中心；二是设立内部银行。相对而言，内部结算中心业务单一，职责范围小，而内部银行的职责范围要更大一些。现以内部银行为例来说明。

建立健全内部结算制度的最佳方法，是建立管理严格、制度健全、运作规范的内部银行。内部银行是银行、会计、财务三部分机构的有机结合，其既有结算职能，又有资金

管理职能，它主要有以下方面的特征和业务内容：

(1)模拟银行性。内部银行模拟银行的运作机制，具体表现为：首先，发行内部货币，作为内部经济业务交换的媒介；其次，吸收内部存款，发放内部贷款，并借助利率手段，以实现内部经济信贷管理和资金融通；再次，内部银行是内部结算中心，以内部货币为计量单位，以内部转移价格为计价依据，集中办理结算业务；最后，可以集中对外办理存贷款和结算业务，以加速资金周转，提高资金的利用效率。

(2)内部核算性。内部银行可以引入会计核算的部分机制进行内部核算，是加强内部经济核算的有效手段。内部银行核算的目的是为了考核经济责任，为企业实施资金控制和内部管理创造条件。

(3)资金运筹性。内部银行通过吸收内部存款，发放内部贷款，计算利息，在企业内部实现资金融通。

(4)非营利性。内部银行仅仅是企业内部的一个职能管理服务机构，不需要也不追求自身的利益，有利于降低责任单位的成本。

内部银行办理具体内部核算业务程序如下：

(1)开立内部银行结算账户。各责任中心都必须在内部银行开立账户，申请账号，以便办理内部结算。

(2)办理印鉴登记。各责任中心都应在内部预留印鉴，以办理结算业务时核对。印鉴主要包括责任单位财务专用章和负责人名章。

(3)内部银行资金的投放与拨付。内部银行办理资金的投放时，应首先由责任中心自报定额，经内部银行会同财会部门审核后下拨核定的资金。下拨资金时应填写拨款通知单，分别交由内部银行和责任中心入账。在责任中心临时资金紧张时，由责任中心向内部银行申请贷款，经内部银行与有关部门审核后予以下拨。

(4)责任中心的转账结算。责任中心之间的内部业务，应通知内部银行并提交有关内部单证，由内部银行审核后办理内部转账业务。责任中心与企业外部办理结算，也应通过内部银行中转，然后通过财会部门办理相关手续。

(5)内部银行资金回笼结算。内部银行收回拨款时，根据收回的数额，填制转账通知单，直接从有关责任中心存款中扣减，并通知责任中心记账。

(五)责任分析与考核制度设计

责任分析与考核是企业根据特定时期预算和责任考核指标，对责任中心的实际执行情况考查、核实和分析，据以评价责任中心的业绩，并采取相应的奖惩措施，激励与教育责任单位改进工作，促进企业整体效益的提高。责任分析与考核制度设计包括责任分析制度设计和考核制度设计两部分，但实际上这两部分是结合进行的，责任分析是考核的前提,考核是责任分析的结果。

1.责任分析与考核的原则。责任分析与考核涉及多方面利益,是一项既严谨又慎重的工作,为了确保制度能够顺利执行,在进行制度设计时除遵守制度设计的一般原则外,还应遵守以下原则:

(1)客观公正的原则。

(2)标准明确,易于理解与操作的原则。

(3)全面考核,统筹兼顾的原则。

(4)适应性强,相对稳定原则。

2.责任分析与考核制度的内容。责任分析与考核制度包括责任中心责任内容设计、责任考核指标设计、责任会计报告设计、责任分析制度设计等几方面的内容。这里主要对责任考核指标设计和责任会计报告设计进行说明。

3.责任考核指标设计。设计责任考核指标的步骤是:①确定责任中心的性质及责任;②分析考核重点,明确考核内容;③设计基本考核指标和明细指标,将考核内容具体化;④将指标分解落实到位。

各级责任中心的主要考核指标如下:

(1)费用中心。费用中心的考核内容应当是可控费用及其预算。考核指标有费用预算节约(超支)额、费用预算完成率和费用功效。费用预算节约(超支)额是实际费用与预算费用的差额;费用预算完成率=(实际费用-预算费用)/预算费用;费用功效的计算要针对费用中心的工作内容来确定(详见本书第八章第七节有关内容)。

(2)成本中心。成本中心的考核内容是该成本中心的可控成本。结合成本中心的特点,可以设计以下几个针对成本中心的考核指标:①可控成本总额,由成本中心的全部可控成本构成;②可控成本降低额或降低率,可采用考核当期可控成本实际完成数与前期水平或历史最好水平相比较的方式设计;③可控成本预算完成率,采用实际数与预算数相比较的方式设计;④主要成本项目可控成本降低额或降低率。此外,标准成本或目标成本亦可成为成本中心的考核指标。

(3)利润中心。利润中心的考核内容应当是该中心在一定时期内取得的利润,自然利润或内部利润,但是直接考核利润并不是唯一的选择。在实际考核中,边际贡献、可控边际贡献、部门边际贡献也可成为利润中心的考核指标。

边际贡献是指部门销售收入减去变动成本后的余额。以边际贡献作为业绩评价依据有时会显得不够全面,这是因为部门经理至少可以控制某些固定成本。因此,以边际贡献作为考核指标时,可能导致部门经理尽可能多地支出固定成本,以减少变动成本支出,尽管这样并不能降低成本总额。

可控边际贡献是边际贡献减去可控固定成本后的余额。以可控边际贡献作为业绩

评价依据可能是最好的,它反映了部门经理在其权限范围内有效地使用资源的能力。这一衡量标准存在的主要问题是可控固定成本与不可控固定成本的划分比较困难。

部门边际贡献是部门可控边际贡献减去不可控固定成本后的余额。以部门边际贡献作为业绩评价依据可能更适合该部门对企业利润和管理费用的贡献,而不适合于对部门经理的评价。如果评价部门经理的业绩,由于一部分固定成本是过去管理决策的结果,现在部门经理已很难改变,部门边际贡献超出了部门经理的可控范围。

在确定以上考核依据的基础上,可以制定相应的考核指标,主要指标有两类:一类是反映利润总额完成情况的指标,如利润总额、边际贡献总额、可控边际贡献总额、部门边际贡献总额及边际贡献增长额等;另一类是反映利润增长情况的相对数指标,如利润增长率、边际贡献增长率、可控边际贡献增长率及部门边际贡献增长率等。

应当注意的是,以反映利润完成情况的指标作为评价业绩的依据,不能全面反映某个经济组织的所有经济效果。因此,有时要辅之以一些非利润考核依据,如销售收入完成及增长情况、产品质量提高情况和社会责任完成情况等。

(4)投资中心。投资中心的考核内容不仅包括利润,而且包括与资产利用效率有关的内容。投资中心的考核指标通常有投资报酬率、剩余收益、现金回收率、剩余现金流量等。

投资报酬率是最常见的对投资中心的考核指标,它既能反映投资中心的盈利水平,又能反映投资中心的资产使用效果。其计算公式为:

投资报酬率=责任中心边际贡献/总资产

剩余收益也是全面评价投资中心各项经营活动的综合性的绝对数指标。其计算公式为:

剩余收益=责任中心边际贡献-责任中心资产应计报酬
=责任中心边际贡献-责任中心资产×资本成本

剩余收益为绝对数,不便于不同部门之间的比较,因此在应用它作为考核指标时,应事先建立剩余收益预算,然后通过实际与预算的对比来评价部门业绩。

以现金为基础的考核指标是现金回收率和剩余现金流量,其计算公式为:

现金回收率=营业现金流量/总资产

剩余现金流量=经营现金流入-责任中心资产×资金成本

由于投资中心要对投资的经济效益负责,所以必须拥有经营决策权和投资决策权。同时,为了分清责任效益,各投资中心使用的资产要划分清楚,共同发生的成本费用要按适当的标准分配，相互之间调剂使用的资金也应计息清偿。

4.责任会计报告设计。责任会计报表是系统、全面地反映企业内部各责任中心的生产经营过程和资金运动情况及结果的总括性报告，它包括一系列责任会计报表和报表的文字说明。责任会计报表是根据责任会计日常核算的资料，采用一系列专门方法，经过分析、综合、汇总编制而成的。

责任会计报告设计的程序是：

(1)根据内部控制制度、内部经济责任制和责任会计核算的具体要求选定责任会计报告的种类，并形成体系。

(2)确定每一种责任报告的内容、指标和格式，使各项责任考核指标科学合理地反映到责任报表的各个项目中。

(3)设计责任会计报表的编制要求，以便于有关单位编制责任报表，同时也有助于企业管理部门阅读和审核报表。

案例分析：首钢的“廉洁采购制度”两年创效 2.62 亿元

首钢总公司每年有上百亿元的资金用于原料、燃料、材料的采购。他们在物资供应方面积极探索有效途径和方法，搞好“廉洁采购制度”建设，取得了良好的效果。据对首钢主要物资供应部门原料处、材料处的统计，他们通过廉洁采购、降低采购成本，两年来为企业创造经济效益 2.62 亿元。

据首钢总公司纪、监委负责同志介绍，为确保廉洁采购，他们抓权力分解、民主监督、招标采购和廉政共建等制度方面的建设。具体做法如下：

一是权力分解。过去，物资供应部门工作人员业务权力过于集中，有的科室采购员既管计划、采购、验收，又管合同、结算，容易出问题。现在他们建立了各项业务分离的管理机制，做到计划、采购、验收、结算等各个环节相互制约，堵塞管理漏洞。原料处明确规定，验收废钢铁必须由两人同时验收。当两人意见不一致时，必须报上一级裁决，做到双岗同步制约，避免定“人情价”，以次充好等问题。1998 年一年，该处购废钢铁 110 万吨，有关人严格验收把关，扣杂 2 000 余吨，拒收不合格废钢铁 1 728 吨，避免经济损失 233 万元。

二是民主监督。为强化监督制约，首钢把厂务公开的原则、方法运用于采购工作中，为防止人员决策造成的失误和经济损失，各物资供应单位成立了由行政领导和购销、财务、纪检、监察、审计部门专业人员组成的价格委员会，对大宗物资采购方案进行审查把关，民主决策，严格执行比价采购原则。原料处价格委员会自 1998 年以来共审查重大采购方案 94 项，提出重大增收节支措施 62 项，节约采购费用上亿元。材料处过

去规定由价格委员会审定的采购合同金额在500万元以上,现改为10万元以上,扩大了价格委员会的议事范围。一次在外销废旧结晶器时,有关科室提出每吨售价1.9万元,经价格委员会审查,将每吨售价调整为2.15万元,多创收33.6万元。

三是招标采购。首钢从适应市场经济要求出发,为广大客户营造公开、公正、公平的竞争环境,大宗物资采购均实行招标采购,从而避免了幕后交易、以权谋私等不正之风的发生。1999年第四季度,原料处为购买19万吨煤,组织24个单位进行投标竞争,经过比价、压价,与19个单位签订供货合同,为企业节约采购费用258.57万元。

四是廉政共建。自1999年以来,首钢在健全内部制约机制的同时,与客户签订廉政协议书,实行廉政共建,不管新老客户,谁违反廉政协议,当即中断合同和业务往来。他们先后与50多个无视廉政协议、采取不正当手段竞争的客户断绝了业务关系,在客户中引起很大震动,有效地遏制了采购之中的不正之风。

(资料来源:《经济日报》2000-07-12。)

问题:首钢的采购有何特色?在企业制度建设方面有何意义?

附录:管理会计应用指引801——企业管理会计报告

第一章　总则

第一条　为了指导企业管理会计报告的编制、审批、报送、使用等,根据《管理会计基本指引》,制定本指引。

第二条　企业管理会计报告,是指企业运用管理会计方法,根据财务和业务的基础信息加工整理形成的,满足企业价值管理和决策支持需要的内部报告。

第三条　企业管理会计报告的目标是为企业各层级进行规划、决策、控制和评价等管理活动提供有用信息。

第四条　企业应建立管理会计报告组织体系,根据需要设置管理会计报告相关岗位,明确岗位职责。企业各部门都应履行提供管理会计报告所需信息的责任。

第五条　企业管理会计报告的形式要件包括报告的名称、报告期间或时间、报告对象、报告内容以及报告人等。

第六条　企业管理会计报告的对象是对管理会计信息有需求的各个层级、各个环节的管理者。

第七条　企业可根据管理的需要和管理会计活动的性质设定报告期间。一般应以日历期间(月度、季度、年度)作为企业管理会计报告期间,也可根据特定需要设定企业管理会计报告期间。

第八条　企业管理会计报告的内容应根据管理需要和报告目标而定,易于理解并具有一定灵活性。

第九条　企业管理会计报告的编制、审批、报送、使用等应与企业组织架构相适应。

第十条　企业管理会计报告体系应根据管理活动全过程进行设计，在管理活动各环节形成基于因果关系链的结果报告和原因报告。

第十一条　企业管理会计报告体系可按照多种标准进行分类，包括但不限于：

（一）按照企业管理会计报告使用者所处的管理层级可分为战略层管理会计报告、经营层管理会计报告和业务层管理会计报告；

（二）按照企业管理会计报告内容可分为综合企业管理会计报告和专项企业管理会计报告；

（三）按照管理会计功能可分为管理规划报告、管理决策报告、管理控制报告和管理评价报告；

（四）按照责任中心可分为投资中心报告、利润中心报告和成本中心报告；

（五）按照报告主体整体性程度可分为整体报告和分部报告。

第二章　战略层管理会计报告

第十二条　战略层管理会计报告是为战略层开展战略规划、决策、控制和评价以及其他方面的管理活动提供相关信息的对内报告。战略层管理会计报告的报告对象是企业的战略层，包括股东大会、董事会和监事会等。

第十三条　战略层管理会计报告包括但不仅限于战略管理报告、综合业绩报告、价值创造报告、经营分析报告、风险分析报告、重大事项报告、例外事项报告等。这些报告可独立提交，也可根据不同需要整合后提交。

第十四条　战略管理报告的内容一般包括内外部环境分析、战略选择与目标设定、战略执行及其结果，以及战略评价等。

第十五条　综合业绩报告的内容一般包括关键绩效指标预算及其执行结果、差异分析以及其他重大绩效事项等。

第十六条　价值创造报告的内容一般包括价值创造目标、价值驱动的财务因素与非财务因素、内部各业务单元的资源占用与价值贡献，以及提升公司价值的措施等。

第十七条　经营分析报告的内容一般包括过去经营决策执行情况回顾、本期经营目标执行的差异及其原因、影响未来经营状况的内外部环境与主要风险分析、下一期的经营目标及管理措施等。

第十八条　风险分析报告的内容一般包括企业全面风险管理工作回顾、内外部风险因素分析、主要风险识别与评估、风险管理工作计划等。

第十九条　重大事项报告是针对企业的重大投资项目、重大资本运作、重大融资、重大担保事项、关联交易等事项进行的报告。

第二十条 例外事项报告是针对企业发生的管理层变更、股权变更、安全事故、自然灾害等偶发性事项进行的报告。

第二十一条 战略层管理会计报告应精炼、简洁、易于理解,报告主要结果、主要原因,并提出具体的建议。

第三章 经营层管理会计报告

第二十二条 经营层管理会计报告是为经营管理层开展与经营管理目标相关的管理活动提供相关信息的对内报告。经营层管理会计报告的报告对象是经营管理层。

第二十三条 经营层管理会计报告主要包括全面预算管理报告、投资分析报告、项目可行性报告、融资分析报告、盈利分析报告、资金管理报告、成本管理报告、绩效评价报告等。

第二十四条 全面预算管理报告的内容一般包括预算目标制定与分解、预算执行差异分析以及预算考评等。

第二十五条 投资分析报告的内容一般包括投资对象、投资额度、投资结构、投资进度、投资效益、投资风险和投资管理建议等。

第二十六条 项目可行性报告的内容一般包括项目概况、市场预测、产品方案与生产规模、厂址选择、工艺与组织方案设计、财务评价、项目风险分析,以及项目可行性研究结论与建议等。

第二十七条 融资分析报告的内容一般包括融资需求测算、融资渠道与融资方式分析及选择、资本成本、融资程序、融资风险及其应对措施和融资管理建议等。

第二十八条 盈利分析报告的内容一般包括盈利目标及其实现程度、利润的构成及其变动趋势、影响利润的主要因素及其变化情况,以及提高盈利能力的具体措施等。企业还应对收入和成本进行深入分析。盈利分析报告可基于企业集团、单个企业,也可基于责任中心、产品、区域、客户等进行。

第二十九条 资金管理报告的内容一般包括资金管理目标、主要流动资金项目如现金、应收票据、应收账款、存货的管理状况、资金管理存在的问题以及解决措施等。企业集团资金管理报告的内容一般还包括资金管理模式(集中管理还是分散管理)、资金集中方式、资金集中程度、内部资金往来等。

第三十条 成本管理报告的内容一般包括成本预算、实际成本及其差异分析,成本差异形成的原因以及改进措施等。

第三十一条 业绩评价报告的内容一般包括绩效目标、关键绩效指标、实际执行结果、差异分析、考评结果,以及相关建议等。

第三十二条 经营层管理会计报告应做到内容完整、分析深入。

第四章　业务层管理会计报告

第三十三条　业务层管理会计报告是为企业开展日常业务或作业活动提供相关信息的对内报告。其报告的报告对象是企业的业务部门、职能部门以及车间、班组等。

第三十四条　业务层管理会计报告应根据企业内部各部门、车间或班组的核心职能或经营目标进行设计，主要包括研究开发报告、采购业务报告、生产业务报告、配送业务报告、销售业务报告、售后服务业务报告、人力资源报告等。

第三十五条　研究开发报告的内容一般包括研发背景、主要研发内容、技术方案、研发进度、项目预算等。

第三十六条　采购业务报告的内容一般包括采购业务预算、采购业务执行结果、差异分析及改善建议等。采购业务报告要重点反映采购质量、数量以及时间、价格等方面的内容。

第三十七条　生产业务报告的内容一般包括生产业务预算、生产业务执行结果、差异分析及改善建议等。生产业务报告要重点反映生产成本、生产数量以及产品质量、生产时间等方面的内容。

第三十八条　配送业务报告的内容一般包括配送业务预算、配送业务执行结果、差异分析及改善建议等。配送业务报告要重点反映配送的及时性、准确性以及配送损耗等方面的内容。

第三十九条　销售业务报告的内容一般包括销售业务预算、销售业务执行结果、差异分析及改善建议等。销售业务报告要重点反映销售的数量结构和质量结构等方面的内容。

第四十条　售后服务业务报告的内容一般包括售后服务业务预算、售后服务业务执行结果、差异分析及改善建议等。售后服务业务报告重点反映售后服务的客户满意度等方面的内容。

第四十一条　人力资源报告的内容一般包括人力资源预算、人力资源执行结果、差异分析及改善建议等。人力资源报告重点反映人力资源使用及考核等方面的内容。

第四十二条　业务层管理会计报告应做到内容具体，数据充分。

第五章　企业管理会计报告的流程

第四十三条　企业管理会计报告流程包括报告的编制、审批、报送、使用、评价等环节。

第四十四条　企业管理会计报告由管理会计信息归集、处理并报送的责任部门编制。

第四十五条　企业应根据报告的内容、重要性和报告对象等，确定不同的审批流程。经审批后的报告方可报出。

第四十六条　企业应合理设计报告报送路径，确保企业管理会计报告及时、有效地送达报告对象。企业管理会计报告可以根据报告性质、管理需要进行逐级报送或直接报送。

第四十七条　企业应建立管理会计报告使用的授权制度，报告使用人应在权限范围内使用企业管理会计报告。

第四十八条　企业应对管理会计报告的质量、传递的及时性、保密情况等进行评价，并将评价结果与绩效考核挂钩。

第四十九条　企业应当充分利用信息技术，强化管理会计报告及相关信息集成和共享，将管理会计报告的编制、审批、报送和使用等纳入企业统一信息平台。

第五十条　企业应定期根据管理会计报告使用效果以及内外部环境变化对管理会计报告体系、内容以及编制、审批、报送、使用等进行优化。

第五十一条　企业管理会计报告属内部报告，应在允许的范围内传递和使用。相关人员应遵守保密规定。

第六章　附则

第五十二条　本指引由财政部负责解释。

思考题

1.试从不同角度分析企业财务制度的内容。

2.设计企业财务制度的依据有哪些？为什么？

3.你对企业财务职权制度设计有何看法？

4.你认为内部审计机构应隶属于财务总监抑或董事会下设的审计委员会吗？为什么？

5.为什么制度设计总要有原则？没有可以吗？

6.试述财务会计制度的主要内容。

7.试对某企业的投资决策会计报告进行设计。

8.试分析内部银行与财务制度、责任会计制度、财务会计制度之间的关系。

资产评估

本章要点

资产评估是部分专门的咨询机构(资产评估事务所或会计师事务所)的主要业务。本章介绍资产评估的基本知识和基本方法,并提供有关资产评估的具体操作规程。通过本章的学习,要求学生了解资产评估的概念、特点、要素、功能、原则以及资产评估假设等内容,熟悉资产评估的程序,掌握资产评估的市场法、成本法和收益法三种基本方法,并学会运用这些方法对评估对象进行评估。

第一节　资产评估概述

一、资产评估的概念、特点及职能

(一)资产评估的概念

市场经济的核心问题是交易,既包括产品与服务的交易,也包括生产产品的资产的交易,而且后者往往更为重要。在现实经济活动中,资产交易所涉及的产权转让、企业重组、破产清算、资产抵押、资产的纳税等经济行为,都需要以资产的价值为依据。为了估计和判断资产的现行价值,就需要对资产价值进行评估。与日常会计核算中按交易价格入账的资产计价不同,资产评估是按照专门的程序和方法对特定的资产进行的评定估价。因此,须由具有注册资产评估师资格的专业人员来对资产进行评估。资产评估是一门科学,也是一门艺术。其科学性在于资产评估是对评估标的物的价值进行合理界定,任何标的物均是可计量的社会劳动成果,其价值是劳动成果的数量体现,评估标的物的价值总可以在市场中找到能与之相比较的参照物,因而资产评估必须根据特定目的,选择适用的标准和科学的方法,实施科学合理的评估程序,制定科学的评估方案,使资产评估结果准确合理;其艺术性在于评估标的物千差万别,在市场中不能找到与之完全相同的参照物,其价值衡量标准缺乏客观的计量标准,只有抽象的尺度,且资产评估工作具有很强的主观性,有赖于评估人员的知识、经验和专业判断来确定评估结论。

资产评估的有关要求如下:

1.资产评估要由相应的专业评估人员进行操作。在市场经济条件下,资产评估人员必须具备一定的专业知识,取得相应的资产评估资格证书后,方可从事资产评估业务。

2.资产评估的目的要明确。只有明确了资产评估的目的,才能选用相应科学的方法来进行评估。

3.资产评估必须执行统一的标准,主要是价格标准和时间标准。价格标准要求资产评估工作自始至终采用统一时点的市场价格,价格水平、汇率水平都要以特定时点的水平为标准,不能随意改变。时间标准要求资产评估应当以特定的时间为标准,资产评估只是对特定时点的资产进行评估,这个时点以后的资产变化不包括在评估范围内,即评

估时点以前的资产变化情况包括在资产评估工作中，而该时点以后的资产状况变化则不考虑在内。

4.资产评估有一定的法律程序，必须按照该法律程序进行。法律程序是由资产评估管理机构制定的有关资产评估进行的程序，资产评估工作必须遵从这样的程序。一般而言，不同类型的资产评估具有不同的评估程序，这些程序是我们进行资产评估工作的指南。

5.资产评估必须采用科学的方法。目前常用的评估方法有现行市价法、重置成本法、收益现值法和清算价格法。这些方法是在理论和实践的基础上总结和形成的，具有一定的科学性。

6.资产评估是对被评估资产的评定和估算的统一。评定意味着客观，估算夹带着主观。因此，任何资产评估的结果与资产的客观价值总是存在一定的误差，不可能是完全准确的。

综上所述，资产评估就是指在市场经济条件下，由专业机构和人员，依据国家有关规定，根据特定的目的，遵循适用原则，依照法定程序，选择适当的价值类型，运用科学的方法，对资产价值进行评定和估算的行为。

(二)资产评估的特点

资产评估是资产交易业务的中间环节和基础。在市场经济环境中，没有资产评估就没有资产交易。理解和把握资产评估的特点，有助于进一步认识资产评估的实质，提高资产评估工作的质量。和其他业务相比，资产评估业务具有以下特点：

1.现实性。现实性是指以评估基准期为时间参照，按这一时点的资产实际情况对资产进行评定估算。资产评估的现实性表现在以下三方面：

(1)直接以现实存在的资产作为估价的依据，只要求说明当前资产情况，不需要说明形成这种情况的原因，以及如何改变这种状况。

(2)以现实状况为基础反映未来。

(3)现实性强调客观存在。形式上存在而实际上已经消失或形式上不存在而事实上存在的，都要以实际上的客观存在为依据进行校正。

2.技术性。虽然资产评估是对被评估资产现实价格的评定估算，但并不意味着资产评估是一种随意性的估计，而是一项技术性很强的工作。因此，资产评估人员必须进行大量细致复杂的技术性处理和必要的计算，必须具有认真负责、精益求精的工作作风。

资产评估的技术性表现在以下四方面：

(1)有形资产特别是固定资产的评估涉及大量工程技术问题，评估人员必须对机器、设备、厂房和其他建筑物有相当的专业知识，否则，就很难作出客观的评估结论。

(2)无形资产的评估涉及大量的经济学知识和企业管理知识,而且需要把无形资产可能创造的价值和有形资产可能创造的价值剥离开来,或者测算出无形资产的重置成本,这些同样需要评估人员掌握较为丰富的相关知识。

(3)在一定情况下,资产评估还需要对资产进行技术测量和计算,确定资产的实际寿命和尚可使用年限,这种测量和计算同样具有较强的专业技术性。

(4)对资产评估管理部门而言,也必须具备相当的专业技术水平,因为对资产评估中可能出现的纠纷的处理同样需要应用相应的技术手段。

3.公正性。公正性是指资产评估行为对于评估当事人具有独立性,它服务于资产业务的需要,而不是服务于资产业务当事人的任何一方的需要。资产评估的结果如果背离客观公正的基本要求,就会使得资产业务的一方或几方蒙受不必要的损失。这就要求评估人员必须具备公正、客观、独立的态度,不屈服于任何外来的压力和任何一方的片面要求进行评估。资产评估公正性的表现有以下两点:

(1)资产评估是按公允、法定的准则和规程进行的,具有公允的行为规范和业务规范,这是公正性的技术基础。

(2)评估人员与资产业务是没有利害关系的第三者,这是公正性的组织基础。

4.咨询性。咨询性是指资产评估结论是为资产业务提供专业化估价意见,这个意见本身并无强制执行的效力,评估者只对结论本身合乎职业规范负责,而不对资产业务定价决策负责。事实上,资产评估为资产交易提供的估价往往由当事人作为要价和出价的参考,最终的成交价取决于出价一方还价的本领。咨询性除具有上述有限法律责任这一含义以外,还具有另外一层含义,即资产评估是职业化的专家活动,其表现是一定数量结构的专家组成专业评估机构,形成专业化的社会分工,使评估活动专业化、市场化。这种专业化和市场化的评估业,拥有大量的市场信息,能够更好地为实现资产业务的优化服务。

5.系统性。资产评估是一项系统工程,对评估中涉及的因素要以系统论的观点加以分析评价。系统论的观点在资产评估中具有重要的指导意义。系统性的基本要求有以下各项:

(1)系统地搜集、整理和分析被评估资产的相关资料,不允许任何遗漏现象发生。

(2)必须把被评估资产置于整个企业或整个行业的范围内,必要时还要置于整个国家的范围内进行分析评价。

(3)资产评估必须在特定的评估目的的指导下,按照既定的评估程序,遵循特定的评估标准,系统地进行。

(4)要对被评估资产相互之间的匹配问题进行系统的考虑,主要是对不同的有形资产、无形资产及其相互之间的匹配问题,因为同样的有形资产与不同的其他有形资产匹

配或与不同的无形资产匹配,可能发挥不同的作用,因此价值也可能不同。

(5)必须把被评估资产与当时的宏观经济形势及其以后的走势结合起来系统地加以考虑。

6.预测性。资产评估的预测性是指用资产的未来时空的潜能说明事实。现实的评估价值必须反映资产的未来潜能,未来没有潜能和效益的资产,现实评估的价值是不存在的。因此,通常用未来预期收益来折算反映整体资产的现实价值,用预计使用年限和功能评估某类资产的净值等。

7.综合性。综合性是指资产评估工作需要应用多方面的综合知识,评估人员必须具有多方面的素质,同时需要了解被评估资产的综合性能和属性。具体来说,评估人员必须全面了解被评估资产的自然属性、社会属性以及市场价格和内在价值,了解被评估资产的外界环境,并能基本预测其未来的性能、效用和效益。

8.责任性。资产评估的责任性是指资产评估机构和评估人员对资产评估结果必须承担相应的法律责任。通常,在市场经济发达的国家,一起进行资产评估的评估人员承担连带责任,这就要求评估人员必须具备良好的职业道德,必须充分考虑一切应评估的重要因素,确保资产评估结果的公正性、科学性和合理性。同时,资产评估人员必须在评估报告上签名并加盖所在资产评估机构的公章,签章后评估结果方为有效,而评估报告一旦生效,评估人员和评估机构就必须承担相应的法律责任。

(三)资产评估的职能

资产评估在资产业务中具有怎样的职能,主要取决于它要完成哪些任务。资产评估的任务主要包括四个方面:第一,全面核实资产的数量和质量,这是资产评估的基本前提;第二,准确评定和估算被评估资产的现实价格,这是资产评估的中心任务;第三,科学合理评价资产的运营状况,为资产所有者、经营者的经营决策提供依据;第四,在必要的情况下进行产权界定,明确资产的归属。这些方面的任务对于资产评估职能的实现具有重要的意义。

资产评估的职能包括以下三项:

1.评价职能。评价职能有两层含义:其一,资产评估主要是对企业资产的经营效果进行评价,反映不同时间、地点、经济背景下的资产价值和运营绩效的差异性,以此检查、考核和评价企业的经营状况。其二,众所周知,资产的现实价格处于不断变化之中,在资产业务中按照账面价值计算,难以反映资产的真实价值,因此需要通过资产评估来确定现实价格。这也是资产评估的核心功能。

2.产权界定职能。在资产评估中,需要对资产业务有关各方的财产权利进行合理科学的界定,明确产权主体,维护各方经济利益。

3.公正职能。这是指资产评估结果的真实性、公平性和合法性在法律上具有公正效力。该功能可以为资产业务的顺利进行提供一定的可信度保障,以避免发生不必要的纠纷。

二、资产评估的基本要素

在资产评估过程中,一般要涉及资产评估的主体、资产评估的客体、资产评估的目的、资产评估的原则、资产评估的依据、资产评估的标准、资产评估的程序和资产评估的方法八个要素。这八个要素在资产评估工作中必不可少。

(一)资产评估的主体

1.资产评估主体的含义。资产评估的主体是指从事资产评估的机构和人员。具体来说,就是具有资产评估资格的中介机构和注册资产评估师。简言之,就是指由谁来进行资产评估。评估主体既可以是公司,也可以是自然人。

2.资产评估主体与资产评估人。资产评估主体和资产评估人是既有联系又有区别的两个概念。假定有一个企业要把一部分资产出让给另一个企业,双方同意聘请某资产评估公司对出让资产进行评估,则某评估公司就是这项资产评估的评估主体。在实际操作中,该评估事务所指定专人对被评估资产进行评估,被指定的一个或几个人就是评估人。如果双方同意委托某评估师而不是评估公司进行评估,评估的结果双方同意并具有法律效力,则评估主体和评估人就是某评估师,这时评估主体和评估人合二为一。

由此可见,评估人是进行实际评估操作的评估者,评估主体是对评估工作进行管理和负责的机构或个人。当评估人和评估主体分离时,评估人对评估主体负责,评估主体对评估人进行管理并对委托方负责;当评估人和评估主体合为一体时,评估人对委托方负责并自行管理评估工作。

3.注册评估师回避的事项。注册评估师在职业中应恪守独立、客观、公正的原则,评估师与客户存在以下利害关系时,应予以回避:

(1)曾在委托单位任职、离职后未满两年。

(2)持有客户的股票、债券,与客户有其他经济利益关系。

(3)与客户的负责人或委托事项的当事人有利害关系。

(4)其他可能直接或间接影响执业的利害关系。

(二)资产评估的客体

1.资产评估客体的含义。资产评估的客体是指被评估的资产。评估客体的资产有

的是单项资产,有的是若干项资产的结合体;有的是资产的所有权,有的则是资产的使用权等。

2.资产评估客体的分类。为了科学地进行资产评估,应对资产评估对象按不同的标准进行合理的分类。

(1)按资产存在的形态,可以将资产分为有形资产和无形资产。这是资产评估客体即资产常见的划分方法。有形资产是指具有实体形态的资产,包括机器设备、房屋建筑物等;无形资产是指那些没有实物形态,但在很大程度上制约着企业物质产品生产能力和生产质量,直接影响企业经济效益的资产。

(2)按资产是否具有综合获利能力,可以将资产分为单项资产和整体资产。单项资产是指单台、单件的资产;整体资产是指由一组单项资产组成的具有获利能力的资产综合体。

(3)按资产能否独立存在,可以将资产分为可确指的资产和不可确指的资产。可确指的资产是指能独立存在的资产,前面所列示的有形资产和无形资产,除商誉以外都是可确指的资产;不可确指的资产是指不能脱离企业有形资产而单独存在的资产,如商誉。商誉是由于企业地理位置优越、信誉卓著、生产经营出色、劳动效率高、历史悠久、经验丰富及技术先进等原因,所获得的投资收益率高于一般正常投资收益率所形成的超额收益。

(三)资产评估的目的

资产评估的目的是指资产评估委托者所期望的被评估资产的用途。同样的资产因为评估目的不同,其评估值也往往不同。因此,明确资产的评估目的,对于科学地组织资产评估工作,提高资产评估质量具有重要的意义。

(四)资产评估的原则

资产评估的原则是调节资产评估委托者、评估业务承担者以及资产业务有关权益各方在资产评估中的相互关系,规范评估行为和业务的准则。它包括两个层次的内容,即资产评估的工作原则和资产评估的经济原则。

1.资产评估的工作原则。

(1)独立性原则。独立性原则要求在资产评估过程中摆脱资产业务当事人利益的影响,评估工作始终坚持独立的第三者立场。评估机构是独立的社会中介机构,在资产评估中处于中立地位,不能为资产业务各方的任何一方所左右,评估工作不应受外界干扰和委托者意图的影响。评估机构和评估人员不应与资产业务有任何利益上的联系。

(2)客观性原则。客观性原则是指评估结果应以充分的事实为依据,评估人员要从实际出发，认真进行调查研究，在评估过程中排除人为因素，坚持客观、公正的态度，采用科学的评估方法。

(3)科学性原则。科学性原则是指在资产评估过程中，必须根据评估的特定目的，选择适用的价值类型和方法，制定科学的评估实施方案，使资产评估结果科学合理。资产评估工作的科学性，不仅在于方法本身，更重要的是必须严格与价值类型相匹配。价值类型的选择要以评估的特定目的为依据，它对评估方法具有约束性。科学性原则还要求资产评估程序科学合理。资产评估业务不同，其评估程序也有所不同。在评估工作中应根据评估本身的规律性和国家有关规定，结合资产评估的实际情况，确定科学的评估程序。这样，才能既有利于节约人力、物力和财力，降低评估成本，又有利于提高评估效率，保证评估工作顺利进行。

(4)专业性原则。专业性原则要求资产评估机构必须是提供资产评估服务的专业技术机构，必须拥有一支由懂得资产评估业务和工程、技术、营销、财务会计、法律、经济管理等多学科的专家组成的资产评估专业队伍；这支专业队伍的成员必须具有良好的教育背景、专业知识和丰富的经验。此外，专业性原则还要求资产评估行业内部存在专业技术竞争，以便为委托方提供更为广泛的选择空间。这是确保资产评估公平的市场条件。

2.资产评估的经济原则。

(1)贡献原则。贡献原则是指某一资产或资产的某一组成部分的价值，取决于它对其他相关资产或资产整体的价值贡献，或者根据当缺少它时对整体价值下降的影响程度来衡量确定。贡献原则要求在评估一项由多个资产构成的整体资产的价值时，必须综合考虑该项资产在整体资产构成中的重要性，而不是孤立地确定该项资产的价值。

(2)替代原则。替代原则是指当同时存在几种效能相同的资产时，最低价格的资产需求最大。这是因为，有经验的买方对某一资产不会支付高于能在市场上找到相同效用替代物的费用。评估时，某一资产的可选择性和有无替代性是需要考虑的一个重要因素。

(3)预期原则。预期原则是指在资产评估过程中，资产的价值可以不按照过去的生产成本或销售价格决定，而是基于对未来收益的期望值决定。资产评估价值的高低，取决于现实资产的未来效用或获利能力。一项资产取得时的成本很高，但对购买者来说其效用不高，该评估值就不会很大。预期原则要求在进行资产评估时，必须合理预测其未来的获利能力以及拥有获利能力的有效期限。

资产评估的各项经济原则是相互联系的，在资产评估中应综合运用这些原则，以保证资产评估工作效率的提高和评估结果的合理性。

(五)资产评估的依据

1.资产评估的法规依据。法规依据有:《资产评估机构管理暂行办法》(1999年),《资产评估报告基本内容与格式的暂行规定》(1999年),《资产评估操作规范意见(试行)》(1996年),《国有资产评估管理办法施行细则》(1992年),《国有资产评估管理办法》(1991年)等。

2.资产评估的信息依据。信息依据是指同类资产的市场价格及其他相关信息。

(六)资产评估的标准

1.资产评估标准的含义。资产评估的标准是指资产评估机构在资产评估中所遵循的统一的标准。这些标准主要是时间标准和价格标准。

2.资产评估的时间标准。时间标准是指资产评估必须是对特定时点上被评估资产价值的评定估算,特定时点就是资产评估的基准时间。例如,某企业将资产评估的基准时间定为2001年12月31日,这就是时间标准,它意味着最终评估结果反映该企业2001年12月31日的被评估资产的价值,评估时所选择的参照物的市场价值也必须是这一时点的市场价格。同时,它还意味着被评估的每一项资产也都必须是该基准时间的价值。

3.资产评估的价格标准。价格标准要求资产评估必须遵循统一的价格基准,具体包括:①统一的资产价格构成因素,例如,被评估资产的经营费用、生产成本等;②统一的定价标准,例如,被评估资产在生产过程中所耗费的活劳动的定额;③统一的价格层次,即相同的被评估资产必须执行统一的市场价格或国家优惠价格而不能分别采用不同的价格层次;④统一的资产类型,即被评估资产的类别、型号、规格要有统一的技术性能指标。

(七)资产评估的程序

资产评估的程序是指在特定的资产评估业务中,评估机构按照相应的要求进行评估工作所必须遵循的评估程序。资产评估的程序对保证资产评估的科学性、合理性和公正性具有重要意义,因为资产评估的过程有时会影响甚至决定资产评估的结果,这也是减少和避免评估工作随意性的重要要求。这里需要指出的是,不同的被评估资产和不同的评估目的决定着资产评估所采用的评估方法,而评估方法又决定着资产评估的程序。资产评估的一般过程包括接受委托、资产清查、评定结算、评估汇总、提交报告、送审确认、档案归档等。资产评估的具体操作规程请参见本章附录11-1。

（八）资产评估的方法

资产评估是一项对资产的现实价格进行评定估算的工作，技术性较强，因此必须采用科学的方法进行合理准确的评估。目前，资产评估的主要方法是市场法、成本法、收益法和清算价格法。这些方法分别适用于不同的资产类型或不同的评估目的。其具体的应用将在本章第二、第三、第四节中详细介绍。

三、资产评估的基本假设

（一）继续使用假设

1.继续使用假设的含义。站在资产评估的角度看，继续使用假设是指资产将按现行用途继续使用，或转换用途继续使用。对这类资产的评估，就要从继续使用的假设出发，一般情况下不能按资产拆分零售的收入之和来评估资产的价值。例如，一台大型组装机用于组装产品时估价可能是10万元，而若将其拆分成各个组成要件分别出售时，其估价可能仅仅为5万元。这说明，同一资产按不同的假设，用于不同的目的，其价格是完全不同的。

2.继续使用的方式。继续使用包括三种方式：①在用续用，即处于使用中的被评估资产在产权发生变动或资产业务发生后，按照其现行正在使用的用途及方式继续使用下去；②转用续用，即被评估资产在产权发生变动或资产业务发生后，改变资产现在的用途，按照新的用途继续使用下去；③移地使用，即被评估资产在产权发生变动或资产业务发生后，改变资产现在的空间位置，转移到其他空间位置上继续使用。

3.继续使用假设要求在资产评估时重点考虑的内容。

（1）资产能以其提供的服务和用途，满足所有者经营上期望的收益。

（2）资产尚有显著的剩余使用寿命。

（3）资产所有权明确，并保持完好。

（4）资产从经济上、法律上准许转做他用。

（5）资产的使用功能完好或较为完好。

（二）公开市场假设

公开市场是指充分发达与完善的市场条件。公开市场假设是假定在市场上交易的资产，或拟在市场上交易的资产，资产交易双方彼此地位平等，彼此都有获取足够市场信息的机会和时间，以便对资产的功能、用途及其交易价格等作出理智的判断。

公开市场假设是资产在充分竞争的产权市场上自由买卖，其价格的高低取决于一

定市场的供求情况下独立的买卖双方对资产的价值判断。它是基于市场客观存在的现实,即资产在市场上可以公开买卖。不同类型的资产,其性能、用途不同,市场程度也不一样,用途广泛的资产一般比用途狭窄的资产市场活跃,而不论资产的买者或卖者如何希望得到资产最大和最佳效用。公开市场假设是市场经济发展的内在要求,是实现经济资源最优配置的前提条件。

(三)破产清算假设

清算假设是指资产所有者在某种压力下,或经协商,或以拍卖方式将资产在公开市场上出售。这种情况下的资产评估具有一定的特殊性,适应强制出售中市场均衡被打破的实际情况。它假定资产的所有者在特定的市场条件下被迫将其资产整体或拆零在公开市场上出售。这种出售有一定的时间限制。在这种情况下,资产交易双方的地位不平等,交易时间短,资产的现行市价大大低于其他条件下的现行市价。

在资产评估中,由于资产未来效用有别而形成了"三种假设"。在不同的假设条件下,评估结果各不相同。在继续使用假设前提下,要求评估资产的继续使用价值;在公开市场假设前提下,要求评估资产的公平市场价值;在清算假设前提下,要求评估资产的清算价格。因此,资产评估人员在评估业务中要充分分析了解、判断认定被评估资产最可能的效用,以便得出有效结论。

第二节　市场法及其应用

一、市场法的概念

市场法也称市场价格比较法,是指通过比较被评估资产与最近售出的类似资产的异同,并将类似资产的市场价格进行调整,从而确定被评估资产价值的一种资产评估方法。市场法是一种最简单、最有效的方法,是因为评估过程中的资料直接来源于市场,同时又为即将发生的资产行为估价。但是,市场法的应用与市场经济体制的建立和发展,以及资产的市场化程度密切相关。在我国,随着社会主义市场经济体制的建立和完善,为市场法提供了有效的应用空间,市场法已逐渐成为一种重要的资产评估方法。

二、市场法应用的前提条件

1.需要有一个充分发育活跃的资产市场。在市场经济条件下,市场交易的商品种类很多,资产作为商品,是市场发育的重要方面。在资产市场上,资产交易越频繁,与被评估资产相类似资产的价格越容易获得。

2.参照物及其与被评估资产可比较的指标、技术参数等资料可搜集到。运用市场法,重要的是能够找到与被评估资产相同或类似的参照物。但与被评估资产完全相同的资产是很难找到的,这就要求对类似资产参照物进行调整。有关调整的指标、技术参数能否获取,是决定市场法运用有效与否的关键。

三、参照物的选择

市场法要求所选择的参照资产必须尽可能与被评估资产相类似,否则参照物资产的价格就会和被评估资产的价格有较大的出入。

参照资产与被评估资产的类似性,体现在其材质、性能、类型、规格、型号、评估目的、时间、地点及交易条件等方面。

四、市场法适用的范围

市场法主要用于单项生产要素的评估,如对于生产设备、运输工具、原材料、存货等的评估,以及对于投资参股、合作经营,确定遗产税、财产税的税基时的评估等。对于房屋建筑物、构筑物有完全房地产权证,且在市场上能存在三个以上可比参照物时,适宜用市场法。

在具体运用时,由于现行市场价格具有不同的形式,应注意以下几个问题:

1.承包、全民所有制企业的联营、兼并、转让、保险应以现行采购价格为准。

2.参股、投资、担保时,对同一资产无论其原来购置价格如何,都应采用市场价格,抵押和质押业务及破产清算应采用资产的可变现价格。

3.不同所有制企业的上述经济行为以及租赁经营应以市场价格为准。

4.中外合资、合作经营企业应以市场价格为基准,并参照国际市场价格作必要调整。

五、市场法的运用形式

(一)市价折扣法

市价折扣法是以相同资产在全新情况下的市场价格为基础,减去按现行市场价格计算的已使用年限的累计折旧额,从而得到被评估资产的现行市价。

评估计算公式为：

被评估资产的现行市价＝相同的全新资产的市价－应计折旧
＝相同的全新资产的市价－（相同全新资产市价－残值）×已使用年限/法定使用年限

其中，相同的全新资产的市价可以在市场上得到，残值是指被评估资产报废后的价值，法定使用年限是指规定的被评估资产的总使用年限。

【例 11-1】A 企业与 B 企业进行联营，A 企业投入机器设备一台，规定使用年限为 10 年，已使用 2 年，要求按现行市场价格为基础进行评估。据调查，该设备的全新市场价格为 100 000 元，预计残值率为 10%。

该设备的现行市价＝100 000－（100 000－10 000）×2/10＝82 000（元）

（二）市场比较法

市场比较法是指在资产市场上找不到与被评估资产完全相同的资产，但在市场上可以找到类似的资产作为参照资产，以类似资产的成交价格为基础，再根据差异因素作必要调整，从而确定被评估资产的现行市价。

评估计算公式为：

现行市价＝［相似全新资产市价－（相似全新资产市价－残值）×已使用年限/法定使用年限］×调整系数 K

公式中的调整系数 K，通常是根据经验数字来确定的，一般来说，影响 K 的因素有三个：

1.地域因素。地域因素是指资产所在地区或地段条件对资产价格的影响差异。这一因素对房地产价格的影响尤为突出。

2.时间因素。时间因素是指参照物交易时间与被评估资产评估基准日相差时间所影响的被评估资产价格的差异。不同的时间条件下，资产价格不同，主要就是时间因素导致的价格变化。

3.功能因素。功能因素是指资产实体功能过剩和不足对价格的影响。如一座房屋或一台机器设备，就特定资产实体而言，效能较高，用途广泛，但购买者未来使用并不需要如此高的效能；反之，购买者也可能有超出特定资产现有条件的要求，因而产生实体功能对价格的影响。一般情况下，功能越高，售价越高，但买主未来若对资产特定效能没有需求，就不愿意多花钱去购买这项资产，特殊功能的资产对所有者来讲并没有特殊价值。

应用市场比较法，应当注意以下三个问题：

1.选择的参照资产必须尽可能地与被评估资产相类似，否则，参照资产的价格就会和被评估资产的价格有较大的出入。

2.合理确定调整系数 K，全面分析被评估资产与参照资产在性能、使用收益及技术水平等方面的差异。

3.参照资产必须是全新的资产。

【例 11-2】承上例，目前市场上没有全新的相同设备，但有与其类似的设备，全新价格为 80 000 元，预计残值率仍为 10%。通过比较两者的性能、使用效益、技术水平等因素后确定的调整系数为 1.5。则：

$$被评估资产的现行市价=[80\ 000-(80\ 000-8\ 000)\times 2\div 10]\times 1.5=98\ 400(元)$$

（三）物价指数法

物价指数法是指用物价指数来估算被评估资产的现行市价的一种方法。它是运用物价指数来调整被评估资产的账面价值，从而求得资产的现行价格。在这种方法下，通常采用定基物价指数，基年最好与被评估资产的购置日期相同。

评估计算公式为：

$$现行市价=账面原价\times 评估日定基物价指数-差异贬值$$

与前面几种方法比较，这种方法的特点是考虑了物价上涨因素，它在高通货膨胀时期较为适用。

【例 11-3】有一栋商品住宅楼建筑面积为 3 000 平方米，1996 年建成。经调查搜集到评估基准日同类住宅楼的单位面积造价在 2 000 元/平方米左右，通过对待估建筑物与现商品住宅相比，估计当时造价要低 10%左右。根据现住宅市场情况，住宅的造价与住宅的市价比大约为 1∶1.5。

$$待估住宅楼的市场价格=2\ 000\times(1-10\%)\times 1.5=2\ 700(元)$$

$$待估住宅楼的转让价格=3\ 000\times 2\ 700=8\ 100\ 000(元)$$

六、运用市场法进行资产评估的步骤

运用市场法评估资产时，一般按下列步骤进行：

1.明确评估对象，即确定被评估资产。

2.明确评估指标。通过市场调查,收集和掌握与被评估资产价值有关的数据资料。

3.分析整理资料,并验证其真实性,判断选择参照物。评估人员对收集到的资料,应认真分析其真实可信程度、交易条件和背景,并选择三个或三个以上的参照物。

4.比较被评估资产与参照物。

5.用定性或定量的方法分析并调整差异,综合考虑各种因素,做出结论。

七、市场法的优缺点

市场法是资产评估中最简单、最有效的方法,其优点表现在两方面:①能够客观地反映资产目前的市场情况,其评估的参数、指标直接从市场获得,评估值更能反映市场现实价格;②评估结果容易被各方理解和接受。

市场法的缺点也表现在两方面:①需要有公开活跃的市场作为基础,有时因缺少可对比数据而难以应用;②不适用于专用机器设备和大部分的无形资产,以及受到地区、环境等因素严格限制的一些资产的评估。

八、市场法应用举例

(一)流动资产评估

1.材料的评估。盘盈材料由于没有历史成本价格,因此应采用重置成本法或现行市价法进行评估。若盘盈材料能取得同种材料的现行市场价格,则应以市场计价进行评估。即:

盘盈材料评估值=盘盈材料数量×该种材料现行市场单价-损耗

若不能取得同种材料应以类似材料的交易价格作为参照进行评估。即:

盘盈材料评估值=盘盈材料数量×类似材料交易价格×(1+调整系数)-损耗

【例 11-4】在对某企业的库存材料进行评估时,盘盈 A 种材料 5 吨,该种材料现已被 B 种材料取代。B 种材料的现行市场价格为 1 000 元/吨。通过比较鉴定,A 种材料的性能略优于 B 种材料,因此,规定增值系数为 5%,但由于 A 种材料的库存时间较长,质量有所下降,故规定损耗率为 10%。A 种材料的评估价值为多少?

A 种材料的评估价值=5×1 000×(1+5%)-5×1 000×10%

=5×1 000×0.95=4 750(元)

2.成品资产的评估。在可以取得现行市场价格资料的情况下,可以采用现行市价法

对成品资产进行评估。计算公式为：

评估价值=产成品数量×(产成品现行市场价格-流转税金)×(1±调整系数)-减值因素

【例 11-5】某企业库存甲成品 500 件,入库时为一等品,平均成本单价为 100 元。经评估人员核实和鉴定,甲成品中有 100 件是二等品,其销售价格为一等品的 90%。甲成品的现行市价为 130 元/件,流转税率 5%。甲成品的评估价值为多少?

甲成品评估价值=(500-100)×130×(1-5%)+100×130×90%×(1-5%)=60 515(元)

(二)机器设备评估

机器设备在变卖、出售时,一般采用现行市价法进行评估。现行市价法的前提是在市场竞争机制健全的情况下,通过供求平衡而达到"公平市场价格"。

按现行市价法进行评估,通常有两种具体方法:市价折扣法和市价比较法(前已述及)。

【例 11-6】某企业于 1992 年购进一条生产线,在这之后该企业曾对此生产线进行了技术改进。2000 年由于企业要改组上市,需对此生产线进行评估。预计尚可使用年限为 10 年,残值 3 000 元。市场上全新生产线的基准价为 100 000 元。考虑到被评估的生产线经过技术改进但已经使用了多年,其调整系数为 1.1。该生产线的评估价值为多少?

生产线评估价值=(100 000-3 000)×[1-8/(10+8)]×1.1=59 278(元)

(三)土地使用权评估

市场比较法在土地使用权的评估中应用最为广泛。它是在房地产市场已经形成、市场交易比较活跃的情况下,根据房地产交易实例,调整各差异因素,确定土地使用权出让价格的一种方法。这一评估方法的基本思路是以市场上成交的相同或类似的土地使用权出让价格为依据,通过和被评估土地的比较,并通过适当的调整评估出被评估土地的使用权价格。在具体操作中,可以把决定土地使用权出让价格的因素分解为几项指标,分别确定每项指标的权重,再对被评估土地与参照土地的各项主要指标的差异进行定量比较,综合成一个系数,最后根据这一系数和参照土地的市场价格测算出被评估土地使用权的市场价格。比较的各项参考指标见表 11-1。

表 11-1 被评估土地与参照土地的比较项目及其权重

序号	反映土地环境特征的项目	权重(标准)分
1	公共设施:学校、公园、医院、市场	10
2	环境:卫生、景观维护、居民文化水平	10
3	临路状况:环境交通、与市中心的方便程度	10
4	土地区分使用:土地使用秩序是否符合分区规定	10
5	土地使用程度:土地使用强度、土地开发程度	10
6	社区服务:煤气、给排水、垃圾处理、消防、商业网点	10
7	地区不动产销售情况:旧屋接受率、新屋销售率、空屋率	10
8	交通:公共交通工具、运输条件、停车场	10
9	音乐文化:电影院、体育场、剧院、艺术馆、图书馆	10
10	其他:综合性的环境吸引力或排斥力	10
合计		100

市价比较法的计算公式为:

土地使用权出让价格=参照土地使用权出让价格×综合调整系数×(1+期间价格上涨率)

×土地面积综合调整系数=被评估土地总积分/参照土地总积分

【例 11-7】已知土地 A 面积为 2 000 平方米,同时找到一年前与土地 A 具有可比性的 B、C 两块土地使用权出让的实例作为参照物,具体对比情况如表 11-2 所示。B、C 两块土地的售价分别为 150 元/平方米和 135 元/平方米,一年来地价上涨了 10%,试评估土地 A 的价格。

表 11-2 土地 A 与土地 B、C 的综合评分

项目	标准分	A	B	C
1	10	8	8	8
2	10	7	6	7
3	10	7	8	9
4	10	8	7	8

续表

项　目	标准分	A	B	C
5	10	6	8	9
6	10	7	7	8
7	10	9	6	10
8	10	8	7	7
9	10	8	7	7
10	10	7	6	7
合计	100	75	70	80

表 11-2 的综合评分表明,C 块土地较好,B 块土地较差,被评估土地 A 介于两者之间。如以 B 块土地为参照物,综合调整系数为 75/70=107.14%;如以 C 块土地为参照物,综合调整系数为 75/80=93.75%。

以 B 块土地为参照物:

$$土地\ A\ 的价格=150\times107.14\%\times(1+10\%)\times2\ 000=353\ 562(元)$$

以 C 块土地为参照物:

$$土地\ A\ 的价格=135\times93.75\%\times(1+10\%)\times2\ 000=278\ 437.5(元)$$

取两个数字的算术平均值,作为 A 块土地的评估价格,则:

$$A\ 块土地的出让价格=(353\ 562+278\ 437.5)/2=315\ 999.75(元)$$

(资料来源:于鸿君:《资产评估教程》,北京大学出版社,2001 年)

(四)债券的评估

债券作为有价证券的一种,从理论上讲,它的市场价格是收益现值的市场反映。当债券可以在市场上自由买卖、贴现时,债券的现行市价就是债券的评估值。但是,如果有些债券不能在市场上自由交易,其价格就需要通过一定的途径和方法进行评估。这里仅就可以用市场法评估的上市债券评估做一分析,非上市债券的评估见收益现值法。

可以在市场上流通交易、自由买卖的债券,一般用现行市价进行评估。

【例 11-8】在对某企业进行评估时,长期投资账上有债券 1 000 张,每张面值 100

元,年利率为 10%,此债券已上市进行交易。根据交易市场调查,评估基准日的收盘价为 110 元。经有关人员分析,该价格比较合理,所以评估值为:

$$110\times1\ 000=110\ 000(元)$$

(五)股票的评估

和债券的情况相类似,上市股票可以在证券市场上自由交易,正常交易的股票随时可以获取市场价格。因此,对于上市股票的评估,在正常情况下一般可以采用现行市价法,按照评估基准日的收盘价确定评估值。这里需要指出的是,在非正常情况下,即存在非法炒作的现象,股票无法正常交易时,不能以市场价格作为评估依据,而应与非上市股票相同,以股票的内在价值为依据。另外,以控股为目的持有上市公司股票的评估一般采用收益法(参见收益现值法举例分析)。

上市股票评估值=股数×评估基准日该股票市场收盘价

【例 11-9】某企业拥有某上市公司股票 10 000 股,评估基准日的股票收盘价为 18 元,则:

$$股票评估值=10\ 000\times18=180\ 000(元)$$

第三节　成本法及其应用

一、成本法概述

(一) 成本法的概念

成本法亦称重置成本法,重置成本是指重新购置与被评估资产完全相同或类似的资产所耗费的各种成本费用的总和。所谓成本法或重置成本法是指在评估资产时按现实重置成本来确定被评估资产价值的一种方法。成本法的基本思路是站在买方的角度,重新购进与被评估资产相同或类似的全新资产,耗费的各种必要费用,主要包括买价、运杂费和安装调试费等,即在现行市场条件下需要支付的成本额。

(二)成本法应用的前提条件

1.具备可利用的历史资料。成本法的应用是建立在历史资料基础上的,许多信息资料、指标需要通过历史资料获得。同时,现实资产与历史资产具有相同性或可比性。

2.形成资产价值的耗费是必要的。耗费是形成资产价值的基础,包括有效耗费和无效耗费,采用成本法评估资产,要确认耗费是必要的,而且体现社会或行业平均水平。

(三)成本法的适用范围

对于各种设备、运输工具、在建工程、存货、土地使用权等资产类型,在市场尚不发育,无法找到与其相似或相同的市场参照物,即在应用现行市价法和收益现值法的客观条件尚未完全具备的情况下可采用此方法;对房屋建筑物等资产在被评估单位尚未取得土地使用权,或无法找到市场参照物时应采用重置成本法。

二、成本法计算公式及各项指标的估算

成本法的基本计算公式有两种形式:

被评估资产评估值=重置成本-实体性贬值-功能性贬值-经济性贬值

被评估资产评估值=重置成本×成新率

根据以上计算公式,确定各项技术经济指标。

(一)重置成本及其估算

重置成本一般可分为复原重置成本和更新重置成本。

复原重置成本是指运用原来相同的材料、建筑或制造标准、设计、格式及技术等,以现时价格复原购建这项全新资产所发生的支出。

更新重置成本是指利用新型材料,并根据现代标准、设计及格式,以现实价格生产或建造具有同等功能的全新资产所需要的成本。

选择重置成本时,在同时可获得复原重置成本和更新重置成本的情况下,应选择更新重置成本。在无更新重置成本时,可采用复原重置成本。作出这种选择的原因是:一方面,随着科学技术的进步,劳动生产率大大提高,新工艺、新设计被社会普遍接受;另一方面,新设计、新工艺制造的资产无论在其使用性能还是在成本耗用方面都较旧资产具有优势。

重置成本的估算一般可以采用下列方法:

1.加和分析法。加和分析法又称详细定价法,即在进行资产评估时,将重置资产分

成若干组成部分，先确定各组成部分的现实价格，然后加总得出被评估资产的重置成本。重置成本由直接成本和间接成本组成。

（1）直接成本。直接成本是指构建全新资产的全部支出中可直接计入购买成本的那部分支出。如果是自制资产，则其直接成本包括生产过程的费用、安装成本和按成本利润率计算的利润三部分；如果是外购资产，则其直接成本包括资产的购置费用、运输费用、安装调试的材料和人工费用等。直接成本应按现时价格标准计算，逐项加总后得出。

（2）间接成本。间接成本是指构建全新资产的全部支出中不能直接计入成本的那部分费用，这部分成本需要采用适当的方法和标准进行分配，间接计入购建成本。如购置资产所发生的管理费用、前期准备费和维修费等。间接成本的分配和摊销可采用工作量比重法和直接成本比例法进行。

①工作量比重法。工作量比重法又称单位价格法，即以间接费除以所有工程耗工总量，得出单位耗工的间接费价格，然后按各项工程的实际耗用工作量乘以单价即为该项工程的间接费摊销额。其计算公式为：

某工程间接成本＝该工程实耗工作量×单位价格

②直接成本比例法。直接成本比例法是指按建筑安装部门预先规定的各类资产间接费提取标准和资产的直接费用进行计算。其计算公式为：

间接成本＝直接成本×间接成本占直接成本的百分比

【例 11-10】某企业两年前购置一台 C 型设备，原购置费 100 000 元，运杂费 800 元，直接安装费 1 000 元（其中，原材料费 600 元，人工工资 400 元）。据市场调查，这种设备目前的购置价格为 150 000 元，运杂费 1 200 元，直接安装费 1 500 元，间接成本平均为其直接成本的 0.9%。该设备的重置成本是多少元？

重置成本＝直接成本+间接成本

＝（150 000+1 200+1 500）+（150 000+1 200+1 500）×0.9%＝154 074.3（元）

应说明的是，在计算评估值时没有用到两年前的数据，这是因为重置成本的计算必须以现行市价为依据。

2.价格指数法。价格指数法又称趋势法，它是根据已掌握的同类资产历年的价格指数，找出被评估资产加工变动方向、趋势和速度，推算出原购置日期和评估基准日的价格指数，再据以计算被评估资产的重置成本。其计算公式为：

重置成本=(评估基准日价格指数/被评估资产原购置时间价格指数)×被评估资产原值

【例 11-11】某项被评估资产 1992 年购建,账面原值为 10 万元,2001 年进行评估,已知 1992 年和 2001 年该类资产的定基价格指数分别为 100%和 150%。计算被评估资产的重置成本。

被评估资产重置成本=100 000×150%/100%=150 000(元)

3.功能价值法。功能价值法也称生产能力比例法。这种方法是寻找一个与被评估资产相同或相似的资产为参照物,计算其每一单位生产能力与被评估资产生产能力的比例,据以估算被评估资产的重置成本。其计算公式为:

重置成本=(被评估资产年产量/参照物年产量)×参照物重置成本

【例 11-12】重置某全新的一台设备价格为 5 万元,年产量为 5 000 件。现知被评估资产年产量为 4 000 件,计算被评估资产的重置成本。

被评估资产的重置成本=(4 000/5 000)×50 000=40 000(元)

功能价值法的运用前提是假设资产的成本与其生产能力成线性相关关系,即生产能力越大,成本越高,而且是成正比例变化。应用这种方法估算重置成本时,首先应分析资产成本与生产能力之间是否存在这种线性关系,如果不存在这种关系,就不适用这种方法。

4.统计分析法。统计分析法是指用统计学原理估算资产重置价值的一种方法,它一般用于企业整体评估。其评估步骤如下:

(1)把全部固定资产按有关规定或一定规则划分为若干类别。

(2)在各类资产中抽样选择代表性资产,运用上述方法估算其重置成本。

(3)依据代表性资产的重置成本与账面历史成本计算出分类资产的调整数。其计算公式为:

成本调整系数=某类抽样资产的重置成本/某类抽样资产的历史成本

(4)根据上述公式计算被评估资产的重置成本。其计算公式为:

被评估资产重置成本=$\sum$某类资产账面历史成本×成本调整系数

(二)实体性贬值及其估算

资产的实质性贬值是指资产由于使用和自然力作用形成的贬值,其估算一般可以

采用以下三种方法：

1.成新率法。成新率法是指对被评估资产，由具有专业知识和丰富经验的工程技术人员对资产的实体各主要部位进行技术鉴定，并综合分析资产的设计、制造、使用、磨损、维护、修理、改造情况和物理寿命等因素，将评估对象与其全新状态时相比较，考察由于使用磨损和自然损耗对资产功能、使用效率带来的影响，判断被评估资产的成新率，从而估算实体性贬值。

(1)成新率法计算公式为：

资产实体性贬值=重置成本×(1-成新率)

(2)成新率及其估算。成新率反映评估对象的现行价值与其全新状态重置价值的比率。该成新率的估算方法有以下三种：

①观察法。即由具有专业知识和丰富经验的工程技术人员对资产的实体各主要部位进行技术鉴定，以判断确定被评估资产的成新率。

②使用年限法。即根据资产预计可使用年限与其总使用年限的比率确定。其计算公式为：

成新率=预计尚可使用年限/(实际已使用年限+预计尚可使用年限)×100%

③修复费用法。即通过估算资产恢复原有全新功能所需要的修复费用占该资产的重置成本的百分比确定成新率。其计算公式为：

成新率=(1-修复费用/重置成本)×100%

2.有形损耗法。有形损耗法是根据被评估资产的实际已使用数量(时间或工作量)与设计总使用数量的比值，确定资产的有形损耗率，再据此确定实体性贬值。

(1)无更新改造资产的有形损耗率：

有形损耗率=(实际已使用年限/总使用年限)×100%
=(实际已使用量/总使用量)×100%

(2)有更新改造资产的有形损耗率：

有形损耗率=加权投资年限/(加权投资年限+剩余使用年限)×100%

其中：

加权投资年限=Σ加权更新成本÷Σ调整现时成本

加权更新成本=已使用年限×更新成本

3.公式计算法。其计算公式为：

资产的实体性贬值=[(重置成本-预计残值)/总使用年限]×实际已使用年限

上述公式中,预计残值是指被评估资产在清理报废时净收回的金额,在资产评估中,通常只考虑数额较大的残值,如果残值较小,可以忽略不计;总使用年限是指实际使用年限与尚可使用年限之和。计算公式为：

总使用年限=实际使用年限+尚可使用年限

实际使用年限=名义已使用年限×资产利用率

资产利用率=(截至评估日资产累计实际利用时间/截至评估日资产累计法定利用时间)×100%

(三)功能性贬值及其估算

功能性贬值是指由于技术相对落后造成的贬值。通常情况下,功能性贬值的估算可以按下列步骤进行：

1.将被评估资产的年运营成本与功能相同但性能更好的新资产的年运营成本进行比较。

2.计算二者的差异,确定净超额运营成本。由于企业支付的运营成本是在税前扣除的,企业支付的超额运营成本会引起税前利润额下降,所得税额降低,使得企业负担的运营成本远远低于其实际支付额。因此,净超额运营成本是超额运营成本扣除所得税额后的余额。

3.估计被评估资产的剩余寿命。

4.以适当的折现率将被评估资产在剩余寿命内每年的超额运营成本折现,这些折现值之和就是被评估资产功能性损耗。其计算公式为：

被评估资产功能性贬值额=∑(被评估资产年净超额运营成本×折现系数)

(四)经济性贬值及其估算

经济性贬值是由于外部环境变化造成资产的贬值,如对产品需求的减少、原材料供应的变化、通货膨胀等原因造成企业产品销售困难而开工不足或停止生产,形成资产的闲置,价值得不到实现,从而发生的贬值。其计算公式为：

$$经济性贬值=资产价值\times经济性贬值率$$

$$经济性贬值率=[1-(资产现实产量/资产生产能力)^n]\times100\%$$

应说明的是，公式中的 n 为规模指数。

【例 11-13】某生产线的账面价值为 2 800 000 元，年设计生产能力为 200 000 件，由于竞争激烈导致产品销售困难，实际年产量只有 150 000 件。假定规模指数为 0.5，则该生产线的经济性贬值计算如下：

$$经济性贬值率=[1-(150\ 000\div200\ 000)^{0.5}]\times100\%=13\%$$

$$经济性贬值=2\ 800\ 000\times13\%=364\ 000(元)$$

当资产使用基本正常时，并不需要计算经济性贬值。评估人员应根据资产的具体情况加以分析确定。

三、成本法的优缺点

重置成本法的优点为：比较充分地考虑了资产的损耗，评估结果更趋于公平合理；有利于单项资产和特定用途资产的评估；在不易于计算资产未来收益或难以取得市场参照物条件下可广泛应用；有利于企业资产保值。

重置成本法的缺点为工作量较大，而且，它是以历史资料为依据确定目前价值的，必须充分分析这种假设的可行性。

四、成本法应用举例

（一）流动资产的评估

1.低值易耗品的评估。按低值易耗品使用情况分类，可以将其分为两类：一类是在库低值易耗品；另一类是在用低值易耗品。其中，对在用低值易耗品的评估可以采用成本法进行，其计算公式为：

$$在用低值易耗品评估值=全新成本价值\times成新率$$

全新成本价值可以直接采用其账面价值，也可以采用现行市场价格，有时还可以在账面价值的基础上乘以其物价变动指数确定。在对低值易耗品进行评估时，由于其使用期限短于固定资产，一般不考虑其功能性损耗和经济性损耗。成新率计算公式为：

$$成新率=(1-低值易耗品已使用月数/低值易耗品可使用月数)\times100\%$$

【例 11-14】某企业 A 项低值易耗品原价 600 元，预计使用 1 年，现已使用 6 个月，该低值易耗品现行市价为 800 元。由此确定其评估价值是多少？

$$在用低值易耗品评估值=800\times(1-6/12)\times100\%=400(元)$$

2.产成品的评估。采用成本法对生产及加工工业的产成品进行评估，主要是根据生产、制造该项产成品全过程中发生的成本费用确定评估值。具体应用过程中，可分为以下两种情况：

（1）当评估基准日与产成品完工时间较接近，成本升降变化不大时，可以直接按产成品账面成本确定其评估值。计算公式为：

$$产成品评估值=产成品数量\times单位产成品账面成本$$

（2）当评估基准日与产成品完工时间相距较远，制造产成品的成本费用变化较大时，产成品评估值可按下列公式计算：

$$\begin{aligned}产成品评估值=&产成品实有数量\times(合理材料工艺定额\times材料单位现行价格+\\&合理工时定额\times单位小时合理工时工资、费用)\end{aligned}$$

$$\begin{aligned}产成品评估值=&产成品实际成本\times(材料成本比例\times材料综合调整系数+\\&工资、费用成本比例\times工资、费用综合调整系数)\end{aligned}$$

以下用两个例子加以说明：

【例 11-15】某资产评估事务所对某企业进行产成品评估。经核查，该企业产成品实有数量为 10 000 件，根据该企业的成本资料，结合同行业成本耗用资料分析，合理材料工艺定额为 400 公斤/件，合理工时定额为 20 小时。评估时，由于生产该产成品的材料价格上涨，由原来的 50 元/公斤涨至 60 元/公斤，单位小时合理工时工资、费用不变，仍为 15 元/小时。根据上述分析和有关资料，确定该企业产成品的评估值：

$$产成品评估值=10\ 000\times(400\times60+20\times15)=243\ 000\ 000(元)$$

【例 11-16】某企业产成品实有数量 50 台，每台实际成本为 6 000 元，根据会计核算资料，生产该产品的材料费用与工资等其他费用的比例为 6：4，根据目前价格变动情况和其他相关资料，确定材料综合调整系数为 1.2，工资、费用综合调整系数为 1.1。由此可以计算该产成品的评估值：

$$产成品评估值=50\times6\ 000\times(60\%\times1.2+40\%\times1.1)=348\ 000(元)$$

(二)机器设备评估

在重置成本法的具体应用中,根据实际情况,可分别采用直接法、指数调整法、功能成本法和点面推算法等具体方法对机器设备进行评估。

1.直接法。直接法就是以现行市场价格标准核算设备重置的直接成本和间接成本,以重置全价为基础计算设备重置价值的方法。它可以分为两类:

(1)复原重置成本法。在按复原重置成本评估时,若设备的购建成本核算资料保存完整,则可将其直接费用和间接费用调整为现时价格与费用标准计算全价。若没有设备的购建成本核算资料,则要对设备成本项目先行分解,然后以现时价格计算所耗费的材料、人工和费用求出重置全价。其计算公式为:

机器设备评估价值=重置全价×成新率-功能性贬值

=(重置直接费用+重置间接费用)×成新率-功能性贬值

上述公式中的重置直接费用是指可以确认属于购建某设备的直接开支项目,如设备购价、运杂费、安装调试的用料、人工费用等。重置间接费用是指不能确认完全属于设备购建所开支、不能全部由购建设备所负担,但又与设备购建有关的费用。间接费用需要采取适当的标准和分配方法进行分配。间接费用可以按实际或计划工时、人工成本、直接材料成本、直接费用等作为分配标准进行计算。如按实际或计划工时法计算的间接费用分配率为:

机器设备间接费用分配率=间接费用总额/实际(或计划)总工时

用间接费用分配率分别与对应的分配标准总计数相乘,便可求得间接费用总额。即:

机器设备间接费用=实际(或计划)工时×间接费用分配率

按人工成本和按直接材料比例分配的计算方法和公式与此相类似。

【例 11-17】某评估事务所对某设备进行评估,若按现行市价购置款为 50 000 元,运杂费为 2 000 元,安装调试费为 3 000 元,人工成本为 2 000 元。根据同类设备安装调试的间接费用分配资料,间接费用为每元人工成本的 50%。计算该设备的重置成本。

重置全价=重置直接费用+重置间接费用

=50 000+2 000+3 000+2 000+2 000×50%

=58 000(元)

设备的成新率是将设备重置全价转换成评估净值的关键,而成新率又是根据设备的整个使用寿命、已使用年限和剩余使用年限来确定的。因而,设备寿命的分析和测定是确定成新率的基础。设备寿命因考虑角度不同,可分为自然寿命、经济寿命和技术寿命。确定成新率基本上以设备自然寿命为基础,同时要考虑其使用年限在经济、技术上的合理性,即要结合设备的最佳更新期和功能性贬值来调整其自然寿命。通常,在设备使用、维修保养、运行和负荷正常,并且使用年限和折旧率规定合理的情况下,成新率可以按使用年限计算,即:

设备成新率=(1-已使用年限/规定使用年限)×100%

或=[1-已使用年限/(已使用年限+尚可使用年限)]×100%

也可以按折旧额计算:

机器设备成新率=[1-按重置全价计算的累计折旧额/(重置全价-残值)]×100%

成新率机器设备功能性贬值的计算步骤是:

①选择适用技术水平的机器设备为参照物,计算年运营使用费差额,即计算被评估设备的年超额成本,计算公式为:

机器设备年超额成本=被评估机器设备年运营成本-参照设备年运营成本

②计算被评估设备尚可使用年限内的总超额成本,计算公式为:

机器设备总超额成本=机器设备年超额成本×机器设备尚可使用年限

③依此计算出减去收入所得税后的净超额成本,计算公式为:

机器设备净超额成本=机器设备总超额成本×(1-所得税税率)

④将净超额成本折现,即可得到功能性贬值的评估值。

(2)更新重置成本法。对于经过重大技术改造的设备,或者大修理时采用新型材料、零部件、元器件,使设备技术性能有较大提高,接近或基本接近现金适用技术水平的机器设备,可采用更新重置成本法进行评估。

设备更新重置成本的总额可按更新重置的各种直接消耗量以现行价格和费用标准计算,加上按现行价格计算的间接费用求和。然后,再按成新率计算其重置净值。计算公式为:

机器设备重置净值=Σ(更新替代后的费用消耗×现行价格或费用标准)×成新率

由于更新设备的性能接近或基本接近现行适用技术水平,因而一般不再考虑其功

能性贬值。

【例 11-18】某企业一精密仪器经过重大改造，技术性能已基本达到现在制造的同类设备的技术水平。更新改造支出直接费用为 60 000 元，其中人工费用为 5 000 元，间接费用分配率按每元人工费用计算为 0.5。该设备的成新率为 0.7。计算该设备的更新重置净值。

该设备的更新重置全价＝更新重置的直接费用+更新重置的间接费用

＝60 000+5000×0.5＝62 500（元）

该设备的更新重置净值＝62 500×0.7＝43 750（元）

2.指数调整法。采用这种方法评估设备的价值，就是将其原始成本用物价指数调整为现行物价水平，然后依据成新率并扣除功能性贬值来计算设备的重置净值。计算公式为：

设备的评估净值＝设备的原始成本×定基物价指数×成新率－功能性贬值

【例 11-19】某企业现评估一台设备，其购进价格为 10 万元。购进时定基物价指数为 120%，评估时定基物价指数为 150%，成新率为 0.8，其功能性贬值为 50 000 元。用物价指数法评估该设备的现时价格。

评估净值＝100 000×150%/120%×0.8－50 000＝50 000（元）

3.现价法。如果被评估设备的现行市场价格可以得到，则可以采用此法，但应注意价格的选择，即资产交易发生在本地区的，选用本地的市价；发生在不同地区的，则选用全国的市场价；如果进行合资参股，则应参照国际市场同类性能结构的机器设备的现行价格。计算公式分别为：

评估价值＝（现行价格+运输安装费）×成新率

评估价值 ＝（现行价格 + 运输安装费）－［（现行价格 + 运输安装费 － 残值）/重估全部使用年限］× 已使用年限

【例 11-20】某企业将一台设备投入另一企业联营。该设备国内现价 80 000 元，运输费用 5 000 元，预计残值 8 000 元。经鉴定该设备尚可使用年限为 10 年，已使用 5 年。计算其评估值为多少？

评估价值＝（80 000+5 000）－［（80 000+5 000－8 000）/15］×5＝59 333（元）

4.功能成本法。功能成本法是利用机器设备的成本与其功能的相关性，以适当参照物的更能成本为标准，折算出被评估机器设备的重置全价后再做必要的调整或扣除，得到设备重置净值的评估方法。在资产评估中，设备的功能一般是指年生产能力或规模效益，因此，功能成本法具体又可分为生产能力折价法、规模经济效益法和功能成本系数法三种。

（1）生产能力折价法。该法是以相同或类似的设备作参照物，以参照物重置全价为标准，按被评估机器设备与参照物资产生产能力的比率来计算其评估价值的方法。计算公式为：

评估价值=（被评估资产生产能力/参照物资产生产能力）×参照物重置全价×成新率

【例 11-21】被评估设备的年设计生产能力为 10 000 件产品，成新率为 0.8。其参照物资产为同类全新设备，年设计生产能力为 11 000 件产品，重置全价为 60 000 元。计算该设备的评估价值为多少？

评估价值=（10 000/11 000）×60 000×0.8=43 636（元）

（2）规模经济效益法。规模经济效益法是在前种方法的基础上考虑调整指数后的转化方法。当设备的购建成本非等比例地随功能增大而上升时需采用这种方法。其计算与前述经济性贬值相同。

【例 11-22】A 设备设计生产能力为 8 000 件/年，成新率为 0.6。评估时选定参照物 B 设备为 A 设备的改进型设备，其设计生产能力为 12 000 件/年，重置成本为 40 000 元，设 n 为 0.65。计算 A 设备的评估价值为多少？

A 设备的评估价值=40 000×（8 000/12 000）$^{0.65}$×0.6=18 439（元）

（3）功能成本系数法。这种方法又称线形回归分析法，是一种在数理统计中常用的处理多个变量之间呈回归线性相关关系的数学评估方法。当设备购建成本同年生产能力之间大体呈线形函数关系时可以采用这种方法。设生产能力即自变量为 X，成本即因变量为 Y，其方程可能是一元线形回归方程：

$$Y=a+bX$$

其中：a 与 b 为直线的两个参数，即回归系数。在本法中，a 为不变成本；b 为与变动成本相关的系数。应用最小二乘法则，利用微积分的极值原理或代数方法可以求得 a、b 值。

【例 11-23】某评估事务所为某企业一台精密仪器作评估，在该行业 11 家同类企业

中选定该种设备11台，各自的年生产能力 X 和购建成本 Y 如表11-3所示。现已知该台设备的年生产能力为20台，现用功能成本系数法评估其价值。

表11-3 功能成本分析数据

设备编号	年生产能力 X(件)	购建成本 Y(万元)	XY	X^2
01	5	12	60	25
02	8	18	144	64
03	5	11	55	25
04	10	20	200	100
05	12	23	276	144
06	8	15	120	64
07	15	27	405	225
08	18	31	558	324
09	20	33	660	400
10	15	26	390	225
11	10	18	180	100
合计	126	234	3 048	1 696

根据表11-3，求得：

$$Y=4.61+1.45X$$

若把被评估机器设备的生产能力 $X=20$ 代入该方程，可以求得其购建成本为33.61万元(资料来源：全国注册评估师考试辅导教材编写组:《资产评估学》，中国财政经济出版社，2002年)。

(三)建筑物的评估

建筑物评估中的成本法是基于建筑物的再建造费用或投资的角度考虑，通过估算出建筑物在全新状态下的重置成本，再扣减由于各种损耗因素造成的贬值，最后得出建筑物的评估值。这种方法是先计算出房产的重置全价，然后再按使用年限、磨损程度折算出净价。其计算公式分别为：

房产净价=房产重置全价×(1-年折旧率×已使用年限)

房产净值=房产重置全价×成新率

【例 11-24】一幢房产有 1 000 平方米，现重新购建每平方米为 2 000 元，尚可使用年限为 20 年，已使用 10 年，其重估价格为：

房产净价=1 000×2 000×20/(10+20)=1 333 334(元)

经现场核查，门、窗进一步装修后可增值 1%；该房产周围交通发生变化，商业网点增加，绿化较好，因环境因素可增加 3%；该房产维护保养状况较好，这一因素可增加 2%。三种因素相加可增值为 6%，其房产价格调整为：

房产价格=1 333 334×(1+6%)=1 413 334(元)

(四)专利权的评估

专利权评估主要采用收益法，一些特殊情况下也可以采用成本法。在使用成本法时，要分析计算其重置完全成本构成、数额以及相应的成新率。专利分为外购和自创两种。外购的专利技术的重置成本确定比较容易，而自创专利技术的成本一般由研制成本和交易成本组成。其中，研制成本包括直接成本(材料费用、工资费用、专用设备费、资料费、咨询鉴定费、协作费、培训费、差旅费等)和间接成本(管理费、非专用设备折旧费、应分摊的公共费用及能源费用等)；交易成本包括技术服务费、交易过程中的差旅费及管理费、手续费和税金等。

【例 11-25】某企业自创专利技术，在开发过程中形成的成本资料如下：

材料费用	40 000 元
工资费用	15 000 元
专用设备费	5 000 元
资料费	2 000 元
咨询费	5 000 元
专利申请费	3 200 元
培训费	2 900 元
差旅费	3 000 元
管理费分摊	2 100 元
非专用设备折旧费分摊	9 600 元
合计	87 800 元

首先,根据考察得知,近两年生产资料价格上涨指数分别为6%和8%,因此可以将全部成本按生产资料价格指数调整,即可估算出重置完全成本。

$$重置完全成本=87\ 800\times(1+6\%)\times(1+8\%)=100\ 513(元)$$

其次,确定该项专利的成新率。该项专利技术虽然法律保护年限为10年,且还有8年的保护期,但是根据专家分析和预测,该项技术的剩余使用年限仅为6年,由此可以计算成新率:

$$成新率=6/(2+6)\times100\%=75\%$$

最后,计算评估值:

$$评估值=100\ 513\times75\%=75\ 384.75(元)$$

(资料来源:全国注册评估师考试辅导教材编写组主编:《资产评估学》,中国财政经济出版社,2002年。)

第四节　收益法及其运用

一、收益法概述

(一) 收益法的概念

收益法亦称收益现值法,是资产评估的常用方法之一。它是把被评估资产的预期收益通过适当的折现率折算为现值,从而将其确认为被评估资产价值的一种资产评估方法。采用收益现值法的立足点是从资产购买者的角度来进行思考。具体说,就是购买者购买一项资产所付出的代价不会高于具有相似风险的同类资产实现的未来收益的现值,这是资产售价的最高限,同时也是买主购买资产预期获利的最低要求。因此,与资产售价相等的未来收益折现额,是资产购买者投资的盈亏平衡点。

(二)收益法应用的前提条件

收益法的基本思路是将收益视为资产价值,对资产未来能产生的收益进行折算。

在这一过程中,应将资产的售价看作是买主的投资,投资应当得到相应的回报,并希望尽快收回投资。因此,采用收益现值法对资产进行评估,必须具备下列条件:

1.被评估资产必须是经营性资产,而且具有继续经营的能力。

2.被评估资产必须是能用货币衡量其未来期望收益的单项或整体资产。

3.资产所有者所承担的风险也必须是能用货币来衡量的。

(三)收益现值法适用的范围

对于可单独为被评估单位带来可量化的收益、超额利润的资产或权利,以出租收入为目的的房屋建筑物、企业整体评估、土地使用权适于采用收益法。

二、收益法的运用形式

收益现值法的应用,实质上就是对被评估资产未来预期收益进行折现或本金化的过程。其应用的形式一般有以下两种。

(一)资产的生产经营期限为有限年限

在资产未来预期收益具有特定时期的情况下,通过预测有限期限内各期的收益额,以适当的折现率进行折现,各年预期收益折现值之和即为评估值。计算公式为:

$$评估值=\sum_{i=1}^{n}R_i/(1+r)^i$$

上式中,R_i 为未来第 i 个收益期的预期收益额,收益期有限时,R_i 中还包括期末资产剩余净额;n 为收益年期;r 为折现率。

(二)资产的生产经营期限为无限年限

无限收益期的情况有两种情形:

1.未来收益年金化的情形。在这种情形下,首先预测其年收益额,然后对年收益额进行本金化处理,即可确定其评估值。计算公式为:

资产评估值(收益现值)=年收益额/本金化率

2.未来收益不等额的情形。在这种情形下,首先预测未来若干年内(一般为5年)各年的预期收益额,对其进行折现;再假设从若干年的最后一年开始,以后各年预期收益额均相同,将这些收益额进行本金化处理;最后,将前后两部分收益现值求和。计算公式为:

$$资产评估值=\sum 前若干年各年收益额\times 各年折现系数+(以后各年的年金化收益/本金化率)\times 前若干年最后一年的折现系数$$

应注意的是，确定后期年金化收益的方法，一般以前期最后一年的收益额作为后期永续年金收益，也可以预测后期第一年的收益作为永续年金收益。

【例 11-26】某资产预计未来 5 年收益额分别为 2 万元、15 万元、13 万元、11 万元和 14 万元。假设从第六年起，以后各年收益额均为 14 万元，确定的折现率和本金化率为 10%。确定该资产在持续经营下的评估值。

首先，确定未来 5 年收益额的现值。

$$\begin{aligned}现值总额&=12/(1+10\%)+15/(1+10\%)^2+13/(1+10\%)^3+11/(1+10\%)^4+14/(1+10\%)^5\\&=12\times 0.909\ 1+15\times 0.826\ 5+13\times 0.751\ 3+11\times 0.683\ 0+14\times 0.620\ 9=49.244\ 2(万元)\end{aligned}$$

其次，将第六年以后的收益进行本金化处理，即：

$$14/10\%=140(万元)$$

最后，确定该企业评估值，即：

$$企业评估值=49.244\ 2+140\times 0.620\ 9=136.17(万元)$$

三、收益法的参数确定

(一) 年收益额

在收益现值法中，年收益的确定最为重要，这里应把握两点：

1.收益额是指资产使用带来的未来收益期望值，是通过预测分析获得的。评估时对其收益的判断，不仅仅是看其现在的收益能力，更重要的是预期未来的收益能力。

2.收益额必须是由被评估资产直接形成的，不是由其他资产形成的收益分离出来的。

关于收益额的构成，目前有三种观点：①税后利润，即净利润；②现金流量；③利润总额。这三种收益额的选择由评估人员根据被评估资产的类型、特点以及评估目的决定，而重要的是其选择要准确反映资产收益，并与折现率或本金化率口径保持一致。

(二) 折现率和本金化率

折现率的实质是资本投资收益率，在正常情况下，收益率的大小一方面与社会投资的平均报酬率有关，社会平均投资报酬率高，收益率高，反之则低；另一方面与投资风险大小成正比，风险大，收益率高，反之则低。作为算术过程，是把一个特定比率应用于一个预期的收益率，从而得出当前的价值。收益率越高，评估值越低。因为，在收益一定的情况下，收益率越高，意味着单位资产增值率越高，所有者拥有资产的价值就越低。确定折现率不仅应有定性分析，还应寻求定量方法。一般来说，折现率应包含无风险利率、风险报酬率和通货膨胀率。在选择折现率时还应注意，所选择的收益额的计算口径应与折现率的口径一致。

本金化率在实质上与折现率基本相同，只是适用场合不同。折现率是将未来有限期的预期收益折算成现值的比率，用于有限期预期收益还原；本金化率则是将未来永续性预期收益折算成现值的比率。

（三）收益期限

收益期限是指资产收益期间，通常指收益年期。收益期限由评估人员根据未来获利情况、损耗情况等确定，也可以根据法律、契约和合同规定确定。

四、收益法的优缺点

采用收益现值法评估资产的优点是能够比较真实和准确地反映企业本金化的价值；它与投资决策相结合，易为买卖双方所接受。

这种方法也存在两个缺点：第一，预期收益额的预测难度较大，容易受到较强的主观判断和未来不可预见因素的影响；第二，在资产评估中，这种方法的适用范围较窄，一般适用于企业整体资产评估和可预测未来收益的单项资产评估。

五、收益法应用举例

（一）土地使用权的评估

收益法适用于有收益的不动产价格评估，如写字楼、饭店、商场等，而对于无收益的政府机关、学校、公园等公共设施的评估则不适用。其基本公式为：

$$土地使用价格=A/r\times[1-1/(1+r)^n] \qquad A,r,n>0$$

上式中：A 为土地年纯收益；r 为收益率；n 为土地收益年限或使用土地的年限。

其评估步骤为：

1.计算年度总收益。年度总收益一般是指以收益为目的的土地及与此相关的设施相结合而产生的总收益，主要是土地收益和房地产收益；它指的是客观收益（一般情况

下的正常收益，包括有形收益和无形收益），而不是待估房地产的实际收益，而且是长期可以固定取得的可靠收益。其计算公式为：

房地产年总收益=单位面积年总租金×房屋出租率×有效出租面积

2.计算年度总费用。总费用为客观费用，一般为创造收益而投入的直接的必要费用，包括土地租赁费用、房地产出租费用、企业经营费用三部分。

3.计算土地纯收益。即年度总收益减年总费用后的余额。

4.确定资本化率。资本化率是影响地价高低的重要因素，需要根据评估时的经济环境和房地产市场状况具体分析确定。

5.计算地价。如果是单独评估土地的价格，一般适用于空地出租的情况，则：

土地价格=土地纯收益/土地资本化率

如果是根据房地产收益评估土地价格，则：

土地价格=房地产价格-建筑物现值

其中，

建筑物现值=建筑物重置价-年折旧额×已使用年限

或：

土地价格=（房地产纯收益-建筑物纯收益）/土地资本化率

其中，

建筑物纯收益=建筑物现值×建筑物资本化率

【例 11-27】某房地产公司于 1999 年 10 月以有偿出让方式取得一块土地 50 年使用权，并于 2001 年 10 月在此块土地上建成一座写字楼，当时造价为 2 500 元/平方米，经济耐用年限为 50 年，残值率为 3%。2003 年该类建筑重置价格为 3 000 元/平方米。该建筑物占地面积 600 平方米，建筑面积 900 平方米。在出租期间，每月平均实收租金 4 万元。另据调查，当地写字楼出租租金一般为每月每建筑平方米 60 元，空置率为 10%，每年需支付的管理费、维修费、土地使用税及房产税、保险费等出租费为 73 000 元，土地资本化率为 8%，建筑物资本化率为 9%。试计算 2003 年该土地的使用权价格。

（1）确定评估方法：该房地产有经济收益，适用收益现值法。

（2）计算年度总收益：

$$年度总收益=60\times12\times900\times(1-10\%)=583\ 200(元)$$

(3)计算年度总费用(已知为73 000元)。

(4)计算房地产纯收益:

$$房地产纯收益=583\ 200-73\ 000=510\ 200(元)$$

(5)计算房屋纯收益。

①计算年折旧费:本例中写字楼尚可使用年限为48(50-2)年,假定不计残值,视为土地使用年限届满,一并由政府无偿收回。

$$年折旧费=建筑物重置价/使用年限=(3\ 000\times900\times97\%)/48=54\ 563(元)$$

②计算房屋现值:

$$\begin{aligned}房屋现值&=房屋重置价-年折旧费\times已使用年数\\&=3\ 000\times900-54\ 563\times2=2\ 590\ 874(元)\end{aligned}$$

③计算房屋纯收益:

$$\begin{aligned}房屋年纯收益&=房屋现值\times房屋资本化率\\&=2\ 590\ 874\times9\%=233\ 179(元)\end{aligned}$$

(6)计算土地纯收益:

$$\begin{aligned}土地年纯收益&=年房地产纯收益-房屋年纯收益\\&=510\ 200-233\ 179=277\ 021(元)\end{aligned}$$

(7)计算土地使用权价格。土地使用权在2003年10月的剩余使用年限为46(50-4)年。

$$土地使用权价格=277\ 021/8\%\times[1-1/(1+8\%)^{46}]=3\ 361\ 212(元)$$

(资料来源:全国注册评估师考试辅导教材编写组主编:《资产评估学》,中国财政经济出版社,2002年。)

(二)专利权的评估

专利权的评估一般采用收益法。其关键在于如何寻找、判断、选择和测算评估中的各项技术指标和参数,即专利权的收益额、折现率和获利期限。

【例 11-28】某企业于 1993 年 12 月取得了一项技术的专利权,在以后两年的生产中取得了显著的经济效益,于 1995 年 12 月 30 日对该项专利进行评估。评估人员分析了该项技术的先进性、使用情况及市场供求状况,并结合该公司提供的 1994 年和 1995 年的有关数据,预测出该技术今后 5 年的收益额分别为 500 万元、720 万元、800 万元、1 024万元和 1 245 万元。国库券利率为 10%,该公司所在行业的风险报酬率为 15%,专利技术的技术分成率为 25%。计算该项专利在 1995 年 12 月 30 日的评估值。

折现率 = 无风险利率+行业风险报酬率
= 10%+15% = 25%

计算结果如表 11-4 所示。

表 11-4 专利技术评估计算表

年份	1996	1997	1998	1999	2000
年收益	500	720	800	1 024	1 245
折现系数	0.800	0.640	0.512	0.410	0.320
折现值	400	460.8	409.6	419.84	398.4
现值合计	2 088.64				

该项专利技术的评估值 = 2 088.64×25% = 522.16(万元)

(三)商标权转让的评估

【例 11-29】某企业将一项已经使用 50 年的注册商标转让。根据资料,该企业近 5 年使用这一商标的产品比同类产品的价格每件高 0.7 元,该企业每年产量 100 万件。该商标目前在市场上有良好的营销趋势,产品基本上供不应求。根据预测估计,如果在生产能力足够的情况下,这种商标的产品每年生产 150 万件,每件可获超额利润 0.5 元。预计该商标能够继续获取超额利润的时间是 10 年,前 5 年保持目前的超额水平,后 5 年每年可获得的超额利润为 32 万元。试评估这项商标权的价值。

1.计算预测期内前 5 年中每年的超额利润:

150×0.5 = 75(万元)

2.根据企业的资金成本率及相应的风险率,确定其折现率为 10%。

3.确定该项商标权价值为：

$$75\times(P_A,10\%,5)+32\times(P_A,10\%,5)(P,10\%,5)=$$
$$75\times3.790\,8+32\times3.790\,8\times0.620\,9=28\,4031+75.318\,4=359.628\,4(\text{万元})$$

（四）非上市债券的评估

对于非上市债券无法用市价直接进行评估，只能采取其他评估方法。通常，对距评估基准日 1 年内到期的债券，可以根据本金加上持有期利息确定评估值；超过 1 年到期的，根据本利和现值确定评估值。但对于不能按期收回本金和利息的债券，评估人员应在调查取证的基础上，通过分析预测，合理确定评估值。

采用本利和现值确定评估值，采用收益现值法评估即可。根据债券付息方法，可把债券分为到期一次性还本付息和定期支付利息到期还本两种。评估时应采用不同的方法进行评估。

1.到期一次性还本付息债券的评估。计算公式为：

$$P=F\cdot(1+r)^{-n}$$

上式中：P 为债券的评估值；F 为债券到期时本利和；r 为折现率；n 为评估基准日至债券到期日的间隔（以年或月为单位）。

注：本利和 F 的计算要看计息方式是单利还是复利。

（1）单利时：$F=A(1+mr)$

（2）复利时：$F=A(1+r)^m$

上式中：A 为债券面值；m 为计息期限；r 为债券利息率。

【例 11-30】某企业账面债券投资额为 40 000 元，系另一企业发行的 3 年期一次性还本付息债券，年利率为 15%，单利计息，评估时点距到期日两年，当时国库券利率为 12%。经评估人员调查分析，发行企业经营业绩良好，两年后有还本付息的能力，故取 2%的风险报酬率，以国库券利率作为无风险报酬率，折现率为 14%。该债券的评估值为多少？

$$F=A(1+mr)=40\,000\times(1+3\times15\%)=58\,000(\text{元})$$
$$P=F(1+r)^{-n}=58\,000\times(1+14\%)^{-2}=58\,000\times0.769\,5=44\,631(\text{元})$$

2.定期支付利息，到期还本债券的评估。计算公式为：

$$P=\sum_{t=1}^{n}\left[R_t(1+i)^{-1}\right]+A(1+i)^{-n}$$

上式中:P 为债券的评估值;R_t 为第 t 年的预期利息收益;i 为折现率;A 为债券面值;t 为评估基准日距收取利息日期限;n 为评估基准日到期还本日期限。

【例 11-31】如前例,若不是到期一次付息,而是每年付息一次,并且不是单利计息,其评估值为:

$$p = \sum_{t=1}^{n}[R_t(1+i)^{-1}] + A(1+i)^{-n}$$
$$=40\ 000\times15\%\times(1+14\%)^{-1}+40\ 000\times15\%\times(1+14\%)^{-2}+40\ 000\times(1+14\%)^{-2}$$
$$=6\ 000\times0.877\ 2+6\ 000\times0.769\ 5+40\ 000\times0.769\ 5$$
$$=5\ 263.2+4\ 617+30\ 780$$
$$=40\ 660.2(\text{元})$$

(五)非上市股票的评估

非上市交易的股票一般采用收益法进行评估,即综合分析股票发行主体的经营状况及风险、历史利润水平和分红情况、行业收益等因素,合理预测股票投资的未来收益,并选择合理的折现率确定评估值。非上市股票按普通股和优先股的不同采用不用的计算方法。普通股是在股东权利上没有任何限制的标准股票,它没有固定的限制,完全取决于企业的经营状况和盈利水平;优先股是在股利分配和剩余财产分配上优先于普通股的股票。优先股的股利是固定的,一般情况下都要按事先确定的股利率支付股利,在这点上与债券相似。二者的区别在于:债券的利息是在所得税前支付,而优先股的股利是在所得税后支付。

1.普通股的评估。对非上市普通股的评估,实际上是对普通股预期收益的预测,并折算成评估时点的价值。根据股利收益的趋势,可以把普通股分为三种类型:固定股利模型、股利增长模型和分段式模型。

(1)固定股利模型。该模型假设企业经营稳定,分配股利固定,并且今后也能保持固定水平。在这种假设下,其评估公式为:

$$P=R/r$$

上式中:P 为股票的评估值;R 为股票下一年的股利;r 为折现率。

【例 11-32】某被评估企业拥有非上市股票 100 000 股,每股面值 1 元。在持股期间,收益率一直保持在 15%左右。经评估人员分析,股票发行企业经营比较稳定,管理人员素质及能力较强,今后保持 10%的红利收益是有把握的。评估人员根据发行股票企业所在行业的特点,确定无风险报酬率为 8%,风险报酬率为 4%。根据这些资料,计算该非上市股票的评估值：

$$P=R/r=100\ 000\times10\%/12\%=83\ 333(\text{元})$$

（2）股利增长模型。该模型适用于成长型股票的评估。它假设发行企业并未将剩余收益分配给股东，而是追加投资扩大再生产，因此股利呈增长趋势。其计算公式为：

$$P=R/(r-g)\qquad(r>g)$$

上式中：P 为股票的评估值；R 为股票下一年的红利；r 为折现率；g 为股利增长率。

【例 11-33】某企业拥有非上市股票 10 000 股，在其持有股票期间，每年股票的收益率为 15%左右。据了解，股票发行单位每年以净利润的 70%发放股利，其他 30%用于追加投资。经发展趋势分析，该企业将保持 4%的增长速度，净资产利润率保持在 18%以上，无风险报酬率为 10%，风险报酬率为 6%，计算该股票的评估值：

$$10\ 000\times15\%/[(10\%+6\%)-30\%\times18\%]=1\ 500/(16\%-5.4\%)=14\ 151(\text{元})$$

（3）分段式模型。前两种模型是在理论中探讨的，其实际应用范围较窄。针对实际情况，采用分段模式可能更为客观。其计算方法为：第一段为能够客观预测股票收益期间或股票发行企业某一经营周期；第二段是以不易预测收益的时间为起点。将两段收益现值相加，即得出评估值。具体运算时，第一段以预测收益直接折现；第二段可以采用固定股利模型或股利增长模型，收益额采用趋势分析法或客观假定。

【例 11-34】某企业拥有非上市股票 10 万股，每股面值 1 元。在其持有期间每年股利收益率均在 16%左右。评估人员通过分析认为，前 3 年保持 16%的收益率是有把握的；第 4 年将有一台大型设备交付使用，可使收益率提高 3 个百分点，并将持续下去。评估时无风险报酬率为 10%，风险报酬率为 2%，折现率为 12%。计算该非上市股票的评估值。

$$\begin{aligned}\text{评估值}&=\text{前 3 年折现值}+\text{第 4 年后折现值}\\&=100\ 000\times16\%\times(P_A,12\%,3)+(100\ 000\times19\%/12\%)\times(1+12\%)^{-3}\\&=16\ 000\times2.401\ 8+19\ 000/12\%\times0.711\ 8\\&=151\ 130(\text{元})\end{aligned}$$

2.优先股评估。在正常情况下，优先股在发行时就已规定了股息率。评估优先股主要是判断股票发行主体是否有足够的税后利润用于优先股的股息分配。评估人员可以事先确定股息率，计算出优先股的年收益额，然后再进行折现或资本化处理，即可得出评估值。其计算公式为：

$$P = \sum_{t=1}^{\infty}[R_t(1+i)^{-1}] = A/i$$

上式中：P 为优先股的评估值；R_t 为第 t 年的优先股收益；i 为折现率；A 为优先股的年等额股息收益。

【例 11-35】甲企业拥有乙企业 1 000 股累积性、非分享性优先股，每股面值 100 元，股息率为年息 16%。评估时，无风险收益率为 10%。评估人员经分析认为，乙企业的负债率较高，可能会对股息分配产生影响，因此规定风险报酬率为 6%，加上无风险报酬率 10%，该优先股的折现率为 16%。

该股票的评估值＝1 000×100×16%/（10%+6%）＝100 000（元）

第五节　三种评估方法的比较

一、评估方法的关系

从整体上讲，资产评估的各种方法之间是相互关联的，成本和市场销售数据的分析通常是收益法运用中不可缺少的部分；同时，折现和本金化的运用也时常运用于市场法和重置成本法中。一般来说，重置成本法和收益现值法的运用都是建立在市场法基础之上的，只是它们的运用不像市场法运用表现的那样直接。方法的选择主要取决于资产评估的目的和相关信息的可靠性。

二、三种资产评估方法的比较

表 11-5　三种资产评估方法的比较

价格标准	评估方法	主要评估公式	主要适用范围	主要优点	主要缺点	适用业务
现行市价标准	市场法	评估值＝相同全新资产市价－应计折旧 评估值＝（相似全新资产市价－应计折旧）×调整系数	1.产权交易 2.投资参股 3.税基评估中，成本法、收益法应用困难时采用此法	结果较为准确；计算较为简单	资料和数据不易获取；参照资产难以找到	税基评估和其他相关评估

续表

价格标准	评估方法	主要评估公式	主要适用范围	主要优点	主要缺点	适用业务
重置成本标准	成本法	评估值=重置成本-实体性贬值-功能性贬值-经济性贬值 评估值=重置成本×成新率	1.通胀率较大 2.功能性损耗较大 3.技术改造使资产使用效果大大提高	评估结果趋于公平;应用广泛,有利于资产保值	工作量大,且计算较为繁琐	较为广泛,资产补偿最具代表性
收益现值标准	收益法	评估值 $=\sum_{t=1}^{\infty} R_i/(1+r)^i$	1.能继续使用的经营性资产 2.被评估的资产和所有者所承担的风险都是可以量化的	结果较为准确;易为双方所接受	应用范围有限;参数较难确定	产权转让 所有权转让

除常用的三种资产评估方法以外,还有清算价格法。清算价格是在企业处于破产清算或被拍卖条件下对其资产进行的定价,它是拍卖资产的变现价值。由于清算或拍卖必须在短期内强制完成,所以清算价格往往低于市场价格。清算价格实际上是在重置成本或现行市价的基础上由有关各方讨价还价的结果。市场越发达、资产通用性越强、参与购买的主体越多,则清算价格越接近成本价或市场价,否则就越低于市场价或成本价。

第六节 企业整体价值评估

一、企业价值评估的特点

企业是以盈利为目的,按照法律程序建立起来的经济实体。根据人们对资产的一般性理解,资产是能够带来经济利益的资源,从这个角度看,企业是由各个要素资产围绕一个系统目标,发挥各自特定的功能,共同构成的一个生产经营能力和获利能力的体系。可以将企业视作一种特殊的资产,作为一种特殊的资产,企业的特点是盈利性、持续经营性和整体性。

企业的这些特点决定了其价值评估的特点。

1.评估对象是由多个或多种单项资产组成的资产综合体。

2.决定企业价值高低的因素是企业的整体获利能力。

3.企业价值评估是一个整体性评估,它与构成企业各个单项资产的评估值简单相加是有很大区别的。这些区别表现在三个方面:

第一,评估对象上的区别。企业价值评估的对象是按特定生产工艺或经营目标有机组合起来的资产综合体,而构成企业的各个单项资产的评估值加和则是先就各个要素资产作为独立的评估对象进行评估,然后再加总。

第二,由于评估对象上的区别,评估时考虑的因素也不可能完全相同。企业评估是以企业的获利能力为核心,围绕着影响企业获利能力以及企业面临的各种风险进行评估的。而企业要素资产评估值加和,是在评估时针对影响各个单项资产价值的各种因素展开的。

第三,评估结果有区别。由于企业价值评估和构成企业要素资产的评估值加总在评估对象和评估考虑的因素等方面存在着差异,两种评估的结果当然也会有所不同。这突出表现在企业评估值中包括了商誉这个不可确指的资产。

二、企业价值评估的范围

(一)企业评估的一般范围

企业评估的一般范围也称企业的资产范围。从产权的角度界定,企业评估的范围应当是企业的全部资产,包括企业产权主体自身占用及经营的部分,企业产权权力所能控制的部分,如全资子公司、控股子公司以及非控股公司中的投资部分。在具体界定资产评估的范围时,应根据以下有关数据资料进行:

1.企业的资产评估申请报告及上级主管部门批复文件所规定的评估范围。

2.企业有关产权转让或产权变动的协议、合同、章程中规定的企业资产变动的范围。

3.涉及国有资产的企业评估,可参照其评估立项书中划定的范围。

(二)企业评估的具体范围

企业评估的具体范围是指评估人员具体实施评估的资产范围,即有效资产范围。它是在确定评估的一般范围的基础上,经合理必要的重组后的评估范围。前已述及,企业的价值取决于它的获利能力,而企业的获利能力是有效资产共同作用的结果。将企业中的有效资产和非有效资产进行划分是进行企业价值评估的重要前提。

三、企业价值评估的收益法

(一)持续经营假设前提下企业价值评估的收益法

1.年金法。用于企业整体评估的年金法,是把企业未来的可预测的各年预期收益进行年金化处理,然后再把已经年金化处理的企业预期收益进行还原,估测整体企业的重估价值。其基本公式为:

$$P=A/r \tag{1}$$

上式中:P 为企业重估价值;A 为企业各年的年金收益;r 为本金化率。

该基本公式还可以表达为:

$$P = \sum_{i=1}^{n} R_i/(1+r)^{-i} \times (A/P,r,n) \div r \tag{2}$$

上式中:$\sum_{i=1}^{n} R_i/(1+r)^{i}$ 为企业前 n 年的预期收益折现值之和;$(A/P,r,n)$ 为投资回收系数,该系数的表达式为:

$$[r(1+r)^{n}]/[(1+r)^{n}-1]$$

r 为本金化率。

公式(2)可以写成:

$$P = \sum_{i=1}^{n} R_i/(1+r)^{-i} \times [r(1+r)^{n}]/[(1+r)^{n}-1] \div r \tag{3}$$

$$= \sum_{i=1}^{n} R_i/(1+r)^{-i} \div \sum_{i=1}^{n} [(1+r)^{-i}] \div r \tag{4}$$

【例 11-36】被评估企业预计未来 5 年的预期收益额为 100 万元、120 万元、150 万元、160 万元和 200 万元,假定本金化率为 10%,试用年金法估测企业整体价值。运用公式(4)有:

$$\begin{aligned} P &= (100\times0.909\,1+120\times0.826\,4+150\times0.751\,3+160\times0.683\,0+200\times0.620\,9)\div \\ &\quad (0.909\,1+0.826\,4+0.751\,3+0.683\,0+0.620\,9)\div10\% \\ &= 1\,414(\text{万元}) \end{aligned}$$

2.分段法。分段法是将持续经营的企业的收益预测分为前后段,对于前段企业的预

期收益采取逐年预测折现累加的方法；对于后段的预期收益，则针对企业具体情况假设它按某一规律变化，并按企业收益变化规律，对企业后段预期收益进行还原及折现处理。将企业前后两段收益现值加在一起便构成了整体企业的收益现值。

假设以前段最后1年的收益作为后段各年的年金收益，分段法的公式可以写成：

$$P = \sum_{i=1}^{n} R_i/(1+r)^{-i} + (R_n/r) \times (1+R)^{-n} \quad (5)$$

假设从$(n+1)$年起的后段，企业预期年收益将按照一个固定的比率(g)增长，则分段法的公式又可以写成：

$$P = \sum_{i=1}^{n} R_i/(1+r)^{-i} + [R_{n+1}/(r-g)] \times (1+r)^{-n} \quad (6)$$

【例 11-37】被评估企业预计未来5年的预期收益为100万元、120万元、150万元、160万元和200万元，并根据企业的实际情况推断，从第6年开始，企业的年预期收益额将维持在200万元水平上，假定本金化率为10%。试用分段法估测该企业的整体价值。运用公式(5)：

$$P = (100\times0.909\,1+120\times0.826\,4+150\times0.751\,3+160\times0.683\,0+200\times0.620\,9)+200/10\%\times0.620\,9$$
$$=1\,778(\text{万元})$$

【例 11-38】承上例，假设评估人员根据企业的实际情况推断，企业从第6年起，收益额将在第5年的水平上以2%的增长率保持增长，其他条件不变。试估测该企业整体价值。运用公式(6)：

$$P = (100\times0.909\,1+120\times0.826\,4+150\times0.751\,3+160\times0.683\,0+200\times0.620\,9)+$$
$$[200\times(1+2\%)]/(10\%-2\%)\times0.620\,9$$
$$=2\,129(\text{万元})$$

(二)非持续经营下企业价值评估的收益法

企业非持续经营假设是从最有利于回收企业投资的角度考虑，争取在不追加资本投资的前提下充分利用企业现有的资源，最大限度地获得投资收益。

在非持续经营假设前提下，企业整体评估适宜采用分段法进行，其计算公式为：

$$P = \sum_{i=1}^{n} R_i/(1+r)^{-i} + P_n \times (1+r) - n \quad (7)$$

上式中：P_n 为 n 年企业资产的变现值，其他符号含义同前。

【例 11-39】承上例，假设企业经营至第 5 年底结束，估计拍卖企业资产得 600 万元，则：

$$P=(100\times0.9091+120\times0.8264+150\times0.7513+160\times0.6830+200\times0.6209)+600\times0.6209=909(\text{万元})$$

第七节　资产评估报告

一、资产评估报告的含义及其内容

资产评估报告是评估机构按照评估工作制度的有关规定，在完成评估工作后向委托方和有关方面提交的说明评估过程和结果的书面报告。广义的资产评估报告是一种工作制度。它规定评估机构在完成评估工作之后必须按照一定的程序和要求，用书面形式向委托方报告评估过程和结果。狭义的资产评估报告即资产评估结果报告书，既是资产评估机构完成对资产计价的意见，提交给委托方的公正性的报告，也是评估机构履行评估合同情况的总结，还是评估机构为资产评估项目承担相应法律责任的证明文件。

按现行有关规定，资产评估报告包括资产评估报告正文、资产评估说明、资产评估明细表及相关附件。

二、资产评估正文及相关附件的基本内容及格式

1.资产评估报告封面的基本内容及格式。资产评估报告封面须载明下列内容：资产评估项目名称、资产评估机构出具评估报告的编号、资产评估机构全称和评估报告提交日期等。有服务商标的，评估机构可以在报告封面载明其图形标志。

2.资产评估目录的基本内容及格式。资产评估目录及每一章节的标题及相应页码应放在评估报告的封二上。评估说明和评估明细表的目录及相应页码应分别打在各分册的扉页上。

3.评估报告摘要的基本内容及格式。每份资产评估报告的正文之前应有表达该报告关键内容的摘要，用来让各有关方面了解该评估报告的主要信息。该摘要与资产评估报告正文一样具有同等法律效力，并要按评估报告的统一格式由注册资产评估师、评估机构法定代表人及评估机构等签字盖章和署名提交日期。该摘要还必须与评估报告

书揭示的结果一致,不得有误导性内容,并应当采用提醒文字提醒使用者阅读全文。

4.资产评估报告正文的基本内容及格式。

(1)首部。评估报告正文的首部应包括标题和报告书序号,标题位置居中偏上,报告书序号应符合公文的要求,包括评估机构特征字、公文种类特征字等,位置于本行居中。

(2)序言。报告正文的序言应写明该报告委托方全称、委托评估事项及评估工作整体情况,并应按规定的格式进行表达。

(3)委托方与资产占有方简介。报告正文的委托方与资产占有方简介应较为详细地分别介绍委托方、资产占有方的情况,当委托方和占有方相同时,可作为资产占有方介绍,但也要写明委托方和资产占有方之间的隶属关系或经济关系。无隶属关系和经济关系的,应写明发生评估的原因,当资产占有方为多家企业时,还须逐一介绍。

(4)评估目的。报告正文的评估目的应写明本次资产评估是为了满足委托方的何种需要及其所对应的经济行为类型,并简要和准确说明该经济行为是否经过批准,若已经获得批准,应将批准文件的名称、批准单位、批准日期及文号写出。

(5)评估范围和对象。在这部分中写明纳入评估范围的资产及其类型,并列出评估前的账面金额。评估资产为多家占有的,应说明各自的份额及对应资产类型。纳入评估范围的资产与委托评估立项确定的资产范围不一致时,应说明不一致的原因。

(6)评估基准日。在这部分中写明评估基准日的具体日期和确定评估基准日的理由或成立条件,也应揭示确定基准日对评估结果的影响程度。还应对采用非基准日的价格标准做出说明。评估基准日根据经济行为的性质由委托方确定,并尽可能与评估目的实现日接近。

(7)评估原则。在这部分中写明评估工作过程中遵循的各类原则和本次评估遵循国家及行业规定的公认原则。

(8)评估依据。在这部分中列示评估依据,包括行为依据、法律法规依据、产权依据和取价依据等。对评估中采用的特殊依据应做相应的披露。

(9)评估方法。在这部分中说明评估过程所选择、使用的评估方法和选择评估方法的依据或原因。

(10)评估过程。这部分应反映评估机构自接受评估项目委托起至提交评估报告的全过程,包括接受委托过程中确定评估目的、对象及范围、基准日和拟定评估方案的过程,资产清查中的指导资产占有方清查、收集准备资料、检查与验证过程;评估估算中的现场监测预鉴定、评估方法选择、市场调查与了解的具体过程;评估汇总中的结果汇总、评估结论分析、撰写报告与说明、内部复核以及提交评估报告等过程。

(11)评估结论。这部分是报告正文的重要部分。应适用表述型文字完整地叙述评估机构对评估结果发表的结论，对资产、负债、净资产的账面价值、调整后账面价值、评估价值及其增减幅度进行表述，还应单独列示不纳入评估汇总表的评估结果。

(12)特殊事项说明。这部分应说明评估人员在评估过程中已经发现可能影响评估结论，但非评估人员执业水平和能力所能评定估算的有关事项，也应提示评估报告使用者应注意特别事项对评估结论的影响，还应揭示评估人员认为需要说明的其他事项。

(13)评估基准日期后重大事项。这部分中应揭示评估基准日后至评估报告提出日期间发生的重要事项，以及评估基准日的期后是相对评估结论的影响，还应说明发生在评估基准日期后不能直接使用评估结论的事项。

(14)评估报告法律效力、适用范围和有效期。这部分应具体写明评估报告成立的前提条件，并写明评估报告的作用依照法律法规的有关规定发生法律效力和评估结论的有效使用期限，还应写明评估结论仅供委托方为评估目的使用和送交财产评估主管部门审查使用，并申明评估报告的使用权归委托方所有，未经许可不得随意向其他人提供或公开。

(15)评估报告提出日期。在这部分中应写明评估报告提交委托方的具体日期。评估报告原则上应当在确定的评估基准日后三个月内提出。

(16)尾部。这部分应写明出具评估报告的机构名称并加盖公章，还要由评估机构法定代表人和至少两名负责评估的注册资产评估师签名盖章。

5.备查文件的基本内容。资产评估报告的附报文件至少包括以下基本内容：

(1)有关经济行为文件。

(2)资产评估立项批准文件。

(3)被评估企业前三年包括资产负债表和损益表在内的会计报表(非企业或经济组织除外)。

(4)委托方与资产占有方营业执照复印件。

(5)委托方与资产占有方的承诺函。

(6)产权证明文件复印件。

(7)资产评估人员和评估机构的承诺函。

(8)资产评估机构资格证书复印件。

(9)评估机构营业执照复印件。

(10)参加本项评估项目的人员名单。

(11)资产评估业务约定合同。

(12)重要合同和其他文件。

这部分的格式没有具体要求，但是必须按统一规格装订。

三、资产评估说明的基本内容及格式

资产评估说明是根据有关基本内容和格式撰写的,用来描述评估师和评估机构对其评估项目的评估程序、方法、依据、参数选取和计算过程,通过委托方、资产占有方充分揭示对资产评估行为和结果构成重大影响的事项,说明评估操作符合有关法律、行政法规和行业规范的要求。

按有关规定,评估说明中所揭示的内容应同评估报告正文所阐述的内容相一致。评估机构、注册资产评估师及委托方、资产占有方应保证其撰写或提供的构成评估说明各组成部分的内容真实完整,未作虚假陈述,也未遗漏重大事项,而且在原则上不提交给其他有关当事人。

资产评估说明应按以下顺序撰写和制作:

1.“评估说明封面及目录”的基本内容及格式。

(1)评估说明封面载明该评估项目名称、该评估报告的编号、评估机构名称、评估报告提出日期,若需分册装订的评估说明,应在封面上注明分册数量及该册的序号。

(2)评估说明目录应在封面的下一页排印,标题与页码应与目录相符。

2.“关于评估说明使用范围的声明”的基本内容及格式。这部分应声明评估报告仅供财产评估主管机关、企业主管部门在审查资产评估报告和检查评估机构工作使用,除法律、行政法规规定外,材料的全部或部分内容不得提供给其他任何单位和个人,不得见诸于公开媒体。

3.“关于进行资产评估有关事项的说明”的基本内容及格式。这部分由委托方与资产占有方共同撰写并由负责人签字,加盖公章,签署日期,具体包括以下基本内容:

(1)委托方与资产占有方概况。

(2)关于评估目的的说明。

(3)关于评估范围的说明。

(4)关于评估基准日的说明。

(5)可能影响评估工作的重大事项的说明。

(6)资产及负债清查情况的说明。

(7)列示资产委托方、资产占有方提供的资产评估资料清单。

4.“资产清查核实情况说明”的基本内容及格式。这部分主要用来说明评估方对委托评估的企业所占有的资产和与评估相关的负债进行清查核实的有关情况及清查结论,具体包括以下基本内容:

(1)资产清查核实的内容。

(2)实物资产的分布情况及特点。

(3)影响资产清查的事项。

(4)资产清查核实的过程与方法。

(5)资产清查结论。

(6)资产清查调整说明。

5.“评估依据说明”的基本内容及格式。评估依据说明主要用来说明进行评估工作中所遵循的具体行为依据、法规依据、产权依据和取价依据,具体包括以下基本内容:

(1)主要法律法规。

(2)经济行为文件。

(3)重大合同协议或产权证明文件。

(4)采用的取价标准。

(5)参考资料及其他。

6.“各项资产及负债的评估技术说明”的基本内容及格式。这部分主要用来说明对资产进行评定估算过程的解释,反映评估中选定的评估方法和采用的技术思路及实施的评估工作,具体包括以下基本内容:

(1)流动资产评估说明。

(2)长期投资评估说明。

(3)机器设备评估说明。

(4)房屋建筑物评估说明。

(5)工程物资评估说明。

(6)在建工程评估说明。

(7)土地使用权评估说明。

(8)无形资产及其他资产评估说明。

(9)负债评估说明。

7.“整体资产评估收益现值法评估验证说明”的基本内容及格式。这部分主要说明运用收益现值法对企业整体资产进行评估,验证资产评估结果的有关情况。其基本内容如下:

(1)收益现值法的应用简介。

(2)企业的生产业绩。

(3)企业的经营计划。

(4)企业经营优势。

(5)企业的各项财务指标。

(6)评估依据。

(7)企业营业收入、成本费用和长期投资收益预测。

(8)折现率的选取和评估值的计算过程。

(9)评估结论。

8.“评估结论及分析”的基本内容及格式。这部分主要总体概括说明评估结论,应包括以下内容:

(1)评估结论。

(2)评估结果与调整后账面值比较变动情况及原因。

(3)评估结论成立条件。

(4)评估结论的瑕疵事项。

(5)评估基准日的期后事项说明及对评估结论的影响。

(6)评估结论的成立、使用范围与有效期。

四、资产评估说明明细表的基本内容及格式

1.资产评估明细表的基本内容及格式。资产评估明细表是反映被评估资产评估前后的资产负债明细情况的表格。其基本内容与格式应包括以下内容:

(1)资产及负债的名称、发生日期、账面价值、调整后账面价值及评估价值等。

(2)反映资产及其特征的项目。

(3)反映评估增减值情况的栏目和备注栏目。

(4)反映被评估资产会计科目名称、资产占有单位、评估基准日、表号、金额单位、页码内容的资产评估明细表表头。

(5)写明清查人员、评估人员的资产评估明细表表尾。

(6)表格每页都应有“本页小计”行,同类表格最后一页还应设有合计行。

(7)评估明细表设立逐级汇总,第一级为明细表总计,第二级为按资产及负债大类单独汇总,第三级为按资产负债式汇总,第四级为按资产及负债大类为主栏项目且以人民币万元为金额单位的汇总。

(8)同类资产评估明细表格式与内容应当统一,且评估明细表至少应含有资产评估明细表样的基本内容与格式。

(9)资产评估明细表一般应按会计科目顺序排列装订。

2.资产评估明细表样表包括以下几个层次:资产评估结果汇总表、各项资产清查评估汇总表及各项资产清查评估明细表。

案例分析:企业整体价值评估

某大型企业欲与美国一家公司合资,需要了解企业整体资产的现实价格,因此准备

进行企业整体价值评估。评估基准日为1999年1月1日。评估过程和结果如下：

1.被评估企业有关历史资料的统计分析。根据被评估企业的财务决算和有关资料整理分析，1993年至1998年收支情况见表11-6和表11-7。评估人员采用的重要指标有工业生产总值、销售收入、成本、利润以及企业净现金流量。分析结果如下：

(1)从近几年被评估企业发展状况来看，只有1994年出现过负增长，但下降幅度很小，销售收入下降4%左右。从1995年开始出现稳定的增长趋势。

(2)1993年至1998年企业收支结构的比例没有太大变化，销售成本占销售收入的比例基本维持在40%左右。

2.分析、预测企业未来发展状况。分析及预测情况如下：

(1)按目前设备使用状况及其他生产条件分析，该企业每年只要有200万元左右的技术改造资金投入，其生产就能长期维持下去，并能保持略有增长的势头。

(2)对该企业未来市场的预测。该企业生产的主要产品具有较高的声誉，产品行销全国20多个省市，现有用户15 000多个。企业所在地区有23条送货上门的路线，附近其他地区有31个代销点。该企业产品的主要用户均为重点骨干企业，从经济发展的趋势来看，市场对该企业产品的需求还会进一步增加。因此，被评估企业拥有一个比较稳定并且能发展的销售市场。

(3)未来产品成本的预测。该企业产品的主要原料来源于大自然，故未来市场价格变动对产品的影响不大。占成本比重较大的电费，在1997年和1998年已经做了较大的调整，在今后一段时间里不会有太大的变化。如果以后电费价格继续调整，产品价格也会相应调整。

(4)从目前情况分析，在今后一段时间里，国家主要经济政策不会有太大变化。

(5)未来5年(1999—2003年)企业收益情况预测见表11-8。

3.评定估算。具体从以下四个方面估算：.

(1)依据企业以前年度生产增减变化情况及企业财务收支分析，以及对未来市场的预测，评估人员认为被评估企业未来5年的销售收入将在1998年的基础上略有增长，增长速度将保持在4%~6%。

(2)根据企业的生产能力状况，从2000年开始需要追加的投资将会减少(1997—1998年追加的投资高于正常年份水平)，即从2000年起企业的净现金流量将会增加。由于企业该种产品信誉好，生产稳步增长，而且未来市场潜力很大，所以，企业该种产品的投资风险为零。这样，企业整体评估适用的资产收益率应采用无风险利率。根据1998年国库券利率为9%，确定资产收益率为9%。

(3)所得税税率按中外合资企业适用的33%税率进行计算。

表 11-6　某企业 1993—1998 年收支增长比较

单位：万元

项　目	1998 年		1997 年		1996 年		1995 年		1994 年		1993 年	
	金额	增长比例（%）	金额	增长比例（%）	金额	增长比例（%）	金额	增长比例（%）	金额	增长比例（%）	金额	增长比例（%）
工业生产总值	6 212	14.5	5 425.2	0.50	5 400.1	3.4	5 222.5	−1.5	5 300	1.7	5 214	100
销售收入	4 200	14.5	3 668.3	9.0	3 366.6	18.8	2 834.9	17.8	2 406.5	−5.0	2 533	100
销售税金	626.6	14.5	547.3	11.2	492.3	15.9	424.6	23.7	343.3	−1.4	348.3	100
销售成本	2 283.7	18.2	1 932.6	31.1	1 473.8	30	1 133.7	15.6	980.9	1.4	967.1	100
其中：折旧	374		354		303		254		238		214	
销售及其他费用	162.3	−5.3	171.3	3.8	165.1	69.5	97.4	135.3	41.4	7.5	38.5	100
产品销售利润	1 127.4	10.8	1 017	−17.7	1 235	4.8	1 179.2	13.3	1 040.9	−11.7	1 179.2	100
其他销售利润	306.8	9 024	3.4	54.1	7.4	3 700	0.2			−88.9	1.8	100
营业外支出	100	4.9	95.3	29.8	73.4	33	55.2	129.1	24.1	84	13.1	100
营业外收入	22	−39.6	36.4	413.6	8.8	49.7	17.5	32.6	13.2	26.9	10.4	100
利润总额	1 049.4	−16.5	1 256.1	7.0	1 174	2.2	1 148.9	11.5	1 030.2	−12.6	1 178.3	100
税款（实际税额）	356.1	−32.1	524.3	4.4	502.1	−0.9	506.6	2.5	494.3	−4.8	519	100
净利润	693.3	6.4	740.8	10.2	672	4.6	642.3	19.9	535.9	−18.7	659.3	100
（+）折旧	374		354		303		254		238		214	
（−）追加投资	662.5	27.6	519.2	27.1	408.6	27.9	319.5	18.4	269.9	15.3	234	100
企业净现金流量	404.83	−29.7	575.6	1.6	566.4	1.8	576.8	14.4	504	−21.2	639.3	100

表 11-7 某企业 1993—1998 年各年收支结构比较

单位：万元

项目	1998 年		1997 年		1996 年		1995 年		1994 年		1993 年	
	金额	占销售额比例(%)	金额	占销售额比例(%)	金额	占销售额比例(%)	金额	占销售额比例(%)	金额	占销售额比例(%)	金额	占销售额比例(%)
工业生产总值	6 212		5 425.2		5 400.1		5 222.5		5 300		5 214	
销售收入	4 200	100	3 668.3	100	3 366.6	100	2 834.9	100	2 406.5	100	2 533	100
销售税金	626.6	14.9	547.3	14.9	492.3	14.6	424.6	15	343.3	14.3	348.3	13.7
销售成本	2 283.7	54.4	1 932.6	53	1 473.8	43.8	1 133.7	40	980.9	40.7	967.1	38.2
其中:折旧	374	8.9	354	9.6	303	9	254	9	238	9.9	214	8.4
销售及其他费用	162.3	3.9	171.3	5	165.1	4.9	97.4	3.4	41.4	1.7	38.5	1.5
产品销售利润	1 127.4	26.8	1 017	27.7	1 235	36.7	1 179.2	41.6	1 040.9	43.3	1 179.2	46.5
其他销售利润			306.8	8.4	3.4	0.1	7.4	0.3	0.2		0.8	0.1
营业外支出	100	2.4	95.3	2.6	73.4	2.2	55.2	1.9	24.1	1.0	13.1	0.6
营业外收入	22	0.5	36.4	1	8.8	0.3	17.5	0.6	13.2	0.5	10.4	0.4
利润总额	1 049.4	25	1 256.1	34.2	1174	34.8	1 148.9	40.5	1 030.2	47	1 178.3	46.5
税款(实际税额)	356.07	8.5	524.3	14.3	502.1	14.9	506.6	17.9	494.3	20.5	519	20.5
净利润	693.33	16.5	740.8	20.2	672	20.0	642.3	22.7	535.9	22.3	659.3	26
(+)折旧	374	8.9	354	9.6	303	9	254	9	238	9.9	214	8.5
(-)追加投资	662.5		519.2		408.6		319.5		269.9		234	
企业净现金流量	404.83	9.6	575.6	15.7	566.4	16.8	576.8	20.4	504	21	639.3	25.3

表 11-8　对某企业未来收益的预测　　单位:万元

项目＼年份	1999	2000	2001	2002	2003
工业生产总值	5 725.8	5 976.3	6 276.8	8 903.5	9 235.5
销售收入	4 437.6	4 705.8	5 213.8	5 473.9	5 730.9
销售税金	670.8	704.9	746.6	775.1	813.5
销售成本	2 350	2 500	2 700	2 900	3 100
销售及其他费用	200.9	211.7	222.4	233.0	223.7
产品销售利润	1 215.9	1 289.2	1 544.8	1 565.8	1 593.6
其他销售利润					
营业外支出	90	95	100	105	110
营业外收入	8	8	8	8	8
利润总额	1 133.9	1 202.2	1 452.8	1 468.8	1 491.6
税款(33%)	374.2	396.7	479.4	484.7	492.2
净利润	759.7	805.5	973.4	984.1	999.4
(+)折旧	385	410	442	475	508
(-)追加投资	655.2	425.4	454.1	521	541
企业净现金流量	489.5	790.1	961.3	938.1	966.4
折现系数(9%)	0.917	0.842	0.772	0.708	0.650
净现值	448.9	665.3	742.1	664.2	628.2

4.评估结果。按收益法计算,企业的净资产价值为 10 128 万元。企业净资产估价步骤为:

(1)计算未来 5 年企业净现金流量的折现值之和:

$$448.9+665.3+742.1+664.2+628.2=3\ 148.7(\text{万元})$$

(2)从未来第 6 年开始,计算永久性现金流量现值。

①将未来永久性收益折算成未来第 5 年的现值:

$$P=\text{第 5 年收益}\div\text{折现率}=966.4\div 9\%=10\ 737.78(\text{万元})$$

②按第 5 年的折现系数将上式计算的现值折成净现值:

$$10\ 737.78\times0.65=6\ 979.56\text{(万元)}$$

(3)企业资产的总评估价格:

$$3\ 148.7+6\ 979.56=10\ 128.26\text{(万元)}$$

(资料来源:全国注册评估师考试辅导教材编写组主编:《资产评估学》,中国财政经济出版社,2002年。)

思考题

1.如何理解资产评估的概念?

2.资产评估的基本要素包括哪些内容?

3.资产评估业务包括哪几项?

4.何谓实体性贬值、功能性贬值、经济性贬值?如何估算?

5.简要论述市场法的基本原理,适用条件及优缺点。

6.简要论述成本法的基本原理。

7.简要论述收益法的基本原理。

8.为什么对企业的整体评估要用收益法?

9.如何编写资产评估报告?

作业题

1.被评估生产线年设计生产能力为10 000吨,评估时由于受政策调整因素的影响,产品销售市场不景气,如不降价销售企业必须做到年产7 000吨,或每吨降价100元以保持设备设计生产能力的正常发挥。政策调整预计会持续3年,该企业正常投资报酬率为10%,生产线的规模指数为0.6。试根据所给条件估测可能出现的经济性贬值率。

2.被评估设备购建于1990年,账面价值30 000元,1995年和1998年进行了两次技术改造,当年投资分别为3 000元和2 000元。2000年对该设备进行评估,假设从1990—2000年每年的价格上涨率为10%,该设备的尚可使用年限为8年。试根据所给条件估测被评估资产的成新率。

3.对一建筑物进行评估,该建筑物账面原值150万元,竣工于1996年底。假设1996年的价格指数为100%,从1997—2001年的价格指数每年比上年增长的幅度分别是11.7%、17%、30.5%、6.9%和4.8%。试估测2001年底建筑物的重置成本。

4.待估在建工程总预算造价200万元,其中设备安装工程预算100万元,评估时设备安装工程尚未进行,而建筑工程中的基础工程已经完工,结构工程完成了60%,装饰

工程尚未进行。评估人员根据经验认定建筑工程中的基础工程、结构工程和装饰工程各占比例为15%、60%和25%。根据上述资料,估算待估在建工程的价值。

5.某企业欲进行股份制改造,根据企业过去经营状况和未来市场的形势,预测未来5年的收益分别为10万元、15万元、12万元、16万元和11万元,假定从第6年开始,以后各年的收益额均为15万元。根据银行利率及企业经营风险情况确定的折现率和资本化率均为10%。并且,采用单项资产评估方法,评估确定该企业各单项资产评估之和(包括有形资产和可确指的无形资产)为90万元。试确定该企业商誉评估值。

6.被评估债券为4年期一次性还本付息债券,面值10 000元,年利率为18%,不计复利,评估时债券的购入时间已满3年,当年的国库券利率为10%,评估人员通过对被评估企业的了解认为应当考虑2%的风险报酬率,试评估该债券的价值。

7.被评估企业以机器设备向甲公司直接投资,投资额占甲公司资本总额的20%,双方协议联营10年,联营期满甲公司将机器设备折余价值20万元返还投资方。评估时双方联营已经有5年,前5年甲公司的税后利润保持在每年50万元的水平,投资企业按其在甲公司的投资额分享收益,评估人员认定甲公司未来5年的收益水平不会有较大的变化,折现率设定为12%。试对被评估企业的直接投资进行评估。

8.被评估企业拥有乙公司面值共90万元的非上市流通股票,从持股期间来看,每年股利分派相当于票面价值的10%,评估人员通过调查了解到,乙公司将税后利润的80%用于股利分配,另20%用于公司扩大再生产,公司有很好的发展前景,公司的股本盈利率保持在15%的水平上,折现率设定为12%。试运用红利增长模型评估该企业拥有的乙公司股票。

9.待估企业预计未来5年的预期收益现值之和为1 500万元,折现率和资本化率为10%,企业未来第6年的预期收益为400万元,并一直持续下去。试用年金法和分段法评估企业的整体价值。

10.被评估机组为2年前购置,账面价值为20万元人民币。评估时该机组已不再生产,已被新型机组所取代。经调查,评估时其他企业购置新型同类机组为30万元人民币。被评估机组因功能落后,其贬值额约占新型机组取得价格的20%。被评估机组尚可使用10年,预计每年超额运营成本为1万元,计算该机组的评估值(假设该企业折现率为10%,10年的现值系数为6.145,企业所得税税率为30%)。

11.某企业拥有一项技术,需要估价摊销。市场有类似的技术转让,售价为160万元。评估人员经调查了解到此企业无任何关于该项专用技术的成本记载,但发现该企业另有三项自创无形资产,其开发成本分别为105万元、110万元、125万元,相应的市场售价分别为140万元、150万元、180万元。要求评估人员以市价调整法确定被评估企业专有技术的重置成本。

12.某企业在评估时点一个月前购进燃料 400 公斤,单价 160 元。当时支付的运杂费为 1 600 元。两个月前购进生产配套件 300 件,单价 130 元,当时支付的运杂费为 150 元。根据原始记录和清查盘点,评估时库存尚有 100 公斤燃料,80 件配套件,没有发现技术、质量方面的损耗。根据上述资料,确定材料的评估值。

13.某企业将某项资产与国外企业合资,要求对该资产进行评估。具体资料如下:该资产账面原值为 270 万元,净值为 108 万元,按财务制度规定,该资产折旧年限为 30 年,已提折旧 20 年。经调查分析确定:按现在市场材料价格和工资费用水平,新建造相同的资产全部费用支出为 480 万元。经查询原始资料和企业记录,该资产截至评估基准日的法定利用时间为 57 600 小时,实际累计利用时间为 50 400 小时。经专家估算,该资产还能使用 8 年。由于技术落后,设计不合理,该资产耗电量大,维修费用高,与现在同类标准资产相比,每年多支出营运成本 3 万元(企业所得税税率为 33%,折现率为 10%)。根据上述资料,采用成本法对该资产进行评估。

14.对某企业进行整体资产评估,预测其未来 5 年内收益额分别为 580 000 元、624 000 元、653 000 元、672 000 元和 697 000 元。经过调查研究,前期各年折现率为 10%,从第 6 年起本金化率定为 15%,永续年金收益为 700 000 元。计算该企业资产的重估价值。

15.某企业从美国进口一台设备,离岸价为 50 万美元,国外运费为 1 万美元,途中保险费为 2.5 万美元。关税税率为到岸价的 30%,国内运杂费为 5 万元,安装调试费为 7 万元,银行及其他手续费为 3 万元。该企业进口这项设备已使用了 3 年,还可以继续使用 7 年。外汇汇率为 1 美元兑 8.5 元人民币。请评估该企业这台设备的重置完全价值(增值税率为 17%)。

16.被评估资产是某企业准备继续生产的 A 系列产品,可供参考的评估资料如下:

(1)该系列在产品账面记录累计至评估日止总成本为 300 万元。

(2)根据评估小组复查和技术鉴定反映出的情况,A 系列中的 b 在产品废品率偏高,超过正常范围的废品有 200 件,账面单位成本为 100 元,估计可回收的废料价值为 0. 2 万元。

(3) A 系列在产品材料成本占总成本的 60%,所用材料全部是有色金属材料,按其生产准备到评估日止有半年时间,按生产资料交易中心公布的价格计算,同类有色金属材料在半年内上涨了 10%。

(4)制造费用分析表明本期在产品单位产品费用偏高,主要是前期漏转费用 8 万元计入本期成本,其他费用在半年内未发生变化。

根据上述资料,确定 A 系列在产品的价值。

17.待估建筑物为砖混结构单层住宅，宅基地300平方米，建筑面积200平方米，月租金3 000元，土地还原利率为7%，建筑物还原利率为8%。评估时，建筑物的剩余使用年限为25年，取得租金收入的年总费用为7 600元。评估人员另用市场比较法求得土地使用权价格每平方米1 000元，试用建筑物估价残余法估测建筑物的价值。

咨询机构管理

本章要点

咨询机构是开展管理咨询活动的经济主体,它在帮助客户解决问题的同时,也面临着自身的管理问题。通过本章学习,使学生了解咨询机构运作的特点和管理内容,认识咨询机构开展咨询业务、谋求自身生存和发展的特点与方式。

第一节　咨询营销

一、目标客户的确认

管理咨询公司作为一个独立面向市场的企业，其生存和发展仍然要以满足客户需求为前提。因此，管理咨询公司同样存在自身的营销问题。管理咨询公司的一切营销活动都是围绕目标客户进行的。选择和确定目标客户(市场)，明确咨询公司的具体服务对象，是咨询公司制定营销战略的首要内容和基本出发点。选择和确认目标客户的依据有以下四项：

1.公司擅长的业务。对于绝大多数咨询公司而言，其业务有所侧重，虽然有些管理咨询公司的服务项目内容几乎无所不包，但是对他们而言，也还是能够区分出哪些业务是强项，哪些业务是弱项。公司在选择客户的时候，首先要根据公司的业务专长进行客户的选择与定位，这样做的原因：一是突出主业；二是避开竞争对手。像其他类型的公司一样，咨询公司要发展，也必须有业务专长，有所侧重，尤其对规模较小的公司，只有依靠自己在某些业务上的特色和长处，才能够在竞争激烈的市场中占有一席之地。不顾自己实力，盲目追求小而全，不仅会失去顾客，更会在经营上遇到危机。比如，会计师事务所擅长的业务是财务会计制度设计和内部控制制度设计，选择目标客户时就要关注在财务管理方面薄弱并且有改善管理愿望的企业。而有些公司擅长企业营销策划，那么就应当选择那些在营销方面遇到问题的企业。

2.管理能力。对各咨询公司而言，其管理业务的能力是有差异的，这取决于管理咨询公司的规模、经验、可调动的资源和自身的管理水平，有些公司虽然业务能力很强，但是管理能力不强，也只能受制于现有的人手和规模，不能扩大业务，而且业务面也相对狭窄，而管理能力较强的公司则可承接较多的业务。

3.外部环境。外部环境则是影响咨询公司选择目标顾客的外部因素，就任何咨询公司而言，它在选择业务的时候，必然要考虑它所处的环境，而外部环境是有很大的差异的。就中国而言，地区的差异就很明显，经济发达地区、经济落后地区、经济特区和一般地区等，各地区的经济政策不一样，外部的环境有差异，也使客户的咨询要求会有所不同。这样，一方面会影响咨询公司的业务选择，同时也会影响咨询公司的定位。比如，

深圳的某家咨询公司，由于它的客户定位主要在深圳地区，由于深圳地区的税收优惠政策较国内其他地区要多一些，可能税收方面的咨询相对多一些；另外，由于它是一个口岸地区，贸易公司就会多一些，那么针对这些公司的咨询就会多一些。总之，一个地区企业有明显的地区特色，咨询需求也呈现明显的地区特点，目标客户的确定必须考虑其所处的外部环境。

4.竞争对手。竞争对手是企业在确定目标客户时的一个重要因素，管理咨询公司在确定目标客户的时候，一方面要考虑整个市场的规模，同时也要考虑到竞争对手的实力及其市场份额。面对竞争，咨询公司主要有下列两种选择：

(1)避开竞争对手，选择目前市场规模不大，但是较有潜力的市场。这样做的原因主要是考虑到自身实力与竞争对手的差距，选择了回避的竞争策略，对于那些小的咨询公司，这或许是一个明智的选择。

(2)针对竞争对手，从竞争对手那里争夺市场份额和客户。相对来讲，这样做成本要高一些，风险相对要大一些，但是对于有实力的咨询公司，不失为一种扩大自己影响的好办法。另外，当一些咨询市场还没有形成明显的几个公司垄断的时候，也可以借此抢占先机。

二、营销策略

咨询公司的“产品”是帮助客户解决管理问题，具有无形的特点，它不同于有形的工业产品，所以咨询公司的营销策略也与经营有形产品的企业有所不同。尽管所有的企业都面临着大大小小、方方面面的管理问题，但是却并不一定清楚该不该借助外脑或如何借助外脑来帮助解决问题。因此，提高管理咨询公司的知名度，让客户知道咨询公司能做什么，提醒客户在管理中有多少问题需要解决，从而使客户有求于咨询公司，是管理咨询营销要达到的目的。

三、客户资源管理

美国管理学大师德鲁克指出，企业的根本目标是创造顾客①。在现代市场经济条件下，任何企业都依赖于顾客而存在。顾客是一个企业、一项业务的起始点，只有当顾客考虑购买企业的产品或服务，继而签订了购买合同时，企业的业务才算真正运转起来，也才能取得生存的资格。如果顾客停止对企业产品或服务的购买，企业也就失去了存在的基础，最终将不得不停止经营，甚至倒闭。企业的生存和发展不仅取决于获得客户，而且还取决于能否保持客户。在一定意义上，保持顾客比开发客户更加重要，因为

① 德鲁克：《管理实践》，上海译文出版社，1999 年。

企业的生存和发展依赖于客户的不断购买行为，需要有一批长期的客户。正因为如此，管理咨询公司应注意建立和保持与顾客的长期互利关系。客户资源对于咨询公司而言是性命攸关的资源，加强客户资源管理是咨询公司管理的非常重要的一个方面。客户资源管理包括以下三方面。

（一）建立档案，跟踪管理

进行客户资源管理的首要工作是为客户建立档案。这里的客户主要指的是目标客户，既包括已有的客户，又包括潜在的客户。

（二）动态把握顾客需求，提高客户满意程度

争取客户的最好方法是让客户满意。据施乐研究中心的调研报告显示，一个对企业产品非常满意的客户的购买意愿比一般客户要大 5 倍，而 2/3 的客户离开其原来的供应商是因为企业对客户的关怀不够。

要使客户满意，首先是要及时准确地了解客户的需求，脱离客户需求的服务是不会令客户满意的，客户解决管理问题的需求不是一成不变的，相反是处在不断变化之中的，咨询公司只有不断地了解这种变化，才能在动态中把握客户的需求；其次是要向客户提供符合其需求的优质服务，这需要咨询公司的业务人员非常敬业和负责；再次是要提供及时的服务，咨询服务的时效性往往就是实效性的同义词，是否能够提供及时的咨询服务，是决定客户是否满意的主要因素；最后，价格也是一个影响顾客满意程度的因素，服务质量不够高而价格畸高，最终也会失去顾客。当然，越来越多的顾客更加看重的是咨询公司能为其提供何种服务以及服务的质量和及时程度。

（三）防止客户流失，避免组织资源变成个人资源

对于咨询公司进行客户管理，一个不可忽视的重要方面就是要处理好组织资源和个人资源的关系。所谓组织资源是指咨询公司现有的客户；个人资源是指与咨询人员有密切联系的客户资源，这部分客户资源容易随着咨询人员的离开而流失。从维护公司利益的角度，加强客户资源管理就是要避免组织的资源变成个人资源。这一方面需要公司采取各种激励措施合理地使用和留住人才；另一方面需要采取各种约束手段防止组织资源的个人化。这些手段包括建立健全客户档案制度、业务人员轮换制度、签订离职协议、建立行业通报制度等。

第二节 财务与控制

一、咨询服务的收入与支出

（一）收入的种类

根据咨询公司业务的种类，可以将收入分为评估收入、审计收入、验资收入、策划收入、培训收入和咨询收入等。对于资产评估业务、审计业务和验资业务的收费标准，有关行业监管部门在20世纪90年代初期皆有所规定。虽然出于竞争考虑，许多评估机构和会计师事务所未必执行有关规定，但是规定本身的存在，就在一定程度上制约着有关机构的收费水平，从而使行业实际收费水平不会与标准相比有太大的差异（有关收费标准见本章附录10-1和附录10-2）。而策划业务、培训业务和咨询业务的收入，基本上取决于服务与被服务双方讨价还价的结果。同样内容的培训项目或咨询项目，由于服务方的声誉或被服务方需求等原因，在收入上会有巨大的差异。例如，某地方高校为某大型企业集团培训财务主管，全脱产培训3个月，35名学员，每人收学费1万元人民币；而另一所国家部委主办的培训学校也为同一行业的另一个企业集团培训财务主管，全脱产培训9个月，35名学员，每人收学费10万元人民币，两者相差3倍多。如果说培训项目受限于课时、培训期间和师资等因素，不可能形成太大差异的话，策划业务和咨询业务的收入差异就更大了。在这方面，目前尚未有人进行专门的调查和调查情况的公布。

（二）支出的种类

咨询公司的支出有两类：一类是投资性支出，如办公用房和设备购置；一类是损益性支出，即各种费用，包括广告费、业务招待费、业务开发费用、办公费用、人员工资、计提的职工福利费、外勤补助、差旅费、奖金、交通费、租赁费、利息费、营业税及所得税等。

二、预算管理

(一)预算管理的意义

预算管理是咨询公司实施财务控制的重要内容。预算是对咨询公司未来经营活动所需财务资源的预测和安排。编制预算就是要估计公司未来的收入及从事咨询活动所要付出的各种费用。预算还可以成为衡量咨询公司的实际成效或业绩的基准。根据预算及其执行情况,可以判断和估计公司的财务状况。例如,当年终发现实际收入与预算收入相差不多,但实际费用支出要比预算费用支出多得多时,就应当找出费用偏高的原因:是预算不合理,还是对费用支出的控制出了问题?从财务的角度,可以知道公司是否像预先设想的那样正常运转。假设某项目只完成了任务的50%,但却花费了75%的预算资金,项目负责人就应当立刻得到暗示:在完成项目前,会花完所有的资金。这对任何咨询人员都不是好现象。或者低估了项目的费用,或者花费太多,都应当及时查明原因。

咨询公司的预算可以分为期间预算和项目预算。项目预算是对项目收入和项目实施过程中所要承担的所有潜在费用的估计,并与客户向公司付款的数目作比较的一种预算方法,可以用来考核项目的业绩,这将在后面的业绩管理内容中作详细说明。

期间预算(以下简称预算),反映了公司对一定时期的收入和各种费用支出的预期,它既是公司决策的具体化,又是进行财务控制的依据。编制预算不能流于形式,不能简单地照搬上一期的预算。正确的方法是尽可能地收集信息,再审核信息的准确性,然后推测将会发生的事情,并据此编制预算。在编制预算时,应综合考虑以下几点:

1.收集数据。先考察以前的预算,将预算数字与实际数字相比较,判断在以前的预算中是高估还是低估了数字;再比较类似的项目支出,考虑是否需要聘用新人、租用新设备或购买设备以及物资;同时还要考虑收入或费用的大幅波动会对预算产生的影响。

2.与客户面谈。开始编制预算前,要与主要客户面谈,准确了解公司所能够期望的报酬是多少,同时也应当了解什么时候能够收到这些报酬。

3.运用判断力。在编制预算的过程中,确凿的数据和客观事实是最重要的信息。仔细审查预算草案,看看是否合乎情理?是否遗漏了预计的收入或费用?数字是否符合客观事实?从过去的角度看这些数字是否合情合理?是否过高或过低?

(二)收入预算

预算管理的第一个步骤是要对收入进行预计,咨询公司预算的原则是以收定支、量入为出,预计收入考虑的因素主要包括以下各项:

1.分析以往的收入。在编制预算时,过去几年的收入对未来的收入预期是有一定借鉴意义的。许多公司的收入预算就是在过去一年的收入基础上再提高几个百分点以后确定的,这就是公司的收入增长目标。有些大的项目可能会跨年度,因此要将收入在两个年度之间进行分配。

2.了解已有客户的意向。在前面介绍客户管理时我们谈到过,要经常与客户保持联系。通过对客户的了解,可以知道客户是否有继续合作的意向。像年度报告审计这样的业务比较稳定,也容易预计。通过与老客户的沟通,可以对下一年度的收入有所预计。

3.和潜在的客户沟通。潜在的客户是收入的重要来源,开发新客户是咨询公司提高收入的主要途径,而潜在的客户基本来自以下三个方面:一是通过广告宣传获得新客户;二是主动出击,联系到新客户;三是老客户推荐新客户。咨询公司在保住老客户的同时,要注意开发新客户,根据每年新客户的增加,来确定预算年度的收入增加目标,这也是在进行收入预算时要考虑的一个因素。

4.了解竞争对手的情况。在编制预算的时候,要考虑到竞争对手的情况。在咨询行业,既有伙伴也会有竞争对手,所以,必须弄清楚竞争对手与本公司相比有哪些优势和劣势,在相关领域竞争对手在市场所处的地位及其竞争策略。为了生存和发展,公司可能要对竞争对手采取相应的措施,这样会影响公司对收入的预期。

5.了解市场情况。市场情况是指公司开展业务所处的市场环境。市场环境的变化难以把握,要编制好预算需要把握好市场。当年邯钢经验在全国掀起热潮的时候,目标管理、成本管理的咨询得以风靡一时;后来,随着信息技术的发展,MRP、ERP、业务流程重整又成了咨询服务的热门。所以,仔细研究市场环境的变化动向不仅是编制预算所需要的,更是公司发展所必需的。

6.拓展新的咨询业务。公司的收入预计,还要考虑是否有新的业务,比如,公司取得了证券期货的审计、评估资格,这就意味着公司进入了一个新的市场,必然也会带动收入的提高。

(三)费用预算

根据费用的数量习性,可以分为固定费用和变动费用。固定费用是指不会随着收入的变化而发生变化的费用;变动费用则是随着收入的变化成正相关变化的费用支出。编制费用预算之前要弄清楚费用的习性。确定费用支出中哪些是固定费用,哪些是变动费用。固定的费用支出主要包括房租支出、人员工资中的固定部分(包括基本工资、养老保险、医疗保险)、办公费用、水电费、电话费、折旧费、培训费及广告费。变动费用主要包括员工工资收入中的变动部分(主要有外勤补助、加班工资、奖金等)、各种业务

开发费用、业务招待费、交通费和营业税等。

1.固定费用开支预算的确定。固定费用可以进一步细分为约束型固定费用和酌量型固定费用两种。属于约束型固定费用的,如租金、基本工资、折旧、水电费等;属于酌量型固定费用的,如培训费、电话费、业务招待费等。约束型固定费用容易确定,可以根据以往的开支情况来确定其开支水平;酌量型固定费用则可以根据以往的开支情况确定其波动范围。

2.变动费用开支预算的确定。变动费用与收入有直接的关系,所以确定它们与收入的比例很重要。为了达到合理的比例,首先要确定各种费用率标准,如奖金占收入的比例,预计的出差补助、预计的加班费用占收入的比例等。当然,也可以用一个简单的方法,就是把支付给员工的这些费用视为一个整体,比如,这些费用共占收入的20%,由于加班费和外勤补助是可以计算出来的,所以从费用中扣除加班费和外勤补助后的余额就是奖金。这样对于整体来讲,是与收入直接挂钩的,所以预算的时候也没必要全部细分。另外,这样做之前,需要对以往的加班费、外勤补助和奖金进行统计,确定一个合理的比例关系。这样做的目的主要是为了方便预算,也便于控制费用的支出。

根据费用的数量习性来编制费用预算,有利于提高对未来支出判断的准确性,也有利于编制出准确、合理的费用预算。

(四)预算方法的选择

编制预算的方法主要有固定预算、弹性预算和滚动预算。固定预算是针对业务量固定所进行的预算,比较适合业务量比较稳定的咨询公司。弹性预算则是根据不同的业务量水平制定不同的预算,较好地反映了以收定支的原则,但是工作量要大些,这种预算比较适合业务量不太稳定的公司。滚动预算是根据年度预算,定期编制各季(月)预算,同时根据前期预算完成情况来调整当期预算。通过编制滚动预算,可以不断根据实际情况调整预算,使预算更加符合实际,一般来讲,滚动预算适合大公司。

(五)预算的实施与控制

预算下达以后要严格执行,确保不结余、不超支。结余与节约不同,节约是在完成工作任务的前提下比预算减少了开支,结余则是因为没有做工作或少做了工作而减少了相应的开支,以至于没有完成任务,这是不能允许或鼓励的行为。在预算执行中,如果出现结余,就要及时分析原因并采取措施,使工作进度得以保证。超支是在完成预期任务的过程中费用超出了预算。如果费用支出明显地超出预算时,可以考虑采取以下措施:

减少可有可无的费用、停止聘用新员工、提高收费率。

三、费用功效分析

不同类型的费用，其功效不同。一般而言，变动费用与业务收入直接相关，其功效高低可以从该类费用的变化与收入变化之间的联系中表现出来。固定费用与业务收入间接相关，其功效高低不能从业务收入的即期变化中反映出来，要用其他的参照物来衡量其功效。即固定费用的间接功效是业务收入的变化，直接功效则因具体开支的用途不同而有不同的衡量标准。

费用功效分析可选用如下方法：

1.比率法。分析和考察费用与收入的比率及其变化。其比率有正反两种指标：正指标是费用收入比（收入÷费用），即每一元费用创造的收入，其值越高，功效越大；反指标是收入费用率（费用÷收入×100%），即实现百元收入需要支出的费用，其值越低，功效越大。比率法适用于变动费用功效分析。

2.杠杆率。分析和考察费用变化与收入变化的比率。其指标是费用杠杆率（收入变动率÷费用变动率），该指标反映收入变化与费用变化的倍数关系。从绝对值看有三种情况：①当收入变化率大于费用变化率时，费用杠杆率大于1；②当收入变化率等于费用变化率时，费用杠杆率等于1；③当收入变化率小于费用变化率时，费用杠杆率小于1。例如，有甲、乙两家咨询公司，甲公司的费用杠杆率为3，乙公司的费用杠杆率为2，表明甲公司每增加1%的费用支出，就会带来3%的收入，而乙公司每增加1%的费用支出，只能带来2%的收入。显然，甲公司的费用功效要大于乙公司。杠杆率分析既可用于变动费用功效的分析，也可用于固定费用功效的分析。

3.工作量法。分析和考察费用与工作量的比例关系。其比例关系亦有正反两类指标：正指标是费用与工作量之比（工作量÷费用），即每一元费用完成的工作量，其值越高，功效越大；反指标是工作量与费用之比（费用÷工作量），即完成一定的工作量需要开支的费用，其值越低，功效越大。例如，A、B两公司每月均需支付10万元办公室租金，A公司平均每月的办公人员工时为16 000小时，B公司平均每月的办公人员工时为20 000小时，A公司的费用与工作量之比为0. 16，即每一元租金创造0.16小时办公人员工作时间或每百元租金创造16小时办公人员工作时间。相比之下，B公司百元租金创造20小时办公人员工作时间的租金功效就比A公司高。工作量法适用于对固定费用的功效分析。

四、风险控制

对于咨询业务、培训业务和策划业务而言，尽管收入的不确定性很大，但是责任风险并不大，而对于审计、验资、评估等业务来讲，其责任风险却不小。相比之下，注册会计师行业是一个风险很高的行业，每年都有很多会计师事务所和注册会计师因为执业中的问题而面临法律诉讼。比如，世界五大会计师事务所之一的安达信会计公司就因为在安然公司的执业中没有遵守有关的业务标准而陷入了破产的境地。所以，加强风险控制是咨询机构面临的一项重要工作，关系到公司的生死存亡。风险控制的措施有如下各项：

1.牢固树立诚信观。

2.严格遵守职业道德和专业标准。

3.建立健全质量控制体系。健全的质量控制体系包括如下内容：

(1)建立健全各项规章制度。对会计师事务所而言，业务质量控制涉及的规章制度包括业务承接规定，审计人员委派制度，签订业务约定书须知，审计计划编制规定，审计外勤工作管理规定，审计取证注意事项，审计工作底稿编写及复核制度，审计报告撰写及复核制度，重大、疑难问题的请示报告制度，服务守则，人员考核与晋升办法等。

(2)加强人员的质量控制。审计工作质量控制归根结底还是人的质量控制。人的素质提高了，人员管好用好了，审计工作质量自然就上去了。加强人的质量控制，一是要提高领导人员的风险防范意识，在工作中时刻强调质量控制的重要性，并严格按照规章制度办事。二是要针对不同的审计项目选派合格的项目经理。项目经理在整个审计项目实施中发挥着重要的作用，其工作贯穿审计项目的始终。在审计计划阶段，要负责了解被审计单位的基本情况，编制审计计划，并随实际情况进行修订；在实施阶段，要负责对项目小组的现场管理，督导和复核助理人员的工作，负责与客户的接触、协调，解决重大疑难问题并上报；在完成阶段，要负责整理复核审计工作底稿和审计证据，汇总审计差异，提请被审计单位调整，负责编写审计报告并复核等。因此，项目经理的素质及能力直接影响到审计项目的质量。三是要合理选派业务助理人员。在审计工作中，业务助理人员的选派也不容忽视。在外勤工作中，助理人员承担着大量的基础性工作，助理人员的职业道德、学识、职业判断能力及与项目经理的配合程度等都对审计项目质量有较大的影响。

(3)编制质量控制作业图。有些会计师事务所在办公室张贴质量控制作业图，使整个审计工作步骤清晰，分工明确，责任清楚，成为强化质量控制的有效手段，值得在会计师事务所推广。

(4)及时总结审计工作。每一个审计项目结束时，项目经理都应对本次审计工作进行总结，简要阐述本次审计工作中发现的重大疑难问题和采取的相应措施，指明今后类似审计工作中应注意的事项。除对不同审计项目进行总结外，还应对不同行业、系统的审计工作进行总结。工作总结是咨询机构的宝贵财富，对今后的工作有极强的借鉴和指导意义，有利于提高审计工作质量，降低审计风险。

(5)审慎选择被审计单位,深入了解被审计单位的业务。中外审计失败的案例告诉我们,为了降低审计风险,注册会计师必须谨慎地选择被审计单位。一是要选择正直的被审计单位。如果被审计单位对其他客户、职工、政府部门或其他方面没有正直的品格,也必然会蒙骗注册会计师。这就要求会计师事务所在接受委托之前一定要采取必要的措施对被审计单位的历史进行了解,评价其品格,了解委托的真正目的。二是对陷入财务和法律困境的被审计单位要尤为注意。中外历史上绝大部分涉及注册会计师的诉讼案件都集中在宣告破产的被审计单位。周转不灵或面临破产的公司的股东或债权人总想为他们的损失寻找替罪羊。因此,对那些已经陷入财务困境的被审计单位要特别注意。

4.提取风险基金或购买责任保险。在西方国家,投保充分的责任保险是会计师事务所一项极为重要的保护措施,尽管保险不能免除可能受到的法律诉讼,但能防止或减少诉讼失败时会计师事务所所发生的财务损失。我国《注册会计师法》也规定了会计师事务所应当按规定建立职业风险基金,办理职业保险。

第三节 人力资源管理

一、结构与文化

(一)人力资源的结构

人力资源是咨询公司的第一资源,它是形成咨询公司竞争能力的根本。对传统制造业而言,企业的生产经营能力在很大程度上取决于对设备和技术的投资;对咨询公司而言,开发人力资源、提高人力资源素质、更新员工的观念和知识结构则是更迫切、更经常的任务。任何时候,对人力资源的管理都是咨询公司管理的重要内容。人力资源管理离不开对人力资源状况的把握,后者可通过对公司人力资源结构的分析来进行。人力资源结构分析包括以下几个方面:

1.人力资源的数量结构分析。人力资源数量结构分析是对各类人员的数量及其比例进行的分析。通过对人力资源的数量结构进行分析,探求现有人力资源分布是否与企业的业务结构相匹配。表12-1就是进行人力资源数量结构分析的一个例子。

表 12-1 人力资源数量结构分析

人员类别	现有数量	比例(%)	完成现有工作实际需要人数(及比例)	实现公司战略目标所需要的人数(及比例)	备注
行政人员	15	11	12(11)	25(14)	
审计人员	80	60	60(57)	100(57)	
咨询人员	30	22	25(24)	35(20)	
业务人员	10	7	8(8)	15(9)	
合 计	135	100	105(100)	175(100)	

通过表 12-1 分析,我们可以知道:①公司现有数量比实际需要多出 30 人,按目前人均工资 3 万元计算,每年多支出 90 万元。②公司的人员结构与完成现有工作的实际需要不相符,表现为咨询人员不足,审计人员和业务人员过多。③无论数量还是比例,都与实现公司战略目标所需要的人数及比例不相符。

2.人员学历结构分析。分析人员的学历结构,有利于了解现有工作人员的受教育程度及其发展潜力。一般而言,受教育程度的高低可显示知识的丰富程度和潜在能力的高低,而且也能够反映出员工的科学文化素质。表 12-2 是人员学历结构分析示意。

表 12-2 人员学历结构分析

职位分类	高中以下	大 专	大 本	硕 士	博 士
高级管理人员					
部门经理					
项目经理					
高级咨询人员					
初级咨询人员					
行政管理人员					
合 计					

任何企业都希望能提高工作人员的文化素质,以期望员工能对组织作出更大贡献。但是,人员受教育程度与培训程度的高低,应以满足工作需要为前提。为了达到适才适用的目的,人员素质必须和企业的工作现状相匹配。管理层在提高人员素质的同时,也

应当积极提高人员的工作效率，以人员创造业务，以业务发展增加人员，通过人员与业务的协调发展，促进企业的壮大。在企业人员素质分析中受教育与培训只是代表人员能力的一部分，在一个企业及组织中，难免有一部分人员的能力不足，而另外一部分人能力有余，未能充分利用，即能力及素质与工作的需求不匹配。解决这一问题可采取三个方法：①变更职务的工作内容。减少某一职务、职位的工作内容及责任，而由其他职员来承担。②改变及强化现职人员。运用培训或协助方式，强化现职人员的工作能力。③变更现职人员的职位。如果上述两种方法仍无法达到要求时，表示现职人员不能胜任此职位，因此应予以调动。

3.人员年龄（工龄）结构分析。通过对人员学历和职业级别的分析，基本上可以了解公司的业务能力，但是也并不全面，因为人的工作能力还受其经历和工作经验的影响。分析员工的年龄和工龄结构，可以看出公司的活力、技能水平、工作经验并对专业梯队的建设提供依据。表12-3是人员年龄结构分析中常见的形式（工龄结构分析略）。通过表12-3的分析，可以了解公司员工的平均年龄，了解公司人员是年轻化还是老化，吸收新知识、新技术的能力是弱还是强（结合学历结构分析），以及他们的体能负荷、工作职位或职务的性质与年龄大小能否相匹配等等。

表12-3　人员年龄结构分析

职位分类	20岁以下	20~30岁	30~40岁	40岁以上
高级管理人员				
部门经理				
项目经理				
高级咨询人员				
初级（助理）咨询人员				
行政管理人员				
业务开发人员				
合计				

4.人力资源流动分析。

（1）人力资源离职率。人力资源离职率是以某一单位时间（如以月为单位）的离职人数，除以工资册的月初月末平均人数，然后乘以100%。即：

$$离职率=（离职人数÷在册平均人数）\times 100\%$$

离职率可用来测量人力资源的稳定程度,之所以离职率以月为单位,就是考虑如果以年为单位,就要考虑季节与周期变动等因素。

(2)人力资源新增率。人力资源新增率是新进入人员除以在册平均人数,然后乘以100%。即:

新增率=(新增人数÷在册平均人数)×100%

(3)人力资源净流动率。人力资源净流动率是补充人数除以在册平均人数,补充人数是指为补充离职人员所聘用的人数。即:

净流动率=(补充人数÷在册平均人数)×100%

分析人力资源净流动率时,可与离职率和新增率相比较。处于成长发展期的公司,一般人力资源净流动率等于离职率;处于规模趋于缩小的公司,其净流动率等于新增率;处于常态下的公司,其净人力资源流动率、新进率、离职率三者相同。

由于人力资源流动率高低与组织的稳定和员工的工作情绪有较大的相关性,所以必须对人员流动加以控制。若流动率过大,表明人事不稳定,劳资关系存在较严重的问题,而且会影响公司的效率,以及增加公司挑选、培训新增人员的成本;若流动率过小,又不利于企业的新陈代谢和保持活力。

(二)咨询公司的文化建设

企业文化是公司员工在较长时期的经营实践中逐步形成的共有的价值观、信念、行为准则及具有相应特色的行为方式、行动表现的总称。它是一种人际关系氛围,积极的企业文化有利于公司健康发展,消极的企业文化,则会导致企业人心涣散、内耗加剧,将企业引向失败。企业由三个层次构成:核心层是呈现观念形态的价值观、信念及行为准则,通常称为企业精神,它体现在企业经营哲学、宗旨、方针、目标、计划和体制等方面;中间层是呈现行为形态的员工的工作方式、社会方式、应付事态变化的方式等,通常称为企业作风;外围层是呈现物质形态的产品设计、质量、企业的外观及员工服饰等,通常称为企业形象。在本书第三章里我们对企业文化的内容进行了分析。鉴于企业文化建设在形成公司机制过程中具有导向、激励、凝聚人心以及协调和控制的巨大作用,所以咨询公司管理的一个重要方面就是加强文化建设,以形成积极向上的企业文化。

二、业绩管理

(一)业绩管理的含义和作用

业绩管理是根据员工或组织的业绩进行奖惩的激励手段。业绩管理的重要作用体

现在多个方面:有效的业绩管理可以激发出符合公司需要的员工行为;有效的业绩管理有助于吸引和留住成就导向型的员工;有效的业绩管理有助于聘请到表现优异的人才,因为这种制度能满足他们的成就感,同时也会令表现不佳者感到气馁;有效的业绩管理在带来更高的公平感和满足感的同时,也会带来竞争压力和危机感。

(二)业绩管理的内容

业绩管理的形式有多种,其中应用最为广泛的是绩效付酬制度。绩效付酬是根据员工的业绩来付酬。这种制度的运用很广泛,实行中虽然也遇到各种各样的问题,但是到目前为止,仍不失为最有效的业绩管理手段之一。实行绩效付酬制度,要明确以下要点:

1.业绩的确定。业绩管理的核心任务就是要明确业绩的含义,明确哪些行为是公司鼓励的,哪些则是公司要摒弃的。对于一个咨询公司而言,无论是审计业务还是管理咨询业务,在设置业绩指标时都应考虑到工作本身的特殊性。因为咨询业务的最大特点就是团队工作,绩效考核既要体现团队的业绩,又要体现个人的业绩,所以业绩考核的首要任务是考核团队业绩,而个人业绩则体现在团队业绩中。业绩的表现形式还可分为期间业绩和项目业绩。

期间业绩是指员工或团队在经营年度(或季度、月度)里的业绩,表现为责任人完成的业务、争取到或留住的客户、创造的收入或净收益。项目业绩是指公司完成具体项目的成本、工作质量和顾客的满意程度的总和。项目在签订业务约定书或咨询合同后,公司对项目会有一个收入预期和成本预计,咨询公司的费用主要体现为人员的工资、补助及其他的相关费用的支出,而利润不是员工能够控制的,所以用项目利润作为项目的业绩并不合理,项目业绩的考核指标是费用节约额、工作质量和客户对项目的满意程度。

项目业绩是绩效考核的核心,确定了项目的业绩就能确定年度内的个人业绩和团队业绩。个人业绩是所参与的项目业绩总和。按项目业绩分配,能较好地体现多劳多得、优质优酬的分配原则。

2.项目业绩的计算与考核。

(1)项目人工成本预算。项目人工成本预算是在合同签订以后,由主管经理(或合伙人)、有关部门经理和项目经理确定的有关项目的费用支出的预算,这个预算对于考核具有重大作用,关系到公司的成本和员工的考核。公司的项目人工成本预算包括两部分内容:一部分是员工的正常工时成本预算;另一部分是额外人工成本预算。

正常工时成本预算是指在项目完成的期间内发生的员工工资、差旅费、外勤补助、业务招待费等,但不包括加班工资。其中员工的工资是指员工的岗位工资,这是公司的固定成本,但是为了考核项目人工成本,必须把它放入项目的成本预算中。表 12-4 是

一项简单的正常工时的成本预算。其中单位工时成本是根据各类人员的岗位工资和工作时间计算的，如某位员工的岗位基本工资（不含奖金）是 4 400 元，每天的工资为 200 元（每月按 22 天工作日计算），每小时的工资为 25 元（每天工作 8 小时）。以表 12-4 为例，该项目共有 5 名员工参与，其中项目经理 1 名，高级员工 2 名，助理人员 2 名。项目经理、高级员工和助理人员的单位工时分别为 50 元、35 元和 20 元，差旅费是每人 200 元/天，交通费是 2 000 元/人，出差补助的标准是：项目经理 200 元/天，高级员工 150 元/天，助理人员 100 元/天，这样就可以计算出正常工作工时的成本预算。

表 12-4　项目正常工时成本预算

项目名称	公　司		
项目负责人	××	时间	2002.3.1-2002.3.8①
小组成员	高级员工 2 名：××、××，助理人员 2 名：××、××		
预算项目	单位工时成本	工时	合计
工资成本：			
项目经理	50	8×6	2 400
高级员工	35	8×6	1 680
助理人员	20	8×6	960
差旅费	200×5×8		8 000
出差补助	（200+150×2+100×2）×8		5 600
其他（交通费）	2 000×5		10 000
合计			28 640

额外人工成本预算，是指正常工时以外的加班工资和提取的奖励基金。将额外人工成本预算计入项目人工成本，是为了防止员工为了得到加班工资和奖金，而不顾项目的效益。额外人工成本预算往往是在保证项目目标利润的前提下，根据项目收入的一定比例提取，例如，按照项目收入的 5%提取。如果这个项目如期完成，所获得的奖金将

① 3.2 和 3.3 为周六、周日。

是额外人工成本预算减去加班工资后的余额。

(2)工作时间统计表。工作时间统计表是每个员工每隔一段时间，如实填制的工时统计表。此表说明在统计期间的员工工作时间分配，是在项目上，还是在办公室或者接受培训等。据此可以知道每个项目耗费的人工工时和每个员工的工作时间分配，可以知道人工成本的利用效率，同时还可以用于相互比较，是考核员工业绩、计算报酬的依据。工作时间统计表见表 12-5。

表 12-5 工作时间统计表

员工姓名： 编号： 统计期间：

工作工时		加班工时	
其中：		其中：	
A 项目		A 项目	
B 项目		B 项目	
办公室			
培训			
其他			
		合 计	

(3)比较项目预算与项目实际支出，进行绩效考核。

①成本业绩的计算。当提前完成项目时的成本业绩计算公式为：

成本业绩 = 节约天数×(每天住宿费+每天出差补助)+额外人工成本预算-加班工资-其他费用

在成本业绩里，没有考虑到节约的工资成本的原因在于，正常工时工资是公司的固定成本，提前完成项目并不能减少这部分工资的支付，所以这部分工资不能所作为成本业绩。

当没有按期完成项目时的成本业绩计算公式为：

成本业绩 = 额外人工成本预算-加班工资-其他费用-超过正常工时预算的天数×(员工每日工资+每日住宿费+每日出差补助)

在这部分业绩里，把固定的员工工资考虑进来的原因在于，超时意味着公司原有计划的破坏，有些时候一个项目没有按时完成会影响其他项目的进度，也是占用了其他项目的成本,而且通过考虑这部分成本,也可以明确不能按计划完成项目是要受到惩罚的,也是为了提高员工的工作效率。

这样看来,预算准确程度对考核有着重要的作用,所以预算要求由主管经理(合伙人)、部门经理、项目经理共同负责,他们有丰富的项目经验,但是不排除预算也有不合实际的时候,出现这种情况,一般是由于在客户那里遇到了影响项目进度的问题,这时可能需要对预算进行调整,同样也要经过三个经理的协商。总之,编制预算需要的是准确,即事先的预计与执行结果不出现较大差异。预算过紧,会影响员工的积极性;预算过松,不利于提高工作效率。

②客户满意程度。用工作时间对员工进行考核,只是业绩考核的一个部分,因为时间的考核不能反映工作的质量和客户的满意程度,所以客户的反馈意见也是对项目业绩进行考核的一个依据,这个考核依据针对项目经理和部门经理,他们应该对项目的质量负全部的责任。客户满意度可以通过发放客户满意度调查表进行调查。对满意程度的调查,首先是要确定具体内容,如服务态度、业务水准、工作配合、报告内容、方案适用性、解决问题程度等。对满意程度的文字描述是:非常满意、满意、比较满意、一般、较差、差、非常差。量化描述则可以评分。

③工作质量。工作质量也是对业绩考核的重要依据,所谓工作质量是从专业角度来考虑的,比如,工作底稿内容、工作程序执行情况、咨询报告质量等,具体标准可以根据工作的要求由业务部门制定,考核工作由部门经理负责,并由主管经理抽查。工作质量亦可进行量化描述与评分。

④计算项目业绩(绩效奖惩标准)。

当成本业绩为正值时的计算公式为:

项目业绩=成本业绩×客户满意程度×工作质量

当成本业绩为负值时的计算公式为:

项目业绩=成本业绩的绝对值÷(客户满意程度×工作质量)

例如,一个项目的成本业绩是2万元,客户满意程度是较好(80分或80%),工作质量是很好(100分或100%),那么这个项目量化的绩效就是16 000分;如果公司规定奖励标准是每分对应1元,则该项目的奖金就是16 000元。

⑤根据项目业绩对员工进行考核。做好项目考核就可以对员工进行绩效奖惩,年度终了或者半年终了,人力资源部门可以根据各个项目的业绩和每个员工的级别以及在项目中的作用大小给予奖惩。一般而言,对开发业务有重要作用的员工,主要根据收入的比例进行奖励。对部门经理是根据整个部门所有项目的完成情况进行奖惩,奖惩

比例不宜过高,应低于项目经理的奖惩比例,但可以同高级员工的比例大致相仿。项目经理应当拿到最高的奖惩比例,因为他是现场的主要负责人,项目进度和质量直接取决于项目经理的领导。高级员工和助理人员的奖惩比例要低于项目经理,高级员工的奖惩比例要高于助理人员。

三、员工培训与职业生涯设计

(一)员工培训的意义

高素质的员工队伍是最重要的竞争因素。员工培训是管理咨询公司开发人力资源的重要内容,公司员工培训的主要目的包括以下方面:

1.弥补普通学校教育的不足。学校教育主要是完成基础教育和基本专业技术教育,新引进的员工,尤其是刚刚从学校毕业的学生更要加强学习,才能适应工作的需要。

2.适应经济、技术的发展变化。社会是发展变化的,进入知识经济时代,知识更新的速度加快,对于管理咨询公司的职员,其工作职责是将先进的管理理念传授给企业,咨询人员不仅要对各种知识有较为全面的了解和认识,而且要对涉及管理的新知识、新经验、新观念、新法规和新技能保持更高的敏感性并能够领先于客户去掌握,所以培训是咨询机构的员工适应社会发展的要求。

3.建设企业文化,提高员工素质。通过培训使员工的知识和技能得到提高,这仅仅是培训的目的之一。员工培训的另一个重要目的是使具有不同价值观、信念,不同工作作风及习惯的人,按照时代及企业经营的要求,进行文化养成教育,以便形成统一、团结、和谐的工作集体,使工作效率得到提高;通过培训,可使员工的工作态度、工作作风得到改善,使员工队伍整体素质适应竞争的需要。

4.帮助员工自我成长。从员工的角度说,员工希望学习新知识,开阔眼界,更新观念,提高技能,充实自己;从公司的角度看,通过有针对性地进行员工培训,在丰富员工业务知识、提高工作技能的同时,还可以拉长公司的"短板",使公司的整体能力得以提升。

5.改善公司人力资源配置。无论是专业梯队建设还是实行优胜劣汰的岗位竞聘或岗位轮换,都需要辅之以培训手段。

(二)员工培训的原则

1.超前性。咨询机构的员工要尽可能先于客户或比客户更深入地掌握有关知识和法规,因此应积极参加涉及执业内容的培训活动或研讨会。虽然培训不仅要花钱,而且

也会影响当前工作,会对企业造成一定的影响,但是这方面的投资是必需的。舍不得在这方面投资的咨询机构,员工的能力乃至公司的竞争能力会逐渐减弱。

2.针对性。要保证公司在员工培训方面的投资有成效,就要对培训的对象、内容和方式加以选择。对于不同的员工,要有不同的培训内容和不同的培训方式,简单化、一刀切的办法,效果会不好。

3.时效性。培训要讲求效果,不能不注意培训对象和培训内容的时效性。例如,对于公司文化和基本执业规范的培训,如果放在新员工刚进入公司的时候进行就非常有效;如果放在新员工已经成为老员工以后才培训,效果就会小得多。对于新法规的培训也是如此,在新法规刚出台的时候培训和新法规已经实施数年后再培训,对于公司的培训和执业效果是不一样的。

4.计划性。培训是咨询公司一项经常性的重要工作,因此也要有计划性。一般而言,培训时间的安排,选在业务淡季为宜。对于不同级别员工培训的内容、时间长短、培训方式也应有所不同。

(三)员工培训的组织与管理

1.编制培训计划是取得良好培训效果的前提。编制培训计划必须从组织目标出发,考虑满足组织及员工两方面的需要,了解企业资源条件及员工素质基础,了解可供选择的培训单位、培训师资和有关培训内容,考虑人才培训的超前性及培训结果的不确定性,考虑人、财、物力的保证程度,这里的人力包括师资及抽调人员的补充;财力包括全部培训经费的来源;物力包括培训场所、器材、图书资料等。在此基础上确定员工培训的目标、内容、水平、规模、时间、方式、师资和成绩评定办法。

2.员工培训必须有组织保证。员工培训必须有组织保证才能落实责任。就公司内部而言,员工培训的责任部门有两方面:一方面是员工所在部门;另一方面是公司主管培训的部门。前者负责对员工进行日常工作培训,通过咨询实践帮助员工成长,同时还要担负一定的选派员工外出参加培训的责任;后者负责对员工进行集中培训,以及选派员工参加社会培训。培训责任包括制定各岗位职务规范,对员工进行日常指导与考核,提出培训要求,并从工作安排上为员工培训创造必要的条件,以及采用必要的政策和措施调动员工学习的积极性,组织落实培训计划,不断研究改进培训效果。

3.培训员工要积极创造条件,选拔合格的培训讲师。培训效果高低在很大程度上取决于教师的教学工作质量,名师出高徒,这句话表明保证教师的质量非常重要。教学是一门专门技术,专家不一定能成为优秀教师,因此专职教师必须经过培训,以提高其表达传授能力。对于中小公司,配备专门的专职教师有困难,可以采取聘请兼职教师或把培训对象送出去学习的方式。如果是公司自行组织培训,就要对教师的教学效果进行

调查，以选择和聘用教学效果好的教师，淘汰教学效果差的教师。

4.调动员工接受培训的积极性。培训效果涉及教学双方，光是有好教师，却没有学员的积极配合，培训效果照样好不了。调动学员的学习积极性需要制定一系列激励政策，其中包括以下三项：

(1)培训与使用相结合的政策。通过培训提高了素质的人确实有更多的机会晋升，或承担更重要的责任，而未经培训或培训不合格的不准上岗，从而形成学习的动力与压力。

(2)培训与未来收入相结合的政策。多一种资格，就多一份收入。有些咨询公司和会计师事务所规定，员工每取得一种执业资格，就会增加一定比例的工资。

(3)培训与奖励相结合的政策。有些企业规定，凡取得好成绩的学员，不仅报销学习费用，而且给予嘉奖，促使员工认真参加培训。

5.对培训效果进行考核评价。通过对培训效果进行评价考核，可以不断改进员工培训的组织管理。人员培训的考核就是对培训的质量和效果进行分析。所谓人员培训效果，是指培训过程中受训者所获得的知识、技能应用于工作的程度。为此，公司可以建立两类标准：一类是培训工作过程的标准，它包括：①受训者的反映，即用于测量受训人对培训方案的总体印象或感觉，如教学内容是否容易理解和有趣，教学形式是否灵活等，这些情况最好从培训结束时书面评语和组织下发的调查表中得到，但这些内容不能提供有关培训结果的实质性信息，因为调查表只能收集到反映学员主观印象的东西。②受训者的学习情况。如果培训一开始就明确了培训的目的，那就比较容易定量评估受训者技能的掌握或学习情况，最好的办法是进行最后的书面考试和能力测试。另一类是培训结束后的标准，它包括：①受训者行为。它用来测量回到工作岗位后职工的绩效，其目的在于证明培训期间的学习内容与工作的应用之间存在一种积极转化的关系。②受训者行为效应。它提供了对培训方案效用的最终标准，以培训方案对组织目标的贡献为依据。

(四)员工职业生涯设计

对于公司的员工除了要对其进行培训外，还要员工对自己的发展进行职业生涯设计，这个设计是为了让员工明确工作的目标和个人的发展前景，将员工现阶段的工作与未来的发展联系起来，以激励其工作热情，强化其工作责任感，优化其工作表现。员工的职业生涯设计包括短期和长期的两种。短期为5年以内，长期为5年以上。职业生涯设计由审视自我、确立目标、生涯策略、生涯评估四个环节组成。

1.审视自我。有效的职业生涯设计，必须是在员工充分且正确地认识自身条件与相关环境的基础上进行。对自我及环境的了解越透彻，越能做好职业生涯设计。

2.确立目标。有效的职业生涯设计需要切实可行的目标,以便员工排除其他干扰,全心致力于目标的实现。如果没有切实可行的目标作驱动力的话,人们是很容易对现状妥协的。

3.生涯策略。有效的职业生涯设计需要员工有确实能够执行的生涯策略,这些具体且可行性较强的行动方案会帮助员工一步一步走向成功,实现目标。

4.生涯评估。有效的职业生涯设计还要员工不断地反省对自己的认识和对环境的认识是否正确,反省目标的确认和策略方案的选择是否恰当,从而修改和调整职业生涯目标。同时,为下一轮职业生涯设计提供参考依据。

四、薪酬政策

(一)薪酬的构成及功能

1.薪酬的构成。薪酬是员工通过在组织中工作而取得的物质利益,包括工资、奖金、津贴、福利、保险及股权。

(1)工资。工资是相对稳定的报酬部分,通常由职务、岗位、工作年限及超额工作时间决定。一般分为基础工资与浮动工资(含加班工资)两部分。它是劳动报酬的主体,是确定退休金甚至奖金的主要依据。

(2)奖金。奖金是根据特殊业绩或公司的经济效益综合状况给予员工的额外报酬,其形式有综合奖和各种专项奖。

(3)津贴及补助。津贴与补助是对从事特殊工作、危险性工作、超负荷工作的工资性补充。如对有专业技术职称的人员给予的职称津贴、对出差人员支付的出差补助等。

(4)福利。福利是在职员工均能享受、与其工作贡献不挂钩的利益,如企业的文化设施、食堂、医疗保健、优惠住房及困难补助等。

(5)保险。保险是企业为员工在受到意外损失或失去劳动能力以及失业提供的补助,包括医疗保险、失业保险等。

(6)股权(合伙人地位)。股权形式的报酬实际上是对许多对公司有重大贡献的员工的一种激励机制,也是诸多咨询公司经常采用的一种形式。比如,许多咨询公司都是合伙制,尤其是会计师事务所(如全球5大会计公司)多采用这种形式。对于合伙制的机构,他们都有吸收新合伙人的激励体制。所谓吸收新合伙人,是指当一名员工为公司工作多年,级别达到一定程度时就可以成为公司的新的合伙人的一种政策。与发起合伙人不同,这种新吸收的合伙人是以自己的知识进行投资,而不需要实际投人资金,但是新合伙人在权利上也有一定的限制,它可以以自己的知识资本参与年终的分红,但是如果离开则自动丧失合伙人的权利,并无须支付他原在公司的份额。所以归根结底,这

也是一种激励的方式，属于薪酬体系的内容，这项政策对于对公司作出巨大贡献，并有很强的业务和工作能力的员工是一种很好的激励方式，也会激励员工努力地工作。

2.薪酬政策的功能。

(1)保证员工的基本生活需要。薪酬是物质利益的表现形式。根据马克思的理论，员工通过劳动报酬取得基本生活资料，满足吃、穿、住、用的需要，以保证劳动力的简单再生产。同时要利用部分收入购买书报、培养子女等作为智力投资，实现劳动力增值的再生产。劳动者的收入状况决定着他们的营养、居住和文化教育条件，是保证劳动力再生产的基本因素。

(2)吸引人才。较好的薪酬待遇自然能够吸引更多的人才。

(3)激发员工的积极性。薪酬是物质奖励的最基本的手段，一个好的薪酬政策，会激励员工更投入地工作。

(二)确定报酬的原则

确定员工的报酬，应遵循以下各项原则：

1.按劳分配原则。按劳分配即多劳多得、少劳少得、不劳不得。这是社会主义的分配原则，也是咨询公司确定员工劳动报酬的原则。

2.按贡献分配原则。按贡献分配即根据员工对咨询公司的价值创造所作出的贡献大小来决定其报酬的高低。公司的价值是由多种要素共同作用而创造的，这些要素既有各种形式的劳动，又有重要的信息、关系，还有一些工作的必要条件，以及财务资本。

3.公平原则。根据行为科学理论，人们总是不断地把自己为组织付出的代价和从组织得到的报酬与他人相比较，只有当大家的付出与报酬的比值都一样时，才会觉得公平，才能保持原有的工作热情，或更加努力工作去争取更多的报酬。否则就会觉得不公平，尤其是发现别人的付出与报酬的比值高于自己时，不公平感就更强烈。此时他们要求增加报酬，如果达不到目的，就会减少付出，以保持平衡。

4.市场化原则。任何一项有关薪酬的政策或制度，不可能得到每个员工的赞成，而能够使多数人接受的制度，一般是为社会或市场所认可的制度。

5.人才导向及行为导向的原则。对于咨询这个人才竞争激烈的行业，薪酬政策要有利于吸引和留住优秀人才在企业工作，必要时甚至采取特殊措施，对人才实施优惠政策。此外，薪酬政策还应充分体现组织的期望和目标。例如，为了提高公司的知名度和声誉，对于积极延揽著名企业业务并使咨询获得成功的咨询人员应给予重奖。

6.量力而行原则。对于有些财力不雄厚的咨询公司，遵循市场化原则会迫使企业增加更多的薪酬开支，如果盲目跟进，可能会损害企业利益。这就需要公司量力而行，在薪酬结构上进行调整。在薪酬总额上，不能超过预算人工成本总额。在薪酬增长率上，不能高于业务增长率。

(三)薪酬模式的设计

如前所述,薪酬可以采用工资、奖金、津贴、福利、保险、股权等形式,不同的分配形式在分配的刚性和弹性方面表现出明显的差异。工资的特点是高差异、高刚性;奖金和股权的特点是高差异、低刚性;福利的特点是低差异、高刚性;保险成分比较复杂,医疗保险是低差异、高刚性因素,养老金则是高差异、高刚性的因素。薪酬模式就是根据上述六部分内容的特点和公司的导向,对其进行组合,组合的结果有三种基本模式:

1.高弹性模式。在某些公司中,员工报酬主要是根据员工当期的绩效决定,不同时期个人收入起伏较大。在这些公司中,集体福利一般比较小,奖金的比重较大,实行的是绩效工资制,这种模式的激励作用较大。

2.高稳定模式。在某些公司中,劳动报酬与员工当期绩效关系不大,而主要取决于年资及公司的经营状况,因此个人收入相对稳定,它给人一种安全感。在这些公司中,基础工资占主要成分,集体福利一般比较好,奖金即便可观,也主要根据整个公司经营状况按照个人工资的一定比例发放。这种模式的激励作用不大,保健作用较大。

3.折中模式。更多的企业采用折中模式,既有高弹性成分,以激励职工提高绩效,又有高稳定部分,使员工具有安全感。

案例分析:忽视审计风险,安达信自毁前程

2002 年,有关美国安然公司申请破产案的报道频繁出现在各大媒体,这是美国有史以来最大规模的一宗破产案。美国安然公司因为虚假利润导致股份由最高的 90 多美元跌到了 1 美元以下,而且申请破产,这对于国际资本市场的方方面面都是一个巨大的震动。而在这一事件中,除了公司本身做假之外,一个非常引人注目的事情就是位列全球五大会计师事务所的安达信没能有效尽责。这也引发市场对会计师事务所的公信力产生怀疑。

安达信会计公司创立于 1913 年,是全球公认的五大会计公司之一,拥有员工77 000 多名,在 84 个国家和地区有分支机构,2000 年安达信的业务收入超过 84 亿美元。安达信的主要客户有法国国家巴黎银行,三井住友银行等。安达信早在 1979 年就与中国内地有了合作。1991 年安达信正式在上海设立了咨询公司,这也是我国内地第一家外商独资咨询公司。1992 年安达信又成立了中国首家合资会计师事务所。近年来安达信不断扩展在华业务,在中国已拥有中国银行、中国联通、中国平安保险、中国海洋石油、青

岛啤酒、华能国际等大客户。

安达信由小到大,历经百年,实在不易;现在由盛到衰,一瞬之间,如同冰山消融,实在令人吃惊。安达信落得如此下场的主要原因是利益驱动,丧失诚信。

安然公司成立以来,从20世纪80年代到90年代,不仅从事审计业务,同时也对客户提供咨询服务。2000年安达信从安然获得的5 200万美元总收入中,咨询服务的收入就高达2 700万美元,可见安达信与安然公司之间拥有源远流长的利益关系。安达信的一个雇员说:“安达信休斯敦办公室的太多人得到了安然的好处,如果有人拒绝在审计报告上签字,他马上就得走人。”可见其与安然公司的利益关系非同一般!

利益驱使安达信帮助安然造假。2001年10月,安然重新公布了1997年至2000年期间的财务报表,结果累积利润比原先减少5. 91亿美元,而债务却增加6. 38亿美元。安达信为之辩解说:这是因为安然在股权交易过程中将公司发行股权换取了应收票据。这些应收票据在公司的账本上记录为资产,发行的股票则被记录为股东权益。按照会计原理,在没有收到现金前不能记作权益的增加。在美国国会听证会上,安达信首席执行官贝拉迪诺承认,安达信确实判断失误,以致纵容了安然在会计方面进行一些违规操作。正是在安达信“失职”的情况下,安然可以将数亿美元的债务转至不见于公司资产负债表的附属公司或合资企业的账上,从而使债务隐藏在财务报表以外,同时又将不应记作收入的款项记作收入,以这种偷梁换柱的造假方式虚报公司盈利。这与中国某些上市公司造假的手法如同一辙。

随着安然问题的暴露,安达信一系列的造假行径相继揭露。2001年,安达信就曾两次因违规操作而被处罚。一次是与审计美国废物管理公司工作中提供虚假误导性审计报告有关,安达信在1992年至1996年期间“明知故犯”和“不顾后果”地为美国废物管理公司提供虚假、具有误导性的审计报告,虚报收入14. 3亿美元,华盛顿联邦法庭以“欺骗及伪造账目”罪判处安达信罚款700万美元。其中有三名合伙人除了罚款外,还处以5年内不得从事审计工作的处罚,另一人的禁审期为一年。这是美国证券交易委员会20多年来首次对国际会计行业“五大”之一的安达信实施的严厉惩罚。2001年春,安达信因为替自己负责审计的佛罗里达州家用设备企业阳光公司做假账,被法院判定向阳光公司的股东支付1.1亿美元。这两桩欺诈行为,早已使安达信的声誉大为受损。

从辉煌的顶峰跌至破产边缘,从诚信榜样到因欺诈被追究刑事责任,变化何其大!变化何其快!问题出在哪里?作为一个资本市场的中介机构,有两条非常重要:第一,它要遵守职业道德规范;第二,它应该努力提高业务水平。如果一个会计师事务所没有很好地履行它的责任的话,一定是在这两个方面出现了问题。安达信无节制地追逐利益、置职业道德于不顾,也预示着事件发展的必然性。安达信事件引起了全球整个注册会计师行业的震动。正是安达信公司不顾审计风险,将利益置于风险之上,才引火烧身,落到破产的境地,令人惋惜和深思。安达信事件也必将成为注册会计师行业加强风险控制的一个血的教训。

问题:1.你认为安达信的破产仅仅是因为安然事件引起的吗?

2.利益驱使是安达信造假的重要原因吗?

3.安达信破产事件给人们什么启示?

思　考　题

1.影响咨询公司确定目标客户的因素有哪些?

2.咨询公司可以采用哪些销售策略?

3.客户管理工作包括哪些内容?

4.你认为除了教材介绍的咨询营销方法外,还有哪些有效的营销方法?

5.如何处理好组织资源和个人资源的矛盾?

6.如何根据公司的实际情况制定财务预算管理办法?

7.咨询公司的收入和费用包括哪些?

8.如何进行销售收入和费用支出的预算?

9.什么是费用的功效分析?如何进行费用支出的功效分析?

10.如何制定会计师事务所的全面质量控制制度?

11.会计师事务所如何控制审计风险?

12.你认为咨询公司需要什么样的企业文化?

13.如何设计一个咨询公司的薪酬体系?

14.如何搞好员工的培训工作?

部分作业题参考答案

第六章 企业财务管理咨询

1.加权平均边际贡献率 12.5%;安全边际率 10%。

2.投资报酬率 50%;剩余收益 35 万元。

3.存货周转次数 2 次。

4.资产净利率 10%。

5.投资报酬率 13.17%;剩余收益 1 900 元。

6.正常销售量 400 件。

7.净资产收益率 15.87%;总资产周转率 2.69 次;收益留存率 60%;资产负债率 15.38%。

8.最低产销数量 1 000 件。

9.甲产品盈亏平衡产销数量 10 000 单位,乙产品盈亏平衡产销数量 4 000 单位。

10.编制 A 公司资产负债表:

A 公司资产负债表　　单位:元

资　　产		负债及所有者权益	
货币资金	5 000	应付账款	10 000
应收账款净额	20 000	应缴税金	7 500
存货	10 000	长期负债	17 500
固定资产净额	50 000	实收资本	60 000
		未分配利润	-10 000
合计	85 000	总计	85 000

11.总资产利润率 15%,总资产周转率 2.7 次。

12.2001 年所有者权益 857.14 万元，负债总额 685.71 万元，资产总额 1 542.86 万元，资产周转率 2.33 次，销售净利率 3.33%，权益乘数 1.8。

2002 年资产总额 1 697.14 万元，资产周转率 2.45 次，净资产收益率 14.7%，较 2001 年净资产收益率上升 0.7%，原因在于资产周转率变动 0.7。

13.目标销售价格 35 元/件，目标销售收入 1 400 000 元。

14.固定成本 31 250 元，变动成本率 37.5%，边际贡献率 62.5%。

15.提高销量 1 250 件，降低单位变动成本 10 元，降低固定成本 100 000 元，提高价格 10 元。

16.表 1

项目 产品	单价	单位变动成本	单位边际贡献	销售量	固定成本	税前利润	边际贡献率(%)	变动成本率(%)
A	10	6	(4)	1 000	2 500	(1 500)	(40)	(60)
B	(20)	(16)	4	2 000	(8 100)	-100	(20)	80
C	40	(38)	2	(200)	300	100	(5)	(95)

表 2

时期 项目	一	二	三	四	五	六
期初存货量	0	(0)	(2 000)	1 000	8 000	(5 000)
本期生产量	8 000	8 000	(9 000)	(13 000)	(7 000)	1 000
本期销售量	8 000	6 000	10 000	6 000	10 000	6 000
期末存货量	0	(2 000)	1 000	(8 000)	(5 000)	(0)

17.当单位售价上升 20%时，边际贡献率 50%，盈亏平衡点 120 000 元，净收益 60 000元。当单位售价下降 20%时，边际贡献率 25%，盈亏平衡点 240 000 元，净收益-20 000元。

18.盈亏临界点销售额 360 000 元，甲产品的盈亏临界点销售量 45 000 件，乙产品的盈亏临界点销售量 27 000 件，安全边际 40 000 元，预计利润 5 000 元。

增加广告费后盈亏临界点销售额 363 636.36 元，利润-6 000 元。增加广告费后盈

亏临界点销售额上升,企业出现亏损,采取这一措施是不合算的。

19.A 产品下年度盈亏平衡点 346 457 件,目标单位售价 4.55 元/件,此时,A 产品的边际贡献率仍为 40%。A 产品下年度目标利润销售量 491 339 件。

20.盈亏临界点销售量预测值为 2 140 件,预测利润为 13 500 元。

21.答案见下表及其说明:

项　目	20×1 年	20×2 年	20×2 年比×1 年增减	
			差　额	%
速动资产	4 550	4 200	-350	-7.69
存货	7 450	9 300	1 850	24.83
流动资产合计	12 000	13 500	1 500	12.50
固定资产净额	21 000	24 000	3 000	14.29
资产总计	33 000	37 500	4 500	13.64
流动负债	6 000	6 900	900	15.00
长期负债	3 000	3 750	750	25.00
实收资本	19 000	19 000	0	0.00
公积金	2 700	4 050	1 350	50.00
未分配利润	2 300	3 800	1 500	65.22
所有者权益合计	24 000	26 850	2 850	11.88
负债及所有者权益合计	33 000	37 500	4 500	13.64

(1)从该表的“资产”变动来看:总资产有较快的增长,总资产增长的主要原因是固定资产增长较快,说明企业生产能力增加;存货有较大的增长,可能是新设备投产引起的,有待进一步调查分析;速动资产下降,说明购买固定资产设备和存货等,使企业现金和有价证券大量减少,是否会影响企业的短期债务的偿还应引起注意。

(2)从该表的“负债”和“所有者权益”来看:实收资本没变,企业扩充生产能力,投资人没有追加投资。公积金和未分配利润大幅度增长,说明企业有较大的盈利,实现了资本的保值和增值。企业资产总额增长 4 500 万元,公积金和未分配利润的增长就占 63%,说明是企业筹措资金的主要来源。长期负债增加,可见,它是企业筹措资金的另一个来源。流动负债增长、速动资产下降,会使企业短期偿债能力下降。

总之,该企业 20×2 年比 20×1 年资产规模扩大,筹措资金的主要来源是企业内部积累,辅之以增加长期负债,情况比较好。

22.权益净利率 53%,资产净利率 37%,权益乘数 1.46,销售净利率 12%,总资产周转率 3.17。

第七章　税务咨询

1.应确认销项税额:23×17%=3.91(万元)

2.计税销售额:20×70%×1 000/(1+13%)=12 389.38(元)

销项税额:12 389.38×13%=1 610.62(元)

3.该公司不含税销售额:80/(1+17%)=68.38(万元)

该公司的增值率:(68.38-45)/68.38×100%=34.19%

平衡点增值率:6%/17%×100%=35.29%

因为公司的增值率小于平衡点增值率,所以,该公司适宜做一般纳税人。

4.消费税:100×10%+200×200÷10 000×10%=10.40(万元)

5.税法规定纳税人的应税消费品用于换取生产资料、投资入股或抵偿债务等方面,应当按照纳税人同类消费品的最高销售价格作为计税依据。

方案一:企业直接换取原材料,则消费税:4 800×20×10%=9 600(元)

方案二:企业按照当月加权平均单价将这 20 辆摩托车销售后,再购买原材料,则应缴纳的消费税:(4 000×50+4 500×10+4 800×5)/(50+10+5)×20×10%=8 276.92(元)

通过计算比较,我们可以看出方案二的消费税负担比方案一的负担小,所以企业应当选择方案二,即该企业应该先把摩托车按照平均价格销售给甲企业,再从甲企业购买原材料。

6.方案一:将产品包装后整体销售给商家,厂家应缴纳的消费税:(30+10+5)×30%=13.5(元)

方案二:将产品分别销售给商家,再由商家自己包装后对外销售,厂家应缴纳的消费税:30×30%=9(元)

方案二比方案一节税 4.5(13.5-9)元。

7.甲单位纳税义务时间及应缴纳的营业税额分别为:

8 月份应纳税额:60×5%=3(万元),11 月份应纳税额:30×5%=1.5(万元),12 月份应纳税额:60×5%=3(万元)

可见,甲单位在 12 月 5 日结算,甲单位尚未收到 60 万元,但却要按规定缴纳 3 万元

的营业税。从税务筹划的角度看,在尚未收到全部价款之前,甲单位不应当与乙企业办理结算,应在收到最后一笔价款时再与乙企业结算,避免过早承担纳税义务。

8.广告业务的计税营业额:90×(1+16%)/(1-5%)=109.89(万元)

应纳营业税:(109.89-25-18)×5%=3.34(万元)

9.此时张某要缴纳营业税额:1 000×5%=50(元)

在不考虑其他税收的情况下,张某每月的实际收入为 950 元。如果对张某进行税务筹划,使他每月减少 1 个小时的工作时间,那么他每月的收入就减少为 990 元,低于营业税的起征点,因此,他的全部收入额都不用缴纳营业税。虽然工作量减少了 1 个小时,但是收入却提高到了 990 元。

10.方案一:从巴西进口,铁矿石的完税价格:9×5+12=57(万美元)

此时的关税:57×20%=11.4(万美元)

方案二:从印度进口,铁矿石的完税价格:10×5+5=55(万美元)

此时的关税:55×20%=11(万美元)

从印度进口可以节约关税 0.4 万美元。利用控制完税价格进行税务筹划时,要选择成交价格比较低、运费等费用较小的货物。

11.该企业当年的工资、薪金总额:300+40+20=360(万元);在所得税前可列支的职工福利费限额:360×14%=50.4(万元);在所得税前可列支的工会经费限额:360×2%=7.2(万元);在所得税前可列支的职工教育经费:360×2.5%=9(万元)

12.(1)各项所得加总纳税时,应纳税所得额:(2+1.5+3)(1-20%)= 5.2(万元),应纳税额:5.2×40%-0.7=1.38(万元)

(2)将各项劳务费分项计算缴税:设计费应纳税额:2×(1-20%)×20%=0.32(万元);翻译费应纳税额:1.5×(1-20%)×20%=0.24(万元);技术服务费应纳税额:3×(1-20%)×30%-0.2=0.52(万元);合计应缴税额:0.32+0.24+0.52=1.08(万元);分项缴纳比加总缴纳少缴了 0.3 万元,税负较轻,所以加总缴税的方式不合理,应该采取分项缴税的方式。

13.(1)在分别核算情况下应缴纳的资源税税额为:20 000×16×40%+2 000×2+1 000×3=135 000(元)

(2)在未分别核算的情况下的资源税的税额为:(20 000+2 000+1 000)×16=368 000(元)

通过计算可以看出,相对于未分别核算,分别核算可以减轻企业 233 000(368 000-135 000)元的资源税负担。

第八章 企业成本管理咨询

1.材料成本差异-1 000 元(有利差异),材料价格差异 4 000 元(不利差异),材料用量差异-5 000 元(有利差异)。

2.材料价格差异-880 元,材料数量差异 1 200 元,直接材料成本差异 320 元,为不利差异。

工资率差异-440 元,人工效率差异 1 600 元,直接人工成本差异 1 160 元,为不利差异。

变动费用耗费差异-1 280 元,变动费用效率差异 480 元,变动制造费用差异-800 元,为有利差异。

固定制造费用差异(二因素分析法):固定制造费用耗费差异 0,固定制造费用能量差异 1 000 元,固定制造费用差异 1 000 元。由于实际固定制造费用与预算数相同,为发生该项费用的耗费差异。但因未能达到应有的生产量,使固定制造费用发生闲置,损失额为 1 000 元。

固定制造费用差异(三因素分析法):固定制造费用耗费差异 0,固定制造费用闲置能量差异 600 元,固定制造费用效率差异 400 元,固定制造费用差异 1 000 元。

3.(1)采用标准制造费用分配率,A 产品的单位制造成本 44 元,B 产品的单位制造成本 60 元。(2)采用作业成本法,A 产品的单位制造成本 38.85 元,B 产品的单位制造成本 97.44 元。(3)差异的主要原因在于传统的成本计算方法对于制造费用是将其金额按单一的分配标准——直接人工小时分配的,而 A、B 产品所消耗的直接人工小时相同,因此分配的制造费用一致,从而使两产品的单位成本差别不大。但这种分配方法不能反映出 A、B 产品在设计、工艺等方法的差异对费用发生的影响,所得到的成本无法反映产品的真实营利能力,可能导致经营者做出错误决策。

4.该企业制造费用(y)同机器工作小时(x)之间的相互关系模型为:$y=7\ 960+0.165x$

第十一章 资产评估

1.经济性贬值率 19%,经济贬值额 1 666 223 元。

2.评估时设备的现行成本 85 064 元,评估时设备的加权更新成本 807 120 元,设备的加权投资年限 9.5 年,设备的成新率 45.7%。

3.价格变动指数 191%,建筑物的重置成本 2 865 000 元。

4.在建工程完工程度 51%,在建工程评估值 51 万元。

5.采用收益法计算的企业整体评估值 141.350 7 万元,商誉的价值 51.350 7 万元。

6.该债券的价值 15 357 元。

7.被评估企业的直接投资价值 473 960 元。

8.乙公司股票价值 1 000 000 元。

9.按年金法计算的企业价值 3 957 万元,按分段法估算的企业价值 3 984 万元。

10.重置成本 240 000 元,实体性贬值 40 000 元,功能性贬值 43 015 元,评估值 156 985元。

11.重置成本 116 万元。

12.燃料的评估值 16 400 元,配套件评估值 10 440 元。

13.资产利用率 87.5%,成新率 31.37%,功能性贬值 10.72,评估值 139.856 万元。

14.资产重估价值 531 万元。

15.该设备重置完全价值 706.675 万元。

16.在产品的价值 308.8 万元。

17.建筑物总价格 58 039 元,每平方米价格 290.195 元。

主要参考文献及网站

[1] 何炬,杨世忠.企业责任会计[M].北京:中国财政经济出版社,1991.
[2] 黄津孚.现代企业组织与人力资源管理[M].北京:人民日报出版社,1994.
[3] 中国注册会计师教育教材编审委员会.管理咨询[M].大连:东北财经大学出版社,1995.
[4] 财政部注册会计师全国考试委员会.财务管理[M].大连:东北财经大学出版社,1995.
[5] 刘冀生.企业经营战略[M].北京:清华大学出版社,1995.
[6] 戴昌钧,等.标杆瞄准[M].天津:天津人民出版社,1996.
[7] 英国 ACCA 财会资格证书培训教材.企业分析[M].北京:生活·读书·新知三联书店,1997.
[8] 杨世忠,徐兴恩.管理会计基础[M].北京:首都经济贸易大学出版社,1997.
[9] 王方华,吕巍.企业战略管理[M].上海:复旦大学出版社,1997.
[10] 汪泓.现代企业管理[M].世界图书出版社,1997.
[11] 包政.战略营销管理[M].北京:中国人民大学出版社,1997.
[12] 孙铮,王鸿祥.财务报告分析[M].北京:企业管理出版社,1997.
[13] [美]史蒂文·西尔比格.MBA 十日读[M].郑伏虎,等,译.北京:中信出版社,1997.
[14] 徐二明.企业战略管理[M].北京:中国经济出版社,1998.
[15] 黄卫伟.走出混沌[M].北京:人民邮电出版社,1998.
[16] [美]卡普兰,等.综合记分卡[M].王丙飞,等译.北京:新华出版社,1998.
[17] 中华人民共和国会计法[M].北京:中国财政经济出版社,1999.
[18] 中国企业联合会咨询服务中心,中国企业联合会管理咨询委员会.企业管理咨询理论与方法新论[M].北京:企业管理出版社,1999.
[19] 王又庄.现代成本管理[M].上海:立信会计出版社,1999.
[20] 王又庄.现代企业经济分析[M].上海:立信会计出版社,1999.
[21] 陈荣秋,马士华.生产与运作管理[M].北京:高等教育出版社,1999.
[22] 郭丽娜,汪士果.会计制度设计[M].北京:经济管理出版社,1999.

[23] 徐国君.管理咨询[M].北京:中国商业出版社,1999.
[24] 谈镇,黄瑞玲.激发活力:现代企业制度构建[M].南京:南京大学出版社,1999.
[25] [美]查尔斯·亨格伦等.管理会计教程[M].北京:华夏出版社,1999.
[26] [美]罗伯特·S. 卡普兰等.高级管理会计[M].大连:东北财经大学出版社,1999.
[27] 吴旭东等.税务咨询与税务代理[M].大连:东北财经大学出版社,2000.
[28] [美]鲍勃·耐尔逊,彼得·伊科纳米.如何做好管理咨询[M].北京:企业管理出版社,2000.
[29] 陈佳贵.企业再造:重组企业的业务流程[M].广州:广东经济出版社,2000.
[30] 黄津孚.现代企业管理原理[M].北京:首都经济贸易大学出版社,2000.
[31] 中华人民共和国财政部.企业会计制度[M].北京:经济科学出版社,2001.
[32] 中国注册会计师协会.中国注册会计师行业规范[M].北京:中国科学技术出版社,2001.
[33] 全国注册资产评估师考试辅导教材编写组.资产评估综合习题集[M].北京:中国财政经济出版社,2001.
[34] 菲利浦·萨瑞德.管理咨询优绩通鉴[M].北京:中国标准出版社,科文(香港)出版有限公司,2001.
[35] 于鸿君.资产评估学教程[M].北京:北京大学出版社,2001.
[36] 李靖,易建湘.咨询业在中国[M].北京:企业管理出版社,2001.
[37] 刘友金.企业技术创新论[M].上海:中国经济出版社,2001.
[38] 许晓明.企业战略管理教学案例精选[M].上海:复旦大学出版社,2001.
[39] 韩文连.管理会计学[M].北京:首都经济贸易大学出版社,2001.
[40] 张继焦.价值链管理[M].北京:中国物价出版社,2001.
[41] 李瑞生.会计制度设计[M].大连:东北财经大学出版社,2001.
[42] 张晓红.客户关系管理理论与实践研究[D].北京:首都经济贸易大学,2001.
[43] 全国注册资产评估师考试辅导教材编写组.资产评估学[M].北京:中国财政经济出版社,2002.
[44] 全国注册资产评估师考试辅导教材编写组.机电设备评估基础[M].北京:中国财政经济出版社,2002.
[45] 财政部注册会计师考试委员会.财务成本管理[M].北京:经济科学出版社,2002.
[46] 冯淑萍,等.简明会计辞典[M].北京:中国财政经济出版社,2002.
[47] 王又庄.上市公司财务会计报告分析与评价[M].上海:立信会计出版社,2002.
[48] 迟双明.张瑞敏决策海尔的66金典[M].北京:中国商业出版社,2002.
[49] 甘华鸣.管理创新速成[M].北京:企业管理出版社,2002.

[50] 纲目.领导、财务主管、会计、出纳与财务制度[M].北京:中国纺织出版社,2002.
[51] 北京注册会计师协会.资产评估操作教程[M].北京:中国财政经济出版社,2002.
[52] 盖地.企业税务筹划理论与实务[M].大连:东北财经大学出版社,2005.
[53] 盖地.税务筹划[M].北京:首都经济贸易大学出版社,2006.
[54] 乔瑞红,黄凤羽.企业税务与纳税筹划理论与实务[M].北京:经济科学出版社,2006.
[55] 计金标.税收筹划[M].北京:中国人民大学出版社,2006.
[56] 中国注册会计师协会主编[M].税法.北京:经济科学出版社,2008.
[57] 中华人民共和国财政部.企业内部控制基本规范[M].北京:中国财政经济出版社,2009.
[58] 朱荣恩.企业内部控制规范与案例[M].北京:中国时代经济出版社,2009.
[59] 编写组.企业内部控制配套指引[M].上海:立信会计出版社,2010.
[60] 编委会.降本增效 149 个故事[M].北京:中国原子能出版社,2020.
[61] 盛继明.工业和信息通信业管理会计案例集(2019)[M].北京:中国工信出版集团、人民邮电出版社,2019.
[62] 黄卫伟.以奋斗者为本:华为公司人力资源管理纲要[M].北京:中信出版社,2014.
[63] 黄卫伟.以客户为中心:华为公司业务管理纲要[M].北京:中信出版社,2016.
[64] 黄卫伟.价值为纲:华为公司财经管理纲要[M].北京:中信出版社,2017.
[65] 杨世忠,马元驹,许江波.成本管理会计研究[M].北京:首都经济贸易大学出版社,2018.
[66] 中国注册会计师协会.公司战略与风险管理[M].北京:中国财政经济出版社,2019.
[67] 中华人民共和国财政部官网. http://www.mof.gov.cn/index.htm
[68] 中国资产评估协会官网 http://www.cas.org.cn/pgbz/index.htm[69] www.cicpa.org.cn/
[70] www.bcg.com.cn/
[71] www.kpmg.com.cn/
[72] www.rolandberger.com.cn/
[73] www.cas.org.cn/
[74] www.cec-ceda.org.cn/
[75] www.china-ipo.net
[76] www.accgo.com